商事法論集 II

金融法論集
(上)
金融・銀行

岩原 紳作
Shinsaku Iwahara

商事法務

はしがき

　本書は、著者の金融法に関する主要な論文を集めた論文集である。昨年刊行した著者の会社法に関する主要な論文を集めた『商事法論集Ⅰ　会社法論集』に続き、本書上巻が『商事法論集Ⅱ　金融法論集（上）──金融・銀行』となり、本書下巻が『商事法論集Ⅲ　金融法論集（下）──信託・保険・証券』となる。金融法といっても資金の流れに係る広義の金融に関する法を対象としており、銀行だけでなく農業協同組合等その他の預金受入金融機関、信託会社、証券会社（金融商品取引業者）、証券投資信託、投資ファンド、保険会社、等も取り上げている。また金融取引法に関する論文と金融監督法に関する論文の双方が所収されている。

　上巻には、金融法の総論的な論文やデリバティブ取引等のあらゆる金融機関に係る取引に関する論文と、主に銀行等の預金受入金融機関に関する論文を収めている。即ち、第Ⅰ部「総論」には、リーマン・ブラザーズの破綻によって世界恐慌の瀬戸際にまで追い込んだリーマン危機の原因を分析し、それが金融法制に与える課題を検討した「世界金融危機と金融法制」の論文と、リーマン危機を受けてアメリカでその対応として立法されたドッド・フランク法を紹介し分析する「金融危機と金融規制」の論文を収めている。リーマン危機は、金融の在り方、ひいては金融に係る法制の課題と在り方を大きく変えた。そこでリーマン危機とそれに対する立法を分析することによって、金融法の課題とあるべき構造を検討した。第Ⅱ部「決済・銀行業務」には、銀行等の預金受入金融機関の基本的な機能である決済とそれに係る為替業務に関する論文を収めた。第Ⅲ部「金融取引における顧客の保護」には、金利、顧客情報の保護、金融商品販売における説明義務、金融機関が直面する利益相反への対応等、一連の顧客保護に係る論文を収めた。第Ⅳ部「預金取引」には、預金の帰属に関する論文が収められている。第Ⅴ部「金融監督規制」には、BIS規制とデリバティブ取引に関する監督規制に関する論文を収めた。第Ⅵ部「特殊な金融、協同組織金融機関」には、浮貸しに関する論文と農協系統金融機関に関する論文を収めている。

　下巻には、信託法、保険法、証券法、手形法・小切手法に関する論文を収めている。即ち、第Ⅶ部「信託法」には、「証券投資信託」、「住宅ローン債

権信託」、「信託型不動産小口化商品」、「自社株取得専用金外信託」の論文を
収めている。第Ⅷ部「保険法」には、比較情報のディスクロージャー、保険
会社が倒産した場合の保険契約関係に与える影響等に関する論文、平成7年
の保険業法改正に関する論文、金融制度改革の中で保険会社の業務範囲規制
はいかにあるべきかを論じた論文、生損保兼営禁止原則、保険会社の計算、
保証証券業務に関する論文を収めている。第Ⅸ部「証券法」には、効率的資
本市場仮説の妥当性に関する経済学的な検討と、その結論が法的問題に与え
る影響に関する論文、証券化関連商品・日本型投資ファンドといった証券化
に係る法的問題を検討した論文、そして平成22年の金融商品取引法改正に
より導入された特別金融商品取引業者制度に関する論文を収めている。最後
の第Ⅹ部「手形法・小切手法」には、鈴木竹雄博士の有価証券理論、手形・
小切手法論、とりわけ創造説・有因論を検討した論文を収めている。

　このような内容の本書に収められた論文は、広義の金融のかなりの領域を
対象とし、金融法における私法上、監督法上の課題をかなり広くカバーする
ものになっているのではないかと自負している。尤も、金融商品取引法、保
険法、信託法等はごく　部の論点を取り上げることができただけであり、年
金、ヘッジファンド等、一切扱えなかった重要な金融の領域に係る課題も多
い。

　尤も、本論集Ⅰ『会社法論集』と同様、拙稿の中でも、法改正等により今
日においては歴史的価値しかなくなっていると思われる論文、他の同様の内
容の論文が本書に所収されていることから収録の必要性の低い論文、純粋に
海外の法制を紹介する論文、啓蒙的な論文等は本書に収めなかった。例えば、
電子資金移動や振込等に関する論文は、これらの論文で論じたことを吸収す
る形で『電子決済と法』（有斐閣、2003年）において詳しく論じたため、収
録していない。「アメリカにおけるEFT法の発展――コンピューターを用い
た金融決済と法」鴻常夫先生還暦記念『八十年代商事法の諸相』（有斐閣、
1985年）29頁、「コンピューターを用いた金融決済と法――アメリカ法、西
ドイツ法を参考として」金融法研究創刊号（1985年）9頁、「資金移動取引
の瑕疵と金融機関」国家学会編『国家学会百年記念　国家と市民　第3
巻』（有斐閣、1987年）167頁、「電子的資金移動（EFT）」NBL385号（1987年）
14頁、「電子的資金移動（EFT）」私法50号（1988年）40頁、「電子資金取
引に関する法制整備の必要性と課題（第1回）～（第5回・完）――金融制

度調査会エレクトロバンキング専門委員会中間報告をめぐって」金法 1203 号 6 頁・1204 号 17 頁・1206 号（1988 年）6 頁・1210 号 15 頁・1211 号（1989 年）19 頁、「CD支払システムの安全性と法的責任」金融情報システム 72 号（1989 年）21 頁、"Die praktische Durchführung und der rechtliche Rahmen des internationalen Zahlungsverkehrs in Japan", in Herausgegeben von Walther Hadding und Uwe H. Schneider, Rechtsprobleme der Auslandsüberweisung, 1992 S.309ff.；「『国際振込に関するUNCITRALモデル法』の逐条解説」金融法研究・資料編(8)・別冊（1992 年）、"Legal Issues of Electronic Funds Transfers", in：Japan Securities Research Institute（ed.）, Capital Markets and Financial Services in Japan, Japan Securities Research Institute（1992）、「電子資金移動（EFT）および振込・振替取引に関する立法の必要性(1)～(10・完)」ジュリ 1083 号 55 頁・1084 号 97 頁・1085 号 80 頁・1086 号 80 頁・1087 号 136 頁・1089 号 306 頁・1090 号 132 頁・1092 号 85 頁・1093 号 95 頁・1094 号（1996 年）121 頁、「電子マネーの私法上の諸問題」竹内昭夫先生追悼論文集『商事法の展望――新しい企業法を求めて』（商事法務研究会、1998 年）85 頁、「振込取引と法――1999 年ドイツ振込法制定（民法典改正）を中心として」法学協会雑誌 117 巻 2 号（2000 年）211 頁、「電子マネーの法的性格」中里実＝石黒一憲編著『電子社会と法システム』（新世社、2002 年）165 頁、「電子マネーに関する規制の在り方」金融法務研究会『電子マネー法制』金融法務研究会報告書(11)（金融法務研究会、2005 年）68 頁等が本書に収録されなかった論文である。

　電子資金移動や振込に係わるもの以外で本書に収録しなかった論文として、「保険会社の業務と資産運用」ジュリ 948 号（1990 年）95 頁、"Status of Regulatory Restrictions on Competition Between Banks, Securities Companies and Other Financial Institutions", in V. Kusuda-Smick（ed.）, United States/Japan Commercial Law & Trade, Transnational Juris Publications, Inc., 1990, p.242；「証券化関連商品に関する諸外国のディスクロージャー制度と我が国における在り方について」資本市場研究会編『証券取引審議会基本問題研究会第 1 部会報告――「金融の証券化」に対応した法制の整備等について』（資本市場研究会、1990 年）、証券化関連商品開示制度研究委員会編『米・英における証券化関連商品のディスクロージャー――証券化関連商品開示制度研究委員会報告』（企業財務制度研究会、1991 年）3～26 頁・115～131 頁・149～155

頁（以上の頁を執筆）、「証券化関連商品に関するディスクロージャーの在り方について」資本市場研究会編『証券取引審議会報告──証券取引に係る基本的制度の在り方について』（資本市場研究会、1991年）469頁、「米・英における証券化関連商品のディスクロージャー」COFRIジャーナル4号（1991年）41頁、"In Search of a Level Playing Field：The Implementation of the Basle Capital Accord in Japan and the United States", Occasional Paper 46, Group of Thirty, Washington, DC, 1994 pp.1-86（Hal S. Scott ハーバード・ロースクール教授との共同論文）、「不動産特定共同事業の意義」住まいとまち54号（1994年）28頁、「Chase Checking And Savings Accounts Customer Agreement（アメリカ）」金融法務研究会『各国銀行取引約款の検討──そのⅠ 各種約款の内容と解説』（金融法務研究会、1996年）73頁、「保険業法改正について」アクチュアリージャーナル28号（1996年）1頁、「金融ビッグバン──金融システム改革の意味」JTRI税研13巻74号（1997年）14頁、「金融サービス法の展望」抵当証券事業17号（1997年）2頁、「〔座談会〕金融行政における民間部門との接触・意見の反映」ファイナンス34巻5号（1998年）21頁、金融法務研究会『各国銀行取引約款の比較──各国銀行取引約款の検討　そのⅡ』（金融法務研究会、1999年）1頁・149頁、「不動産の証券化に向けた課題」建設月報599号（1999年）30頁、「協同組織金融機関法制の改革──農協系統金融機関を中心にして」江頭憲治郎＝岩原紳作編『あたらしい金融システムと法』（有斐閣、2000年）113頁、「チェック・トランケーションにおける法律上の問題──手形・小切手の簡易な取立方法の法律上の問題と解釈論的対応」金融法研究17号（2001年）1頁、「金融デリバティブ取引決済の安全性」齊藤誠編著『日本の「金融再生」戦略──新たなシステムの構築をどうするか』（中央経済社、2002年）160頁、「貸金業者にとってのコンプライアンスの意義──貸金業規制法における法理上の矛盾（43条を中心に）」東京都貸金業協会企画・編集『貸金業界の未来を読む──ヤミ金融問題の根底にあるもの』（東京都貸金業協会、2002年）227頁、「貸金業界の健全な発展のために」都金協143号（2003年）24頁、「いわゆる誤振込における預金の帰属等について」金融法務研究会『預金の帰属』金融法務研究会報告書(8)（金融法務研究会、2003年）41頁、「預金者救済を図る法制整備を──銀行取引全般における利用者保護の法的枠組み整備が急務」金融財政事情2640号（2005年）12頁、「預金の帰属をめぐる諸問題」金法1746号（2005年）24頁

（森下哲朗教授との共同論文）、「預金の帰属をめぐる諸問題」金融法研究 22 号（2006 年）43 頁、「電子記録債権制度の実現に向けた課題と展望」金融 738 号（2008 年）5 頁、等がある。

なお、本書 321 頁に収録したバーゼル合意に関する論文と、412 頁に収録したデリバティブ取引規制に関する論文は、執筆後に制度が大きく変化したために、収録すべきか大いに迷った。しかし現在の制度を理解する前提として以前の制度を理解する意義があると考え、収録することにした。但し、かなり詳しく現在の制度を括弧書きや「後記」等において紹介し、どのように制度が変化したかを理解できるようにした。これら以外の論文についても、『会社法論集』同様、収録論文の内容や引用条文・文献等には、執筆時点のものに基本的に変更を加えず、現行法における対応する条文、対応する条文がない場合はその旨、記載内容と変わっている点、関連する新たな文献・判例等を、必要最小限度において、収録論文の本文に括弧書きしたりしたほか、収録論文の末尾に「後記」として、論文公表後の立法・判例・学説等の変化とそれへのコメント等を記した。

世界の金融は、世界的な低成長への移行、自然利子率の低下、そして FinTech といった金融の在り方を根本的に変えるかもしれない技術革新を迎えて、大きく変わろうとしている。本書に収録した論文は、それらの変化の方向を指し示すものとはなりえていないかもしれないが、既存の金融と金融法をよりよく理解し、それをベースに変化に立ち向かっていく一助となれば、望外の幸せである。

本書の刊行においても、株式会社商事法務書籍出版部の岩佐智樹氏、木村太紀氏の多大な御助力を頂いた。特に木村氏による校正は綿密を極め、もし本書の文献引用等が正確であれば、それは偏に木村氏の校正のお蔭である。本書の編集全体をリードして頂いた岩佐氏とともに、その御尽力に厚く御礼を申し上げる。また、本書刊行のきっかけを作って頂いた公益社団法人商事法務研究会理事の菅野安司氏にも改めて御礼を申し上げる。本書が少しでも多くの方に役立つことを願っている。

2017 年 7 月

岩 原 紳 作

vii

目　次

第 I 部　総　論

世界金融危機と金融法制 ……………………………………… 3

Ⅰ　序 (3)

Ⅱ　世界金融危機の背景と経緯 (4)

　　1　マクロ的背景 (4)

　　2　金融の証券化、市場化、シャドウバンキング・システム (6)

Ⅲ　2007 年世界金融危機のメカニズムの特色と破綻金融機関の処理 (8)

　　1　2007 年世界金融危機のメカニズム (8)

　　2　金融機関の破綻処理 (11)

Ⅳ　制度の見直し (12)

　　1　各国における金融法制の見直しの動きと議論 (12)

　　2　マクロ・プルーデンス (15)

Ⅴ　日本における金融の在り方の改革の評価と今後の方向性 (16)

Ⅵ　結　び (19)

金融危機と金融規制
──アメリカのドッド・フランク法を中心に ……………… 23

Ⅰ　序 (23)

Ⅱ　規制の背景と方向 (25)

　　1　金融危機の原因 (25)

　　2　規制の動機と目的 (25)

　　3　規制の方向 (28)

　　4　金融危機の在り方と規制の変化 (29)

Ⅲ　ドッド・フランク法の構造 (30)

　　1　包括的監督体制 (30)

　　2　規制対象 (31)

viii　目　次

　　3　特別の破綻処理制度（34）

　　4　金融に関わる各種機関の業務規制——ボルカー・ルール等（38）

　　5　「金融会社」の規模規制（42）

　　6　会社法的規制、金融機関に関する報酬規制等（43）

　　7　金融に係る消費者保護体制（43）

　Ⅳ　結　び（44）

第Ⅱ部　決済・銀行業務

銀行の決済機能と為替業務の排他性······························51

　Ⅰ　序（51）

　Ⅱ　**銀行の業務と決済機能**（55）

　　1　銀行の業務（55）

　　2　銀行の業務と決済機能の係わり（57）

　Ⅲ　**歴史的・比較法的検討**（60）

　　1　銀行の歴史と決済機能・為替取引（60）

　　2　銀行法の沿革と決済・為替業務（64）

　　3　比較法（67）

　Ⅳ　**決済機能の前提と銀行規制の必要性**（70）

　　1　決済手段の前提と規制の必要性（70）

　　2　為替取引が銀行の排他的業務とされる理由とその意義（75）

　Ⅴ　**預金通貨以外の決済手段と銀行以外の者による為替取引**（77）

　　1　序（77）

　　2　プリペイド・カード（77）

　　3　トラベラーズ・チェック（78）

　　4　投資信託受益権（79）

　　5　コンビニエンス・ストアの収納代行（81）

　　6　金融VAN等（83）

　Ⅵ　**預金通貨以外の決済手段と銀行以外の者による為替取引の規制の
　　　必要性**（85）

　　1　序（85）

　　2　プリペイド・カードの規制（85）

目　次　ix

　　　3　決済手段（88）

　　　4　為替取引（92）

　Ⅶ　結　び（95）

金融法制の革新——資金決済法と電子記録債権制度 ………… 99

　Ⅰ　序（99）

　Ⅱ　銀行による金融サービスの問題点（99）

　Ⅲ　資金決済法の意義（102）

　　　1　資金移動サービスをめぐる問題とその改革（102）

　　　2　前払式支払に関する法制整備（106）

　　　3　「資金清算機関」に関する法制整備（108）

　Ⅳ　電子記録債権（109）

　Ⅴ　結　び（114）

電子記録債権の消滅 ……………………………………………… 116

　Ⅰ　電子記録債権法における「支払等記録」（116）

　Ⅱ　口座間送金決済（120）

　Ⅲ　「口座間送金決済」によらない債権の消滅と支払等記録（122）

　　　1　期限前弁済（122）

　　　2　期限後弁済（125）

　　　3　一部弁済（125）

　　　4　相　殺（127）

　Ⅳ　原因債権との関係（128）

第Ⅲ部　金融取引における顧客の保護

銀行取引における顧客の保護 ……………………………………… 133

　Ⅰ　序（133）

　Ⅱ　利息と臨時金利調整法（133）

　　　1　臨時金利調整法制定の経緯（133）

　　　2　臨時金利調整法の構造（134）

x 目 次

 3 その後の展開（137）

 4 臨時金利調整法の問題点（138）

 5 現行金利規制の法的問題点（143）

Ⅲ 利息に関するその他の規制（147）

 1 利息の表示（147）

 2 利息の計算方法・支払方法（149）

 3 高金利の規制（150）

Ⅳ 信用調査（153）

 1 信用調査とプライバシー（153）

 2 信用調査の許容性（155）

 3 信用情報の正確さ・新鮮さの確保（157）

Ⅴ 銀行秘密（159）

 1 銀行秘密と「信用調」（159）

 2 誤った情報の提供（163）

 3 政府による銀行記録の調査（165）

金融商品の販売における金融機関の説明義務等に係る監督法的規制……………………………………………………171

Ⅰ 銀行法における規制（171）

Ⅱ 登録金融機関に対する金商法の規制（173）

 1 金融機関が営める有価証券関連業務（173）

 2 金商法における登録金融機関の行為規制（174）

Ⅲ 保険窓販に係る保険業法の規制（175）

 1 金融機関が営める保険募集業務（175）

 2 保険募集に係る監督法的規制（175）

Ⅳ 監督指針（176）

 1 主要行等向けの総合的な監督指針（176）

 2 金融商品取引業者等向けの総合的な監督指針（181）

 3 保険会社向けの総合的な監督指針（187）

 4 監督指針の意義（188）

Ⅴ 監督法的規制の内容の検討（189）

 1 金融商品毎の規制（189）

(1)　預金契約（189）

　　(2)　社債等の債券（未公開株式も）等、有価証券関連商品の販売（192）

　　(3)　投資信託等の窓口販売（193）

　　(4)　デリバティブ取引（193）

　　(5)　保険募集（195）

　2　説明義務の果たし方等（195）

Ⅵ　監督法的規制の効力、エンフォースメント（196）

　1　違反へのペナルティ（196）

　2　私法上の効力（196）

金融機関と利益相反——我が国における方向性 ················ 201

Ⅰ　比較法的検討（201）

　1　英米法における fiduciary（201）

　2　ドイツ、EU における規制（203）

Ⅱ　銀行法等による監督法的規制（204）

Ⅲ　利益相反に係る我が国の私法規定（205）

　1　取締役の忠実義務（205）

　2　受任者の善管注意義務、自己契約・双方代理（206）

　3　信　託（207）

　4　社債管理会社（208）

　5　問屋、仲立人（208）

　6　親権者、保佐人（208）

　7　私法体系全体の中における統一的信認義務（208）

Ⅳ　金融商品取引法（209）

　1　総則的規定（209）

　2　具体的規定（209）

　3　効　果（212）

Ⅴ　我が国の金融機関の顧客との利益相反事例に係る判例（212）

　1　信認義務ないし信義則・権利濫用が争われた判例（212）

　2　説明義務が争われた判例（213）

　3　判例の総括（217）

Ⅵ　総括と我が国における方向性（218）

xii 目 次

1 総 論（218）

2 具体的な問題の一部の検討（220）

 (1) シンジケートローンのアレンジャーないしエージェント（220）

 (2) プロジェクトファイナンスにおけるアドバイザリー業務（221）

 (3) M&A業務（222）

3 対処方法（223）

金融機関のグループ化と守秘義務 …………………………… 226

金融機関グループ内における顧客情報の管理 ………………… 243

Ⅰ 序（243）

Ⅱ 法規制（245）

1 個人情報保護法に関連する規制（245）

2 銀行法に基づく規制（246）

3 その他（249）

Ⅲ 検 討（250）

1 個人情報保護法の規制と銀行の守秘義務（250）

2 銀行法等に基づく例外（252）

第Ⅳ部　預金取引

預金の帰属——預金者の認定と誤振込・振り込め詐欺等 ……… 263

Ⅰ 序（263）

Ⅱ 判 例（265）

1 定期預金の預入行為者・名義人に弁済（相殺）した場合の銀行の出捐者に対する対抗（265）

2 普通預金口座への誤振込（275）

3 普通預金口座における預金の帰属（278）

Ⅲ 分 析（286）

1 金融機関が預金契約上の地位を主張する場合における契約法的アプローチ（286）

 (1) 契約法的アプローチによる出捐者の預金者としての認定（286）

 (2) 契約法的アプローチと客観説の違い（290）

2　第三者的地位に立つ場合における物権法的アプローチ（297）
　　　　　(1)　利益考量（297）
　　　　　(2)　法律構成（307）
　　Ⅳ　結　び（312）

第Ⅴ部　金融監督規制

銀行の自己資本比率規制に関するバーゼル合意の日米における
具体化——平等な競争条件を求めて ······························ 321

　　Ⅰ　序（321）
　　Ⅱ　自己資本比率の競争上のインパクト（326）
　　　1　救済の競争上の違い（327）
　　　2　純助成（330）
　　　3　最低比率引上げの効果（332）
　　Ⅲ　バーゼル合意（BIS規制）（336）
　　Ⅳ　日米におけるバーゼル合意（BIS規制）の具体化（337）
　　　1　適用範囲（338）
　　　　　(1)　国際業務に携わる銀行（International Banks）（339）
　　　　　(2)　銀行持株会社（340）
　　　　　(3)　上からの二重のギア——アメリカの銀行（341）
　　　　　(4)　下からのギア——日本の銀行（342）
　　　　　(5)　ギアの結論（345）
　　　2　銀行にとっての適格自己資本（345）
　　　　　(1)　優先株式、ハイブリッド金融商品、劣後債務（346）
　　　　　(2)　貸倒引当金（351）
　　　　　(3)　債権の評価に関するノート（359）
　　　　　(4)　再評価準備金（359）
　　　　　(5)　その他の自己資本項目（379）
　　　　　(6)　結　論（380）
　　　3　資産のリスク・ウエイト（381）
　　　4　金利・外国為替関連契約（386）
　　　5　執　行（393）
　　Ⅴ　結　論（395）

xiv　目　次

付録A　日本の銀行にとっての益出しと再評価準備金（398）

付録B　有価証券報告書に基づく資産の移転と配分（401）

デリバティブ取引に関する監督法上の諸問題……………………412

Ⅰ　デリバティブ取引と金融監督法の関わり（412）

Ⅱ　金融機関とデリバティブ取引（413）

Ⅲ　デリバティブ取引と金融機関の業務規制（414）

　　1　金利・通貨・上場有価証券に関するデリバティブ取引（414）

　　　⑴　銀行等（414）

　　　⑵　証券会社（417）

　　　⑶　証券投資信託（420）

　　　⑷　保険会社（421）

　　2　コモディティ・デリバティブ、エクイティ・デリバティブ取引（423）

　　　⑴　コモディティ・デリバティブ（423）

　　　⑵　エクイティ・デリバティブ（424）

　　　⑶　金融制度調査会答申（425）

　　　⑷　アメリカにおける規制（426）

　　　⑸　金融監督法上の業務規制（429）

　　　⑹　証券取引法（金融商品取引法）上の諸問題（431）

　　　⑺　商品取引所法（商品先物取引法）上の諸問題（432）

　　　⑻　証券会社（金融商品取引業者）（434）

　　　⑼　証券投資信託（434）

　　　⑽　保険会社（435）

　　3　クレジット・デリバティブ取引（435）

Ⅳ　金融監督法によるデリバティブ取引に関するリスク管理規制（438）

　　1　銀行等（438）

　　2　証券会社（441）

　　3　投資信託（444）

　　4　保険会社（445）

Ⅴ　結　び（447）

目次　xv

第Ⅵ部　特殊な金融、協同組織金融機関

浮貸しの罪の要件――不正融資仲介事件判決をめぐって……… 459

Ⅰ　本判決の概要（460）

　1　事実関係（460）

　2　本件判旨（461）

Ⅱ　浮貸しの罪の意義（462）

　1　本件判旨（462）

　2　沿　革（462）

　3　立法理由（465）

　4　今日における存在理由（466）

Ⅲ　「地位利用」の意義（468）

　1　総　説（468）

　2　沿　革（468）

　3　判　例（469）

Ⅳ　業務の遂行（472）

　1　総　説（472）

　2　貸付および債務の保証（473）

　　(1)　権　限（473）

　　(2)　代理意思（474）

　　(3)　結　論（475）

　　(4)　実質的妥当性（476）

　3　融資の媒介（477）

　　(1)　総　説（477）

　　(2)　権　限（477）

　　(3)　銀行のためにする意思（483）

Ⅴ　図利目的（487）

Ⅵ　おわりに（488）

協同組織金融機関のあり方

――農協系統金融機関を中心にして ……………………… 490

Ⅰ　序（490）

II **農協系統金融機関の概要** (491)

  1 農協の信用事業の歴史——兼営問題を中心として (491)

  2 組織の概要 (492)

III **農協系統信用事業の概要** (493)

  1 組織の概要 (493)

  2 資金の流れ (494)

IV **信用事業規制の概要** (494)

  1 協同組合原則——非営利性を中心に (494)

  2 業務執行と監査 (496)

  3 金融監督法的規制 (497)

V **問題点** (498)

  1 農協金融の問題 (498)

  2 財務の問題 (500)

  3 組織の問題 (501)

VI **改革の方向** (502)

  1 組合員資格・地域金融機関性・他の農協事業との関係 (502)

  2 協同組合原則と自己資本の充実 (503)

  3 組織の改革 (504)

  4 監督体制の整備 (506)

VII **結 び** (506)

事項索引 (509)

第 I 部

総　論

世界金融危機と金融法制

　2008 年の世界金融危機は、グローバルな経済構造の歪みを背景にしたバブルから発生したものである。そしてそれを受けた（促進した）市場型金融の飛躍的発展という、金融の在り方の大きな変化を受けて、従来の金融危機とは異なる形でシステミック・リスクが発生した。システミック・リスク等に関する今までの考え方や規制は、市場型金融における新たなシステミック・リスクに対処することができないだけでなく、いわゆる pro-cyclicality の問題を生んで、かえって危機を深刻にした面がある。従来の規制の在り方や金融政策を再検討しなければならない。

I　序

　米国のサブプライム問題に端を発した金融危機は、2008 年のリーマン・ブラザーズや AIG 等の破綻によって一気に世界に広がり、世界金融危機ひいては世界経済危機をもたらした。危機表面化から 1 年足らずで、世界の株式市場の株価総額は 35 兆ドル下落し、世界の GDP は第 2 次大戦後初めて減少した[1]。広義の金融機関が受けた損害は 1.1 兆ドルに上り、米国や欧州諸国が緊急に供給した流動性資金は 9 兆ドルに上る[2]。この危機を 100 年に 1 度の危機と呼ぶ人も多い。このことは当然に金融、金融制度、金融規制の在り方に反省を迫っている。本稿では日本の金融とその規制の在り方について、

---

　1)　Arthur E. Wilmarth, Jr., The Dark Side of Universal Banking: Financial Conglomerates and the Origins of the Subprime Financial Crisis, 41 Conn. L. Rev. 963, 967（2009）.

　2)　Wilmarth, supra note 1 at 968.

4 　第Ⅰ部 総 論

世界各国における議論を踏まえて若干の検討を行いたい[3]。

Ⅱ　世界金融危機の背景と経緯

1　マクロ的背景

今回の世界金融危機の背景には大きな世界的な経済の変化があり、そして金融の在り方の変化があると考えられる。その意味で従来の金融や金融規制に対する考え方では対応できないところがある。しかし他方、バブルを発生させ、金融危機を招来した人間の行動には、基本的には変わらない面がある。このように変化する部分と変わらぬ部分を認識して、金融の在り方や金融規制の在り方を見直していく必要があろう。

今回の世界金融危機を招いた大きな背景をなす事情として、バブル発生の原因としての世界的な過剰流動性があることに、多くの見方は一致しているようである。ただ過剰流動性が生じた原因について、米国連邦準備制度理事会（FRB）があまりにも長期にわたって金融緩和を続けたことに求める意見と[4]、中国等が国内の雇用を守る等の目的から自国通貨の交換レートを低く操作しているために、また産油国等の資源国が、過剰な貿易黒字を計上し、それが過剰な貯蓄を生み、2008年以降の米国の景気後退と国際的金融危機を生んだと主張する意見とに分かれている[5]。

しかしこのような金融緩和や国際収支のアンバランスの問題のさらなる背後にある根本的な問題に言及する見方もある。すなわち、米国等の多くの先進諸国は、製造業等は中国等の新興国との国際競争力を低下させ、貿易収支は大幅な赤字を記録し、1995年以来、GDPの成長率は年2、3％程度に過ぎ

---

3)　世界金融危機とそれを踏まえた金融や金融規制の在り方を検討した経済学や法律学の膨大な文献が各国で公表されつつある。その全貌を紹介し分析することは困難であり、本稿はそのごく一部を紹介し一部の問題について若干の検討を行うにとどまる。世界金融危機の日本への影響や、日本が取り組まなければならない多くの課題等については、「金融審議会金融分科会基本問題懇談会報告——今次の金融危機を踏まえた我が国金融システムの構築」（平成21年12月9日）（以下「金融審報告」という）を参照されたい。なお、本稿を執筆するにあたっては、高橋亘所長（当時）以下、日本銀行金融研究所の皆様や、翁百合・日本総合研究所副理事長から、参考文献につき貴重なご教示をいただいた。しかし文責はすべて筆者にある。

4)　Anna J. Schwartz, Origins of the Financial Market Crisis of 2008, 29 Cato J. 19 (2009).

なかった。しかるに金融資産（負債）は年に10％を超えるような成長を続けた。例えば、米国では1995年から2006年までの間に、住宅貸付（負債）は、3兆7270億ドルから10兆921億ドルへ、消費者信用は1兆1230億ドルから2兆3870億ドルへと増え、その結果、家計の可処分所得に占める負債の割合は、年収の89.8％から135％に増加している[6]。米国、EU、日本においてGDPに占める給与所得と消費の割合は、長らくそれぞれGDPの64％程度で、給与所得が消費をわずかに上回ってきた。それが1982年頃から消費が給与所得を上回るようになり、GDPに対する給与所得の割合は、2008年には61％程度まで下落したのに対し、GDPに対する消費額の割合は72％近くまで上昇した（米国の変化がとくに大きい）[7]。

　両者の乖離を埋めているのが資産価格上昇等による投資収益である。その中でも不動産価格上昇による投資収益は金融市場からの投資収益の倍に上ると試算されている[8]。これは過剰流動性を背景に、米国や英国等の多くのEU諸国において不動産バブルが発生したためである。米国では低信用格付の住宅抵当貸付であるサブプライム・ローン等が爆発的に拡大した。低信用格付にもかかわらず、各種の証券化やデリバティブのメカニズムによりリス

---

5) バーナンキ前連邦準備制度理事会議長や（Ben S. Bernanke, "The Global Saving Glut and the U.S. Current Account Deficit", http://www.federalreserve.gov/boarddocs/speeches/2005/200503102/（2005））、ポールソン元財務長官（Henry M. Paulson, Remarks at The Ronald Reagan Presidential Library, November 20, US Department of the Treasury, HP-1285（2008）, found at http://www.treasury.gov/press-center/press-releases/Pages/hp1285.aspx）等、米国政府関係者はこのような見解を採っていたほか、これを支持する学説もある（例えば、Herbert Grubel, Who is to Blame for the Great Recession?, http://ssrn.com/abstract＝1569848（2010）pp.3 et seq.）。ただし、ヒュンソン・シン「危機後の金融システムについて」日本総合研究所調査部金融ビジネス調査グループ編『グローバル金融危機後の金融システムの構図』（金融財政事情研究会、2010年）81頁・95頁参照。世界主要国における国際収支の不均衡を巡る問題につき、高山武士＝斉中凌「顕現化する各国リスク——国際収支不均衡問題と金融市場動向」日本経済研究センター金融研究班報告書・日本金融研究22号（2010年）、松林洋一『対外不均衡とマクロ経済［理論と実証］』（東洋経済新報社、2010年）参照。

6) Donald Rapp, BUBBLES, BOOMS, and BUSTS: The Rise and Fall of Financial Assets（2009）pp.78-80.

7) Didier Sornette & Ryan Woodard, Financial Bubbles, Real Estate Bubbles, Derivative Bubbles, and the Financial and Economic Crisis, CCSS Working Paper Series, CCSS-09-003, http://ssrn.com/abstract＝1596024（2009）pp.15-16.

8) Sornette & Woodard, supra note 7 at 14-17.

ク・ヘッジが図られるとされたことから、ヘッジファンドや欧州等、内外の投資家の資金を吸収して住宅融資が急増するとともに[9]、不動産価格が急上昇した[10]。国際収支の大幅な赤字を抱える米国は、このような形で高いリターンを生む金融商品を提供し、中国やオイルマネーを抱える中東諸国等から投資資金を呼び込むことで、貿易収支の赤字を資本収支によりバランスさせ、ドル通貨の価値を維持するとともに、国内景気を維持することができたわけである。実際、外国の中央銀行は、サブプライム住宅ローン等を原資とする証券化商品の重要な購入者になっていると指摘されている[11]。そして金融部門やそれに関連する産業が米国経済を支える主要な産業となったのである[12]。世界全体の資金再配分機能を果たす金融産業の発展が、製造業に代わり米国経済を支えたと言えよう。また先進諸国においては、銀行に代わって金融資産の主たる保有者となった年金基金等の機関投資家は、証券化商品等の高いリターンを生む金融商品に投資しないと、受益者や顧客のニーズに応えられなかったと言えるかもしれない。

2　金融の証券化、市場化、シャドウバンキング・システム

　世界金融危機のより直接的な原因としては、金融の在り方が、従来の銀行

---

9)　Patrick Artus, La finance peut-elle seule conduire à une crise grave?, Flash Èconomie, n° 416, 23 September 2008, p.2.　河村哲二「アメリカ発のグローバル金融危機——グローバル資本主義の不安定性とアメリカ」経済理論46巻1号（2009年）4頁、翁百合『金融危機とプルーデンス政策——金融システム・企業の再生に向けて』（日本経済新聞出版社、2010年）6頁以下参照。

10)　S&P/Case-Shiller Home Price Indices 2009, A Year In Review (Jan.2010), Chart 1, https://www.cmegroup.com/trading/real-estate/files/SP-CSI-2009-Year-in-Review.pdf; Artus, supra note 9 at 4.　日本における不動産バブルと金融の関係につき、櫻川昌哉＝櫻川幸恵「地価変動に翻弄された日本経済」池尾和人編『不良債権と金融危機』（慶應義塾大学出版会、2009年）3頁以下参照。

11)　シン・前掲注5）92～98頁。

12)　アメリカの金融業全体の収益は、1980年代まで非金融部門の収益の5分の1程度だったが、2000年以降は2分の1にまで増えた（ロバート・B・ライシュ（雨宮寛＝今井章子訳）『暴走する資本主義』（東洋経済新報社、2008年）97頁）。また、アメリカの主要な企業の収益の平均40％は金融投資収益であった（Sornette & Woodard, supra note 7 at 18）。以上のようなアメリカにおける金融のメカニズムにつき、河村・前掲注9）5頁以下、ロベール・ボワイエ（西洋訳）「歴史的パースペクティブからみたサブプライム危機——レギュラシオン学派からの分析」経済理論46巻1号（2009年）53頁参照。

を中心とした相対型の金融から証券化商品、デリバティブ等、市場を通じた市場型金融になったことが挙げられることが、一般的である。それらの新しい金融手法に対する監督体制が整備されていなかった等の理由により、期待された市場による規律が十分に働かず、証券化商品等のリスクが適切に市場価格に反映されなかったために、過大なリスクの引受けが行われ、過剰流動性やバブルを発生させたというのである[13]。

　証券化等の結果、商業銀行に代わって短期（および長期の）金融市場における流動性の供給主体として、投資銀行やSIV（Structured Investment Vehicle）等が大きい役割を果たすようになり、シャドウバンキング・システム（Shadow Banking System）と呼ばれるようになった[14]。従来の金融規制は、商業銀行の資金決済システムで起こるシステミック・リスクの防止に主眼を置いたため、商業銀行に関する規制が中心であり、投資銀行等に対する規制は緩かった。しかし今回の金融危機においては、投資銀行であるリーマン・ブラザーズの破綻に始まり、シャドウバンキング・システムによる流動性の供給機能が麻痺するという、新しい形のシステミック・リスクが金融危機を引き起こした。投資銀行等のシャドウバンキング・システムに対する規制の欠如が露呈したと言ってもよい。またクレジット・デリバティブの引受けを行っていたAIGの破綻と政府救済も、証券化した金融市場における新しいタイプのシステミック・リスクと、それに対する規制の不十分さを象徴している。

　それではなぜこのような新たな金融手法に対する規制が不十分なままに放置されていたのであろうか。基本的には新たな金融手法と市場に対する過信が原因ではなかろうか[15]。製造業等が不振に陥った中で、米国経済は、上記1のような新しい金融手法を用いた規制の少ない市場をベースとする金融業やIT・ベンチャー産業等の発展により活気を取り戻した。このような実績

---

13)　Patricia A. McCoy, Andrey D. Pavlov & Susan M. Wachter, Systemic Risk Through Securitization: The Result of Deregulation and Regulatory Failure, 41 Conn. L. Rev. 493 (2009)、翁百合「金融規制監督政策におけるマクロプルーデンスの視点——金融危機後の新しい規制体系への模索」Business & Economic Review 2009年12月号161頁。

14)　Gary Gorton, Slapped in the Face by the Invisible Hand: Banking and the Panic of 2007, http://ssrn.com/abstract=1401882（2009）pp.14 et seq.; 翁・前掲注9）44頁以下。

15)　以下に関し、John Ryan, The Greenspan Federal Reserve Role in the Financial Crisis, http://ssrn.com/abstract=1345802（2009）参照。

から、金融・IT技術の発展が、新しい投資機会やベンチャー産業等を開発したり、不動産等への需要・開発を掘り起こしたりする等、実体経済自体を発展させるという期待が高まったものと思われる（「ニューエコノミー」論）。また金融に関する市場の自己規律能力への過大な期待をも生んだものと考えられる。市場の自由がこのような発展の基礎と信じられ、金融技術等の発展が市場の失敗等の金融市場の問題を克服したようにも考えられた。その背後には、1980年代以降の新自由主義経済学の隆盛等、経済学や経済（政治）思潮において市場万能の思想が強まったことがあったものと思われる。

そしてこのような新たな金融手法等への過大な期待が、一面で金融商品の原資産である不動産等の資産バブルを生じさせたとも言えよう。バブルは将来収益に対する過剰に楽観的な期待から発生する。1996年から2000年までのITバブルは、IT化による経済の効率性向上や需要の増大等の実体経済の向上への過剰な期待が原因になった。それに続く不動産等の資産バブルも、新たな金融手法等による資産価値向上等の期待の産物と言えよう。米国は、期待が実現せずバブルが崩壊すると、別の期待を高めて次のバブルを発生させて、経済の活力と国際的な資金循環を保ってきたと言えるかもしれない[16]。

III 2007年世界金融危機のメカニズムの特色と破綻金融機関の処理

1 2007年世界金融危機のメカニズム

バブルの崩壊が金融危機を生んだという意味では、今回の世界金融危機は大恐慌や1998年の日本の金融危機等、多くの金融危機と共通する[17]。しかし新しい金融手法が広がった市場型金融において生じた危機は、従来と異なる形で発生した。それは金融規制の在り方や理論に見直しを迫るものであった。

従来、金融規制の大きな目的としてシステミック・リスクの防止が考えられてきた。伝統的にシステミック・リスクとは、銀行が流動性不足のために

---

16) Sornette & Woodard, supra note 7 at 17-20. Andrew W. Lo, Regulatory Reform in the Wake of the Financial Crisis of 2007-2008, http://ssrn.com/abstract = 1398207（2009）は、人間性と自由な企業が結び付くとバブルとその崩壊は完全には避けられないと指摘する。

17) Rapp, supra note 6 at 127 et seq.

支払不履行となり、そのことが他の銀行の破綻を連鎖的にもたらすことと観念されてきた[18]。具体的には、1つの銀行の支払不履行が心理的な連想により他の銀行での預金の取付けを引き起こすこと[19]、インターバンク市場での与信の焦付きからその貸手銀行も支払不能になること、時点ネット決済システムにおいて参加銀行は他の参加銀行からの支払があることを前提に決済尻の資金しか用意していないため決済不能銀行が出ると他の参加銀行に連鎖的に支払不能が波及すること等が考えられていた[20]。このように主に銀行の支払決済機能に関連付けてシステミック・リスクは捉えられることが多く[21]、そこから決済システムの安全性を守り預金通貨の信認を守ることに銀行規制の目的を求める見解もあった[22]。

しかし上述したように金融の在り方が市場化したことにより、新たなタイプのシステミック・リスクの問題が現れた。それがリーマン・ショックである。市場化された金融においては、シャドウバンキングはもとより銀行等を含む広義の金融機関も、伝統的な銀行業務のように主として預金の受入れにより流動性を調達するのではなく、レポ取引等による市場からの流動性の調達に大きく依存するが、市場の流動性供給機能が麻痺することによって、市場から流動性を調達できずに金融機関が連鎖的に破綻する現象が生じたのである[23]。市場の流動性供給機能の麻痺には、調達機能の麻痺と価格機能の麻痺とがあるとされる。金融市場において金融商品の評価や取引相手への信

---

18) 白川方明『現代の金融政策——理論と実際』（日本経済新聞出版社、2008年）299頁。George G. Kaufman, Bank Failures, Systemic Risk, and Bank Regulation, 16 Cato J. 17, 20 (1996)；Paul Kupiec & David Nickerson, Assessing Systemic Risk Exposure from Banks and GSEs Under Alternative Approaches to Capital Regulation, 48 J. Real Est. Fin. & Econ. 123 (2004)；Steven L. Schwarcz, Systemic Risk, 97 Geo. L. J. 193, 196 (2008)；Adam J. Levitin, In Defense of Bailouts, http://ssrn.com/abstract = 1548787 （2010）p.8 等参照。

19) 大恐慌の時の銀行取付けがその典型例である（Kaufman, supra note 18 at 20-21）。

20) 白川・前掲注18）299頁。

21) E. P. Davies, DEBT, FINANCIAL FRAGILITY, AND SYSTEMIC RISK (1992) p.117; Ronald J. Mann, PAYMENT SYSTEMS AND OTHER FINANCIAL TRANSACTIONS (2008) pp.271-72.

22) 岩原紳作『電子決済と法』（有斐閣、2003年）509頁。

23) Markus Brunnermeier, Andrew Crockett, Charles Goodhart, Avinash D. Persaud and Hyun Shin, The Fundamental Principles of Financial Regulation, Geneva Reports on the World Economy 11, Preliminary Conference Draft (ICMB)(2009) pp.11 et seq.

認が低下して、非常に高い証拠金が要求される、すなわち金融商品の担保として
の掛目が非常に低く評価され（いわゆるヘアーカット率が高い）、市場か
らの流動性の調達が困難になるのが、調達機能の麻痺であり、保有している
金融商品を市場で売却しようとすると価格の暴落を招くのが価格機能の麻痺
である[24]。これはシャドウバンキングを含む広義の金融機関における金融
商品の価格変化およびリスク測定の変化によってもたらされた。すなわち現
代の時価会計システムと市場連動リスク管理システムのもとにおいて、リス
クが表面化して高い証拠金／ヘアーカット率が要求されるようになると、流
動性を取り入れる金融機関は高いレバレッジをかけられなくなり、信用供与
能力を低下させる。そのことが金融機関に自己資本比率維持の必要から保有
する金融商品の売却を促進し、それがさらに金融商品の価格を下落させ、金
融機関の保有資産の時価の低下を通じたロス・スパイラルを生じさせ、より
高い証拠金／ヘアーカット率が要求されるようになるという証拠金／ヘアー
カット・スパイラルを引き起こす。

　このようなプロセスは外部不経済を引き起こすことから、新しいタイプの
システミック・リスクの規制の必要性が説かれることになる[25]。すなわち
流動性確保や自己資本比率維持等の必要に迫られた各金融機関は、保有する
金融商品を、市場で投げ売ることによって生ずる金融商品の時価の下落が時
価会計を通じて他の金融機関に与える外部不経済を考慮せずに売却する。そ
れが上記のようなスパイラルを起こすわけである。このメカニズムにおいて
は、1つの金融機関（シャドウバンキングを含む）の破綻は、古典的な銀行取
付けと同様の負の外部性を有する。例えばリーマン・ブラザーズの破綻は、
他の米国投資銀行全体への疑念を生むという情報の伝染の問題を生じさせた。
金融機関は相互に参加者となってインターバンク市場やデリバティブ市場等

24）　このような市場の流動性供給機能の麻痺については、価格が立たなくなったり、市
　　場参加者の間で信用リスクを意識して取引相手の選別が高まる、価格が急激に変化し
　　てボラティリティーが高まるという現象として現れるという（白川・前掲注18）300
　　頁）。

25）　Brunnermeier et al., supra note 23 at 3-21. 同論文はこのようなことがベアー・ス
　　ターンズやAIGのように政府による救済の必要性を生むと、金融機関は「大きすぎて
　　つぶせない」「相互依存関係が大きすぎてつぶせない」金融機関になって救済を受け
　　られるようになろうと、経済合理性を超えた規模や相互依存関係を追求し、外部不経
　　済を生じさせるとも指摘する。

を形成しているが、一金融機関の破綻はシステミック・リスクによりこれら
の市場全体を機能不全に陥れかねない。破綻金融機関からの被融資者は、そ
の者に関する情報を十分に有していない他の金融機関からは容易に融資を受
けられない。各金融機関が融資に消極的になり、経済全体に委縮効果を及ぼ
す。

2　金融機関の破綻処理

　今回の世界金融危機における広義の金融機関の破綻処理は、リーマン・ブ
ラザーズ、CIT等、政府の支援なしに破産手続が取られた場合から、ベアー・
スターンズのように連邦準備銀行の保証を付けて売却された場合、AIGのよ
うに連邦準備銀行の直接融資により救済された場合までまちまちであったた
め、政府の対応はでたらめであるという強い批判が生じた[26]。そこから政
府（中央銀行）による救済がいかなる場合に許されるかという、救済の妥当
性や正統性に関する議論が大きくなされている。

　考え方は大きく2つに分かれるようである。第1の考えは、破産手続の有
効性を高く評価し、政府救済は税金を使いモラルハザード等の問題を惹起す
ることを考慮して、基本的に政府救済ではなく破産手続によって金融機関の
破綻も処理すべきであるという考えである[27]。第2の考えは、積極的に政
府救済手続を取るという考えである。その中には、金融危機の封じ込めとい
う観点から政府による柔軟な緊急対応の必要性を指摘する考えや[28]、破産
手続では最終的な損失処理に必要な富の再分配の問題の解決が困難であり、
破産手続と救済はいずれかという選択の問題ではなく、両者を統合した対応
が必要であるといった主張がある[29]。米国の場合、日本の預金保険法102

---

26)　Levitin, supra note 18 at 2. なお、Hal S. Scott, The Reduction of Systemic Risk in the
　　United States Financial System, 33 Harv. J. of L. & Pub. Pol'y 671, 706-726（2010）参照。

27)　Kenneth Ayotte & David A. Skeel, Jr., Bankruptcy or Bailouts?, http://ssrn.com/abstract
　　=1362639（2009）（リーマン・ブラザーズ破産が金融危機を招いたのは、破産手続
　　を取ったためではなく、主要投資銀行が財務危機にあるというニュースによるものと
　　する）. George W. Kuney & Michael St. James, A Proposal for Chapter 10 : Reorganization
　　for "Too Big to Fail", Companies, 28 Am. Bankr. Instit. J., Mar. 2009 p.1. は、破産法のautomatic
　　stay制度の除外等によるシステミック・リスク対処を提案する。

28)　Anna Gelpern, Financial Crisis Containment, 41 Conn. L. Rev. 495（2009）（日本の1998
　　年金融危機等、世界各国の金融危機における緊急対応が具体的に分析されている）.

条のような規定がなく、連邦準備銀行の最後の貸手機能に係る規定のみに基づいて救済が行われており[30]、それも救済の正統性と手続の妥当性との問題を生んでいるようである。

日本においては1998年の金融危機を踏まえ、多難な政治過程を経て公的資金投入等が行われ[31]、預金保険法改正、金融機能の再生のための緊急措置に関する法律や金融機関等の更生手続の特例等に関する法律等の制定等、法制整備が行われた[32]。今回の世界金融危機を踏まえて改めてその意義を検証し再検討するとともに、日本の経験を世界に伝える必要があろう[33]。

IV　制度の見直し

1　各国における金融法制の見直しの動きと議論

今回の世界金融危機が、新しいタイプの金融等に対する金融法制や金融監督体制の不備を露呈したことは否定できない。そこで米国、欧州など金融危機に係わった国を中心に多くの国やEUにおいて、金融法制、金融監督体制の見直しがなされつつある[34]。

それらは現時点においてはなお詳細は決まっていないため、本稿においては改革の方向への議論の紹介にとどめたい。第1に論じられているのは規制対象の拡大である。伝統的な規制は決済機能が麻痺するタイプのシステミッ

---

29)　Levitin, supra note 18 at 41 et seq. 同論文は、システミック・リスク概念自体を見直し、ある機関の破綻が社会的に受け入れがたいマクロ経済の縮小をもたらす場合をすべてシステミック・リスクと呼び、選挙の平均的投票者が社会的に耐えがたいと感ずるマクロ経済的なインパクトがあるか否かで、システミック・リスクか否かを分けている（Id. at 11)。

30)　Fed. Reserve Act, Pub. 43, 63th Cong., 38 Stat. 263 §13. Levitin, supra note 18 at 51.

31)　久米郁男「公的資金投入をめぐる政治過程——住専処理から竹中プランまで」池尾編・前掲注10）215頁参照。

32)　池尾和人「銀行破綻と監督行政」池尾編・前掲注10）79頁参照。

33)　Ryouichi Mikitani & Adam S. Posen eds., JAPAN'S FINANCIAL CRISIS AND ITS PARALLELS TO U. S. EXPERIENCE (2000)；Hiroshi Nakaso, Bank for Int'l Settlements, THE FINANCIAL CRISIS IN JAPAN DURING THE 1990s：HOW THE BANK OF JAPAN RESPONDED AND THE LESSONS LEARNT (2001), http://www.bis.org/publ/bppdf/bispap06.pdf 等は、Gelpern, supra note 28 at 496, 525-530；Franklin Allen & Douglas Gale, UNDERSTANDING FINANCIAL CRISES (2007) p.15 等に引用され、世界的に金融危機対応の参考になっている。

ク・リスクを念頭に、預金通貨の受入機関である銀行を主として規制対象としてきた。しかし今回の世界金融危機は、市場型金融においてシャドウバンキング・システムを担うリーマン・ブラザーズのような投資銀行やCDS等のデリバティブを引き受けていたAIGの破綻から発生した。そこで新たなシステミック・リスクの対象となる、銀行以外の投資銀行、SIV、モノライン保険会社等も規制の対象とすべきだと論じられている。リスクが外部性を有するとして規制の対象とするにあたっては、ある金融機関のリスク量を測るバリュー・アット・リスク（VaR）を、他の取引先金融機関等のVaRに条件を付けて測定するCoVaRを用いるべきとの主張がある[35]。

　具体的には例えば、測定されたリスクにより金融機関を4種類に分類して規制すべきだと主張されている。第1が単独でシステマティック（individually systematic）な金融機関である。非常に大きくて（too-big-to-fail）関係する者が非常に多く、国を代表するような企業で政治的に破綻させ得ないようなものを指す。これにはマクロ経済的な規制を課すマクロ・プルーデンス規制と個別金融機関の財務の健全性を確保するミクロ・プルーデンス規制との両者を課すべきであるとされる[36]。第2が集団の一部としてシステマティック（systematic as part of a herd）な金融機関である。短期債務を負ってレバレッジが非常に高く、流動性の低い資産を保有しているヘッジファンドのように、個々の機関としては小さく重要性が低く、システマティックな存在として懸

34）　神田秀樹「金融危機後の法整備」ジュリ1399号（2010年）2頁、李立栄「国際的な金融規制改革の行方」Business & Economic Review 2010年2月号2頁、森下哲朗「金融危機後の金融規制に関する一考察」SFJ金融・資本市場研究1号（2010年）41頁等参照。2010年7月21日に米国で成立したドッド・フランク・ウォールストリート改革・消費者保護法は、公的資金による救済の廃止、金融機関の資本・レバレッジ・流動性・リスク管理等の規制強化、銀行やその関連会社や銀行持株会社によるヘッジファンド保有等の高リスク取引を制限するボルカー・ルール等（ボルカー・ルールへの批判として、翁・前掲注9）108頁以下参照）、非常に規制色の強い法律になっている。その他、FRBへの金融業界横断的で一元的な大手金融機関監督権限の付与、金融安定化監督評議会の設置、消費者金融保護機関の設置、集中決済等のデリバティブ取引規制、ヘッジファンドのSECへの登録義務等の規制、格付機関への規制強化と投資家による格付機関への訴権の付与、株主に会社役員の報酬等につき決議する権限を付与する等のコーポレート・ガバナンスの改革等が規定されている。

35）　以下は基本的に、Brunnermeier et al., supra note 23 at 23-27, 60-61 によっている。

36）　ミクロ・プルーデンスとマクロ・プルーデンスにつき、翁・前掲注9）86頁以下参照。

14 第I部 総 論

念材料となることはないが、より大きな集団の一部として動くときは（ヘッジファンドの集団的動き）、変動が相関してシステマティックになり得るものである。これに対してはある種のマクロ・プルーデンス規制が必要だが（例えば、レバレッジ、期間のミスマッチ、信用供与拡大等の規制）、ミクロ・プルーデンス規制は非常に限られたもので足りるとされる。第3がシステミックではないが巨大な（non-systemic large）、そしてレバレッジが低い金融機関である。保険会社や年金基金がこれに当たり、完全なミクロ・プルーデンス規制が必要であるが、マクロ・プルーデンス規制は不要とされる。第4が小金融機関（tinies）である。これは最低限の業務規制があれば足りるとされる[37]。

　以上のような分類は、市場型金融におけるシステミック・リスクの在り方を踏まえた上で、従来の個別金融機関の健全性規制（ミクロ・プルーデンス規制）に加えて、後述するようなマクロ・プルーデンス規制を導入した場合の規制の枠組みを再検討するものである。日本の平成22年金融商品取引法改正は、子法人等を含めた集団としての総資産の額が基準額を超える金融商品取引業者を「特別金融商品取引業者」として、特別の健全性等の規制を課すことにした（同法57条の2〜57条の27）。また保険持株会社およびその子会社についても健全性基準規制が導入される（保険業法271条の28の2）。今回の世界金融危機を踏まえて、投資銀行業務を行う金融商品取引業者や保険持株会社等、シャドウバンキング・システムを担う者の健全性確保を図ったものである。これらは市場型金融がまだ限定的な日本の当面の対応としては適切であるが、前述の海外での議論からは、シャドウバンキング・システムの一部を捕まえるものに過ぎない。例えばSIV、ヘッジファンド等の規制が将来的に適切なものか検討が必要であろう[38]。逆に上述のような考え方からは、システミックな影響の小さい小金融機関等については、規制を柔軟化する等、規制の枠組みを再検討することも考え得るところであろう。

37）　もっとも、以上のアプローチの実際の適用の難しさにつき、翁・前掲注9）95頁以下参照。

38）　平成22年改正金融商品取引法におけるヘッジファンドの扱い等につき、高橋洋明＝矢原雅文「『金融商品取引法等の一部を改正する法律』の概説」金法1901号（2010年）94頁・96頁参照。

2 マクロ・プルーデンス

今回の金融危機の教訓の1つは、ファイナンスの理論として支配的な効率的資本市場仮説にかかわらず[39]、バブルが発生したことであった[40]。バブルは過去の多くの金融危機の原因であった[41]。バブルを発生させないマクロ政策が肝要であるが、それはきわめて難しい[42]。

もう1つの教訓が、上記Ⅲ1のように、BIS規制、時価会計、企業ごとのリスク管理手法等、現在の金融規制の基本的な仕組みが、市場型金融においてはバブル崩壊による市場におけるシステミック・リスクの発生を逆に増大させたという、pro-cyclicalityの問題である。マクロ・プルーデンスを考慮に入れたcounter-cyclicalな規制に変える必要や、流動性リスクの問題等を含めたマクロ・プルーデンス政策を導入し、バーゼルⅡのTier1比率を、レバレッジ、期間のミスマッチ、資産拡大の比率に相関させる等、BIS規制のような従来のミクロ・プルーデンス規制との調整を図る必要が説かれている[43]。具体的には、上記のようにBIS規制の数値をマクロ・プルーデンス的に評価したリスクとの係数（coefficient）により調整するほか、レバレッジ・レイシオに制限をかける、資金の調達期間構造にリンクした会計を導入する、資産拡大のスピードに制限をかける、好況期に追加的な自己資本蓄積を義務付ける、資本保険やコンティンジェント・キャピタル（危機時に資本に変換できる債券）等の不況期に金融機関の自己資本調達を容易にする制度を整備する、スペイン式のダイナミック（統計的）貸倒引当金積立制度を導入する等、様々な提言がなされている[44]。これらの提言は実際に制度化する場合の困難が指摘されているが、しかし少しでも可能性を求めて制度改革の検討がなされるべきであろう[45]。

---

39) 効率的資本市場仮説とその問題につき、池尾和人＝池田信夫『なぜ世界は不況に陥ったのか──集中講義・金融危機と経済学』（日経BP社、2009年）132頁以下、岩原紳作「証券市場の効率性とその法的意義」貝塚啓明編『金融資本市場の変貌と国家』（東洋経済新報社、1999年）99頁参照。

40) Brunnermeier et al., supra note 23 at 30. バブル発生の理論につき、Rapp, supra note 6 at 1-119；Allen & Gale, supra note 33 at 235-259 参照。

41) Brunnermeier et al., supra note 23 at 30.

42) 白川・前掲注18）399頁以下、翁・前掲注9）123頁以下。

43) 翁・前掲注9）125頁以下。

44) Brunnermeier et al., supra note 23 at 60-61、翁・前掲注9）126頁以下。なお資本規制につき、Scott, supra note 26 at 679 et seq. 参照。

16   第 I 部　総　論

その他、店頭デリバティブ取引における決済リスクの削減等 [46]、金融機関のインセンティブの歪み是正等のガバナンス規制 [47]、時価会計のpro-cyclicality等の問題への対応 [48]、ヘッジファンドや格付機関等の規制 [49]、国内的・国際的な監督体制の見直し等 [50]、課題は非常に多い。

V　日本における金融の在り方の改革の評価と今後の方向性

1980年代以来の金融制度改革においては、従来の銀行中心の預金・融資による相対型の金融仲介が行われる産業金融モデルから、証券化金融商品等の市場を通ずる金融仲介が行われる市場金融モデルを中心とした複線的な金融システムに変えることが、金融政策の柱とされてきた [51]。その理由は、

---

45)　翁・前掲注9）128頁以下。

46)　Scott, supra note 26 at 686 et seq.；Diego Valiante, Shaping Reforms and Business Models for the OTC Derivatives Market Quo vadis?, http://ssrn.com/abstract＝1593131（2010）；Anupum Chander & Randall Costa, Clearing Credit Default Swaps：A Case Study in Global Convergence, 10 Chicago J. of Int'l L. 639（2010）. 日本の平成22年金融商品取引法改正においては、店頭デリバティブ等に係る清算機関や取引情報蓄積機関等の制度整備が図られた（金融商品取引法156条の3～156条の5の11・156条の12の2・156条の12の3・156条の15・156条の16・156条の20の2～156条の20の23・156条の62～156条の84 等）。

47)　OECD Steering Group on Corporate Governance, Corporate Governance and the Financial Crisis, http://www.oecd.org/corporate/ca/corporategovernanceprinciples/44679170.pdf (2010)；Bernard S. Sharfman, Reducing Systemic Risk By Cooling Wall Street's Bonus Culture, http://ssrn.com/abstract＝1688668（2010）.

48)　Maria Carmen Huian, Some Aspects Regarding the Role of Fair Value Accounting During the Current Financial Crisis, http://ssrn.com/abstract＝1370963（2009）；Richard A. Epstein and M.Todd Henderson, Marking to Market：Can Accounting Rules Shake the Foundations of Capitalism, http://ssrn.com/abstract＝1385382（2009）；Christian Laux and Christian Leuz, The Crisis of Fair Value Accounting：Making Sense of the Recent Debate, http://ssrn.com/abstract＝1392645（2009）等参照。

49)　Wulf A. Kaal, Hedge Fund Valuation: Retailization, Regulation, and Investor Suitability, http://ssrn.com/abstact＝1428387（2009）. なお、前掲注34）参照。

50)　Scott, supra note 26 at 726-733；Jorge Ponce, A Normative Analysis of Banking Supervision: Independence, Legal Protection and Accountability, http://ssrn.com/abstract＝1424349（2009）；Regis Bismuth, The Independence of Domestic Financial Regulators: An Underestimated Structural Issue in International Financial Governance, 2 Goettingen J. of Int'l L.93, http://ssrn.com/abstract＝1591933 (2010). 日本における具体的な課題につき、金融審報告・前掲注3）10頁以下参照。

第1に、キャッチアップ化を終え、フロントランナーに位置する経済においては、市場を中心とする金融システムがリスクマネーを供給することが経済を成長させることである。産業金融モデルにおいて主に銀行が担っていた産業等への投資決定機能を、投資銀行、ファンド、機関投資家等が担うことにより、投資案件への評価能力の向上やより大きなリスクの引受けが可能になるということであろう。第2に、従来の産業金融モデルにおいては銀行に実体経済のリスクが集中することになり、システミック・リスクを生じさせる危険を生んだという反省である。そこで市場型金融を拡大して、銀行が担っていたリスクを機関投資家等へ転嫁することによって、銀行へのリスクの集中を減少させ、社会全体としてのリスクシェアリング能力を高めようとした。第3に、証券化が進展した市場金融モデルにおいては、産業金融モデルで銀行が担っていた機能を、投資ファンド、格付機関、機関投資家等に機能分化することによって（銀行機能のアンバンドリング化）、専門化が進み、より効率的となると考えられた。第4に、市場金融モデルを中心とすることによって、日本の金融業の機能を向上させ、国際的な競争力を強化し、雇用を吸収し税収を生み出す産業とすることである。

　このような考え方は、1990年代以降の米国や英国等における金融産業を中心とする経済発展をモデルにしたものであった。しかし今回の世界金融危機は、市場金融モデル中心の金融システムに転換しても、これらが必ずしも実現するものではないことを示した。第1点については、サブプライム問題を生じさせたことは、銀行以外の投資銀行等の投資主体も、市場において適切な投資判断をするとは限らないことを示している。第2点については、米国ではかえって銀行より規制の緩いシャドウバンキング・システムにリスクが集中してシステミック・リスクを発生させ、今回の危機を招来した。欧州では証券化金融商品等の多くを銀行が保有することによって銀行部門の危機を招いている。市場金融モデルになっても、それだけではリスクシェアリングが改善するとは言い難い[52]。第3点も、専門化したから効率化が進むと

---

51)　日本型金融システムと行政の将来ビジョン懇話会「金融システムと行政の将来ビジョン」（2002年7月12日）5〜14頁、新しい金融の流れに関する懇談会「論点整理」（1998年）、池尾和人『金融産業への警告——金融システム再構築のために』（東洋経済新報社、1995年）115頁以下。

52)　神田・前掲注34）3頁参照。

は必ずしも言い切れない。むしろ証券化によって金融仲介の経路が長くなって、コストがかさむとの指摘もある[53]。証券化による銀行機能のアンバンドリングは、バブルを前提に成り立っていた（促進した）側面もあるのではなかろうか。第4点も、バブルを生み出すことによって米英金融業の繁栄は成り立っていた面もあり、構造が異なる米英の金融業をモデルに、金融業を成長産業として日本経済活性化を図るという考え方には、限界があることを認識すべきであろう[54]。

　以上のように、1990年代以降の日本における金融制度改革は市場金融モデルの実現を推進してきたが、市場型金融にも限界があることが示されたと言えよう。市場型金融は、情報の非対称性の問題等に対処するために、情報インフラ等の制度的構築が必要なのにそれが実現されていない等、実は多くの問題を抱えていたのであり（格付の在り方に問題があったのに、それに過大に依存していた等）、伝統的な銀行システムに比べその対処方法がまだ見えていないだけに、かえってやっかいと言えるかもしれない[55]。

　しかし、伝統的産業金融モデルから抜け出せない日本の金融システムが、新たな産業への資金供給や国際的金融等における新たなサービスの提供等、イノベーティブな動きが鈍く、国債保有に傾斜して低収益にあえぐ等、機能不全を起こしていることも明白である。経済や金融・証券市場のグローバル化、機関投資化、不動産市場等における市場原理の浸透・進展等を踏まえれば、難問を抱えながらも、Ⅳにおいて論じたような制度整備を行いつつ、市場型金融の拡大を図っていかざるを得ないであろう[56]。またそれだけでなく、銀行や保険会社等の金融仲介機関についても、その事業・業務の在り方について革新が必要なことは言うまでもない[57]。

---

53)　シン・前掲注5）296頁。
54)　ボワイエ・前掲注12）55頁は、米英の経済構造は例外的で、多くの欧州諸国が金融業を経済活動の重要な手段とする米英にならおうとしたが、困難だったとする。
55)　池尾＝池田・前掲注39）47頁以下。
56)　市場型金融の拡充の必要な理由につき詳しくは、金融審報告・前掲注3）6頁以下参照。
57)　詳しくは、金融審報告・前掲注3）8頁以下参照。

VI 結 び

今回の世界金融危機の経験は、市場金融モデルの限界を示した。それを十分に認識しつつ、かつ市場金融モデルへの転換にほとんど進展が見えない日本の現実を冷静に見据えて、我が国としては、より大きな社会・経済の構造改革を行う中で、金融システムや金融規制の改革を地道に進めるほかないように思われる[58]。金融は実体経済がスムーズに機能するためのサポートの役割を果たすのであって、2000年代前半の米国におけるような、金融産業が経済を牽引するということは、あまり期待すべきではないように思われる[59]。

そしてまた今回の世界金融危機は、グローバルインバランスに表れているような世界経済の大きな歪みと、それを解決していくために必要な、世界レベルの経済・社会・政治体制の変革という恐ろしく困難な課題を示したのかもしれない。各国においてそれぞれ課題の克服へ向けた努力が進むことを願いたい。

〔金融法務事情 1903 号（2010 年）27〜37 頁〕

［後記］　本稿は、2010 年の金融法学会第 27 回大会におけるシンポジウム「世界金融危機と金融法制の見直し」の報告論文として執筆したものである。当該学会における報告と質疑については、金融法研究 27 号（2011 年）15 頁以下及び 74 頁以下を参照されたい。

　本稿執筆の後、世界金融危機を踏まえて国際的な規制がなされ、また多く

---

58)　金融審報告・前掲注3) 5 頁も指摘するように、実体経済の生産性が向上せず、低成長、企業の低収益、デフレ傾向の中では（藤田一郎「長期化するデフレと日本経済」日本経済研究センター金融研究班報告書・日本金融研究 22 号（2010 年）59 頁以下）、国民が投資性の金融商品を選択しないことは合理的とも言える。実体経済の体質改善、その前提としての社会の改革が必要であろう（日本経済の構造的問題につき、例えば吉川洋『転換期の日本経済』（岩波書店、1999 年）7 頁以下参照）。
59)　日本の金融産業の国際的競争力の強化に努めることはもちろん必要であるが、米英のような国際的な金融サービスを提供することは容易でないことは認識すべきであろう（前掲注 54) 参照）。

の国において立法が行われた。国際的な規制としては、バーゼル銀行監督委員会の銀行の自己資本比率規制を強化して、銀行が経営危機に見舞われても返済不要な普通株等のいわゆるTier1の最低所要水準を実質7%以上とし、流動性比率やレバレッジ比率規制を導入するバーゼルⅢが2010年に公表され、2013年から段階的に導入されている。

EUは、世界金融危機において各加盟国の金融監督機関間の協調や調整を図る仕組みが機能しなかったことから、2010年にマクロ・プルーデンスの観点から全体的なシステミック・リスクの監督を行う機関として欧州システミック・リスク委員会（European Systemic Risk Board: ESRB）（1092/2010/EU Regulation of the European Parliament and of the Council of 24 Nov. 2010 on European Union macro-prudential oversight of the financial system and establishing a European Systemic Risk Board）、及びEU域内の銀行部門に対し、効果的かつ一貫した健全性規制・監督を実施するための欧州銀行監督機構（European Banking Authority: EBA）を設立した（1093/2010/EU Regulation of the European Parliament and of the Council of 24 Nov. 2010 establishing a European Supervisory Authority（European Banking Authority）, amending Decision No 716/2009/EC and repealing Commission Decision 2009/78/EC）。また2011年には、EU域内における金融市場の安定と適切な機能を促進するための欧州証券市場監督機構（European Securities and Markets Authority: ESMA）（1095/2010/EU Regulation of the European Parliament and of the Council of 24 Nov. 2010 establishing a European Supervisory Authority（European Securities and Markets Authority）, amending Decision No 716/2009/EC and repealing Commission Decision 2009/77/EC）、及びEU域内の保険部門に対し、効果的かつ一貫した健全性規制・監督を実施するための欧州保険年金監督機構（European Insurance and Occupational Pensions Authority）を設立した（1094/2010/EU Regulation of the European Parliament and of the Council of 24 Nov. 2010 establishing a European Supervisory Authority（European Insurance and Occupational Pensions Authority）, amending Decision No 716/2009/EC and repealing Commission Decision 2009/79/EC）。

EUにおいてはまた2012年に店頭デリバティブ取引に関する規制が導入された（648/2012/EU Regulation of the European Parliament and of the Council of 4 July 2012 on OTC derivatives, central counterparties and trade repositories）。標準的な店頭デリバティブ取引の中央清算義務、中央清算を行わない店頭デリバティブ取引につきリスク緩和措置をとる義務、取引情報蓄積機関への報告義務、清算機関の規制・監督、取引情報蓄積機関の規制・監督等が規定されている。この他、格付機関の規制（1060/2009/EC Regulation of the European Parliament and of the Council of 16 Sep. 2009 on credit rating agencies)、信用機関及び投資会社の役員報酬規制（2010/76/EU Directive of the European Parliament and of the Council of 24 Nov. 2010 amending Directives 2006/48/EC and 2006 /49/EC as regards capital requirements for the trading book and for re-securitizations, and the supervisory review of remuneration policies)、等も導入された。またバーゼルⅢに対応した規制として、2013年に第4次資本要件指令が定められた（2013/36/EU Directive of the European Parliament and of the Council of 26 June 2013 on access to the activity of credit institutions and the prudential supervision of credit institutions and investment firms, amending Directive 2002/87/EC and repealing Directives 2006/48/EC and 2006/49/EC)。

アメリカはドッド・フランク法を制定した（本書23頁以下参照）。

イギリスは2009年銀行法により、消却・資産譲渡・Bail-in等、銀行清算手続について、及び銀行倒産命令・銀行倒産管財人・銀行倒産手続等、銀行倒産等について規定した。また、2013年銀行改革法（Financial Services (Banking Reform) Act 2013）により、リテール銀行業務とホールセール銀行業務を分離するいわゆるリングフェンスを導入した（Financial Services and Markets Act 2000 ss142A～142Z1)。

ドイツは2010年信用機関再編法（Restrukturierungsgesetz）により信用機関更生法（Kreditinstitute-Reorganisationsgesetz）を制定し、信用機関が経営危機に陥った場合の危機管理手続につき規定した。即ち、倒産前に信用機関が自主的に開始する手続として再生手続が規定され（信用機関更生法2条～6条）、それが成功しない場合の手続として連邦金融監督機関に対し更生手続の届出ができ、同手続において第三者の権利の縮減ができる旨の規定が設けられた（同法7条～23条）。2013年発効の金融安定化法（Gesetz zur Überwachung der Finanzstabilität）によるマクロ・プルーデンス監督を担う金融安定化委員会（Ausschuss für Finazstabilität）の設立がなされた。2013年公布の分離銀行法（Trennbankengesetz）は、金融システムに害を及ぼす可能性があると判断された信用機関及び金融グループによる再建・破綻処理計画策定を義務付け、自己勘定での取引ポジションが基準値を超える信用機関及びそのグループに対する自己勘定業務を経済的、組織的、法的に独立した会社（金融取引機関）に移管することを義務付けた（KWG § 25f. Andreas Schwennicke / Dirk Auerbach, Kreditwesensgesetz mit Zahlungs-diensteaufsichtsgesetz und Aufsichtsgesetz, 3.Aufl., 2016, C.H.Beck, § 25f KWG参照)。この他、EU指令に基づき店頭デリバティブ等を規制するEMIR施行法（信用制度法、有価証券取引法、倒産法施行法等の改正）が制定されている。

フランスは、2013 年銀行業務の分離及び規制に関する法律（La loi des séparation et de regulation des activités bancaires（L. n° 2013-672, 26 juill. 2013））により、リングフェンシングの考えを取り入れて、システミック・リスクを引き起こす恐れがある金融商品取引業の規模が一定水準を超える銀行は、銀行本体が行う預金や中小企業向け融資等の「実体経済に有益な業務」から投機的な業務を分離し、これを子会社化しなければならないとした（Art. L.511-47 Ⅰ）。分離すべき業務は、金融商品の自己勘定取引及び株式・債券といった伝統的な投資資産以外を対象とする投資であるオルタナティブ投資（ヘッジ・ファンド、プライベート・エクイティファンド等）への出資である。但し自己勘定取引のうちマーケットメイク業務等の特定の業務は、例外として銀行本体で行うことができるとされていて、リングフェンシングは骨抜きになされた等の批判が強い（中川辰洋「フランス銀行改革の意義と問題点——銀行規制・監督体制は強化されるか」証券経済研究 82 号（2013 年）69 頁・80 頁以下）。しかし高頻度取引（コンピュータ・プログラムによる高速かつ高頻度の取引）及び自己勘定による農業等一次産品のデリバティブ取引は、子会社においても禁止される（Art. L.511-48 Ⅱ）。

　世界金融危機とそれに対する制度的な対応について、膨大な文献が書かれている。しかし、本稿に記したことを改めるべきことはないように思われる。この問題に関する最近の文献として例えば、Tillmann C. Lauk, The Triple Crisis of Western Capitalism, Palgrave Macmillan, 2014, pp.42-172; Corinna Bringmann, Bankenbeihilfen im Zuge der Finanzkrise, Duncker & Humblot, 2015; Sven Schelo, Bank Recovery and Resolution, Wolters Kluwer Law & Business, 2015; Nikoletta Kleftouri, Deposit Protection and Bank Resolution, Oxford University Press, 2015; Hal S. Scott, Connectedness and Contagion, The MIT Press, 2016; Michael S. Barr, Howell E. Jackson, & Margaret E. Tahyar, Financial Regulation: Law and Policy, Foundation Press, 2016, pp.917-942; Paul G. Mahoney, Deregulation and the Subprime Crisis, https://ssrn.com/abstract=2957801 等がある。

金融危機と金融規制
——アメリカのドッド・フランク法を中心に

I 序

2008年に表面化した世界金融危機は世界経済に深刻な影響を与え[1]、その激震は2011年以降のユーロ危機等になって今日更に広がりを加えている[2]。このような事態を受けて、世界的な金融規制の見直しが行われている。まずリーマン・ショック発生直後の第1回G20サミットにおいて、金融危機を踏まえた制度改革の必要が謳われ[3]、それに基づいて設立された金融安定理事会（Financial Stability Board: FSB）は、G20への報告書を纏め[4]、更に制度改革の方向を示す文書を発表している[5]。

---

1) 危機表面化から1年足らずで、世界の株式市場の株価総額は35兆ドル下落し、世界のGDPは第2次世界大戦後初めて減少した。広義の金融機関が受けた損害は、1.1兆ドルに上り、米国や欧州諸国が緊急に供給した流動性資金は9兆ドルに上る。Arthur E. Wilmarth, Jr., The Dark Side of Universal Banking: Financial Conglomerates and the Origins of the Subprime Financial Crisis, 41 Conn. L. Rev. 963, 967 (2009).

2) Elisabetta Montanaro & Mario Tonveronachi, A Critical Assessment of the European Approach to Financial Reforms, PSL Quarterly Review, vol. 64 n.258 (2011) 193.

3) http://nytimes.com/2008/11/16/washington/summit-text.html. その後のG20会合はそれぞれ金融危機に対処するための改革につき声明を出している。例えば、http://www.mofa.go.jp/policy/economy/g20_summit/2009-2/statement.pdf 参照。

4) "Progress since the Washington Summit in the Implementation of the G20 Recommendations for Strengthening Financial Stability", Report of the Financial Stability Board to G20 Leaders (8 November 2010) (http://www.fsb.org/wp-content/uploads/r_101111b.pdf).

5) Financial Stability Board, "Key Attributes of Effective Resolution Regimes for Financial Institutions", 2011, http://www.fsb.org/wp-content/uploads/r_111104cc.pdf.

これを受けてEUは様々な報告書等を出していたが、最近では、金融機関の立て直し及び清算に関するEU指令案を公表している[6]。しかし各国に先駆けて包括的な金融規制改革の立法を行ったのは、世界の金融の中心であり、特に金融危機の発端となってその影響を最も受けたアメリカであった。即ち、アメリカは2009年に包括的金融規制改革法としてドッド・フランク法を制定した[7]。ドッド・フランク法には、金融安定化、清算命令権限、通貨監督官への権限移譲、ヘッジファンド等への投資顧問規制、保険、銀行持株会社・貯蓄組合保有会社及び預金取扱金融機関改善（いわゆるボルカー・ルール等）、ウォールストリートの透明性・責任性（スワップに関する規制）、支払・決済・清算監督、投資家保護・証券規制改善、消費者金融保護局、連邦準備制度、主要金融機関利用改善、償還法、不動産抵当改革・略奪的貸付禁止法、その他、等の編があり、多面的な規制を導入しているが、本稿においては、ドッド・フランク法の金融危機防止と発生した金融危機への対処に係る制度を中心に、その意義を検討することによって、今回の世界金融危機を踏まえた金融規制の在り方を考えてみたい。その際、金融危機と規制の意義についての経済的検討をすることは勿論、規制の政治思想的背景に特に注目することとしたい。規制ないし政府の介入は極めて政治的行為であるにも拘わらず、我が国においては専ら経済的側面に興味が集中して、政治的側面の検討が少ないように感じるためである[8]。なお、ドッド・フランク法の規則制定等に関する最新の動向等につき、本稿においては十分にはフォローできていない部分がありうることを予めお断りしたい。

---

6) European Commission "Proposal For a Directive of the European Parliament and of the Council, establishing a framework for the recovery and resolution of credit institutions and investment firms and amending Council Directives 77/91/EEC and 82/891/EC, Directives 2001/24/EC, 2002/47/EC, 2004/25/EC, 2005/56/EC, 2007/36/EC and 2011/35/EC and Regulation (EU) No 1093/2010", http://ec.europa.eu/internal_market/bank/docs/crisis-management/2012_eu_framework/COM_2012_280_en.pdf.

7) Dodd-Frank Wall Street Reform and Consumer Protection Act, Pub. L. No. 111-203, 124 Stat. 1376 (2010)（以下、Dodd-Frank Actと略す）. 同法の全体像につき、Nathan L. Morris & Philip O. Price (eds.), THE DODD-FRANK WALL STREET REFORM AND CONSUMER PROTECTION ACT, 2011 参照。

8) 僅かに、久米郁男「公的資金投入をめぐる政治過程——住専処理から竹中プランまで」池尾和人編『不良債権と金融危機』（慶応義塾大学出版会、2009年）215頁等がある。

アメリカ以外にも、イギリスは 2009 年銀行法において商業銀行や投資銀行の破綻に関する立法を行い、また、独立委員会を設立して根本的な金融規制改革立法を図る改革法案を国会において審議している（その審議に基づき 2013 年 12 月 18 日に成立した 2013 年銀行改革法により、リテール銀行業務とホールセール銀行業務の分離を図るいわゆるリングフェンス規制が導入された（Financial Services (Banking Reform) Act 2013 (2013 c 33)。本書 21 頁参照）。ドイツも信用機関の再生法（Restrukturierungsgesetz）を 2010 年に成立させ、2011 年から施行する等（本書 21 頁参照）、各国において立法の動きが見られるが[9]、本稿はアメリカのドッド・フランク法に焦点を当てて検討することとしたい。

II 規制の背景と方向

1 金融危機の原因

今回の世界金融危機の原因については、世界中において膨大な議論が行われている[10]。危機のマクロ的な原因としては、何よりも世界的な過剰流動性が指摘されている。過剰流動性を背景に、アメリカや多くのEU諸国において不動産バブルが発生し、それが破綻したことが世界金融危機を生んだ[11]。

2 規制の動機と目的

ドッド・フランク法の立法は、バブルを起こして金融危機を招いた金融機関等の行動や[12]、甘い監督によりそれを防止できなかった金融監督当局[13]、

---

9) イギリスについては、Banking Act 2009 (http://www.legislation.gov.uk/ukpga/2009/1/introduction/enacted)；The Investment Bank Special Administration Regulations, SI 2011/245; United Kingdom Independent Commission on Banking, Final Report Recommendations (September 2011) (http://bankingcommission.s3.amazonaws.com/wp-content/uploads/2010/07/ICB-Final-Report.pdf)；Government response to the Joint Committee, (http://www.parliament.uk/documents/joint-committees/Draft-Financial-Services-Bill/Government-Response-FSB.pdf) 等参照。ドイツについては、Restrukturierungsgesetz, BGBL. 2010 Teil I Nr 63, 14 Dezember 2010; Patrick S. Kenadjian (Hrsg.), TOO BIG TO FAIL-BRAUCHEN WIR EIN SONDERINSOLVENZRECHT FÜR BANKEN?, 2012 参照。

10) これらの議論や文献等については、岩原紳作「世界金融危機と金融法制」金法 1903 号（2010 年）27 頁（本書 3 頁以下）参照。

11) 岩原・前掲注 10) 28 頁（本書 4 頁）、及び同引用文献参照。

26 第Ⅰ部 総 論

そして恣意的とも見られかねない巨額の公的資金による一部の広義の金融機関の救済への強い批判を背景としている[14]。世界の経済に深刻な危機を生じさせ、巨額の公的資金、即ち税金や中央銀行資金を投入して「大きすぎてつぶせない（too-big-to-fail: TBTF）」金融機関を救済せざるを得なかったことは、多くの国民の怒りを招いた[15]。その矛先は、危機を生む経済活動を行った「貪欲な金融関係者」と、それを放置した金融監督当局にまずは向かった。危機が生じると国民はまずその責任者を求める。国民は、責任者の処罰と規制強化を求め、二度と税金の投入を行わないことを求めた。このような納税者の怒りを鎮めるために、ドッド・フランク法は、アメリカの納税者を無限の広義の金融機関救済から守るために、TBTFといったことをなくすことを主たる立法目的の1つとしている[16]。

　このような経緯は、我が国における1990年代半ばの信用組合等の中小金融機関の破綻や住専（住宅金融専門会社）問題と類似していた。住専の損失負担に6850億円の公的資金を投入したことは、世論の厳しい批判を受けた[17]。しかし日本の場合は、更に金融危機が深刻化して、1997年に入って北海道拓殖銀行等の大手銀行や山一證券といった大手証券会社や、その他銀行等の破綻が、全国各地で取付騒ぎを発生させた。またインターバンク市場が機能不全を起こし、優良な大手銀行を含む金融機関が一斉に流動性確保のために貸出先企業からの無理な貸出金回収に走って（いわゆる貸剥がし）、日本の企業全体、ひいては家計部門を含むマクロ経済全体の悪化をもたらす危

---

12)　河村哲二「アメリカ発のグローバル金融危機——グローバル資本主義の不安定性とアメリカ」経済理論46巻1号（2009年）4頁・5頁以下、ロベール・ボワイエ（西洋訳）「歴史的パースペクティブからみたサブプライム危機——レギュラシオン学派からの分析」経済理論46巻1号（2009年）53頁参照。

13)　John Ryan, The Greenspan Federal Reserve Role in the Financial Crisis, http://ssrn.com/abstract=1345802 (2009).

14)　Adam J. Levitin, In Defense of Bailouts, 99 Geo. L. J. 435, 437, 494-499 (2011)（ベアー・スターンズやAIGの救済には、Federal Reserve Act §13(3)に基づく中央銀行資金が用いられたが、同条項はそのような救済を目的とするものではなかったと指摘する）; Cheryl D. Block, Letting Go of Binary Thinking and Too-Big-To-Fail: Preserving A Continuum Approach To Systemic Risk, 6 Brook. J. Corp. Fin. & Com. L. 1, 22, 46, 51 (2012).

15)　Block, supra note 14 at 1, 48.

16)　H.R.4173, 111th Cong., pmbl. (2d Sess. 2010).　Block, supra note 14 at 1-2.

17)　池尾和人「銀行破綻と監督行政」池尾編・前掲注8）79頁・92頁以下参照。

機を招来した。このようになって初めて世論は、金融危機、金融機関危機の回避のために金融機関への大規模な公的資金（最終的には税金）の投入を容認する方向に変わった[18]。その結果、1998年に預金保険法改正、金融機能の再生のための緊急措置に関する法律（「金融再生法」と略す）・金融機能の早期健全化のための緊急措置に関する法律等の制定がなされ、財政資金（税金）の投入による破綻金融機関の預金の全額保護、大手金融機関への資本注入、破綻処理体制の整備（金融整理管財人・承継銀行・特別公的管理制度の導入、整理回収機構の創設等）、早期是正措置の導入等が行われ、公的資金（税金）の使用も行う金融機関の破綻防止や破綻処理の制度が整備された[19]。

　しかしアメリカにおいては、リーマン・ショックは世界を恐慌の瀬戸際にまで追い込んだものの、リーマン・ブラザーズ等を除けば、大手銀行や大手投資銀行や保険会社の破綻が生じる前に公的資金や他の金融機関による救済等が行われ、巨額の流動性がFRBによって供給されたことにより、銀行取付や、銀行等による貸付先からの貸剥がしによって一般企業や実体経済が危機に陥るといった事態には至らなかった[20]。その結果、たとえ公的資金を投入してもTBTF機関の破綻を防ぎ、金融システムの危機を防ぐ必要があるという認識が、日本におけるようには社会一般に形成されなかった。そしてアメリカにおいては、建国初期のアンドリュー・ジャクソン大統領の合衆国中央銀行創設を巡る争いに遡るように、大金融機関に対する根深い不信感が歴史的・政治的に社会に存在する。それは奇妙なことに政治的な左右両派に共有されるものであった。即ち、左派にとっては、それは富裕層エリートを支える権力そのものに対する懸念であり、右派にとってそれは、公衆の独立した選択の自由が経済的利益の集中によって損なわれるという懸念になる[21]。経済的にも、TBTF企業（より正確に言えば、too interconnected to fail な企業）

---

18)　池尾・前掲注17) 96頁、久米・前掲注8) 228頁（それでもなお強い抵抗感が最後まで政治的に残っていたことが指摘されている）。

19)　池尾・前掲注17) 96頁以下。しかしこれらの措置もあって金融危機がやや沈静化した1999年以降は、金融危機対応制度の整備に遅延等の問題が生じたことにつき、同100頁以下参照。それが2003年の「りそなホールディングス」への公的資金投入で進んだ経緯につき、久米・前掲注8) 232頁以下参照。

20)　この経緯については、余りにも多くの文献があるが、取り敢えず、翁百合『金融危機とプルーデンス政策——金融システム・企業の再生に向けて』（日本経済新聞出版社、2010年）15頁以下及び同引用文献参照。

28　第I部　総論

の存在は、リスクの高い経営を行って破綻の危険が生じても政府は救済せざ
るを得ないという期待から、経済合理性を超えたハイリスク経営を行うとい
うモラルハザードを起こすことが指摘されてきた[22]。そこでドッド・フラ
ンク法は、何よりも、TBTF機関が破綻し、税金や中央銀行資金による救済
を必要とするような事態の発生を防止するとともに、仮に破綻が発生しても
公的資金による大金融機関の救済を認めないという政治的な意思に基づき、
それを可能とするための金融監督・破綻処理体制の再構築を目指したのであ
る[23]。

3　規制の方向

しかし規制の方向については、アメリカの左派は、金融機関の規模自体に
上限を設けて、破綻させるには巨大すぎる金融機関（TBTF）あるいは他の
金融機関と相関しすぎてつぶせない（too interconnected to fail）金融機関の存
在自体を否定しようとするのに対し、規制に懐疑的な右派は、TBTF機関が
とれるリスクを限定する軽い規制を設けるドッド・フランク法のボルカー・
ルール的な立場と、政府規制一般を否定し、破綻した金融機関を救済する政
府や中央銀行の権限を規制しようとするより強硬な立場に分かれている。
ドッド・フランク法は、それらの立場の妥協の産物として、大きな方針を示
したあいまいな規定が多く、妥協の決着は同法を具体化する各監督機関の規
則に委ねられている。しかし政治的な対立が激しいため、その規則の制定が
なかなかできない状況にある。危機の直後に制定されたドッド・フランク法

---

21)　Brett H. McDonnell, Financial Regulation Reform and Too Big To Fail（http://ssrn.com/
　　abstract=1986923）p.6.
22)　McDonnell, supra note 21 at 2 - 5 .
23)　オバマ大統領はドッド・フランク法に署名したときに、納税者の資金による救済は
　　もはやなくなるであろうと述べ（Frank James, Obama* Financial Bill Means 'No More
　　… Bailouts, Period,' NPR（July 15, 2010, 6:23 PM）, http://www.npr.org/sections/thetwo-
　　way/2010/07/15/128549117/obama-financial-bill-means-no-more-bailouts-period）、政治家
　　はドッド・フランク法を納税者資金による大金融機関救済の幕引きと宣伝しているが
　　（Watchdog Disputes White House Claim That Wall Street Reform Will End Taxpayer
　　Bailouts, ABCNews（Jan. 27, 2011, 10:02 AM）, http://blogs.abcnews.com/thenote/2011/01/
　　watchdog-disputes-white-house-claim-that-wall-street-reform-will-end-taxpayer-bailouts.
　　html）、これは記念碑的な政治的詐欺に終わるであろうと批評するものもある（Steve
　　A. Ramirez, Dodd-Frank as Maginot Line, 15 Chap. L. Rev. 109, 123（2011-2012））。

は、危機発生時点の国民の怒りそのままに、過度に厳しい規制法になったが、規則の制定に時間がかかればかかるほど、国民の関心は移ろいやすく、金融界の巨大な政治力を行使したロビイングが活発になって[24]、規制は牙のないものになりつつある等と批評されている[25]。

4 金融危機の在り方と規制の変化

2008年金融危機は、金融ビジネスの在り方の大きな変化を背景に発生したものであり、その監督や国家の関わりにつき深刻な論争を呼んだ。証券化の結果、商業銀行に代わって投資銀行やStructured Investment Vehicle (SIV)がレポ取引等による市場を通じた流動性の供給主体となるというシャドウバンキング・システムが発達した[26]。その担い手であった、ベアー・スターンズやリーマン・ブラザーズ等といった投資銀行や、当該市場におけるリスク引受の担い手であったクレジット・デリバティブの引受機関であるAIGといった保険会社等のノンバンクが、金融市場から流動性を調達できなくなって破綻することにより、2008年金融危機は生じた。従来の商業銀行への預金取付から発生する金融危機とは異なる、市場型システミック・リスクから発生した金融危機であった[27]。

このような金融危機の在り方は、それまでの商業銀行業務を中心とした金融ビジネスの在り方の変化を示すとともに、商業銀行の決済機能保護等を中心とした金融規制の在り方をも根本から変えることになった[28]。このような新しいタイプの金融への規制と救済の是非と在り方は、社会の公序 (public policy) の観点から見た正統性 (legitimacy) の問題として取り上げられている[29]。ドッド・フランク法は、このような論争を踏まえ、新たな金融に関する社会契約を構築しようとした試みと言えよう。以下ではその内容を概観

---

24) アメリカにおける銀行や投資銀行の政治力につき、Block, supra note 14 at 12 参照。リーマン・ショックの時のHenry M. Paulson を始め、その前のクリントン政権時代のRobert E. Rubin 等、多くの財務長官は最大の投資銀行である Goldman Sachs の経営者出身であった (McDonnell, supra note 21 at 5)。なお、C.M.A. McCauliff, Didn't Your Mother Teach You to Share?: Wealth, Lobbying and Distributive Justice in the Wake of the Economic Crisis, http://ssrn.com/abstract=1561886.

25) McDonnell, supra note 21 at 8-11. 例えば、Ramirez, supra note 23 at 124 et seq. 参照。

26) 翁・前掲注20) 44頁以下、岩原・前掲注10) 29頁（本書7頁）及びこれら引用の文献参照。

30　第Ⅰ部　総　論

してみたい。

Ⅲ　ドッド・フランク法の構造

1　包括的監督体制

　以上のような立法の経緯から、ドッド・フランク法は、従来の連邦国法銀行法や連邦預金保険公社法等の商業銀行を専ら対象とする規制から、新たな金融サービスを提供するノンバンク等も含む非常に幅広い対象を規制する体制にしようとしている。そこで第1に、金融監督の体制も、あらゆる金融サービスをカバーできる包括的なものにしようとしている。即ち、アメリカは連邦制度をとっていることから、金融機関は連邦の監督を受けるものと州の監督を受けるものに分かれ、金融に係る業種毎にも色々な縦割的監督体制があり、複数の監督機関が重畳的に監督を行うことも多い等、非常に複雑な金融監督体制にある。そこでドッド・フランク法は、これら各監督機関により構成される金融安定監視協議会（Financial Stability Oversight Council: FSOC）という協議会を設け、あらゆる金融サービスにつき、FSOCがシステミック・リスクの監督という観点から、包括的・統一的な規制を行おうとしている。FSOCは、財務長官を議長に、FRB議長、OCC長官、消費者金融保護局

---

27)　詳しくは、Markus Brunnermeier, Andrew Crokett, Charles Goodhart, Avinash D. Peraud & Hyun Shin, The Fundamental Principles of Financial Regulation, Geneva Reports on the World Economy 11, Preliminary Conference Draft（ICMB）(2009) pp. 3-21; 岩原・前掲注10）30～32頁（本書9～10頁）参照。このような市場型システミック・リスクに対しては、個別金融機関の財務の健全性を規制する従来の金融規制は無力であった（Block, supra note 14 at 26）。なお、システミック・リスクという概念については、非常に多くの議論があり、まず決済システム参加者の破綻が他の参加者に決済システムを通じて波及し、決済システム全体の機能不全を起こすという意味から始まり、それが拡大して、社会的に受け入れがたいマクロ経済的な縮小を意味するというような、極めて広い理解にまで広がっている（例えば、Levitin, supra note 14 at 443-451 及び同引用文献参照）。しかし本稿では、「ある企業の破綻が幅広い経済に重大な負の効果を及ぼすリスク」という、最近の一般的な理解（Levitin, supra note 14 at 444）に従って議論したい。なお、Hal S. Scott, The Reduction of Systemic Risk in the United States Financial System, 33 Harv. J. of L. & Pub. Policy, 671 (2010) 参照。

28)　このような伝統的な銀行規制の考え方につき、岩原紳作『電子決済と法』（有斐閣、2003年）509頁参照。

29)　Claire Kelly, Financial Crises and Civil Society, 11 Chi. J. Int'l L. 505, 526 (2011).

（CFPB）長、SEC委員長、FDIC議長、CFTC委員長、FHFA長官、NCUA委員長、保険専門家の 10 名が議決権を有しており、FIO局長、州保険コミッショナー代表、州銀行監督当局代表、州証券コミッショナー代表の 5 名が議決権なしで参加する[30]。

2 規制対象

ドッド・フランク法は第 2 に、このような監督体制に合わせて、規制対象となる機関等を幅広く定めている。まず、連結ベース粗収益の 85％以上が連邦銀行持株会社法（Bank Holding Company Act: BHC法）に定める銀行持株会社（BHC）やその子会社が営むことができる「金融の性質を持つ業務」であること、又は連結ベース総資産の 85％以上が同業務に関連しているものであって、銀行やBHCでない者を、「主として金融業務に携わる会社」、即ち、「ノンバンク金融会社」と定義する。「それが深刻な財務困難に陥った場合、又はその性質、業務範囲、規模、集中度、相関度、アメリカのノンバンク金融会社としての活動の複雑さからアメリカの金融の安定性への脅威となりうるノンバンク金融会社」（「システミックに重要なノンバンク」又はSIFC（systemically important financial company）と通称する）と、FSOCが議長を含む 3 分の 2 以上の多数決で認定したものは、FRBの監督下に入り、FSOCの提言を受けて、連結資産が 500 億ドル以上の大規模BHCとともにFRBによる高い健全性規制等を受けることとした[31]。即ち、レバレッジ規制、特定企業に対する信用エクスポージャー規制、早期是正措置や自己資本による損失吸収可能性のストレステスト等の適用を受ける。またFSOCは同じ決議要件により、システム上重要な金融市場施設（取引所等）、又は支払・決済・清算業務を認定することができ、これらに対してはFRBが設定するリスク管理基準が適用される。この認定の基準としては、取引総量、これらにおいて金融機関が取引相手に対して負うエクスポージャー、他の同様の施設ないし業務との関係や相互依存度、破綻ないしダウンした場合に枢要な市場や金融機関やより広い金融システムに及ぼす影響、等が考慮される[32]。なお、預金

---

30) Dodd-Frank Act §111（codified at 12 U.S.C. §5321）.
31) Dodd-Frank Act §§112, 115, 165, 166（codified at 12 U.S.C. §§5322, 5325, 5365, 5366）.

保険対象預金受入機関、BHC、SIFCを併せて、自己資本比率規制の強化が
行われる[33]。

このように、シャドウバンキング・システム全体を規制するのではなく、
その中でもTBTFに該当するSIFCだけを、大規模BHC同様の規制の下に置こ
うとすることに、ドッド・フランク法の特徴がある。このようにTBTF機関
のみを規制しようとしたのは、システミック・リスク防止のためとされるが、
Ⅱ2に前述したように、2008年危機のようなTBTF機関の破綻という政府に
よる救済が避けられなくなる事態をともかくも避けようという点で、政治的
な左右両派が一致したためと言われている。即ち、左派には、大規模金融機
関に対するジャクソニアンデモクラシーに遡るアメリカのポピュリズム的な
反感がある一方、右派も、経済力の集中したものに政治がとらわれるべきで
ないという公共選択の立場から、この政策を支持した[34]。

しかし学説等からは、専ら大規模BHCとTBTF機関のみを規制の対象とし
ようとするドッド・フランク法の規制方針への批判ないし、対立する考え方
が示されている。まずBHCについては、連結資産50億ドル以上のBHCに限
定して規制するという、適用対象の形式的な基準が批判される。他の金融機
関等との相互関連性（interconnection）等のシステミック・リスクの実質的な
要素が考慮されていないというのである[35]。他方、SIFCについては、形式
基準が用いられない代わりに、FSOCの裁量による指定で適用対象が定めら
れることになり、SIFCへの指定がない限り、投資銀行、ブローカー、ディー
ラー等は、FRBではなくSECによる監督・規制しか受けないし、保険会社は
基本的には州による監督しか受けず、その他のノンバンクには全く規制を受
けないものもあることが批判される[36]。

学説においては、シャドウバンキング・システムの規制は、あるノンバン
クのリスク量を量るバリュー・アット・リスク（VaR）を、他の取引先金融

---

32)　Dodd-Frank Act §804（codified at 12 U.S.C. §5463）. 支払・清算・決済機関に関す
　　るドッド・フランク法の規制については、Dodd-Frank Act §§802, 805, 124 Stat.
　　1802, 1809（codified at 12 U.S.C. §§5461, 5464）; Morris & Price（eds.）, supra note 7 at
　　161-169（Donna Nordenberg & Marc Labonte）参照。

33)　Dodd-Frank Act §171(b)（codified at 12 U.S.C. §5371(b)）.

34)　McDonnell, supra note 21 at 7.

35)　Block, supra note 14 at 32-34.

金融危機と金融規制——アメリカのドッド・フランク法を中心に　33

機関等とのVaRに条件を付けて測定するCoVaRを用いて量り、当該ノンバンクが破綻するリスクの外部性を量って、規制の必要性を判断すべきだという意見などがある。このような観点からは、国を代表するような、非常に巨大で関係する者も非常に大きいようなTBTFでTITF（too interconnected to fail）に当たる単独でシステマティックな金融機関以外にも、短期債務を負ってレバレッジが非常に高く、流動性の低い資産を保有しているヘッジファンドのように、個々の機関としては小さく重要性が低く、システマティックな存在として懸念材料とはならないが、ヘッジファンド群の集団的な動きの一部としては、変動が相関してシステマティックになりうるような広義の金融機関には、ある種のマクロ・プルーデンス規制が必要であると指摘されている[37]。たとえ個々としてはTBTFでなくても、それらが集団的に行動して、市場における雪崩的なヘアカット率の厳格化を起こす等、pro-cyclicalな結果をもたらす危険があるというのである。このようにドッド・フランク法は、小規模シャドウバンキング・システム機関を対象となし得ていないと批判されている。多くの小規模機関の失敗や破綻は、TBTF機関の破綻と変わらぬ危険があるのに、ドッド・フランク法はTBTF機関のみを規制して、この小規模シャドウバンキング・システム機関の危険を見逃しているというのである[38]。

---

36)　Gen. Accountability Office, Financial Regulation: A Framework for Crafting and Assessing Proposals to Modernize the Outdated U.S. Financial Regulatory System 23, GAO-09-216 (2009) ; Block, supra note 14 at 35. なお、金融機関の立て直し及び清算に関するEU指令案１条は、システム上重要性の判断を予めすることが困難であることや、小規模な企業が広範囲に破綻することも同じように経済に破壊的な影響を与えるということから、SIFCに限定せず、全ての預金取扱金融機関、投資会社、これらの持株会社、及びその金融子会社等を適用対象としている（前掲注6）参照）。このようなEUの視点からのドッド・フランク法に対する批判として、例えば、Michael Schillig, Bank Resolution Regimes in EuropeⅠ － Recovery and Resolution Planning, Early Intervention, 2012, p.11, http://ssrn.com/abstract=2136101 参照。

37)　例えば、レバレッジ、期間のミスマッチ、信用供与拡大等の規制である。このように市場型システミック・リスクに関わる広義の金融機関の規制以外に、保険会社や年金基金のようにシステミックではないが巨大な広義の金融機関には、ミクロ・プルーデンス規制が必要であり、小金融機関には最低限の業務規制があれば足りる、等と指摘されている（Brunnermeier et al., supra note 27 at 23-27, 60, 61）。それ以外の議論等を含め、翁・前掲注20) 92 頁以下、岩原・前掲注10) 33 頁（本書13 頁）以下参照。

38)　McDonnell, supra note 21 at 9 -10. その結果、多くの資金が小規模シャドウバンキング機関に流れて、問題を悪化させる危険もあると指摘する。

また、ドッド・フランク法のTBTF機関の規制方法に対する批判もある。自己資本比率規制等、結局、伝統的な金融機関について失敗した規制方法を、SIFC等にも適用しようとしているという批判である。同法166条は、FRBの監督を受けるノンバンク金融会社又はBHCに対する早期是正措置を定めるが[39]、それは先に銀行に関し早期是正措置を定めた1991年連邦預金保険公社改革法（FDICIA）に倣うものにすぎない[40]。しかもFDICIAが監督当局の裁量を許さずに是正措置を命じることを要求しているのに対し、ドッド・フランク法166条は、FRBにFSOC及びFDICと協議して是正措置を定める規則を定めることができるという、広く漠然とした権限を与えるものにすぎず、FDICIAの早期是正措置ですら、リーマン危機の際には当局の是正先延ばし防止の実効性に欠けていたと評されているのに[41]、ドッド・フランク法の早期是正措置規定は更に実効性に欠けるものになるであろうと批判されている[42]。

3　特別の破綻処理制度

ドッド・フランク法は、第3に、システミックに重要な金融会社につき特別の破綻処理制度を用意している。対象となる金融会社は、BHC、SIFC、主としてBHC法上の「金融又はそれに付随する性質を有する業務」を行っている会社、これらの子会社のうち主としてBHC法上の「金融又はそれに付随する性質を有する業務」を行っている会社で、預金保険対象預金受入機関及び保険会社を除くものである[43]。これらの金融会社のうち、当該会社がデフォルト状態にあり、破綻処理した場合にアメリカの金融機関に著しい悪影響が及ぶ恐れがあり、デフォルトを防ぐための民間ベースの解決方法がないのに対し、本制度の適用により悪影響を回避ないし緩和でき、しかも市場参加者に適切な影響が及ぶ場合には、FDIC、FRBの理事会の提言に

---

39)　Dodd-Frank Act § 166（codified at 12 § 5366）.

40)　Federal Deposit Insurance Corporation Improvement Act of 1991, sec.131, § 38(a)（codified at 12 U.S.C. § 1831o）.

41)　U.S. Gov't Accountability Office, GAO-11-612, Bank Regulation: Modified Corrective Action Framework Would Improve Effectiveness p.34; Kenneth Ayotte & David A. Skeel, Jr., Bankruptcy or Bailouts?, 35 J. Corp. L. 469, 472-73（2010）.

42)　Block, supra note 14 at 30-31.

43)　Dodd-Frank Act § 201(a)(11)（codified at 12 U.S.C. § 5381(a)(11)）.

より、財務長官が大統領と協議して本制度の適用を決定し、FDICを当該金融会社の管財人に任命する[44]。FDICは、SIFCの管財基金に直接、貸付、資産の買取・保証、債務の引受・保証を行うか[45]、ブリッジ金融会社を設立して破綻SIFCの資産・負債のブリッジ金融会社への移転を求めることによって[46]、資金供給を行う。この破綻処理の費用は、財務省に創設したFDICが管理する清算命令基金（Orderly Liquidation Fund: OLF）のために、FDICが財務省に債券を発行することにより調達した資金により賄うが、他の金融会社との合併、資産の売却等、残余財産の処分により対象SIFCを全て清算処理して全額回収し、清算費用や清算回避のために納税者資金は使用せず納税者には損失負担を一切求めない[47]。株主は債権者に劣後し、責任ある経営者や取締役を解職する[48]。このようにシステミックに重要な金融会社の破綻にも、税金による救済は一切行わず、必ず清算して清算費用にも税金の負担は一切行わないということを規定しているわけである。

　しかしこれについては、政府救済を一切否定する方向が妥当か否か、また否定するとすればそれが貫かれているかを巡って、大きな論争になっている。第1の考えは、政府救済は、税金を用いて大規模金融機関や金融会社を保護するものであり、モラルハザードを生じさせうるし、政治的な正統性に欠けるというものである。その背後には、そもそもTBTF機関の形成を許すべきではないし、一般的な破産手続きの有効性を高く評価し、大規模金融機関やSIFCの破綻処理も、政府救済ではなく破産手続きないしそれに準じる手続きによってすべきだという考えがある[49]。このような考え方からは、ドッド・フランク法上の特別の破綻処理制度が、政府・中央銀行による救済の可能性を残していることや、破綻処理費用を一時的であれ、政府が負担することに批判が集中する[50]。FRBの緊急融資機能等を通じた抜け道が残されて

---

44)　Id § 203 (a)(b) (codified at 12 U.S.C. § 5383).
45)　Id § 204 (d) (codified at 12 § 5384 (d)).
46)　Id § 210 (h)(1), (3), (5) (codified at 12 U.S.C. 5390 § (h)(1), (3), (5)).
47)　Id § § 204, 210, 214 (codified at 12 U.S.C. § § 5384, 5390, 5394).
48)　Id § § 204 (a), 206 (codified at 12 U.S.C. § § 5384 (a), 5386). なおドッド・フランク法の条文は、SIFCの資産が非担保債権の弁済に足りない場合、非担保債権者にも損失を負担させるようにも見えるが、非担保債権も完全に保護する権限をFDICに与えていると指摘されている（Arthur E. Wilmarth, Jr., The Dodd-Frank Act: A Flawed and Inadequate Response to the Too-Big-to Fail Problem, 89 Or. L. Rev. 951, 997 (2011)）。

いるという批判等もある[51]。

　これに対し第2の考え方は、政府ないし中央銀行資金による救済を避けることはできないとして、その必要性を積極的に認めるものである。第1の考え方が、本来、政府救済は望ましくないものであり、そもそもそれを必要としたTBTF機関の存在を許すべきでないという発想に立っているのに対し、第2の考え方は、TBTF機関の存在は望ましくないとしても、現実にはそれが存在する以上、その倒産を放置し、一般の倒産手続きに委ねる場合の深刻な経済全体への打撃に比較すれば、政府・中央銀行による救済の方がましだという認識に基づいている[52]。その背後には、メガバンクの経済的・政治的力と対峙して金融構造を根本的に変革しない限り、TBTF機関の出現を防げないし、それが破綻したときの救済を避けることも難しいが、それは困難だという醒めたないしは悲観的な認識がある[53]。第1と第2の考え方には、経済、金融、人間社会への基本的な認識ないし態度に違いがあると言えよう。第2の考え方からは、ドッド・フランク法がFDICなどによる救済の要件を

---

49)　例えば、Ayotte & Skeel, Jr., supra note 41 at 469（リーマン・ブラザーズの危機を招いたのは、破産手続きをとったからではなく、主要投資銀行が財務危機にあるというニュースによると主張する）; George W. Kuney & Michael St. James, A Proposal for Chapter 10: Reorganization for "Too Big to Fail" Companies, 28 Am. Bankr. Instit. J., Mar. 2009 p.1 は、破産法において、automatic stay 制度の除外等によりシステミック・リスクに対応することができるとする。また、Wilmarth, supra note 48 at 993-1023 参照。

50)　FDICの規則案により、SIFCのCP等の短期債権者が完全に保護されて事実上の政府救済になることや、OLFによる資金供給等が批判されている（Wilmarth, supra note 48 at 998-1000）。

51)　Federal Reserve Act §13(3)(codified at 12 U.S.C. §343) の権限等が利用されうるという（Wilmarth, supra note 48 at 1002-1006）。破産処理費用はこれら金融会社に予め積み立てさせた資金により負担すべきだという批判等もある（Id at 1015-1023）。

52)　OLFを担当するFDICは、預金保険制度へのなるべく少ない負担の下で預金保険の被保険者を守ることのみを主な目的とするが、他方、銀行システムへの公衆の信頼を守り、金融の安定を図るという相対立する政策課題を担っており、後者も重視せざるを得ないと指摘する（Block, supra note 14 at 45 et seq.）。なお、前掲注49）におけるような議論に対しては、破産法は破綻したTBTF機関の社会全体に受入れ可能な分配問題に対応できず、システミック・リスクを悪化させうるとの批判がなされている（Levitin, supra note 14 at 484-485）。

53)　Roberta S. Karmel, An Orderly Liquidation Authority Is Not the Solution to Too-Big-To-Fail, http://ssrn.com/abstract=2001639.

困難にしたことが批判されている[54]。なお、倒産手続きと救済とを峻別せずに、（危機の）封じ込め（containment）という観念によって、事実上、救済を容認する見解もある[55]。尤も、このような第2の考え方を採りながらも、国家が余りにも巨額のTBTF救済をせざるを得なくなると、アイルランドで起きたように、国家そのものの財政・経済が危機に瀕する可能性があり、アメリカであれば世界の基軸通貨であるドルの信認が揺らぐことになるため、やはりTBTF問題の発生自体を減らす努力が必要だとする指摘がなされていることは[56]、注目される。

大規模BHC及びSIFCは、いわゆるLiving Will（resolution plan）を作成して、破綻したり深刻な財務困難に陥った場合の迅速かつ秩序だった処理を行うための計画を自ら作成しておかないと、厳格な健全性基準、業務制限、資産処分命令等の対象となるというサンクションを受けることになっている[57]。最近、FRBとFDICはこれに関する最終規則案を公表したが[58]、しかしLiving Willの果たしうる機能は、開示などに限られて、TBTF問題に果たしうる役割は限られていると指摘されている[59]。なお預金保険限度額の引上げとともに[60]、預金保険料算定ベースが、対象預金総額から連結総資産ベースに変更される[61]。

---

54) Block, supra note 14 at 51 et seq. 例えば、2008年のベアー・スターンズやAIGの救済等はドッド・フランク法の下では困難になるという。しかし実際には、ドッド・フランク法は101条・1105条等により、より広い救済を可能にしているという批評もある（Ramirez, supra note 23 at 119-122）。

55) Anna Gelpern, Financial Crisis and Containment, 41 Conn. L. Rev. 495 (2009)（日本の1997年金融危機等、世界各国の金融危機における緊急対応が分析されている）.

56) Ramirez, supra note 23 at 122-123.

57) Dodd-Frank Act §165 (codified at 12 U.S.C. §5365).

58) Joseph Karl Grant, Planning for the Death of a Systemically Important Financial Institution Under Title I §165 (d) of the Dodd-Frank Act: The Practical Implications of Resolution Plans or Living Wills in Planning a Bank's Funeral, 6 Va. L. & Bus. Rev. 467 (2012), http://ssrn.com/abstract=2016525.

59) Nizan Geslevich Packin, The Case Against the Dodd-Frank Act's Living Wills: Contingency Planning Following the Financial Crisis, Berkeley Business Law Journal, 2011, http://ssrn.com/abstract=1961626.

60) Dodd-Frank Act §335 (a) (codified at 12 U.S.C. §1821 (a)(1)(E)).

61) Id §331 (b) (codified at 12 U.S.C. §1817 (b)).

4 金融に関わる各種機関の業務規制——ボルカー・ルール等

ドッド・フランク法は第4に、以上のような一切税金を使用しないで、システミックに重要な金融会社の救済をせず、破綻処理費用も負担しないということを貫くために、商業銀行だけでなく、ヘッジファンド、デリバティブ、証券化等、新たな金融取引に関わる多くの機関に対する業務規制を導入・強化している。商業銀行に対しては、監督体制の整備とともに、いわゆるボルカー・ルールを採用して、商業銀行関係機関による資本市場活動を制限している。

ヘッジファンドについては、運用マネージャーに投資顧問業者法上のSECへの登録及び報告が義務付けられる[62]。格付機関の監督・規制も強化され、内部コントロール体制の法的義務付け、用いられている手続きや手法を利用者に告知することの義務付け、格付に添付する開示情報のフォーマットの作成義務付け、SECによる利益相反に関する規則等の制定、格付機関の損害賠償義務免除規定の廃止[63]、等が規定されている。

デリバティブについては、金融機関に関してはFRB、OCC等の監督当局が健全な取引基準を策定する[64]。金融機関に限らないスワップ・ディーラー及び主要スワップ参加者に対して、CFTC又はSECへの登録を義務付ける。CFTC、SECは、彼らの監督のための規則を制定し[65]、金融市場の安定性や金融市場参加者を損なう濫用的スワップの認定も行う[66]。そこから更に新しいデリバティブ商品をスクリーニングする手続きの提案等が行われている[67]。スワップ取引は原則として、CFTC又はSECの認定する取引所又は施設において行わなければならず、清算は、CFTC又はSECに登録している清算機関（CCP）を介して行うことが義務付けられる[68]。清算機関を用いずにディーラー、主要参加者がスワップ取引を行うには、CFTC又はSECが定め

---

62) Id §§ 403, 404 (codified at 15 U.S.C. §§ 80b-3 (b), 80b-4).

63) Id § 932 (codified at 15 U.S.C. §§ 78o-7, 78c (a) (62)).

64) Id § 716 (j) (codified at 15 U.S.C. § 8305 (j)).

65) Id §§ 731, 764 (codified at 7 U.S.C. § 6 (a)-(k); 15 U.S.C. § 78o-10).

66) Id § 714 (codified at 7 U.S.C. § 6; 15 U.S.C. § 8303).

67) P. M. Vasudev, Credit Derivatives and the Dodd Frank Act-Is the Regulatory Response Appropriate?, http://ssrn.com/abstract=1984878.

68) Dodd-Frank Act §§ 723, 763 (codified at 7 U.S.C. § 2; 15 U.S.C. §§ 78c-3, 78q-1, 78c-4, 78c-5, 78-f, 78i (b), 78j-2, 78m).

た自己資本比率規制・マージン規制に従わなければならない[69]。二当事者間デリバティブ契約も、相互に関連した義務の網を形成して、一当事者の破綻が連鎖的な破綻を引き起こしうるという、too interconnected to failの問題を生じるためである。このような規制に対しては、却って清算機関にリスクが集中する問題があると批判があったが[70]、規制当局は、ベアー・スターンズ、リーマン・ブラザーズ、AIGは、事実上の清算機関となっていながら登録清算機関のような規律がなかったことが危機を招いたと考えて規制を導入した[71]。CFTCが認定した取引所で取引される商品先物・オプション・スワップ等には、全当事者にポジション制限が課せられる。SECは全ての証券ベースのスワップの全当事者にポジション制限を課す。預金保険対象預金受入機関以外の主要スワップ参加者やスワップ・ディーラーは、連邦準備銀行信用やFDICによる保険・保証の対象外とされる[72]。銀行及びBHCは、監督当局の定める専門能力・財務力・リスク管理システム等を充たさないとスワップ・ディーラー、主要スワップ参加者として活動できない。

ABSの発行者・organizer・initiator等の証券化事業者は、ABSを発行するために第三者に移転・転売した資産の信用リスクの一部につき、原則5％以上の経済的利益を保持し続けることが義務付けられる[73]。商業用不動産の証券化についても、連邦銀行当局とSECにより、同様の規制がなされうる。しかしこのような"skin-in-the-game"規制に対しては、アメリカにおける住宅金融の根本問題は信用リスク情報の不透明さにあり、mortgage証券化の標準化等、情報を生み出すための市場の構造改革が必要だとする批判等がある[74]。

ボルカー・ルールは[75]、ドッド・フランク法による規制の中でも、最も有名であるとともに最も争われている規制であろう。その内容は、「銀行機

---

69) Id § § 731, 764 (codified at 7 U.S.C. § 6 (a)-(k); 15 U.S.C. § 78o-10).

70) 清算機関自身がTBTF機関になるとの指摘である (Ramirez, supra note 23 at 125)。

71) Anupam Chander & Randall Costa, Clearing Credit Default Swaps: A Case Study in Global Legal Convergence, 10 Chi. J. of Int'l L. 639 (2010), http://ssrn.com/abstract = 1576765.

72) Dodd-Frank Act § 716 (codified at 15 U.S.C. § 8305).

73) Id § 941 (b) (codified at 15 U.S.C. § 78o-11).

74) Adam J. Levitin, Andrey D. Pavlov & Susan M. Wachter, The Dodd-Frank Act and Housing Finance, 29 Yale J. on Reg. 155 (2012), http://ssrn.com/abstract = 1970288.

関」、即ち、預金保険対象預金受入機関、それを支配する会社、1978年国際銀行法8条に基づきBHC法の適用を受ける会社、及びこれらの子会社や系列会社に対し、自らの短期価格変動差益実現のために対象金融ポジションを取るトレーディング勘定において、自らが当事者となって、証券、デリバティブ、商品先物売買契約、それらに関するオプション、又は連邦銀行当局、SEC、及びCFTC等、関係当局の規則によって指定されたその他証券又は金融商品を、売買、もしくは取得又は処分すること、及び、ヘッジファンド又はプライベートエクイティファンドの持分その他の所有権を取得又は保有すること、又はスポンサーとなる、即ち、支配したりすることを、禁止するものである。但し、この禁止には多くの例外がありうる。例えば、連邦政府債や連邦政府機関債、Fannie Mae債、Freddie Mac債、州政府債その他地方自治体債等の自己勘定による取引、非常に限定的な制限の下でのファンド投資等、ヘッジ目的の取引、顧客を代理する取引、1958年小企業投資法に係る投資取引、その他、いくつかの例外取引が認められている。しかしこれらの例外も、重大な利益相反を生じないこと、銀行活動にハイリスク資産・ハイリスク取引戦略をもたらさないこと、銀行機関の安全性と健全性に脅威とならないこと、アメリカの金融安定性に脅威とならないことが条件とされている。更にこれら例外に対しては、必要に応じて追加的な所要自己資本と量的規制が課されうることになっている。そしてSIFCについても、自己勘定取引やファンド投資等を行っているときには、当該業務につき同様の規制が課されることになっている。尤も、これらの規制の具体的な内容については、多くのことが各金融関係当局の規則に委ねられており、規制導入の猶予期間も設けられることになっていた。これらを巡ってアメリカにおいては、却って銀行の経営基盤を弱めるとしてボルカー・ルールに反対する金融界と、政府及び議会の間で深刻な対立があり、規制を具体化する規則の成立は大幅に遅れた（2015年7月21日から全面適用）。

　ボルカー・ルールの基本的発想は、リスクの高い取引（'risky' non-utility activities）を伝統的ないわゆる商業銀行業務（'non-risky' utility banking services）から切り離そうというものであり[76]、このような考え方を突き詰めれば、決済機能や預金受入機能と、貸付機能等を切り離す、いわゆるナロウバンキ

---

75)　Dodd-Frank Act § 619 (codified at 12 U.S.C. § 1851).

ング（Narrow Banking）の考えにまで至りうることが指摘されている[77]。この考えは、リスクの高いレバレッジをきかせる貸付と（要求払）預金による資金調達の間の期間構造のミスマッチが共存しがたいため、両者の業務を分離すべきであるとするものである。しかしこれに対しては、このような期間構造の違いを利用したビジネスは商業銀行の伝統的な業務の根本をなしていて、実際上否定しがたいこと、銀行による貸付は証券化に比較すればリスクの審査機能が効いているし、資本によるバッファーも効いていること、銀行は預金受入業務と貸付業務を併せ営むことによって、借主からの逆選択に対応できるような情報創出機能を獲得できるというシナジー効果を生んでいて（いわゆるrelationship bankingの機能）、預金による資金調達と決済システムの分離は困難である、等の反論があって[78]、ナロウバンキング論は実際には受け入れられていない[79]。そこでボルカー・ルールは、ナロウバンキングの考えまでには至らず、特にリスクの高い投資銀行業務に限って「銀行機関」等が行うことを禁止しようとするものである。銀行に投資銀行業務を禁止していたグラス・スティーゲル法と比較しても禁止の範囲は狭い[80]。

　しかしその結果、ボルカー・ルールは許される業務と許されない業務の区別が困難であるという強い批判が生じている。即ち、禁止される「proprietary trading」と許される「market making」の区別や[81]、適用除外とされるヘッジ取引に当たりうるか等の区別である[82]。またその具体化を規則に委ねたために、銀行界等の強い抵抗にあって、規則制定の延期を繰り返した。そし

---

76) Group of Thirty, Financial Reform: A Framework for Financial Stability (2009), http://www.group30.org/images/uploads/publications/G30_FinancialReformFrameworkFinStability.pdf; Julian T. S. Chow and Jay Surti, Making Banks Safer: Can Volcker and Vickers Do It?, IMF Working Paper WP/11/236, http://www.imf.org/external/pubs/ft/wp/2011/wp11236.pdf, pp. 5 seq. 参照。その目的は、銀行が受ける連邦からのセーフティ・ネットを、資本市場業務を営む関連ノンバンクに流用しないようにするためであるとされている（Senate Report No. 111-176 at 90）。

77) Chow & Surti, supra note 76 at 5 seq. 実際にそのような主張として、Arthur E. Wilmarth, Jr., Narrow Banking: An Overdue Reform That Could Solve the Too-Big-to-Fail Problem and Align U.S. and U.K. Financial Conglomerates（Part Ⅱ）, 31/4 Banking & Financial Services Policy Report 1 (2012) がある。

78) Wilmarth, supra note 77 at 5–9. 翁・前掲注20）109頁以下参照。

79) 尤も、我が国の資金決済法における資金決済業者は一種のナロウバンクと言えよう。その代わり、資金決済法に定めるような特別の規制体系が用意されている。

80) Chow & Surti, supra note 76 at 19.

て何よりも根本的批判として、リーマン・ブラザーズやAIG等に示されてい
るように、最近の金融危機はシャドウバンキング・システムから生じている
のであって、預金金融機関のみを対象とするボルカー・ルールで足りるのか
という批判がある。ボルカー・ルールは却って、金融の流れをある程度整備
された規制のある預金金融機関からほとんど規制が整備されていないシャド
ウバンキング・システムへと導いてしまう、という指摘がある[83]。

　なおイギリスは、ボルカー・ルールと同様にリテール銀行業務と投資銀行
業務の分離を図るという問題関心に立ちながら、ボルカー・ルールよりは緩
やかに、従来通りユニバーサル・バンキング業務は認めつつ、同一法人内に
おけるリテール銀行業務と投資銀行業務の分離を図るという方向をとろうと
している。これはRetail Ring Fencing と呼ばれている[84]。ボルカー・ルール
と比べ、金融界の現行実務への影響をなるべく避けようとしたものであろう
が、しかしそれだけ投資銀行業務のリスクのリテール銀行業務への伝染
(contagion) の危険も高まり、中途半端であるという批判等もある[85]。

5　「金融会社」の規模規制

　ドッド・フランク法は第5に、too-big-to-fail (TBTF) という事態が生じて、
広義の金融機関を政府や中央銀行が救済せざるを得ないことを防ぐために、
金融機関の規模制限のための規制を設けることを予定している。即ち、
FSOCは、「金融会社」が「金融会社」に限らない他の会社との合併、買収
等により過度に大規模化することを規制することの影響を調査し、FRBが規
則を制定することとしている[86]。しかしこのような制限の是非やあるべき
内容については議論があり、「金融会社」の定義等、内容がなかなか固まら
なかったことから、金融界の政治力に妨げられてTBTFへの巨大化を防げて
いないと、ドッド・フランク法に対する厳しい批判が出ていた[87]。

---

81)　Arthur E. Wilmarth, Jr., Narrow Banking: An Overdue Reform That Could Solve the
　　Too-Big-to-Fail Problem and Align U.S. and U.K. Financial Conglomerates (Part I), 31/3
　　Banking & Financial Services Policy Report 1, 17 (2012).
82)　Chow & Surti, supra note 76 at 19-21.
83)　Id at 22.
84)　United Kingdom Independent Commission on Banking, supra note 9 at 35-78.
85)　Chow & Surti, supra note 76 at 23, 27-30.

金融危機と金融規制——アメリカのドッド・フランク法を中心に　　43

6　会社法的規制、金融機関に関する報酬規制等

　ドッド・フランク法は第6に、役員報酬や買収・合併・事業譲渡における役員への報酬取決め（ゴールデンパラシュート）につき拘束力のない賛否表明権を株主に与えることを義務付けるとか[88]、報酬委員会の独立性の上場規則による法定や役員報酬開示の強化等、金融機関に限らない一般的な会社法的規制も定めている。これは、インセンティブ報酬等の会社法的な仕組みが、金融機関等における過大なリスクの引受などモラルハザードを引き起こし、それが今回の金融危機をもたらした、という反省に基づくものであろう。各金融規制当局は、それぞれの監督対象金融機関に、役員だけでなく、職員・取締役・大株主への過剰な報酬や、金融機関に多大な損失をもたらしうるインセンティブ報酬制度を禁止することにもなっている[89]。

7　金融に係る消費者保護体制

　第7に、FRBに消費者金融保護局（Bureau of Consumer Financial Protection: CFPB）を創設し、従来、FRB、OCC、FDIC、NCUAが有していた消費者保護機能とFTC、住宅都市開発省の一部機能を移管することにしている。適用対象となる消費者金融商品・サービスの提供者及びその系列会社は非常に広く定義されているが、保険業は定義から除外されている[90]。

---

86)　Dodd-Frank Act §622 (codified at 12 U.S.C. §1852). FRBは2014年に買収等により金融セクターの債務の10％を超えてはならない等の規則を定めた（79 Fed. Reg. 68095, RegulationXX, 12 CFR §251.3）。但し、預金保険適用預金受入機関が破綻したり破綻する恐れがある場合等の適用除外が認められている（12 CFR §251.4）。早稲田大学大学院法学研究科博士後期課程の平岡克行氏から御教示頂いた。

87)　Wilmarth, supra note 48 at 988-992. 預金保険に加入する預金取扱機関、銀行持株会社、貯蓄貸付機関持株会社、FRBの監督対象であるノンバンク等の広義の金融機関が他の広義の金融機関との合併、資産の全面的ないしほぼ全面的買収等の結果、連結ベースの負債が前年末時点の対象金融機関全体の負債の10％を超える場合、当該合併・買収等は禁止される（12 U.S.C. §1852）。

88)　Dodd-Frank Act §951 (codified at 15 U.S.C. §78n-1).

89)　Id §956 (codified at 12 U.S.C. §5641).

90)　Id §1002 (codified at 12 U.S.C. §5301).

44 第Ｉ部 総 論

Ⅳ 結 び

　以上、本稿はドッド・フランク法の趣旨と概要を説明し、それを巡る議論を紹介した。ドッド・フランク法は膨大な法律であり、しかもその多くの部分はこれからの規則による具体化に委ねられている。本稿は同法のほんの一部につき、現時点における内容とそれを巡る議論を紹介できたのに止まる。群盲象をなでるといった類の研究にすぎない。

　しかしその範囲で同法に関し本稿の観点から強く印象付けられるのは、Ⅱ2において論じたように、同法が何よりもTBTF機関救済のために公的資金を使わせないという、強い政治的意思に基づいて立法されていること、しかしそのことの妥当性や実現可能性に多くの疑問が出され、実際の規制が多くの困難を抱えているということ、そしてその背景に、アメリカ社会における金融や金融機関の在り方等を巡る深刻な政治的な対立があるということである。このような問題があるのにも拘わらず、ドッド・フランク法が成立したのは、左右の激しい政治的対立に拘わらず、とにかくTBTF機関を公的資金によっては救済しないという点では左右が一致し、それが国民のコンセンサスになっていて、その大前提を動かせないためである[91]。

　しかし一部の学者から指摘されているように、TBTF機関の存在は望ましくないとしても、現実の世界金融の世界においてそれは存在するし、それを解体するということは、政治的にも経済的にも、実際には極めて困難であって現実性に欠けるし[92]、また彼らが世界的な金融において、資金の決済や流れ、資金・資本の配分、成長分野への投資等に果たしている機能を考えると、必ずしも妥当でもないように思われる。予めTBTF機関の破綻手続きを備えておく、Living Willの果たしうる機能への評価も限定的である[93]。TBTF機関が破綻して金融システムや経済全体の機能麻痺を生じうる場合は、公的資金を果断に投入して危機を防ぐことが必要であろう。勿論、それは政治的な正義や公平性、モラルハザードという問題を抱えていることは否定で

---

91)　前掲注 21) 文献参照。
92)　前掲注 52)、53) 参照。
93)　前掲注 59) 文献参照。

きない[94]。しかし大恐慌の例を挙げるまでもなく、1997年における我が国における銀行や証券会社の倒産が、インターバンク市場・金融システムの機能不全から金融機関全体への不安を生じさせ、更にはそのようにして追い込まれた多くの金融機関が融資先からの貸剥がしを行う等の信用収縮により、金融機関から融資を受ける一般事業会社へと危機が波及し、国の経済活動全体の危機をもたらしたことを思えば、救済による問題が生じうるにしても、まずは危機を防ぐ必要のある場合が存在しうると思われる[95]。一般的な倒産法による破綻処理は、アメリカにおいて強い支持があるものの[96]、金融機関破綻の特殊性から、倒産法の規定の相当な見直しが必要であるだけでなく[97]、一般的な倒産法は、公的資金の投入を始めとする関係当事者間における資産分配機能や政策的配慮を行う仕組みとしては適当ではない[98]。我が国が金融機関倒産に関する特別の手続きや公的資金投入を含む仕組みを、金融機関等の更生手続の特例等に関する法律や金融再生法や預金保険法等によって作ったことは、適切であったと思われる[99]。しかしこれらの法律にもなお問題点が指摘されており[100]、更なる改善が必要であろう。

　しかもシャドウバンキング等、現実の金融市場の在り方を見ると、公的資金を使ってでも救済しなければ、金融システム全体、経済全体の危機を招きかねない場合は、アメリカにおいて指摘されているように、TBTF機関の破綻にとどまらないようにも思われる[101]。我が国における金融機関破綻処理の経験からも、金融システムが総体としても深刻な問題を抱えているときは、金融システムを構成する大半の広義の金融機関を破綻させるわけにはいかないことから（too many to fail: TMTF）、TBTF機関とは言えない金融機関でも、

---

94)　前掲注22）文献参照。また、前掲注49）参照。
95)　経済理論的分析として、例えば、池尾・前掲注17）85頁以下参照。モラルハザード等に対する対応等も検討されている。
96)　前掲注49）参照。
97)　深尾光洋「銀行の経営悪化と破綻処理」池尾編・前掲注8）153頁・170頁。
98)　前掲注52）参照。
99)　政府保証・補助に関する預金保険法42条の2・125条、日本銀行からの借入に関する同法42条2項・126条等。なお、深尾・前掲注97）170頁以下、池尾・前掲注17）96頁以下等参照。
100)　深尾・前掲注97）173頁。
101)　前掲注35)～38)、及びこれに対応する本文箇所参照。

その救済を行って、金融システム全体に対する不安を抑える必要がある場合がありえた。我が国の 1997 年の金融危機の引き金となった、三洋証券、北海道拓殖銀行、山一證券等の破綻も、彼らが TBTF 機関であったためにその破綻が危機をもたらしたというよりも、それらの破綻が金融システムや金融機関の総体が抱えている不安を表面化させることによって、金融危機を招いたのであった[102]。またその後の、金融システムへの不安を解消させるきっかけとなったとの評価のある、預金保険法 102 条 1 項 1 号・3 号による「りそな銀行」や足利銀行の救済も、TBTF 機関の救済とは言えないものであろう（特に後者[103]）。その意味においては、Ⅲ 3 に記したようなドッド・フランク法の特別の破綻処理制度の適用対象の定め方は、参考になるものの、十分かつ柔軟に適用されうるものか、検討の余地があろう。

　問題はいかにして金融システム全体への不安を抑え、その機能不全を防ぐかということにある。そのために公的資金の投入が必要な場合には、それは洩れなく果断になされなければならないし、しかもそれを用いて適切に破綻の阻止や処理を行う制度的備えがなされなくてはならない[104]。その意味で、公的資金による救済を一切否定するかの如きドッド・フランク法の規定に批判が強いことは理解できる。しかし同時に、アイルランドのように公的資金による金融機関の救済が国家そのものの財政を破綻させ、通貨に対する信用を破壊する危険があることも指摘されていることは、国家財政が破綻に瀕している我が国においては、現実の問題として認識されなければならない。それを防ぐためには、公的資金による救済の必要性を低下させるような努力がなされなければならない。その意味において、ドッド・フランク法は、我が国にとって非常に参考になると考える。

　即ち、同法のように、合併等を通じた TBTF 機関の増加や肥大化を防ぐ必要があるし、ヘッジファンド等、新たな金融の主体を含む広義の金融機関によるリスクの採り過ぎに対し、市場におけるリスク評価が適切になされて金融市場が適切に機能するようにし、モラルハザードを防ぐ必要があろう。その内容の是非につき議論はあるが、例えば同法の、ヘッジファンド規制、格

---

102)　深尾・前掲注 97) 95 頁以下。

103)　「りそな銀行」や足利銀行の救済については、その意義の評価は分かれている。池尾・前掲注 17) 104 頁以下、久米・前掲注 8) 245 頁以下参照。

104)　池尾・前掲注 17) 107 頁以下参照。

付機関規制、デリバティブ規制等を参考に、我が国においても検討を行う必要があろう。また、金融関係者によるリスクの採り過ぎ等を招くモラルハザード防止のための会社法的な規定も、大いに注目されるべきである。

　最も論争になっているのは、ボルカー・ルールである。確かに同ルールについては批判されている通りの問題があるとはいえ[105]、TBTF機関あるいはSIFC等による過大なリスク引受が、金融システム全体、経済システム全体、そして彼らの救済を通じて国家財政や通貨そのものの信頼さえも毀損しかねないことも事実である。我が国を含め各国において、この問題についての合理的なルールの形成が必要であろう。その際には、バブルを発生させ世界金融危機を招いた、従来の金融や金融に関わる主体の在り方の見直し、更には世界経済の在り方の根本的見直しが必要となろう[106]。

〔前田重行先生古稀記念『企業法・金融法の新潮流』（商事法務、2013年）393～425頁〕

　　［後記］　本稿は、2008年の世界金融危機を受けて、アメリカが包括的金融規制
　　改革法として立法したいわゆるドッド・フランク法の金融危機防止と発生し
　　た金融危機の対処に係る規定を紹介・分析し、わが国への示唆を求めた論文
　　である。ドッド・フランク法のいわゆるボルカー・ルールの規則の制定・適
　　用は遅れていたが、本文中に括弧書きしたように、2015年7月21日から全面
　　適用された。
　　　ドッド・フランク法には、本稿に記載した内容のほかに、証券化事業者
　　（Securitizer）に対して、資産担保証券（Asset-Backed Securities: ABS）の発行
　　によって第三者に移転・売却した資産の信用リスクの一部につき経済的利害
　　を保持することを義務付ける等の規制もある（15 U.S.C. § 78o-11）。証券化事
　　業者のリスク継続保有率は、原則として資産の信用リスクの5％以上とされる
　　が、オリジネーターが一定の引受基準を満たしている資産については5％未満
　　に軽減される（15 U.S.C. § 78o-11 (c)(1)(B)）。ドッド・フランク法に基づく規
　　則の制定状況については、United States Government Accountability Office,
　　Report to Congressional Addressees: Dodd-Frank Regulations: Impacts on
　　Community Banks, Credit Unions and Systemically Important Institutions,

---

105)　前掲注81)～83) 文献等参照。
106)　岩原・前掲注10) 27頁（本書3頁）以下、36頁（同18頁）以下参照。

December 2015, GAO-16-169 参照（早稲田大学大学院法学研究科博士後期課程の平岡克行氏から御教示頂いた）。

　ドッド・フランク法が連邦準備銀行による救済を制限していることには厳しい批判がある。同法の銀行持株会社その他のシステム上重要なノンバンク（Nonbank SIFIs）の清算命令、中央清算、リスク負担制限、SIFIの指定等を含め、Hal S. Scott, Connectedness and Contagion, The MIT Press, 2016, pp.59-64, 93-107, 205-218; Michael S. Barr, Howell E. Jackson & Margaret E. Tahyar, Financial Regulation : Law and Policy, Foundation Press, 2016, pp.63-70, 717-718 参照。

第 II 部

決済・銀行業務

銀行の決済機能と為替業務の排他性

I 序

　決済等におけるコンピューター化、セキュリタイゼーション（証券化）、金融の自由化・国際化、そして銀行の不良債権の急増等、最近における急速な金融の変化に直面して、銀行とその規制の在り方が問い直されている。その過程で浮かび上がってきたのは、銀行が決済サービスと金融仲介サービスというかなり性格の違うサービスを提供しており[1]、そこに銀行の問題点（不安定さ）と強みがあるということであった[2]。

　銀行は、当座預金、普通預金といった要求払預金を受け入れ（預金通貨の提供）、これを決済資金とする手形・小切手・振込・振替による金銭債権・債務の支払・取立サービス（決済サービス）および資金移動サービス（為替取引）を提供するとともに、このような要求払預金および貯蓄性預金の受入れによって得た資金を商業貸付や証券投資等に振り向けるという金融仲介サービスを提供しているが、商業貸付の焦げ付きや証券投資の失敗により、1つの銀行が倒産すると、それが多数の銀行によって構成されている手形交

---

1)　より詳細な銀行の経済的意義の分析については、池尾和人『銀行リスクと規制の経済学——新しい銀行論の試み』（東洋経済新報社、1990 年）2 頁以下参照。金融仲介理論については、たとえば、Bhattacharya & Thakor, Contemporary Banking Theory, 3(1) J. of Financial Intermediation, pp. 2-50（1993）参照。

2)　以下、本稿でいう「銀行」は、銀行法上の銀行ではなく、より広く要求払預金を受け入れるとともに、商業貸付を行い、資金移動サービス（「為替取引」）を提供する預金金融機関を指すこととする。

換所・内国為替決済機構といった決済機構を通じて他の銀行に倒産が広がるおそれがあり（いわゆるシステミック・リスク[3]）、決済不能の連鎖反応を引き起こして、銀行の取付けや、社会の多数の経済主体の倒産による恐慌を起こすおそれがある。また預金通貨の信認の喪失により、銀行預金引出しによる通貨供給量の大幅落込みを原因とする経済不況も懸念される[4]。そこで、決済システムの安全性を守り預金通貨の信認を守るために、準備預金、預金保険、自己資本比率規制、保有資産の規制、大口信用供与規制、業務規制、等の諸規制が銀行に課されることになるが、これは銀行の行動を著しく縛るとともに、大きなコスト要因となる[5]。その結果、銀行は金融仲介の分野において、ノンバンクや投資信託等と不利な競争を強いられ、証券化によってその存在と役割を縮小させられることになる。

このようなジレンマを解決するために、銀行の機能を2つに分けて、決済サービスのみを提供する狭義の銀行（narrow bank）と貸付会社に分け、狭義の銀行についてのみ保有資産を安全資産に限定するほか預金保険の対象とす

---

3) システミック・リスクについては、より詳しくは後掲注72）およびStevens, Risk in Large-Dollar Transfer Systems, Federal Reserve Bank of Cleveland Economic Review (fall 1984) pp.2 et seq.；Corrigan, Remarks Before the Federal Reserve Bank of Richmond (May 25, 1988) pp.1 et seq.；Humphrey (ed.), The U. S. Payment System: Efficiency, Risk and the Role of the Federal Reserve (1990) pp.141-218；黒田巌「支払決済機構とシステム・リスク」金法1078号（1985年）38頁、吉田暁「ペイメント・システムのリスクと銀行の本質」武蔵大学論集35巻6号（1988年）25頁・31頁。池尾・前掲注1）13頁以下、「決済システムの課題と展望」日本銀行月報1992年5月号25頁・35頁、日本銀行金融研究所『新版わが国の金融制度』（日本銀行金融研究所、1995年）87頁・109頁、岩原紳作「電子資金取引に関する法制整備の必要性と課題〔第3回〕――金融制度調査会エレクトロバンキング専門委員会中間報告をめぐって」金法1206号（1988年）6頁以下参照。

　なお銀行倒産の他の銀行への波及とより広い影響につき、金谷貞男＝酒井良清「銀行取付けの波及過程の理論分析――金融恐慌の理論分析」三田学会雑誌84巻2号（1991年）254頁、柏木敏「大規模銀行倒産の健全銀行への影響――米国における株価データによる実証研究の概要」証券研究92巻（1990年）1頁以下参照。

4) 大友敏明「金融システムの不安定性の根拠について」証券研究107巻（1993年）275頁・280頁以下参照。

5) たとえば、Macey & Miller, Nondeposit Deposits and the Future of Bank Regulation, 91 Mich. L. Rev. 237（1992）、ハル・S・スコット＝岩原紳作「銀行の自己資本比率規制に関するバーゼル合意の日米における具体化〔I〕――平等な競争条件を求めて」商事1354号（1994年）49頁（本書321頁）・52頁（同325頁）以下参照。

る等の厳格な規制によって決済システムを守る一方、貸付会社については規制を緩和し自由化することを唱えるナローバンク論[6]や、中央銀行券の預金勘定化を提唱する預金化通貨論[7]、銀行規制を決済システムを守るための必要最小限なものにするニューヨーク連邦準備銀行総裁コリガンの提案等がアメリカで唱えられているほか[8]、わが国においても、銀行の決済機能と金融仲介機能を分離し、後者については原則自由化するとともに、決済機能についても、その情報処理の機能については自由化するというように、銀行の機能を構成要素に分解して、構成要素ごとの横割りのルールに改められるべ

---

6) 決済性預金を受け入れる「銀行」から貸出業務を分離し、「銀行」の保有資産を財務省証券と連邦政府保証証券に限定することによって決済（支払）システムの安定性を守ろうというものである。貸出業務は同じ金融持株会社傘下の貸付子会社が扱うこととされている（Litan, What Should Banks Do? (1987) pp.164 et seq.）。

7) 現金の預入れを受けた市中銀行または郵便局が、この現金を中央銀行勘定に100パーセント準備として保有するというものである。それにより銀行間決済は確実になるとされる（Tobin, Financial Innovation and Deregulation in Perspective, in：Suzuki et al (ed.), Financial Innovation and Monetary Policy：Asia and the West (1986) pp.31 et seq.）。このTobinの議論はいわゆる100パーセント準備預金論を受け継ぐものである。これは1929年からの大恐慌における銀行取付けに対して、サイモンズ、ミンツ、フィッシャーらが、決済性を持つ預金はその100パーセントが法定通貨で裏付けられるべきことを提案したものである（Simons, A Positive Program for Laissez Faire, in：do., Economic Policy for A Free Society (1948) pp.163 et seq.；Mints, A History of Banking Theory in Great Britain and the United States (1945) p.270；Fisher, 100％ Money（1935）．なお、Allen, Irving Fisher and the 100 percent reserve proposal, 36 J. L. & Econ. 703（1993）参照）。これは1960年のフリードマンの論文に受け継がれている（Friedman, A Program for Monetary Stability (1960) pp.65 et seq.）。なお、吉田・前掲注3）38頁参照。

8) 以下のような提案である。すなわち、事前の通知なく24時間以内に額面で預金の引出し、指図によるその元利金の第三者への支払を命じる決済性預金を受け入れる銀行は、預金保険、準備預金の対象となり、非金融会社に支配されえず、非金融業務を行えない。銀行は支払システムおよび中央銀行の再割引を完全に利用できるが完全な銀行監督を受ける。小切手振出可能なMMMFのように元本が変動する決済勘定は、一定期間における取引の回数が厳格に制限され、預金保険の対象とはならないが、要求払預金への付利が許され中央銀行が準備に付利するような例外的な状況でのみ、準備預金の対象となる。決済勘定を提供する機関が事業法人に所有されない金融持株会社の下にある場合は、中央銀行と銀行等によって設立される全国電子支払会社への出資を通じて同会社の支払システム（支払にファイナリティがある）を直接利用でき、中央銀行による再割引を受けることもできる。その代わり一定の銀行監督を受ける。しかし、決済勘定が事業法人の非銀行金融子会社によって扱われるときは、これらの便宜を受けることはできない（Corrigan, Financial Market Structure：A Longer View, Annual Report, FRB of New York (1987) pp. 21-54. なお、松田京司「金融市場構造の長

きことが唱えられている[9]。

このように銀行の機能を決済に純化したり、通貨を中央銀行勘定に限定しようという動きがある一方で、コンピューターや通信システムの発展に伴い、銀行以外の者が、決済サービスやそれと密接な関係にある資金移動サービスに参入しようという動きも目立っている。これに対しては、決済に関する競争の促進による決済サービスの向上を期待する意見がある一方[10]、決済は銀行の聖域であるという反発も強く[11]、資金移動サービスの大部分は為替取引として現行法上は銀行の排他的業務とされているのではないか、という問題も浮上している。

しかしいずれの議論も決済機能に関する規制は当然になされるべきものという前提でなされており、上記のようにわずかに決済における情報処理機能に関する規制の自由化が唱えられているくらいである。しかし決済機能もい

期的展望——コリガンNY連銀総裁論文の要旨」金融財政事情38巻8号（1987年）22頁、南波駿太郎「金融リストラクチャリングを巡る論点」金融研究7巻3号（1988年）75頁参照）。

このほか、ナローバンク論と同じように貨幣リービス会社と金融サービス会社を隔離し、決済性預金勘定を提供する貨幣サービス会社の資金運用を安全資産に限定するものの、この安全資産に政府証券以外に高い格付のCPや金融サービス会社の発行するCDを含めるというピアスの議論（Pierce, The Future of Banking (1991)）、政府のセーフティネットの対象は、預金の受入れ、個人・中小企業貸付、信託保護預り業務等のみを行うコアバンクに限定しようというブライアンの主張（Bryan, Bankrupt：Restoring the Health and Profitability of our Banking System (1991) pp.213 et seq.)、等がある（吉田暁「金融システムの安定性とナローバンク論」金融559号（1993年）4頁、福光寛「金融の証券化と銀行の将来像——コアバンク論について」立命館経済学41巻4号（1992年）383頁参照）。

9)　岩村充「金融システム活性化のために」金融研究14巻1号（1995年）13頁・20頁以下。なお、日本銀行金融研究所・前掲注3）65頁も参照。しかし、これに対しては、決済機能と金融仲介機能を併せ営むことによるシナジー効果ないし範囲の経済性、満期変換機能、あるいは銀行の信用創造力に基づく弾力的な資金供給が失われる等として、疑問ないしは留保を述べる学説もある（たとえば、奥野正寛「報告論文に対するコメント」金融研究14巻1号（1995年）94頁以下、吉田・前掲注3）45頁以下、池尾和人「信用秩序と銀行規制」堀内昭義編『講座・公的規制と産業5　金融』（NTT出版、1994年）44頁・51頁）。

10)　伊藤元重「なぜ貨幣機能にかかわる経済活動に規制が必要なのか」金融研究7巻3号（1988年）23頁・26頁、伊藤元重＝柳川範之「貨幣の機能と決済システム——理論的考察」三田学会雑誌84巻2号（1991年）229頁・243頁等。

11)　たとえば「決済業務が銀行の〝聖域〟でなくなる日」金融財政事情45巻16号（1994年）24頁参照。

くつかの要素に分けて考えることが可能であり、それぞれについてそもそも規制が必要か、いかなる規制が必要かについて、実態に即した木目の細かい分析が必要であろう。そこで以下本稿においては、まず銀行業務と決済機能（および為替取引）の結びつきを探るとともに、決済手段たる預金通貨および決済（資金移動）システムの保護のために、何故、いかなる規制が銀行に必要とされるかを見直すこととしたい。同時に、銀行以外の者が新たな決済手段や資金移動サービス（為替取引）を提供しつつある現状を紹介するとともに、これらに対し規制を及ぼす必要があるか、あるとすればいかなる範囲でいかなる規制を及ぼすべきかを検討したい。なお本稿においては、決済機能と金融仲介機能の分離の是非は別として、銀行か否かを問わず、決済機能を営む以上その者に対し必要とされる規制について考察することとする。

II 銀行の業務と決済機能

1 銀行の業務

まず銀行法自身が銀行をいかに定義しているか見てみよう。銀行法2条1項によれば、同法上の「銀行」とは、大蔵大臣の免許を受けて「銀行業」を営む者であり、同条2項によれば、「銀行業」とは、「預金又は定期積金の受入れと資金の貸付け又は手形の割引とを併せ行うこと」（同項1号）、または「為替取引を行うこと」（同項2号）のいずれかを行う営業をいう。ただし、同法3条によれば、預金または定期積金の受入れ（以下、両者を併せて「預金等の受入れ」と呼ぶ）を行う営業は、銀行業とみなして銀行法を適用するため（「みなし銀行業」）、同法2条2項1号にかかわらず、資金の貸付または手形の割引とを併せ行わなくても、預金等の受入れを営業とすれば、銀行業を営んでいることになる。すなわち、銀行法上の銀行とは、預金等の受入れを行うことを業とする者、または為替取引を行うことを業とする者をいうわけである。

そして銀行業は大蔵大臣（現在は内閣総理大臣）の免許を受けた者でなければ営むことができないとされているため（銀行法4条1項）、預金等の受入れ、および為替取引は、いずれも大蔵大臣の免許を受けた銀行以外は営めないことになる。このように銀行の免許を受けた者しか営めない業務を、銀行の排他的業務と呼ぶことができよう。なお、「預金」、「為替取引」のそれぞ

れの定義は銀行法にはなく、解釈によって決するほかない。

　なお、出資の受入れ、預り金及び金利等の取締りに関する法律（以下、「出資法」と呼ぶ）2条1項は、他の法律（すなわち銀行法等）に特別の規定のある者（すなわち銀行等金融機関）を除く外、業として「預り金」をしてはならない、としている。同条2項によれば、「預り金」とは、「不特定且つ多数の者からの金銭の受入で、預金、貯金又は定期積金の受入及び、借入金その他何らの名義をもつてするを問わず、これらと同様の経済的性質を有するものをいう」と定義されている。まさに預金等と同様の経済的実質を有するものが「預り金」であり、銀行法2条・3条・4条1項により銀行の免許を受けなければ営めない預金等の受入れを、他の名前の下に業として営むことを禁止したものである。銀行法2条2項1号・3条・4条1項と出資法2条1項・2項は表裏の関係にあるといえよう。

　以上のような「預金等の受入れ」、「為替取引」という銀行しか営めない排他的業務以外にも、銀行である以上当然に営むことのできる業務として「資金の貸付」および「手形割引」がある（銀行法2条・10条1項2号。排他的業務と併せて固有業務と呼ばれる[12]）。これらは銀行である以上当然に営むことのできる業務であるが、銀行以外の者もまた営むことのできる業務である点で排他的業務と異なる。すなわち、貸金業規制法の適用を受ける貸金業者もこれを営むことができる。

　これ以外に銀行の営むことのできる業務として、付随業務、法定他業があ

---

12)　以下述べるような本稿執筆時における銀行の業務の分類については、「金融機関とその関連会社との関係について」（昭和50・7・3蔵銀1968号。最終改正・平成6・6・24蔵銀1316号）（以下、「関連会社通達」と略す）、「金融機関とその関連会社との関係について」（昭和50・7・3事務連絡。最終改正・平成6・6・24）（以下、「関連会社事務連絡」と略す）、小栗蔵男「金融機関関連会社規制の取扱いについて」金法776号（1976年）11頁以下、西原寛一『金融法』（有斐閣、1968年）59頁、田中誠二『新版銀行取引法〔再全訂版〕』（経済法令研究会、1979年）7頁以下、塩田親文『銀行取引と消費者保護』（有斐閣、1981年）27頁以下、龍田節「銀行業務の範囲と種類」鈴木禄弥＝竹内昭夫編『金融取引法大系(1)』（有斐閣、1983年）58頁・62頁以下、神崎克郎『証券取引の法理』（商事法務研究会、1987年）377頁、河本一郎他「〔座談会〕子会社をめぐる法的諸問題〔上〕」商事1238号（1991年）10頁・22頁以下、小山嘉昭『銀行法』（大蔵財務協会、1992年）131頁以下参照。また、岩原紳作「保険会社の業務」竹内昭夫編『保険業法の在り方上巻』（有斐閣、1992年）17頁以下も参照。

る。また銀行が関連会社を通じて営むことができる業務として周辺業務がある（本稿執筆当時、大蔵省の通達や事務連絡が解釈として認めていた。現行銀行法においては、銀行法16条の2及び銀行法施行規則17条の2～17条の5により銀行子会社が営むことのできる業務範囲が規定されている）。付随業務とは、固有業務には含まれないが固有業務に関連性があり、銀行の合理的経営の見地から、銀行の業務範囲に加えることが適切な業務であり[13]、銀行法上、「債務の保証又は手形の引受け」以下、12（現在は23）の付随業務が列挙されているほか、「その他の銀行業に付随する業務を営むことができる」という一般条項があり、解釈により列挙事項以外の付随業務が認められる（同法10条2項）。クレジット・カード業務、プリペイド・カード業務等がその例である[14]。法定他業は、固有業務に含まれないが、固有業務との関連性から法律が特に銀行の業務として規定した業務である。証券取引法65条2項各号（金融商品取引法33条2項各号）に定める業務や担保附社債信託法に定める業務等がこれに該当する（銀行法11条・12条[15]）。周辺業務は、固有業務に属さず、付随業務と比べて固有業務との関連性は薄いが、一定の関連性はあり、銀行自体が兼業することは許されないが、関連会社が行うことは許されている業務とされた。たとえば、リース業務、ベンチャー・キャピタル業務、経営相談業務、投資顧問業務、VAN業務等がその例として挙げられていた[16]。

2 銀行の業務と決済機能の係わり

以上のような銀行の業務は、銀行の決済機能といかに係わっているのであろうか。決済あるいは決済機能の意義について、必ずしも厳密な定義がなさ

---

13) その具体的要件および認定の考え方につき、小山・前掲注12）134頁、岩原・前掲注12）20頁参照。

14) 関連会社事務連絡・前掲注12）1(3)。

15) その他の例につき、小山・前掲注12）137頁以下参照。

16) 関連会社事務連絡・前掲注12）1(4)。関連会社の定義については、関連会社通達・前掲注12）参照。現行銀行法16条の2、銀行法施行規則17条の2～17条の5は、銀行本体では営むことができないが銀行子会社なら営むことのできる業務として、金融商品取引法28条8項に定める有価証券関連業、保険業、ベンチャー業等を規定している。また、現行銀行法10条2項18号は、ファイナンス・リース業務を付随業務として規定している。

れないまま議論がなされてきたきらいがあるが、決済とは当事者間の（金銭）債権・債務を清算することであり、決済機能とは、このような当事者間の決済を媒介する機能を指す、と考えられているようである[17]。このような決済を実行するための仕組みをシステムとしてとらえると、決済システムを構成している要素を次のように分解して理解することができると指摘されている[18]。すなわち、第1に、業として決済サービスを提供する者である「決済主体」、第2に、信用貨幣・要求払預金等の決済の手段となる通貨である「決済手段（means of payment）」、第3に、手形・小切手・EFT（Electronic Funds Transfer）等決済手段を移動する方法である「決済媒体（medium of exchange）」、第4に、決済媒体を処理する「インフラストラクチャー（infrastructure）」の4つの要素である。

　銀行等の金融機関は第2以下の要素に深く係わっており、第1の決済主体であるといえよう。すなわち、第2の決済手段に関しては、法律上、かつては信用貨幣たる銀行券を各国立銀行が発行できるとされていたが（国立銀行条例（明治5年11月15日太政官布告349号）6条216節）、現在では、中央銀行である日本銀行のみが発行することができる（日本銀行法29条（現行日本銀行法46条）、紙幣類似証券取締法1条）。またいわゆる預金通貨である要求払預金をはじめとする各種預金も、前述したように銀行等金融機関のみが受け入れることができる排他的業務とされている（銀行法2条2項1号・4条1項、出資法2条1項・2項、長期信用銀行法6条1項3号・4条1項、外国為替銀行法6条1項4号・4条1項、信用金庫法53条1項1号・4条、中小企業等協同組合法9条の8第1項3号・27条の2第1項等）。さらに後述するように通貨

---

17)　大蔵省内エレクトロバンキング研究会編『電子資金取引について──金融制度調査会専門委員会中間報告』（金融財政事情研究会、1988年）13頁（以下、『中間報告』と略す）、蠟山昌一『『決済』は銀行固有の業務か」日経ファイナンシャル'87 196頁・198頁、北川善太郎「電子資金取引の法的論点──金融制度調査会EB専門委員会中間報告（1988.6）を読んで」金融ジャーナル29巻10号（1988年）98頁、小山・前掲注12）184頁。

18)　片木進「技術革新と決済システムの変革」金融学会報告64号（1987年）191頁、金融研究会「決済システムの変革と中央銀行の役割」金融研究5巻4号（1986年）1頁・2頁〔片木進発言〕。なお、日本銀行金融研究所・前掲注3）65頁は、決済機能を①決済関連データを交換・処理するメッセージ交換、②資金の受渡し、③決算機能遂行に見合う安全資産の保有、という少なくとも3つの構成要素に分解できるとしている。

に近い決済手段といえる第三者発行型プリペイド・カードの発行を付随業務
として行うことができる[19]。

第3の決済媒体については、まず小切手の支払人になれるのは銀行その他
の金融機関だけとされている（小切手法3条、小切手法ノ適用ニ付銀行ト同視
スベキ人又ハ施設ヲ定ムルノ件）。手形割引は銀行の固有業務とされている（銀
行法10条1項2号）。そして実際上の問題として、手形交換所の会員になれ
るのは銀行だけであり[20]、日本銀行に当座預金口座をもって（これは証券会
社も可能である）再割引を受けることができるのも銀行だけである。このよ
うなことから、支払・取立の手段として用いられる手形・小切手による決済
を業として行えるのは、事実上銀行に限られている。また為替取引が広義の
銀行の排他的業務とされており（銀行法2条2項2号・4条1項、長期信用銀
行法6条1項4号・4条1項、外国為替銀行法6条1項1号・5号・4条1項、信
用金庫法53条1項4号・4条、中小企業等協同組合法9条の8第2項1号・27条
の2第1項）、為替取引とは、隔地者間において直接現金を送金することなく、
資金の授受を達成することであると一般に解されていることからは[21]、送
金為替手形・送金小切手の発行、振込・振替取引が、銀行以外の者のなしえ
ない取引となるほか（郵便為替、郵便振込を除く）、後に検討するように多く
の資金移動取引が銀行以外の者のなしえないところとなり、決済業務のかな
りの部分が銀行の独占的業務になることと思われる。その意義と妥当性につ
いても後に検討する。

第4のインフラストラクチャーに関しては、銀行は手形交換所を設立して
手形・小切手による決済をほぼ独占的に行っているほか、各種の電子資金移
動（Electronic Funds Transfer：EFT）システムを運営して、振込・振替による
資金移動（為替取引、決済）サービスを独占的に提供してきた。銀行界によっ
て運営されているEFTシステムとして、全銀システム（小口振込）、アン
サー・システムやパソコンを用いたファーム・バンキング、ホーム・バンキ

---

19) 関連会社事務連絡・前掲注12) 1(3)。
20) たとえば、東京手形交換所規則5条・6条・11条。
21) 佐竹浩＝橋口収編『新銀行実務講座第13巻　銀行行政と銀行法』（有斐閣、1967
年）130頁、森本滋「銀行業務と為替取引」鈴木禄弥＝竹内昭夫編『金融取引法大系
(3)』（有斐閣、1983年）1頁・4頁、松本貞夫『新銀行実務総合講座5　内国為替』
（金融財政事情研究会、1987年）9頁、小山・前掲注12) 183頁。

ング（振込）、ペイ・バイ・フォーン（小口振込）、POSシステム（小口振込）、銀行協会磁気テープ（MT）交換による給与振込・自動振替、外国為替円決済制度（外国為替に関する振込）、SWIFT（国際的振込等）、東京ドル決済（ドル資金の移動）、等がある[22]。また日本銀行のEFTシステムである日銀ネットは、銀行にのみ日銀ネットを用いた顧客のための電子資金移動サービスを行うことを認めている[23]。このように従来は、銀行だけが資金移動（決済）サービスのインフラストラクチャーを有していた。しかし最近の電気通信の発達により、VAN業者等も類似のサービスを提供しうるようになり、後に検討するような問題が生じている。

III　歴史的・比較法的検討

1　銀行の歴史と決済機能・為替取引

　確かに、歴史的にいえば、決済機能そして為替取引こそ銀行の本来的業務であり、金融仲介業務はあとから付け加わった業務であった。近代銀行業の祖となった中世イタリアの銀行業は、中世都市国家間の取引のための両替から始まり、隔地商業の決済やローマ法王庁への送金等の目的で、銀行業者が

---

22)　（財）金融情報システムセンター編『平成7年版金融情報システム白書』（財経詳報社、1994年）97頁以下、岩原紳作「コンピューターを用いた金融決済と法——アメリカ法、西ドイツ法を参考として」金融法研究創刊号（1985年）9頁以下、Iwahara, The Practical Execution and Legal Framework of International Funds Transfers in Japan, in：Hadding & Schneider (ed.), Legal Issues in International Credit Transfers (1993) pp.289, 292.

23)　日銀ネットにおいては、日本銀行に当座勘定を有している者の間での振込取引がなされるが、いわゆる付記電文付振替（当座勘定保有者が振込依頼の電文に、自分に対して振込を依頼した顧客の名前と、振込先当座勘定保有者の顧客である最終的な受取顧客の名前・口座番号等を記載した付記電文を付した振込）を、日本銀行に当座勘定を有している証券会社等の銀行以外の者にも認めると、自分の顧客のための振込（為替取引）ができることになって、銀行法2条・4条1項に反することになるため、日本銀行は、銀行法その他の法律により業務として為替取引を行うことを認められている者以外の者には、振込依頼にその者に振込を依頼した顧客名に関する付記電文を付することを禁止するとともに、最終的な受取顧客に関する付記電文付きの振込依頼の受取人になることも禁止していた（岩原紳作「電子資金取引に関する法制整備の必要性と課題〔第5回・完〕——金融制度調査会エレクトロバンキング専門委員会中間報告をめぐって」金法1211号（1989年）19頁・22頁）。

顧客から受け入れた金額の債務証書として約束手形を発行したり、為替手形を発行したり、後には手形を割り引くことをその業務としていた（決済手段・決済媒体・インフラストラクチャーの提供、為替業務[24]）。17 世紀オランダのアムステルダム銀行は、当初は金銀貨および地金類の預託を顧客から受けて保管するだけだったものが、これら預託を受けたものを標準貨幣に換算して口座を開き、顧客からの引出しに応じたり、顧客の指図により銀行帳簿上の振替をもって支払サービスを提供するようになった。商人等が金銭支払のために同行に預金し、これに対する銀行の受取証が流通するとともに、商人等は自己の口座残高に応じて手形を振り出し、これでもって決済を行った。このようにオランダをはじめドイツ等の大陸諸国では、17 世紀に銀行業が本格的となり、外国為替・振替等を主な業務とし、本位貨幣の供給を行っていた。すなわち、貨幣を地金の価格で預託を受け、これに対し銀行帳簿上の信用を与え、すべての支払を銀行の帳簿上で決済させていた[25]（決済手段・決済媒体・インフラストラクチャーの提供、為替業務）。イギリスでは、17 世紀中頃から、それまでは金銀等の細工師にすぎなかった金匠（gold smith）が、資金や貴金属の預託を受けるとともに、資金の貸付を行い、いわゆる金匠手形が市中に流通した。預託した資金はいつでも払戻請求が可能であり、金利が付された（決済手段の提供[26]）。

　わが国における銀行の歴史も、決済機能そして為替業務が銀行の本来的業務であったことを示している。江戸時代の大阪を中心とする地域では、幕末近くまで秤量貨幣としての銀貨が主に使われたため、取引の度に秤量する煩わしさ等のために、銀貨に代わり、銀行の役割を果たした両替商の扱うさまざまの信用紙券を利用して決済を行った[27]。すなわち、両替商は、無利子

---

24) 藤村忠『西欧諸国に於ける銀行業発達史』（北海道拓殖銀行調査部、1950 年）33 頁以下。

25) 藤村・前掲注 24) 57 頁以下。

26) エー・アンドレァーデス（町田義一郎訳）『英蘭銀行史論』（日本評論社、1932 年）226 頁以下、藤村・前掲注 24) 61 頁以下、新庄博『イングランド銀行成立期における銀行計画と信用通貨』（清明会、1969 年）15 頁以下。

27) 両替商の歴史等については、松好貞夫『日本両替金融史論』（柏書房、1965 年）58 頁以下、新保博「徳川時代の信用制度についての一試論——両替商金融を中心として」経済学研究 3 号（1956 年）111 頁・122 頁以下、靎見誠良『日本信用機構の確立——日本銀行と金融市場』（有斐閣、1991 年）17 頁以下、谷啓輔『金融約定成立史の研究——上方での両替取引に探る』（経済法令研究会、1994 年）参照。

で銀貨を預金として受け入れ、それを引当てに振り出された振出手形・振差紙・大手形等と呼ばれる小切手の支払サービスを提供したほか、今日の為替手形・約束手形のサービスも提供し、預り金を引当てに自ら持参人払の預り手形も振り出した（決済手段・決済媒体・インフラストラクチャーの提供・取扱い、為替業務）。最後の預り手形は今日の銀行券に近い。大阪の商人間の決済は、このような両替商の決済機構を通じて行われ、現金をみることはなかったという。なお、前述のように両替商の受け入れる預金は決済のための無利子のもののみであり、定期性・貯蓄性の預金はなかった。

明治に入って最初の西欧式銀行は、明治政府が両替商を指導して設立させた為替会社であった[28]。その業務は、紙幣の発行、預金の受入れ、貸付、為替、洋銀および古金銀の売買、両替等であり（決済手段・決済媒体・インフラストラクチャーの提供、為替業務）、その名前からも明らかなように、江戸時代の両替商の伝統を受け継いだ為替取引が、業務の中心を成していた。当時の為替は、為替手形による送金と荷為替の取立が主なものであった[29]。

為替会社が短期間で行き詰ったあとで、明治政府は明治5年に国立銀行条例を制定し、国立銀行を発足させた[30]。よく知られているように、これは当時のアメリカのNational Bankの制度に倣ったものであり、明治9年改正後の仕組みは、公債を資本として出資する株式会社として国立銀行を設立し、公債を政府に担保として預託する代わりに、預託した公債の額に応じて政府が印刷した銀行券の交付を受け、これに当該銀行の頭取・支配人等の名印を加用して当該銀行の銀行券として発行し（明治9年改正国立銀行条例23条）、貸し付けることを業務の中心としていた[31]。この国立銀行券には政府発行貨幣と同じ強制通用力が与えられ（同48条）、その授受を拒んだ者には刑罰まで加えられた（同50条）。そして国立銀行以外は何人も、紙幣、持参人払の約束手形その他政府発行貨幣と同様に通用すべき諸手形または切手を振り出したり引受けをして発行することはできないとされていた（同88条）。

---

28) 加藤俊彦『本邦銀行史論』（東京大学出版会、1957年）17頁以下、岡橋保「為替会社切手について――銀行券の先行形態」渡辺佐平教授還暦記念『金融論研究』（法政大学出版局、1964年）191頁以下。

29) 全国銀行協会連合会＝社団法人東京銀行協会『為替決済制度の変遷』（全国銀行協会連合会＝社団法人東京銀行協会、1974年）15頁。

30) 加藤・前掲注28）23頁以下、田中生夫「明治4年の銀行論争――国立銀行条例制定の背景」渡辺還暦・前掲注28）227頁以下。

銀行の決済機能と為替業務の排他性　63

　銀行券の発行・貸付以外の国立銀行の業務としては、当座預金・定期預金の受入れ、為替の取組、為替手形・約束手形・代金取立手形その他の証書の割引、公債証書・外国貨幣・金銀銅の地金の売買、保護預り、両替が挙げられている（同52条）。これらの中で預金の受入れは、当初はそのウエイトが低かった。定期預金の額は、明治6年末で銀行の資本金額の13パーセントであり、その後は上下があったものの、明治12年の段階では10パーセントに達していない。当座預金の額は、明治6年末では銀行の資本金の額の2.5パーセントにすぎず、その後増加していったものの、明治12年の段階では銀行の資本金の額の15パーセント未満に止まっていた[32]。金融仲介機能はきわめて限られていたといえよう。

　これに対し、銀行券の発行・貸付とともに国立銀行の業務の大きな柱を成していたのは、為替業務であった。江戸時代の両替商は高度な為替機構を形成していたが、これは明治政府の政策により崩壊し[33]、暫くは運送業者による現金逓送という原始的方法しかなかった。しかし明治8年に郵便為替が開始されると年間429万円という大きな実績をあげた。ところが銀行も直ちに銀行為替を拡充し、翌明治9年には郵便為替279万円に対し、国立銀行の為替取組額（送金為替）だけで989万円となり、翌10年にはそれが2534万円、11年には4984万円、12年には1億105万円というように銀行の為替取引額は急増していった。これは当時の国立銀行の資本金の額の数倍に当たる。明治20年には、国立銀行の為替取引額が1億3266万円、郵便為替が明治19年で1093万円（20年の額は不明）になっている。大口送金は銀行為替、小口送金は郵便為替という分割分担ができていたようである[34]。なおこの頃の銀行為替は、大部分は為替手形を用いて行われ、一部が電信為替により

---

31)　明治5年制定当初の国立銀行条例は、国立銀行券の金兌換と高率の金準備を要求していたが、これらの負担のため4行しか設立されず、発行した国立銀行券も金に兌換されてしまったことから、明治9年改正により金兌換を政府紙幣兌換に代え、兌換準備率の引下げを行い、本文のような制度となった。その結果、国立銀行が数多く設立されたが、大量の国立銀行券発行もあってインフレーションが進んだ（大蔵省内明治財政史編纂会編『明治財政史第13巻』（明治財政史発行所、1927年）102頁以下、加藤・前掲注28）30頁）。

32)　大蔵省「銀行課第1次報告（自明治6年7月至明治12年6月）」日本銀行調査局編『日本金融史資料明治大正編第7巻上』（大蔵省印刷局、1960年）33頁以下。

33)　靎見・前掲注27）17頁以下。

34)　靎見・前掲注27）118頁。

行われた模様である。

2 銀行法の沿革と決済・為替業務

明治 15 年に不換紙幣の整理と幣制の改革等を目的に日本銀行が設立され、銀行券の発券が日本銀行に集中されることになった[35]。そのため翌 16 年に国立銀行条例が改正されて、国立銀行の私立銀行への転換、国立銀行券の銷却が、漸次進められることになった[36]。また私立銀行の法規制が必要となり、明治 23 年に銀行条例が制定された[37]。その第 1 条は銀行を定義して、「公ニ開キタル店舗ニ於テ営業トシテ証券ノ割引ヲ為シ又ハ為替事業ヲ為シ又ハ諸預リ及貸付ヲ併セ為ス者ハ何等ノ名称ヲ用キルニ拘ラス総テ銀行トス」と定めていた。第 2 条により設立許可なく銀行業は営めないが、第 1 条以外に銀行の業務を定めた規定はなかった。

この条文で注目されるのは、すでに為替事業のみを営む者も銀行として規制されていたこと、および証券（具体的には手形）割引のみを業として営む者、すなわちビル・ブローカー等も銀行として規定されていたことである。また現銀行法 3 条のみなし銀行業の規定もなかった。「諸預り」とは種々の預金の受入れを指している。このような規定が設けられた背景は明らかではないが、為替事業に関しては、それが当時の銀行業務で占めた重要な役割のため、それのみを営む者も銀行と定めたとも考えられる[38]。

その後、昭和 2 年に銀行条例に代わって旧銀行法が制定された[39]。現銀

---

35) 松方正義「日本銀行創立ノ議」、「附日本銀行創立旨趣ノ説明」日本銀行調査局編『日本金融史資料明治大正編第 4 巻』（大蔵省印刷局、1958 年）990 頁以下、加藤・前掲注 28) 48 頁以下、靎見・前掲注 27) 87 頁以下参照。

36) 大蔵省内明治財政史編纂会編・前掲注 31) 234 頁以下、加藤・前掲注 28) 116 頁以下。

37) 加藤・前掲注 28) 123 頁、同「銀行条例について——本邦普通銀行の性格と関聯して」経済学論集 17 巻 3 号（1948 年）42 頁・52 頁、小山・前掲注 12) 13 頁以下参照。

38) 銀行条例は元老院において審議されたが、銀行の定義・業務に関する議論はなかった（日本銀行調査局編『日本金融史資料明治大正編第 13 巻』（大蔵省印刷局、1959年）411 頁以下。当時の銀行の為替業務の実態については、大蔵省・前掲注 32) 53 頁以下、大蔵省「銀行局第 2 次報告（自明治 12 年 7 月至明治 13 年 6 月）」日本銀行調査局編・前掲注 32) 139 頁以下参照。

39) 旧銀行法制定の背景と事情については、加藤・前掲注 28) 302 頁以下、小山・前掲注 12) 21 頁参照。

行法の銀行の定義規定は旧銀行法のそれを引き継いだものであり、業務に関する規定は主に旧銀行法下の解釈を条文化したものである。旧銀行法制定による定義の改正点は、銀行条例においては証券（手形）の割引のみをなす者も銀行と認めていたのを、旧銀行法においては銀行の範囲外に置いたこと、「諸預り」を「預金の受入れ」と改めることによって、銀行が受け入れる預金の種類が2以上である必要はなく、当座預金だけを受け入れる者も定期預金だけを受け入れる者も銀行となりうることを示したこと、預金の受入れを業とするだけで銀行業とみなされるみなし銀行業の規定が設けられたこと等である[40]。また他業禁止の規定が設けられ、銀行の定義に示された固有業務および付随業務のみを銀行は営めることになった。しかし旧銀行法では付随業務の定義規定はもちろん、その例示規定もなかった。

以上のようなわが国の銀行法規定の沿革より次のような点が気付かれる。第1に、わが国の江戸時代の両替商は決済性預金のみを受け入れたが、明治以来の銀行法では、要求払預金を受け入れないで貯蓄性預金のみを受け入れる銀行も認めていることである[41]。後述するアメリカのように[42]、要求払預金の受入れを特に銀行の要件とする考えを必ずしもとらず、わが国では銀行の決済機能と並んで貯蓄・金融仲介機能が重視されてきたといえよう[43]。

第2に、旧銀行法が手形（証券）割引のみを営む者を銀行の定義から除外して以来、与信業務のみを営む者を銀行として規制する考え方はとらず、受信業務と与信業務を併せ営む者のみが銀行であるという原則をとりながらも、実際には、みなし銀行業規定を設けて受信業務のみを営む銀行を認め、金融仲介機能を重視するとともに預金者保護を前面に出していることである[44]。

第3に、為替取引は当初より銀行の固有業務であり、銀行条例以来、排他

---

40) このほかの改正点につき、西原寛一『銀行法解説』（日本評論社、1927年）22頁参照。西原博士は当時、大蔵省銀行局に勤務して旧銀行法の立案に参加された（同2頁）。

41) 一般公衆に対し金銭債務を負うことが銀行の受信業務の本質であり、預金の種類を問わない旨を、立案に加わった西原博士は述べられている（西原・前掲注40）23頁）。

42) 本稿Ⅲ3。

43) ただし、旧銀行法制定当時は貯蓄銀行制度が存在し、貯蓄銀行法1条1項に定めるようなタイプの貯蓄性預金（たとえば、複利、小額、据置預金、定期積金）を普通銀行が受け入れることができないと解されていた（笹原正志『銀行法通釋』（啓明社、1929年）39頁以下）。

44) 西原・前掲注40）22頁・24頁、笹原・前掲注43）33頁・48頁・51頁。

的業務とされ、為替業務を営むのみで銀行とされるわが国銀行の業務の要であった。ここでいう「為替取引」は、他所払いの手形を売買する業務を元々指していた。すなわち、銀行が、送金依頼人から現金を受け取って他所払いの為替手形（または送金小切手）を振り出すことによって送金の手段を提供することと（送金為替・売為替・順為替）、販売業者が買受業者を支払人として振り出した他所払為替手形を販売業者から割り引くことによって代金取立の手段を提供することを（買為替・逆為替）意味していたわけである。それを営むだけで銀行となる理由としては、手形の売出しは受信業務であり、買入れは与信業務に当たるため（手形割引）、これを営む者は受信業務と与信業務を併せ営むことになるためだという解説が、旧銀行法立案関係者等によってなされている[45]。金融仲介を営む者は銀行になるという考え方であろう。

　しかし、受信業務と与信業務を併せ営むという銀行の要件は、みなし銀行業規定により一貫しないものになっている。また、他所払手形の売買を併せ営んでも、金融仲介の意義は大きくないものと考えられる。まして振込・振替が為替取引の中心である今日では、為替取引に与信の側面は少なく、立案関係者のような説明により為替取引を独立した銀行の成立要件とすることは困難であろう。戦後の大蔵省関係者による銀行法の解説が、「為替取引」とは遠隔地における取立の委任および支払の委託であるとして、他所払手形の買取りは、現銀行法2条2項2号の「為替取引」ではなく、同項1号の「手形の割引」に当たると解しているのは[46]、他所払手形の割引も手形の割引として、銀行の排他的業務とせず、貸金業者等も扱えるようにするとともに、そのような与信行為でなく受信行為を中心に考えることによって、むしろ資金移動取引における顧客の保護を「為替取引」規制の理由としようとしたも

---

45)　西原・前掲注40) 20頁、笹原・前掲注43) 50頁。後者は、このような考え方から他所払いの手形の売買を併せて営まないと為替取引を行ったことにはならないという考え方を採っている。なお銀行制度の生まれた中世イタリアにおいては、教会法の徴利禁止規定との関係上、同地払手形はほとんど発行されず、徴利禁止の例外とされる他所払手形だけが正規の手形として発行され、これを扱うことが銀行業務の中心であった。その経済的背景としては、隔地商業が異常に発展したにもかかわらず、交通施設等の不備により、遠隔地への送金には多額の費用と危険が伴ったこと、および遠隔地における現金支払方法が欠如していることがあった（藤村・前掲注24) 37頁）。

46)　佐竹＝橋口編・前掲注21) 130頁以下。

のであろう。

3 比較法

なお、ごく簡単に、諸外国において銀行がどのように定義され、銀行の決済機能がその業務の上でいかに位置付けられているかを概観してみたい。

アメリカの判例法においては、伝統的に預金の受入れだけが銀行業であると観念されたが、それがだんだん拡張されてきた[47]。それでも連邦最高裁の判決は、銀行だけが要求払預金を受け入れることができる旨判示していた[48]。

連邦の制定法上は、国法銀行法が国法銀行の権限として、預金の受入れ、約束手形・為替手形・その他債務証書の割引、両替、人的担保による貸付、等を挙げている[49]。銀行持株会社法は、銀行を要求払預金を受け入れかつ商業貸付業務に従事する機関と定義していた。しかしこの2つの業務の一方のみを行うことによって同法の適用を免れるというノンバンク・バンクの問題が生じたため、（小切手口座のような）取引口座を受け入れかつ商業貸付業務に従事するか、または連邦預金公社により保証された州もしくは連邦法に基づき設立された機関という定義に改められた[50]。後者、すなわち連邦預金保険法上の銀行は、国法銀行または州法銀行、すなわち預金（信託基金を除く）の受入れを業として営む州法に基づき設立された銀行・信託会社・貯蓄銀・その他類似の機関、と定義されている[51]。なお1980年代以降、連邦法により商業銀行以外のいくつかの金融機関も要求払預金を受け入れること

---

47)　Oulton v. German Savings & Loan Society, 84 U. S. (17 Wall.) 109 (1873). なお、Hammond, Banks and Politics in America From the Revolution to the Civil War (1957) pp.593 et seq. ; Salley, Origins of Regulatory Separation of Banking and Commerce, 93 Banking L. J. 196 (1976) 参照。

48)　United States v. Philadelphia Nat'l Bank, 374 U. S. 321, 326, 83 S. Ct. 1715, 1721, 10 L. Ed. 2d 915 (1963). なお同旨、State v. Northwestern Nat'l Bank, 219 Minn. 471, 18 N. W. 2d 569, 579 (1945).

49)　12 U. S. C. §24 (Seventh). ここでいう預金は要求払預金のほかに定期預金も含む (Whitley, Schlichting, Rice & Cooper, Banking Law vol. 2 §27.01 (1994))。

50)　12 U. S. C. §1841(c) ; The Competitive Equality Banking Act, Pub. L. No.100-86, §101, 100 Stat. 552 (1987).

51)　12 U. S. C. §1813(a), as amended by Financial Institutions Reform, Recovery, and Enforcement Act, Pub. L. No. 101-73, §204, 103 Stat. 183 (1989).

ができるようになった[52]。

　以上のように、為替取引という形では銀行の定義も権限の定めもなされていない。経済学、金融論を踏まえた学説においては、銀行を、金融仲介機能と決済機能を果たす機関と定義する説が行われている[53]。制定法上は預金の定義は特に設けられていないことが多く、設けられていても預金保険法、連邦準備法等当該制定法の適用対象を限定するためのみの定義にすぎず、銀行監督法に共通する定義ではない[54]。

　イギリスにおいては、コモンロー上は銀行の明確な定義はなく、判例も動揺していた[55]。制定法上も、特定の制定法の観点から銀行とみなされるべき機関を、関係する政府機関が指定する権限を与えられるという形で処理されることが多かった[56]。最初の体系的な銀行監督法である1979年銀行法も、銀行ないし銀行業の定義は行わず、預金受入機関はイングランド銀行の免許が必要であると定め、当該機関の預金受入活動のみを規制している[57]。このような体系は1987年銀行法にも引き継がれ、銀行の定義は行われず預金受入機関の法規制という形をとっている（2009年銀行法2条1項は、許可を受けて預金を受け入れるイギリスの機関として銀行を定義している）[58]。同法の「預金」の定義は、利息の有無を問わず、要求払いまたは定期払いまたは合意条件により払い戻される金銭であって、財またはサービスの対価または担

---

52)　Pub. L. No.96-221, § 303, 94 Stat. 132 (1980) ； Pub. L. No. 97-320, § 706, 96 Stat. 1469 (1982).

53)　Macey & Miller, Banking Law and Regulation (1992) p. 42（決済機能のことをtransaction servicesと呼んでいる）.

54)　高月昭年「預金とは何か（上）」金融財政事情46巻3号（1995年）28頁・29頁、同「預金とは何か（下）」同46巻4号（1995年）46頁。

55)　たとえば、United Dominions Trust v. Kirkwood (1966) 2 QB 431, 435；Koh Kim Chai v. Asia Commercial Banking Corp. Ltd (1984) 1 WLR 850, 853. なお、Penn, Banking Supervision (1989) pp.4 et seq.　参照。

56)　Penn, supra note 55 at 9.

57)　s. 2(1) of the Banking Act 1979. なお、Ryder, The Banking Act 1979, (1980) JBL 92；Penn, supra note 55 at 13 参照。

58)　s. 3(1) of the Banking Act 1987.　s. 2(1) of the Banking Act 2009.　なおイギリスも、EU決済サービス指令に基づき、電子マネー機関、決済サービス機関は認可を受けなければ営むことができないとしており、EU第二次決済サービス指令に基づき、決済開始サービス提供業者の規制等も予定されていたが、イギリスのEUからの離脱の方向が決まるとともに、これらの規制の適用が不透明になっている。詳しくは、［後記］参照。

保の提供でないものとされる[59]。要求払預金および貯蓄性預金双方を規制するものといえよう。

ドイツにおいては、信用制度法（Kreditwesengesetz）が、銀行業務として、利息の有無を問わず公衆の金銭を預金として受け入れること（預金業務）、担保付債券法1条1項2文に規定されている行為（担保付債券業務）、金銭の貸付および引受け（支払承諾）による信用供与（信用業務）、手形・小切手の買取（割引業務）、第三者の計算において自己の名により金融商品（Finanzinstrumenten）の売買を行うこと（金融問屋（プリンシパル・ブローキング）業務）、第三者のための有価証券の保管・管理（受託（カストディ）業務）、満期前貸金債権を再取得する債務の負担（リボルビング業務）、保証（保証業務）、現金を用いない小切手取立（小切手取立業務）・手形取立（手形取立業務）・トラベラーズ・チェックの発行、自己のリスクにおいて金融商品の引受けを行うこと（引受業務）、中央清算機関としての業務等を挙げている[60]。これらの銀行業務を営むためには銀行監督庁の免許が必要とされる[61]。イギリスとは対照的に、銀行業務を広くとったうえで、それを排他的業務として規制したものといえよう。

フランスの1984年銀行法によれば、公衆から預金を受け入れるか、貸付業務を営むか、支払業務（moyens de paiement）のいずれか1つを営めば、銀行とされる。支払業務は資金移動の方法を広く含む[62]。フランスはドイツと同じように、銀行の定義（排他的業務）を広くとる国といえよう。

以上のように各国を比較してみると、各国とも共通に預金の受入れを銀行の重要な定義としていることがわかる。預金の定義は不明確なことが多いが、要求払預金と貯蓄性預金の双方を含む国が多いようである。しかしアメリカは、銀行の排他的業務としては要求払預金のみを考える立場に立っている。他方、イギリスは預金の受入れのみを基準に銀行規制を加えているが、アメ

---

59)　s. 5 of the Banking Act 1987.

60)　§1 Abs.1 Gesetz über das Kreditwesen (KWG). なお、Bähre/Schneider, KWG-kommentar (1986) §1 Anm. 5ff.; Boos/Fischer/Sculte-Mattler, KWG-Kommentar, 5.Aufl., 2016, §1 Rdn.32ff. 参照。ドイツもEU決済指令に基づき、電子マネー機関、決済サービス機関は認可を受けなければならないとしており、EU第二次決済サービス指令に基づき、決済開始サービス提供業者規制が予定されている。詳しくは、［後記］参照。

61)　§32 Abs.1 KWG. Bähre/Schneider, a. a. O. §32 Anm. 1 ff. 参照。

リカは貸付も含めて規制しており、フランスは貸付業務のみを営む者や支払業務のみを営む者も銀行として規制しているし、ドイツは振込・振替取引や証券取引等を含め幅広く銀行の排他的業務としている。銀行の定義や排他的業務の定め方は、国によって大きく異なるといえよう。

Ⅳ　決済機能の前提と銀行規制の必要性

1　決済手段の前提と規制の必要性

　そこで決済機能の保護の観点から銀行規制の必要性を見直すこととして、決済機能の中で最も重要な決済手段がその役割を果たすための前提をまず考えてみたい。決済手段がその役割を果たすためには、物やサービスの対価としてそれらの供給者が任意に決済手段を受け取るか（事実上の通用力）、決済手段を提供すれば金銭債務の弁済提供の法的効果が生じなければならない（法的通用力）（民法492条）。後者の金銭債務の弁済提供の法的効果を生じさせるためには、第1に、一般的・強制通用力を有する法貨であるか（日本銀行法29条2項（現行日本銀行法46条2項）、紙幣類似証券取締法1条、通貨の単位及び貨幣の発行等に関する法律4条・7条）、第2に、契約・約款により代物弁済としての効力が与えられているか（民法482条）、第3に、当該手段をもって弁済に充てうることが慣習（法）として認められていることが必要である。これらによって弁済提供の効力が確定的に成立し、その効力が覆されることのないことを、支払の完了性または完結性（ファイナリティ）と呼んでいる[63]。法貨や中央銀行勘定はファイナリティのある決済手段と呼ばれる。

---

62)　Lárt. 1er de la loi 84-46 du 24 janvier 1984；Ripert et Roblot, Traité de Droit Commercial Tome 2, 12e éd., 1990 n° 2227；Houis, Das Récht der Bankenaufsicht in Frankreich (1991) S. 22. その後、Art. L.311-1 du Code monétaire et financier (Mod. À compter du 1er janvier 2014, Ordnance n° 2013-544, 27 juin 2013); Ordnance n° 2009-866 du juillet 2009 により、同様の銀行の定義がなされた（Christian Gavalda et Jean Stoufflet, Droit bancaire n° 27 (LexisNexis, 2015)）。なおフランスでは、相互・協同組合銀行、貯蓄金庫、市町村信用組合も預金を公衆から受け入れることができる（黒田晃生「金融規制の国際比較」堀内編・前掲注9）174頁・198頁）。フランスにおいても、EU決済サービス指令に基づき、電子マネー機関、決済サービス機関は認可を受けなければ営むことができないとされ、EU第二次決済サービス指令に基づき、決済開始サービス提供業者規制も予定されている。詳しくは、[後記] 参照。

63)　岩原・前掲注3）6頁および同引用文献参照。

銀行の決済機能と為替業務の排他性　　71

　もっとも、前者の事実上の通用力と後者の法的通用力は深く関連している。決済手段そのものが商品価値を有している商品貨幣や金属貨幣と異なり、信用貨幣の通用力を最終的に保証するものは、その提供をもって弁済の提供として扱う法的・司法的な強制力に過ぎない。このような法的通用力をバックに、はじめて信用貨幣は事実上の通用力を持ちうるのである。なお、兌換紙幣は金属貨幣への兌換を強制する法的効力があってはじめて事実上の通用力を持ちうるし、金属貨幣も法貨としての法的強制通用力が与えられることによってその事実上の通用力が高まる（経済的価値が高くなる）。

　事実上の通用力と法的通用力の両面から見て、法貨に次ぐ通用力を有している決済手段が銀行の提供する預金通貨（要求払預金）であることは疑いない。手形・小切手や振込・振替の機構（ATMや自動振替などの電子資金移動（EFT）を含む）といった決済媒体を用いて、債務者の預金債権を消滅させ、代わりに債権者に（要求払）預金債権を成立させる方法により（例外的に債権者に直接現金が支払われることもある）、決済がなされる[64]。今日では企業のみならず個人についても決済のかなりの部分が預金通貨を用いて行われている[65]。

　預金通貨の通用力を支えているのは、当座預金、普通預金といった要求払

---

[64]　振込・振替による受取人の預金債権発生時点や、振込・振替や手形・小切手による支払のファイナリティについては、岩原・前掲注3）6頁以下参照。

[65]　ちなみに、年度ベースの決済高が確認できる最終年である平成5年度の統計によれば、同年度末（6年3月末）の預金通貨たる要求払預金の全国銀行の残高が182兆2005億円、金融機関の日本銀行預金が3兆3168億円である。これに対して同年度末の日本銀行券の発行残高は36兆4611億円であり、わが国における預金通貨の重要性がわかる（大蔵省銀行局編『第43回銀行局金融年報』（金融財政事情研究会、1994年）337頁・358頁）。もっとも、わが国は世界の主要国の中では通貨中に占める法貨の割合の高い国である（「日本銀行券の流通状況と今後の課題」日本銀行月報1994年10月号1頁・3頁、日本銀行金融研究所・前掲注3）84頁）。
　　なお決済額（流通量）ベースでみると、預金通貨をもって決済するものは、平成5年度の全国手形交換高は3262兆3820億円、内国為替取扱高が1793兆2373億円、外国為替円決済制度交換高が5950兆6505億円、磁気テープ交換処理高が7兆1065億円、となっている（全国銀行協会連合会＝社団法人東京銀行協会「平成5年版手形交換統計年報」5頁・57頁以下）。なお、平成5年度の日本銀行当座預金受払が7京8597兆円、日本銀行当座預金振替額が6京9763兆9026億円、そのうち銀行顧客のための付記電文付振替が1761兆4584億円になっている（前掲・日本銀行月報1994年10月号主要経済指標19頁の一営業日平均の数値から計算した）。

預金債務が確定金額の即時の支払約束であるという事実と、債務者である銀行の信用力、そして銀行の日本銀行当座預金勘定を用いて行われるファイナリティのある銀行間決済（為替）システムである。金額が常に変動するのであれば、決済の実行時点でどれだけの金額の支払が受けられるかわからず、債権者にとっても債務者にとっても決済手段としての信頼性に欠ける[66]。また請求を受け次第直ちに支払がなされるのでなければ、決済手段として不便である。銀行の信用力が預金通貨の通用力の基礎となっていることは疑いもない。銀行に信用力がなければ事実上の通用力が生じないことはもちろん、預金通貨が代物弁済（決済）の方法として指定されることもなかろう。そして預金通貨を用いた決済が、銀行間の決済（為替）システムによって最終的にファイナリティをもって円滑に処理されることが、預金通貨が弁済方法（決済手段）として用いられる前提になっていることも忘れられない。

　銀行に対する各種の法規制は、以上のような預金通貨の通用力、そして預金通貨による決済（為替）システムを守るためにある、という見方もできるように思われる。アメリカのニューヨーク連邦準備銀行総裁であったコリガンの発表したいわゆるコリガン・レポートはこのような立場に立つ[67]。特にアメリカでは、伝統的に要求払預金の受入れのみが商業銀行の排他的業務とされ、要求払預金を受け入れる機関のみが商業銀行としての規制を受けたことは、銀行規制は預金通貨の通用力を守るためになされてきたことを、最も明確に示している[68]。わが国においても、銀行の定義は預金等の受入れまたは為替取引を行う機関とされ、決済手段および決済媒体・決済インフラストラクチャー（為替業務は、決済媒体・決済インフラストラクチャーの取扱いとほとんど重なる）を提供するものが銀行とされ、規制の対象とされてきたことは、このことを示しているといえよう。

　そもそも決済手段（通貨）に公的規制が必要か否かについて、経済学者の間では論争がなされてきたが、自由主義経済学者の間にも、フリードマンのように規制の必要性を説く者は多い[69]。その主たる理由は、外生的に通貨

---

66)　この問題は変動金利型の預金利息の可否という問題にも関係する。決済性預金については負の金利ともなりうる変動金利を採用することは不適切といえよう。

67)　前掲注 8) 参照。

68)　前掲注 48)、52) 参照。

の総量の上限を決定しない限り、過大な通貨の発行によって通貨価値の維持が困難になるということと、通貨は経済活動全般に関与するものであり、広範囲な使用によって連鎖反応的な外部性を有するということであった。

このようなことから通貨に求められる基本的条件、したがって規制の目標としては次のようなことが挙げられている[70]。第1に、物品・サービス等の価値基準と計算単位を定め、それを安定させることである。第2に、弁済方法として確実であり、リスクが少ないことである。第3に、金融政策のコントローラビリティを確保できることである。

これらの条件のうち第1のものは法貨の規制によって基本的には実現されるものであり（インフレ防止による通貨価値の維持は第3の条件でも扱われる[71]）、預金通貨、銀行に対する規制は、第2の、弁済方法としての確実性・リスクの無さ（したがって決済手段としての通用力の獲得）、第3のコントローラビリティに主として係わるものと考えられる。特に第2の弁済方法としての確実さは、単なる預金者保護を超えた預金通貨や銀行システムへの社会の信認という、いわゆる信用秩序の維持の問題になる。預金通貨の外部性（公共財としての性格）に係わるともいえよう。

すなわち、預金通貨を提供している銀行が倒産した場合、他の銀行への取付けに波及したり、手形交換所・内国為替決済機構といった預金通貨の銀行間における決済機構を通じて他の銀行に倒産が広がるおそれがあり[72]（いわゆるシステミック・リスク）、その結果、預金通貨をもってする決済が広く不

---

69) Friedman, supra note 7 at 4 et seq. : Pesek & Saving, Money, Wealth, and Economic Theory (1967) pp. 91 et seq. なお歴史的に規制の必要性を検討した論文として、Oedel, Private Interbank Discipline, 16 Harv. J. of Law & Public Policy 327（1993）参照。

70) 山崎昭「ディレギュレーション下の通貨について――100％マネーとプライベート・マネーによる通貨システムの考察」金融研究6巻2号（1987年）31頁・59頁。

71) 計算単位の定めに関する法貨の規制としては、通貨の単位及び貨幣の発行等に関する法律2条があるほか、法貨の大部分が政府貨幣によってではなく日本銀行券として供給され、日本銀行が政府から相対的な独立性を有することとし、日本銀行券の発行限度を定め発券に保証を求めることによって、法貨の過大発行を防ぎ貨幣価値の維持を図る日本銀行法13条ノ2以下・30条～32条も重要である（しかし現行日本銀行法においては、15条1項5号・6号に通貨及び金融の調節に関する政策委員会の抽象的権限が規定されているだけで、日本銀行券の発行限度に関する規定は設けられなかった。貨幣価値維持の意味から政府財政の日本銀行依存を制限する財政法5条も重要である）。なお日本銀行券発行額の実際の決定過程につき、前掲注65）日本銀行月報1994年10月号26頁参照。

能となって、決済によって取得する預金通貨を引当てに行う予定であった決済も不能となる等、決済不能の連鎖反応を引き起こして、社会の多数の経済主体を倒産に追い込んで恐慌を起こすおそれがある。また、預金通貨が信認を失い、決済手段として用いられなくなるという問題も生じよう。これは通貨量の大幅減少による経済の落ちこみや、決済が法貨に全面的に依存することによる著しい不効率をもたらす。このような外部不経済を防ぐために、決済手段としての預金通貨の信認を守り、決済システムを守ることが、自己資本規制等、銀行倒産を防ぐための規制が銀行に課され、預金保険制度が設けられたことの1つの大きな目的であったといえよう。もっともそれだけが唯一の目的であったわけではなく、国民の基礎的貯蓄手段としての貯蓄性預金の保護や、銀行の金融仲介機能の保護も大きな制度目的であったと考えられる[73]。

なお、第3の金融政策のコントローラービリティに関しては、預金通貨の供給量を通貨当局が管理できるように、準備預金制度が設けられているほか（準備預金制度に関する法律3条以下、日本銀行法13条ノ3第6号（現行日本銀

---

72) わが国の手形交換所や全銀システム（内国為替決済機構）においては、多数の銀行が参加して決済システムを作り、一定時点においてそれまでの一定時間内に発生した各参加行の他の参加行全体に対する交換尻（手形交換高の貸方と借方の差引額・為替債権と為替債務の差額）を決済するというmultilateral（多数当事者間）な時点集中決済の方法を採っている（2011年から1件1億円以上の大口内為取引は日銀ネットの流動性節約（LSF）モードで決済されるようになり、時点集中決済の方法をとっているのは、1億円未満の小口内為取引である。中島真志＝宿輪純一『決済システムのすべて〔第3版〕』（東洋経済新報社、2013年）304頁）。このような場合、各行は自らの交換尻を予想してその資金手当てをコール市場等短期金融市場で行っている。しかし手形交換の貸方や内国為替の為替債権が、相手方銀行の支払不能により決済されなくなり、決済時点で入金されなくなると、予定して手当てした資金では足りなくなり、自らの交換尻の決済もできなくなる。そうなるとその銀行に対し為替債権を有していた他の銀行もさらに決済不能になる。このように決済システムの参加行に決済不能が連鎖的に広まることをシステミック・リスクと呼ぶ（前掲注3）引用文献および「巨大な資金繰り市場が内包する潜在リスク」金融財政事情45巻32号（1994年）20頁参照）。なお、日米におけるシステミック・リスク削減の努力につき、「全国銀行内国為替制度20年の歩み」金融557号（1993年）4頁・14頁および同引用文献、「外国為替円決済制度の歩みと今後の展望」金融573号（1994年）30頁・40頁、Scott & Wellons, International Finance: Transactions, Policy, and Regulation (1995) pp.532 et seq. 参照。

73) これは要求払預金だけでなく貯蓄性預金も預金保険の対象となり、貯蓄性預金のみを受け入れる者も銀行として規制の対象となることからも明らかである。

銀行の決済機能と為替業務の排他性　75

行法 15 条 1 項 3 号))、公定歩合操作（日本銀行法 13 条ノ 3 第 2 号（現行日本銀行法 15 条 1 項 1 号・2 号))、日本銀行の窓口指導（1991 年に廃止された）等を通じて、コントロールがなされている。

2　為替取引が銀行の排他的業務とされる理由とその意義

　為替取引が沿革的に銀行の主たる業務であったこと、銀行間の決済（為替）システムが円滑に行われることが預金通貨が決済手段として用いられる 1 つの条件となっていることは、先に見たとおりである。したがって、為替取引が銀行なら当然に営むことのできる銀行の固有業務とされることはよく理解できるが、さらに進んで為替取引は何故、銀行しか営めない銀行の排他的業務とされているのであろうか。それは銀行の決済機能といかに係わっているのであろうか。旧銀行法制定時の起草関係者は、為替取引には受信と与信の両機能がある（金融仲介機能がある）ことから、それを営む者は銀行とされ、銀行の排他的業務になると説明したが、この説明が適切でないことは先に検討したとおりである。したがって沿革的理由に拘泥することは必ずしも適切ではなく、為替取引の顧客保護を中心にその規制の必要性や規制の在り方を考えるべきであろう。すなわち、排他的業務とされる理由は次のように考えるべきではなかろうか。為替取引とは隔地間の現金を用いない資金移動とすれば、為替取引においては為替業者が依頼人の資金を預ってそれを指定された時間に指定された所で提供するという行為が通常あることになる（特に前述したように他所払手形の割引のような与信行為は為替取引に含まれないと考えた場合）。すなわち為替業者による受信行為と資金移動指図の執行行為があるわけであって、為替業者の倒産や不適切な執行があれば依頼人は大きな損害を被るわけであるし、（依頼人ではない）受取人も損害を被りうる。あてにしていた資金が受け取れずに倒産ということもあろう。また、資金移動という経済活動の基礎をなすサービスへの信頼が失われることによる混乱も考えられないわけではない。これらの経済学でいう外部性から大蔵大臣の規制と監督を受ける銀行のみが営めるという為替取引への規制がなされると一応考えられよう。

　為替取引と決済取引はほとんど重なり合うことから、為替取引が銀行の排他的業務とされることは、決済取引の大部分が銀行の排他的業務となることを意味する。アメリカ、イギリス等のように為替取引が銀行の排他的業務と

されておらず、預金通貨の提供が銀行のみに限られるという規制だけがある場合、決済取引に関する規制は、預金通貨を用いる決済にしか及ばず、しかも手形・小切手による決済の支払人や取立機関が事実上銀行に限られるとか、振込・振替による決済の仕向機関や被仕向機関が事実上銀行に限られるといった効果しかない。金融VAN事業も原則自由となり、最終的な決済預金口座の提供者が銀行に限られるだけである（しかし、［後記］に記すように、アメリカにおいては銀行以外の決済事業者にも各州のmoney transmitter law による規制があり、イギリスもEUの決済サービス指令等に従い、決済事業従事者や電子マネー発行機関に関する規制を設けている）。これに対しわが国のように為替取引が銀行の排他的業務とされると、預金通貨を決済に用いるか否かを問わず、隔地間の資金移動による決済に業として携わることができるのは銀行だけということになる。具体的には、振込・振替取引だけでなく、送金為替手形や送金小切手の発行も、法律上銀行しか業として営めないことになる（これも［後記］に記すように、わが国においても資金決済法が制定されて、資金移動業者や前払式支払手段発行者が認められ、規制がなされた）。これは、決済において受取人が預金通貨という安心できる資金の形態で資金を受け取れることを可能にするだけでなく、預金通貨以外の決済手段を用いる決済を含め、決済の途中において決済に携わる者の倒産の心配が少なく、決済のプロセスも適切に行われることを保証し、決済における支払人側も安心して決済を依頼できるようにしたものといえよう。もっとも、以上のような目的を達成するために為替取引を銀行の排他的業務とするという立法をとることが最も賢明か、またその制限の及ぶ範囲をどこまでと解すべきかについては、後に検討する（Ⅵ4）。

　なお、為替取引と決済の間には若干の相違点がある[74]。第1に、為替取引には当たるが決済に当たらないものとして、決済（支払）目的のない単なる送金があるが、送金人の保護という前述の為替取引規制の目的からは、このような場合も規制は必要となろう。第2に、決済には当たるが為替取引に当たらない場合として、相殺があるが、相殺の場合は現実に資金が動くわけではなく、それに携わる業者が資金を預るという受信行為や指図の執行行為

---

74) 小山・前掲注12) 186頁。何をもって隔地間取引とするかは難しい問題である。何故、資金移動取引の中で隔地間の取引のみが為替取引として銀行の排他的業務とされるのか、ということも難問である。

がないため、銀行しか扱えないという規制の必要がなかったと考えられる。

V 預金通貨以外の決済手段と銀行以外の者による為替取引

1 序
しかし以上のような規制が存在するにもかかわらず、法貨や預金通貨以外の決済手段が銀行以外の者により広く提供され、ある程度の汎用性（幅広い通用力）を持つようになってきている。また銀行以外の者が隔地間の資金移動サービスを提供するようになってきている。以下ではその現状と意味するところを検討してみたい。

2 プリペイド・カード
法貨や預金通貨に代わる決済手段として第1に挙げられるのはプリペイド・カードや商品券等の前払式証票（支払手段）である。プリペイド・カードには、物品・サービスの給付者が自己の物品・サービスの給付の決済手段として発行する自家発行型のプリペイド・カードと、プリペイド・カード発行専門会社が他者の物品・サービスの給付の決済手段として発行する第三者発行型のプリペイド・カードがある[75]。自家発行型の場合、物品・サービスの給付者から利用者がカードを購入した時点で、利用者がカードを呈示し給付者がカードに内蔵された使用価値を相当分だけ減額処理することによって、物品・サービスの代金の支払に代える旨の代物弁済の合意が成立するものと解される。これが法的通用力の基礎になっている。第三者発行型の場合も、プリペイド・カード発行専門会社の発行したカードに内蔵されている使用価値を減額処理することにより物品・サービスの代金の代物弁済をなす旨の合意が、物品・サービスの給付者（プリペイド・カード加盟店）と利用者の間に成立すると解され[76]、これが法的通用力の基礎になっている。

したがって、自家発行型の場合も第三者発行型の場合も、カードが呈示され減額処理のなされた時点で弁済の効果が発生していると考えられる。第三

---

75)「プリペイド・カード等に関する研究会報告」（平成元年2月17日）第2章(1)、山岸良太＝中村直人「プリペイドカードの法的性質」NBL 393号（1988年）6頁、片岡義広「プリペイドカード取引の法的視点」金融財政事情39巻14号（1988年）3頁参照。

78　第Ⅱ部　決済・銀行業務

者発行型の場合は、このような減額処理の後に加盟店がカードによる売上
データをカード発行者に送付し、その代金の支払を受けることになるが、
カード発行者が倒産して加盟店がその代金を受け取ることができなかったと
しても、カードの呈示・減額処理の時点で利用者の加盟店に対する弁済の効
力は発生したとみるべきで、カード発行者倒産のために発行者から代金を得
られなかった加盟店が、改めて利用者に代金を請求することはできないとい
うべきであろう。支払にいわゆるファイナリティがあると考えられる。

　以上のような代物弁済の合意に基づくプリペイド・カードの通用力は、合
意に参加する当事者の数が多くなるほど大きなものになりうる。物品・サー
ビスの供給者が1人で発行する自家発行型プリペイド・カードでも、NTT
の発行するテレホン・カードのように全国で非常に多数の人に利用されるも
のであれば、贈答品に使われる等かなりの通用力を持つし、あらゆる物品の
給付を行い各地に店舗を持つデパートのギフト・カード（商品券）も相当の
通用力を持つ。隔地間の資金移動の方法としても使えよう。ある地域のすべ
ての商店が、共同して顧客が利用できるプリペイド・カードを発行したり、
全員が加盟店となって第三者発行型プリペイド・カードを発行すれば、その
地域ではかなり一般的な通用力を持つ貨幣に近い決済手段たりえよう。

3　トラベラーズ・チェック

　汎用性を持ちうる法貨・預金通貨以外の第2の決済手段はトラベラー
ズ・チェックである。トラベラーズ・チェックの法的性質については定説が
ないようであるが、比較的多くの見解が採る自己宛小切手説によれば[77]、
小切手の支払人になれるのは広義の銀行だけであるから（小切手法3条）、ト

---

76)　「プリペイド・カード取引標準約款等とその解説」別冊NBL 22号（1991年）155頁。
これをカード所持者という第三者のためにする契約理論で説明する説もある。前払式
証票の法的性質に関する学説につき、山岸＝中村・前掲注75) 8頁以下、川村正幸
「プリペイド・カードに関する法的問題」手形研究425号（1989年）16頁、松本恒雄
「プリペイドカード取引と消費者保護——三面契約関係論への序論的考察をかねて」
大阪市立大学法学雑誌35巻3＝4号（1989年）66頁、片岡義広「プリペイド・カー
ドの法的性質と契約関係」ジュリ951号（1990年）41頁・43頁参照。

77)　鴻常夫『小切手法入門』（有斐閣、1964年）23頁、吉原省三「銀行振出手形・小切
手」鈴木竹雄＝大隅健一郎編『手形法・小切手法講座2』（有斐閣、1965年）215
頁・240頁、竹内昭夫「銀行取引と手形・小切手」鈴木禄弥＝竹内昭夫編『金融取引
法大系(1)』（有斐閣、1983年）113頁・117頁等。

ラベラーズ・チェックは銀行の振り出す預手ということになり、預手は交付時点で弁済の効果が発生するという最高裁判決（昭和 37・9・21 民集 16 巻 9 号 2041 頁）に従えば、ファイナリティのある決済手段であり、幅広い通用力のある汎用性の高い貨幣類似の決済手段たりうる。実際上も、預手は貨幣類似のものとして使用されている[78]。

しかし、わが国を含め現在利用されているトラベラーズ・チェックのかなりの部分は、銀行以外の者によって発行されたものであり[79]、自己宛小切手たりえず、また銀行発行のものを含め、実務ではトラベラーズ・チェックは必ずしも小切手とは解されていない[80]。その法的性格は明確でなく、ファイナリティのある決済手段たりうるか、その法的性格からは明確ではない。しかし、たとえトラベラーズ・チェックの発行会社が倒産したために、顧客から代金の支払としてトラベラーズ・チェックを受け取った物品・サービスの給付者が、その現金化ができなくなっても、当該顧客に改めて代金の支払を求めることは、実際上はほとんど不可能といってもよい。トラベラーズ・チェックは、少なくとも実際上はファイナリティのある決済手段として使われ、貨幣類似の事実上の通用力・汎用性を有しているといえよう。

またトラベラーズ・チェックの発行が為替取引の実質を有していることは、その利用の目的と実情からいっても否定のできないところである。沿革的にいっても、トラベラーズ・チェックは、典型的な為替取引である旅行（者）信用状取引にとって代わるものとして登場してきたともいわれている[81]。

4 投資信託受益権

第3に銀行以外の者の提供する決済手段・資金移動サービスとして問題と

---

78) 吉原・前掲注 77) 220 頁以下、竹内・前掲注 77) 115 頁。ただし預手は銀行の振り出すものであるため、ここでは扱わない。なおアメリカでは、このほかに bank notes のように銀行の発行する短期債務証書が、預金と実態が変わらないにもかかわらず、証券と位置付けられて預金保険の対象外となっていることが問題になっている（Macey & Miller, supra note 5 at 256）。これも決済手段たりうることが予想される。

79) 旅行会社やクレジット・カード会社が発行するもの等が存在する。

80) 大野實雄「旅行小切手の法律的性質」民商 47 巻 2 号（1962 年）171 頁、外為実務研究会「旅行小切手の法的性格をめぐる一考察」金法 1051 号（1984 年）29 頁、山下眞弘「トラベラーズ・チェックの法律構成――前払式キャッシュレス決済システム」島大法学 35 巻 1 号（1991 年）121 頁。

81) 山下・前掲注 80) 126 頁。

80　第Ⅱ部　決済・銀行業務

なりうるのが、中期国債ファンドやMMMFのような投資信託の受益権を決
済資金・為替資金として用いる場合である。中期国債ファンドにおいては、
現行制度上は預入れから 30 日以上経過後は解約可能であり、解約金の支払
は解約の翌日になされる [82]。しかも平成 5 年 11 月 8 日よりは、証券会社の
立替により解約日当日の支払も可能になった。このようなことから中期国債
ファンドは要求払預金に近い流動性を有することになり、決済資金として用
いられることになったわけである。

　第 1 の方法は、証券会社と銀行（第 2 地銀、信用金庫等）が提携した資金
総合口座ないしスウィープ・アカウントと呼ばれるものである [83]。これは
提携銀行における顧客の普通預金残高が振替基準残高（30 万円）を一定額
（10 万円）以上超えると、その超過額を 1 万円単位で口座から自動的に引き
落とし、それを証券会社の口座に振り替え、中期国債ファンドを自動買付け
する。逆に普通預金口座の残高が振替基準残高（30 万円）を一定額（10 万
円）以上下回ったときは、一定額（10 万円）以上を 1 万円単位で据置期間
（30 日）経過後の中期国債ファンドを解約することによって調達し、証券会
社の当該銀行における預金口座から顧客の普通預金口座に付け替える。顧客
の預金口座残高がマイナスになった場合は、中期国債ファンドの残高の範囲
内で提携銀行が自動的に当座貸越しを行う。

　またクレジット・カードの代金決済を中期国債ファンドの資金を用いて行
う方法もある [84]。すなわち、カード会社からの通知に従って、証券会社は
毎月のカードの決済日の前日に中期国債ファンドを解約して決済資金を銀行
における顧客の預金口座に振り込み、銀行は、当該口座からカード会社の口
座への振替によってカード代金の決済に充てる。中期国債ファンドを解約し
た資金が顧客の口座に振り込まれるまで、顧客の預金残高はゼロであっても
よい。銀行における預金口座は通過勘定であって、中期国債ファンドが銀行

---

82)　解約した場合に、投資信託財産を取り崩したり、受益権の現在価値を計算する等の
　手続があるため、解約金を直ちに支払うことは困難であったが、コンピューター化の
　進展によりこのようなことが可能になった。

83)　鵜川亨「中国ファンドを利用した新しいシステムと今後の方向」金融ジャーナル
　28 巻 10 号（1987 年）27 頁・30 頁、松尾良彦＝江頭孝久『決済革命──進む資金決
　済の電子化』（日本経済新聞社、1987 年）87 頁以下。

84)　鵜川・前掲注 83）31 頁、松尾＝江頭・前掲注 83）90 頁以下。

預金に代わる決済資金になっているわけである。

さらに進んだ中期国債ファンド等の投資信託の決済への利用としては、顧客（投資信託受益者・支払人）の銀行口座を介さずに、証券会社が当該顧客の投資信託受益権解約金を受取人の銀行口座に直接振り替えたり振り込んだりするサービスが考えられる[85]。窮極的には、決済のために、受取人の銀行口座ではなく受取人の証券会社における投資信託口座に、支払人の投資信託受益権を（解約時の償還価額に換算して）付け替える、もしくは送金人の投資信託受益権を解約し受取人に別の種類の投資信託受益権を与えるというサービスも考えられる[86]。

これらの中で最後の投資信託受益権そのものの付替え等によって決済する場合は、投資信託受益権がまさに決済手段になったものといえよう。しかしそれ以外の場合は、厳密にいえば決済手段は預金通貨（要求払預金）であって、投資信託受益権はその原資になっているのに過ぎない。クレジット・カード代金支払の場合に典型的に表われているように、銀行の預金口座が単なる通過口座になって、実質的な決済資金が投資信託受益権になっていることが、問題にされているといえよう[87]。

資金移動の観点から見た場合も、別の証券会社における投資信託受益権口座との間の付替えによる場合や、証券会社が銀行と同じく日銀当座預金口座を用いて顧客のための資金移動サービスを行うような場合を除けば、為替取引に該当するか疑問な場合が多い。証券会社が顧客の指示に従い、自己の銀行口座から受取人の銀行口座へと投資信託受益権解約金の振込みを行うことも、為替取引になるのであろうか、そこで問題になるのは振込指図の正確さだけであり、そこまで銀行の排他的業務たる為替取引として排除しなければならないのであろうか。

5　コンビニエンス・ストアの収納代行

銀行以外が提供する第4の決済手段・隔地間資金移動として問題になるの

---

85)　鵜川・前掲注83) 31頁以下。

86)　鵜川・前掲注83) 32頁。

87)　岩原紳作「電子資金取引に関する法制整備の必要性と課題〔第4回〕——金融制度調査会エレクトロバンキング専門委員会中間報告をめぐって」金法1210号（1989年）15頁・21頁。

が、コンビニエンス・ストアによる収納代行業務である。これは電気料金、ガス料金、電話料金、NHKの受信料金、水道料金等の公共料金や保険料、新聞料金、割賦代金等の収納業務の取扱いをコンビニエンス・ストアが行うものである[88]。コンビニエンス・ストア本部と収納機関の間でストアの各加盟店を収納取扱店とする収納契約を締結する。各加盟店は顧客の提出した収納機関から送付された払込票に印刷されたバーコードをスキャナーで読み取ったうえ、代金を収納する。スキャナーで読み取られたデータはISDN（総合デジタル通信網）によりオンラインで本部を経由して収納機関に即刻連絡される。資金は他の売上代金とともに翌日までに本部口座に振り込まれ、毎月1回一定の日に本部から収納機関の銀行口座に振り替えられる[89]。収納代行業務は銀行振込を上回るサービスによって拡大しているようである[90]。

　以上のような収納代行業務の法律問題についてはほとんど検討されていない。万が一、コンビニエンス・ストア加盟店への支払後、当該加盟店もしくは本部の倒産・過失等により、収納機関がその資金を手に入れられなかったり、収納が遅延した場合に、そのリスクを顧客が負うべきか、収納機関が負うべきか、明らかではない。しかし銀行の口座振替を用いた支払方法との対比からは[91]、上記リスクは顧客と収納機関との間では収納機関が負うべきであると考える。とすれば、加盟店への代金支払をもって弁済に充てる旨が、顧客と収納機関の間であらかじめ合意されていると解すべきではなかろうか。

　仮にそう解することができるとすれば、顧客が加盟店において代金を支

---

88)　収納代行業務の実態につき、「拡大するコンビニの収納代行業務」金融財政事情45巻16号（1994年）30頁参照。同論文によれば、収納代行業務の件数が平成5年1年間でセブンイレブンが1000万件、ファミリーマートで800万件にのぼっている。

89)　前掲注88）31頁。

90)　「銀行決済サービス向上の課題は何か」金融財政事情45巻16号（1994年）28頁によれば、コンビニによる収納代行は銀行に比べ、払込みを行う顧客にとっては、待ち時間が短い、手数料が安い、操作を店員が行ってくれる、等の利点があり、収納機関にとっては、払込期限後の収納が可能であり、コンピューター処理に移すのに磁気データ転換が不要であり、データ連絡項目が豊富である（ファイナンシャルEDI）、等の利点があるという。

91)　岩原紳作「保険料の不払と保険契約の失効——銀行自動振替による場合」鴻常夫＝竹内昭夫＝江頭憲治郎編『商法（保険・海商）判例百選〔第2版〕』（有斐閣、1993年）112頁参照。

払ったことをもって収納機関に対する顧客の債務の弁済に充てる旨の合意が、顧客と収納機関の間に存在することになり、（顧客の）加盟店に対する債権が決済手段になっているともいえよう。また収納代行業務が現金を用いない隔地間の資金移動の方法として用いられていることは否定できず、「為替取引」に該当する業務といえよう。

6 金融VAN等

第5に、銀行以外の隔地間の資金移動サービスとして問題になるのが、金融VANの提供する決済サービスである。これにはさまざまな種類があるが、代表的な例を挙げれば、まず企業間の相互取引により発生する多数の債権・債務関係についてのデータを特定の会社に持ち寄り、そこで重複するものの相殺を行って、その残額だけを銀行振込等により決済する場合がある[92]。これは振込（決済）の回数を減らし、振込手数料を節約しようとするものである。隔地間の資金移動とはいえないために、決済機能だけがあって為替取引には当たらない場合である[93]。次に多機能流通VANと呼ばれるものがある。その一種である小売店のボランタリーチェーン本部会社が行う金融VANでは、VAN事業者または本部会社が各小売店からの注文を集計・整理し、各問屋に一括発注する。各問屋は一括受注した商品をVAN事業者または本部に納入し、VAN事業者または本部はこれを振分けして各小売店に配送する。そして決済は、各小売店が毎月1回、一括して合計支払額をVAN事業者の口座に振り込み、VAN事業者がそれをさらに各問屋の口座に振り込むか、またはあらかじめ本部が立替払いして各問屋の口座に振り込み、その後、小売店が問屋の連名口座に振り込み、それを本部会社の口座に振り替えることによって行われる[94]。これも振込手数料の節約を図ったものであるが、為替取引として規制すべきか否か、実質的問題の第1は、いわば決済預金口座を提供している

---

92) 『中間報告』前掲注17) 19頁、「激変！企業間決済システム」金融財政事情38巻10号（1987年）18頁・29頁。
93) 『中間報告』前掲注17) 20頁は、このような決済にはファイナリティがないため、一方の債権が無効であった場合の処理の方法に問題があるとしている。しかし原因債権が無効であった場合の不当利得返還請求権までファイナリティによって否定すべきでないことにつき、岩原・前掲注87) 19頁参照。
94) 『中間報告』前掲注17) 19頁、松尾＝江頭・前掲注83) 123頁。

VAN事業者や本部会社が支払不能になった場合に小売店が害されないかということであり、第2に、VAN事業者による決済情報の処理が適切に行われるか否かであろう[95]。今後は、決済機能を伴ったEDIの発展が予想される。

以上のほかに、厳密な意味では決済手段とはいい難いかもしれないが、それに近い機能を果たすものとして、クレジット・カードがある[96]。さらに、クレジット・カードは現金を用いない隔地間の資金移動の方法、すなわち為替取引と見ることも可能ではなかろうか。またわが国では問題になっていないが、アメリカでは銀行以外の者によって提供されている決済手段として、為替証書（money order[97]）、事業会社の要求払債務等がある[98]。

---

95) 後述Ⅵ4参照。また岩原・前掲注87) 19頁参照。

96) クレジット・カードは、カードを呈示することによって物品・サービスの給付を受りる点等、プリペイド・カードに類似した側面を持つ。しかしクレジット・カードはカード呈示時点で代物弁済の効力は発生せず、原則としてカード使用者たる会員の銀行口座から自動振替によりカード発行者の銀行口座に預金債権の付替えがあった時点において代物弁済の効果が発生するものとされているようである。たとえば、三者間型のクレジット・カードにおいても、加盟店からカード会社が売上債権を譲り受けても、カード会社が会員から債権の回収ができなかった場合は、加盟店の責任となって、債権の買戻しあるいは支払代金の返還事由となる旨定めている規約が多い（長谷川成海「三者間クレジット・カード取引——銀行系カードの法的問題」早稲田法学 64 巻 3 号（1989 年）1 頁・14 頁）。もっとも、会員はカード会社の加盟店への立替払いによって、加盟店に対する代金債務を免れると解する説もある（同 38 頁）。

97) これはわが国で明治以来、郵便局の扱っている郵便為替証書、銀行の扱う送金のための為替手形、送金小切手に該当する。アメリカではむしろ銀行以外の少数の為替証書発行者が圧倒的シェアを占めている。アメリカでは為替証書は銀行小切手・銀行預金にきわめて近いものと認識されており、持参人払式の場合は貨幣として流通するし、為替証書発行機関は機能的に預金金融機関に近いと指摘されている。そして為替証書が銀行によって発行されているときは、準備預金規制の対象となっている（Macey & Miller, supra note 5 at 247）。

98) 典型例としては、IBMの 100％子会社であるIBM信用会社（銀行ではない）が発行したdemand notesがある。これは同社の発行している変動利付の債務証書で金利はMMFより高く定められ、要求払いとされている。こうやって同社が調達した資金は同社の一般的な貸付業務に使われる。預金との主な違いは、IBM口座では 500 ドル以上の額の小切手しか振り出せないことである（Macey & Miller, supra note 5 at 260 et seq.）。

VI 預金通貨以外の決済手段と銀行以外の者による為替取引の規制の必要性

1 序

　以上のように法貨や預金通貨等銀行の提供するもの以外の決済手段が広まってきており、銀行以外の者が業として携わる現金を用いない隔地者間資金移動取引も生まれつつある。解釈論的には、これらが銀行法上の「預金」もしくは出資法上の「預り金」に該当しないか、銀行法上の「為替取引」に該当しないかが、問題になりえようし、立法論的には、これらの利用者の保護や、決済システム（資金移動システム）の安定性とコントロールを図るために法規制が必要か否か、必要とすればいかなる法規制が必要かが問題となりえよう（[後記]に記すように、その後、銀行以外の資金移動業者を規制する「資金決済に関する法律」（以下、「資金決済法」と略す）が制定された）。

　ところが、先に列挙した新たな決済手段や隔地者間資金移動取引の中で、このような視点からの議論がなされているものは少なく、立法的手当や通貨当局による規制の方針が示されたのは、わずかにプリペイド・カードくらいであった。そこでプリペイド・カードでは何が問題とされ、いかなる立法や規制方針の明示がなされたのかを検討し、それを参考に、新たな決済手段や決済方法（隔地者間資金移動取引）の法規制はいかにあるべきかを、一般的に検討してみたい。

2 プリペイド・カードの規制

　プリペイド・カードを規制する「前払式証票の規制等に関する法律」（以下、「前払式証票法」と略す。同法は現在では資金決済法に吸収されている）がまず規制しているのは、前述した貨幣の第2の条件、すなわち、弁済方法としての確実性、リスクのなさである。プリペイド・カード等の前払式証票（資金決済法においては前払式支払手段）の発行者は、前払式証票を発行した対価でまだ使用されていない未使用残額の2分の1以上の額に相当する額の発行保証金を、国債等の有価証券（銀行・保険会社等による保証金保全契約をもって代えることもできる）をもって供託しなければならず（前払式証票法13条、同法施行令9条、同法施行規則21条・22条（資金決済法14条〜16条（発行保証

86 第Ⅱ部 決済・銀行業務

金保全契約または発行保証金信託契約をもって発行保証金の供託に代えることができる）、同法施行令6条〜8条、前払式支払手段に関する内閣府令24条〜38条）。割賦販売法18条の3以下、宅地建物取引業法41条参照）、前払式証票の保有者は、前払式証票に係る債権に関し、発行保証金から優先弁済を受ける権利を有するものとされている（前払式証票法14条、同法施行令11条、前払式証票発行保証金規則5条以下（資金決済法31条1項、同法施行令11条)[99])。

　また、このような問題が発生するのは発行者が支払不能に陥るためであることから、第三者発行型については、大蔵大臣（現在は内閣総理大臣）への登録が開業要件とされ、業務を的確に遂行するに足りる財産的基礎を有しない場合等には、登録を拒否される（前払式証票法9条（資金決済法10条))。また帳簿書類の作成や報告書の提出が義務付けられるほかに（同法16条・17条（資金決済法22条・23条))、立入検査や業務改善命令の対象にもなり、これに違反した場合は登録を取り消される（同法18条〜22条（資金決済法24条〜29条）。これに対し自家発行型前払式証票の発行者は、大蔵大臣への届出のみで発行することができ（同法4条（資金決済法5条))、帳簿書類の作成や報告書の提出等が義務付けられるだけである（同法16条・17条・18条1項前段（資金決済法22条〜26条は、自家型前払式支払手段発行者を、帳簿書類の作成や報告書の提出の他、立入検査等や業務改善命令・業務停止命令の対象とした。しかし登録の取消し等や抹消の対象にはならない))。このように第三者発行型にのみ参入規制が加えられたのは、自家発行型はあくまで財・サービス提供という事業活動に伴うその支払方法として発行されるのに過ぎないのに対し、第三者発行型は事業活動とは関係なく純粋に現金を預って決済手段を提供することのみを行うことから、金融機関に類似していて金融機関について銀行法等で厳しい規制が行われていることとの均衡を図ったものであり、さらに預り金を禁止している出資法の精神に基づくものであるとされる[100]。

　貨幣の第3の条件、すなわち、金融政策のコントローラビリティの確保に

---

99)　ただし優先弁済権の実行につき問題があることにつき、前田庸他「〔座談会〕プリペイド・カードの法的課題」ジュリ951号（1990年）18頁・32頁〔竹内洋、岩原紳作発言〕参照。なお、発行保証金を未使用残額全額とし、国債の供託のみを認めるものとすれば、ナローバンクに近いものになる（前掲注6）参照）。

100)　前掲注75）報告第5章(2)②。

ついて、プリペイド・カード等の前払式証票（前払式支払手段）に関しては、政府の貨幣高権を侵害するおそれがないかという形で、その発行に対する規制が深刻な問題になった。その汎用性が高まれば、貨幣に近い性格を持つことになり、本来の貨幣の流通が排除され、貨幣秩序が混乱し、ひいては金融政策が機能しなくなって、経済秩序を混乱させることが危惧された。

　そこで貨幣高権保護法令である紙幣類似証券取締法の適用がプリペイド・カードにあるかないかが大きな問題になった。明治政府は貨幣高権の政府独占を図り、国立銀行条例において国または国が認めた者以外の者が紙幣類似のものを製造・発行することを禁じた（明治9年改正国立銀行条例88条）。この条文は国立銀行条例の失効により効力が失われたため、全国各地で銀行の名で紙幣類似の証券が発行されるようになった。そこで国および日本銀行の貨幣発行権の独占を守るために明治39年に制定されたのが紙幣類似証券取締法である。

　同法は、「一様ノ形式ヲ具ヘ箇々ノ取引ニ基カスシテ金額ヲ定メ多数ニ発行シタル証券ニシテ紙幣類似ノ作用ヲ為スモノ」および「一様ノ価格ヲ表示シテ物品ノ給付ヲ約束スル証券」の発行および流通を主務大臣が禁止できると定めるものであるが、主務大臣である大蔵大臣（省、現財務省）が、前払式証票法制定の際に示した見解によれば、「通貨（紙幣）の機能とは、何処でも、誰でも、何にでも、支払ないし決済の手段として利用できることである……従って、この3つの要素のいずれかが欠けていれば紙幣類似とはならない」としたうえで、汎用プリペイド・カードに関する同法の運用の目安として、「何にでも」の観点からは、「単一のカードで家計の消費活動のうちの相当部分をカバーしうるまでの汎用性の程度に至らないカードは、紙幣類似とは言えず、当面は同法を発動しない。……家計の消費活動のうち、単一カードで相当部分をカバーしうる程度まで汎用的であっても、……単一店舗または単一建物内もしくは単一施設内の店舗においてのみ使用できるに過ぎないカードは、使用範囲が明確に限定されていることにより、紙幣類似としない（「何処でも」の観点）。譲渡が禁止されており、これが暗証番号等による本人確認によって担保されるカード（ID機能付カード）は、使用できる人間が特定されていることから、紙幣類似とはしない（「誰でも」の観点）。ただし、一般的に換金が確保されたカードは、上記のような限定がなされたとしても、それを超えた私人間の決済に利用され紙幣類似の機能を有するに至る危険性

が大きいことが考えられるので、上記の場合は発行主体が未使用カードまたは未使用残高の払戻を一般的に行わない場合とする」（筆者が一部表現を修正した[101]）。なおカードの一般的換金は、「預り金」を禁止した出資法の観点から禁止されるとされている[102]。

3 決済手段

それでは何故、法貨・預金通貨・プリペイド・カードを除いては、決済手段に対する特段の法規制がなされていないのであろうか。それともそれは「預金」ないしは「預り金」として提供することが禁止されるべきであろうか。あるいは、前払式証票法（資金決済法）のように何らかの立法がなされるべきであろうか。

先に検討したように（Ⅳ1）、通貨、すなわち汎用性を持った決済手段の法規制が必要とされるのは、第1に、弁済方法としての確実さを守ることによってその保有者を保護するだけでなく、システミック・リスクや取付けの防止等といった通貨の信認が失われることによる外部不経済を避けるためであった（信用秩序の維持）。第2に、通貨の供給量を管理するという金融政策のコントローラビリティを守るためであった。しかし一方で、いろいろな決済手段を自由に提供させることによって、決済手段の間の競争を促進させ、より便利な決済手段を用いることができるようにしようという意見があることも先に見たとおりである。これらの視点からすれば、法貨・預金通貨・プリペイド・カード以外の決済手段について特段の法規制が存在しないのは次のような理由によるのではあるまいか。

第1に、これらは汎用性がそれほど高いものではなく、流通量も少ないことから、プリペイド・カードに比べても、通貨に該当するものとして規制するほどの必要性がいまだ感じられていないためではなかろうか。トラベラーズ・チェックに関しては、わが国で発行されたものがわが国内で流通することは少ない。またコンビニエンス・ストア加盟店に収納代行の支払を行った顧客の加盟店に対する債権は、それを決済手段と解するにせよ、特定の支払目的にしか使えず、汎用性は全くない。

101）　前掲注75）報告第3章(1)④。
102）　前掲注75）報告第3章(2)。

第2に、トラベラーズ・チェックや収納代行システムにおいては、システミック・リスクや取付けといったことがあまり考えられず、通貨としての外部性がない。通貨としての外部性のある決済手段は、今のところ預金通貨のみであろう。

第3に、従来は、これらの決済手段の利用者保護の必要性も、それほど強くは感じられていなかったのではなかろうか。トラベラーズ・チェックは、銀行の発行しているものが多く、外国クレジット・カード会社や旅行会社によって発行されているものも、わが国の銀行との提携によって発行しているものが多いようである。したがって、銀行規制により多くのトラベラーズ・チェックの安全性が図られていると考えられているのかもしれない。またコンビニエンス・ストアによる収納代行も、ストアの加盟店なり本部で資金を預っている時間が短いうえに、前述したように、資金を預っている加盟店や本部が倒産した場合のリスクを、顧客（支払人）ではなく収納機関が負うものとすれば、収納機関は少なくとも今までのところ大企業であり、十分リスクを計算に入れて収納代行サービスを利用しているものと考えられることから、そのリスク防止のための法的規制は必要ないものと考えられよう。もっとも、今後これらの事情が変化すれば、これらの決済手段の利用者保護の観点からの法規制は、プリペイド・カードに倣って十分考えられるところであろう（本書104頁・105頁・114頁～115頁参照）。

第4に、これら新しい決済手段が、法貨や預金通貨にない経済性や便利さを提供していることである。

以上のように、決済手段あるいはその受渡しであるからといって、当然に法規制が加えられなければならないものではないし、規制するとしてもいくつかのレベルがありうるはずである。紙幣類似証券取締法も存在するところからは、新たな決済手段を規制するための立法を行うことは、慎重に考えるべきであろう。立法を行うのであれば消費者保護的なものであろう。

なお前述した中期国債ファンドを決済資金とするスウィープ・アカウントやクレジット・カード支払は、現在のところ銀行預金口座を経由した支払であって、中期国債ファンド（投資信託受益権）そのものが決済手段になっているわけではない。しかし将来、前述したような証券会社の口座間で投資信託受益権を付け替える形で支払が行われれば、それは投資信託受益権そのものが決済手段になる。そして証券会社間の決済システムが整備され、投資信

託受益権が広く決済手段として利用されて汎用性を獲得すれば、決済手段としての確実性やシステミック・リスク対策を検討する必要が生じよう。

投資信託受益権を決済手段とする場合、その確実性からみて2種類のリスクがある。第1に、投資信託には預金と異なり元本保証がなく、その価値がたえず変動することである。しかし中期国債ファンドのように国債のみに投資する投資信託には信用リスクはなく、金利リスクがあるだけである（インフレ・リスクは預金と共通である）。第2に、従来あまり論じられてはいないが、証券会社における口座間の付替えで決済する場合、口座を設けて投資信託受益権を預託（保護預り）している証券会社が倒産した場合のリスクがありうる。受益権が個別に分別管理されて証券会社の債権者に対抗できれば問題はないが、混蔵寄託されそれに証券会社自身の持分も入っている現状からすれば、証券会社倒産の時に受益権者の権利保全に面倒な問題が生じるおそれがある。そうなると銀行におけるシステミック・リスクや取付け類似の問題が起きないとは限らないであろう（投資信託受益権については、「社債、株式等の振替に関する法律」が適用されることになったため（同法2条1項8号・127条の2〜127条の32）、このようなおそれは薄らいだが、なお受益権預託先の証券会社倒産によるいわゆる contagion の問題は否定しきれないであろう）。

第1の問題に関しては、元本の保証されない資産が支払手段として広く保有された場合、一斉に元本割れを生じ、一斉に補塡が必要になったときに、決済システムや金融市場に支障を来すおそれがあるという指摘がある[103]。しかし中期国債ファンドのように国債のみに投資する投資信託であれば、そのようなリスクは実際上少ない。投資信託受益権の移転による支払を行う者とその受取人が、受益権に元本保証がなく受益権価値の変動リスクがあること、預金保険や中央銀行の最後の貸手機能によるバックアップがないことを十分に理解して決済手段として用いるのであれば[104]、それほどの不都合はないように思われる。

問題がありうるとすれば第2の証券会社の倒産リスクが預託を受けている投資信託受益権にも及び、その結果、システミック・リスクや取付け類似の問題が生じうる場合であろう。投資信託受益権そのものを決済手段とするシ

---

103)　辻信二「新局面を迎えた決済システムと銀行業」金融ジャーナル29巻9号（1988年）15頁・17頁。

ステムが実用化される場合は、そのような問題に対応できるような法的手当・立法が必要とされよう（前述のように、「社債、株式等の振替に関する法律」の適用により、このような必要は薄らいだとはいえよう）。これに対し、現在のようなスウィープ・アカウントや中期国債ファンドを資金とする銀行預金振替によるクレジット・カード代金の支払の場合は、そのような問題は生じないように思われる[105]。

スウィープ・アカウントに問題がありうるとすれば、決済資金がもっぱら預金通貨の形で用意されることを前提として、預金のみが、準備預金が要求される等、通貨政策・金融政策の対象とされていることである。決済（支払）資金が要求払預金ではなく投資信託受益権の形で保有され、銀行預金口座が単なる通過口座として利用されているのであれば、投資信託受益権にも準備預金を要求するのでなければ、金融をコントロールし、通貨政策・金融政策を準備預金制度を通じて実現することはできない[106]。アメリカの連邦準備

---

104) 受益権者にこのような認識が十分にないことを理由に懸念を示す意見がある（吉田暁「ペイメントシステムの発展と今後の問題点」金融ジャーナル 28 巻 10 号（1987 年）11 頁・15 頁）。しかし、元本保証のない資産による決済サービスとしてはすでに外貨決済等の例があること、支払指図から引落しまでの時間がエレクトロニクス化により短縮され、元本保証がなくても元本が毀損される危険が少ないこと、等の理由により元本保証のないことは必ずしも不適当でないという意見がある（南波・前掲注 8）88 頁）。さらに、金融破綻を起こす原因は、銀行が預金をまとめて運用し、元本保証等をすることにあるとして、むしろ投資信託型の貨幣にした方が決済システム全体の安全性は高まるという考え方もある（伊藤・前掲注 10）32 頁以下）。なお、金融研究会・前掲注 18）6 頁以下、片木・前掲注 18）194 頁参照。

105) アメリカにおいては、わが国の中期国債ファンドを用いたスウィープ・アカウントのモデルとなった、MMMF（Money Market Mutual Fund）と銀行勘定を結びつけた決済性を付与したスウィープ・アカウントが、広く利用されているが、証券投資会社による預金の受入れに当たるとして、グラス・スティーガル法 21 条違反とする主張が銀行界よりなされた。また州の制定法でこのようなサービスを禁止しようとする立法が試みられたが、MMMFの利用者の反対で成功しなかった（Frankel & Mazer, 1984 Supplement to the Regulation of Money Managers vol.4 p.16）。他方、そのような口座の提供が銀行によるMMMF株式（わが国の投資法人の投資証券や投資信託受益証券に相当）の引受けまたは取次業務に当たり、グラス・スティーガル法 16 条に違反しないかも問題にされていた（Dilorenzo, Schlichting, Rice & Cooper, Banking Law vol.5 § 96.15 （1984 with 1993 supp.））。

106) 金融研究会・前掲注 18）3 頁〔片木進発言〕・6 頁〔上田英一、吉田暁発言〕、片木・前掲注 18）194 頁、もっとも現在のところはスウィープ・アカウントの規模が小さく、あまり問題にならない。

制度理事会はそのような方向を目指している [107]。

次にこれらの決済手段が銀行法上の「預金」または出資法上の「預り金」に該当するか否かを検討してみたい。判例は、「預り金」の解釈につき、元本額以上の返還を約束している場合に預り金に当たるとしている [108]。「預金」も同旨に考えられることになろう [109]。このような考え方からは、決済手段は、ある意味ではいずれも「預金」ないし「預り金」的性格を有しているといえよう。すなわち、支払人が決済手段を手に入れるために支出し、決済手段をもって弁済に充てた時点で確定額（元金以上の額）の返還を受けるものと見ることができるからである。ただ異なる点があるとすれば、「預金」ないし「預り金」においては、現金という完全な汎用性ある決済手段をもって返還がなされうるのに対し、前述した各種決済手段においては、特定の支払等に充てられる点であろう。これに対し、プリペイド・カードの例に見られるように、元本額以上が汎用性のある決済手段をもって返還がなされる場合は、決済手段としての有効性が高まりその性格が預金そして通貨に近くなることから、預金規制・銀行規制・貨幣高権の脱法を防ぐために、「預金」ないし「預り金」の禁止、および紙幣類似証券取締法の対象と考えられたものといえよう。その意味では、決済手段が元本額以上の現金と交換可能な場合や不特定の相手と目的に対する支払に利用できる場合は、「預金」ないし「預り金」の禁止、および紙幣類似証券取締法に触れる可能性がありえよう。

4 為替取引

先に列挙した銀行以外の者が提供する新たな決済・資金移動サービスの多くは、銀行の排他的業務とされる「為替取引」に該当するのではないかと疑われる。しかし立法論的にみて、それらは銀行しか携わることのできない排他的業務として禁止することが適当なのであろうか。

先に検討したように [110]、為替取引を銀行の排他的業務とした意義は、第

---

107) Corrigan, supra note 8 at 36；Macey & Miller, supra note 5 at 270. これに対し消極説として、Frankel & Mazer, supra note 105 at 17 がある。また 17CFR§§270.6c-4(T), 270.6c-5(T)参照。
108) 最決昭和 31・8・30 刑集 10 巻 8 号 1292 頁。
109) 高橋俊英編『金融関係法Ⅱ』（日本評論社、1964 年）10 頁。なお、前掲注 54）参照。
110) 本稿Ⅳ 2。

1に、資金移動の途中で資金を預っている者の倒産によって受取人が資金を受け取れなくなったり、送金人が送った資金を喪失する危険を防ごうとするものであった。すなわち、隔地者間の資金移動サービス提供者の受信機能に伴う、同提供者の信用リスクを原因とする利用者の損失を防ぐことであった（プリペイド・カードの例を参照）。第2に、同サービス提供者が適切に資金移動を執行し、資金移動（決済）システムが円滑に機能するように図ったものである。これは支払指図の送達等情報処理を通じてなされる。これらの意義からすれば、銀行以外の者の提供する資金移動サービスに問題がないわけではない。

　第1に、為替（決済）取引における受信機能に関連して、サービス提供者の倒産リスクの対策が立てられていない。トラベラーズ・チェックの発行者、クレジット・カード会社、支払代行サービスを提供するコンビニエンス・ストアまたはその本部会社、多機能流通VANにおけるVAN事業者または本部会社が支払不能になった場合、トラベラーズ・チェックはその保有者、クレジット・カードの加盟店、コンビニエンス・ストアの収納代行における収納機関、多機能流通VAN参加小売店に損害が発生する可能性がある。銀行倒産の場合のように、それが一国全体の決済・金融システム混乱や取付け騒ぎにはならないと思われるし、収納代行の収納機関のように保護の不要な場合もあろうが、消費者保護的な規制は必要であろうし、これらの資金移動システムがより広汎に利用されるようになった場合、決済システムの安定性からの規制も必要となろう。ただし、それはこれらの資金移動方法を禁止するという規制ではなく、プリペイド・カードに見られるように、弊害の防止を図る観点からの規制で足りるのであるまいか。

　同じように、第2の問題点として、資金移動サービスが適切に執行されるような規制を加えるべきではないか、ということがある。具体的には、振込を証券会社が顧客に代わって行ったり（V4参照）、VAN事業者による決済情報の処理の法規制等が問題となろう（V6参照）。もっとも、現在の銀行法においても、このための特別の監督法的規定はなく、通達によっていくつかの措置がとられているだけである[111]。しかも銀行自身もその資金移動システムの構築と管理を通信事業者に大きく依存している。銀行のシステム内で事故が起きたときは、実際には通信事業者が構築したものであっても、当該銀行が銀行法上・私法上の責任を問われるという形で、適切な執行を担保

しようとしているといえよう。しかしこの第2点についても、資金移動サービスは銀行しか提供できないという規制を加えるのではなく、資金移動取引に関する一般法を定めて、その中に私法的規定も監督法的規定も含ましめ、それを銀行にも銀行以外の資金移動サービス提供者にも適用する方向が望ましいように思われる。決済（資金移動）取引が、他の取引と異なって、経済活動の基礎をなすものであり、決済システムが社会のインフラストラクチャーとしての性格を有し、システミック・リスク等外部性を有しているとすれば、そこにおける情報処理も適正になされるような制度的手当が必要である。しかしそれは参入規制に訴えるのではなく、一般的な私法上のルールや安全性に関する監督法的ルールの下で実現されるべきであろう[112]。電気・通信技術の発展により資金移動サービスの可能性は大きく広がっており、いろいろな主体がそれに参入して競争することが望ましいからである[113]。これこそが銀行機能の構成要素に即した横割りのルールといえよう（［後記］において述べるように、資金移動サービス提供者に関する一般法である資金決済法が制定された。しかし私法上の問題に関する法規定は設けられず、また銀行機能の構成要素に即した横割りのルールにはまだ遠い。そこで、「金融審議会金融分科会報告——決済及び関連する金融業務のあり方並びにそれらを支える基盤整備のあり方等について」（平成28年2月8日）は、金融・IT融合の進展等に伴い、決済業務をはじめとする各種の金融サービスが総合的に提供されていること等から、業務横断的な規制体系の構築の検討を提言した。これを受けて平成29年改正銀行法は、銀行と利用者の間に立って両者に介在するサービスを提供する「中間

---

111) 「資金決済等の取扱いについて」（平成4・4・30事務連絡）、「金融機関の防犯対策等について」（平成4・4・1蔵銀462号）別添4、別添6、「オンライン処理による金融機関の業務提携について」（平成4・4・30蔵銀799号）、「平成5年度及び6年度における金融機関の店舗設置等の取扱いに係る留意事項について」（平成5・5・20事務連絡）Ⅱ等。これらの通達や事務連絡は、資金決済法やその政省令、「主要行等向けの総合的な監督指針」（平成17・10・28金融庁監督局）Ⅲ－3－7、Ⅲ－3－8、Ⅲ－3－9等に引き継がれている。

112) 国際振込に関する国連国際商取引法委員会（UNCITRAL）モデル法は、支払指図の執行の業務に係わる者であれば、銀行以外の者にも同モデル法が適用されることを規定している（Model Law on International Credit Transfers §1(2)。なお、岩原紳作＝藤下健「『国際振込に関するUNCITRALモデル法』の逐条解説」金融法研究資料編(8)別冊（1992年）10頁以下参照）。

113) 前掲注10)、90) 参照。

的業者」を、「電子決済等代行業」として、内閣総理大臣の登録を受けることを要求し、報告・資料の提出・立入検査・業務改善命令等の監督の対象にするとともに、電子決済等代行業者の利用者に対する説明義務・誠実義務等を定めている（同法52条の61の2〜52条の61の30）。しかし横断的規制体系構築の細やかな一歩にすぎない）[114]。

Ⅶ　結　び

　決済機能そして為替業務は、歴史的に見ても比較法的に見ても、銀行の要めとなる固有業務である。現行銀行法上も、銀行にこれらに関する業務権限が広く認められている。銀行に各種の規則が課せられるのも、これらの役割を適切に果たさせるため、という見方もできよう。すなわち、預金通貨は、今日の通貨の大宗をなしており、その健全性は大きな外部経済性を有している。銀行が倒産して預金通貨への信認が失われた場合、決済システムの抱えるシステミック・リスクにより銀行の連鎖倒産を招くだけでなく、取付けによって決済・金融システム全体を脅かし、大きな経済恐慌を招きかねない。そこで預金通貨の通用力を支える銀行の信用力を維持するために、自己資本比率規制、預金保険等、銀行に各種の規制が課せられる。また、決済手段たる預金通貨の供給量が経済全体に与える影響のために（外部性）、その供給量を金融政策の観点からコントロールする手段としての準備預金の制度が設けられている。

　これに対し為替取引に対する規制は、第1に、為替取引においては為替業者による受信行為があるため、為替業者の倒産によるそのサービスの利用者の損害を防ぐため設けられたものであり、第2に、為替業者による為替取引の執行が適切になされるように、やはりその利用者の保護を図ったものと考えられる。為替取引と決済はほとんど重なるため、決済の利用者保護を図ったものともいえよう。

　ところが最近では、法貨や預金通貨以外の銀行以外の者の扱う決済手段が生まれつつあるとともに、銀行以外の者の扱う隔地者間の資金移動サービス（為替取引サービス）も増えつつある。新たな決済手段についてはそれを規制

---

114)　岩村・前掲注9)　80頁参照。

96　第Ⅱ部　決済・銀行業務

する立法の必要性が問題になるが、決済手段について当然に法規制がなされるべきと考えるのではなく、規制するにしてもいくつかのレベルがあるべきであって、リスクを被る者が消費者か否か、システミック・リスクのような問題が生じうるか否か等を考えて、立法には慎重に対処すべきであろう。新たな決済手段にはそれなりの経済性と便利さが考えられるからである。立法を行うとすればプリペイド・カードにおけるように消費者保護の観点からのものとなろう。投資信託受益権を実質的な決済資金とするスウィープ・アカウントについても、準備預金制度の対象とすること等は考えられるが、現状では直ちに問題が生じるとは考えられない。ただし、決済手段一般につき、いつでも払戻しに応じる等、汎用性を持ちうるものとした場合は、出資法の「預り金」となったり、紙幣類似証券取締法の適用がありえよう。

　最後に、銀行以外の者が提供する新たな決済・資金移動サービスの多くは、銀行の排他的業務とされる「為替取引」に該当するおそれがある。しかし「為替取引」規制の目的たるサービス提供者の倒産リスクへの対処や、適切な資金移動サービスが提供されるようにすることは、銀行以外の者によるサービス提供を禁止することによって実現するのではなく、サービス提供者が誰かを問わず適用される資金移動取引に関する一般法を設けて、その中に必要最小限の弊害防止のための監督法的規定を設ける方向が望ましいのではなかろうか。

〔鴻常夫先生古稀記念『現代企業立法の軌跡と展望』

（商事法務研究会、1995 年）529～582 頁〕

　〔後記〕　本稿は、銀行業務は元々為替取引から発生してきたものであるという認識に立って、為替取引の信頼性の維持、為替取引から生じうるシステミック・リスクの防止、利用者保護の観点から、銀行規制の必要性とその在り方を検討したものである。そこから銀行以外の者による為替取引の許容性とその規制の在り方についても検討した。本稿における検討は、修正を加えたうえで、岩原紳作『電子決済と法』（有斐閣、2003 年）507～577 頁に反映されている。

　　本稿において主張した、銀行以外の資金移動業者に関する一般的な規制法の制定は、資金決済に関する法律（平成 21 年法律 59 号）（「資金決済法」）に

より実現された。同法は資金移動業者規制だけでなく、プリペイド・カード等の前払式支払手段についての規制も行っている（同法につき本書85頁以下参照）。しかし同法は銀行法の「為替取引」の概念を前提に「資金移動業」を定義したことから（同法37条）、本稿で為替取引に該当するのではないかと指摘したコンビニエンス・ストア等の収納代行等については、同法の立案担当者の解説においても為替取引該当性が指摘されているのにも拘わらず（高橋康文編著『詳説・資金決済に関する法制』（商事法務、2010年）157頁以下）、業者は、為替取引に当たらないと主張して、資金決済法37条に拘わらず、資金移動業の登録を受けないまま収納代行業を営んでいる。

　EUにおいては、2007年決済サービス指令により（2007/64/EC Directive of the European Parliament and of the Council of 13 Nov. 2007 on payment services in the internal market amending Directives 97/7/EC, 2002/65/EC, 2005/60/EC and 2006/48/EC and repealing Directive 97/5/EC）、現金決済や小切手等による決済を除く決済取引一般につき、決済サービスを提供する決済サービス機関を免許事業としたうえで、自己資本規制を加え、利用者から預かった資金の分別管理義務、利用者から預かった資金を原資とする信用供与の禁止、無権限取引における決済サービス業者と利用者との間の損失分担ルール、決済取引が実行されない場合や実行に瑕疵がある場合に決済サービス機関に利用者への資金返還義務を課すマネーバック・ギャランティ等を規定した（吉村昭彦＝白神猛「欧州における決済サービスの新たな法的枠組み——決済サービス指令の概要」金融研究28巻1号（2009年）119頁）。2009年電子マネー機関指令は（2009/110/EC Directive of the European Parliament and of the Council of 16 Sep. 2009 on the taking up, pursuit and prudential supervision of the business of electronic money institutions amending Directives 2005/60/EC and 2006/48/EC and repealing Directive 2000/46/EC）、電子マネーを発行する電子マネー機関は免許を受けなくてはならず、自己資本規制や信用供与規制、電子マネー発行対価の保全措置（電子マネー保有者に対する払戻義務がある）、等を規定した。更に、2015年の第二次決済サービス指令においては（2015/2366/EU Directive of the European Parliament and of the Council of 25 Nov. 2015 on payment services in the internal market, amending Directives 2002/65/EC, 2009/110/EC and 2013/36/EU and Regulation (EU) No 1093/2010, and repealing Directive 2007/64/EC）、オンラインショップにおいて、商店主のウェブサイトと利用者の銀行のオンラインシステムをつなぐシステムを構築して、インターネット上で銀行口座振替による決済を行うサービス等、決済サービス利用者の依頼により他の決済サービス提供者に開設されている決済口座へ支払指図を発するサービスを、

決済発動サービス（Payment Initiation Service）、その提供業者を決済発動サービス業者（Payment Initiation Service Provider: PISP）と呼んで、彼らを決済サービス機関に含めて、免許制や自己資本規制等の対象とした。そしてPISPは、支払人から資金を預かることが禁止されている。

　以上のようなEUにおける決済サービスに関する法制の整備は、銀行以外の資金移動業に携わる者を包括的に、決済サービス機関ないしは電子マネー機関として規定し、免許制や自己資本規制や資産の分別管理ないしは保全措置を規定するとともに、無権限取引における損失負担ルールやマネーバック・ギャランティ・ルールを定める等、本稿で主張した内容をほぼ実現する内容になっている。平成29年改正銀行法52条の61の2以下は、EUの決済発動サービス業者規制に一部倣ったものであるが、損失負担ルールやマネーバック・ギャランティ・ルールを欠いている等、資金移動取引に関する一般法、金融業務に関する横断的な規制体系の構築からはほど遠いものである。わが国の資金決済法等も、EU決済サービス指令のような方向で見直されることが望ましいと考える。

金融法制の革新
——資金決済法と電子記録債権制度

I 序

　本年（2009年）の金融にかかる大きな制度改革として、「資金決済に関する法律」（平成21年法律59号。以下、「資金決済法」と略す）の成立と[1]、電子記録債権に関する実務の制度枠組みの構築が挙げられよう[2]。これらは金融に関する電子化等の一層の促進を行うだけでなく、金融における競争を促進し、金融サービスの高度化、金融ビジネスの革新につながるものと期待される。本特集においては、これらの制度整備の意義を色々な側面から検討することとしている。本稿はその総論的考察として、資金決済法の成立と電子記録債権制度の具体化という2つの制度整備に共通する問題を概観することによって、本特集の各論稿による検討の背景と意義をより広い視点から理解する一助としたい。

II 銀行による金融サービスの問題点

　銀行法により銀行の固有業務とされているのは、「預金又は定期積金等の

---

1) 高橋康文「資金決済に関する法律の制定とその意義」ジュリ1391号（2009年）15頁以下、小林高明「『資金決済に関する法律』の解説——資金決済サービスに関するイノベーションの促進と利用者保護に向けて」NBL910号（2009年）67頁、柳沢信高「『資金決済に関する法律』の概説」金法1873号（2009年）38頁参照。
2) 全国銀行協会「電子債権記録機関要綱」（2009年3月）（http://www.zenginkyo.or.jp/news/entryitems/news210324_1.pdf）。

受入れ」、「為替取引」、「資金の貸付け」、及び「手形割引」である（銀行法
10条1項）。これらの中で前二者は、銀行しか営むことができない銀行の排
他的業務とされている（同法2条2項）。これらに共通する機能は、資金を受
け入れて（「預金又は定期積金等の受入れ」、「為替取引」）、それを移動したり
（「為替取引」）、資金の不足主体に供給するというものである（「資金の貸付け」、
「手形割引」）[3]。今回の世界的な金融危機は、国際的にこのような金融機能の
不全が生じていることを示したものであったが[4]、我が国においては、1989
年のバブルの崩壊や1998年の金融危機に表れているように、既にかなり以
前から金融機能の不全が問題になり、金融機能の向上が経済全体の高度化や
活性化のために必要であるという見解が広く見られた。また経済の国際化が
一層進展し、国際的競争が激化する中で、日本の銀行や銀行界のシステムが、
資金移動、決済、信用供与、金融商品の提供等の金融サービス提供能力にお
いて、国際的な競争力が不十分ではないかということが意識されるように
なっていた[5]。

　このような問題意識から、各種の法制整備が行われ、金融の在り方に変化
も生じている[6]。しかしバブル崩壊以降、銀行の体力が低下したことや、か

---

[3]　岩原紳作『電子決済と法』（有斐閣、2003年）514頁以下参照。「資金」とは、元本
　　が保証され、いつでもあらゆる財・サービスと交換できる汎用性のある、通貨として
　　の機能を有する価値保存手段である（岩原紳作「〔シンポジウム〕決済法制の再検討
　　(1)総論」金法1842号（2008年）32頁〔37頁〕）。なお、本論稿における議論は金融
　　機関一般に妥当するものであるが、以下では金融機関を代表して銀行につき論じるこ
　　ととする。

[4]　Markus Brunnermeier, Andrew Crockett, Charles Goodhart, Avinash D. Persaud &
　　Hyun Shin, The Fundamental Principles of Financial Regulation, Geneva Reports on the
　　World Economy 11, Preliminary Conference Draft (International Center for Monetary and
　　Banking Studies, 2009)；池尾和人＝池田信夫『なぜ世界は不況に陥ったのか――集
　　中講義・金融危機と経済学』（日経BP社、2009年）、吉野直行他編著『論争！経済危
　　機の本質を問う――サブプライム金融危機と市場の高質化』（慶應義塾大学出版会、
　　2009年）等。

[5]　池尾和人『金融産業への警告――金融システム再構築のために』（東洋経済新報社、
　　1995年）、植田和男＝深尾光洋編『金融空洞化の経済分析』（日本経済新聞社、1996
　　年）、日本型金融システムと行政の将来ビジョン懇話会「金融システムと行政の将来
　　ビジョン――豊かで多彩な日本を支えるために」（2002年7月12日）等。

[6]　金利等の規制の撤廃・自由化、金融ビッグバンによる金融の垣根の撤廃、証券化の
　　推進など市場型金融システムの育成、銀行行政の在り方の改革、金融危機に対応する
　　法制の整備等が行われた。

つて護送船団行政に守られていた銀行界の体質の改善が容易には進まないこともあり、銀行による金融サービスの改善や銀行の金融機能強化は、必ずしも順調には進んでいない。その1つの例が、欧米では既に一般化している、手形・小切手による決済の電子化とそれによる銀行業務の合理化を図るチェック・トランケーションの導入計画が、導入費用がかかること等を理由に中止されたことである[7]。長期的な費用の節約や業務の合理化、サービスの向上よりも、目先の費用の回避が重視されたわけである。

その結果、銀行が提供する金融サービスの利便性や費用への不満が高まり、銀行以外の者が、銀行業に参入して新たなタイプの金融サービスを提供したり、独自の新たな金融サービスを提供したりするようになって、銀行による伝統的なサービスの提供が細っているという状況が生じている。第1の例として、事業会社が、ATM専業銀行や[8]、インターネット専業銀行を設立したことが挙げられる[9]。第2の例としては、資金移動サービス、決済サービスが、銀行以外の主体によって提供されることが増大していることが挙げられる。コンビニエンス・ストア等による収納代行、宅配業者等による代金引換、集金代行、金融VAN、CMS (Cash Management Service)、エスクロー・サービス、デビットカード、電子マネー、クレジットカード、トラベラーズ・チェック等のサービスがその例である[10]。第3の銀行が提供するサービスが急速に細っている例としては、手形・小切手を利用した資金移動・決済サービスや信用供与サービス（手形割引等）がある[11]。

---

7) 金融法務研究会「チェック・トランケーションにおける法律問題について」金融法研究資料編(16)（2000年）3頁、岩原紳作（司会：前田庸）「チェック・トランケーションにおける法律上の問題——手形・小切手の簡易な取立方法の法律上の問題と解釈論的対応」金融法研究17号（2001年）1頁参照。なお、E. P. Ellinger et al., Ellinger's Modern Banking Law, 4th ed. 2006, pp.361 et seq. 参照。

8) セブン銀行、イオン銀行等がその例である。

9) ジャパンネット銀行、イーバンク銀行等がその例である。

10) 岩原・前掲注3) 書556頁以下。また、杉浦宣彦「〔シンポジウム〕決済法制の再検討(2)リテール資金決済」金法1842号（2008年）43頁〔50頁以下〕参照。

11) 手形交換高でみると、ピークであった平成2年に4792兆2906億円であったのが、平成20年には432兆9745億円に激減している（全国銀行協会＝社団法人東京銀行協会「決済統計年報〔平成20年版〕」(2009年) 11頁）。

102 第Ⅱ部 決済・銀行業務

Ⅲ 資金決済法の意義

1 資金移動サービスをめぐる問題とその改革

　第2の銀行以外の者が資金移動サービスを提供する場合については、資金移動サービスの内容は「為替取引」の定義と重なるところから、銀行法が銀行の排他的サービスとして定め、銀行以外の者が営むことを禁止している「為替取引」に該当するのではないかという、解釈上の大きな問題が存在した（銀行法2条2項2号・4条1項）。すなわち判例によれば、「為替取引を行うこと」とは、「顧客から、隔地者間で直接現金を輸送せずに資金を移動する仕組みを利用して資金を移動することを内容とする依頼を受けて、これを引き受けること、又はこれを引き受けて遂行することをいう」とされているが[12]、資金移動サービスを提供する者は、何らかの仕組みを利用して資金を移動するサービスを提供するのであろうから、正に「為替取引」を提供していることになるのである。

　銀行法が「為替取引」を銀行の排他的サービスとして規定したのは、為替取引には業者による受信行為と資金移動指図の執行行為があることから、為替取引業者の倒産や不適切な執行行為により、顧客資金の喪失が生じたり、適切な資金移動がなされないことによって、顧客や受取人等に大きな被害が生じることや、経済活動のインフラである資金移動サービスへの信頼が失われることを防ぐためであったと考えられる。為替取引（資金移動サービス）の安全性を高め、利用者保護を図るという目的のために、同じように「資金」の受入れの安全を守るために財務や業務の健全性につき規制がある銀行に、サービス提供者を限定したのであろう[13]。預金受入機関である銀行に

---

12)　最決平成13・3・12刑集55巻2号97頁。横浜地判平成9・8・13判タ967号277頁も同旨。判例の意義につき、杉浦宣彦「電子決済システム導入と為替の法的概念の再検討——電子決済の発展に伴う為替の法的概念の変容と新しい金融法制のあり方について」法学新報111巻9＝10号（2005年）229頁〔240頁〕参照。学説も、為替取引とは隔地者間において直接現金を授受することなく資金の授受を達成することと解してきた（佐竹浩＝橋口収編『新銀行実務講座⒀　銀行行政と銀行法』（有斐閣、1967年）130頁、森本滋「銀行業務と為替取引」鈴木禄弥＝竹内昭夫編『金融取引法大系(3)——為替・付随業務』（有斐閣、1983年）1頁〔4頁〕、小山嘉昭『詳解銀行法』（金融財政事情研究会、2004年）153頁等）。

対する規制は、銀行が経済全体に果たす格別の重要性、システミック・リスクの存在や部分準備制度に由来する銀行倒産の連鎖の危険性（contagion）、預金という公衆にとって一番身近で基礎的な金融資産の安全性を確保することがソーシャルセキュリティとしての意義を有している、といった種々の理由から、格別に厳重なものになっている[14]。その結果、銀行となることのコストは重く、しかも銀行には兼業規制が課せられていることから[15]、事業会社が一般の事業を営みながらそのメリットを生かして資金移動サービスを提供することはできない。

その結果、一部の事業者は、資金移動サービスを提供することを諦めたり[16]、「為替取引」に該当しないようにサービス内容を変更することになった[17]。他方、一部の事業者は、「為替取引」として銀行法違反とされる危険を冒しながら資金移動サービスを提供してきた。これは実際に銀行法に違反する「為替取引」を行ったとして摘発され、刑事罰を受けた例が、海外送金をいわゆる地下銀行を使って行った例にほとんど限られたことから[18]、「為替取引」と解釈されるおそれがあることが十分に認識されないまま、サービスが提供され、それが広く利用されるようになってしまったために、規制当局も摘発しにくくなっていたし、また一部のサービス提供者や実務家等は「為替

---

13) 岩原・前掲注3) 書539頁以下・572頁以下。なお、2007年EU決済サービス指令は、広義の資金移動サービスを決済サービスと呼んで、同サービスを行うには原則として許可が必要としている（2007/64/EC Directive of the European Parliament and of the Council of 13 Nov. 2007 on payment services in the internal market amending Directives 97/7/EC, 2002/65/EC, 2005/60/EC and 2006/48/EC and repealing Directive 97/5/EC, OJ L.319,5.12. 2007, pp.1-36, Article 5）。アメリカ各州も同様の送金業者法（Money Transmitter Law）による規制を行っている（岩原・前掲注3) 書526頁以下）。

14) 岩原・前掲注3) 書533頁以下。

15) 銀行法12条。

16) 国際的にオンラインの決済サービスを提供しているPayPalは、資金決済法が成立して、銀行以外の事業者にも「為替取引」が認められるようになれば、日本でもサービスを提供することを本格検討する旨を表明している（ケビン・ユー「〔インタビュー〕世界的な決済サービスPayPal日本市場への参入を本格検討」金融財政事情60巻19号（2009年）39頁）。

17) 後に検討するように、電子マネー保有者に発行者に対する一般的な払戻請求権を認めると、電子マネーを為替取引に用いることもできるが、銀行法や出資法（「預り金」に該当するおそれ）に違反するおそれもあり、そのようなことは控えられてきた（なお、資金決済法20条参照）。

18) 前掲注12) 最決平成13・3・12、前掲注12) 横浜地判平成9・8・13等。

取引」に該当するとされることはないと考えるに至るという状況になったためであった。しかし、銀行法を素直に解釈し、前述したような支払人・受取人（収納者）双方の資金移動サービス利用者保護を図る為替取引規制の趣旨を考えれば、また最高裁の判例に従えば、それらのサービスが「為替取引」として銀行法に違反する可能性は否定し得ないと思われる[19]。

しかし「為替取引」に該当するとして摘発されてきた地下銀行による海外送金も、自国の家族等に送金しようとする外国人労働者等にとって、日本の銀行による海外送金サービスは費用が高く使い勝手が悪いことから、やむを

---

19) 例えば、収納代行サービスが為替取引に該当しないとする説は、同サービスは一般に代理受領であるとされているとして、代理受領時点で決済は完了し、その後の送金は自らの行為として行うとか、支払人から資金を移動する依頼を受けたとは言えないなどとして、収納代行は為替取引に該当しない、等の議論がなされている（箕輪重則『日本の決済システム』（経済法令研究会、1994年）140頁以下、藤池智則「事業会社による決済サービスにかかる公法上の規制の検討」金法1631号（2002年）24頁、片岡義広「決済と銀行法の『為替取引』の概念についての試論」金法1841号（2008年）35頁、久保田隆「『為替取引』概念と収納代行サービス」金法1847号（2008年）22頁、中崎隆「新しい決済サービスにかかる法的規制のあり方」金法1847号（2008年）32頁等。また、規制改革会議「収納代行、代引きサービスに対する規制に関する規制改革会議の見解」（2008年11月21日）、産業構造審議会産業金融部会・流通部会商取引の支払に関する小委員会「商取引の支払サービスに関するルールのあり方について」（2008年12月26日）、金融庁監督局銀行第一課長「平成16年7月7日付照会文書（補正）に対する回答」（2004年7月9日）参照。なお、堀裕他「インターネット・エスクロー決済の法的構成案の検討」NBL707号（2001年）29頁・38頁参照。

しかし、弁済の代理受領であれば為替取引に該当しないという考え方には同意できない。代理受領の法形式を用いても、業として代理受領を引き受ける取引は、現金を用いない隔地者間の資金移動サービスと言えるのであって、そのような業者から収納者を保護する必要がある。為替取引規制は支払者だけでなく受取人（収納者）双方の保護を図り、資金移動取引に関する利用者全体の信頼を守るものである。収納代行業者から収納機関が資金を受け取ることによって決済は初めて実質的に完了するのである（決済に関する研究会「決済に関する論点の中間的な整理について（座長メモ）」（2007年12月18日）4～5頁、渡邉雅之＝中崎尚「『為替取引』再考（上）――『決済に関する論点の中間的な整理について』を受けて」金法1830号（2008年）6頁〔13頁〕、杉浦宣彦「決済法制の新方向を探る――リテール決済の領域を中心に」金法1855号（2009年）58頁〔62頁以下〕、岩原・前掲注3）書561頁以下、高橋康文編『詳説・資金決済に関する法制』（商事法務、2010年）158頁以下参照）。実際上も、収納代行サービスは広がっており、収納者は保護が不要な大企業とは限らなくなっている。より詳しくは、岩原・前掲注3）論文40頁注38）参照。また、EUの決済サービス指令における同様の問題の扱いにつき、〔後記〕参照。

得ない手段として利用されてきた面がある。違反事例として警察当局によって検挙された海外送金金額が、最近では数百億円に上る年もあること自体、問題の根深さを示している[20]。銀行以外の業者が海外送金業務に参入できないために、違法と認識しつつ海外送金業務を請け負う地下銀行のような、犯罪組織と繋がりのあり得る組織が広く利用されるような状況を生み出した側面もあったのではなかろうか[21]。為替取引規制を現状のままに放置して、そのような事例に適用し続けることには疑問がある。

他方、収納代行や代金引換業務等の資金移動サービスは、「為替取引」としての規制が実際には発動されない結果、資金移動サービスについて利用者保護等に必要な法規制が何もない状態に放置されている。収納代行業者や代金引換業務の提供者が、受け取った資金の保全を図るような手立てを講じている例は多くなく、業者が破綻したような場合、収納者や代金引換を依頼した者が損失を被る危険があるし、そのような場合の債権者と債務者（支払者）の間の法的関係を規律する約款の整備等も十分ではなく、支払人の保護にも不安が残る[22]。業務の執行に当たって業者の従業員が不正又は不当な行為を行った結果、利用者、特に支払人である消費者に実際上の不利益が生じないかも問題である[23]。

以上のような状況を考えると、「為替取引」を銀行の排他的業務とした法制を改めて、銀行以外の事業会社等も「為替取引」すなわち資金移動サービ

---

20) 例えば、警察庁「平成18年度来日外国人犯罪の検挙状況」（http://www.npa.go.jp/sosikihanzai/kokusaisousa/kokusai2/4.pdf）参照。

21) 資金決済法が成立し、銀行以外の資金移動業者が比較的軽い規制の下で資金移動サービスが提供できることになることを受けて、外国人労働者等が安い手数料で簡易に海外送金を行えるようにする、銀行以外の業者によるいわゆるマイクロ・ペイメント・サービスが日本でも提供されようとしている（日本経済新聞2009年2月26日朝刊13面）。

22) 産業構造審議会産業金融部会・流通部会商取引の支払に関する小委員会・前掲注19）報告の提言は、現在の収納代行では代理受領権が収納代行業者に必ずしも付与されているわけではなく、収納代行業者に支払った支払人が支払免責されるか明確でない実態を示していると思われる。

23) 例えば、業者の従業員が支払資金を着服したりして、支払があった旨が債権者に伝わらず、債務不履行として扱われて債権者からのサービスの提供を中止される等、債務者に不利益が生じないかといった問題があり得る。代理受領として収納者が最終的にその損害を負担するとしても、それまでに実際上の不利益が支払者に生じないかという問題である。

スを提供できることとし、預金の受入れや受け入れた資金等を原資に信用供与等の運用を行わない資金移動業者に対しては、業者の破綻を予防し破綻時の利用者保護を図り、資金移動サービスの適切さ（マネーロンダリング規制等を含む）を確保するために必要な、銀行より軽い規制のみを課すこととすることが望ましいと思われる[24]。そこで銀行等以外の者が「為替取引」を業として行うことを営むことを「資金移動業」として認めるとともに、そのような方向の規制を行う立法を行ったのが資金決済法である[25]。

2 前払式支払に関する法制整備

電子マネーは近時、非常に利用が広まっている。特に一般的に利用が広まっているのは、Edy, Suica, PASMO等の電子的な価値情報をICカードに保存しているICカード型のものであるが、サーバに電子的な価値情報が記録されていて、インターネットによってサーバにアクセスしてサーバ内の電子情報記録を変動させて資金移動を行うサーバ型も利用が広がってきている[26]。電子マネーは代金の支払や送金など、資金移動に用いられることを主な目的としており、特に電子マネーに換金性が認められたり、それ自体が一般的な流通性や汎用性を有したりするようになった場合は、電子マネーの発行等の電子マネーに係る業務に携わることは、「為替取引」に該当する可能性がある。

---

[24] 決済に関する研究会・前掲注19）8頁、「金融審議会金融分科会第二部会決済に関するワーキング・グループ報告」（2009年1月14日）7頁以下。

[25] ただし、「資金移動業」は「少額の取引として政令で定めるものに限る」とされた（資金決済法2条2項）。具体的規制としては、資金移動業者の登録義務、履行保証金の供託又は履行保証金保全契約もしくは履行保証金信託契約の締結、資金移動業者の監督等が定められた（同法37条～63条）。履行保証金として資金移動額の全額の供託等が求められていることは、EU決済サービス指令9条やアメリカ各州の送金業者法にも倣うものであり、一種のナローバンク規制を課すものと言えよう（Robert E. Litan, What Should Banks Do?, pp.164 et seq.）。銀行と資金移動業の違いは、結局、預かった資金を運用するか、100％保全措置を採るか等にあると考えられる。このような資金決済法の規制への批判として、落合誠一他「〔電子商取引座談会〕資金決済法と電子商取引実務への影響（上）」NBL906号（2009年）46頁〔48頁〕〔落合発言〕参照。

[26] 杉浦宣彦「電子マネーと法——電子マネーをめぐる法的現状と今後の課題について」ジュリ1361号（2008年）74頁、杉浦宣彦＝片岡義広「電子マネーの将来とその法的基盤」（Financial Research and Training Center Discussion Paper Series, 2003/8/28, DP Vol.6）32頁以下。

またその場合、資金移動の目的に使わずに価値の保存手段として用いることもでき[27]、資金の交付を対価としてなされる電子マネーの発行は、銀行法が規定する「預金の受入れ」（銀行法2条2項1号）乃至「出資の受入れ、預り金及び金利等の取締りに関する法律」（以下、「出資法」と略す）が規制する「預り金」（出資法2条）に当たる可能性もある。実際上、電子マネーの発行者が倒産したり、電子マネーが適切に機能しないと、その利用者に大きな被害が発生する可能性があり、社会的にも大きな問題となる可能性がある。

　そこでこのような側面を含む電子マネーの発行のうち、カードといった証票が発行される場合につき、「前払式証票の規制等に関する法律」（以下、「前払式証票法」と略す）は、商品券等の書面が発行される場合と併せて、「前払式証票の発行」として規制していた。すなわち、前払式証票の発行者に発行残高の半分の発行保証金の供託等を求め[28]、第三者型の場合は登録を求める等の規制を加えていた[29]。しかしカードの発行がないサーバ型電子マネーには、前払式証票法の適用がなく、利用者保護が図られない状況にあった[30]。そこで資金決済法は、前払式証票法におけるのと同様の規制がサーバ型電子マネーにも及ぶようにするとともに[31]、若干の規制の強化乃至合理化を図った[32]。

---

27)　岩原・前掲注3）書595頁以下。

28)　前払式証票法13条。

29)　前払式証票法6条〜11条。

30)　このような従来の法制の問題につき、杉浦＝片岡・前掲注26）12頁以下、金融法務研究会『電子マネー法制』金融法務研究会報告書⑾（金融法務研究会、2005年）、岩原・前掲注3）書589頁以下参照。

31)　「前払式証票」に代えて「前払式支払手段」という規制対象概念を設け、これに対価を得て発行され、弁済手段となる価値を表象する電子的情報一般が含まれるようにした（資金決済法3条1項）。

32)　発行保証金の供託を発行保証金信託契約に代えることができるようにしたこと（資金決済法16条）、前払式支払手段の原則的払戻禁止が明文化されたこと（同法20条）、自家型前払式支払手段発行者に対しても業務改善命令を出すことができるようにしたこと（同法25条）、外国において発行される前払式支払手段の勧誘禁止（同法36条）等がある。原則として払戻しを禁止したのは、本文にも書いたように、払戻しが一般的に認められると、「預金」乃至「預り金」、又は「為替取引」の機能を営み得ることになり、「銀行」又は「資金移動業」としての（又は出資法の）規制対象になり得るためである。詳しくは、杉浦宣彦「前払式支払手段をめぐる法制度の現状と今後の課題」ジュリ1391号（2009年）22頁参照。

3 「資金清算機関」に関する法制整備

資金決済法は新たに「資金清算機関」に関する法規制を導入した。金融機関によって運営されている大型の資金決済システムとしては、全国銀行協会によって運営されている全銀システムや外国為替円決済制度、手形交換所により運営される手形交換制度、日本銀行によって運営されている日銀ネット等があるが[33]、これらが金融システムひいては経済全体のインフラとして非常に重要な意義を有し、それに障害が生じた場合には社会全体に重大かつ深刻な被害をもたらすことは言うまでもない[34]。またその効率性、安全性や機能が、日本の金融・資本市場や経済全体の競争力にも関わり得ることも否定できない[35]。しかるに従来、このような資金決済システムに対する特別の法規制は存在しなかった。わずかに、全銀システム等を運営する法的主体であった社団法人東京銀行協会（現在は一般社団法人全国銀行資金決済ネットワークが運営）が、社団法人の主務官庁である金融庁の監督を受けるという形の間接的な監督下にあっただけであった[36]。それも公益法人制度改革により主務官庁の監督から離れることが予想されている。そこで資金決済法は、このような資金決済システムの運営者を「資金清算機関」として、金融庁の監督の対象とすることとした[37]。

「資金清算機関」として規制の対象となるのは、「為替取引に係る債権債務の清算のため、債務の引受け、更改その他の方法により、銀行等の間で生じた為替取引に基づく債務を負担することを業として行う」、すなわち、「資金清算業」を行う者である[38]。このような定義を行ったのは、資金決済システム参加者の間に生じる決済債務の引受け等を行って、多数当事者間の決済債務のネッティングを行う、いわゆるCentral Counter Party（CCP）は、リス

---

33) 日本銀行「決済システムレポート2007 - 2008」（2008年10月）1頁以下、中島真志＝宿輪純一『決済システムのすべて〔第2版〕』（東洋経済新報社、2005年）263頁以下参照。

34) 岩原・前掲注3）書537頁以下。

35) 決済に関する研究会・前掲注19）13頁以下、岩原・前掲注3）論文35頁以下。

36) 平成18年改正前民法34条。また、岩原・前掲注3）書551頁以下参照。

37) 資金決済法64条〜86条。

38) 資金決済法2条5項。なお、増田豊＝大野正文「資金清算機関法制をめぐる法整備」ジュリ1391号（2009年）40頁〔44頁〕参照。

クを集中的に負担することになることから、破綻するとシステミック・リスクを顕在化させるおそれが大きいためである。具体的にこの要件を満たし「資金清算機関」になると考えられるのは、現時点では全銀システムを運営する社団法人東京銀行協会（現在は一般社団法人全国銀行資金決済ネットワーク）に限られる。

「資金清算機関」は内閣総理大臣の免許を受けなければならず、業務の遂行能力や財産的基礎等が免許の基準となる。また業務方法書において、「資金清算業の継続的遂行の確保に関する事項」や、損失が生じた場合の清算参加者による負担や、清算参加者に倒産手続が開始されたときの未決済債務の決済の方法等を、定めることを求められている[39]。

我が国の資金決済システムについては、海外資金決済システムやそれを利用する海外金融機関の情報システムとの相互運用性（interoperability）等の国際化や国際標準化に積極的でないところがあるとか、システムの安定性等を重視するあまり新しい情報通信技術の活用に積極的でないとか、利用者のニーズに応じたコストや手数料の引下げや利便性・サービスの高度化等に積極的でないといった問題が指摘され、それらに関わる社団法人である東京銀行協会のガバナンス体制の問題も論じられてきた[40]。資金決済法の下においては金融庁の監督を通じて「資金清算機関」のガバナンス体制もチェックされることになろう。

IV　電子記録債権

事業者が売掛債権等を活用して資金調達を行う伝統的な方法は、債務者が振り出した手形を銀行によって割り引いてもらうことであった[41]。しかし企業内部や取引関係においてIT化が進展する中で、手形・小切手にかかる印紙税・保管・運搬等のコスト削減や盗難・紛失等のリスク回避等の理由から、

---

39)　資金決済法64条〜66条・71条2項5号・72条・73条等。「継続的遂行」の確保の内容としては、資金決済システムの情報システムの処理が確実に行われ、万一障害が生じても速やかに回復できるような業務継続計画の策定等が求められることになろう。

40)　決済に関する研究会・前掲注19) 13頁以下、岩原・前掲注3) 論文35頁以下。

41)　例えば、三菱銀行「貸付の各種の形態」鈴木禄弥＝竹内昭夫編『金融取引法大系(4)——貸出』（有斐閣、1983年）149頁〔156頁以下〕参照。

110   第Ⅱ部　決済・銀行業務

事業者間の取引における手形・小切手の利用は急速に縮小している[42]。そ
れに伴って事業者の手形に代わる売掛債権を活用した資金調達方法の開発が
求められているところであった[43]。前述した手形・小切手取引の電子化・
合理化を図るチェック・トランケーション導入の挫折は、手形に代わる手段
の開発の必要性を更に大きくしていた。そこで考えられたのが、指名債権た
る売掛債権を電子化して、譲渡手続を簡易化するとともに、有価証券たる手
形同様に二重譲渡や人的抗弁対抗のリスクを回避できるようにすることで
あった[44]。それが電子記録債権法の立法であった[45]。なお電子記録債権は
このような手形代替機能だけではなく、シンジケート・ローンを社債のよう
に資本市場で流通させる手段として利用すること等も検討されている[46]。

　しかし電子記録債権法は電子記録債権制度の大枠を定めるものであって、
その制度の具体的内容は電子債権記録機関の業務規程により定められること
になる[47]。いくつかの電子債権記録機関の設立が金融機関により計画され

---

42)　大垣尚司『電子債権――経済インフラに革命が起きる』（日本経済新聞社、2005
　　年）50頁以下。
43)　大垣・前掲注42) 52頁以下、小宮義則「電子債権制度に関する研究会中間報告
　　――法制の具体的活用に向けて」金法1799号（2007年）24頁。
44)　債権譲渡手続の電子化だけであれば、先に実現していた電子公証・電子的確定日付
　　の制度（民法施行法5条2項・3項）を活用することもあり得たところである。電子
　　記録債権の具体的な意義につき、平田重敏「企業間信用・決済と電子記録債権」ジュ
　　リ1391号（2009年）72頁参照。なお電子記録債権を手形と比較した場合になお残
　　る法的課題につき、森下哲朗「証券のペーパレス化と商事留置権」金商1317号
　　（2009年）1頁参照。
45)　電子記録債権法の立法経緯については、始関正光＝高橋康文「電子記録債権法の概
　　要」ジュリ1345号（2007年）2頁以下参照。このような経緯から、欧米各国で採用
　　されているチェック・トランケーションとは異なり、電子記録債権法は他国に例を見
　　ない、我が国独自の立法である。韓国では、我が国より先に「電子売掛債権制度」や
　　「電子手形法」が成立しているが、それらは法理論的にも実際の機能においても、我
　　が国の電子記録債権制度とは大きく異なるものである（徐煕錫「韓国の電子売掛債権
　　制度」NBL793号（2004年）53頁、同「韓国における電子手形法の制定とその法理
　　――韓国電子売掛債権制度との比較」Financial Research and Training Center Discussion
　　Paper Series, 2005/12/20,DP Vol.19参照）。
46)　樋口孝夫他「シンジケートローン債権の譲渡の基礎理論と電子記録債権制度への
　　適用（上）（下）」金法1848号8頁・1849号（2008年）44頁、同「電子記録債権制
　　度を利用したシンジケートローン債権取引の実務上の諸問題」金法1878号（2009
　　年）14頁参照。ただし、森下哲朗「動き出した電子記録債権の課題」ジュリ1391号
　　（2009年）63頁〔70頁以下〕参照。

ているが、その中でも 2012 年 5 月開業を目指して全国銀行協会が進めている計画は[48]、金融界全体のインフラとなることが想定されるもので、大きな関心を集めている。すべての金融機関が参加することにより、金融機関横断的な決済機能を持ち得るためである。全国銀行協会は、その計画の大綱を定め業務規程の内容を固める作業を継続してきており[49]、2009 年に「電子債権記録機関要綱」を策定した[50]。

　「電子債権記録機関要綱」で第 1 に注目されるのは、電子記録債権の発生・譲渡の要件である。これは電子記録債権法を立法するときにも最大の争点になった問題であった[51]。電子記録債権の法制を考慮するのに当たっては、電子記録債権が手形代替機能を期待されたこともあり、手形理論が参考にされ、電子記録債権は手形債権と同様に原因債権から独立した無因債権とされた[52]。手形理論においては、手形債務の発生要件につき、発行者と受取人の間の手形授受という方式によりなされる手形交付契約に基づくとする交付契約説と、発行者の単独行為たる手形発行（交付）行為により成立するとする発行説と、手形と認識し又は認識し得べくして署名（手形を作成）するという手形作成者の単独行為により成立するという創造説が、激しく対立している[53]。しかしたとえ交付契約説を採っても、受取人が手形を異論なく受け取れば、それで受取人の黙示の承諾の意思表示があったものと扱われて、手形債務は成立すると考えられる[54]。ところが電子記録債権については、手形のように債権者が受け取るという行為がなく、承諾の意思表示の認定が

---

47)　電子記録債権法 59 条。

48)　全国銀行協会「全銀協による電子債権記録機関の設立について」（2009 年 9 月 24 日）（http://www.zenginkyo.or.jp/abstract/news/detail/nid/3021/）。

49)　2008 年 10 月には、全国銀行協会は、「電子債権記録機関要綱（中間整理）」（http://www.zenginkyo.or.jp/news/entryitems/news 201021_1.pdf）を公表した。

50)　全国銀行協会・前掲注 2)。

51)　安永正昭「電子記録債権法をめぐる議論——法制審議会部会審議を中心に」ジュリ 1345 号（2007 年）10 頁〔13〜15 頁〕。

52)　始関＝高橋・前掲注 45) 5 頁、安永・前掲注 51) 12 頁。

53)　田邊光政『最新・手形法小切手法〔5 訂版〕』（中央経済社、2007 年）68 頁（交付契約説）、田中誠二『手形・小切手法詳論（上）』（勁草書房、1968 年）85 頁（発行説）、鈴木竹雄（前田庸補訂）『手形法・小切手法〔新版〕』（有斐閣、1992 年）142 頁以下（創造説）等参照。

54)　田邊・前掲注 53) 67 頁参照。

簡易にできないために、債権者と債務者の合意が電子記録債権の成立の要件になると考えると、債権者の積極的な意思表示が必要になって、実務的にはその要件を満たすことが難しくなり得る。そこで法制審議会における電子記録債権法の審議過程においては、手形における創造説のように、電子記録債権も債務者による電子債権記録機関に対する単独の電子記録の請求によって記録がなされ成立すると考えるべきだとする主張が、一部学者委員と金融界から主張された。しかしこれに対しては、多くの学者委員や実務家委員に、契約ではなく単独行為により債務を発生させるという考え方に理論的な抵抗感があったことや、中小企業を代表する委員が、大企業である債務者が下請などの中小企業者である債権者に対して電子記録債権の内容を一方的に決めることになるという危惧を強く表明したことなどもあり、電子記録債権法は、電子債権記録機関に対する電子記録の請求は、原則として電子記録権利者及び電子記録義務者の双方がしなければならないと規定した[55]。

　しかし実務的には、電子記録債権を発生させるたびに債権者にも電子記録の請求を行うことを要求することは、手間や負担がかかりすぎて現実的でないし、無駄であるという意見が強かった。これらの議論を受けて、2009年3月の全国銀行協会「電子債権記録機関要綱」は、利用者が義務者として記録請求する場合には、当該利用者は、権利者の当該記録に係る請求について、権利者の請求権を包括的に委任されたものとする一方、権利者となる利用者は電子記録の通知後5営業日以内に変更記録請求（単独請求）により削除できることに利害関係人はあらかじめ同意したものと扱うことにしている[56]。このような包括委任という方法を使うことにより、事実上、債務者からの記録申請だけで電子記録債権が発生するようにした上で、債権者にそのようにして成立した電子記録債権を消滅させる権利を与えることによって、債権者の同意の存在を補強したわけである。実際上、債権者からの記録請求なしに電子記録債権が成立することで、実務的な困難を生じさせないようにしたと言える。理論的には、債務者の記録請求により成立した電子記録債権を、当

---

55)　電子記録債権法5条1項。始関正光他「電子記録債権法の解説(2)」NBL 864号（2007年）47〜49頁、安永・前掲注51）13〜15頁、「法制審議会電子債権法部会第10回会議議事録」等参照。

56)　全国銀行協会・前掲注2）、松本康幸「全銀協の電子債権記録機関『でんさいネット』」ジュリ1391号（2009年）50頁〔55頁〕参照。

該債権者の債権者が差し押さえた後でも、当該債権者が電子債権記録機関に対し削除の変更記録請求を行うことができるか、それを差押債権者に対抗できるか、等の問題が生じ得るところである。なお、債権者から記録請求を行い、受け付けた電子債権記録機関から債務者に通知して、5日以内に債務者が承諾した場合に発生記録が成立するという、為替手形方式も認められる[57]。

「電子債権記録機関要綱」では、任意的記録事項として、期限の利益喪失、善意取得や抗弁切断の排除、当事者合意に基づき譲渡記録不可とすること、等の記録請求をすることは認めないこととしており、あくまで流通性のある約束手形類似の機能を持たせようとしていると言えよう。期限の利益喪失の記録請求ができないことは、シンジケート・ローンの流通手段としては全国銀行協会の電子債権記録機関のスキームは利用できないことを意味する。なお現在、全国銀行協会においては、電子記録債権の譲渡記録又は分割記録の回数を99回に制限することが考えられているようである[58]。実務的にそのような制限をスムースに運用できるか、また利用者のニーズに応え得るか、が問題となり得よう。

「電子債権記録機関要綱」では、電子債権記録機関が取り扱う電子記録債権の決済方法は、口座間送金決済の方法を原則とすることとされている[59]。全銀システムを利用することによって、電子記録債権の支払と支払等記録の同時履行の確保を図ったものである（同期的管理）。債務者の指定参加金融機関における決済口座から、支払期日の到来した電子記録債権について、支払期日に当該債権に係る支払金額の引落しができず、決済が行えないため、支払等記録が行えないと、支払資金不足として支払不能とされ、手形・小切手における不渡処分同様の処分がなされることが想定されている。

---

57) 全国銀行協会・前掲注2)、松本・前掲注56) 55頁参照。
58) 松本・前掲注56) 56頁。
59) 口座間送金決済については、電子記録債権法62条・63条参照。また、大野正文「電子債権記録機関をめぐる諸問題——電子記録債権制度における『決済』を中心に」ジュリ1345号（2007年）18頁〔19頁以下〕参照。

V 結 び

　以上概観した資金決済法の制定と電子記録債権制度の具体化は、我が国の金融革新への努力の一部にしかすぎない。これらは資金決済や電子記録債権のサービスを向上させ、実現するための制度インフラであり、それを活用して実際に高度なサービスを提供できるかは、今後の実務の努力にかかっている。更に言えば、資金決済や電子記録債権は、金融システムのインフラの重要な一部をなすものではあるが、金融システムの中ではその基礎的な部分にしかすぎない。金融システムを高度化し、経済全体に貢献するためには、それらをベースにした金融仲介機能の向上や、金融技術の高度化、市場機能の充実等、実務の更なる努力と、それを促進する立法・行政による制度的バックアップが必要である。今後の関係者の努力に期待したい。

〔ジュリスト 1391 号（2009 年）6 ～14 頁〕

　［後記］　本稿は、平成 21 年に成立した資金決済法と同年に全国銀行協会により策定された電子債権記録機関要綱に関する特集の総論として書かれたもので、それぞれの制度が生まれた背景や問題点について論じている。

　　本稿注 19）において、収納代行等が代理受領として「為替取引」に該当しなくなるかという問題について論じたが、類似のことはEUにおいても問題になっている。EUの決済サービス指令 3 条b号は、「支払人のために商品又はサービスの購入の交渉又は決定権限を与えられている商事代理人を通じて、支払人から受取人への支払取引」には同指令の決済サービス機関に関する規制が適用されないと規定しているが（Art.3（b）2007/64/EC Directive of the European Parliament and of the Council of 13 Nov. 2007 on payment services in the internal market amending Directives 97/7/EC, 2002/65/EC, 2005/60/EC and 2006/48/EC and repealing Directive 97/5/EC）、EU第二次決済サービス指令の前文は、この規定の適用がEU加盟国によって非常に異なっていると指摘している。一部の加盟国は、この規定を理由に、商品又はサービスの購入の交渉又は決定の余地が現実にはないのに、個々の買主及び売主双方の仲介人として行動するEコマースのプラットフォームを適用除外の対象としている。第二次決済サービス指令の前文は、このような適用除外は解釈の範囲を逸脱しており、消費者

のリスクを増大させる可能性があり、支払市場の競争をゆがめると、指摘している。支払人のみ又は受取人のみの代理人になっている場合に適用除外されるべきで、支払人及び受取人の双方の代理人として行動するときは、顧客の資金を保有又は支配しない場合にのみ適用除外されるべきだとしている（OJ L337, 23.12.2015, p37 2015/2366/EU Directive of the European Parliament and of the Council of 25 Nov. 2015 on payment services in the internal market, amending Directives 2002/65/EC, 2009/110/EC and 2013/36/EU and Regulation (EU) No 1093/2010, and repealing Directive 2007/64/EC)。

　EUが適用除外しているのは、あくまで「支払人のために商品又はサービスの購入の交渉又は決定権限を与えられている商事代理人」である。わが国の収納代行業者のように、そのような購入の交渉又は決定権限を一切持たず、単に資金移動のみに携わる場合は、たとえ代理人構成をとっても、EU決済サービス指令の下においても、決済サービス機関（資金移動業者）としての規制を受けるものと考えられる。

電子記録債権の消滅

　本稿においては電子記録債権の消滅に係る諸問題を検討する。最初に、電子記録債権が支払等により消滅したことを記録する支払等記録の意義を考察する。次いで、実際に実務において電子記録債権の決済手段として用いられる口座間送金決済の制度について解説する。その次に口座間送金決済以外の電子記録債権の消滅方法に係る諸問題を取り上げる。最後に、電子記録債権の消滅と原因債権の関係につき検討する。

I　電子記録債権法における「支払等記録」

　電子記録債権法（以下、「法」と略す）には、電子記録債権の消滅を直接規定した条文はない。規定しているのは、支払等（支払、相殺その他の債務の全部若しくは一部を消滅させる行為又は混同）により消滅し、または消滅することとなる債権を特定するために必要な事項[1]、支払等をした金額その他の当該支払等の内容[2]、支払等があった日、支払等をした者の氏名及び住所[3]、支払等をした者が当該支払等をするについて民法500条の正当な利益を有

---

[1]　立案担当者によれば、具体的には、記録番号や、分割払の電子記録債権の場合には、支払期日等が該当するとされる（始関正光他「電子記録債権法の解説（4）」NBL866号（2007年）48頁・51頁）。株式会社全銀電子債権ネットワーク業務規程（以下、「でんさい業務規程」と略す）32条2項1号参照。

[2]　例えば、支払か相殺といった支払等の態様のほか、支払金額や、そのうち消滅した元本の額等である（始関他・前掲注1）51頁）。でんさい業務規程32条2項2号参照。

[3]　支払等記録が、法定代位や特別求償権の発生の事実を公示する機能を果たすことから、法定代位した者や特別求償権を取得した者を明らかにするために、支払等をした者を必要的記載事項にしたとされる（始関他・前掲注1）51頁）。でんさい業務規程32条2項4号参照。

する者であるときはその事由[4]、電子記録の年月日[5]、等を記録する支払等記録である（法24条）[6]。

電子記録の請求は、電子記録権利者及び電子記録義務者の双方による請求が原則であるが（法5条1項）、支払等記録は、債権者にとって不利益な電子記録であるため、債権者やその一般承継人が支払等記録を請求すれば、請求の真実性が担保されるとして、債権者等の電子記録義務者とその一般承継人による単独請求が認められている（法25条1項1号・2号）[7]。電子記録債務者や支払等をした者やそれらの一般承継人は、電子記録義務者又はその一般承継人の全員の承諾を得て支払等記録の請求を行うこととされている（法25条1項3号）。支払等をしたにも拘わらず承諾が得られない場合は、支払等をした者や電子記録債務者が電子記録義務者又はその一般承継人に対して支払等記録の請求についての承諾を請求することができる（法25条2項）。支払をしようとする者は、電子記録義務者又はその一般承継人に対して支払をするのと引換えに当該承諾を請求することができるとされている（法25条3項）。

支払等記録の効力については法には特別の規定がなく、「支払、相殺その他の債務の全部若しくは一部を消滅させる行為又は混同……により消滅し、又は消滅することとなる」（法24条1項1号）行為を記録する、即ち、既に実体法上発生した支払等の効力の内容につき、記録を行うという規定の仕方

---

4) 支払等記録は、法定代位や特別求償権の発生の事実を公示する機能も有していることから、それらが発生した事実を明らかにするために、記録事項としているとされる（始関他・前掲注1）51頁）。でんさい業務規程32条2項5号参照。

5) 支払等記録の年月日は、原則として電子記録債権に係る権利の得喪の日と直接結びつくわけではないが、重要な証拠的機能を有し、混同による電子記録債権の消滅や特別求償権の発生との関係では支払等記録の電子記録の年月日が権利の発生日となるので、支払等があった日とは別に記録事項としたと解説されている（始関他・前掲注1）51頁）。

6) 法24条7号の政令は定められていない（始関他・前掲注1）51頁）。

7) でんさい業務規程32条1項参照。しかしこのような理由によるとすれば、電子記録債権の発生や譲渡も、不利益を受けるのは、電子記録債権の債務者や譲渡人に限られるはずなのに、電子記録債権の債務者と債権者、譲渡人と譲受人の双方請求により発生や譲渡の電子記録の請求がなされなければならないとされているのは（法5条1項）、一貫しない感を拭えない。これは電子記録の請求は双方請求とすることを原則としたことの方に問題があると思われる（岩原紳作「金融法制の革新——資金決済法と電子記録債権制度」ジュリ1391号（2009年）6頁・13頁（本書112頁）以下）。

になっている。このようなことから電子記録債権の消滅は、「支払等記録」という電子債権記録機関における電子記録によって生じるのではなく、弁済、相殺、更改、免除等の民法上の債権の消滅原因により生じると考えられている[8]。

　それでは支払等記録を行うことの意義はどこにあるのであろうか。「『電子記録債権』とは、その発生又は譲渡について……電子記録……を要件とする金銭債権をいう」とされ（法2条1項）、電子記録債権は「発生記録をすることによって生ずる」（法15条）とされ、その譲渡は、「譲渡記録をしなければ、その効力を生じない」（法17条）とされていて、電子記録の効力として、「電子記録名義人は、電子記録に係る電子記録債権についての権利を適法に有するものと推定する」（法9条2項）とされていることから、電子記録の一種である支払等記録がなされると、電子記録名義人は電子記録債権についての権利を有するものとの推定を受けられなくなることに、支払等記録の意義がまずある、と考えられる。

　立案担当者の解説や学説によれば、「支払等記録」は次のような機能を有する[9]。第一に、それをなすことによって民法に従って生じた支払等の効果を第三者に対抗できる効果を有する[10]。逆にいえば、「支払等記録」をしないと支払等の効果を第三者に対抗できない。また、混同を原因とする支払等記録の場合には、それによって電子債権が消滅する（法22条1項）[11]。第二に、発生記録における債務者以外の利害関係者が支払等をした場合には、その者について法定代位が成立したことを公示する[12]。第三に、支払等記録がされることにより、支払をした電子記録保証人に特別求償権が発生する（法35条1項）。電子記録債権に質権が設定されている場合に、質権の被担保債権

8）　始関正光他「電子記録債権法の概説(3)」金法1814号（2007年）20頁、森下哲朗「消滅」池田真朗＝小野傑＝中村廉平編『電子記録債権法の理論と実務』（経済法令研究会、2008年）68頁。

9）　始関他・前掲注1）50頁以下。

10）　始関他・前掲注8）20頁、森下・前掲注8）74頁。尤も、法20条2項2号により、支払期日以後の譲受人との関係では、人的抗弁が切断されないとされているため、当初の予定通りに支払期日に行われた支払については、支払を行った債務者は、支払等記録を行わなくても、当該支払の事実を第三者に対抗できるが、何らかの事情で債務者が期限前弁済を行った場合には、債務者は、支払済みの抗弁を第三者に対抗するために、支払等記録を行う必要がある、とされる（始関他・前掲注1）52頁）。

11）　始関他・前掲注1）51頁。

についての支払等がされ、支払等記録がされたときは、当該質権についての権利関係を公示できる、というものである。

前述したように、条文の文言上は、「支払等記録」を行うことは、電子記録名義人から電子記録債権の債権者としての権利推定効を奪うだけのように見えるが（法9条2項）、それを超えて「支払等記録」には第三者対抗力が解釈上与えられているわけである。しかし解釈によりそこまでの効力が認められるか、議論がありうるかもしれない。

これは電子記録債権の法制が、基本的には有価証券の法理、特に手形に関する法理に基づいて構築されているためであると思われる。手形法においては手形の受戻証券性から、手形債務者は手形を受け戻さないと手形債権の物的抗弁にならないという説が有力である[13]。手形を受け戻さずに手形債務の支払をしても、支払呈示期間経過前の手形取得者に対しては、人的抗弁にしかならないというのである[14]。それとの対比から、電子記録債権においては、手形の受戻に相当する「支払等記録」を行わない限り、支払を第三者に対抗できないという理解がされているように思われる。

しかし支払は民法に従って効力が生じ、「支払等記録」は対第三者対抗要件にしか過ぎないとすると、民法上の支払がないのに「支払等記録」がなされたときの法的効果等に問題が生じうるところであろう。そのような電子記録債権に対し差押が行われたときに電子債権記録機関はいかなる義務を負うか等、の問題が考えられる。

---

12) 電子記録債権についての法定代位も、他の債権についての法定代位と同様、民法500条の要件を充たす支払等が行われることによって法律上当然に生ずるものであって、支払等記録が電子記録債権の法定代位の効力要件となるものではない。正当な利益を有する者が支払等をしたことを記録した支払等記録がされることによって、法定代位者は、自己に債権が帰属したことを公示することができ、また、当該支払等記録において支払等をした者（法定代位者）として記録されている者に支払等をした者は、支払免責（法21条）の効力を受けることになる（始関他・前掲注1）52頁）。

13) 鈴木竹雄（前田庸補訂）『手形法・小切手法〔新版〕』（有斐閣、1992年）309頁、前田庸『手形法・小切手法』（有斐閣、1999年）509頁。但し、手形に取受の記載をすると、それが物的抗弁になるという説も有力である（田中誠二『手形・小切手法詳論下巻』（勁草書房、1968年）605頁）。

14) 尤も、手形権利移転行為有因論の立場に立つと、善意取得の問題になる（前田・前掲注13）510頁）。

II 口座間送金決済

　支払等がなされたときに同時に支払等記録がなされないと、外見上支払等がなされていない状態が生じることになり、債務者には二重支払の危険が生じるし、第三者にとっても支払後の電子記録債権を知らずに譲り受ける危険が生じる。このため、電子記録債務者等は、電子記録義務者に対して、支払をするのと引換えに、支払等記録の請求を債務者側がすることを承諾するように求めることができるとされている（法25条3項）。しかし、現在の実務慣行からは、金銭債権の支払は、銀行等を通じた債権者口座への払込みの支払方法によることが通常と考えられ、支払等記録の請求を債務者がすることの承諾を求めてから資金送金を行うことは困難と考えられる。このために資金送金による支払と支払等記録が同時のタイミングで行われるようにする「同期的管理」の仕組み作りが求められていたところである[15]。

　そこで電子記録債権法は、「決済の確実性」を確保するために、支払と同時に「支払等記録」が確実になされる「同期的管理」の仕組みとして[16]、「口座間送金決済」等の制度を設けた（法62条〜66条）。銀行等を介した資金送金によって支払が行われた場合に、例外的に、電子記録義務者からの請求がなくても、その銀行等から電子債権記録機関への通知に基づき、電子債権記録機関が支払等記録を行うという制度である。即ち、「口座間送金決済」とは、電子債権記録機関、債務者及び銀行等の契約に基づき、電子債権記録機関が銀行等に提供した電子記録債権に係る情報に従い、当該銀行等が債務者口座から債権者口座に対する払込みの取扱をすることによって支払を行うことを言う（法62条2項）[17]。「支払等記録請求」は、債権者による単独請求が原則とされているが（法25条1項1号）、「口座間送金決済」に関する契約が電子債権記録機関・債務者・銀行等の三者間に締結されている場合においては（法62条1項）、銀行等が「口座間送金決済」があった旨の通知を電子債権記録機関に行うと、電子債権記録機関は、遅滞なく、職権により支払

---

15) 髙橋康文他「電子記録債権法の解説(6)」NBL 868号（2007年）30頁・33頁以下、大野正文「電子債権記録機関をめぐる諸問題──電子記録債権制度における『決済』を中心に」ジュリ1345号（2007年）18頁・19頁以下参照。

16) 「同期的管理」の意味につき、髙橋他・前掲注15) 34頁（注66）参照。

等記録をしなければならないとしたものである（法63条2項）。

　全国銀行協会（以下、「全銀協」と略す）が設立した電子債権記録機関である「(株)全銀電子債権ネットワーク（通称：でんさいネット）」の場合を例にとると[18]、具体的には、以下のような手続きとなる。債務者口座のある銀行等が、電子債権記録機関からの決済情報に基づいて支払期日に債務者口座から電子記録債権の支払金額を引き落とし、債権者口座のある銀行等への当該金額の振込電文の発信を、全銀システムによって行うとともに、電子債権記録機関に対して「口座間送金決済があった旨の通知」を行う。振込電文を受信した債権者口座のある銀行は、債権者口座に当該金額を入金記帳する。しかし債権者口座のある銀行が、入金不能又は組戻により資金を債務者口座のある銀行に返戻をした場合は、債務者口座のある銀行は電子債権記録機関に通知する。支払期日から2営業日以内にその旨の通知がないと、電子債権記録機関は「支払等記録」を行う[19]。その時点において振込不能が生じていないことが確実になったものと看做すわけである[20]。

　法は、以上のような「口座間送金決済」のほかにも、電子債権記録機関に債務者又は債権者及び銀行等との電子記録債権に係る債務の債権者口座に対する払込みによる支払に関するその他の契約の締結を認めている（法64条）。その場合、債権者口座のある銀行等が、当該口座に対する払込みの事実を確

---

17)　シンジケートローンを電子記録債権化した場合、口座間送金決済に関する契約や法64条に規定された契約に基づく払込みにより行われることが多くなるが、その場合の債権者口座は、貸付人名義の口座ではなく、エージェントの管理口座になる、と考えられている（藤田佳秀「電子記録債権のローン取引への活用」金法1878号（2009年）8頁・11頁、樋口孝夫他「電子記録債権制度を利用したシンジケートローン債権取引の実務上の諸問題」金法1878号（2009年）14頁・19頁）。但し、シンジケートローンの場合、支払期日に利息として支払われるべき金額がいくらであるかを認識しておらず、決済銀行からの通知をうのみにしてその金額を記載してよいかという問題等があることが指摘されている（樋口他・前掲20頁以下）。

18)　でんさい業務規程40条〜45条、株式会社全銀電子債権ネットワーク業務規程細則（以下、「でんさい業務規程細則」と略す）37条〜42条参照。「でんさいネット」については、例えば、松本康幸「全銀協の電子債権記録機関『でんさいネット』」ジュリ1391号（2009年）50頁参照。

19)　全国銀行協会「電子債権記録機関（でんさいネット）要綱2.0版」（2010年3月）（http://www.zenginkyo.or.jp/news/entryitems/news210324_1.pdf）Ⅱ4・別紙Ⅱ4-2・4-3、大野・前掲注15）23頁。

20)　大野・前掲注15）23頁。

認し、その旨を電子債権記録機関に通知することとされている（電子記録債権法施行規則26条）。しかし具体的にいかなる契約がありうるかは、明らかではない。全銀協の電子債権記録機関（でんさいネット）要綱は、機関が取り扱う電子記録債権の決済方法は、口座間送金決済の方法を基本としている[21]。そして、Ⅲに記すように、期日前弁済及び期日後弁済が行われた場合に、口座間送金決済以外の例外的な支払等記録請求を認めている[22]。

Ⅲ　「口座間送金決済」によらない債権の消滅と支払等記録

1　期限前弁済

　手形法40条1項は、手形所持人が満期まで手形を流通させる利益があるとして、満期前の支払を手形所持人は拒めるとしている。しかし法は、そのような規定を設けなかった[23]。民法は、債権者の利益を害しない限り、債務者は期限の利益を放棄することにより、期限前に弁済の提供ができるとしている（民法136条2項）。電子記録債権の債務者も、期限までの利息を支払えば、期限前に弁済の提供ができるとしたものである[24]。その受領を債権者が拒むと、受領遅滞となり、弁済の提供の効果が発生すると考えられる（民法492条）。

　Ⅰで論じたように、電子記録債権の債務者が、例えば期限前に債務の全額につき現金を債権者に提供した場合、「支払等記録」は電子記録債権消滅の効力要件ではないため、「支払等記録」が行われなくても、期限前弁済の効力が債権者・債務者間では生じるはずである。しかし第三者にはそのことを対抗できないとすれば、二重支払の危険を避けるためには、「支払等記録」を行わなければならない。その方法としては、現金を債権者に交付するのと引換えに、電子記録債権の債権者に「支払等記録の請求」の承諾を請求することができる（法25条3項）。期限までの利息を支払えば、債権者も通常は弁済に応じて、「支払等記録」の承諾に応じるものと思われるが、何らかの

---

21)　でんさい業務規程40条、全国銀行協会・前掲注19）Ⅱ3-8(1)。
22)　全国銀行協会・前掲注19）Ⅱ3-8(2)。
23)　森下・前掲注8）71頁。
24)　法務省民事局参事官室「電子登録債権法制に関する中間試案の補足説明」（2006年）55頁以下。

事情で債権者が承諾に応じない場合は、受領遅滞となり（民法413条）、承諾を請求する訴えを提起せざるをえず（民法414条2項但書の債務者の意思表示に代える裁判）、実際的ではなくなる。

　期限までの利息を全部払うことなしに期限前弁済を行いたいのであれば、民法上、債権者・債務者間で弁済の効力を発生させるのに、債権者の同意が必要である。「支払等記録」を行うには、債権者が「支払等記録の請求」を承諾することが不可欠であろう。

　なお、債権者の同意が得られれば、債権者の「支払等記録の請求」による「支払等記録」を行う方法ではなく、支払期日（や利息）に関する記録事項を変更する「変更記録」を行うことにより、期限前弁済を第三者に対抗できる形で行うことができる。その場合、電子債権記録機関に対する「変更記録の請求」は、債権者・債務者の双方より行う必要がある（法29条1項）。「変更記録」による場合は、現金による弁済の提供を行わなくても、変更後の支払期日に「口座間送金決済」の方法で支払を行うことができる。

　因みに、全銀協の電子債権記録機関（でんさいネット）要綱は、口座間送金決済を基本としている。例外的に口座間送金決済以外の当事者請求による支払等記録請求を行うことができるとしているのは、以下のような場合である。

　第一に、次のような条件を充たす期日前弁済等に基づく支払等記録請求を行う場合である[25]。即ち、主たる債務者による期日前弁済（代物弁済を含む）であって、主たる債務者に係る相殺、混同、免除のいずれかであること（但

25）　全国銀行協会・前掲注19）Ⅱ3-8(2)（別紙Ⅱ3-8-1によれば、支払期日前に債権者が支払等記録を請求する場合は、支払期日の3銀行営業日前までに請求する必要があるのに対し、別紙Ⅱ3-8-2によれば、支払期日前に支払者が支払等記録を請求する場合は、支払期日の7銀行営業日前までに請求する必要がある）。同「電子債権記録機関要綱案」（2009年3月）Ⅱ3-8・別紙Ⅱ3-7においては、A案とB案の2つの案が提示されていた。即ち、A案によれば、期日前弁済は、①債務者による当該債権の買戻し（債権者から債務者への譲渡の形をとる）、②変更記録請求により支払期日の前倒しを行う、③支払期日における「依願返却」に該当する手続きをとる等によって対応する、としていた。一方、期日前弁済を認める案をB案としていた。B案は、期日前弁済（代物弁済を含む）、主たる債務に係る相殺、混同、免除につき、口座間送金決済の決済情報が提供される期日の2営業日前までに、債権全額の弁済を行うことができるとしていた。しかし、その手続きは明確にされてはいなかった。でんさいネット要綱は、B案を具体化したものであり、期限前弁済をスムースに行うために、債権者の「支払等記録の請求」を要求したと考えられる。

124　第Ⅱ部　決済・銀行業務

し、同要綱Ⅱ3-4(5)②特別求償権の発生の場合は保証人による期日前弁済の場合も可)、かつ口座間送金のための決済情報提供日（支払期日の2銀行営業日前）より前までに、でんさいネットが支払等記録請求を受け付けた（債務者からの請求の場合は債権者からの承認まで完了する）こと、かつ債権金額の全額の弁済であること、である。

　金融機関が電子記録債権の債権者の立場で、債務者の期限の利益を喪失させて期限前の弁済を求める場合には、どのようにすればよいか。旧銀行取引約定書ひな型（2000年4月廃止）5条は、金融機関の債務者の金融機関に対する期限の利益の喪失事由を定めていた。同ひな型の廃止後も、各金融機関の銀行取引約定書は、ほぼ同様の規定を定めている。法16条2項5号は、期限の利益の喪失についての定めを発生記録の記録事項としており、期限の利益喪失事由は、発生記録に記録されるか、変更記録により記録されない限り（法26条・27条）、電子記録債権の内容とされない。電子債権記録機関（でんさいネット）要綱は、発生記録請求事項の中の任意的記録事項として「期限の利益喪失」を認めていない[26]。従って、金融機関が債権者となる電子記録債権であっても、でんさいネットの電子記録債権においては、電子記録債権の内容として、発生記録又は変更記録により、銀行取引約定書が定めるような期限の利益喪失条項を設けることはできない。しかし例えばシンジケートローンを電子記録債権とするスキーム等、でんさいネット以外の電子記録債権において「期限の利益喪失」を任意的記録事項とすることは、考えられよう。

　尤も、そのような任意的記録事項が記録されていても、期限の利益が喪失して期限が来たものとして、電子債権記録機関が債務者口座のある銀行等に決済情報を提供し、口座間送金決済を行うようなことは、困難なことが多いであろう。債権者たる銀行の関係会社が電子債権記録機関であるような場合を除いて、期限の利益が喪失したかを電子債権記録機関が判断することは難しいからである。このような判断の困難さは、電子記録債権の譲受人についても存するところであり、善意取得や人的抗弁の切断の規定の適否を決めるうえでの支払期日は、期限の利益喪失により前倒しされた債務者が支払を行うべき日ではなく、債権記録に記載された支払期日によるべきだとの指摘が

---

26)　全国銀行協会・前掲注19)　Ⅱ3-2(3)。

ある[27]。手形法においては手形債務の内容として条件の設定等を認めていないのは（手形法1条2号）、このような問題を避けるためであった。

従って、電子記録債権の任意的記録事項として期限の利益喪失条項を設ける実際上の意義は、電子記録債権と他の債権を相殺することにあろう。例えば、電子記録債権の債権者になった金融機関が、電子記録債権の債務者が有する当該金融機関に対する預金債権との間での相殺適状を作出するために、期限の利益を喪失させるような場合である。

2　期限後弁済

全銀協の電子債権記録機関（でんさいネット）要綱が、例外的に口座間送金決済以外の当事者請求による支払等記録請求を行うことができる第二の場合として挙げているのは、以下のような期日後弁済等に基づく支払等記録の場合である。即ち、主たる債務者、電子記録保証人、第三者利用者による弁済（代物弁済を含む）、相殺、免除、混同に基づく記録請求が行われた場合に受け付けるとされている[28]。これは口座間送金決済によらず、電子記録債権の債権者による個別の「支払等記録請求」に基づいて行われることになる[29]。

なお、電子債権記録機関（でんさいネット）要綱においては、期限における支払等がなかった場合につき、手形における不渡処分類似のペナルティを課すこととされている[30]。債権者となる利用者サイドの要望によるものであるが、手形の不渡処分同様の独禁法上の問題等がありうるところである[31]。

3　一部弁済

電子記録債権については、手形法39条2項のような、一部弁済を拒むこ

---

27)　森下・前掲注8）71頁。
28)　全国銀行協会・前掲注19）Ⅱ3-8(2)。
29)　全国銀行協会・前掲注19）Ⅱ4(8)。その方法については、同別紙Ⅱ3-7参照。
30)　でんさい業務規程46条〜56条、でんさい業務規程細則43条〜54条、全国銀行協会・前掲注19）Ⅱ6(1)。
31)　全国銀行協会・前掲注19）Ⅱ6(1)は、ペナルティを独禁法に抵触しない範囲で課すとしている。なお、大野・前掲注15）24頁以下参照。

とはできない旨の規定は置かれていない。手形法がそのように定めたのは、遡求義務者の利益を考慮したためと言われているが[32]、電子記録債権法においては、電子記録債権の譲渡人に手形の裏書人に関するような遡求義務を原則として課すこととされておらず、電子記録保証をしない限り支払担保責任がないとされていることから、一部支払を認めることによって電子記録債権譲渡人を保護する必要が感じられなかったため、手形法のような規定は設けなかったのである[33]。一部支払が認められるか否かは、電子記録債権の内容として定められていればそれによるし、その定めがない場合は民法の一般原則に戻って（民法493条）、一部支払を債権者は拒むことができることになろう。

　なお、全銀協の電子債権記録機関（でんさいネット）要綱は、口座間送金決済を行うことができなかった場合における期日後弁済等に基づく支払等記録に関し、「主たる債務者による弁済等については、債権金額の一部の弁済等による支払等記録請求を受付けることとし、その他の利用者の弁済等については、債権金額の全額の弁済等があった場合に限定して支払等記録請求を受付ける」としている[34]。口座間送金決済による一部弁済や、それに基づく一部弁済の「支払等記録」（法24条1号）を行うことは認めていない。支払期日に債務の一部弁済を行い、残債務の支払期日を延期したうえで支払う場合には、延期後の期日を支払期日、残債務額を支払金額とする新たな債権を発生させるとともに、当初債権の支払金額を残債務額に変更する旨の変更記録を行って、それぞれの支払期日に口座間送金決済を行う方法によるとしている[35]。期日前の一部弁済等に基づく支払等記録も認めていない。期日前に一部前倒し弁済を行うには、予め支払等を行う金額分の債権を分割し、当該電子記録債権の債務者に債権譲渡を行ったうえで、混同を理由とした当事者請求による支払等記録を行う方法か（原債権については、そのまま当初支払期日をもって口座間送金決済を行う）、予め支払等を行う金額分について新たな債権を発生させるとともに、当初債権の支払金額を残債務額に変更する旨の変更記録を行って、それぞれの支払期日に口座間送金決済を行う方法に

---

32)　前田・前掲注13）512頁以下。

33)　法務省民事局参事官室・前掲注24）55頁、森下・前掲注8）70頁。

34)　全国銀行協会・前掲注19）Ⅱ3-8(2)。

35)　全国銀行協会・前掲注19）別紙Ⅱ3-8-1。

電子記録債権の消滅　**127**

よるとしている[36]。

　以上のような一部弁済に関するでんさいネットの扱いは、利用者にとっては若干面倒な手続きを要することになるが、口座間送金決済をスムースに利用できる場合が限られていること、実体法上も電子記録債権の内容を変更するのには債権者の同意が必要なことを考えれば、やむをえないところであろう。尤も、電子債権記録機関（でんさいネット）要綱に定める方法以外にも一部弁済の方法はありうるところであり、利用者にとってより使い勝手のよい方法を検討していく努力はなされるべきであろう。

4　相　殺

　相殺による電子記録債権の消滅につき同期的管理を行うことは難しい。AがBに対して有している電子記録債権や一般の金銭債権（「A債権」と呼ぶ）を自働債権として、BがAに対して有している電子記録債権（「B債権」と呼ぶ）を受働債権とする相殺を行い、B債権について「支払等記録」を行うには、Bによる「支払等記録請求」が必要であり、それをA債権の消滅と引換えに行うには、あくまでBの協力が必要なのである。例えば、A・B間の合意に基づき相殺することとし、両者の共同でA債権とB債権の「支払等記録請求」を同時に行う（A債権が電子記録債権の場合）、等の方法によらざるをえない（それも実際上どのように行うか、難しい問題がありえよう）。従って、Bの信用に不安が生じたためにAの行為のみで相殺したいというときには、予めBに代わってAがBのために「支払等記録請求」を行えるようにしておかなければならない。しかしそのようなことは実際上困難であろう。

　尤も、旧銀行取引約定書ひな型7条・7条の2のような「差引計算」の約款規定の対象に電子記録債権を加え、当事者間での相殺の効力を発生させることは可能である。しかし「支払等記録」が行われない限り、電子記録債権に関して第三者に対し対抗することはできない。差引計算が行われたときに相手方に「支払等記録請求」を行う義務を課す定めを置くことも可能であろうが、そのような文言を入れても、実際上の効果は少ないと考えられる。但し、「支払等記録」を行わなければ対抗できない第三者の範囲等については、検討の余地はありうるかもしれない。例えば、電子記録債権の善意・無重過

---

36)　全国銀行協会・前掲注19）別紙Ⅱ3-8-1。

失の譲受人が第三者に含まれることは確かであろうが、差押債権者等については、議論の余地があるかもしれない。

Ⅳ　原因債権との関係

債権者A、債務者Bの間の金銭債権がCに譲渡され、債権譲渡登記がされた後、未だ債務者対抗要件である通知がなされていないときに、A・Bが当該金銭債権を原因債権とする電子記録債権を発生させ、AがそれをDに譲渡した場合、C・Dからのこれら債権に基づく請求に対しBはいかなる義務を負うかが問題とされた[37]。この問題については、DはBに対し電子記録債権の請求ができるのに対し、Cに対してBは、当該電子記録債権につき「支払等記録請求」を行うことと引換えでない限り（Dから電子記録債権の譲渡を受ける等して）、原因債務の弁済を行わない旨の主張ができるという解釈が有力に主張されている[38]。手形や小切手が支払のために振り出された場合に、債務者はそれと引換えでなければ原因債務を弁済しない旨の抗弁が出せるという判例・通説の考えを応用するものである[39]。ここでも電子記録債権は基本的に手形債権に準じて考えられていると言えよう。

〔『有価証券のペーパレス化等に伴う担保権など金融取引にかかる法的諸問題』
（金融法務研究会、2013 年）94~104 頁〕

［後記］　本稿は、2013 年に刊行された金融法務研究会の報告書『有価証券の
　　ペーパレス化等に伴う担保権など金融取引にかかる法的諸問題』の第 6 章と
　　して書かれたものである。電子記録債権は、手形・小切手の代替手段として
　　主に使われていることから、有価証券のペーパーレス化の一つとして取り上
　　げられ、本稿は特にその消滅の場合の法的問題について検討した。

---

37)　法制審議会電子債権法部会第 5 回会議（平成 18 年 5 月 30 日）議事録、同第 10 回
　　会議（平成 18 年 10 月 3 日）議事録、池田真朗他「〔シンポジウム〕電子登録債権法
　　制と金融」金融法研究 23 号（2007 年）3 頁・36 頁以下、池田真朗「電子登録債権──
　　中間試案の検討と若干の試論」金法 1781 号（2006 年）13 頁、森下・前掲注8)77 頁。
38)　小野傑＝森脇純夫＝有吉尚哉編著『電子記録債権の仕組みと実務』（金融財政事情
　　研究会、2007 年）25 頁以下。
39)　最判昭和 33・6・3 民集 12 巻 9 号 1287 頁、鈴木（前田補訂）・前掲注 13) 236 頁。

電子記録債権法は、基本的には手形・小切手に準じて有価証券法理をベースとして電子記録債権に関する法律関係の整理を行っている。本稿も、そのような視点から電子記録債権の消滅に関わる法的諸問題を検討した。本稿執筆後、電子記録債権法も電子債権記録機関（でんさいネット）要綱も基本的な修正は行われず、また新たな判例は見られない。本稿執筆後の学説としては、池田真朗『債権譲渡と電子化・国際化（債権譲渡の研究第4巻）』（弘文堂、2010年）、池田真朗＝太田穰編著『解説　電子記録債権法』（弘文堂、2010年）、「〔特集〕電子記録債権取引の留意点と展望」金法1964号（2013年）6頁、小出篤「『手形の電子化』と電子記録債権──UNCITRALにおける『電子的移転可能記録』の検討から」前田重行先生古稀記念『企業法・金融法の新潮流』（商事法務、2013年）537頁、電子的記録に基づく権利を巡る法律問題研究会「振替証券・電子記録債権の導入を踏まえた法解釈論の再検討」金融研究34巻3号（2015年）1頁等があるが、本稿に係る問題に関し論じるものは少なく、本稿の検討は現在でも妥当するものと考える。

第III部
金融取引における顧客の保護

銀行取引における顧客の保護

I　序

　銀行取引における主な顧客としては、借主および預金者がおり、その他には、為替、代理事務、保護預りその他サービスを受ける顧客がいる。これら顧客の保護に関して論ずべき問題点は色々あるが、本稿では特に利息、信用調査、銀行秘密の各問題点について論じたい。

II　利息と臨時金利調整法

1　臨時金利調整法制定の経緯

　銀行取引における金利に適用ある法律としては、利息制限法、出資の受入、預り金及び金利等の取締等に関する法律（以下、「出資取締法」と略す）、特定融資枠契約に関する法律、さらには独占禁止法等もあるが、直接規制を及ぼして実際上も重要な影響を与えているのは、臨時金利調整法（以下、「臨金法」と略す）である。まずこの臨金法が制定されるに至る経過を見てみよう。

　かつては利息制限法の範囲内で貸出金利も預金金利も市場の実勢に任されていたが[1]、やがて大正期に入ると両者について銀行間で競争回避のための

---

1)　利息制限法の制定と銀行金利の関係については、渋谷隆一「高利貸対策立法の展開（上）——利息制限法を中心に」農業総合研究 19 巻 3 号（1965 年）41 頁・50 頁以下、大河純夫「旧利息制限法成立史序説」立命館法学 121～124 号（1975 年）219 頁・255 頁以下、同「旧利息制限法の公布と司法省指令」磯村哲先生還暦記念論文集『市民法学の形成と展開（上）』（有斐閣、1978 年）107 頁・128 頁以下参照。ただし利息制限法の規定は実際には遵守されていなかった（渋谷・前掲 62 頁以下）。

134 第Ⅲ部 金融取引における顧客の保護

カルテルが結ばれた[2]。昭和7年以降は大量の国債発行がなされたために、財政の金利負担を軽減し国債消化を促進する目的で、政府・日銀は低金利政策を強力に推進し、貸出金利・預金金利ともに引下げを指導するようになった[3]。昭和12年の日華事変後は、臨時資金調整法等を通じて金融が統制され、金利の引下げ・統制が進められた。

第2次大戦後、統制立法が廃止されたあとでも銀行間の金利協定は存続した。敗戦直後の猛烈なインフレによって闇金利が20％-30％に達したという状況の下で、昭和22年に物価抑制の観点から政府が金利協定に介入し、日銀の指導の下に貸出金利の最高限度が協定された。ところが同年4月に公布された独禁法に金利協定が違反しているとして公正取引委員会が審判を開始したため[4]、銀行側は預金利子協定・最高貸出利率協定を廃棄した。しかし金利規制がなくなると金利が急騰して金融の混乱・物価上昇に拍車をかけることが憂慮されたために、政府は銀行側と協議の上、金利協定の廃棄決定後わずか2ヵ月の同年12月に臨金法を成立・施行させたのである[5]。

2 臨時金利調整法の構造

以上のような経緯を反映して、臨金法は次のような構造をもっている[6]。第1に、法律自体に「臨時」の名をつけるとともに、条文においても「当分の間、……金融機関の金利の最高限度を定めさせることができる」と規定しており、前述したような緊急事態に直面しての暫定的な法律であるということを明らかにしている[7]。ところが、その後今日に至るまで30年以上（70

---

2) 安原米四郎『銀行業務の諸問題（銀行実務講座14）』（有斐閣、1956年）1頁以下・21頁以下、中林哲太郎編『銀行業界の諸問題（新銀行実務講座15）』（有斐閣、1968年）3頁・27頁・46頁、志村嘉一「戦後低金利政策の展開」（専修大学）社会科学年報9号（1975年）5頁・8頁。

3) 志村・前掲注2）9頁。

4) 株式会社帝国銀行外27名に対する件、公取委同意審決昭和22・12・22審決集1巻1頁。

5) 大蔵省銀行局編『金融関係法Ⅰ（法律学体系コンメンタール篇24(1)）』（日本評論社、1953年）351頁、高橋俊英編『金融関係法Ⅰ』（日本評論社、1964年）99頁、中林編・前掲注2）29頁、金沢良雄「臨時金利調整法と独禁法」公正取引223号（1969年）8頁、志村・前掲注2）11頁以下。

6) 金沢・前掲注5）、同「臨時金利調整法」経営法学ジャーナル4号（1965年）2頁、志村・前掲注2）25頁参照。

年近く）にわたって根本的な改正を経ることなく存続してきたのである。

第2に、本法の適用のある金融機関は、広義の銀行のように預金の受入を行なう金融機関だけではなく、保険会社のように資金の融通を行なう民間の金融機関であれば、原則として適用対象としている（1条1項）。民間の金融機関で適用のないものは、出資取締法の適用を受ける貸金業者（短資会社および住宅金融会社もこれに含まれる）、公益質屋法4条、同法施行規則5条で年36％の利息の上限が設けられている公益質屋（現在は質屋営業法36条により、実質約108％の高金利についてのみ刑事罰の適用があり、利息制限法の適用の有無については、判例が分かれている）、証券取引法156条ノ7および156条ノ8により貸付の方法・条件につき大蔵大臣の認可・変更命令に服する証券金融会社等に限られている（金融商品取引法156条の29は、内閣総理大臣による変更命令を規定している）。

これに対して日本銀行および政府の金融機構（公庫、基金その他）には、一般的に本法は適用されない[8]。政府の金融機構においては、それぞれの根拠法令にもとづいて制定された業務方法書等によって金利が規制されているのである。

第3に、本法により規制される金利は、本法適用対象機関の資金の受入・貸付をほぼ網羅している（1条2項）。ただし、本法は大蔵大臣（現在は、内閣総理大臣及び財務大臣）に日本銀行政策委員会をして金利の最高限度を定めさせる権限を授権した法律に過ぎず（2条）、本法にもとづいて現実に規制を受ける金融機関・金利はこれより限定されたものになっている（「金融機関の金利の最高限度に関する件」昭和23・1・10大蔵省告示4号）。民間金融機関でも、特に貸出金利については臨金法以外の法律にもとづいた個別の規制を受けているものが多い[9]。すなわち、相互銀行（現在は廃止されている）、信用金庫、信用協同組合、労働金庫等においては、預金利息については臨金法にもとづく規制を受けるが（前掲告示2）、貸出金利については主務大臣から事業免許を受ける際に提出する業務方法書に記載して提出しなければなら

---

7)　臨時性の意義につき、金沢・前掲注6）2頁参照。

8)　本法が市中銀行間の金利協定に代わるものとして制定されたためである（高橋編・前掲注5）101頁、金沢・前掲注6）3頁）。

9)　日本銀行調査局編『わが国の金融制度』（日本銀行調査局、1976年）237頁以下参照。

136 第Ⅲ部 金融取引における顧客の保護

ないことになっており、実質的な認可制がとられているといえよう 10)（相互銀行法3条4項（廃止）、相互銀行の業務の種類及び方法書例について第二3（昭和53蔵銀3155号）（廃止）、信用金庫法29条3号、信用金庫業務方法書例第二（昭和53蔵銀3035号）、中小企業協同組合法27条の2第2項・3項、労働金庫法29条3号、労働金庫業務方法書例・業務の方法第一、第二（昭和53労発49号））。これは、貸出金利については、規模、性格、取引層等が大きく異なる各種金融機関の金利を一律に規制することは困難なためと思われる。これに対して資金の吸収面では各種金融機関がほぼ同一次元で競争しているため、預貯金金利が共通に規制されることになったものであろう 11)。

　第4に、本法における金利の最高限度の決定方法は、政府の指導を受けた銀行間の金利協定という性格を強く残している。すなわち、「大蔵大臣（内閣総理大臣及び財務大臣）は、当分の間、経済一般の状況に照し必要があると認めるときは、日本銀行政策委員会をして、金融機関の金利の最高限度を定めさせることができる」（2条1項）として、大蔵大臣（内閣総理大臣及び財務大臣）のイニシアティブを認める一方で、日本銀行政策委員会の諮問を受けて実際上金利の最高限度を定める金利調整審議会の委員の構成を、大蔵省銀行局長、経済企画庁調整局長、日本銀行副総裁、金融界を代表する者7人、産業界を代表する者3人、学識経験者2人の計15人とすることによって、金融界の意向が強く反映されるようにしているのである（2条3項・6条～8条）（現在では、金融審議会に諮問することになっており、金融審議会には金利調整分科会が設けられている。その委員は内閣総理大臣が指名することだけが定められている。臨金法2条3項・6条、金融審議会令2条・5条）12)。なお、上記審議会の議事に関し厳重な秘密保持義務が課されていることにも注意すべきであろう（10条・12条）。

　第5に本法は、5条が金融機関に対し、本法で定めた最高限度を超えて、金利について契約し、支払い、または受領してはならないと定めるだけであって、本法に違反した場合の罰則や行政的制裁、さらには民事上の効力について何も規定していないのである 13)。これは、政府の指導した金利協定が独禁法に違反するとされたために、それに代わるものとして生まれたとい

---

10)　高橋編・前掲注5）104頁、金沢・前掲注5）5頁。

11)　中林編・前掲注2）52頁。

12)　志村・前掲注2）25頁以下。

う、本法の生い立ちに由来していると考えられる。本法の本来の目的は、金利制限が独禁法上違法とされないようにすることにあったのであり、本法の実質は、独禁法の適用除外立法に過ぎなかったのである。このような性格をより明確にするために、全国銀行協会連合会（全銀協）は、臨金法を廃止して、大蔵大臣の認可を条件とする銀行間の自主的な金利協定を認めるよう独禁法を改正すべきだとたびたび主張していた[14]。

3　その後の展開

　このようにして成立した臨金法は、当初は物価安定・銀行経営の安定化を理由に金利の最高限度を定めていたが、昭和24年のドッジ・ラインの実施以後は、低コストの産業資金を供給するという人為的低金利政策および金利体系を維持するという目的から、金利制限が定められるようになった[15]。それとともに、このような経済政策的観点からの金利規制を機動的に行なえるように、本法の法定の手続によらずに、銀行間の協定・協調行為によって金利の最高限度を変動させようという動きが強まっていった[16]。

　貸出金利については、昭和30年に大蔵大臣の要請を受けて、臨金法上の金利変更手続を経ることなく、全銀協の申合せによる並手形（金融機関が日本銀行から貸付を受ける場合に担保になるが、日本銀行による再割引の対象とはならない手形）の金利最高限度の引下げが行なわれ、昭和33年6月以降は、市中貸出の金利の変更は自主規制金利の変更によるという慣行が確立された。貸出自主規制金利は、本法上の最高金利規制を厳しくした内容になっているだけでなく、昭和34年2月以降は、実質的な最低金利である標準金利の申合せや、不要不急融資への差別的金利等の協定もなされていた[17]。

　このような貸出に関する金利協定は、臨金法が制定された趣旨・経過から

---

13)　臨金法違反の金利については、かつては限度超過部分を無効とする説が有力だったが（大蔵省銀行局編・前掲注5）363頁、金沢・前掲注6）4頁）、現在では有効説が有力である（高橋編・前掲注5）117頁、吉原省三「拘束預金を条件とする貸付契約の効力」判タ351号（1977年）2頁・12頁）。

14)　安原・前掲注2）34頁以下、中林編・前掲注2）34頁。

15)　志村・前掲注2）33頁。

16)　日本銀行調査統計局「わが国における金利弾力化の歩み」日本銀行調査月報28巻8号（1977年）5頁・8頁。

17)　中林編・前掲注2）35頁以下。

138 第Ⅲ部 金融取引における顧客の保護

考えても、独禁法に違反する疑いが極めて強いと言わざるをえない。しかし公正取引委員会は、前述の昭和30年の全銀協の申合せに際して、法定最高限度内での金利引下げの申合せであれば公共の利益に反せず、独禁法には抵触しないとの見解を採り、(その旨全銀協に連絡して) その後何らの措置をも取らなかった[18]。それが、石油危機による狂乱物価の中で開かれた昭和50年参議院集中審議において、独禁法違反ではないかと問題にされたため、同年4月15日に全銀協は申合せによる貸出金利規制を廃止した。ところがそれ以後も、公定歩合が引き下げられると、各銀行協会の会長銀行が引下げのイニシアティブをとり、各加盟銀行がそれに追随するという形をとっていた[19]。実質的には従来の方式と異ならない、典型的な同調行為であったと言えよう。

　他方預金金利については、昭和45年3月の本法にもとづく金利規制の改正に当たって、大蔵省が金融機関に対し「金融機関の預金金利に対する規制の緩和等について」という通知を行ない (昭和45・3・3蔵銀411号)、新しい規制方法を導入した。すなわち、金利機能の活用・金利政策の弾力的な運用を理由に、今後本法にもとづく預金金利規制の内容を簡略なものとする代りに、日本銀行がガイドラインとしての預金細目金利を作成することとし、各金融機関がそれを尊重することを求めたのである。要するに、本法により定めた預金金利の最高限度の枠の中では、法定の手続を経なくても、日銀のガイドラインだけで自由に預金金利規制を変動しうるようにしたわけである[20]。

4　臨時金利調整法の問題点

　以上見てきたような臨金法やその他の金融立法、およびその下での金利協定によって、わが国の金融機関の金利は低く抑えられて硬直化したものになっていた。いわゆる人為的低金利政策である。銀行の現実の貸出金利について分布をとってみると、全銀協が申し合わせた最低金利である標準金利と、同じく申合せによる自主規制金利の最高限度の値を2つのピークとするグラ

---

18)　同上35頁。
19)　山池連平「幕藩体制下の金融制度」週刊東洋経済3904号 (1975年) 26頁・27頁。
20)　日本銀行調査統計局・前掲注16) 12頁。

フを描く時期が多いと指摘されていた[21]。これは地方銀行に比べて都市銀行で特にはっきりしている[22]。このことは、貸出金利の硬直性のかなりの部分が、臨金法による規制やその下での金利協定に起因していることを示していると言われていた[23]。

もっとも、貸出期間1年以上の長期貸出には臨金法による規制が適用されていないのであるが、ここにおいても大蔵省、日銀の監督指導の下で、日本興業銀行・日本長期信用銀行・日本債券信用銀行の3行の申合せで長期信用銀行プライムレートを、信託協会の申合せで信託銀行プライムレートを、それぞれ期間の長さによる傾斜をほとんどもたない低位な金利に固定しているために[24]、長期金利全体がこれを基準に決まらざるをえないのが実状であった[25]。

他方、預金金利については、臨金法にもとづく最高限度、昭和45年以降は日銀のガイドラインとしての最高限度に等しい率で決められているのが実情であった[26]。まさに臨金法および日銀のガイドラインによって一律に抑えこまれていたわけである。なお、郵便貯金の金利は、郵政審議会の議を経て政令で定められていたが、これも日銀のガイドラインに見合ったものに合わせられていた。

以上のような金利規制は、自由に変動すべき金利を硬直化させて、水の流れをせき止めたようなものであるから、水が他のルートを通って漏れないように、銀行金融以外の直接金融にも規制の網を広げていかなければならない性格をもっていた。例えば、民間企業がその従業員から直接貸付を受ける社内預金の金利は、大蔵省・労働省の指導で上限を規制され[27]、さらに証券を通じた金融についても、事業債の発行条件、つまり応募者利回は、発行会社と引受業者との個別交渉によって決められるべきもののはずであるが、現

---

21) 岩田一政＝浜田宏一『金融政策と銀行行動』（東洋経済新報社、1980年）136頁。

22) 同上140頁。

23) 同上136頁・168頁。ただし、黒田巌「わが国における貸出金利の決定について——従来の議論の再検討と新たな視点」金融研究資料2号（1979年）25頁以下参照。

24) 山池・前掲注19）27頁。

25) 寺西重郎「長期資金市場と短期貸出市場」季刊現代経済17号（1975年）76頁・80頁。

26) 川口弘他「〔座談会〕銀行取引と金利」金法722号（1974年）4頁・12頁以下〔吉原省三、中林哲太郎発言〕。

実には通貨当局、経団連、金融界等関係者の総合的な交渉によって決められていたのであり、永いこと市場利回を大幅に下回る値に固定されていたのである [28]。金融債の発行条件についても事情はほぼ同じであり、公社債投信の予想配当率についても同様の問題があった [29]。そして最大の規制金利が国債の発行価格、応募者利回であった。戦前からの歴史を顧みれば判るように、国債の発行価格を抑えるために低金利政策がとられてきた面もあるのである。

　上に見てきたような人為的低金利政策が、比較的黒字ないし均衡予算基調をもっていた財政政策と結びついて、1960年代までの日本経済の高度成長を支えてきたことは、よく指摘されるところである [30]。しかし今日においては、その弊害のほうがより強く感じられるに至っている。銀行における顧客の保護という観点から見ても、次のような弊害と法的問題点を指摘できよう。以下の分析は経済学の浜田宏一教授、岩田一政氏の研究に基本的に依っている [31]。

　根本的な弊害は、金利の資源配分機能を阻害することである [32]。金利機能は、預金市場においては、家計や企業になるべく有利な貯蓄の機会、金融機関のサービスを提供するとともに、貸出市場においては、なるべく能率の良い投資に金が流れることを助ける。このような金利機能が害されることは、国民経済全体の損失をもたらすだけでなく、預金者および銀行から貸付を受ける者という銀行の両面の顧客にとっても、大きな損失となる。

　まず預金者について見ると、預金金利が低利に抑えられた結果、昭和37年から同56年の20年間のうち10年間において消費者物価の上昇率が定期

---

27)　「社内預金等の運用について」（昭和52・3・5事務連絡・銀行局総務課長発各財務局理財部長宛）、「社内預金制度の運用について」第二・3（昭和52・1・7基発4号・労働省労働基準局長発都道府県労働基準局長宛）。

28)　浜田宏一「金利自由化の政治経済学」週刊東洋経済3959号（1976年）44頁・46頁。

29)　同上47頁。

30)　館龍一郎＝小宮隆太郎『経済政策の理論』（勁草書房、1964年）38頁、貝塚啓明＝館龍一郎『財政（現代経済学7）』（岩波書店、1973年）255頁。

31)　岩田＝浜田・前掲注21）201頁以下、浜田・前掲注28）46頁以下。なお、根岸哲「銀行と競争政策」経済法20号（1977年）11頁・13頁参照。

32)　浜田・前掲注28）46頁以下。なお、館龍一郎＝浜田宏一『金融（現代経済学6）』（岩波書店、1972年）284頁以下参照。

預金金利を上回ることとなり、「狂乱物価」といわれた昭和49年に至っては、この差が実に17%に及んでいるのである。昭和48年と同49年においては、定期預金金利は卸売物価上昇率と比べても低かった。預金者は1年間現金化しない約束で銀行に預金した結果、預金の実質的な購売力が大幅に減価したのであって、銀行や郵便局はもはや貯蓄機関ではなく貸金庫に過ぎないと批判されてもやむをえない状況だったのである[33]。

このようにして預金者から実質金利がマイナスという低利で調達された資金は、それよりもさらに低利で補給された日銀出資金とともに、銀行を介してそのほとんどが大企業を中心とした企業部門へ供給されてきた。いわば預金者は、自由な市場において実現したであろう預金金利と規制された預金金利との差額だけ課税されたようなものであり、逆に銀行から臨金法や自主規制にもとづく低利の貸出を受けた企業は、それらの規制がなかりせば払わなければならなかったであろうより高い金利との差額だけ補助金を受け取ったようなものである。国が預金者に賦課した租税の税収を、銀行を通して借受企業に補助金として支出しているとも言えよう[34]。

もっとも、預金者の相対的に弱い交渉力を反映して預金金利規制が比較的良く守られているのに対し、貸出金利規制は歩積・両建預金のような形で実質的に潜脱されていることが多い。その場合、預金金利のほうのみを抑えることができた銀行は、金利規制によって巨大な利益を享受していることになる。

以上のようなことが実質的に見て公正と言えるか否か、とりわけ、日銀のガイドラインや銀行間のいわば闇カルテルによって決めていたことが手続的に見て適法・公正と言えるか否か、問題の多いところと言わなければならない。臨金法にもとづく制限金利の決定手続自体、銀行の顧客、特に預金者の利害を反映しにくいものとなっており、問題であった。しかも忘れてはならないことは、このような預金金利規制によって有利な貯蓄の手段を奪われ、事実上の課税の対象となって低利に甘んじなければならない預金者は、土地や株式のようにインフレにヘッジすることのできる資産に投資するのに必要

---

33) 岩田＝浜田・前掲注21) 210頁以下。

34) 堀内昭義「預金金利の規制をめぐる諸問題」国民経済132号 (1975年) 1頁・2頁、岩田＝浜田・前掲注21) 208頁・212頁参照。

な十分な知識や情報、まとまった資金をもたない消費者であった、ということである。預金金利規制は、資産保有を預貯金の形でしかもつことのできない少額貯蓄者に不利益に働き、逆進的な所得配分効果をもったと言えよう[35]。

次に銀行から貸出を受ける側について見ると、貸出金利が低く抑えられた場合、貸出に対する超過需要が発生するために、金利によって資金の供給先が調整されるのではなく、銀行の手によって何らかの量的な信用割当が行なわれることになる。この結果、資金を最も有効に用いることのできる企業、すなわち最も有利な条件で銀行から借り入れる意思のある投資主体が、資金の供給を受けることができるとは限らなくなり、国民経済全体にとって損失になるし、信用割当を受けられる者と受けられない者の間の機会不均等を生じる。さらに銀行の手で信用割当が行なわれることから、銀行の資本系列下にある会社等、銀行にコネの強い企業に資金が優先的に供給されることになり、銀行に資金の借手に対する優越的地位を与えるだけでなく、銀行による産業支配をもたらした。銀行を中心とした各種企業の系列化・グループ化が進み、それが競争制限的効果を生んでいたことは、すでに公知の事実である。その上、このような銀行を通じた信用割当は、金利規制その他を通じて銀行をコントロールしうる大蔵省や日銀に、法律に認められていない巨大な権限を与えることになり、恣意的あるいは政治的な金融政策が行なわれうる危険があったことも指摘されている[36]。

さらに金利機能が働かないことは、銀行の業務自体の能率を悪くして、その顧客に対するサービスをゆがんだものにするという弊害をも生じさせる。すなわち、銀行が預金者に提供するサービスは、預金金利とそれ以外の各種の非価格サービスに分けることができるが、預金金利を固定化されると、銀行は景品サービス、店舗の豪華さ、訪問サービス等非価格サービスの競争へと向かってしまうのである[37]。

---

35) 岩田＝浜田・前掲注21）212頁以下。

36) 浜田・前掲注28）47頁・49頁。Clark, Regulation of Financial Holding Companies, 92 Harv. L. Rev. 787, 835 (1979) は、日本における銀行を中心にした企業のグループ化をZaibatsu Risksと呼んでその危険を指摘している。

37) 蠟山昌一「金利規制と金利自由化——金融構造改革論のための1つの理論的覚書」季刊現代経済17号（1975年）40頁・46頁以下、西川俊作＝南部鶴彦「銀行の効率化と競争の原理」同58頁・70頁以下、浜田・前掲注28）47頁参照。

以上のような金利規制の弊害を前にして、金利規制を撤廃し金利を自由化すべきであるということが、強く主張されるようになった。昭和53年には大蔵省銀行局長の私的諮問機関である金融問題研究会が、そして翌54年には金融制度調査会が、それぞれ金利自由化を推進する必要があることを答申している[38]。

5　現行金利規制の法的問題点

そこで現行の銀行の金利規制を法的に検討すると、次のような問題点を指摘することができよう。

第1に、臨金法の下における慣行が違法と判断される場合である。

前述したように昭和50年以降、公定歩合が変更されると、各銀行協会の会長銀行が臨金法による制限の範囲内で貸出に関する自主規制金利（標準金利を含む）を変更するイニシアティブを取り、各加盟銀行がそれに追随するという形をとっていた。これは典型的な同調行為であり、独禁法違反の金利に関する闇カルテルが存在したことを強く疑わしめるものである。かつて公正取引委員会は、法定限度内での金利引下げの申合せであれば公共の利益に反せず独禁法には抵触しないという見解を採ったのであるが、独禁法の適用除外規定がない以上は、銀行が申合せによって金利の自主規制を行なうことは独禁法に違反すると言うべきである[39]。確かに臨金法にもとづく金利規制は金利の最高限度のみを定めるものであるが、それだからといって臨金法が、金利は低ければ低いほど望ましく、それ以下に定めるのであれば銀行間の協定によって決めてもよい、という趣旨を含んだものとは考えられない。金利は銀行間の自由な競争によって決められるべきであるという独禁法の要請は、依然として妥当しているのであり、臨金法に定められた正式の手続を経た金利の最高限度の決定のみが、独禁法違反の違法性を阻却しうるのであ

---

38)　金融研究会編『今後における我が国の金融機関のあり方——金融問題研究会の報告内容』（金融財政事情研究会、1978年）18頁、金融制度調査会「普通銀行のあり方と銀行制度の改正について」金融388号（1979年）38頁以下。

39)　金沢・前掲注5）10頁、実方謙二「行政指導と独占禁止法」鈴木竹雄先生古稀記念『現代商法学の課題（下）』（有斐閣、1975年）1377頁・1397頁、龍田節「独禁法と貸付の有効性」加藤一郎＝林良平＝河本一郎編『銀行取引法講座中巻』（金融財政事情研究会、1977年）171頁・178頁、根岸・前掲注31）13頁。

る。そのような手続を経ない銀行間の私的な金利協定は、臨金法限度内の貸出利率を申し合わせるものであれ、違法と言わなければならない。

なお銀行業界からは、自主規制金利が大蔵省・日銀の指導および監督を受けて取り決められたことをもって、独禁法違反を免れるという意見が出されていたが[40]、これはそのような指導・監督が違法な行政指導となるだけのことであって、銀行間の協定が違法だという結論には何らの影響も与えない[41]。もっとも昭和50年以降の自主規制金利の決定方式においては、明白な協定作成行為は行なわれていないが、各銀行協会の会長銀行がまず自主規制金利の変更を行ない、それに各加盟銀行が従うという方式は、銀行協会の組織活動により競争制限がなされたものと解して、独禁法8条違反を認定してもよいのではあるまいか[42]。

次に預金金利については、日銀のガイドラインおよびそれに従う銀行の行動の法的評価が問題になる。前述したように、大蔵省の通達によって金融機関は同ガイドラインを守ることが求められていたのであるが、ガイドライン自体は手続から考えて臨金法にもとづく預金金利の最高限度の指定とは別個のものと言うべきであり、法律にもとづかない単なる行政指導に過ぎない。とすれば、そのようなガイドラインを設けて金融機関に守らせることは、明らかに独禁法の要請に反しているのであるから、「法律の優先の原則」からして、上記の大蔵省の通達も日銀のガイドラインも違法なものと言わなければならない[43]。

問題はガイドラインに従う金融機関の行動を、預金者や公正取引委員会等が独禁法に違反する事業者間の共同行為（3条後段）または事業者団体の行

---

40)　中林編・前掲注2) 37頁。

41)　石油カルテル事件に対する、東京高判昭和55・9・26判時983号22頁・58頁以下は、通産省が事業者団体を指導して各業者に対する原油処理量の制限を行なわせる方法は、事業者団体に独禁法8条1項1号に形式的に違反する行為を指示することにほかならず、許されない行政指導であると判示しており、行政指導自体が違法な犯罪行為となりうることが示唆されている。実方・前掲注39) 1385頁、同「独禁法違反と行政指導の限界——石油ヤミカルテル刑事判決の読み方」ジュリ736号（1981年）63頁・67頁。

42)　実方・前掲注39) 1386頁。

43)　実方・前掲注39) 1383頁。勧告操短が違法とされるのと同様に考えることができよう（伊従寛「独占禁止法と行政指導」ジュリ342号（1966年）59頁・60頁、丹宗昭信「行政指導と独占禁止法」経済評論23巻8号（1974年）61頁参照）。

動（8条1項1号）として攻撃できるか否かである。ガイドラインの決定に当たって、何らかの形で業界側の一致した意向の表明があり、それを反映した形で決定が行なわれていたようであれば、金融機関の側の共同行為があったと言ってよいであろうし[44]、ガイドラインで一律に金利を指定すること自体、銀行間の共同行為を招くと見ることもできよう[45]。またガイドラインが各銀行協会長等金融機関の団体の長を通じて伝達されている場合は、独禁法8条違反が成立すると考えることもできよう[46]。

第2に、現在の臨金法自体が抱えている問題点がある。前述したような同法にもとづく金利抑制の弊害から考えて、同法を廃止して銀行の金利についても独禁法を厳格に適用することが、銀行の顧客、とりわけ預金者の保護という観点から見ても本来は望ましいと考える。

従来、銀行の金利を低位固定化する必要性の根拠としては次のようなことが挙げられていた。第1に信用秩序の維持・銀行業の保護である。すなわち、預金金利の自由化は、銀行間の競争により資金コストを高騰させるとともに、銀行に高金利を求めてより危険な融資・投資に赴かせる危険があり、競争力のない中小金融機関の経営不振や倒産の危険を招くし、さらには金融恐慌を引き起こして多くの預金者に大きな損害を与える危険がある、というものである[47]。確かに、アメリカ合衆国においてレギュレーションQによる預金金利規制が行なわれたのが、1930年代の大恐慌に対する1つの対応だったことは、よく知られている事実である[48]。しかし、実際の銀行倒産の多くは経営の失敗または国の経済政策の失敗により引き起こされているのであって[49]、預金金利規制をすることによって金融恐慌を防ぐことができるというのは、合理的な根拠のない考え方である[50]。アメリカの実証的研究もこれを裏付けている[51]。預金者保護は預金保険その他の手段によって図るべ

---

44) 実方・前掲注39) 1384頁、秋山義昭「行政指導と共同行為」経済法学会編『独占禁止法講座Ⅲ カルテル（上）』（商事法務研究会、1981年）103頁・126頁。

45) 東京高判昭和55・9・26（前掲注41))。

46) 実方・前掲注39) 1386頁。

47) 橋口収「金利自由化は青い鳥か？」金融財政事情28巻6号（1977年）（日本経済新聞社編『論集・現代の金融問題4　金融システム』（日本経済新聞社、1980年）191頁以下所収）、館龍一郎「銀行の役割」東京大学経済学論集42巻3号（1976年）2頁・7頁以下、Phillips, Competition, Confusion, and Commercial Banking, XIX J. of Fin. 39（1964).

きであろう。また競争力のない非能率な金融機関をまるごと保護するということは、それ自体経済全体にとって非能率なことであるし[52]、預金金利の抑圧によって最も大きな利益を受けているのが、実は力のある有力銀行であるという事実を忘れてはならない。

銀行金利の低位固定化の必要性の第2として挙げられているのは、金融政策上の有効性である。しかしこれに対しては経済学の中でも反論が有力のようである[53]。

第3に、金利の低位固定化は特に中小企業の保護の上で必要だとするものである。しかし、そもそも何故に中小企業のみが保護されなければならないか明確でないし、仮にそれが正当化されるとしても、低金利政策といった弊害の多い方法によるのではなく、税制上の優遇措置のような直接的補助金を与える方法によるべきであろう[54]。

もっとも、金利、特に預金金利については銀行間で競争を期待することが困難であり、大口預金者と小口預金者の平等を図る必要があること等を理由に、保険業者における主務大臣の認可・変更命令権（保険業法1条2項・10

---

48) Holmberg, Regulation Q and Consumer Protection : Legal and Economic Guidelines, 92 Bank. L. J. 1073, 1074 (1975). しかし預金金利規制の弊害が広く認識された結果、1980年貯蓄機関規制自由化及び貨幣調整法（Public Law 96-221. 94 Stat. 168, 12 U. S. C. §371b）にもとづいてレギュレーションQは6年間かけて段階的に廃止されることになった。その経緯および評価については、1980 Financial Institutions Deregulation and Monetary Control Act, S. R. No. 96-368 (1979) pp. 836-846；Cargill & Garcia, Financial Deregulation and Money Control —— Historical Perspective and Impact of the 1980 Act (1982) 参照。

49) Clark, The Soundness of Financial Intermediaries, 86 Yale L. J. 1, 12, 36(1976)；Scott & Mayer, Risk and Regulation in Banking : Some Proposals for Federal Deposit Insurance Reform, 23 Stanf. L. Rev. 857, 861 et seq. (1971).

50) 堀内・前掲注34) 3頁以下。

51) Clark, supra note 49, at 36 n. 101引用の文献参照。なお最近のアメリカにおいては、金融機関、ことに相互貯蓄銀行や貯蓄貸付組合の行きづまりがかなりの数に達している。これにはマネー・マーケット・ファンドとの金利競争も影響していると言われる。しかしこれは、上記貯蓄機関が資金の運用方法や預金金利を厳重に法律で規制されてきたため、変化に対応できなかった結果であり、むしろこれらの規制を自由化することが図られている。Report on Depository Institutions Amendments of 1982, Senate Report 97-536, pp. 4, 5, 13, 18.

52) Clark, supra note 49, at 38.

53) 堀内・前掲注34) 5頁以下、浜田・前掲注28) 48頁。

54) 堀内・前掲注34) 9頁。

条）のような行政的コントロールを、預金金利についても認めようという考え方もあろう[55]。しかしその場合には、それは消費者である預金者に公正な扱いをするものでなくてはならず[56]、臨金法とは全く性格の異なったものにならざるをえないであろう。すなわち、金融界の意向が強く反映される臨金法の仕組とは違い（先に括弧内で記載したように、現在の臨金法の仕組は異なっている）、預金者の正当な利益が反映されなければならないであろうし、その決定過程もよりオープンなものになることが要求されよう。

Ⅲ　利息に関するその他の規制

金利を自由化した場合でも、銀行の金利に関する約定が、完全な契約自由に任せられるべきものとは言えない。特に預金者および貸付を受ける消費者を保護するために、銀行取引の方法および内容にわたる規制が必要である[57]。

1　利息の表示

第1に、実質金利を中心とした取引条件を正確・平易・明瞭かつ統一的に開示させる必要がある。国民生活審議会消費者保護部会は、昭和48年2月の「サービスに関する消費者保護について」という答申の中で、約定等の用語・様式についてはその平易明確化、統一化を図り、消費者が容易に理解できるものとすること、特に消費者ローンについては、他の消費者信用手段との比較対照が容易にできるようにし、重要事項は注意を引くようにする必要があることを提言している[58]。これを受けて全国銀行協会は、預金約定について金利・付利単位・利息計算方法を証書に記載し、重要事項は太字で書く等の改善を行ない、相互銀行協会や信用金庫協会においても同様の措置を

---

55)　金沢・前掲注6）5頁、竹内昭夫「銀行取引と消費者保護」経済法20号（1977年）6頁・7頁参照。

56)　Holmberg, supra note 48, at 1080 et seq.

57)　以下については、竹内昭夫「アメリカの消費者信用保護立法について」アメリカ法〔1971–1〕1頁・11頁以下、同・前掲注55）6頁以下、塩田親文『銀行取引と消費者保護』（有斐閣、1981年）10頁以下等参照。

58)　国民生活審議会消費者保護部会「金融サービスに関する消費者保護について——現状の問題点および対策の方向」金法664号（1972年）22頁・23頁。

148 第Ⅲ部　金融取引における顧客の保護

取った[59]。

　他方消費者ローンについては、すでに昭和46年に行政管理庁の消費者保護に関する行政監察にもとづいて、各銀行協会は次のような改善措置を決め[60]、大蔵省は各銀行にその遵守を指導する通達を出している[61]。すなわち、いわゆるアドオン方式で貸付金利を表示する場合は、必ず実質金利の年換算表示を付記するとともに、借入契約書（写し）を顧客に原則として交付することにしたのである。さらに昭和49年には、割賦販売法および同法にもとづく通産省令が、割賦販売手数料の表示をいわゆる年金利回法による実質年率表示にすることを義務付けることになり、そして昭和49年2月27日の国民生活審議会は、金融取引における貸出利率を実質年率表示に一本化する必要がある旨の答申を行なった。そこで大蔵省の指導の下に各銀行協会は、アドオン方式による銀行貸出の利率表示を廃止して年金利回法による実質年率表示に改めることを決定し[62]、大蔵省は各銀行にその遵守を指導する通達を出した[63]。

　このようにアドオン方式を廃止して実質年率表示に改めたのは、アドオン方式は、貸付金利を計算するのには便利であるが、実効金利に比べて著しく低い率を表示することになって、消費者がミス・リードされる危険があるためであり、また統一的基準で金利を表示させることによって、貸付を受ける者が信用のショッピングをなしうるようにするためであった[64]。

　上に見たように貸出金利表示の適正化は、銀行の自主規制および大蔵省の行政指導によってある程度図られてはいる。しかしそれだけでは未だ不十分であるし[65]、法律によって明確・確実に表示の適正化を義務付ける必要性を失わしめるものでもない[66]。特に消費者ローンに関しては、割賦販売法

---

59)　金融財政事情26巻1号（1975年）98頁。
60)　全国銀行協会「行政管理庁の消費者保護に関する勧告について」（昭和46・11・26外業159号、同通業774号）。
61)　「消費者金融に関する金利表示等の適正化について」（昭和46・12・13蔵銀3906号）。
62)　全国銀行協会「アドオン方式による銀行貸出の実質年率表示について」（昭和49・3・5外業33号）。
63)　「アドオン方式による銀行貸出の年率表示について」（昭和49・4・9事務連絡財務局理財部長宛）。
64)　竹内・前掲注57) 16頁以下。
65)　竹内昭夫他「消費者信用」比較法研究36号（1974年）1頁以下に紹介されている各国法制と比較せよ。

とのバランスから言っても、またアメリカの統一消費者信用法典（UCCC）
やイギリスの「消費者信用法」との比較から言っても[67]、昭和53年9月に
国民生活審議会消費者政策部会が「消費者信用取引の適正化について（中間
報告）」において指摘している信用条件の開示適正化のための諸規制を[68]、
銀行によるローンを含めた形で法律上の義務として課すべきであろう。その
意味で、昭和55年7月から公正取引委員会が、金融機関をも適用対象として、
金利および手数料等を含む実質年率を明記しない消費者信用を景表法上の不
当表示に当たると告示したことは[69]、一歩前進と言えよう（その後の法令等
による表示の強化については、［後記］参照）。

2　利息の計算方法・支払方法

　第2に、預金・貸付双方ともに、利息の計算方法・支払方法が合理的なも
のであることが望ましい。特に貸付に関しては、低金利政策のもと表面金利
を低く抑えられた銀行は、いわゆるおどり利息等の方法で実効金利を高めよ
うとした[70]。このような方法も利息制限法等に触れない限り一応有効とは
考えられるが、顧客の理解を得ることは難しいし、何よりも表面金利と実効
金利が乖離していることによって、銀行から貸付を受ける顧客を欺瞞するよ
うな結果になってしまう。第1の開示の問題にも絡んでくるわけである。ま
た、銀行に一方的な金利変更権を認めている銀行取引約定書ひな型3条は、
銀行に一方的に有利な扱いを認めたものと批判が強い（平成12年4月に銀行
取引約定書ひな型は廃止された）[71]。金利の自由化を図る一方で、不合理な利
息の計算方法・支払方法は改めることが望ましい[72]。

---

66)　竹内昭夫「消費者保護」同他『現代の経済構造と法』（筑摩書房、1975年）136頁。
67)　前掲注59)、竹内・前掲注55)7頁。
68)　NBL169号（1978年）36頁。
69)　月刊クレジット278号（1980年）10頁。
70)　昭和48年に全国銀行協会理事会決定により、おどり利息は廃止された（皆藤実
　　「おどり利息の廃止について」金法697号（1973年）12頁以下）。
71)　国民生活審議会消費者政策部会「消費者取引に用いられる約款の適正化につい
　　て」（1981年11月3日）、堀内仁「銀行取引約定書改正の必要性」手研209号（1974
　　年）13頁・15頁、立林紀孝＝奥憲治「約定書における金利変更条項のあり方と法的
　　問題点」金融373号（1978年）27頁以下参照。

3 高金利の規制

第3に、金利を自由化した場合と言えども、銀行が借主の無知等につけこんだ高金利を取ることは防がなければならない。現在、このような目的に仕える法律としては利息制限法と出資取締法がある。利息制限法は、元本10万円未満の場合年20％、元本10万円以上100万円未満の場合年18％、元本100万円以上の場合年15％を利息の最高限度とし、これを超える利息の契約は超過部分につき無効とする（1条1項）。また遅延賠償額の予定は上記の2倍を限度としている（4条1項）。これに対して出資取締法は、年利率109.5％を超える契約をしたり利息を受領した貸主を、刑事罰に処している。

しかし消費者への貸付の場合、貸付額が少額で経費が割高であり、しかも貸倒れの危険も少なくない上に、無担保で貸し付ける場合もあるので、利息制限法の規定は厳格に過ぎて実情に合っていないとの批判が加えられている[73]。例えば、公益質屋法4条にもとづく貸付利率の制限は年利36％とされている上に、実際の金利は94％から100％に及んでおり、「やむをえぬ高コストに基づくやむをえぬ高金利」と評されている（先の括弧で指摘したように、現在では質屋営業法36条により実質約108％を超えないと刑事罰の対象とならないとされており、利息制限法を超える金利による貸付が行われているようである）[74]。また、貸金業者の自主規制の助長に関する法律4条に規定する金利を定める政令は、庶民金融業協会が、金融情勢を勘案して、資金需要者たる顧客に対してできる限り低廉な金利により資金の提供がされることを旨として、その定款で最高限度の金利を定めるとしているが、各都道府県庶民金融業協会の定款による最高金利の制限も、73％から102.2％に及んでおり[75]、全国平均で84％とも言われている[76]。もっとも貸金業者の金利は高

---

72) 吉原省三「銀行取引と利息」金法710号（1974年）4頁以下、川口他・前掲注26）参照。

73) 吉原・前掲注72）16頁、上田昭三「サラリーマン金融の高金利の原因と適正金利水準の一試算」関西大学経済論集28巻1〜4号（1978年）1頁・29頁。ただし、黒川雄爾＝鈴木晃＝西村俊郎「消費者信用に関するOECD勧告について(2)」月刊クレジット247号（1977年）6頁・16頁、長尾治助「金利規制の比較法的検討」法時51巻5号（1979年）45頁・51頁参照。

74) 上田・前掲注73）35頁以下。

75) 第29回銀行局金融年報昭和55年版40頁。

76) 上田・前掲注73）18頁。

すぎることも確かであり、新規参入・競争の活溌化によって[77]、外資系の業者では 48%、大手業者も 50% あるいはそれ以下まで下げてきている[78]。しかしそれでも採算が取れるのは小口貸出では 36% という試算もあり[79]、アメリカのパーソナル・ローンが、1500 ドルを越える平均融資額がありながら、平均利率が 20% を超えていることとの比較からも[80]、利息制限法の規制は経済の実体からは厳格と言えるようである（平成 18 年の出資取締法の改正により、貸金業者については年 20% を超える割合による利息の契約をしたときは、刑事罰を科されることになった（出資取締法 5 条 2 項））。

ところが銀行が行なっている消費者ローンの金利は、利息制限法および臨金法の枠内の 10% 内外に抑えられており、貸金業者による貸付金利よりはるかに低くなっている[81]。同様の事態は銀行系のクレジット・カード会社の金利についても言える[82]。これを必ずしも歓迎すべきことであるとだけ言うことはできない。個人ローン信用保険を別につけさせるとは言え[83]、この金利では銀行側の手数を考えれば採算に合わないとも言われている[84]。したがって、かつてより積極的になったとは言え[85]、銀行の消費者ローンに対する融資態度は依然として慎重である（その後の低金利の下で、銀行の消費者ローンも積極化した）。確かに住宅ローンだけは銀行の総貸出に占める割合が 9.4% になったが、それ以外の消費者ローンは極端に額が少なく、住宅ローンが消費者金融の 94.6% を占める有様である[86]。これは、採算が悪い

---

77) 日本経済新聞 1979 年 3 月 8 日（信用産業特集）、荒垣二三夫「サラ金業界をめぐる新しい動き」月刊クレジット 253 号（1978 年）8 頁。

78) 通商産業省産業政策局消費経済課監修＝日本割賦協会編『消費者信用統計'80』（日本割賦協会、1980 年）243 頁（以下「消費者信用統計'80」という形で各年版を引用する）、日本経済新聞特集・前掲注 77)。

79) 上田・前掲注 73) 14 頁。

80) 消費者信用統計'81（1981 年）322 頁。

81) 同上 74 頁・77 頁。

82) 同上 76 頁。銀行系以外のクレジット・カードの手数料利息は 20% 以上であり、40% を超えるものもある（同頁）。

83) 川原林順一「個人信用保険の現状」月刊クレジット 256 号（1978 年）2 頁、岐部一郎「個人ローン信用保険の改定について」同 269 号（1979 年）16 頁。

84) 吉原・前掲注 72) 17 頁。

85) 岡本たかし「〝本番〟を迎えた銀行の個人ローン」月刊クレジット 253 号（1978 年）4 頁ほか。

86) 前掲注 75) 23 頁。

ために銀行に消費者ローンを積極的に推進するインセンティブが欠けており、むしろ社会的PRや預金獲得の手段として用いられていることを示している。その結果、銀行は貸倒れを恐れて信用状態の極めて良い人にしか貸さないことになり[87]、金持や社会的地位のある人だけが銀行の安い利息で借りることができるが、貧乏人や社会的地位のない人は、融資の途を閉ざされるかせいぜい貸金業者から高利で借りる他ない、という結果になっている。また見方を変えれば、銀行から借りることができない上に、預金金利を低く抑えられた多数の一般預金者の犠牲において、銀行から借りることのできる金持や社会的地位のある人が不当な利得を上げている、と言うこともできよう。

　上記のような現状は必ずしも望ましいものではない。アメリカにおいてもほとんどの州が利息制限法を設けているが、厳しい貸出金利規制をすると、それが貸出量の減少を招いてかえって貸付を受ける者を苦しめることが、実証的にも理論的にも立証されている[88]。ある程度の高金利を容認しても、融資を受けるチャンスを拡大することのほうが望ましいと考える。そこで、利息制限法の金利の上限を緩和するとともに、制限金利を貸付の種類や貸出側のコストに見合ったフレキシブルなものにする必要があろう。例えば、アメリカの統一消費者信用法典（UCCC）3・508条のような段階金利加算方式、アラスカ州のように公定歩合に連動させる方式、ニューヨーク州のように州の銀行委員会が経済情勢に合わせて制限利息を決定する方式、カリフォルニア州のように債務の種類その他で変える方式等が参考になろう[89]。

---

87)　岡本・前掲注85）に挙げられている例を見よ。

88)　Note, An Ounce of Discretion for a Pound of Flesh：A Suggested Reform for Usury Laws, 65 Yale L. J. 105 (1955)；Cooper, A Study of Usury Laws in the United States to Consider Their Affect on Mortgage Credit and Home Construction Starts：A Proposal for Change, 8 Am. Bus. L. J. 165, 168 (1970)　；Brophy, The Usury Law　：A Barrier to Home Financing, Michigan Bus. Rev. (Jan. 1970) 31　；Robins, The Effects of State Usury Ceilings on Single Family Homebuilding, 29/2 J. of Finance 227 (1974)；Note, The Mortgage Banking Act：A New Way Around California Usury Laws？, 26 Hastings L. J. 460, 464 (1974)；Astas, Effects of Usury Ceilings in the Mortgage Market, 31/3 J. of Finance 821 (1976)；Crafton, An Empirical Test of the Effect of Usury Laws, 23/1 The Journal of Law and Economics 135　(1980). なおカナダでの研究として、Smith, On the Economic Implications of the Yield Ceiling on Government-Insured Mortgages, 33 Canadian Journal of Economics and Political Science 420　(1967) がある。

89)　Note, supra note 88, 26 Hastings L. J. 460, 476; Harroch & Frasch, The New California Usury Law in Light of the Monetary Control Act of 1980, 35 Bus. Law. 1053 (1980) 参照。

なお遅延損害金にも利息に応じた制限が必要である[90]。

IV 信用調査

1 信用調査とプライバシー

銀行その他の金融機関が顧客に信用を供与するに当たって、顧客の信用度に関する情報を得ようとするのは当然のことである。そのために各種の信用調査が行なわれ、銀行間では相互に取引先信用調査照会を行なっているし、特に消費者の信用度については、各種の信用調査機関が情報の蒐集・提供を行なっている。昭和48年には東京銀行協会に個人信用情報センターが開設され、その他のいくつかの銀行協会にも同センターが開設された[91]。同センターの会員は銀行等金融機関を中心としており、その利用件数、情報量ともに激増が予想されている[92]。

上記のような信用調査、およびそれらによって銀行が得た顧客の情報の管理をめぐって、顧客のプライバシー保護の問題が生じてくる。わが国の最高裁判例も、実質的には憲法13条が保障している人格権の1つとしてのプライバシーの権利を認めている[93]。そして（総理府）内閣総理大臣官房広報室が昭和56年に行なった世論調査によれば、国民は広くプライバシーの問題を認識しており、なかんずく他人に知られたくない個人の情報としては、「年間収入・財産状態・納税額などの記録」を断然トップに挙げているのである[94]。

もっとも、プライバシーの権利については様々な理解がなされており、統一的見解は見出し難い。古典的な定義としては、「ひとりで居させてもらい

---

90) 利息制限法4条、割賦販売法6条参照。

91) 住田立身「個人信用情報センターの概要」金法668号（1972年）4頁、中村稔治「個人信用情報センター」ジュリ541号（1973年）59頁、早坂嘉明「銀行協会の個人信用情報センターについて」月刊クレジット254号（1978年）4頁、国民生活審議会消費者政策部会「消費者信用情報機関の適正な運営について」（1981年12月4日）7頁・18頁以下（以下、「政策部会報告」と略す）。

92) 早坂・前掲注91）6頁。信用調査特別委員会「資料⑳（社）東京銀行協会個人信用情報センターについて」月刊クレジット277号（1980年）30頁・31頁。

93) 最（大）判昭和44・12・24刑集23巻12号1625頁、最判昭和56・4・14民集35巻3号620頁。

たい権利」という把握があり、そのようなプライバシー保護の1つとして銀行顧客の秘密保護も論じられることがある[95]。しかし今日においてはこの定義は広汎に失すると批判されている[96]。他方わが国においては、プライバシー権を「私生活をみだりに公開されないという法的保障ないし権利」と定義する考えが一般的であり[97]、銀行顧客の秘密保護をその一環として理解する説が有力である[98]。しかしこの説が情報の公開だけを取り上げるのは狭く[99]、誤った情報の訂正権等をカバーすることはできなくなる。そこで近時アメリカ、イギリス、わが国で有力になっている見解に従って[100]、プライバシーの権利を「自己に関する情報をコントロールする権利」と捉えることが、少なくとも銀行顧客の秘密保護に関しては適切であると考える[101]。

すなわちこのような理解に従えば、国民生活審議会の報告や学説が指摘している次のような問題点を[102]、プライバシー保護の問題として理解することができるのである。第1に、信用調査の方法がプライバシー侵害にならないか。第2に、信用情報が不正確であったり、古いものであったりするために、消費者が信用供与を不当に拒絶される等の不利益を蒙る虞れがないか。第3に、信用情報が顧客の意に反して本来の目的外に使用されることは許さ

---

94)　ジュリ742号（1981年）298頁。なお、藤竹暁「日本人のプライバシー意識」ジュリ742号165頁以下参照。

95)　浅沼武他「〔座談会〕信用調査機関と法的諸問題」金法668号（1972年）12頁・13頁。多羅尾光文「情報センターとプライバシー」金法689号（1973年）70頁等。

96)　Ruth Gavison, Privacy and the Limits of Law, 89 Yale L. J. 421, 437 et seq.（1980）．佐藤幸治「権利としてのプライバシー」ジュリ742号（1981年）158頁・160頁等。

97)　東京地判昭和39・9・28下民15巻9号2317頁。

98)　河本一郎「銀行の秘密保持義務」金法744号（1975年）4頁・8頁。

99)　河本・前掲注98）8頁、五十嵐清「プライバシーの権利――『宴のあと』事件」『マスコミ判例百選』（有斐閣、1971年）139頁。

100)　アメリカにおける文献については、佐藤・前掲注96）162頁参照。イギリスにおいては、労働党政府が設けた「データ保護に関する委員会（リンドップ委員会）」の1978年の報告書が、アメリカの学説に従ってこの定義を採用している（Report of the Committee on Data Protection, Comnd. 7341, para. 21, 27（1978））。わが国の学説としては、佐藤幸治「プライヴァシーの権利（その公的側面）の憲法論的考察(1)」法学論叢86巻5号（1970年）1頁・12頁以下がある。

101)　長尾治助「個人信用情報とプライバシー保護」ジュリ742号（1981年）211頁・214頁。

れないのではないか、等である。なお収集した信用情報を第三者に伝達した場合、名誉毀損（刑法 230 条・230 条ノ 2）、信用毀損（刑法 233 条）の問題も起こりうることに注意すべきであろう。

これらの問題点につき、欧米各国は積極的な立法化を進めている。消費者信用調査機関の規制について最も早くから法制化を手掛け、最も進んだ法規制をしているのはアメリカ合衆国である。1970 年、連邦法である消費者信用保護法[103] に第 6 編消費者信用報告が追加され、公正信用報告法として引用されることになった[104]。イギリスの 1974 年消費者信用保護法 158 条・159 条も、消費者保護に絞ってアメリカと同様の規制をしている[105]。

他方、ヨーロッパ大陸諸国においては、消費者保護法制の中からというよりは、コンピュータによる情報収集から個人のプライバシーを守る問題として、政府・民間を含めた個人に関する情報の収集活動一般を対象とする包括的な立法の中で規制がなされていった[106]。

2 信用調査の許容性

信用調査は他人に関する情報を収集するのであるから、そのこと自体がプライバシーを侵害する危険がある。そこで銀行や信用調査機関が個人に関す

---

102) 国民生活審議会消費者保護部会・前掲注 58）21 頁・25 頁、同審議会消費者政策部会「消費者信用取引の適正化について（中間報告（昭和 53 年 9 月））」経済企画庁国民生活局消費者行政第 1 課＝第 2 課編『消費者政策の展開』（大蔵省印刷局、1979 年）49 頁・63 頁、政策部会報告・前掲注 91）11 頁以下、竹内・前掲注 55）6 頁・7 頁。

103) Consumer Credit Protection Act. (Public Law 90-321, 82 Stat. 146, 15 U. S. C. 1601 et seq.)

104) Public Law 91-508, 84 Stat. 1127, 15 U. S. C. 1681 et seq. 同法の翻訳としては、竹内昭夫＝田島裕「アメリカの連邦消費者信用保護法の翻訳(9)(10)」月刊クレジット 260 号 48 頁以下、261 号（1978 年）50 頁以下がある。

105) 1974 C. 39. 同条項の翻訳としては、竹内昭夫＝田島裕「英国消費者信用法（訳）(9)(10)」月刊クレジット 279 号 46 頁、280 号（1980 年）53 頁がある。

106) Simitis, Bundesdatenschutz —— Ende der Diskussion oder Neubeginn ?, NJW l977, SS. 729, 730. 太田知行「西ドイツ連邦情報保護法について（上）（下）——西ドイツにおけるプライヴァシー保護の一側面」法時 30 巻 9 号（1978 年）1 頁、10 号（同年）1 頁、石村善治「西ドイツのプライバシー保護立法と運用の実態」ジュリ 742 号（1981 年）238 頁、多賀谷一照「フランスのプライバシー保護立法と運用の実態」同号 248 頁、菱木昭八朗「スウェーデン・プライバシー立法の現状と将来」同号 255 頁参照。

る信用調査・信用報告を行なう場合には、その目的、対象、方法は次のように限定されるべきであろう。第1に、銀行自身や銀行のための信用調査機関による信用調査・信用報告は、信用供与および口座の審査・取立等銀行業務上必要であり正当と認められるものに限られるべきである[107]。第2に、信用調査・報告の対象となるのは、信用供与の判断に必要な顧客の経済生活・職業の側面に限られるだけでなく、それらに係わる情報であっても特に人を傷つけやすい情報は除かれるべきである[108]。例えば、前科についても経済的信用に関するものに限られるべきであるし、たとえ顧客の経済状態に係わることであれ、家庭内の事情等についてまで踏みこむべきではあるまい。第3に、アメリカで指摘されているように、金融機関に信用を得たいと申し出た顧客に、信用供与に当たっては信用調査がなされる旨、特に知人・隣人等への聞込み調査等が行なわれるときにはその旨を予め通知して、その内容に異議を唱えたり、信用を受けることをやめる機会を与えるべきである[109]。盗聴その他の不当な手段を用いて調査しえないことは言うまでもない。

　現在のわが国の銀行実務においては、立ち入った調査は興信所等に依頼しているようであるが、その活動については上記のような観点からの規制が必要であろう。他方、個人信用情報センターに集められる情報は、上に述べた制限を超えるものではない[110]。しかし単に銀行側の自制に俟つだけでなく、法律の上に明文化すべきであろう。その上で銀行側としては、個人信用情報センターの仕組や顧客に関係する規則や法律の条項を説明したパンフレットを備えつけるとともに、要請があれば説明に応じられるようにすべきであろう[111]。

---

107)　政策部会報告・前掲注91）14頁、アメリカ連邦公正信用報告法604条、Simitis/ Dammann/Mallmann/Reh, Komm. z. Bundesdatenschutzgesetz 1. Aufl. (1978) §32 Anm. 34 参照（以下、Simitis et al., a. a. O.と略す）。

108)　Simitis et al., a. a. O., §23 Anm. 29f., §32 Anm. 35f., 41.

109)　連邦公正信用報告法606条、Fischer, Financial Institutions and Privacy, 34 Bus. Law. 1103, 1105（1979）、政策部会報告・前掲注91）13頁参照。

110)　東京銀行協会個人信用情報センター規則9条・11条・13条、同施行細則4条、同別表（金法668号（1972年）29頁以下）。

111)　政策部会報告・前掲注91）12頁。

3 信用情報の正確さ・新鮮さの確保

　第2の問題は、信用情報の正確さ・新鮮さをいかに確保するかというものである。法人やその他団体についてはプライバシーが成立するか否か問題があり[112]、少なくとも2で述べた第1の問題に関してはあまりプライバシーを問題になしえないようである。しかしこの第2の信用情報の正確さ・新鮮さの確保の問題に関しては、法人やその他団体も個人と同様の権利を有していると考えるべきであろう。これらの要求を充たすためには、調査する側に対してこれらの要求を充たした情報のみを収集・伝達しうるように義務付けるとともに、被調査者にはこれらの要求を充たさない情報を訂正・削除するよう求める権利を与える必要がある。

　情報の正確さを確保するために、調査し伝達しうる情報に様々な制限を課している例としてはドイツ連邦情報法がある。例えば、健康上の関係や犯罪行為等に関する情報等は、証明できないものであれば抹消しなければならない（同法27条3項）。そして「支払モラル」、「信用支払能力」、「信用評価」といった一般的なカテゴリーで情報を処理するのではなく、個々の具体的な情報を正確に注意深く契約目的に沿って選択しなければならない[113]。被調査者に支払命令が出されたという情報は、請求について争いがなく異議が提出されない場合にのみ許される[114]。債務の弁済拒絶に正当な理由がある場合、さらには当事者間にそのような事由につき争いがある場合には、弁済の不履行や遅滞の報告をすることは許されない[115]。これらの規制は、信用調査機関の提供する情報がしばしば不正確・不完全だったという反省等[116]にもとづいたものであり、わが国においても十分に参考となりうるものである。

　これに対しアメリカ連邦公正信用報告法の場合は、情報の正確性を消費者が争ったときには、原則としてその旨を情報に注記し消費者の提出した文書またはその要旨を記載させるという方法を採っている（611条）。また同法においては原則として7年が経過した古い情報の報告を禁止するとともに

---

112)　Stevenson, Corporations and Information : Secrecy, Access and Disclosure 69 et seq. （1980）．河本・前掲注98）8頁。

113)　Simitis et al., a. a. O., § 23 Anm. 30.

114)　A. a. O., § 32 Anm. 42.

115)　A. a. O., § 32 Anm. 43.

116)　Mallmann, Zielfunktionen des Datenschutzes (1977), SS. 89ff., 99ff.

158　第Ⅲ部　金融取引における顧客の保護

（605条）、それを遵守させるための規定を置いている（607条）。

わが国の信用調査においては、この問題に関しては銀行協会の個人信用情報センターがその規則の中で自己規律しているだけである（[後記]に記すように、現在では「個人情報の保護に関する法律」が制定されている）。すなわち、登録されるのは一定の客観情報に限られる上に[117]、情報の登録期間は登録された日から原則として5年間とされ[118]、登録された情報について本人から苦情が申し出られると、それが解決されるまで申出事由を付記して[119]、会員からの照会にはそのことを併せて回答しなければならない[120]。提携ローンを返済日に返済せず提携先が代位弁済したときには、返済日から代位弁済の間に2ヵ月以上の期間があって、督促状が2回以上出状され、かつセンターから本人への確認状を出しても異議申立のないものに限って登録する[121]。その場合でも本人の信用欠如によらないことが判明しているものは登録されないことになっている[122]。

個人信用情報センターの規則はドイツ、アメリカと比較して基本的には妥当なものと言えよう。今後その登録する情報を増やすにしても、ドイツのように、証明しえない健康上の情報は登録しないとか、一般的な評価は避けて具体的な情報のみ登録するとか、あるいは法律上争いのある弁済の拒否については、報告で少なくともその旨を注記する等の慎重な配慮が望まれるだけでなく、それを法律上の義務として立法化することが望ましい。その場合には、銀行自身が収集する情報についても同様の規制が加えられるべきであろう。

同センターへの情報の登録に当たっては、同センターの会員である銀行等が顧客本人から登録同意文言を得ることが慣行とされている[123]。そして本人に対しては必要と認めたときは登録情報を開示することができるとしているので[124]、本人としては自分に関する登録情報が誤っているか否かを知り

---

117)　前掲注110)規則施行細則別表。
118)　前掲注110)規則14条。全国銀行個人情報保護協議会「全国銀行個人信用情報センターにおける個人情報保護指針」（平成17年4月）31条。
119)　前掲注110)規則施行細則8条・9条。
120)　前掲注110)規則施行細則10条。
121)　前掲注117)参照。
122)　同上。
123)　住田・前掲注91)11頁。

うる。そこで予想される本人からの苦情に対しては、同センターが受け付けて誤った登録情報を修正または削除することにしており、苦情を審査するための審査協議会を置いている[125]。

以上のようなセンターの規則を諸外国の法制と比較した場合[126]、本人による登録情報の閲覧・訂正請求が権利として無条件に認められていない点、そして救済手段が不十分な点が最大の問題である。同センターが必要と認めた場合という条件つきで閲覧を認めているだけでなく、与えられている救済もあくまでセンター側の自主規制であって、本人に私法上の権利を与えたものとはなっていない。外国の法制におけるように行政庁による監督・本人の権利の救済も図られていないのである[127]。結局、一般的な信用情報保護法を制定しなければならないであろう（現在では、「個人情報の保護に関する法律」がある）。その他、登録情報を修正・削除した場合に、本人の請求があればその旨を過去の一定の期間にその情報を受け取った者に通知する義務を負わせるべきであろうし[128]、また情報を利用した者に、当該情報にもとづいて本人に不利益な扱いをした旨を本人に伝える義務を負わせることも考えられてよい[129]。

V　銀行秘密

1　銀行秘密と「信用調」

信用調査が銀行が顧客の情報を収集しようとする活動であるのに対して、銀行が顧客との取引等を通じて得た情報を他人に洩らしてよいか否かが銀行秘密の問題である。信用調査の第3の問題である信用情報の目的外使用の禁止もここに含めて考えることができよう。わが国の学説は、「銀行その他の

---

124)　前掲注110) 規則18条。早坂・前掲注91) によれば、東京のセンターだけで昭和53年1月以降の3ヵ月に登録情報を閲覧に訪れた人が29人にのぼるという。

125)　前掲注110) 規則15条以下、同施行細則8条以下。

126)　アメリカ連邦公正信用報告法605条以下、西ドイツ連邦情報法26条・28条・30条・34条・38条等、フランス情報処理・情報の蓄積・自由に関する法律（Loi n° 78-17 du 6 janvier 1978）34条以下。

127)　アメリカ連邦公正信用報告法621条、西ドイツ連邦情報法30条・39条・40条等。

128)　アメリカ連邦公正信用報告法611条(d)。

129)　同上615条。

金融機関は顧客との間になした取引およびこれに関連して知り得た情報を正当な理由なくして他に洩らしてはならない」[130] 義務として、銀行秘密を理解しており、法的な義務とされている[131]。その根拠としては、次のような各説が唱えられている。第1の商慣習説は、銀行の秘密保持の義務は金融界の永年の商慣習になっているとする[132]。第2の信義則説は、銀行秘密を銀行が社会共同生活の一員として負っている信義誠実の原則にもとづく義務であるとする。この説によれば、銀行と顧客の間に債権関係のない銀行取引契約締結のための調査や取引終了後においても、この義務は存在すると言う[133]。第3の契約説は、銀行取引契約において付随的に明示あるいは黙示に秘密保持の契約を結んでいるとする[134]。これらの他に、顧客のプライバシー権、名誉毀損・信用毀損からこの義務を説明したり[135]、民事訴訟法281条1項3号（現行民事訴訟法197条1項3号）の職業秘密に関する証言拒否権を理由にする説もある[136]。

　銀行秘密の議論はドイツにおいて特に盛んであるが[137]、ドイツの学説・判例は、銀行秘密は個人の内部領域・生活領域の秘密をあばくのではなく、経済取引上の領域について知ったことを洩らすという問題であるため、人間の尊厳の不可侵を謳った基本法1条の保護は原則として与えられず、顧客に関しては同2条の個人の人格の自由な発展に対する権利、そして銀行に関しては同12条の職業の自由が問題となりうるだけであって、解釈論としてBGB 823条1項の不法行為の要件である「その他の権利」の侵害の成立を

---

130)　西原寛一『金融法（法律学全集 53-2）』（有斐閣、1968 年）76 頁。

131)　安原・前掲注 2) 311 頁以下、田中誠二『新版銀行取引法〔再全訂版〕』（経済法令研究会、1975 年）39 頁。

132)　西原・前掲注 130) 76 頁、田中・前掲注 131) 39 頁。なお、東京地判昭和 31・10・9 下民 7 巻 10 号 2867 頁、金法 121 号 3 頁、同昭和 39・4・21 金法 377 号 7 頁、加藤勝郎「信用照会と回答銀行の責任」金法 689 号（1973 年）58 頁参照。

133)　西原・前掲注 130) 77 頁。

134)　田中・前掲注 131) 39 頁、「〔座談会〕銀行の秘密保持義務とその限界」手研 109 号（1966 年）58 頁以下〔並木俊守発言〕、後藤紀一「銀行秘密と西ドイツ普通銀行取引約款」岡山商大論叢 14 巻 2 号（1978 年）1 頁・9 頁。

135)　河本・前掲注 98) 4 頁・7 頁以下。

136)　西原・前掲注 130) 76 頁。

137)　ドイツの議論については、田中・前掲注 131) 34 頁以下、河本・前掲注 98)、後藤・前掲注 134) が詳しく、本稿もこれらに多くを負っている。

顧客に対して認めることはできない、という考え方を採っているようである[138]。経済と競争秩序においてはそのような秘密は存在しえないというのである[139]。そこでむしろ銀行契約の解釈として、銀行が顧客の秘密を守ることは契約の当然の付加的な付随給付であるとしている。したがって、銀行がこれに違反したときには債務不履行責任を負い、銀行の法定代理人や補助者が違反したときも同様である。契約締結の交渉中に知った顧客の秘密を洩らしたときも、契約締結上の過失により責任を負うし、契約が無効・取消の場合も付随的義務としての秘密保持義務は残ると解している[140]。アメリカにおいても、銀行は預金者（小切手振出のための当座勘定設定者）の代理人として預金者の取引の秘密を守る法的義務があるとされており、原則として預金者の同意なしには情報を洩らしてはならないとされている[141]。

わが国においても、ドイツにおけるような契約および契約締結上の過失による構成が穏当なところであろう。銀行と取引する顧客は、銀行側が取引を通じて知った情報を洩らさないという、いわば職業上の義務を負っていることを信頼して取引に入ったと考えられるからである。その場合、個人だけでなく法人やその他団体についても、銀行は守秘義務を負うと解される。もっとも、消費者の経済上の情報は、むしろその生活領域に関する情報と言うべく、たとえ前述した西ドイツの学説・判例のような立場を採っても、銀行がそれを勝手に洩らせば、顧客のプライバシーの権利の侵害となって、契約上の責任だけでなく不法行為の問題も起こりうると考えるべきであろう。

以上のような観点からすれば、銀行が顧客の情報を個人信用情報センターに提出するに当たって、予め登録同意文言を取ることにしているのは[142]、当然必要な行為と言えよう。これに対して、銀行の行なっているもう１つの

---

138) Canaris, Großkomm. z. Handelsgesetzbuch, 3. Aufl. (1978) Anh. z. §357 Anm. 23ff.；Maass, Information und Geheimniss im Zivilrecht (1970), SS. 20ff., 107ff.；BGHZ Bd. 36 SS. 77, 80. 後藤・前掲注 134) 6 頁以下参照。

139) Canaris, a. a. O. (FN 138), Anm. 27；Maass, a. a. O. (FN 138), SS. 93ff., 138ff.；BGHZ Bd. 36, SS. 77, 80f.

140) 後藤・前掲注 134) 7 頁以下参照。ただしCanarisはこれを信頼責任と構成している（Canaris, a. a. O. (FN 138), Anm. 28)。

141) Note, Government Access to Bank Records, 83 Yale L. J. 1439, 1463 et seq. (1974)；Fischer, Financial Institutions and Privacy, 34 Bus. Law, 1103, 1105 et seq. (1979).

142) 住田・前掲注 91) 11 頁。

162 第Ⅲ部 金融取引における顧客の保護

情報提供活動である銀行間の取引先信用調査照会（以下、「信用調」と略す）においては、当該顧客の同意を全く得ることなく情報の提供が行なわれている。しかもその中には、正味資産、同業者間の地位、業況、預貸金の種類、過去における手形事故、手形決済見込等銀行秘密義務違反となる情報が含まれており[143]、全国銀行協会の「信用調」の様式統一に関する要綱は、「ギブ・アンド・テークの精神で相互に腹蔵なく情報を交換するとともに、その結果に対して責任の追及又は秘密の漏洩等のないこと」と規定し、「信用調」の統一用紙の欄外にその旨申し合わせたことが記載されている[144]。まさに河本教授が指摘されるように、銀行秘密は銀行業界内部では秘密でも何でもなく、その外に洩らさないという意味において「銀行秘密」にしているわけである[145]。昭和50年に発表された銀行取引約定書検討会の銀行取引約款（試案中間案）も、「他の金融機関から信用または決済の見込みについて照会があったとき、その他正当な事由があるとき」には秘密を洩らしうるとしている[146]。

しかしこれに対しては、銀行界だけが情報を独占できるというのは勝手な理屈であるという批判が強い[147]。他の金融機関に情報を提供するに当たってもやはり顧客の同意が必要であろう。従来の銀行間の「信用調」の慣行について、顧客の黙示の承諾を理由に顧客への拘束力を認める見解もあるが[148]、「信用調」はあくまで銀行間での慣行であって、そのような慣行を承知しているとは限らない顧客に対する拘束力を、当然に認めることはできないであろう。さらに、仮に同意文言を約定書に記載したとしても、それは提供される情報の範囲を明示したものでなければならないし、提供してよいのは信用に係わる情報だけであって、最も個人を傷つけやすい個人の内部領

---

143) 大西武士「銀行秘密義務と実務上の問題点」金法461号（1966年）18頁・21頁。

144) 河本・前掲注98) 11頁以下参照。

145) 同上 12頁。

146) 同案第1編総則15条（金法796号（1976年）55頁）。

147) 河本・前掲注98) 13頁、水田耕一「同試案解説」金法775号（1976年）16頁、石田喜久夫「同試案コメント」金法796号（1976年）40頁等。

148) 河本・前掲注98) 12頁。ドイツにおいても一般的慣行であること等を理由に銀行の情報提供を認めているが、それは極めて限られた一般的・抽象的情報に限られているし、特に金融機関にだけ提供するわけではない（Schönle, Bank und Börsenrecht, 2. Aufl. (1976) §5Ⅱ2b, S. 50. 河本・同13頁、後藤・前掲注134) 4頁以下参照）。なお、田中・前掲注131) 40頁参照。

域の情報は、プライバシーの侵害になる故に洩らしえないというべきであろう。

同意なしに情報を洩らした結果顧客が損害を被れば、銀行秘密を銀行契約の内容と解する以上、銀行は債務不履行による損害賠償義務を問われることになろう。しかもその情報が誤った情報であれば、名誉毀損における謝罪広告のように、顧客が請求すれば誤りを訂正する原状回復措置を認めてもよいのではあるまいか[149]。

2 誤った情報の提供

銀行が秘密保持義務に反して情報を提供したために顧客から訴えられたという判例は、今まで報告されていないようである。銀行秘密に関する判例は、「信用調」にもとづいて銀行が提供した顧客の情報が誤っていたときの責任問題に集中している。銀行は銀行間の「信用調」以外の信用照会には応じないことにしているため、取引先の信用状態を知りたい人は、自分の取引銀行に依頼して、取引先の取引銀行に信用照会をしてもらうことになる。当該依頼者が誤った情報提供によって損害を被った場合に、回答銀行に対して不法行為による損害賠償請求をする事件が相次いだのである。

下級審の判例はこの請求をいずれも棄却している。すなわち多数の判例によれば、信用照会制度が銀行間では回答に過誤があっても責任を追及しない趣旨の下で行なわれ、銀行の顧客もこのような慣例を前提に照会制度を利用したのであるから、回答銀行の過誤の責任は問えないというのである[150]。確かに、手形・小切手の支払の確実性等を問われても、正確に判断することは極めて困難であるが、学説がほぼ一致して指摘しているように、銀行間の申合せで免責できるのは軽過失に限られるのであって、回答銀行に故意または重大な過失があるときは、照会の依頼をした第三者に対しても不法行為責任が成立しうると解すべきであろう[151]。

また一部の判決は、信用照会制度が銀行間のものであって、照会銀行は外部にその回答結果を洩らさないことになっていることを理由に、照会銀行か

---

149) ドイツにおいてはBGB247条にもとづいて原状回復措置を認めている（Schönle, a. a. O. (FN148), S. 50. 後藤・前掲注134）9頁参照）。

150) 東京地判昭和31・10・9（前掲注132））、同昭和39・4・21（前掲注132））等。

164 第Ⅲ部 金融取引における顧客の保護

ら回答結果を伝えられた第三者に損害が発生しても、それは回答銀行にとって通常予見可能性のないことであるとして、回答銀行の責任を否定している[152]。学説の中にはこの考え方を支持するものもあり[153]、また同様の理由から回答と第三者の損害との間に因果関係がないとして責任を否定するものもある[154]。不法行為における損害賠償の範囲という困難な問題であるが、現実にこのような事件が頻発していることからは、そもそも照会銀行が自己の顧客に回答を伝えるということが例外的とは言いきれないのではなかろうか。したがって、伝えられた第三者の損害も回答銀行の賠償の対象になると考えたい[155]。判例も、前述のような一般論にかかわらず、銀行側に過失がなかった等、他の理由からも銀行の責任を問えなかった事案がほとんどである[156]。なお下級審判例の中には、銀行が直接第三者の信用照会に回答した場合にも原則として責任がないと判示したものもあるが[157]、これはさらに疑問である。

---

151) 鈴木竹雄編『手形貸付（銀行取引セミナー3）』（有斐閣、1963年）115頁〔竹内昭夫発言〕、前田庸「判批」ジュリ209号（1960年）86頁、吉原省三「信用照会に対する回答銀行の責任」『銀行取引判例百選〔新版〕』（有斐閣、1972年）232頁、柿崎栄治「銀行の秘密保持義務」金法689号（1973年）35頁、加藤・前掲注132)59頁、志村治美「銀行取引と不法行為(1)——信用照会」乾昭三＝徳本鎮編『不法行為法の基礎』（青林書院新社、1977年）220頁、河本一郎「銀行の秘密保持義務」加藤＝林＝河本編・前掲注39)25頁、36頁、西島梅治「判批」判タ439号（1981年）179頁。

152) 東京地判昭和49・8・8判時767号63頁、同昭和55・1・31判時973号107頁。

153) 吉原・前掲注151)232頁。なお、岡孝「情報提供の誤りについての第三者への責任」一橋論叢76巻4号（1976年）64頁以下参照。

154) 後藤・前掲注134)30頁。その結果、第三者は照会銀行の責任を追及すべきであるとされる。なお、同論文および柏木邦良「西ドイツにおける銀行の誤提供の責任」国際商事法務4巻12号（1976年）629頁、岡・前掲注153)、松本恒雄「ドイツ法における虚偽情報提供者責任論(1)～(3・完)」民商79巻2号、3号（以上1978年）、4号（1979年）（特に79巻3号390頁以下）に紹介されているドイツの判例・学説を参照されたい。また英米法については、岡・前掲注153)、松本恒雄「英米法における情報提供者の責任(1)(2・完)——不実表示法理を中心として」法学論叢100巻3号（1976年）、101巻2号（1977年）参照。

155) 河本・前掲注151)。

156) 第三者に対する不法行為責任の理論上の否定が決め手になったとみうるのは、東京地判昭和31・10・9（前掲注132)）くらいである。

157) 大阪高判昭和48・1・31金法678号22頁。なお、東京地判昭和54・10・22判時956号73頁参照。

3 政府による銀行記録の調査

銀行が保持している顧客の情報を政府機関が調査することができるかということも、銀行秘密の大きな問題である。アメリカにおいては、捜査当局や行政庁が銀行の預金口座の記録を調べることがしばしばあり[158]、1970年には連邦銀行秘密法が制定されて[159]、金融機関に当該記録の保持や報告を義務付けるに至った。そこで、このような調査やアメリカ1970年連邦銀行秘密法が、不合理な捜査押収を禁止して個人のプライバシーの権利を保護している連邦憲法修正4条に反しないか否かが問題となった。預金口座の動きは、小切手社会であるアメリカにおいては個人の全生活を反映してしまうのに[160]、資料自体は金融機関の所有に属しているため、金融機関の同意等だけで調べられてしまうからである[161]。しかし連邦最高裁の多数意見は、学説の批判にもかかわらず[162]、伝統的な考えに従って、銀行の保存記録は預金者にとっては第三者である銀行の所有するものであるから、預金者が修正4条にもとづく権利を主張することはできないと判示したのである[163]。そこで連邦議会は、1976年には内国歳入法典を改正して、金融機関への召喚状（summons）にもとづく調査と同時にそのコピーを調査される預金者に通知すること等を決めた[164]（7609条）。また1978年には金融上のプライバ

---

158) 実例につき、Westin, Privacy in the Banking Relationship：The Federal Government as a Source of Privacy Problems and a Possible Part of the Solution, 34 Bus. Law, 1129（1979）参照。

159) Pub. L. 91-508, 84 Stat. 1114, 12 U.S.C. § § 1730d, 1829b, 1951-1959, 31 U.S.C. § § 1051-1122. Westin, supra note 158, at 199 参照。

160) California Bankers Ass'n v. Schultz, 94 S. Ct. 1494, 1526, 1529（1974）.

161) 銀行は法執行機関に大きく依存しているため、彼等からの調査や情報提供の要求を拒むことは困難であると指摘されている（Westin, supra note 158, at 1132）。

162) Note, supra note 141, at 1443 et seq.

163) California Bankers Ass'n v. Schultz, supra note 160. 同判決およびその下級審判決のコメントとしては、55 Texas L. Rev. 602 (1973)；42 Geo. Wash. L. Rev. 162 (1973)；88 Harv. L. Rev. 188（1974）；塚本重頼「1970年銀行秘密法の合憲性——アメリカ合衆国最高裁判決の紹介」国際商事法務3巻7号（1975年）348頁等がある。その後の同旨の判決として、United States v. Miller, 425 U. S. 435（1976）がある。なお、Costner v. Grimmer, Search and Seizure of Bank Records and Reports, 92 Bank. L. J. 347（1975）参照。

164) Pub. L. 94-455, 90 Stat. 1699, 26 U. S. C. § 7609. Note, IRS Access to Bank Records：Proposed Modifications in Administrative Subpoena Procedure, 28 Hastings L. J. 247（1976）参照。

シー権に関する法律（Right to Financial Privacy Act）を制定して[165]、連邦政府が銀行顧客に関する記録を調べうるのは、顧客の同意がある場合（1104条）、行政上の罰則附召喚状（subpoena）または召喚状（summons）にもとづく場合（1105条）、捜索差押状（search warrant）にもとづく場合（1106条）、裁判所の召喚状にもとづく場合（1107条）、正式の書面による請求にもとづく場合（1108条）に限られた[166]。そして原則として顧客に10日ないし14日前の事前通知が必要とされたのである（1105条～1108条）。これによって銀行の顧客は政府による調査の必要性や手続を争うことができる（1110条）。この他、調査に応じた銀行の費用を政府が補償すること等が規定されている（1115条）。

このようなアメリカの立法も全く不完全であることが強調されているが[167]、わが国の場合は、政府機関による銀行記録の調査が、捜索・押収に対する銀行顧客の憲法35条の権利の侵害になりうるか等という意識すら稀薄であったと言えよう。わが国で実際上問題になったのは、税務調査において納税者の取引銀行に対していかなる条件の下で質問検査権を行使しうるかという、いわゆる反面調査の許容範囲の問題である（所得税法234条1項3号、法人税法154条。現在は、国税通則法74条の2第1項1号ハ・2号ロ・3号ロ・4号ロ等に規定されている）。下級審の判例は、当該調査の必要性と反面調査を受ける相手方たる取引銀行の私的利益を比較衡量するという考え方を採っている[168]。

確かにドイツでも指摘されているように[169]、銀行の秘密保持義務を侵す形で顧客の情報を集めることは、銀行の営業上の利益に反し、憲法上の職業

---

165) Pub. L. 95-630, 92 stat. 3697, 12 U. S. C. §§3401 et seq. 同法については、Palmer & Palmer, Complying with the Right to Financial Privacy Act of 1978, 96 Bank. L. J. 196 (1979); Bock & Feldman, Compliance by Private Institutions with the Right to Financial Privacy Act of 1978, 34 Bus. Law, 1435 (1979)；Feldman & Gordin, Privacy and Personal Information Reporting：The Legislative Boom, 35 Bus. Law. 1259, 1272 (1980) 参照。

166) ただし書面による請求は形式を要求しただけで、それ自体で調査権限を与えるものではない（Palmer & Palmer, supra note 165, at 210）。

167) Palmer & Palmer, supra note 165, at 197 et seq.

168) 静岡地判昭和47・2・9判時659号36頁（銀行に対する反面調査を妨害した納税者らの公務執行妨害罪を否定）、東京高判昭和50・3・25金法758号32頁（同罪を肯定）。

169) Canaris, a. a. O. (FN 138), Anm. 25.

選択の自由に係わるともみうる[170]。しかしあくまで基本は銀行の顧客のプライバシー権・不当な捜索・押収に対する権利であって、顧客に対する関係で政府の調査権・銀行の情報提供の正当性が認められるのならば、残るのは、アメリカの「金融上のプライバシー権に関する法律」が規定するような、調査に応じたために銀行に発生した費用を政府が補償するという問題であろう。

したがってアメリカの有力学説のように、銀行が所持している顧客に関する記録・情報はむしろ顧客のものであり顧客はそれらについてプライバシーの期待権をもつと考えれば[171]、顧客本人に対して許される質問検査権の範囲でしか、銀行の所持している顧客の情報についての質問検査は許されないことになる。もっとも上記の立場に立っても、最高裁は納税者本人に対する質問検査権も憲法35条・38条に違反しないと判示しているので[172]、判例に従えば納税者の取引銀行に対する質問検査も原則として合憲であり適法であるということになろう。また、この質問検査権が罰則で裏付けられていることからは、正当な質問検査に応じた銀行は免責されることになろう。しかし税法や当該調査の目的を超える調査等不当な調査に対しては、銀行は調査を拒まなければ顧客への責任を免れない。したがって調査の対象である顧客以外に係わる一般的な調査等は拒否すべきである[173]。大蔵省でも預貯金に対する税務調査を緩和する通達を出している[174]。

これに対して、国会の国政調査権（憲法62条）、裁判官の令状にもとづく押収および捜索（刑事訴訟法99条・102条等）、裁判官の令状を得て収税官吏が行なう臨検・捜索・差押（国税犯則取締法2条）等については、銀行はこれに応じる義務があり、かつそれで免責されることに異論がない。これらに関して銀行に業務上の秘密にもとづく押収拒否権（刑事訴訟法105条）等を認めることはできない。民事訴訟手続、刑事訴訟手続における証人尋問（民事訴訟法271条（現行民事訴訟法190条）以下、刑事訴訟法143条以下）、文書提出命令または証拠物の押収（民事訴訟法311条（現行民事訴訟法219条）以下、刑事訴訟法99条以下）、検証（民事訴訟法333条（現行民事訴訟法232条）以下、刑事訴訟法128条以下）等の裁判所の決定または命令にもとづく強制的調査

---

170) 河本・前掲注151) 44頁以下参照。
171) Note, supra note 141, at 1455 et seq.
172) 最（大）判昭和47・11・22刑集26巻9号554頁。
173) 中林編・前掲注2) 265頁、柿崎・前掲注151) 35頁。

168 第Ⅲ部 金融取引における顧客の保護

一般について、銀行は秘密保持義務をもって対抗しえないと解すべきであろう [175]。

裁判所、捜査機関、弁護士会からの強制力のない任意的な調査の嘱託についても（民事訴訟法 262 条（現行民事訴訟法 186 条）、刑事訴訟法 197 条・279 条、家事審判規則 8 条、弁護士法 23 条の 2）、それが裁判や捜査の上で不可欠な場合等は、銀行は応ずべきであるが、提供する情報の内容が特にプライバシーに係わるようなものである場合は、格別慎重でなければならない [176]。

〔鈴木禄弥＝竹内昭夫編『金融取引法大系第 1 巻 金融取引総論』

（有斐閣、1983 年）134〜172 頁〕

［後記］ 本稿は昭和 56 年 7 月に脱稿したものである。脱稿後、金利は実質的に自由化された。ところが臨時金利調整法は、同法 2 条 1 項により「当分の間」金融機関の金利の最高限度を定めさせることができると規定されているのに

---

174) 一連の通達については、中林編・前掲注 2) 259 頁以下参照。国税庁の通牒は「貯蓄の増強がわが国経済の自立のため依然重要であるのに鑑み、調査又は検査に関する権限の行使については、濫に流れないよう留意し、直接金融機関について調査を行わなければその者について適正な課税又は滞納処分等ができ難いと認められる場合に限ることとし、普遍的に個人別の預貯金等の調査を行うようなことはこれを避ける」としている（「預貯金等の調査について」（昭和 25 年 4 月 3 日直所 3-32 号国税庁長官発国税局長宛通牒））。そして具体的には、「①犯則事件の調査上必要のある場合、②租税滞納の場合において処分上必要のある場合、③相続税、富裕税等の課税に関して、調査時の預金残高を確認する等のため必要がある場合、④租税の物納若しくは延納又は徴収猶予の申請があった場合において、その許否を決定するため必要がある場合、⑤所得税又は法人税の課税標準の調査に当り、所得金額の計算につき必要な帳簿書類がないか、若しくは不備な場合又は帳簿書類がある場合においてもその真実性を疑うに足りる相当の事由がある場合において、その者の業種、事業規模等から見て通常銀行取引があると認められ又は銀行取引のあることを推定するに足りる相当の事由があり、且つ、その銀行取引を調査しなければ取引の事情が明らかとならない場合、⑥所得税法等の規定により金融機関が徴収すべき所得税又は提出すべき支払調書等につき監査上特に必要がある場合」が挙げられている（「金融機関の預貯金等の調査について」（昭和 26 年 10 月 16 日直所 1 - 117 号国税庁長官通達各国税局長宛））。最近の国税庁指針として「調査手続の実施に当たっての基本的な考え方等について（事務運営指針）」第 2 章 3(6)（http://www.nta.go.jp/shiraberu/zeiho-kaishaku/jimu-unei/sonota/120912/）参照。

175) 柿崎・前掲注 151) 34 頁。

176) 最判昭和 56・4・14 民集 35 巻 3 号 620 頁。

もかかわらず、昭和22年の立法以来70年が経過した今日でも存続している。しかし本稿執筆時の高度経済成長、高金利から現在は低成長、超低利へと変化したため、同法による金利規制は殆んど意味を失っている。もっとも本稿において主張した金利自由化の必要性に関する議論は、今日においても妥当すると考える。

利息制限法や出資取締法等の高金利規制は、制限超過利息を債務者が任意に支払った場合にも制限超過部分は無効という扱いを厳格に貫く判例の進展に応じて強化された（最判昭和39・11・18民集18巻9号1868頁、同昭和43・11・13民集22巻12号2526頁、同平成11・1・21民集53巻1号98頁、同平成15・7・18民集57巻7号895頁、同平成18・1・13民集60巻1号1頁等）。出資取締法上の上限金利（昭和58年11月1日までは年109.5％）違反は刑事罰の対象となるが、利息制限法上の上限金利（15％〜20％）を上回っても私法上無効ではあるが刑事罰の対象とはならず、この両者の上限金利の間の貸付金利はグレーゾーン金利と呼ばれた。貸金業者は、貸金業法旧43条により債務者が利息として任意に支払い、貸金業者が契約時及び弁済時に適切に書面交付を行っている場合には、有効な弁済とみなす「みなし弁済規定」を用いてグレーゾーン金利での貸出を行っていた。ところが最高裁は、前掲最判平成18・1・13等により、「みなし弁済規定」の適用を事実上封じるようになった。これを受けて行われた平成18年の貸金業法及び出資取締法改正により、出資取締法の上限金利を利息制限法と同じ20％に引き下げ、貸金業法のみなし弁済制度が廃止されて、貸金業者も利息制限法の厳格で画一的な金利規制に従わざるをえないことになった。これは本稿が示唆した高金利規制の緩和や柔軟化の提言と反する方向の法改正であった。

銀行顧客情報の保護に関係する法律として、「個人情報の保護に関する法律」（個人情報保護法）が平成15年に制定された。同法は、個人情報データベース等を事業の用に供している個人情報取扱事業者に対し、個人情報の利用目的の特定・利用目的による制限、取得の際の利用目的の通知等、データ内容の正確性の確保、個人データの第三者への提供の制限、保有個人データに関する事項の公表等や開示、訂正等を規定している。これを受けて金融庁は、「金融分野における個人情報保護に関するガイドライン」を制定した。

個人情報保護法23条1項は、個人データ（同法2条6項）を第三者に提供する場合、取引先本人の同意を要するとしていることから、銀行間の信用調査の対象から個人は除外された（「信用調査における『信用調』の様式等の改正について」（平成16・12・20全業会80）、五味廣文他監修『銀行窓口の法務対策3800講I――コンプライアンス・取引共通・預金・金融商品編』（金融

財政事情研究会、2009 年）180 頁）。しかし法人の信用調査については、本稿に記したことから変化はないようである。昭和 56 年銀行法 21 条は、預金者その他の取引者の秘密を害するおそれのある事項を、銀行の説明書類の縦覧の対象外とした。同法 25 条に基づく質問検査権は、調査の目的に必要な範囲内で銀行の顧客の情報に及ぶことになろう。

金融商品の販売における金融機関の説明義務等に係る監督法的規制

　本稿においては、金融商品の販売における金融機関の説明義務等に係る監督法的規制の概要を紹介するとともに、それに関する若干の検討を行うこととする。具体的には、銀行が扱う金融商品に適用される銀行法・金融商品取引法・保険業法に基づく説明義務等に係る監督法的規制を取り上げる。

I　銀行法における規制

　預金の受入れは銀行等の金融機関のみに許される排他的業務であるが（銀行法2条2項1号・3条・4条1項、出資の受入れ、預り金及び金利等の取締りに関する法律2条等）、預金を受け入れる際の銀行の説明義務につき、銀行法12条の2第1項、銀行法施行規則13条の3は、銀行は預金者になろうとする者に対し次のような情報を提供しなければならないとしている。即ち、預金等の金利の明示、手数料の明示、預金保険の対象商品の明示、預入期間・中途解約時の取扱い・指定紛争解決機関等に関する書面を用いて行う預金者等の求めに応じた説明及びその交付、デリバティブ取引等（銀行法10条2項12号～17号、銀行法施行規則13条の2の2・13条の2の3・13条の3第1項5号等参照）と預金等との組合せ商品において払込金が全額返還される保証のないこと等の当該商品の詳細な説明、変動金利の基準・方法・金利情報の提供、等を求めている。普通銀行に吸収合併されたり、新設合併により普通銀行になった長期信用銀行が発行していた特定社債（いわゆる金融債）等を取り扱う場合にも、銀行法施行規則13条の4は、特定社債等の権利者に対し、銀行法施行規則13条の3が定める預金の受入れに準じた情報の提供を求めている。

他方、銀行法施行規則13条の5は、銀行法10条2項5号に規定する金銭債権（国内で発行された譲渡性預金の預金証書をもって表示されるものを除く）、金融商品取引法（以下、「金商法」と略す）33条2項1号～4号の有価証券（国債証券等を除く）、保険業法2条1項に規定する保険業を行う者が保険者となる保険契約等を、銀行が取り扱う場合の説明に関し、特定の窓口において取り扱い、預金ではないこと、預金保険の対象外であること、元本保証がないことを、説明したうえで顧客の目につきやすいように当該窓口に掲示すること（銀行法施行規則13条の5第3項・2項1号～3号）、更に、契約主体、その他預金との誤認防止に関し参考となると認められる事項を説明することを、求めている（同条1項・2項4号・5号）。この説明に当たっては、業務の方法に応じ、顧客の知識、経験、財産の状況及び取引を行う方法を踏まえ、顧客に対し、書面の交付その他の適切な方法により、預金等との誤認を防止するための説明を行わなければならないとされており（同条1項柱書）、適合性の原則の遵守が求められる。

　銀行法10条2項8号又は12条に基づき元本補てんの契約をしていない信託契約の締結又はその代理若しくは媒介を行う場合も、同様に、特定の窓口において行い、元本の補てんの契約をしていないことを顧客の目につきやすいように当該窓口に掲示し、元本の補てんの契約をしていない金銭信託契約の締結又はその代理若しくは媒介を行う場合にも（信託業法施行規則78条各号に掲げる場合を除く）、銀行法施行規則13条の5第2項各号に掲げる事項を説明しなければならない（銀行法施行規則13条の5第4項）。

　銀行法12条の2第2項は、その他内閣府令で定めるところにより、その業務に係る重要な事項の顧客への説明を求めている。しかしこの内閣府令は定められていないようである。

　銀行法13条の4は、金利、通貨の価格、金商法2条14項に規定する金融商品市場における相場その他の指標に係る変動によりその元本について損失が生ずるおそれがある預金又は定期積金等（具体的には、銀行法施行規則14条の11の4に定めるもの）の「特定預金等」を受け入れる「特定預金等契約」につき、金商法の規定を以下のように準用している。即ち、特定預金等契約における広告等の規制（金商法37条1項1号・3号）、特定預金等契約締結時の書面の交付義務（金商法37条の4第1項）等である。

Ⅱ　登録金融機関に対する金商法の規制

1　金融機関が営める有価証券関連業務

　銀行等の金融機関は、金商法33条2項により許されている行為のいずれかを業として行おうとするときは、内閣総理大臣の登録を受けて登録金融機関にならなければならない（金商法33条の2第2号）。投資助言・代理業務若しくは有価証券管理業務を行う場合も（金商法33条の2柱書）、金融商品仲介業務を行う場合も（金商法33条の2第2号・33条2項3号ハ・4号ロ）、同様である。

　登録金融機関としての業務には、例えば以下のようなものがある。書面取次業務（金商法33条の2第1号）、公共債に係る業務（金商法33条2項1号・33条の2第2号）、社債、未公開株式（公開株式は「募集」となり届出が必要）に関する私募の取扱（金商法2条8項9号・33条2項4号イ、銀行法10条2項6号）、証券化商品に関する業務、例えば、コマーシャル・ペーパー（CP）（券面のあるものは有価証券（金商法2条1項5号）、社債・株式等振替法上の短期社債はみなし有価証券（金商法2条2項）だが、銀行法上は金銭債権の取得又は譲渡（銀行法10条2項5号）として付随業務として扱われ、CPの売買の斡旋もそれに含まれるものと看做される（同法10条6項））、投資信託等の窓口販売（金商法33条2項2号、銀行法11条2号）、有価証券関連店頭デリバティブ取引（金商法33条2項5号、銀行法10条2項16号・17号（付随業務と位置づける）、等である。但し、均一の条件で50名以上の者を相手方とするものは除外され、公共債等に係るものを除き差金決済されるものに限られる（金商法33条2項5号ロ、金商法施行令15条の19））に関する金融商品取引業（金商法33条の2第2号・33条2項各号に掲げられている行為）、有価証券等清算取次ぎ（金商法33条2項6号）、金融商品仲介業（金商法2条11項・33条2項3号ハ・4号ロ）等である。なお、金商法2条20項のデリバティブ取引を、銀行は付随業務として営むことができる（銀行法10条2項12号・13号・10項）。

　預金との誤認防止のための説明（銀行法施行規則13条の5第2項）や、適合性を踏まえた説明等が（同条1項柱書）、これらの場合にも求められる。

2 金商法における登録金融機関の行為規制

登録金融機関は、金融商品取引業者と併せて金融商品取引業者等と規定され（金商法34条）、金融商品取引業者（以下、「金商業者」と略す）と同様の行為規制が金商法により課せられている（金商法44条等）。その具体的な内容は以下のようなものである。

① 適合性の原則

顧客の知識、経験、財産の状況及び金融商品取引契約を締結する目的に照らして適当と認められる勧誘をしなければならない（金商法40条1号）。

② 説明義務

投資信託受益証券等の乗換えに関する重要な事項についての説明がなされなければならない（金商法40条2号、金融商品取引業等に関する内閣府令（以下、「金商業等府令」と略す）123条1項9号）。

社債券（金商法2条1項5号）、外国又は外国の者の発行する国債証券・地方債証券・特別の法律に基づく法人の発行した債券・社債券等（金商法2条1項1号〜5号・17号）の売出し又は特定投資家向け売付勧誘等（金商法2条8項8号）、又は募集若しくは売出しの取扱い又は私募若しくは特定投資家向け売付勧誘等の取扱い（金商法2条8項9号）において、取得させ又は売り付けようとする際に、その期間中に生じた重要な事象について個人である顧客への説明がなされなければならない（金商法40条2号、金商業等府令123条1項11号）。

金融商品仲介行為において登録金融機関は、委託金融商品取引業者が2以上ある場合において、顧客が行おうとする取引につき顧客が支払う金額又は手数料等が委託金融商品取引業者により異なる場合はその旨、顧客の取引の相手方となる委託金融商品取引業者の商号、当該金融商品仲介行為により得ることとなる手数料等の額、等を説明しなければならない（金商法40条2号、金商業等府令123条1項25号イ〜ハ）。

顧客に対し、信用格付業者以外の信用格付業を行う者の付与した信用格付（金商業等府令116条の2に定めるものを除く）について、当該格付けを付与した者が金商法66条の27の登録を受けていない者である旨及び当該登録の意義その他の事項としての内閣府令で定める事項

（金商業等府令116条の3によれば、商号、法人なら役員の氏名又は名称、本店その他の営業所及び所在地、信用格付けを付与した者が当該信用格付けを付与するために用いる方針及び方法の概要、信用格付の前提、意義及び限界）を告げることなく提供して、金融商品取引契約の締結の勧誘をする行為が禁止される（金商法38条3号）。

③ 広告等の規制

顧客の支払うべき対価等、デリバティブ取引等の額が当該保証金の額を上回る可能性等、金融商品取引行為（金商法34条）について金利、通貨の価格、金融商品市場における相場その他の指標に係る変動を直接の原因として損失が生ずるおそれがある場合の当該指標や、当該指標に係る変動により損失が生ずるおそれがある旨とその理由等、店頭デリバティブ取引について金融商品取引業者等が表示する売付価格と買付価格に差がある場合はその旨、等につき、広告等の規制が課せられる（金商法37条、金商法施行令16条、金商業等府令74条〜78条、銀行法13条の4）。

Ⅲ　保険窓販に係る保険業法の規制

1　金融機関が営める保険募集業務

銀行等の金融機関が営むことのできる保険募集業務は、保険業法275条1項1号が定める生命保険募集人、又は同条1項2号が定める損害保険代理店等として、保険契約の締結の代理又は媒介を行うことである（銀行法12条が定める法定他業）。いわゆる銀行等による保険窓販である。

2　保険募集に係る監督法的規制

保険募集行為を営む銀行等は、生命保険募集人又は損害保険代理店等として登録を受けなければならない（保険業法275条・276条）。そのうえで生命保険募集人・損害保険代理店等としての顧客に対する、所属保険会社の商号等、代理か媒介かの区別等の説明義務を負い（保険業法294条、保険業法施行規則227条の2）、募集行為における説明等に係る禁止行為の規制の適用を受ける。具体的な禁止行為としては、保険契約の契約条項のうち重要な事項を告げないこと、保険契約者又は被保険者に対して、不利益となるべき事実を

告げずに、既に成立している保険契約を消滅させて新たな保険契約の申込み
をさせ、又は新たな保険契約の申込みをさせて既に成立している保険契約を
消滅させる行為、保険契約者若しくは被保険者又は不特定の者に対して、一
つの保険契約の内容につき他の保険契約の契約内容と比較した事項であって
誤解させるおそれのあるものを告げ、又は表示する行為、同様の者に対して
将来における契約者配当又は社員に対する剰余金の分配等につき断定的判断
を示し、又は確実であることを告げ、若しくは表示する行為等が規定されて
いる（保険業法300条1項1号～4号・6号・7号・9号、保険業法施行規則234
条1項4号～6号）。

　なお、金利、通貨の価格、金商法2条14項に規定する金融商品市場にお
ける相場その他の指標に係る変動により損失が生ずるおそれがある「特定保
険契約」の募集に関しては、金商法の金商業者の規制等に関する規定が大幅
に準用されている（保険業法300条の2、保険業法施行規則234条の2）。また、
特定保険契約に係る広告等の規制もなされている（保険業法234条の16～234
条の26の2）。

Ⅳ　監督指針

　銀行法、金商法等の監督法に基づき、金融庁監督局が定めた監督指針が、
銀行の扱う金融商品の販売に関しいかなる定めを置いているかを概観してみ
たい（括弧内は要約文を記載している場合がある）。

1　主要行等向けの総合的な監督指針

　銀行法に基づく銀行に対する「主要行等向けの総合的な監督指針」の中で
は、以下のような銀行の説明義務に関する監督指針が示されている。

Ⅲ-3-3　利用者保護のための情報提供等
Ⅲ-3-3-1　与信取引等（貸付契約並びにこれに伴う担保・保証契約及び
　デリバティブ取引）に関する顧客への説明態勢
Ⅲ-3-3-1-2　主な着眼点
　(2)　契約時点等における説明
　　①　商品又は取引の内容及びリスク等に係る説明

イ．融資取引にオプション、スワップ等のデリバティブ取引が含まれているとき（デリバティブ取引のみを行う場合を含む。）には、銀行法13条の3各号並びに金融商品取引法38条各号及び40条各号の規定に抵触することのないよう、顧客の知識、経験、財産の状況及び取引を行う目的を踏まえ、商品内容やそのリスクに応じて以下の事項に留意しているか。

　　a．当該デリバティブ取引の商品内容やリスクについて、例示等も入れ、具体的に分かりやすい形で解説した書面を交付して、適切かつ十分な説明をすることとしているか。

　例えば、

・当該デリバティブ取引の対象となる金融指標等の水準等（必要に応じてボラティリティの水準を含む。以下同じ。）に関する最悪のシナリオ（過去のストレス時のデータ等合理的な前提を踏まえたもの。以下同じ。）を想定した想定最大損失額について、前提と異なる状況になればさらに損失が拡大する可能性があることを含め、顧客が理解できるように説明しているか。

・当該デリバティブ取引において、顧客が許容できる損失額を確認し、上記の最悪のシナリオに至らない場合でも許容額を超える損失を被る可能性がある場合は、これについて顧客が理解できるように説明しているか。

・金融指標等の状況がどのようになれば、当該デリバティブ取引により、顧客自らの経営又は財務状況に重大な影響が生じる可能性があるかについて、顧客が理解できるように説明しているか。

・説明のために止むを得ず実際のデリバティブ取引と異なる例示等を使用する場合は、当該例示等は実際の取引と異なることを説明しているか。

　　b．当該デリバティブ取引の中途解約及び解約清算金について、具体的に分かりやすい形で解説した書面を交付して、適切かつ十分な説明をすることとしているか。

　例えば、

・当該デリバティブ取引が原則として中途解約できないものである場合にはその旨について、顧客が理解できるように説明しているか。

・当該デリバティブ取引を中途解約すると解約清算金が発生する場合にはその旨及び解約金の内容（金融指標等の水準等に関する最悪のシナリオを想定した解約金の試算額及び当該試算額を超える額となる可能性がある場合にはその旨を含む。）について、顧客が理解でき

るように説明しているか。

・銀行取引約定書等に定める期限の利益喪失事由に抵触すると、デリバティブ取引についても期限の利益を喪失し、解約清算金の支払い義務が生じる場合があることについて、顧客が理解できるように説明しているか。

・当該デリバティブ取引において、顧客が許容できる解約清算金の額を確認し、上記の最悪のシナリオに至らない場合でも許容額を超える損失を被る可能性がある場合は、これについて顧客が理解できるように説明しているか。

c．提供するデリバティブ取引がヘッジ目的の場合、以下を確認するとともに、その確認結果について、具体的に分かりやすい形で、適切かつ十分な説明をすることとしているか。

・顧客の状況（仕入、販売、財務取引環境など）や市場における競争関係（仕入先、販売先との価格決定方法）を踏まえても、継続的な業務運営を行う上で有効なヘッジ手段として機能することを確認しているか。

・上記に述べるヘッジ手段として有効に機能する場面は、契約終期まで継続すると見込まれることを確認しているか。

・顧客にとって、今後の経営を見通すことがかえって困難とすることにならないことを確認しているか。

d．上記a．からc．に掲げる事項を踏まえた説明を受けた旨を顧客から確認し、その記録を書面（確認書等）として残すこととしているか。

e．不確実な事項について、断定的な判断と誤認させる表示や説明を防ぐ態勢となっているか。

f．（略）

g．勧誘されたデリバティブ取引に係る契約締結の有無は、融資取引に影響を及ぼすのではないかと顧客が懸念する可能性があることを前提に、必要に応じ、こうした懸念を解消するための説明を行うこととしているか。

h．（略）

（ロ．住宅ローン契約については住宅ローンに係る金利変動リスク等についての十分な説明）

（ハ．個人保証契約については最悪のシナリオを想定した説明）

ニ．（略）

（ホ．連帯保証契約）

（ヘ．　経営者以外の第三者との間で個人連帯保証契約を締結する場合）

（ト．　経営者以外の第三者と根保証契約を締結する場合）

　チ．　（略）

② 契約締結の客観的合理的理由の説明

　顧客から説明を求められたときは、事後の紛争等を未然に防止するため、契約締結の客観的合理的理由についても、顧客の知識、経験等に応じ、その理解と納得を得ることを目的とした説明を行う態勢が整備されているか。

③ 契約の意思確認

　（行員の面前で、契約者本人から契約書に自署・押印を受けることを原則としているか。）

④ 契約書等の書面の交付

　貸付契約、担保設定契約又は保証契約を締結したときは、原則として契約者本人に契約書等の契約内容を記載した書面を交付することとしているか。

　……

Ⅲ－3－3－2　預金・リスク商品の販売・説明態勢

Ⅲ－3－3－2－2　主な着眼点

　……

(3)　リスク商品に係る業務

　① 有価証券関連商品の販売

　　……

　　特に、適合性原則を踏まえた説明態勢の整備に当たっては、銀行の顧客は預金者が中心であって投資経験が浅いことが多いことを前提に、元本欠損が生ずるおそれがあることや預金保険の対象とはならないことの説明の徹底等、十分な預金との誤認防止措置が取られているか。

　② 特定預金等の受入れ

　　……

　　特に、金利、通貨の価格、金融商品市場における相場その他の指標に係る変動によりその元本について損失が生ずるおそれがあること等の詳細な説明を行う態勢が整備されているかに留意するものとする。

　　例えば、以下の事項について、契約締結前交付書面を交付して説明することとしているか。

　　イ．　中途解約時に、違約金等により元本欠損が生ずるおそれがある場合には、その違約金等の計算方法（説明時の経済情勢において合理的と考

えられる前提での違約金等の試算額を含む。）。

ロ．外貨通貨で表示される特定預金等であって、元本欠損が生ずるおそれのある場合にあってはその旨及びその理由。

ハ．払戻時の通貨を選択できる権利や満期日を選択できる権利を銀行が有している場合には、権利行使によって預金者等が不利となる可能性があること。

③ 特定預金等のうち金融商品取引法2条20項に規定するデリバティブ取引又は商品先物取引法2条15項に規定する商品デリバティブ取引を組み込んだ預金（いわゆる「仕組預金」）で、店頭デリバティブ取引に類する複雑な仕組みを有するものの勧誘・受入れ

特定預金等については、金融商品取引法の各種行為規制を定めた規定が準用されていることにかんがみ、特に店頭デリバティブ取引に類する複雑な仕組みを有する複雑な仕組預金を受け入れるときには、以下の態勢が整備されているかに留意するものとする。

イ．複雑な仕組預金に関する注意喚起文書の配布に係る留意事項

(i) リスクに関する注意喚起、(ii) トラブルが生じた場合の指定ADR機関等の連絡先等を分かりやすく大きな文字で記載した簡明な文書（注意喚起文書）を配布し、顧客属性等に応じた説明を行うことにより、顧客に対する注意喚起を適切に行っているか。また、その実施状況を適切に確認できる態勢となっているか。

ロ．複雑な仕組預金の勧誘に係る留意事項（合理的根拠適合性・勧誘開始基準）

個人顧客に対して複雑な仕組預金の勧誘を行うにあたっては、顧客保護の充実を図る観点から、適合性原則等に基づく勧誘の適正化を図ることが重要であり、例えば、以下の点に留意して検証することとする。

・顧客へ提供する仕組預金としての適合性（合理的根拠適合性）の事前検証を行っているか。

・仕組預金のリスク特性や顧客の性質に応じた勧誘開始基準を適切に定め、当該基準に従い適正な勧誘を行っているか。

ハ．複雑な仕組預金のリスク説明に関する留意事項

複雑な仕組預金のリスク説明の監督上の着眼点については、「金融商品取引業者等向けの総合的な監督指針」の「Ⅳ－3－3－2勧誘・説明態勢(6)」を参照するものとする。

④ 特定保険契約の募集

保険業法300条の2に規定する特定保険契約の販売・勧誘態勢について

は、「保険会社向けの総合的な監督指針」の特定保険契約に係る留意点に
特に留意するものとする。

(4) 保険募集

① 総論

保険募集に関する法令等の遵守、保険商品及び契約に関する正確な説明
並びに顧客情報の取扱い等について、マニュアルを策定して研修を実施
するとともに内部監査を行うなど、適切な保険募集態勢が確保されてい
るか。

例えば、銀行等生命保険募集制限先等に対し手数料その他の報酬を得て
保険募集を行わないなど適正な保険募集の取組み、消費者の希望や適合
性をよく考慮したうえで説明責任を果たす取組み、商品説明や非公開金
融情報保護等について消費者の確認・同意を十分に得る取組みのための
態勢が整備されているか。

② 募集にあたっての態勢整備について

イ．施行規則13条の5の規定の趣旨を踏まえ、顧客に対し、預金等で
はないことや預金保険の対象とはならないこと等について書面を交付し
て説明するなど、保険契約と預金等との誤認を防止する態勢が整備され
ているか。誤認防止に係る説明を理解した旨を顧客から書面（確認書等）
により確認し、その記録を残すことにより、事後に確認状況を検証でき
る態勢が整備されているか。

2　金融商品取引業者等向けの総合的な監督指針

「金融商品取引業者等向けの総合的な監督指針」は、金融商品取引業者等
の説明義務に関し次のような定めを置いている。

Ⅳ-3-1-2　勧誘・説明態勢

(1) 説明書類に係る留意事項

金商法第46条の4（金商業等府令174条4号）に規定する説明書類の「内
部管理の状況の概要」には、顧客からの相談及び苦情に対する具体的な取
扱い方法及び内部監査体制について、記載することとする。

(2) 有価証券の受渡状況その他の必要情報の通知に係る留意事項

証券会社等が、次に掲げる事項を顧客に適切に通知（下記④については顧
客の同意した方法による場合を含む。）していない場合は、金商業等府令

123条1項8号の規定「顧客の有価証券の売買その他の取引等に関し、受渡状況その他の顧客に必要な情報を適切に通知していないと認められる状況」に該当するものとする。

① 金商法37条の4第1項に規定する契約締結時等の書面に記載すべき事項

② 顧客が国債の入札前取引を行った場合であって、当該国債に係る入札が成立した後においては、当該取引に係る銘柄、単価及び金額並びに当該取引の約定の際に取引報告書において通知した事項（償還予定日及び約定利回りを除く。）

③ 顧客が国債の入札前取引を行った場合であって、当該取引契約に係る停止条件が不成就となった後においては、当該事実及び当該取引の成否に係る事項（通知しないことについて顧客から同意を得た場合を除く。）

④ 上記①から③までに掲げるもののほか、金銭若しくは有価証券の受渡しに関する事項（ただし、金融機関を通じて金銭の受渡しを行う場合、振替決済により有価証券の受渡しを行う場合等、顧客との間で直接金銭又は有価証券の受渡しを行わない場合における当該受渡しに関する事項を除く。）

……

(5) 投資信託の勧誘に係る留意事項

投資信託は、専門的知識や経験等が十分ではない一般顧客を含めて幅広い顧客層に対し勧誘・販売が行われる商品であることから、顧客の知識・経験、投資意向に応じて適切な勧誘を行うことが重要であり、特に以下のような点に留意して監督するものとする。

① 投資信託の分配金に関して、分配金の一部又は全てが元本の一部払戻しに相当する場合があることを、顧客（特定投資家を除く。②において同じ。）に分かり易く説明しているか。

② 通貨選択型ファンドについては、投資対象資産の価格変動リスクに加えて複雑な為替変動リスクを伴うことから、通貨選択型ファンドへの投資経験が無い顧客との契約締結時において、顧客から、商品特性・リスク特性を理解した旨の確認書を受け入れ、これを保存するなどの措置をとっているか。

(6) 債券の売出し等の際の重要事象の説明に係る留意事項

① 証券会社等が、金商法2条8項8号又は9号（私募の取扱いを除く。）の行為により債券（金商業等府令123条1項11号に規定する有価証券をいう。(6)において同じ。）を個人である顧客（特定投資家を除く。）に取

得させ又は売り付けようとする際に、次に掲げる事象について説明を行っていないと認められる場合は、金商業等府令123条1項11号に規定する「これらの有価証券の取得又は買付けの申込みの期間中に生じた投資判断に影響を及ぼす重要な事象について、個人である顧客（特定投資家を除く。）に対して説明を行っていない状況」に該当するものとする。

イ． 当該債券の利回りが、当該債券と同じ発行体が既に発行している類似の債権の利回りと比較して、顧客にとって著しく不利な状況となっている場合においては、その旨

ロ． 当該債券の償還条件が、金融商品市場における相場その他の指標（以下「指標等」という。）の状況により決定される仕組みのものである場合において、当該債券を取得させ、又は売り付けようとする時点における当該指標等の状況が、当該債券の発行条件又は売出条件の設定時に基準となった当該指標等の状況と比較し、顧客にとって不利な状況になっている場合においては、その旨

……

③ 上記①ロについては、以下の点に留意すること。

イ． 「顧客にとって不利な状況」とは、証券会社等があらかじめ一定の値幅を定め、債券を取得させ又は売り付けようとする時点の（又はその前日の対象銘柄の終値等を基にした）当該債券の理論価格が募集（売出）価格からの当該値幅を超えて下落している場合をいうこと。

……

Ⅳ-3-3-2　勧誘・説明態勢

(1) 広告等に係る留意事項

① 損失が一定比率以上になった際に、自動的に反対取引により決済する契約（以下「ロスカットルール」という。）が設けられている場合であっても、相場の急激な変動により委託証拠金その他の保証金の額を上回る損失が生じることとなるおそれがある場合には、その旨が適切に表示されているか。

……

(3) 店頭デリバティブ取引の勧誘方法等に関する注意喚起文書の配布に係る留意事項

店頭デリバティブ取引業者が、店頭デリバティブ取引を行うときには、日本証券業協会自主規制規則「協会員の投資勧誘、顧客管理等に関する規則」及び金融先物取引業協会「金融先物取引業務取扱規則」を踏まえ、①不招請勧誘規則の適用関係、②リスクに関する注意喚起、③トラブルが生じた

184　第Ⅲ部　金融取引における顧客の保護

場合の指定ADR機関等の連絡先等を分かりやすく大きな文字で記載した簡明な文書（注意喚起文書）を配布し、顧客属性等に応じた説明を行うことにより、顧客に対する注意喚起を適切に行っているか。また、その実施状況を適切に確認できる態勢となっているか。

……

(4)　店頭金融先物取引業者の説明責任に係る留意事項

……

　②　両建て取引

……

　　ロ．顧客から両建て取引を行いたい旨の積極的意思表示があった場合や、顧客から両建て取引を行うことができるか否かについて照会があった場合に、両建て取引を行うことができる旨を告げることは、ただちに金商業等府令117条1項26号に該当するものではない。しかし、両建て取引について、「手数料が二重にかかること、通貨間の金利差調整額……により逆ざやが生じるおそれがあること、仲値を基準とする売値及び買値の価格差（いわゆる「店頭金融先物取引業者の受け取るスプレッド」）について顧客が二重に負担することとなるなどのデメリットがあり、経済合理性を欠くおそれがある取引である」旨に言及することなく、上記の記載又は表示を行うことは、金商業等府令117条1項26号に規定する「その他これに類似する行為」に該当する。

　③　顧客及びカバー取引相手方との取引

以下の点について、顧客から説明を求められた場合には、適切な説明を行っているか。

　　イ．カバー取引の発注方法

　　ロ．カバー取引の執行基準

　　ハ．カバー取引相手方との間でシステム障害が発生した場合の対応

　④　相場が急激に変動した場合の対応

相場が急激に変動した場合の対応について、顧客から説明を求められた場合には、適切な説明を行っているか。

　⑤　自己勘定取引に係る社内管理態勢

自己勘定による取引を行っているか否か、行っている場合のリスク管理態勢等について、顧客から説明を求められた場合には、適切な説明を行っているか。

　⑥　区分管理の状況

金商業等府令143条1項1号に定める顧客区分管理信託の状況について、

顧客から説明を求められた場合には、適切な説明を行っているか。

⑦　ロスカット取引

通貨関連店頭デリバティブ取引等を行う場合には、ロスカット取引（金商業等府令123条1項21号の2に規定する取引をいう。以下同じ。）に関する取決めが設けられていること及びその内容について、適切な説明を行っているか、また、ロスカット取引が予定どおり行われなかった場合の損失のおそれ等について、適切な説明を行っているか。

⑧　低スプレッド取引

スプレッド又は手数料が特に低い（以下「低スプレッド取引」という。）を提供する通貨関連店頭デリバティブ取引等業者が、広告等でスプレッド又は手数料が低いことを強調する表示をしている場合には、例えば、以下のようなおそれが生じていないか。

イ．他に顧客が支払うべき手数料、報酬、その他の対価又は費用があるにも関わらず、顧客が支払う対価又は費用が、実際よりも著しく低額であるかのように誤解させるおそれ

ロ．顧客が注文時に表示されている価格又は顧客が注文時に指定した価格と約定価格との相違（スリッページ）が生じ、広告等で表示するよりも高いスプレッドで取引を行うこととなるおそれ

……

(6)　通貨オプション取引・金利スワップ取引等を行う店頭デリバティブ取引業者の説明責任に係る留意事項

……

①　当該店頭デリバティブ取引の商品内容やリスクについて、例えば、以下のような点を含め、具体的に分かりやすい形で解説した書面を交付する等の方法により、適切かつ十分な説明をしているか。

イ．当該店頭デリバティブ取引の対象となる金融指標等の水準等（必要に応じてボラティリティの水準を含む。以下同じ。）に関する最悪のシナリオ（過去のストレス時のデータ等合理的な前提を踏まえたもの。以下同じ。）を想定した想定最大損失額について、前提と異なる状況になればさらに損失が拡大する可能性があることも含め、顧客が理解できるように説明しているか。

ロ．当該デリバティブ取引において、顧客が許容できる損失額及び当該損失額が顧客の経営又は財務状況に重大な影響を及ぼさないかを確認し、上記の最悪シナリオに至らない場合でも許容額を超える損失を被る可能性がある場合は、金融指標等の状況がどのようになれば、そのような場

合になるのかについて顧客が理解できるように説明しているか。

　　ハ．　説明のために止むを得ず実際の店頭デリバティブ取引と異なる例示等を使用する場合は、当該例示等は実際の取引と異なることを説明しているか。

②　当該店頭デリバティブ取引の中途解約及び解約清算金について、例えば、以下のような点を含め、具体的に分かりやすい形で解説した書面を交付する等の方法により、適切かつ十分な説明をしているか。

　　（イ．　中途解約できない場合はその理解）

　　（ロ．　解約清算金が発生する場合はその理解）

　　（ハ．　顧客が受容できる解約清算金の額を超える損失を被る可能性）

③　提供する店頭デリバティブ取引がヘッジ目的の場合、当該取引について以下が必要であることを顧客が理解しているかを確認し、その確認結果を踏まえて、適切かつ十分な説明をしているか。

　　（イ．　ヘッジ手段として機能するか。）

　　（ロ．　ヘッジ手段として契約終期まで継続するか。）

　　（ハ．　顧客にとって、今後の経営を見通すことがかえって困難とすることにならないこと。）

④　上記①から③までに掲げる事項を踏まえた説明を受けた旨を顧客から確認するため、例えば顧客から確認書等を受け入れ、これを保存する等の措置をとっているか。

⑤　不招請勧誘の禁止の例外と考えられる先に対する店頭デリバティブ取引の勧誘については、法令を踏まえたうえ、それまでの顧客の取引履歴などによりヘッジニーズを確認し、そのニーズの範囲内での契約を勧誘することとしているか。

⑥　顧客の要請があれば、定期的又は必要に応じて随時、顧客のポジションの時価情報や当該時点の解約清算金の額等を提供又は通知する等、顧客が決算処理や解約の判断等を行うために必要となる情報を適時適切に提供しているか。

⑦　当該店頭デリバティブ取引に係る顧客の契約意思の確認について、契約の内容・規模、顧客の業務内容・規模・経営管理態勢等に見合った意思決定プロセスに留意した意思確認を行うことができる態勢が整備されているか。

(7)　契約締結前の書面交付に係る留意事項

　　……

　　（④　スワップポイントについて、顧客が受け取る場合と支払う場合の双

方があり、また、結果として損失が生じることとなるおそれを適切に表示。）

(⑤　金商業等府令94条1項1号の規定する「カバー取引相手」)

(⑥　同上4号に規定する「預託先」)

……

(10)　店頭デリバティブ取引に類する複雑な仕組債・投資信託の勧誘に係る留意事項（合理的根拠適合性・勧誘開始基準）

個人顧客に対して仕組債・投資信託の勧誘を行う金融商品取引業者においては、……

適合性原則等に基づく勧誘の適正化を図ることが重要であり、例えば、……

①　日本証券業協会自主規制規則「協会員の投資勧誘、顧客管理等に関する規則」を踏まえ、投資者へ販売する商品としての適合性（合理的根拠適合性）の事前検証を行っているか。

②　日本証券業協会自主規制規則「協会員の投資勧誘、顧客管理等に関する規則」を踏まえ、商品のリスク特性や顧客の性質に応じた勧誘開始基準を適切に定め、当該基準に従い適正な勧誘を行っているか。

3　保険会社向けの総合的な監督指針

「保険会社向けの総合的な監督指針」は、銀行等の保険募集につき次のような定めを置いている。

Ⅱ-4-3-9-3　銀行等の保険募集指針

保険募集の公正を確保するために銀行等が定める保険募集指針には、以下の事項が定められているか。

また、保険募集指針の内容について、顧客に周知するため、保険募集指針の書面による交付又は説明、店頭掲示、インターネットホームページの活用等の必要な措置が講じられているか。

(1)　顧客に対し、募集を行う保険契約の引受保険会社の商号や名称を明示するとともに、保険契約を引き受けるのは保険会社であること、保険金等の支払いは保険会社が行うことその他の保険契約に係るリスクの所在について適切な説明を行うこと。

(2)　複数の保険契約の中から顧客の自主的な判断による選択を可能とするための情報の提供を行うこと。

(3)　銀行等が法令に違反して保険募集につき顧客に損害を与えた場合には、

当該銀行等に募集代理店としての販売責任があることを明示すること。

(4) 銀行等における苦情・相談の受付先及び銀行等と保険会社の間の委託契約等に基づき保険契約締結後に銀行等が行う業務内容を顧客に明示するとともに、募集を行った保険契約に係る顧客からの、例えば、委託契約等に即して、保険金等の支払手続きに関する照会等を含む苦情・相談に適切に対応する等契約締結後においても必要に応じて適切な顧客対応を行うこと。

(5) 上記(1)から(4)までに掲げる顧客に対する保険募集時の説明や苦情・相談に係る顧客対応等について、顧客との面談内容を記録するなど顧客対応等の適切な履行を管理する体制を整備するとともに、保険募集時の説明に係る記録等については、保険期間が終了するまで保存すること。

4　監督指針の意義

　監督指針は、元々、行政部内の職員向けの手引書であり（「主要行等向けの総合的な監督指針」Ⅰ－3(3)）、監督や検査に当たっての行政官の留意点を述べたものである。従って、監督指針は法規範そのものではないが、監督当局たる金融庁が銀行法、金商法、保険業法等をどのように解釈しているかを示す意義はある。なおこれら銀行法等の監督法は、監督当局による行政的な規制権限を規定したものであり、監督法に違反したからといって直ちに当該行為の私法上の効力が否定されたり、私法上の責任を生じさせるものではない。しかし、最判平成17・7・14民集59巻6号1323頁は、旧証券取引法43条（現行金商法40条）が規定する適合性原則の違反につき、同原則に著しく逸脱した証券取引の勧誘をした場合、当該行為は不法行為法上も違法となると判示した。同様のことが銀行法等の監督法に基づく説明義務違反についても言えるものと思われる。

　監督指針の私法上の効力については、学説においては説明義務に関し、説明義務の根拠は信義則であるが、監督指針は信義則の具体的な内容を考える手掛かりになるものだという考えや[1]、監督指針が実務の中で実際に履行されることによって、法的な意味を持ちうるという考え[2]、等が論じられてい

---

1)　森下哲朗他「〔座談会〕デリバティブ取引に関する裁判例を考える（上）」金法1984号（2013年）86頁〔森下哲朗発言〕。

2)　森下他・前掲注1）86頁〔神作裕之発言〕。慣習法ないしは事実たる慣習として法的効力を持ちうるということか。

る。説明義務に関する監督指針違反の銀行の行為の効力の問題については、
Ⅵ2で詳しく論じたい。

Ⅴ　監督法的規制の内容の検討

1　金融商品毎の規制

　以下においては、今までに記した監督法的規制の概要を踏まえて、銀行の
取り扱う金融商品毎にその説明義務等に係る監督法的規制の現状を分析し、
若干の検討を行いたい。最初に全体を通じた注目すべき点を一つ挙げると、
説明義務についていわゆる適合性の原則を踏まえることが求められているも
のの、具体的な監督指針においては、顧客が法人か個人か等、顧客の属性に
関係なく説明義務が定められていることである（例えば、「主要行等向けの総
合的な監督指針」Ⅲ－3－3－1－2(2)①イ参照）。これについては議論のあり
うるところであり（(4)参照）、顧客の属性により監督指針を書き分けること
が難しかったこともあろうが、注目されるところである。

(1)　預金契約

　銀行の説明義務に係る監督法的規制の大きな特色は、元本保証があり、預
金保険の対象となる預金契約と、それ以外の金融商品との区別がつくように
顧客に説明することを、第一にしていることにあるように思われる。預金契
約の受入れに際しそのような情報提供が求められるほか（銀行法12条の2第
1項、銀行法施行規則13条の3第1項3号）、デリバティブ取引等と預金との
組合せ商品であって、払込金が全額返還されうる保証のない場合は、その旨
の特に詳細な説明が求められる（銀行法施行規則13条の3第1項5号）。預金
契約と異なる銀行法10条2項5号の金銭債権（譲渡性預金を除く）、金商法
33条2項1号乃至4号の有価証券（国債証券を除く）、保険契約の取扱い等は、
特定の窓口において取り扱い、預金でないこと、預金保険の対象外であるこ
と、元本保証がないことを、説明した上で顧客の目につきやすいように当該
窓口に掲示することが求められている（銀行法施行規則13条の5）。元本補て
んの契約をしていない信託契約の締結又はその代理若しくは媒介も、特定の
窓口において行い、元本の補てんの契約をしていないことを顧客の目につき
やすいように当該窓口に掲示し、元本の補てんの契約をしていない金銭信託

の締結又はその代理若しくは媒介を行う場合にも（信託業法施行規則78条各号に掲げる場合を除く）、預金ではないこと、預金保険の対象にならないこと、元本保証がないこと等の説明が求められる（銀行法施行規則13条の5第2項・4項）。

　以上のような配慮は、銀行が、元本保証があり預金保険の対象となる預金契約の受入れを、金融機関以外の者は扱えない排他的業務であって、銀行の主たる取扱商品としてきたこと、銀行顧客も銀行が扱うのはそのような金融商品と考えるのが通常であることからは、当然のことと言えよう。また、銀行預金は固定金利であることが通常とされてきたことからは、変動金利の場合はその基準及び金利設定の方法並びに金利に関する情報の適切な提供（銀行法施行規則13条の3第1項6号）が求められるのも当然である。預金一般につき、預金金利、手数料、預入期間、中途解約、指定紛争解決機関等の情報提供が求められるのも、当然と言えよう（同条1項4号）。

　デリバティブを組み込んだ「特定預金等」については、監督指針によってより踏み込んだ説明等が求められている。即ち、「主要行等向けの総合的な監督指針」Ⅲ－3－3－2－2(3)②・③によれば、金利、通貨の価格、金融商品市場における相場その他の指標に係る変動によりその元本について損失が生ずるおそれがあること等の詳細な説明を行う態勢の整備が求められ、具体的には、契約締結前交付書面を交付して、中途解約違約金により元本欠損が生ずるおそれがある場合の違約金の計算方法、外貨通貨表示の特定預金等で元本欠損が生ずるおそれとその理由、銀行が払戻時の通貨や満期を選択できる権利を行使することによって預金者が不利になる可能性、等につき説明すること、店頭デリバティブ取引を組み込んだ複雑な仕組預金に関し注意喚起文書の配布が求められる他、そのような複雑な仕組預金を顧客に提供することの適合性（合理的根拠適合性）の事前検証を行うこと[3]、仕組預金のリスク特性や顧客の性質に応じた勧誘開始基準を適切に定め、当該基準に従い適正な勧誘を行うこと（「金融商品取引業者等向けの総合的な監督指針」Ⅳ－3－3－2(6)参照）、等も求められる。

---

3)　合理的根拠適合性につき、日本証券業協会「協会員の投資勧誘、顧客管理等に関する規則第3条第3項の考え方」（平成23年2月1日）、森下哲朗「デリバティブ商品の販売に関する法規制の在り方」金法1951号（2012年）6頁以下、角田美穂子『適合性原則と私法理論の交錯』（商事法務、2014年）335頁等参照。

このようにリスクの高い特定預金等につき更に丁寧な説明が求められることは当然であろう。ただ議論になりうると思われるのは、監督指針が、「複雑な仕組預金」に関しては、説明義務から更に踏み込んで、そもそも銀行に合理的根拠適合性に欠ける商品を顧客に提供することを許さないという、狭義の適合性原則を求めているように思われる点である。これに対しては、顧客の選択の自由を奪うものという批判もありえようが[4]、適合性原則は投資家の投資決定より勧誘する側の判断を重視するパターナリスティックな原則とする考え方や[5]、適合性原則には顧客の生存基盤の保障という役割もあるという考え[6]等から、破綻にもつながりうるほどのリスクを内包したデリバティブ商品は、顧客が個人であるか法人であるかを問わず販売してはならないという意見もある[7]。

なお、監督指針は特に区別していないが、顧客の中でもプロ投資家については[8]、銀行等の販売業者の説明義務は軽減されるという考えと[9]、プロ投資家こそ必要な情報をより多く求めるという見解[10]やプロ投資家が不要との意思表示をしない限り、アマ投資家に対するのと同程度の情報提供が求められるという意見がある[11]。もっとも、アマ投資家に対し提供されるべき情報は、顧客が希望した場合を除き、細かい情報である必要はなく、むしろ想定されうる条件の下で予想される具体的な損失額について説明をするようなことが銀行には求められるというように、プロとアマでは求められる説明の在り方に違いがありうるという指摘がある[12]。

適合性の原則を適用するためには、銀行が顧客についてよく知らなければ

---

4) 川地宏行「投資取引における適合性原則と損害賠償責任（2・完）」法律論叢84巻1号（2011年）36頁参照。
5) 川浜昇「ワラント勧誘における証券会社の説明義務」民商113巻4＝5号（1996年）644頁。
6) 潮見佳男『契約法理の現代化』（有斐閣、2004年）119頁以下。
7) 森下・前掲注3）18頁。
8) 証券取引の関係ではプロ投資家であっても、デリバティブ取引の関係ではプロ投資家と言えるか問題があることを指摘するものとして、IOSCO, International Standards for Derivatives Market Intermediary Regulation, Final Report (June 2012), at 22ff.
9) 和仁亮裕他「投資家様と説明義務」金法1873号（2009年）1頁。
10) 松尾直彦「金利スワップ取引の説明義務違反を認めた裁判例——東京地判平成21・3・31を契機として」金法1868号（2009年）6頁。
11) 森下・前掲注3）18頁。

192　第Ⅲ部　金融取引における顧客の保護

ならない。アメリカのCFTCの規則は、顧客の取引プロファイル、取引目的、損失吸収能力についての情報を得なければならないとしている[13]。我が国でも同様の監督的規制が提案されており、銀行が顧客に対して交付する説明書の一部として、銀行が理解する顧客の業務の状況、ニーズ、当該ニーズに対して考えられる複数の金融商品、複数の金融商品の中から当該商品が最も顧客のニーズに合致する商品であると考える理由の記載を義務付けることが提案されている[14]。

　また、顧客とデリバティブ取引を行った銀行が、変化する市場環境に照らして適切な対応について助言するという義務を負うこととする提案もなされている[15]。

(2)　社債等の債券（未公開株式も）等、有価証券関連商品の販売

　登録金融機関として銀行が取り扱うことのできる社債等の有価証券関連商品の販売等に関しては（金商法33条2項、銀行法11条）、金商業者としての説明義務等が課せられる（金商法40条2号、金商業等府令123条1項）。その内容については、前記Ⅱ2を参照されたい。

　銀行法上は、預金との誤認防止のために、預金等でないこと、預金保険の対象でないこと、元本保証のないこと、契約の主体等につき説明義務があるほか（銀行法施行規則13条の5第2項）、顧客への説明は、顧客の知識、経験、財産の状況を踏まえ、書面の交付その他適切な方法で行うことが義務付けられている（適合性を踏まえた説明。銀行法施行規則13条の5第1項柱書）。また、銀行の店舗においては、特定の窓口で取り扱うことが求められ、窓口においては、上記説明義務の内容を掲示しなければならないとされている。

　「主要行等向けの総合的な監督指針」においては、Ⅳ1に記載したように、有価証券関連商品の販売に当たっては、銀行顧客は預金者が中心で投資経験

---

12)　森下・前掲注3) 18頁。アメリカのCFTCの規則は、顧客の請求があった場合には顧客が取引に伴うエクスポージャーを評価できるようなシナリオ分析を提供する義務を定める。17 CFR 23.431 (b).

13)　17 CFR 23.434.

14)　森下・前掲注3) 20頁。

15)　森下・前掲注3) 21頁。最判平成17・7・14民集59巻6号1323頁の才口千晴判事補足意見、王冷然『適合性原則と私法秩序』（信山社、2010年）100頁以下、角田・前掲注3) 358～359頁参照。

が浅いことが多いことを前提に、元本欠損のおそれがあることや、預金保険の対象とならないことの説明が求められ（同指針Ⅲ－3－3－2－2(3)）、「金融商品取引業者等向けの総合的な監督指針」においては、債券の売出し等の際の重要事象の説明が求められる（Ⅳ－3－1－2(6)）。また、登録を受けた信用格付業者以外の者による信用格付けでない場合は、その旨を告げなければならない（金商法38条3号）。これらはいずれも当然の配慮と言えよう。

(3) 投資信託等の窓口販売

　有価証券関連商品の販売の中でも特に投資信託等の窓口販売については [16]、乗換えに関する重要な事項についての説明（金商法40条2号、金商業等府令123条1項9号）、投資信託の勧誘に係る一般的な規制の適用がある（「金融商品取引業者等向けの総合的な監督指針」Ⅳ－3－1－2(4)・(5)）。

(4) デリバティブ取引

　銀行が行う有価証券関連商品の販売の中でもデリバティブ取引については、他の有価証券関連商品と同じく、預金との誤認防止のための説明や（銀行法施行規則13条の5）、適合性を踏まえた説明が求められる他（銀行法施行規則13条の5第1項柱書）、Ⅳ1に前述したように、「主要行等向けの総合的な監督指針」により以下のような特別の規制がされている。即ち、融資取引にデリバティブ取引が含まれているときは、顧客の知識、経験、財産の状況及び取引を行う目的を踏まえ、商品内容やそのリスクに応じた説明が求められる（同指針Ⅲ－3－3－1－2(2)①イ）。いわゆる広義の適合性の原則である。

　例えば、最悪のシナリオを想定した想定最大損失額、顧客が許容できる損失額を超える損失を被る可能性、金融指標等の状況の変化により顧客の経営又は財務状況に重大な影響が生じる可能性、デリバティブ取引の中途解約の可能性、中途解約をした場合の解約清算金の発生可能性とその内容（金融指標等の水準等に関する最悪のシナリオを想定した解約清算金の試算額及び当該試算額を超える額となる可能性がある場合はその旨を含む。）、期限の利益喪失事由

---

16)　金商法33条2項2号。証券取引法研究会「金融システム改革法について(4)——銀行による投資信託商品の販売」インベストメント51巻6号（1998年）78頁〔川口恭弘〕参照。

に該当したときにデリバティブ取引についても期限の利益を喪失し解約清算金の支払義務が生じうること、顧客が許容できる解約清算金を超える損失を被る可能性、等の情報を顧客に提供することが求められる。また、デリバティブがヘッジ目的の場合、有効なヘッジ手段として機能することを確認し、勧誘されたデリバティブ取引に係る契約締結の有無が融資取引に影響を及ぼすのではないかという顧客の懸念を解消するための説明を行い、かつデリバティブ契約締結後、定期的かつ必要に応じて適時、当該顧客の業況及び財務内容を踏まえ、実需の存続状況等に応じたヘッジの有効性とその持続可能性の確認を行い、顧客からの問い合わせに対し分かりやすく的確に対応するなど、適切なフォローアップに取り組む態勢を整備する、顧客の要請があれば、顧客のポジションの時価情報や当該時点の解約清算金の額等を提供又は通知する等、顧客の必要な情報を適時適切に提供すること等が求められる。

　このような内容は、「金融商品取引業者等向けの総合的な監督指針」における通貨オプション取引・金利スワップ取引等を行う店頭デリバティブ取引業者の説明責任に関する留意事項（同指針Ⅳ－3－3－2(6)）とほぼ見合った内容になっている。ただ「主要行等向けの総合的な監督指針」は、銀行特有の留意事項を若干設けている。即ち、銀行取引約定書等に定める期限の利益喪失事由に抵触すると、デリバティブ取引についても期限の利益を喪失し、解約清算金の支払義務が生じる場合があることについて顧客が理解できるように説明しているか、また、勧誘されたデリバティブ取引に係る契約締結の有無が融資取引に影響を及ぼすのではないかと顧客が懸念することを解消するための説明を行うことにしているか、等が留意事項とされる。具体的には、断定的な判断と誤認させる表示や説明を防ぐ態勢のほか、銀行の優越的地位を濫用していると見られる可能性を意識した販売態勢、勧誘したデリバティブ取引等に応じなくてもそのことを理由に今後の融資取引に何らかの影響を与えるものではない旨を説明する、優越的地位の濫用がないことの説明を受けた旨を顧客から確認する態勢をとる、等のことが求められている（「主要行等向けの総合的な監督指針」Ⅲ－3－3－1－2 (2) ①イb・e・g）。これに対し「金融商品取引業者等向けの総合的な監督指針」に特有の定めとしては、店頭デリバティブ取引に係る顧客の意思確認につき適合性を考慮した意思決定プロセスに留意した意思確認を行うことができる態勢が求められている（同指針Ⅳ－3－3－2(6)⑦）。

このような「主要行等向けの総合的な監督指針」の定めは、平成22年4月16日の改正[17]によって設けられたものである。これは銀行のデリバティブ取引をめぐり顧客との説明義務を争う紛争が急増したことを受けて監督指針を改正し、顧客とのトラブルの回避や顧客保護を図ったものである[18]。

監督指針が求めていることは、正に1(1)で特定預金について論じた、学説がデリバティブ取引につき銀行に求めている説明義務やフォローアップ態勢の整備等である。このような監督指針の私法上の効力の問題が、銀行が顧客に提供したプレイン・バニラ型の金利スワップ契約に関する、最判平成25・3・7判時2185号64頁をめぐって大きく議論された。これについてはⅥ2において論じたい。

(5) 保険募集

保険募集（保険窓販）に係る監督法的規制については、Ⅲにおいて紹介した通りである。Ⅳにおいて紹介した「主要行等向けの総合的な監督指針」Ⅲ－3－3－2－2(4)や「保険会社向けの総合的な監督指針」Ⅱ－4－3－9－3も当然のことであろう。即ち、銀行自身が契約の相手方となる預金契約とは異なり、保険会社が契約の相手方であることを明確に説明するとともに、顧客が自主的に保険契約の選択を行えるよう情報提供を行う義務がある。もっとも、代理店としての利益相反問題に対処するために、保険会社からの手数料体系を顧客に開示する必要がないかといった問題がありうるが（近時、その開示が進められている）、これは保険代理店等に一般的に存在する問題である。

2 説明義務の果たし方等

説明義務に関する監督法的規制は、具体的な広告等の規制（金商法37条）、契約時や契約前の書面交付義務（金商法37条の3第1項・37条の4第1項、「主要行等向けの総合的な監督指針」Ⅲ－3－3－1－2(2)①イ、Ⅲ－3－3－2－2(3)②）、契約の意思確認・契約書等の書面の交付（「主要行等向けの総合的な監督指針」Ⅲ－3－3－1－2(2)③・④）、確認書を顧客からとる（「主要行

---

17) http://www.fsa.go.jp/news/21/ginkou/20100416-2/01.pdf、青木浩子「判評」金法1944号（2012年）84頁以下参照。

18) 青木・前掲注17）84～85頁参照。

等向けの総合的な監督指針」Ⅲ－3－3－2－2(4)、「金融商品取引業者等向けの総合的な監督指針」Ⅳ－3－1－2(5)②)、注意喚起（文書）の配布（「主要行等向けの総合的な監督指針」Ⅲ－3－3－2－2(3)③イ、「金融商品取引業者等向けの総合的な監督指針」Ⅳ－3－3－2(3))、顧客から説明を求められた場合に適切に説明する（「金融商品取引業者等向けの総合的な監督指針」Ⅳ－3－3－2(4)③～⑥・同(6)⑥)、適合性に関する事前検証・勧誘開始基準の設定につき業界自主規制規則への委任がなされる（「金融商品取引業者等向けの総合的な監督指針」Ⅳ－3－3－2(10))、等の様々な形で行われている。顧客への説明の必要性と伝達手段としての確かさやコスト等を考慮して定められているものと思われる。

Ⅵ　監督法的規制の効力、エンフォースメント

1　違反へのペナルティ

　以上のような説明義務に関する監督法的な規制の違反に対する刑事罰が定められているのは、金商法の規制が適用ないし準用される広告規制や、契約締結前又は締結時の書面交付義務に対する違反くらいである（銀行法13条の4が準用する金商法37条1項3号・37条の3第1項・37条の4第1項、銀行法63条の2の4、金商法205条10号・12号)。あとは監督法上の行政的処分や監督・検査により規制のエンフォースメントを図られているだけである（銀行法24条～28条、金商法51条～52条の2、保険業法305条～308条)。また刑事罰があっても、それがどれだけ実際に効果があるかは不明である。そのためどこまで実効的に監督法的な規制が守られているか、問題がないわけではない。監督法的な規制の実効性を高めるために、検査結果の公表や被監督者である銀行自身による検査結果の報告等、一般への開示を行うこと等も考えられてよいように思われる。

2　私法上の効力

　監督法的規制を実効的なものとする一つの方法として、監督法的な規制が守られていたかを、顧客の銀行に対する損害賠償請求等、私法上の請求の際に銀行の違法性判断材料とすることが考えられる。いわゆる私人による法のエンフォースメントである。

しかし金融機関を当事者とする判例においては、監督指針違反等と見られる事件であっても、監督指針違反等が言及された判決は見当たらないようである。例えば、大阪地判平成22・8・26判時2106号69頁は、79歳の一人暮らしの女性に銀行支店長らが訪問勧誘して、日経平均連動債を運用対象とするノックイン型投資信託を購入させ、その後の株価変動により損失が発生したという事件で、金商法40条1号や「金融商品取引業者等向けの総合的な監督指針」Ⅳ－3－1－2等の違反が問題となりうる事件であったが、判決はそのことに言及せずに、顧客の意向と実情に反し、過大な危険を伴う取引を勧誘したものだとして、適合性原則違反及び説明義務違反による不法行為責任を認めた。但し2割の過失相殺をした。証券会社が行ったデリバティブ取引[19]や債券や投資信託等の販売[20]に適合性原則違反や説明義務違反による責任を認めた判例においても、監督指針違反も問題となりえたはずであるが、それが論じられた例はないようである。いずれの判例も、監督指針違反は論じずに、私法的な観点からのみ責任を導いている[21]。

前掲・最判平成25・3・7は、銀行が企業に融資するのに当たり、変動金利融資であったために、変動金利のリスクヘッジ目的ということで、変動金利を固定金利と交換するプレイン・バニラ・金利スワップ契約を融資先顧客

---

19) 東京地判平成21・3・31判時2060号102頁、東京地判平成21・10・26判タ1324号191頁、大津地判平成21・5・14証券取引被害判例セレクト35巻104頁、東京地判平成22・9・30金商1369号44頁、大阪地判平成23・10・12判時2134号75頁、同平成24・2・24資料版商事337号32頁、同平成24・3・27先物取引裁判例集66号325頁、同平成24・4・25証券取引被害判例セレクト42巻273頁等。

20) 東京高判平成19・5・30金商1287号37頁、大阪高判平成20・6・3金商1300号45頁、大津地判平成21・5・14証券取引被害判例セレクト35巻104頁、大阪地判平成22・3・26金商1358号57頁、同平成22・3・30金商1358号41頁、大阪高判平成22・10・12金商1358号31頁、大阪地判平成22・10・28判タ1349号157頁（不動産投資ファンド）、東京地判平成23・2・28判時2116号84頁、大阪地判平成23・4・28判タ1367号192頁、大阪地判平成23・9・29証券取引被害判例セレクト41巻255頁（不動産投資ファンド）、東京高判平成23・10・19金法1942号114頁、大阪高判平成23・11・2証券取引被害判例セレクト41巻315頁（不動産投資ファンド）、東京高判平成23・11・9判時2136号38頁、大阪地判平成23・12・19判時2147号73頁、大阪地判平成24・2・24資料版商事337号32頁、同平成24・3・23判時2163号67頁、大阪高判平成24・3・14証券取引被害判例セレクト42巻383頁等。

21) 責任を否定した、最判平成17・7・14民集59巻6号1323頁、角田・前掲注3)330頁以下も参照。

と締結したが、契約後に低金利が続いたため、同契約により固定金利を銀行に支払う顧客に損害が発生した事件である。一審の福岡地大牟田支判平成20・6・24金商1369号38頁は顧客の損害賠償請求等を棄却したが、控訴審の福岡高判平成23・4・27金商1369号25頁は、中途解約時において清算金がどの程度必要とされるのか、先スタート型とスポットスタート型の各利害・得失、契約締結の目的である狭義の変動金利リスクヘッジ機能の効果の判断に必須なスワップ対象とされる金利同士の価値的均衡の観点からみた固定金利水準等についての説明等がなされていなかった等、銀行の説明義務違反による不法行為責任を認めた。もっとも4割の過失相殺をした。しかし最高裁は、清算金の支払義務を負う可能性があることが明示されていたのであるから、それ以上に、清算金の具体的な算定方法について説明すべき義務があったとはいい難いし、先スタート型とスポットスタート型の内容を説明し、顧客は自らの金利予想で先スタート型を選択したのであるから、それ以上に両型の利害得失について説明すべき義務があったともいえない、更に同契約は単純な仕組みの契約であって、固定金利の水準が妥当な範囲にあるか否かというような事柄は顧客の自己責任に属すべきもので、銀行に説明義務はないとして、顧客の請求を全面的に棄却した。

　同事件の控訴審判決は、中途解約時の解約清算金額に関する銀行説明はきわめて抽象的で、解約手段は合意解約に限定され、場合によっては清算金の支払が必要となることがあることが判るだけであったと認定している。この事件の契約は平成16年に締結されたものであるが、平成22年改正後の「主要行等向けの総合的な監督指針」であれば、同指針Ⅲ－3－3－1－2(2)①イbが、「当該デリバティブ取引を中途解約すると解約清算金が発生する場合にはその旨及び解約清算金の内容（金融指標等の水準等に関する最悪のシナリオを想定した解約清算金の試算額及び当該試算額を超える額となる可能性がある場合にはその旨を含む。）について、顧客が理解できるように説明しているか。」と規定していることに抵触することが問題となりえた事件であった。しかし当事者も判決も、そのことは一切論じていない。そこでこの最高裁判決の解釈として、①監督指針改正前の判断であり、現在では異なった判断がありうるのか、②監督指針いかんに関わらず、解約清算金の私法上の説明義務を否定したものか、③合意により中途解約する場合は、解約金についても合意して支払うことになるのだから、契約締結時に解約清算金の説明義務は

ないと判示したものか、といったことが問題となりうる[22]。

　しかし平成22年の監督指針の改正後の銀行実務は、監督指針に従って中途解約清算金の内容を顧客への提案資料等に書いているようであり[23]、少なくともこのような実務が定着した今日では、中途解約清算金の内容に関する説明を顧客に行っていない場合は、銀行は私法上も顧客に対し不法行為責任を負いうると考えられる[24]。監督法的な規制は、銀行や金商業者の行為規範となりうるものであり、私法的な責任を判断するうえでも参照されるべきものであるように思われる。監督法的な規制違反が直ちに私法上の無効原因になったり責任原因とはなりえないとしても、それらを判断するうえでの考慮要素とはなりうるのではなかろうか。そのことがまた監督法的規制のエンフォースメントを図る一手段ともなりえよう。司法関係者も、私法の判断をする際に監督法的規制の違反を考慮に入れるべきであると考える。監督法上の適合性原則から著しく逸脱した証券取引の勧誘が不法行為法上の違法性を基礎づけうることは、既に前掲・最判平成17・7・14で示されているところでもある。監督法上の説明義務についても同様と思われる[25]。

　前掲・最判平成25・3・7の事件において控訴審判決は、スワップ取引の金利同士の水準が価値的均衡を著しく欠くため、変動金利リスクヘッジに対する実際上の効果がでないことは明らかで、銀行に一方的に有利で、顧客に一方的に不利をもたらす不合理な契約だとしたが、最高裁は、顧客の自己責任であり基本的に説明義務を尽くしたとして、銀行の責任を否定した。この点についても、同事件における銀行の説明が、平成22年改正後の監督指針Ⅲ－3－3－1－2(2)①ｉｃが銀行に求める、有効なヘッジ手段として機能することの確認がなされたと言えるか、問題のありえたところである。また同事件においては、最悪のシナリオを想定した想定最大損失額を顧客が理解できるように説明するとか、顧客が許容できる損失額を確認し、許容額を超える損失を被る可能性について顧客が理解できるように説明する、といった

---

22)　森下他・前掲注1) 78〜79頁・85〜87頁参照。
23)　森下他・前掲注1) 79頁〔福島良治発言〕。
24)　青木・前掲注17) 85頁。
25)　青木浩子「ヘッジ目的の金利スワップ契約と銀行の説明義務——最一判平成25・3・7（平成23年（受）第1493号損害賠償請求事件）の検討」NBL1005号（2013年）30頁、角田・前掲注3) 330頁以下参照。

平成22年改正監督指針の要求も充たしていなかった疑いがある（同指針Ⅲ
－3－3－1－2(2)①）。これらの監督指針の違反についても、現在であれば
私法上の責任原因になりうると考えるべきであろう。

〔『金融商品の販売における金融機関の説明義務等』
（金融法務研究会、2014年）1～26頁〕

［後記］　本稿は、金融法務研究会の報告書『金融商品の販売における金融機関
の説明義務等』（金融法務研究会、2014年）に収録されたものであり、金融機
関による金融商品販売における説明義務につき監督法的にいかなる規制がな
され、その法的効果等がいかなるものか等を検討した。本稿においても、法
のエンフォースメントという視点から、監督指針等の監督法的なソフトロー
の私法的効力が検討されている。

金融機関と利益相反——我が国における方向性

I 比較法的検討

1 英米法におけるfiduciary

　英米法においては、金融機関が相手方と利益相反の立場に立つ場合であっても、fiduciary（受認者）の立場にない限りは、契約に定められた義務を負うだけであって、不法行為となる場合は別として、相手方に対し特別の私法上の義務を負わないと理解されているようである。それではfiduciaryとは何か、なぜfiduciaryについてだけ利益相反につき特別の私法上の義務を負うのであろうか。

　イギリスでは中世以来、受託者、遺産管理人（administrator）、寄託者（bailee）等が、fiduciaryと認められてきたが、その後、代理人、パートナー、取締役、執行役等もfiduciaryと認められるようになり、遺言執行者（executor）、後見人（guardian）等も受認者と認められている。更に20世紀に入ってからは、外科医や精神科医等もfiduciaryと認められるようになっている。このようにfiduciaryの関係が広く認められるようになってきたのは、専門化、プーリング（分散化）の進展によって、多数の専門家に分散して資産の運用その他を依頼するようになったためであるといわれる。その結果、信認関係につきもののfiduciaryによる権限の濫用が問題となり、それに対処するためにfiduciary lawとも呼ぶべきものが発展してきたと指摘されている[1]。

　fiduciaryの主たる特徴は、委託者に代わる役割を果たすこと、及び効率的

---

　1)　Tamar Frankel, Fiduciary Law, 71 Cal. L. Rev. 795, 804（1983）.

に行為する目的のためだけに委託者から権限を得ていることにあるとされる[2]。即ち、委託者のために特定目的の行為をする広い裁量権を委託者から与えられている者であろう。何らかのサービスを提供するだけで直ちにfiduciaryにはならないとされる。例えば修繕サービス等を提供するだけではfiduciaryとはならず、委託者に代わって行為するということが重要とされる。

fiduciaryの中心的な問題はその権限の濫用にあるとされる。委託者は、利益相反を防ぐために、利益相反関係を薄める共有関係をfiduciaryとの間に構築したりすることはありうるが、それには限界があるといわれる。その他、fiduciaryに権限を濫用しないようなインセンティブを付与したりとか、契約や任期等によりfiduciaryを管理しようとしたり、監視（モニタリング）をしたり、行政的規制や自主規制により規制しようとしても、取引費用等がかさんだり、競争市場が存在しえなかったり、自主規制団体が独占的でないと効果的でないとか、インセンティブに欠ける等の問題がそれぞれあって、実効的な対策になることは難しいと指摘されている[3]。そのようなことからfiduciaryは専ら委託者の利益を図らなければならないとし、それに反して利益相反関係等からfiduciaryに生じた利益は全て委託者に帰属させるという、委託者の所有権的な権利を認める厳格なfiduciaryの義務が形成されたとされる[4]。

以上要するに、英米法においては、サービスの提供者が依頼者と利益相反関係に立つことがあっても、契約に特別の定めがない限り、原則として特別の義務が生じることがない。ただ依頼者から提供者が依頼者のために行為する幅広い裁量権を与えられ、fiduciaryの地位に立つときにのみ、委託者に対し重い責任を負うことになる。これは契約自由の原則から、利益相反関係に立つ場合でも契約に特別の義務を定めないと責任を負うことはないが、委託者の信頼を受けて委託者のために行為する幅広い裁量権を与えられているときは、そのような信頼を裏切って権限を濫用したfiduciaryに重い責任を課して委託者を保護する必要があるというものであろう。

このような広い裁量権に基づく責任は、専門家の責任に通じるように思わ

---

2)　Frankel, supra note 1 at 808 et seq.
3)　Frankel, supra note 1 at 815.
4)　Frankel, supra note 1 at 827 et seq.

れる。専門家とそのサービスを受ける利用者との間では、情報や技能に大き
な差があるために、利用者としては専門家を全面的に信頼するほかない。最
近fiduciaryとして位置付けられるようになったという外科医や精神科医は、
正にそのような専門家の典型と言えよう。金融機関が顧客に対してfiduciary
として利益相反に関する義務を負うというのも、そのような専門家として顧
客から信頼に基づく裁量権を与えられていることによるように思われる[5]。
逆に言えば、そのような関係にない場合は、契約、慣習上の義務がない限り、
特別の義務・責任は負わないということのように思われる。

2 ドイツ、EUにおける規制

fiduciary概念を鍵とする英米法に対して、ドイツやEUにおいては、そのよ
うな概念によって私法上の利益相反規制の対象を分けていくというアプロー
チは採られず、その代わりに、規制は主として業者規制という形を採ってい
るようである。例えば、ドイツでは証券取引法（Wertpapierhandelsgesetz）31
条～33条が、証券取引サービス業者の行為規制として、利益相反の回避義務、
利益相反取引行為の禁止、利益相反を可能な限り減少させるための組織的措
置等を義務付けているが、その私法上の効力は必ずしも明確でない[6]。著名
な1993年のボンド事件[7]も説明義務違反の事件であって、利益相反の事例
ではない。EUは1993年投資サービス指令[8]、2004年金融商品市場指令[9]、
2006年実施指令[10]等により、投資会社が利益相反を確認し、防止し、開示
し、管理する体制を構築することを求めているが、やはりその私法的な効力

---

5) 能見善久「専門家の責任──その理論的枠組みの提案」専門家責任研究会編『専門
   家の民事責任』別冊NBL28号（1994年）6頁。
6) Heinz-Dieter Assmann/Uwe H. Schneider, Wertpapierhandelsgesetz, 5. Aufl. 2009 §31,
   Rdn.8-10, §33 Rdn.6-17; Peter Derleder/Kai-Oliver Knops/Heinz Georg Bamberger,
   Handbuch zum deutschen und europäischen Bankrecht, 2. Aufl. 2009, §52, Rdn.124.
7) Urteil vom 6. Juli 1993, WM 1993, S.1455. 前田重行「ドイツにおける証券取引規制
   の改革と投資家保護」証券取引法研究会国際部会編『証券取引における自己責任原則
   と投資者保護』（日本証券経済研究所、1996年）155頁・176頁。
8) 93/22/EEC Council Directive on investment services in the securities field.
9) 2004/39/EC Directive of the European Parliament and of the Council on markets in
   financial instruments amending Council Directives 85/611/EEC and 93/6/EEC and
   Directive 2000/12/EC of the European Parliament and of the Council and repealing Council
   Directive 93/22/EEC.

は明らかでない。

Ⅱ　銀行法等による監督法的規制

　利益相反行為の問題と考えるべきか議論のありうるところであるが、そのような要素を含むとも考えうる銀行の行為に関する銀行法の規制として、銀行による優越的な地位の濫用の防止規制がある。例えば、当該銀行又はその特定関係者等の営む業務に係る取引を行うことを条件として、信用供与を行うことが禁止されている（銀行法13条の3第3号・4号、銀行法施行規則14条の11の2・14条の11の3第2号）。そして銀行としての取引上の優越的地位を不当に利用して、取引の条件又は実施について不利益を与える行為が禁止されている（銀行法13条の3第4号、銀行法施行規則14条の11の3第3号）。また、有価証券関連業を行う金融商品取引業者（第一種金融商品取引業を行う者に限る）が、その親銀行等又は子銀行等の取引上の優越的な地位を不当に利用して金融商品取引契約の締結又はその勧誘を行うことも禁止されている（金融商品取引法（以下、「金商法」と略す）44条の3第1項4号、金融商品取引業等に関する内閣府令（以下、「金商業等府令」と略す）153条1項10号）。このグループ銀行等の優越的地位の濫用禁止規制を実効的ならしめるために、金融商品取引業者のほか、その親銀行等や子銀行等に対しても、証券取引等監視委員会による検査が可能となっている（金商法56条の2第1項・4項）[11]。

　なお、金融庁の「主要行等向けの総合的な監督指針」Ⅴ−5は、金融グループにおける利益相反管理態勢整備に関し規定している。検査結果、態勢に問題があると認められる場合は、銀行法24条に基づき報告を求めたり、銀行法26条に基づく（業務改善に要する一定期間に限った）業務の一部停止命令の発出を検討するものとされている（同指針Ⅴ−5−3）。また「預金等受入金融機関に係る検査マニュアル」「顧客保護等管理態勢の確認検査用チェックリスト」Ⅱ「各管理責任者による顧客保護等管理態勢の整備・確立

---

10)　2006/73/EC Commission Directive implementing Directive 2004/39/EC of the European Parliament and of the Council as regards organizational requirements and operating conditions for investment firms and defined terms for purposes of that Directive.

11)　鈴木謙輔＝矢原雅文「ファイアーウォール規制の見直しおよび利益相反管理体制の構築に係る改正の概要(2)」金融財政事情60巻12号（2009年）41頁・44頁参照。

状況」5 は、その利益相反管理態勢の検査におけるチェック項目を規定している。

Ⅲ　利益相反に係る我が国の私法規定

金融機関以外を含む幅広い利益相反の問題に関し、我が国においていかなる私法規定が設けられているかを見てみたい[12]。

1　取締役の忠実義務

会社法 355 条が規定する取締役の忠実義務は、利益相反に関する代表的な私法規定である。その沿革は、以下のようなものである。

取締役の忠実義務の規定は昭和 25 年商法改正によって導入された（昭和 25 年改正商法 254 条ノ 2。昭和 56 年改正により商法 254 条ノ 3 となる）。アメリカ法の取締役の忠実義務（duty of loyalty）に倣って設けられたものとされる[13]。アメリカにおける取締役の忠実義務の法理は、取締役は会社という信託財産の受託者であるという考えに由来している。信託法における受託者（trustee）は受益者に対し fiduciary の立場にあり、受益者と利益相反関係に立ったような場合は、受益者の最善の利益を図ることなく私的利益を図ったりすることを避けなければならない。このような義務を忠実義務（duty of loyalty）と呼ぶ。それに違反した場合は、信託違反として利得返還ルールが適用される法定信託（constructive trust）の設定等、厳しい効果が認められる。受託者に当る取締役も、fiduciary として利益相反に関し義務と責任が課されるわけである。アメリカ法においてはこのような取締役の忠実義務（duty of loyalty）を注意義務（duty of care）と峻別して考え、取締役が職務執行に際して相当の注意を尽くす義務である注意義務については、経営判断原則（business judgment rule）を適用して責任を軽減する一方、取締役の忠実義務については、責任を厳格に認め、忠実義務違反の場合の利得返還ルール等、厳しい効果を認めてきた。

---

12)　以下については、三上徹他「〔利益相反研究会座談会〕金融取引における利益相反（1）——利益相反を考える枠組（上）」NBL879 号（2008 年）12 頁以下参照。

13)　赤堀光子「取締役の忠実義務（4・完）」法学協会雑誌 85 巻 4 号（1968 年）530 頁。

206　第Ⅲ部　金融取引における顧客の保護

我が国の取締役の忠実義務の内容や効果について、アメリカ法を継受した沿革を理由に、上記のようなアメリカにおける取締役の忠実義務の内容や効果と同様に解する有力説がある[14]。しかし、判例・多数説は、会社法355条の忠実義務も善管注意義務の一部と理解しており[15]、アメリカにおけるような特別の効果等は認めていない。

2　受任者の善管注意義務、自己契約・双方代理

我が国の民法644条の善管注意義務は、ローマ法の「良家父の注意」（diligentia boni patris familias）に由来している。フランス法の「善良なる家父の注意」（les soins d'un bon père de famille）（フランス民法1137条1項）、ドイツ法の「取引に必要な注意」（im Verkehr erforderliche Sorgfalt）（ドイツ民法276条）に相当する概念である。ローマ法においては、親族・友人間の個人的な信頼関係に基づいて自由人の労務を提供する契約であった。委任は、受任者の人格・識見・技能・技量等を信頼する精神的要素を中核とし、この対人信頼関係の絶対性において雇傭・請負契約と質的に異なるとされ、この当事者の相互信頼関係が受任者の善管注意義務を要請するとされる。

このような信頼関係に基づく義務として、善管注意義務には忠実義務が含まれているという考えは根強く、法典調査会の民法原案では、受任者は「忠実ニ」委任事項を処理する義務を負うと規定されていた。しかし、「忠実ニ」では忠実にさえ行えば一般人のなすべき注意を充たさなくてもよいと解されるおそれがあるので、「善良ナル管理者ノ注意」という文言に改めたとされる[16]。

以上のような経緯もあり、1で言及したように、我が国の判例・多数説は、取締役の忠実義務は善管注意義務の一部として含まれていると解している。このような判例・多数説に従えば、取締役の場合に限らない広く委任関係一

---

14)　赤堀・前掲注13) 532頁、田中誠二『会社法詳論上巻〔3全訂〕』（勁草書房、1993年）634頁、北沢正啓『会社法〔第6版〕』（青林書院、2001年）412頁。

15)　最判昭和45・6・24民集24巻6号625頁、鈴木竹雄＝竹内昭夫『会社法〔第3版〕』（有斐閣、1994年）289頁、江頭憲治郎『株式会社法〔第3版〕』（有斐閣、2009年）400頁、森本滋「取締役の善管注意義務と忠実義務」民商法雑誌81巻4号（1980年）476頁等。

16)　法典調査会民法整理会議事速記録第4巻110頁以下。

般において、受任者は善管注意義務の一内容として、委任者に対し利益相反関係に立った場合に私利を図らないという忠実義務を負っていると考えることになろう[17]。実質的にもⅤで論じるように、委任関係が認められる場合は、受任者は委任者のために一定の裁量権を伴った行為を行う権限が与えられているものと考えられることから、英米におけるfiduciaryと同様に、受任者の利益のために最善を尽くす義務を負っていると考えるべきであろう。それが「委任の本旨に従い」（民法 644 条）ということになろう[18]。

　なお、委任に基づく法律関係とされる代理について、代理人が自己契約・双方代理を行うことが禁止されている（民法 108 条）。しかし自己契約・双方代理の定義は形式的に考えられており、代理人が本人と利益相反の関係が生じる一部の場合をカバーするのに過ぎない[19]。

3　信　託

　2006 年に制定された新信託法においては、30 条〜32 条に受託者の忠実義務、利益相反行為の制限が定められている[20]。30 条は一般的忠実義務に関する規定であるが、これも効力規定として機能することが予定されている[21]。31 条は狭義の利益相反行為が具体的に列挙されており、その違反の効果も規定された（同法 31 条 6 項・7 項・32 条 4 項）[22]。また、忠実義務違反による受託者の責任に関する特則も規定された（同法 40 条 3 項）。また、同法 33 条には公平義務が規定されている。

　2004 年に制定された新信託業法 28 条は、信託会社の忠実義務を規定している。具体的には、同法 29 条 1 項 3 号が、信託財産に関する情報を利用し

---

17)　森本・前掲注 15）483 頁、上柳克郎他編『新版注釈会社法(5)』（有斐閣、1986 年）34 頁〔浜田道代〕。

18)　道垣内弘人『信託法理と私法体系』（有斐閣、1996 年）168 頁以下、大村敦志「現代における委任契約――『契約と制度』をめぐる断章」中田裕康＝道垣内弘人編『金融取引と民法法理』（有斐閣、2000 年）100 頁以下、加藤雅信『契約法』（有斐閣、2007 年）416 頁以下。

19)　三上他・前掲注 12）16 頁〔道垣内弘人発言〕参照。

20)　吉永一行「忠実義務論に残された課題に関する一考察」米倉明編著『信託法の新展開――その第一歩をめざして』（商事法務、2008 年）125 頁以下、能見善久『現代信託法』（有斐閣、2004 年）75 頁以下参照。

21)　吉永・前掲注 20）131 頁。

22)　吉永・前掲注 20）134 頁以下。

て自己又は第三者の利益を図る目的でもって取引を行うことを禁止している
が、同法施行規則 41 条はその例外を定めている。更に、同法 29 条 1 項 4 号、
同法施行規則 41 条 2 項 1 号は、信託財産の取引を行った後で、一部の受益
者に対し不当に利益を与え又は不利益を及ぼす方法で当該取引に係る信託財
産を特定することを禁止している。利益相反取引の予防として、同法 29 条
2 項 1 号は、自己又はその利害関係人と信託財産の間における取引を禁止し、
同法 29 条 2 項 2 号は、一の信託財産と他の信託財産との間の取引を禁止し
ている。また、同法 29 条 2 項 3 号は、第三者との間において信託財産のた
めにする取引であって、自己が当該第三者の代理人になって行うものを禁止
している。

4 社債管理会社

会社法 704 条は、社債管理会社の公平誠実義務・善管注意義務を規定して
いる。そして、同法 710 条 2 項に社債発行会社が社債を償還できない場合の
社債管理会社の責任を規定している。

5 問屋、仲立人

問屋は一種の委任契約とされていて委任契約の規定が準用されており（商
法 552 条 2 項）、仲立人も準委任における善管注意義務を負うとされている
（民法 656 条・644 条）。問屋の典型例は証券売買の取次（ブローカレッジ）を
する証券会社であり、仲立人の典型例は、無担保コール取引を媒介する短資
業者や、外国為替取引を媒介する外国為替ブローカーである。

6 親権者、保佐人

親権者がその子と利益相反行為を行うには、家庭裁判所に特別代理人の選
任を請求しなければならない（民法 826 条）。保佐人又はその代表する者と被
保佐人の利益が相反する行為については、保佐人は、臨時保佐人の選任を家
庭裁判所に請求しなければならないとされる（但し、保佐監督人がある場合を
除く。民法 876 条の 2）。

7 私法体系全体の中における統一的信認義務

信託法を私法体系に取り入れた現在では、信託、委任、会社等の各制度は、

信認関係に基づいて他人のために財産を管理・運用する類似の制度として統一的に把握されるべきだという主張がなされている[23]。同様に私法一般のレベルにおいて英米法におけるfiduciaryの義務を認める見解もある[24]。

Ⅳ　金融商品取引法

1　総則的規定

金商法は、登録金融機関（金商法33条の2）にも適用される金融商品取引業者規制という形で利益相反行為を規制しており、また、それらの規制は一定の私法的効果も持ちうると解されている。まず同法36条は、金融商品取引業者の顧客に対する一般的な誠実義務を定めている。特に投資助言業務に関しては、同法41条1項が金融商品取引業者の忠実義務を定め、同条2項において善管注意義務を定めている。また投資運用業については、同法42条1項が権利者に対する忠実義務を規定し、同条2項は善管注意義務を規定する。具体的な規定としては、同法38条6号、金商業等府令117条1項10号・24号・27号が、フロント・ランニングの禁止、信用取引の自己向かいの禁止、借入金に係る債務を有する者が発行する有価証券の売買の媒介等の禁止を定めている。

2　具体的規定

金商法44条・44条の2・44条の3に、更に具体的な禁止規定が設けられている。即ち、投資助言業務に係る助言を受けた顧客が行う有価証券の売買その他の取引等に関する情報又は投資運用業に係る運用として行う有価証券の売買その他の取引等に関する情報を利用して、有価証券の売買その他の取引等の委託等（媒介、取次ぎ又は代理の申込み）を勧誘する行為（金商法44条1号）、投資助言業務及び投資運用業以外の業務による利益を図るため、その行う投資助言業務に関して取引の方針、取引の額もしくは市場の状況に照らして不必要な取引を行うことを内容とした助言を行い、又はその行う投資

---

23)　道垣内・前掲注18）168頁以下。

24)　神田秀樹「いわゆる受託者責任について──金融サービス法への構想」フィナンシャル・レビュー56号（2001年）98頁・101頁以下。

運用業に関して運用の方針、運用財産の額もしくは市場の状況に照らして不必要な取引を行うことを内容とした運用を行うこと（金商法44条2号）、投資助言業務に係る助言に基づいて顧客が行った有価証券の売買その他の取引等又は投資運用業に関して運用財産の運用として行った有価証券の売買その他の取引等を結了させ、又は反対売買を行わせるため、その旨を説明することなく当該顧客以外の顧客又は当該運用財産の権利者以外の顧客に対して有価証券の売買その他の取引等を勧誘すること（金商法44条3号、金商業等府令147条1号）、投資助言業務又は投資運用業に関して、非公開情報（有価証券の発行者又は投資助言業務及び投資運用業以外の業務に係る顧客に関するものに限る）に基づいて、顧客の利益を図ることを目的とした助言を行い、又は権利者の利益を図ることを目的とした運用を行うこと（当該非公開情報に係る有価証券の発行者又は顧客の同意を得て行うものを除く）（金商法44条3号、金商業等府令147条2号）、有価証券の引受けに係る主幹事会社である場合において、当該有価証券の募集若しくは売出し又は特定投資家向け取得勧誘若しくは特定投資家向け売付け勧誘等の条件に影響を及ぼすために、その行う投資助言業務に関して実勢を反映しない作為的な相場を形成することを目的とした助言を行い、又はその行う投資運用業に関して実勢を反映しない作為的な相場を形成することを目的とした運用を行うこと（金商法44条3号、金商業等府令147条3号）、有価証券の引受け等を行っている場合において、当該有価証券の取得又は買付けの申込みの額が当該金融商品取引業者が予定していた額に達しないと見込まれる状況の下で、その行う投資助言業務に関して当該有価証券を取得し、若しくは買い付けることを内容とした助言を行い、又はその行う投資運用業に関して当該有価証券を取得し、若しくは買い付けることを内容とした運用を行うこと（金商法44条3号、金商業等府令147条4号）、等を禁止している。

　また、金融商品取引業者その他業務（金商法44条の2第1項柱書括弧書）による利益を図るため、その行う投資助言業務に関して取引の方針、取引の額若しくは市場の状況に照らして不必要な取引を行うことを内容とした助言を行い、又はその行う投資運用業に関して運用の方針、運用財産の額若しくは市場の状況に照らして不必要な取引を行うことを内容とした運用を行うことも禁止されている（金商法44条の2第1項2号）。なお、金商法156条の24第1項に規定する信用取引以外の方法による金銭の貸付けその他信用の

供与をすることを条件として有価証券の売買の受託等をする行為や（金商業等府令148条の場合を除く）（金商法44条の2第1項1号）、資金の貸付け若しくは手形の割引を内容とする契約の締結の代理若しくは媒介又は信用の供与（金商法156条の24第1項に規定する信用取引に付随して行う金銭又は有価証券の貸付けを除く）を行うことを条件として、金融商品取引契約の締結又はその勧誘を行うことや（金商業等府令149条1号。但し、同府令117条1項3号に掲げる行為によってするもの及び同府令148条各号に掲げる要件の全てを満たすものを除く）、有価証券の発行者である顧客の非公開融資等情報を金融機関代理業務に従事する役員若しくは使用人から受領し、又は金融機関代理業務に従事する役員若しくは使用人に提供することが禁止されているのも（金商業等府令149条2号。但し同号イ・ロ・ハの場合において行うものを除く）、利益相反行為を予防する意義もありえよう。

更に、親法人等、子法人等に対する借入金に係る債務を有する者が発行する有価証券の引受人になる場合の当該有価証券の売却等の禁止につき、詳細な規制が設けられている（金商法44条の3第1項4号、金商業等府令153条3号）。また過当取引の禁止規定等も、一種の利益相反禁止規定といえよう（金商法40条2号、金商業等府令123条1号・2号・3号等）。過当取引に基づき損害賠償請求が可能と解されている[25]。

投資助言業務に関する特則としては、金商法41条の2第1号が、顧客相互間において、他の顧客の利益を図るため特定の顧客の利益を害する助言を禁止している。また、同条2号は、顧客の取引に基づく価格、指標、数値又は対価の額の変動を利用して自己又は当該顧客以外の第三者の利益を図る目的をもって、正当な根拠を有しない助言を行うことを禁止している。後者の違反については、刑事罰が定められている（金商法198条の3）。金商法41条の2第4号は、助言を受けた顧客が行う取引に関する情報を利用して、自己の計算において有価証券の売買等を行うことを禁止している。同条6号、金商業等府令126条1号は、自己又は第三者の利益を図るため、顧客の利益を害することとなる取引を行うことを内容とした助言を行うことを禁止している。

---

25) 川村正幸編『金融商品取引法』（中央経済社、2008年）321頁。

212 第Ⅲ部 金融取引における顧客の保護

3 効 果

金商法は、これらの金融商品取引業者による利益相反行為禁止規制に違反した場合の効果として、業務改善命令（同法51条）、登録・認可の取消や業務停止（同法52条1項6号）等の行政処分の対象となることを定めている。しかし、私法上もこれらの規制が、当事者間の契約の内容をなすものと解されて債務不履行責任の原因となったり、不法行為責任の原因になるものと思われる。

Ⅴ　我が国の金融機関の顧客との利益相反事例に係る判例

1　信認義務ないし信義則・権利濫用が争われた判例

我が国の金融機関の顧客との間の紛争において、金融機関の信認義務が争われた判例は真に少ない。我が国において信認義務という法概念が定着していないためでもあろう。僅かに、例えば次の判例がある。

①　札幌地判平成9・5・26判タ961号185頁

北海道拓殖銀行が、カブトデコム株式会社及びその元代表取締役に対し、融資金の返還請求及びその保証責任を追及した事件である。これに対し被告側が、銀行と被告は一心同体というべき特殊な共生関係があり、銀行は被告に対し信認関係上の受託者の義務を負っていることから、貸手責任として融資義務、弁済期の猶予、訴求しない特約などの法的義務が生じるという抗弁を主張した。しかし、そのような事情は見出すことができないとして、被告の主張は斥けられ、銀行の請求が認められた。また、被告は銀行が支援を打ち切ったこと等につき、被告に対する不法行為及び債務不履行になると主張したが、裁判所はこれを否定した。

同じように貸手責任が主張された次の②、②'判決も、利益相反事例とはいいにくい事件であるが、顧客が信義則違反及び権利濫用を理由に銀行に対する債務不存在確認を求めた例である。

②　東京地判平成11・1・25金商1089号33頁

②'　東京高判平成11・10・13金商1089号31頁（②の控訴審判決）

Y銀行がXに返済能力を超える融資を行ったことが、融資の実行に当り借主に損害を与えないよう配慮すべき保護義務に違反し、貸付金の返還請求を行うことは著しく信義則に反し、権利濫用に当るとXが主張したが、

Xの主張及び請求は認められなかった。

これに対し、金融機関の顧客との間における利益相反行為について、信義則を理由に銀行の顧客に対する不法行為責任を認めた次の判決がある。

③　東京地判平成7・2・23金商966号32頁

Y銀行が、債務超過の経営状況にあるA有限会社を建築業者としてXに紹介し、Xに融資協力するという姿勢を示してXに建築を決断させ、XがAに対する工事の着手時払金として振り込んだ振込金をAのYに対する債務に充当して利得を得たという事件である。Xの振込金がYにおけるAの口座に入金されることが予定されていた。ところがAが倒産して工事することが不能になったために、不法行為や詐害行為に該当することを理由に、XがYを被告として前渡金の損害賠償請求等を求めた。裁判所は、「公平の原則及び自由競争原理の内在的制約に照らし勘案すると、Yには、本件弁済充当を受けた見返りとして、右債権回収の限度で債務超過にあるAの本件契約上の施工義務……の履行を支援して本件振込金に見合う工事を行わせXに損害が生じないように配慮すべき義務が生じたものと解するのが相当である。換言すれば、取引銀行と顧客との関係において、銀行は、顧客と比べて経済的優位にあり顧客の経営的方面の指導者的役割りを果たすべき立場にあるのであるから、顧客が契約の対価として債務者に支払った出捐を銀行が合意に基づくとはいえ債務者から回収して自行の利得に充てる行為は、債権関係を侵害した第三者の行為に匹敵するものであって、信義則上、社会的妥当の範囲を超えている……自由競争原理の範囲を逸脱したものとして不法行為に該当するというべきである。」と判示して、Xの請求を認容した。

但し、控訴審の東京高判平成7・12・26金法1445号49頁は、Yが融資金の回収を図る目的で本件契約を締結させることを意図していたとは認めることができず、不法行為は成立しないとして、Xの請求を棄却した。

2　説明義務が争われた判例

実際には利益相反の場合の金融機関の顧客に対する責任が、金融機関の説明義務違反による不法行為責任として争われた判例が多い。次の判例は、利益相反関係の存在を開示することが信義則上の義務であるとして、顧客が銀行に対し不法行為責任を追及した事件である。

214　第Ⅲ部　金融取引における顧客の保護

④　東京地判平成 12・8・29 判タ 1055 号 193 頁

　Y_1 は、アメリカにおいて不動産を所有するリミテッドパートナーシップの持分を所有するパートナーシップの持分への投資（つまり二層構造のパートナーシップ投資）を募集するために、取引先銀行である Y_2 銀行に投資家の紹介を依頼した。Y_2 はその顧客を Y_1 に紹介することを約し、Y_2 の紹介により投資家との契約が成立するごとに Y_1 が Y_2 に手数料を払うというファイナンシャル・アドバイザリー契約と呼ぶ契約が締結された。Y_2 はその顧客である X_1 会社～X_5 会社を Y_1 に紹介し、またその投資資金を融資することによって、この投資契約を成立させた。しかしこの投資の結果、X_1～X_5 は損害を被ったことから、違法な勧誘であったこと及び説明義務に違反したことを理由に、Y_1 を被告として共同不法行為による損害賠償請求を行った。Y_2 が Y_1 に補助参加した。X_1～X_5 の主張によれば、Y_2 は X_1～X_5 の会社経営全般についての専門アドバイザーとしてアドバイスするという信頼関係があった。Y_1 と Y_2 の契約は本件投資の勧誘に成功した場合に Y_1 が Y_2 に成功報酬を支払う内容で、投資の勧誘に成功すれば Y_2 は成功報酬を得、X_1～X_5 は投資に参加することで投資失敗のリスクを負担したのであるから、Y_2 による本件投資の勧誘は X_1～X_5 と利益相反関係にある。Y_2 は、X_1～X_5 との間で専門アドバイザーとしての信頼関係にあったので、信義則上の義務として、利益相反関係の存在を X_1～X_5 に開示すべき義務を負っていたのに、利益相反関係を秘匿して本件投資を勧誘したことは不法行為を構成するという主張である。これに対し裁判所は次のように判示して請求を棄却した。「一般に、銀行がその顧客のメインバンクであったり、顧客との間において、一定の取引を行っていたからといって、そのことだけから、当該銀行が顧客に対して投資に関する専門アドバイザーとして何らかの法的な義務を負うものではない……X_1～X_5 が、Y_2 に対して信頼を寄せており、Y_2 から適宜企業経営上のアドバイスを受けるという事実上の信頼関係が存在したとしても、そのことだけから、……Y_2 が X_1～X_5 の行う投資における利益を保護すべき法的な義務を負うと認めることはできない……本件投資の投資失敗のリスクは、本件投資の収支の一面のみを取り上げたものであり、これと本件ファイナンシャル・アドバイザリー契約による Y_2 の成功報酬とを比較衡量することは相当でない……X_1～X_5 と Y_2 との間に本件利益相反関係が存在した

というX₁〜X₅の主張は、採用することができない。」なお、判決は請求を棄却するのに当って、X₁〜X₅が十分な投資経験を有していること、取引の仕組みやリスクについてはきちんと説明を受け、理解していたことを理由として挙げている。

まずこの事件は、銀行が顧客にアドバイスを行う場合に法的な義務を負うのはどのような場合か、正に英米法でいうfiduciaryといった立場に立つ場合はどのような場合か、委任契約のような契約の存在を必要とするか、といった問題を提起している。また、そもそもどのような場合に利益相反関係があると考えるべきかという問題も提起しており、判決は当該取引の結果銀行に利益が生じ、顧客に損害が生じることが確実な場合に限って利益相反関係があると考え、当該事案はそれに該当しないと考えたようである。しかし、開示義務の対象となるのはそのような意味での利益相反関係にある場合に限られるかは、議論のありうるところであろう。

そのような意味での利益相反関係があると考えられる事件で銀行の説明義務違反による責任を認めた判決として、次の⑤〜⑦の判決がある。

⑤　東京地判平成4・11・4金法1358号60頁

　Y信用金庫の職員A等は、Yの顧客X宅を訪問して、Xの普通預金口座から100万円を引き出して定期預金を設定させ、またXに100万円の小切手を振り出させて定期預金を設定させた。その結果、Xの普通預金及び当座預金の残高がマイナスになっていわゆる逆ザヤが発生し、オーバーローン金利及び当座貸越金利と定期金利の差額による42円と436円の損害をXに与えたとして、XがYを被告に不法行為責任を追及した訴訟である。判決は、「A等がXに各定期預金に設定の承諾を求めた際に、普通預金や当座預金の残高がマイナスになり、いわゆる逆ザヤが発生することにつき十分な説明をしたとは認められない……Xの右逆ザヤの事実を知れば、右各定期預金の設定に承諾しなかったであろうと推認される。そして右のように明らかな損失が生じる場合、金融機関の従業員には、預金者等に対し、その点について十分な説明を行う注意義務があると解されるから、右事実につき十分な説明を怠ったA等には過失があると認められる。」と判示して、Xの請求を認容した。

⑥　東京地判平成10・5・13金商1046号5頁

　XはY₁銀行から融資を受けて本件建物を購入したが、雨漏りのひどい

欠陥建物で補修不能であった。判決は、融資を行ったY₁のA支店長Y₂が欠陥建物であることを認識していながら、事実上、建物の売主Y₃のために契約の交渉をまとめていく役割を担っており、Y₂は売主であるY₃の側の仲介者兼財務コンサルタントとしての役割を果たしていたと認定した。Y₂がそのような行動をとった理由として、Y₁のA支店が重要な顧客であるY₃のために肝いりで建てた本件建物の雨漏りがY₃との間で問題になり、A支店がY₃の不興を買うことになることを恐れて、いわば一見の客であるXに本件建物を押し付けて当面の問題を回避しようとしたものだとも認定している。そのうえで判決は、「Y₂は、売主側の仲介者兼財務コンサルタントとしての地位に鑑み、Xに対して、……売買契約の締結に先立ち、……重要な情報を告知すべき義務がある」と判示して、XのY₁、Y₂らに対する2億1247万円余の不法行為に基づく損害賠償請求を認容した。

⑦　東京地判平成13・2・7金商1110号11頁

　Y銀行は顧客のXに、相続税対策として不動産購入とその購入資金融資を持ちかけた。路線価と時価の差額だけ資産を圧縮するという対策である。しかし、融資に当って本当は当時10％超のナイスバルーンと呼ばれるタイプのユーロ円金利が適用されるのに、長期プライムレートである7.6％の金利と説明して融資した（結果的には9.75％の金利で確定）。長期プライムレートではなく、当時のナイスバルーン金利であれば、不動産の賃料収入では返済不能であることが明らかな、Xにとっては不利な不動産購入であった。不動産は購入後に価格が大きく下落して、Xは大きな損害を被った。判決は、「Xは、Yとの間で、格別相続税対策についての委任契約等を締結していたわけではない。」と認定しながらも、「本件各契約による相続税対策は、……本件借入の利率……が重要な要素となる……。……A〔Yの従業員〕は故意に虚偽の説明をしたというべきであり、右説明は詐欺と評価されてもやむを得ない」と判示して、XのYに対する19億5000万円近い不法行為に基づく損害賠償請求を認容した。

これら以外にも、金融機関の利益相反行為の要素のある事件が説明義務違反として争われた特殊な事例に関する判例として、最判平成18・6・12判時1941号94頁、東京地判平成14・1・30金法1663号89頁、静岡地判平成15・11・26金商1187号50頁等がある。また、融資付変額保険契約におい

て融資を行った金融機関の説明義務違反等が問題になった、東京高判平成14・4・23判時1784号76頁（保険会社との共同不法行為とされる）、同平成17・3・31金商1218号35頁（契約が錯誤無効とされた、保険が売れると銀行に手数料が払われた）等も、非常に広い意味でいえば、銀行と被融資保険契約者の間に利益相反的要素があった例と見うるかもしれない（銀行の融資等による利益と、顧客にリスクが生ずることの間の利益相反）。

3　判例の総括

　以上のような金融機関の利益相反関係に基づく顧客に対する責任が問題になった判例から窺われることは、①判決が示しているように、利益相反関係に基づく金融機関の責任を、我が国の判例は、英米におけるようにfiduciaryか否かといった形では問題にせず、③判決のように、当該行為を信義則違反、権利濫用、不法行為と認定することにより、又はより多くは⑤～⑦判決のように、利益相反関係にある取引を行うに当っての説明義務違反による不法行為責任という形で問題にしているということである。確かに、判例で問題になった取引における金融機関の立場は、⑦判決が判示するように、金融機関が顧客から一定の権限を授権されていたケースではなく、委任契約の受任者とまではいえない場合である。また④判決が述べるように、事実上、経営上のアドバイスを行っていたからといって、そこから直ちに金融機関に法的義務が生ずるものでもない。

　しかし、金融機関の責任が認められた⑤～⑦の事件は、いずれも金融機関には有利だが顧客に不利益を及ぼすことが明白な取引であり、そのような意味における利益相反関係にありながら顧客に黙って取引を行うことは、信義則に反すると思われるケースばかりである。顧客自身が自ら取引の決定を行ったといっても、当該取引に関し顧客と利益相反関係にあって、当該取引から利益を受ける立場にある金融機関が、そのことを開示しないまま取引に誘引したために、金融機関に比べ情報を有していなかったり、情報の理解能力が劣るために、顧客が、自分に不利益が生じる取引であることを十分に理解できないまま取引を行った場合、顧客の自己責任とはいいにくいであろう。

　⑦判決のように「詐欺と評価されてもやむを得ない」とまで指摘されている事件もあり、そのような場合に金融機関の責任が認められることは当然であろう。金融機関が積極的に欺罔行為を行わず、詐欺とまではいえない場合

であっても、(④と異なり) ⑤や⑥のように、顧客と利益相反関係にある金融機関が顧客と比較して情報の優位にあり、顧客が取引の不利益に気付いていないような場合は、利益相反する金融機関がそのことを知りながら取引に誘引することは、信義則に反するというべきであろう。そのような場合に金融機関としては、取引に誘引するためには顧客の不利益や利益相反関係を開示(説明) しなければならない。その意味で信義則違反が問われた③事件と説明義務が問われた⑤〜⑦事件の問題は共通であり、③事件が説明義務違反で責任を問われることもありえたし、⑤以下の事件が信義則違反を問われることもありえたと思われる。

Ⅵ　総括と我が国における方向性

1　総　論

以上の比較法的検討と我が国の私法規定の検討からは、金融機関が顧客との間で利益相反関係に立つことになっても、受任者、社債管理会社、受託者、金融商品取引業者として、法令上、顧客に対して忠実(善管注意)義務・誠実義務を負う場合を除けば、特に契約に定めないか慣習がない限り、顧客に対し私法上、特別の義務を負うことはないことが原則と考えられる。それが私法秩序がベースにおいている経済的自由主義の考えであろう。ところが信義則違反や不法行為といった一般的な責任原因という形で、我が国の判例上その例外が認められていることは、Ⅴにおいて検討したところである。このような法制をどのように考えるべきかを検討してみたい。

まず何故、委任関係や社債管理関係等に基づいて忠実義務・誠実義務ないし善管注意義務を負う場合は、例外的に金融機関は責任を負うとされるのであろうか。因みに、取締役の忠実義務の経済的な機能について、最近の法と経済学の観点からは次のような議論がなされている[26]。

不完備契約(incomplete contract) 論は、複雑で長期にわたる会社関係(信認関係) においては、受認者のとるべき行動をあらかじめ契約で特定することは不可能であるため、裁判所が事後的に忠実義務によって受認者の行動を

---

26)　以下につき、例えば、藤田友敬「忠実義務の機能」法学協会雑誌117巻2号(2000年) 283頁以下、同「契約・組織の経済学と法律学」北大法学論集52巻5号(2002年) 1884〜1831頁参照。

規律することで、契約の空白を補充する、と考える。例えば、忠実義務の一内容として、取締役が会社の業務を執行するのに当って入手したりした情報は、会社に提供しなければならず、会社に無断で取締役が個人的に利用してはならないという、「会社の機会」の法理があるとされているが、これは複雑で長期にわたる会社関係において、当事者が関係設定時に、将来どの機会を受認者が会社のために取得すべきかを、事前に約定することは困難であるため、裁判所が、事後的に一定の基準に従い、ある機会を会社の機会とすることにより、契約の空白を補充する。全ての機会を会社の機会として会社と受認者の間の取引を促すことは、受認者の投資インセンティブを削ぐことになるため、このような一定の基準の範囲内でのみ、会社の機会とする。

　横領（misappropriation）論は、横領の可能性は株主の期待リターンを減少させ、効率的な投資を妨げる要因になるため、法定のルールに則って受け取る報酬を除き、受認者が情報を含む会社の資産から利益を得ることを禁じる、という理論である。横領を許容することは、受認者の報酬条件に生産性の向上につながらない不確実性を持ち込むことになり、合理的なルールとはなりえないと考える。

　信認義務違反につき資産の無断利用により得た利益の返還を命じる利得返還ルールを設定することにより（いわゆるproperty rule）、本人と受認者の間で明示の効率的な契約を促す機能を持つという指摘もなされている[27]。

　以上のような意義は、取締役の会社との信認関係だけでなく、受任者に裁量権が与えられる委任契約における受任者と委任者の間の関係についても、ある程度妥当するものであろう。それはまた前述した専門家責任の視点からも肯定されるところであろう。専門家に大きな裁量権を与えて委任している委任者は、専門家と比較した情報量の少なさからもその理解能力からも、将来起こりうる利益相反事例における受任者の義務を全て契約で適切に規定しておくことは困難であろうし、また受任者による権限濫用の危険も大きい中で受任者の横領行為を認めることは、上記のような経済的な効率性の観点からも、規範的な観点からも許されることではなかろう。また、利得返還ルール等の信認義務違反に関する効果を認めることが、そのような問題に対処するための事前の契約の締結の促進等のうえで意義のあることと思われる。

---

27)　藤田・前掲注26）法学協会雑誌117巻2号296頁以下参照。

220 第Ⅲ部 金融取引における顧客の保護

しかし、法令上の信認関係や委任契約が存在しない場合にも、金融機関が顧客と利益相反関係にある取引を行う場合に、信義則違反や説明義務違反の不法行為による責任を負うとされるのは何故であろうか。それは信認関係や委任関係といった裁量権限の付与のない、不確実な将来にわたる関係ではない取引であっても、そもそも金融機関には利益でも顧客に不利益な取引であることが明白な取引の場合で、情報の格差のために顧客がそのことを理解していない場合は、そのような利益相反関係を知りながら金融機関がその事実を開示せずに（説明せずに）顧客を取引に誘引することは、信義則に反するし、不法行為になりうるということであろう。その意味でⅤの判例の事案は、信認関係や委任関係が存在する場合と少し類型が異なると考えられるが、やはり金融機関としては避けるべき利益相反取引の類型といえよう。

2　具体的な問題の一部の検討

(1)　シンジケートローンのアレンジャーないしエージェント

シンジケートローンのアレンジャーないしエージェントは、債務者に対し他の多額の債権を有している債務者のメインバンクであることが、我が国では多い。そこでメインバンク等としてその有している債務者に関する情報を参加金融機関等の勧誘時等にどこまで開示する義務があるかが問題になる。また特にエージェントについては、シンジケートローンに優先して自らの債権（あるいは同じくエージェントをしている他のシンジケートローン債権等）を回収することが許されるかとか、シンジケート団のために積極的に保全・回収行為をする義務を負うか、等が問題になる。英米においては、これをアレンジャーないしエージェントが参加金融機関等に対しfiduciaryに該当するか否かという問題として論じられることが多く、英米の間で差もあるが、アレンジャーについてはこれを否定し、エージェントについてはこれを肯定する説が比較的多い。我が国においては、エージェントについては代理人に当ることから、委任契約に基づく信認義務を認める考え方もありうる[28]。しかし、JASLAの契約書は、エージェントについてもそのような義務を否定するような書き方がなされている（JASLA契約書25条）。

この問題については、シンジケートローンについては社債管理会社におけ

---

28)　四宮和夫＝能見善久『民法総則〔第7版〕』（弘文堂、2005年）273頁参照。

るような誠実義務等を定めた会社法 704 条・710 条のような強行法的規定は
なく、その参加者は金融機関等であることからは、契約の自由の原則が妥当
し、JASLA契約書のような契約の下では、原則として上記のような義務ない
し責任が問われることは無いといえよう[29]。但し、金融機関の間の契約に
ついては異論のありうるところであるが、我が国においてはJASLAのような
契約書があったとしても、民法 572 条のような規定もあり[30]、Ⅴで紹介し
たように説明義務、信義則違反ないし不法行為といった一般法原則による義
務や責任をエージェントやアレンジャーは問われる可能性がありうるのでは
なかろうか。その場合、その行為の結果、参加金融機関等に生じうる損害に
ついての彼らの悪意（重過失）がポイントとなりえよう[31]。尤も、JASLA契
約書のような約款によるのではなく、個別の利益相反行為につき参加金融機
関等にきちんと説明してその了解が得られていたような場合は、一般法原則
による義務や責任も問われないというべきであろう（Ⅴの判例も説明義務違
反を問題にしていると見ることができ、個別に適切な説明がなされたうえで顧客
が了解したのであれば、信義則違反にもならないし、不法行為責任も負わないの
ではなかろうか）。

⑵　プロジェクトファイナンスにおけるアドバイザリー業務

　プロジェクトファイナンスにおけるファイナンシャルアドバイザリー
（FA）業務の場合は、FAがアレンジャー（主幹事銀行）も兼ねることが多い
ことから、プロジェクトスポンサーの利益最大化の義務を負うFA業務と、
プロジェクトの債権者となるアレンジャー業務の間で利益相反が問題になる。
この場合、FA業務が権限の裁量性が大きい委任契約に該当すれば、民法 644
条の信認義務・善管注意義務の問題となりえよう。裁量性が低い場合は、委
任契約、民法 644 条の問題ではなく、Ⅴで紹介したような説明義務、信義則、

---

29)　森下哲朗「シンジケートローンの法的問題と契約書」金法 1591 号（2000 年）6 頁
　　以下、同「シンジケート・ローンにおけるアレンジャー、エージェントの責任」上智
　　法学論集 51 巻 2 号（2007 年）68 頁以下。
30)　清原健＝三橋友紀子「シンジケート・ローンにおけるアレンジャーおよびエー
　　ジェントの地位と責務」金法 1708 号（2004 年）13 頁以下。
31)　清原＝三橋・前掲注30) 14 頁、大西邦弘「シンジケートローンにおける参加金融
　　機関相互の法律関係——契約／信認／不法行為」金法 1773 号 19 頁（2006 年）、森
　　下・前掲注29) 上智法学論集 51 巻 2 号 72 頁以下。

222　第Ⅲ部　金融取引における顧客の保護

不法行為の問題となりえよう。

(3)　M&A業務

　金融機関のM&A業務において利益相反が問題とされるのは、一つには過去に融資やアドバイス等の取引関係があった顧客企業に対する買収企業側に融資やアドバイスをすることである。しかし、これは利益相反というよりも、顧客から得た情報の利用の制限や守秘義務に関する問題であり、そのような問題として別に考えられるべきことが指摘されている[32]。

　より純粋な利益相反問題と考えられるのは、金融機関がM&Aに関してアドバイスを行う場合に、顧客以外の利益のためのアドバイスを行うような場合である。これについては顧客との間で金融機関が担う具体的な役割との関係から、金融機関が顧客の利益を優先させてくれるとの合理的な期待を顧客に抱かせるような場合に、金融機関がアドバイスを行ったようなときに、金融機関に信認義務が課せられるという指摘がされているところである[33]。委任契約におけるような裁量権限が金融機関に与えられていなくても、そのような合理的期待を顧客に与えることによって、顧客がアドバイスに依存するような状況にあったときは、裁量権限のある委任の場合と同じように、信認義務を負うと考えられるからであろう。Ⅴで紹介した④判決は、M&Aではなく金融商品の販売に際しての問題であるが、正にそのような合理的な期待を顧客が抱いてしかるべき場合だったか、ということが一つのポイントになった事件であったと思われる。また、④判決で問題にされた、金融機関が顧客のためではなく自己の利益のためにアドバイスを行う危険の大きい成功報酬契約下でアドバイスを行ったという点は[34]、信認義務からは報酬体系の開示がなされることが本来望まれるところである[35]。因みに、金商法41条1項は、金融商品取引業者は顧客のために忠実に投資助言業務を行わなけ

---

32)　森下哲朗「M&A取引における投資銀行の責任」江頭憲治郎先生還暦記念『企業法の理論下巻』（商事法務、2007年）158頁・172頁以下。

33)　森下・前掲注32）161頁以下。

34)　森下・前掲注32）163頁以下参照。

35)　「金融取引における受認者の義務と投資家の権利」金融研究17巻1号（1998年）102頁。なお、Tamar Frankel, United States Mutual Fund Investors, Their Managers and Distributors, in Luc Thevenoz and Rashid Bahar (eds.), Conflicts of Interest: Corporate Governance & Financial Markets, 2007, pp.367 et seq.参照。

ればならないと定めている。

以上のような信認義務が認められる場合以外に、Ⅴの判例で紹介したような、説明義務、信義則、不法行為等により顧客と利益相反関係にある金融機関に義務や責任が生じることは、別にありうるところであろう。それは(1)、(2)の場合と同様と考えられる。

3　対処方法

それでは利益相反が問題となる場合について、いかなる対処が可能であろうか。相手方に適切な情報を開示したうえでその具体的な同意を得れば、利益相反取引もなしうると考えられる。利益相反取引の典型である民法108条も任意規定と解されているし、信託法は31条2項により信託行為の定めや受益者の承認により利益相反行為の禁止を解除しうることを明らかにした[36]。

尤も、信義則違反や不法行為の場合でも相手方の同意があればそれで責任等が否定されるのか疑問がありうるかもしれないが、Ⅴで見たように信義則違反とされた事例も含め、説明義務違反による不法行為の問題としても考えうることからは、個々の利益相反行為につき具体的な説明をして顧客の同意を得ればよいとも考えられる[37]。免責条項の設定や顧客との間の契約により金融機関の業務を限定して義務や責任の範囲を限定することも提言されている[38]。

チャイニーズ・ウォールを設けるという対策については、伝統的な信認義務は、利益相反関係に立つこと自体を禁止していることから、信認義務違反の対策とはなりえないという指摘がなされている[39]。しかし同時に、イギリスFSAのハンドブックの規定のように、チャイニーズ・ウォールを設けて適切に利益相反を管理していれば適法とされるべきであり、私法上も責任を問われないことにすることが望ましいという主張もなされている[40]。少な

---

36)　前掲注35）金融研究88頁参照。
37)　いかなる開示が必要か、同意の形態はどのようでなければならないか等については、森下・前掲注32）165頁以下参照。
38)　森下・前掲注32）167頁以下。
39)　森下・前掲注32）168頁。
40)　森下・前掲注32）170頁、Ross Cranston, Principles of Banking Law, 2nd ed. p. 24 (2002).

224 第Ⅲ部 金融取引における顧客の保護

くとも、チャイニーズ・ウォールが構築されていて利益相反行為を認識なく
して行う場合は、信義則違反や不法行為の故意・過失の認定は難しくなろう。

〔『金融機関における利益相反の類型と対応のあり方』

（金融法務研究会、2010 年）83～102 頁〕

[後記]　本稿は、2010 年 6 月に公表された金融法務研究会の報告書『金融機関
における利益相反の類型と対応のあり方』の最終章（第 5 章）に、報告書全
体の「総括と我が国における方向性」を探る論文として書かれたものである。
そのため本稿における比較法的な検討の部分は、同報告の中の山下友信、
前田重行、森下哲朗、神田秀樹、各教授の比較法的研究論文に多くを負って
いる。

　本稿において取り上げた英米法における fiduciary の概念とその意義について
は、Tamar Frankel 教授の御論文を多く引用したが、本稿刊行後、同教授は
fiduciary に関する御研究を纏めて、Tamar Frankel, Fiduciary Law, Oxford Univ.
Press, 2011 を刊行されている。

　本稿の後の注目すべき判例としては、最判平成 24・11・27 判時 2175 号 15
頁がある。シンジケートローンの債務者 A が経営破綻して損害を被った債権
者（金融機関）X らが、同ローンのアレンジャーである金融機関 Y が債務者
に関する情報提供を怠ったために損害を被ったとして、アレンジャーを被告
に損害賠償請求した訴訟である。このシンジケートローンの参考案内資料には、
留意事項として、資料に含まれる情報の正確性・真実性について Y は一切の
責任を負わないこと、資料は必要な情報をすべて包含しているわけではなく、
招へい先金融機関（X ら）で独自に A の信用力等の審査を行う必要があるこ
となどが記載されていた。A から Y の担当者は直前の決算書に不適切な処理
があり、A を債務者とする他のシンジケートローンにおいてはその旨が各参
加金融機関に書面で通知されたこと等を聞かされたが、Y はその情報を X ら
に一切告げることなく、本件シンジケートローンの組成・実行手続きを継続し、
アレンジャーとしての手数料収入を得た。本件シンジケートローンにより調
達された資金の一部は、A の Y に対する債務の弁済に充てられている。

　最高裁は、以下のように判示して、X の請求を認容した原審判決（名古屋
高判平成 23・4・14 判時 2136 号 45 頁。第一審の名古屋地判平成 22・3・26
判時 2093 号 102 頁は X らの請求を棄却した）を支持し、上告を棄却した。即ち、
「……本件情報は、A の信用力についての判断に重大な影響を与えるもので

あって、本来、借主となるＡ自身が貸主となるＸらに対して明らかにすべきであり、Ｘらが本件シ・ローン参加前にこれを知れば、その参加を取り止めるか、少なくとも上記精査の結果を待つことにするのが通常の対応である……これらの事実に照らせば、アレンジャーであるＹから本件シ・ローンの説明と参加の招へいを受けたＸらとしては、Ｙから交付された資料の中に、資料に含まれる情報の正確性・真実性についてＹは一切の責任を負わず、招へい先金融機関で独自にＡの信用力等の審査を行う必要があることなどが記載されていたものがあるとしても、Ｙがアレンジャー業務の遂行過程で入手した本件情報については、これがＸらに提供されるように対応することを期待するのが当然といえ、Ｘらに対し本件シ・ローンへの参加を招へいしたＹとしても、そのような対応が必要であることに容易に思い至るべきものといえる。また、この場合において、ＹがＸらに直接本件情報を提供したとしても、……ＹのＡに対する守秘義務違反が問題となるものとはいえず……そうすると、本件シ・ローンのアレンジャーであるＹは、本件シ・ローンへの参加を招へいしたＸらに対し、信義則上、本件シ・ローン組成・実行前に本件情報を提供すべき注意義務を負うものと解するのが相当である。そして、Ｙは、この義務に違反して本件情報をＸらに提供しなかったのであるから、Ｘらに対する不法行為責任が認められる」。

　なお、本判決には田原睦夫判事の以下のような補足意見がある。即ち、「アレンジャーとシンジケート・ローンへの参加を希望する金融機関との間には、契約関係は存しないが、アレンジャーはシンジケート・ローンへの参加を呼び掛けるに当っては、一般にアレンジャーとしてその相手方に対して提供が求められる範囲内において、誠実に情報を開示すべき信義則上の義務を負うものというべきであり、殊にアレンジャーがその業務の遂行過程で得た情報のうち、相手方が参加の可否を判断する上において影響を及ぼすと認められる一般的に重要な情報は、相手方に提供すべきものであり、それを怠った場合には、参加希望者を招聘する者としての信義則上の誠実義務に違反するものとして、不法行為責任が問われ得ると言える」。

金融機関のグループ化と守秘義務

　ただいまご紹介にあずかりました東京大学の岩原でございます。前田庸先生からご説明いただきましたように、全国銀行協会に設けられました金融法務研究会において行ないました研究成果でございます「金融機関のグループ化と守秘義務」についてこれからお話をさせていただきたいと思います。

　先ほど前田先生からご説明がございましたように、本来はこれは全国銀行協会の金融法務研究会の第1分科会の成果でございますので、そのメンバー全員が報告するのが筋でございますが、といってここの上に5人も6人も並ぶわけにはまいりませんので、便宜、私からご説明させていただくということでお許しいただきたいと思います。

　我々の研究成果は、『金融法研究・資料編⒅』にその本文が掲載されております。そのほかに、我々の研究成果は資料編を含めたかなり厚いものでありますが、この資料編の方には本文の方だけを収めております。そこできょうは、この資料編に収めました本文の中で、比較法を除いた我が国に関する部分をいわば読み上げる形でご報告させていただきたいと思います。ただ、その後若干の変化等がありますので、それについては少し修正してお話をさせていただきたいと思います。

　それでは、資料編をお持ちの方は3頁のところをご覧いただきたいと思います。

　金融機関は、その取引を通じて顧客情報を得る機会が多い上に、とくに与信業務のために、顧客の信用情報等を集める必要も大きいわけです。このように金融機関は必然的に顧客情報に関わるわけでありまして、それは個人顧客のプライバシー保護の問題や、顧客事業者の営業上の信用の保護の問題を生じる可能性が大きいことを意味しております。この顧客情報の中には、顧

客が取引関係等を有している第三者に関する情報も含まれているわけでありまして、これら第三者の情報についても同様の情報保護の問題が出てまいります。

このような問題の中でも大きな問題となっておりますのが、金融機関等が得た顧客情報の第三者への提供の問題でございます。多重債務問題の解決に資するために業態の枠を超えてどこまで個人信用情報を提供し合えるかという問題がその１つの例でございますが、これとともに最近クローズアップされておりますのが、金融機関のグループ化に伴う顧客情報の提供の問題でございます。平成10年独禁法改正による純粋持株会社の解禁、平成11年商法改正によります株式交換・株式移転制度の創設によりまして、金融機関等における持株会社の設立が進んでいること、平成12年商法改正により会社分割制度が創設されたこと、そして金融機関の主要株主に非金融機関がなることができるという金融機関への異業種参入が活発化し、またそれが銀行法によっても認められたことに伴いまして、金融機関が関連会社あるいは支配株主に顧客情報を提供してよいかということが切実な問題になっているわけでございます。とくに、流通業などの金融以外の異業種の関係会社や支配株主が、個人信用情報などをマーケティング等、与信目的以外で利用するために、金融機関から顧客情報を提供するということの是非が問題になっております。本日の報告におきましては、この金融機関のグループ化に伴う金融機関の守秘義務の問題を検討することにしたいと存じます。

第一章　我が国における金融機関の守秘義務問題の経緯

一　金融機関における守秘義務の問題

　1　信用調査

金融機関の顧客情報との関わりは、その収集と入手した情報の管理の両面において問題になります。顧客情報の収集における問題が、いわゆる信用調査の問題であり、顧客情報の管理の問題が、金融機関の守秘義務の問題であります。本報告は後者の問題を取り上げるわけでありますが、信用調査の問題も先に簡単に概観しておきたいと思います。

金融機関が顧客に信用を提供するのにあたりましては、顧客の信用度に関する情報を得る必要があり、各種の信用調査が行なわれます。銀行間では相互に取引先信用調査照会を行なっておりますし、とくに消費者の信用度につきましては、全国銀行個人信用情報センターが開設されて、個人顧客の信用

情報の収集および会員金融機関への情報の提供を行なっております。同様の機能を果たす業態別信用情報機関として、貸金業者による全国信用情報センター連合会、クレジット業者によるCICがございまして、部分的な業態横断的信用情報機関としてセントラル・コミュニケーション・ビューローがございます。そして、業態別の信用情報機関の間で、過剰与信および多重債務の防止の観点から、ネガティブ情報の交流を図るために、各業態別信用情報機関とその母体機関が三者協議会を構成しまして、CRINと呼ばれるものを運営しております。

このような信用調査、およびそれらによって金融機関が得た顧客の情報の管理をめぐりまして、顧客のプライバシー保護の問題が生じております。プライバシーの権利とは、憲法13条が保障しております人格権の1つであり、「私生活をみだりに公開されないという法的保障ないし権利」というふうに一般に理解されておりますが、最近では、「自己に関する情報をコントロールする権利」という考えが有力になっております。このような考え方からは、金融機関による信用調査について、プライバシーとの関係で以下のような点が問題になります。第1に、信用調査の方法がプライバシーの侵害にならないか。第2に、信用情報が不正確であったり、古いものであったりするために、顧客が与信を不当に拒絶されるなどの不利益を被るおそれがないか。第3に、信用情報が顧客の意に反して本来の目的外に使用されることは許されないのではないか、といったことでございます。

2 銀行秘密

そこで、次に銀行秘密の問題でございますが、信用調査が金融機関が顧客の情報を収集しようとする活動であるのに対しまして、金融機関が顧客との取引等を通じて得た情報を他人に漏らしてよいか否かという守秘義務の問題は、従来は銀行秘密の問題として論じられてまいりました。学説は、「銀行その他の金融機関は顧客との間になした取引およびこれに関連して知り得た情報を正当な理由なくして他に洩らしてはならない」義務として、銀行秘密を捉えてまいりました。その根拠としては、それが金融界の長年の慣習になっているという商慣習説、銀行が社会共同生活の一員として負っている信義誠実の原則に基づく義務であるとする信義則説、銀行取引契約において付随的に明示あるいは黙示に秘密保持の契約が結ばれているとする契約説等がございます。

そして銀行実務におきましても、顧客情報を例えば個人信用情報センターに提出するのにあたりましては、あらかじめ登録同意文言を取ることにしております。ただし銀行は、銀行間の取引先信用調査照会におきましては、顧客の同意を得ることなく情報の提供を行なっております。具体的には、顧客の正味資産、同業者間の地位、業況、預貯金の種類、過去における手形事故、手形決算見込み、等の顧客の信用情報について、全国銀行協会のいわゆる「信用調」と呼ばれる様式統一に関する要綱では、以下のようになっています。「ギブ・アンド・テークの精神で相互に腹蔵なく情報を交換するとともに、その結果に対して責任の追及または秘密の漏洩のないこと」としています。この「信用調」につきましては、顧客の黙示の承諾を理由に顧客への拘束力を認める説がある一方、顧客はそのような慣行を承知しているとは限らないとして、疑問を出す説もあって、議論のあるところでございます。

3　法制および判例・学説の現状

これらの問題に関しまして、法律レベルで何か規定があるかと申しますと、それはほとんどございません。わずかに広義の金融業に関しまして、割賦販売法42条の4第1項および貸金業法30条2項が、割賦販売業者および貸金業者が信用情報機関等から得た信用情報を購入者や資金需要者の支払能力の調査以外の目的で利用してはならない旨を定め、割賦販売法42条の4第2項が、信用情報機関が会員に正確な信用情報を提供するように努めなければならないとしております。これに基づき、通達、事務ガイドラインにより、割賦販売業者および貸金業者の設置に関する信用情報機関のあり方について指針が示されております。これを受けて各信用情報機関は、その運営に関する規約等によってその収集する情報の管理や顧客の権利等につき、いわゆる自主ルールを制定しております。

それでは金融機関に関係する法規制の中で顧客情報に関するものはないかとより広く規則まで見てみますと、わずかに金融機関と証券会社の間の不公正な取引の規制等を目的とするいわゆるファイヤーウォール規制の中にこれに関するものが見られます。すなわち、証券取引法45条3号（金融商品取引法44条の3第1項4号）に基づく証券会社の行為規制等に関する内閣府令の12条7号（金融商品取引業等に関する内閣府令（以下、「金商業府令」と略す）153条1項7号）は、証券会社（有価証券関連業を行う金融商品取引業者（第一種金融商品取引業を行う者に限る））またはその取締役、監査役もしくは使用

人が（現在は、「または」以下は規定されていない）、証券の発行者または顧客（発行者等）に関する非公開情報を、その親法人等もしくは子法人等から受領すること、または彼らに提供することを、原則として禁止しております。ここで「親法人等若しくは子法人等」として主に想定されているのは、金融機関でございます。金融機関が、その子法人もしくは親法人である証券会社に、証券の発行会社または証券会社の顧客に関する非公開情報を提供することが、原則として禁止されているわけでございます。実際に念頭に置かれておりますのは、金融機関が顧客情報を子証券会社や親証券会社に提供することでありましょう。そのような情報提供によって、金融機関と子法人または親法人の関係にある証券会社が、そうでない証券会社より優位な地位に立つことを防ごうとしたものと考えられます。

このように、この規制は特殊な場合を対象にしたものに過ぎませんが、注目されますのはこの規制の例外の定め方であります。すなわち、第1に、非公開情報の提供につき、事前に当該証券発行者または（証券会社の）顧客の書面による同意がある場合、第2に、金融機関の同一人に対する信用の供与等の額および合算信用供与額など限度額を算出するために提供する場合が（例えば銀行法13条2項）、例外とされております（金商業府令153条7号イ・ホ。現在では、その他、同号ロ・ハ・ニ・ヘ・ト・チ・リの例外が認められている）。情報主体の同意があるか金融機関の財務の健全性を図るリスク管理目的があれば、例外が認められるとされているわけです。

また、同条8号は、証券会社とその親銀行等または子銀行等との間で情報の伝達が行なえないような規制を行なっております。すなわち、両者の間で電子情報処理組織を共有することを禁止しながらも、両者の間で情報の伝達が行なえないよう措置されているものを除いているわけであります。その次に書いてあるところ（『資料編⒅』7頁19行目（「また同号が、……」）〜21行目）、これは実は先月、内閣府令が改正され削除されましたので、文章も削除していただきたいと思います。

その次のパラグラフに行って、さらに、信託銀行関係の金融庁の事務ガイドラインは、信託業務を営む銀行と親銀行、親証券会社、親保険会社との間でのコンピュータ設備の共用は、それぞれの端末から他行への情報のアクセスができないようなシステム設計がされていなければならないとし、ディーリングルームの共用は禁止されています。そして、顧客に関する非公開情報

の伝達は、顧客の書面による事前の包括的な同意があれば可とする、ともしているわけでございます。

なお付け加えますと、これも法令ではありませんが、金融検査マニュアルは、その「システムリスク管理態勢の確認検査用チェックリスト」の中で、「法的に許される場合及び顧客自身の同意がある場合を除き、原則として顧客データを第三者に開示することを禁止しているか」といったチェック項目を定めています。

ここから少し飛びまして、8頁の二の「制度改革への動き」、1「多重債務問題」の最初のところにまいりたいと思います。

二　制度改革への動き

1　多重債務問題

このような現状に対して、制度整備の動きが見られます。第1に、多重債務者問題に関する動きがあるということが書いてありますが、そこは省略しまして、次の2の「個人情報のマーケティング目的による利用」というところに進みたいと思います。

2　個人情報のマーケティング目的による利用

個人情報のマーケティング目的による利用の問題に関しましては、「個人信用情報保護・利用の在り方に関する懇談会報告書」が、与信業者がダイレクトメールの送付等の与信目的以外に個人信用情報を利用することを認めるが、情報主体の同意を前提とし、情報主体がダイレクトマーケティングを希望する場合に限ることが望ましく、情報主体が中止を求める場合には中止する措置を取るべきであるという報告をしています。これに対してFISC（金融情報システムセンター）の「金融機関等における個人データ保護のための取扱指針」は、金融機関等は個人データの収集に関して、個人データの利用目的または提供の目的を明確にし、顧客の同意を得るものとしておりまして、信用情報機関への情報の提供等の場合には明示的な方法により顧客の同意を得ることとしております。しかし、ダイレクトマーケティングの目的で利用する場合については、顧客が個人データの利用または提供の目的について同意しているものと見ることができるといたしまして、明示的な方法による同意を要求しておりません。ただ、顧客がダイレクトメールや電話による勧誘の中止を求めるときは、それを中止すべきだとして、その旨をパンフレットやダイレクトメール等に記載することにしております。情報の利用につき原

則としてこれを認めながら情報主体に拒否権を認めるという、いわゆるアメリカでいうopt‐outの原則を採ったものでございます。これに対し、情報主体が同意しない限り情報の共有あるいは利用を認めないという原則を、アメリカではopt‐inの原則と呼んでおります。

3 個人情報の保護に関する法律案

このような中で、政府の情報通信技術（IT）戦略本部個人情報保護法制化専門委員会は、平成12年10月に「個人情報保護基本法制に関する大綱」を策定いたしました。それに基づき平成13年3月には「個人情報の保護に関する法律案」（以下、「法案」と略す）が国会に提出され、継続審議になっており、また現国会にかかっているわけであります（編注：その後廃案となり、修正の上、平成15年通常国会に再度提出され、平成15年法律57号として成立した）。法案は、個人情報取扱事業者は、個人情報を取り扱うのにあたって、その利用目的を明確にし、当該利用目的の範囲内で個人情報の取得、処理その他の個人情報の取扱いを行なわなければならないこと、合理的範囲を超えて利用目的を変更してはならないこと、個人情報取得の際に本人に利用目的を通知するか公表しなければならないこと、個人情報を正確かつ最新の内容に保つべきこと、個人情報の保護のために必要な措置を講じなければならないこと、等を定めるとともに、個人データを第三者に提供することを原則として禁止しながらも、あらかじめ本人の同意がある場合、および生命、身体または財産の保護のために必要がある場合であって、本人の同意を得ることが困難であるとき、等を例外としますほか、以下の3つの場合にさらに例外として第三者への提供を認めております。すなわち、第1に、個人情報取扱事業者が利用目的の達成に必要な範囲内において個人データの取扱いの全部または一部を委託する場合、第2に、合併その他の事由による事業の承継に伴って個人データが提供される場合、第3に、個人データを特定の者との間で共同で利用する場合であって、その旨ならびに共同して利用される個人データの項目、共同して利用する者の範囲、利用する者の利用目的および当該個人データの管理について責任を有する者の氏名または名称について、あらかじめ、本人に通知し、または本人が容易に知り得る状態に置いているときが例外とされております。

この中で、本日の報告との関係でとくに注目されますのは、法案28条4項2号（現行個人情報の保護に関する法律（以下、「個人情報保護法」と略す）23

条5項2号）が、合併その他の事由による事業承継に伴って個人データが提供される場合に、第三者への個人情報提供を認めている点でございます。それとともに、同じ企業グループに属する企業に個人情報を提供する場合も、第三者に提供する場合一般ととくに区別せず、原則として本人の同意を要求していることや、本人に通知または公表すれば本人の同意を不要としている点も注目されるところであります。いわばopt－inの原則を採りながら、実質的にはほとんどそれを緩めているとも言えるわけでございます。これからはこの法案をベースに個人情報保護に関する法制の整備が行なわれていくものと考えられますが、その際に金融機関の守秘義務に関して具体的にいかなる方向が採られるべきかということを、以下、検討したいと思います。

そこで、『資料編』の49頁をご覧いただきたいと思います。我が国における解釈論・立法論のところに入りたいと思います。

第三章　我が国における解釈論・立法論

一　金融機関の守秘義務を考える視点

以上の我が国におきます議論や、省略いたしました各国の法制などを踏まえて考えますと、金融機関の顧客情報の守秘義務、とくに金融機関のグループ化をめぐる問題については、いくつかの視点があり得るように思われます。

第1に、保護されるべき顧客情報は、個人顧客の情報だけかという問題であります。EU諸国では、1995年の個人データ保護に関するEC指令を受けまして、個人情報保護として法制化がなされております。またアメリカも、GLB（グラム・リーチ・ブライリー）法は非公開個人情報につき規定しておりまして、連邦公正信用報告法も消費者すなわち個人を保護対象にしております。しかし我が国においては、従来銀行秘密の問題は、個人情報に限らず企業情報についても同じように論じられてきたところでございます。企業にとりましてもその信用情報などがみだりに漏洩されますと、損害を被ったり企業としての存続すら危なくなることがあり得るわけであります。したがって、企業の信用情報等についても保護が必要であると思います。しかし、個人情報とは保護の強さに違いがあって然るべきことは当然でございます。なお、この場合の個人を、ドイツの銀行普通取引約款は、商人ではない個人に限定して規定しておりますが、それと同じように考えるべきかということですとか、あるいはドイツの約款は、法人以外の団体は商人ではない個人と同視した扱いになっておりますが、そのような扱いが適当かといったような問題も

存在します。ちなみに、ドイツ以外の国においては、個人を商人と非商人に分け、非商人たる個人についてのみ個人情報保護の対象とするといったような法制は見当りませんし、法人以外の団体は個人情報保護の対象とは考えられていないようでございます。

　第2に、情報の性格によっても保護の程度に差があるべきであると考えられます。当然、保護の対象になりますのは非公開情報だけであります。またドイツやイギリスなどで論じられておりますように、非公開情報の中でもとくに保護の必要が強いのは、いわゆるセンシティブ情報と呼ばれるものでございます。センシティブ情報は、個人の内部領域、生活領域における秘密でありまして、いわばプライバシーの権利の中核をなすものであります。憲法13条が保障している人格権の1つとしての保護を受けることになると思います。イギリスの銀行協会の勧告は、少なくともセンシティブ情報については、顧客の明確な同意なしに提供したりすることは許されないとしておりまして、我が国でも同様に考えられるのではないかと思います。これに対して営業情報、取引情報は、経済取引上の問題であり、いわば憲法29条の財産権保護の問題であると考えられます。センシティブ情報に比べれば保護が弱いと考えられますが、顧客は普通それらの情報についてもみだりに漏洩されないことを期待しているものと考えられることから、金融機関とその顧客の間の契約の解釈として、通常はそれらの情報に関しても、金融機関による保護が合意されていると解されることになると思われます。なおこういった情報の性格は相対的なものでありまして、例えば信用情報は、個人顧客にとってはセンシティブ情報でありますが、事業者にとっては経済取引上の問題になるというふうに思われます。

　第3に、情報の利用目的によっても、守秘義務の扱いは異なると考えられます。例えば、リスク管理目的で利用するのであれば、金融機関は当然に自ら有しているその情報を用いることができると考えられますし、グループとしてのリスク管理が必要とされていることからは、グループ内での利用も、条件を付すことはあり得るかも知れませんが、認められることになるのではないかと思います。これに対して、営業推進目的で情報を利用することは、たとえ金融機関内部の利用であれ、限定があり得ると考えられますし、グループの企業にそういった情報を提供することは、慎重たるべきであろうと思われます。

二　金融機関のグループ化と守秘義務

1　基本的なアプローチ

先の比較法的な検討でこれは検討したところでありますが、金融機関のグループ化に伴う守秘義務の扱いについては、EUとアメリカで基本的なアプローチの差があります。すなわち、EUにおいてはプライバシーの保護が優先され、EC保護指令に従い、加盟各国において、個人信用情報だけでなく個人情報一般の保護のための立法および監督機関による保護が加えられまして、企業グループ内であっても情報主体の同意なくして個人情報の共有はできないとされております。これに対してアメリカにおきましては、公正信用報告法上の規制を除けば、むしろ個人信用情報の経済的活用という観点が重視され、個人情報一般の保護というプライバシー保護の観点はやや弱い感じがいたします。法律と監督機関による保護に代わって、開示のもとでの企業の自主規制が強調されます。そして企業グループ内における個人情報の共有は自由とされております。我が国においてはどのようなアプローチを採るべきかという基本的な問題があると思います。

EUが、第三者への個人情報提供を、それが関連会社に提供されるものであるか否かを問わずに、本人の同意が必要な行為としておりますのは、プライバシーの権利を個人の人格権と捉える立場からは、本人による自らの情報のコントロールに必要な当然のことと思われます。これに対してアメリカのGLB法が、関連会社への個人情報の提供について制限を加えていないのは、制限を加えると金融機関本体で業務を行なうか関連会社で当該業務を行なうかといった組織形態の選択に制約を加えることになり、経済的な効率性を害するおそれがあるということであろうと推測されます。個人の人格権を優先させるのか、個人情報の経済的な活用を重視するかという、いわば根本的な選択の問題が示されていると思います。

2　関連会社との個人顧客情報の共有

法案は、アメリカのGLB法のような、金融機関は関連会社に対して個人情報を自由に提供してよい、という立場は採っておりません。むしろEUのように、企業グループ内であっても、本人の同意なくして個人情報の共有はできないという原則を採っているものと見られます。そこで本報告もこの立場を前提にそれを具体化する検討を行なうこととしたいと思います。

なお、こういう第三者に提供できるかどうか、あるいは企業グループと言

うときにどういった範囲をグループとして認識していいか、その本体、金融機関本体というのは一体どの範囲かということについては、解釈的に問題があり得るように思われます。あとで申し上げますが、顧客情報の保護を、営業単位で考えるという立場を徹底していきますと、例えば企業グループ内の複数社で1つの営業単位を形成しているとすれば、当該複数社間では自由に顧客情報を利用できるようにするという考え方もあり得ると思います。しかし現在のところは、法人格が顧客との契約の単位となっていること、あるいは複数の会社によって1つの営業単位が形成されているということを事実認定することが実際上非常に難しいことなどを考慮いたしますと、関連会社との間でも同一の営業単位を形成することがあり得るとしても、現在の個人情報保護法案と同じように、そのような関連会社への個人情報提供も一応本人の同意を要するということを前提に考えていきたいと思います。

　なお、EU諸国においても、例外的に本人の同意なくして企業グループ内の他社に個人情報を提供することを認める考えがございます。例えばイギリスでは、Jack委員会の報告書や、高名な金融法学者でありますGoodeの学説などは、銀行およびその銀行子会社を損害から保護するという特定の目的のために合理的に必要な範囲に限定して、同じグループの銀行間での顧客情報の提供を顧客の同意なしにも認めております。これに対し、マーケティング目的のために銀行がグループ内の他社に顧客情報を提供することについては、イギリスの銀行協会の勧告書も、顧客の明示的な同意を得るか、顧客の要求に基づくことを求めております。

　またドイツにおきましては、連邦データ保護法が、データ蓄積機関が個人情報を伝達もしくは利用し得る場合といたしまして、データの蓄積機関の正当な利益維持のために必要であり、本人側のそれを排除することの利益が明らかに優越していると考える根拠がない場合には、個人情報を伝達・利用できるとしております。ここでいう「正当利益」にいわゆるコンツェルン利益、つまり企業グループとしての利益が含まれるという解釈もドイツにはございます。したがって、コンツェルン内において本人の同意なく個人情報の伝達が許される余地があり得ると考えられます。同じく、情報の伝達を受ける側の第三者の正当な利益の維持または公共の利益の維持のために必要であり、本人側のそれを排除をすることの利益が明らかに優越する場合でないときにも、本人の同意なく当該第三者に伝達することが許されるとされております。

これもコンツェルン内における本人の同意のない個人情報伝達の根拠になると思われます。

　しかし、ドイツにおきましては、このような本人の同意のない個人情報の伝達というものは、あくまで例外と考えられているようでありまして、連邦データ保護法上の可能性にかかわらず、実際上は顧客の同意に基づいてコンツェルン内における顧客情報の利用・伝達を行なっているようでございます。イギリスにおきましても、マーケティング目的の顧客情報の利用の場合は、グループ企業間の伝達でも顧客の同意を求めております。ただ、損害防止目的のときには顧客の同意がなくても許されるという考え方が有力なようであります。したがいまして、我が国におきましても、同一グループ間でも個人顧客情報の提供が許されるのは、顧客の同意があることが原則で、例えば金融機関としてのリスク管理のために必要な範囲でグループ企業間で個人顧客情報を伝達するようなときに限って、顧客の同意がなくても原則として個人顧客情報を提供することを認める余地があるのではないかと考えます。

　平成10年銀行法改正は、関連会社を含めた銀行グループとしてのリスク管理を要求いたしました。銀行グループとしてのリスク管理のためには、グループ内において顧客情報を共有する必要がある場合があると考えられます。その場合、ドイツ連邦データ保護法におきますように、銀行が個人情報を伝達する側に立つ場合と伝達を受ける側に立つ場合の双方につき、情報提供にいわゆる正当なコンツェルン利益がある場合として、本人の同意のない顧客情報の提供が認められ得るのではないかと思われます。すなわち、リスク管理に必要な情報の銀行の関連会社である証券会社や保険会社から銀行への提供が認められるほかに、逆に銀行からそれら関連会社への提供も、銀行グループ全体のリスク管理に必要であれば認められるのではないかと考えます。また、法案のもとで申しますと、28条1項1号の「法令に基づく場合」（個人情報保護法23条1項1号。この法令としては、銀行法14条の2第2号・24条2項・3項・25条2項・5項・52条の3・52条の9・52条の15・52条の16等の例が考えられます）、または同項2号の「人の……財産の保護のために必要がある場合であって、本人の同意を得ることが困難であるとき」に該当する場合があるのではないか。そういう場合として個人情報の提供が認められる場合があるのではないかと思います。ただし、それはあくまでも銀行グループとしてのリスク管理に必要な範囲に限られますし、当該情報がセンシティブ

情報であるかなど、顧客側の秘密保護の必要性との比較考量によるべきであるということは、ドイツの連邦データ保護法の場合と同様と考えられます。

なお、金融機関の関連会社には金融機関の影響力が及び、その金融機関を通じて金融監督当局の監督が及び得るということを理由に、リスク管理目的などの限定なしに、顧客情報を本人の同意なく関連会社と提供し合っても問題がないのではないかというお考えがあるかも知れません。とくに問題になりますのは、流通業などの異業種が金融機関の支配株主となり、金融機関が有している顧客情報を親会社のマーケティング目的などで利用することでございましょう。確かに、平成13年銀行法改正によりまして、銀行の主要株主になるという形での異業種参入については、監督当局による認可が必要であり、主要株主に対する報告義務・立入検査・措置命令・改善計画の提出命令・認可取消しなどの制度が定められました。また銀行の子会社についての監督・検査権限も定められております。しかし実際のところこれらの権限には限界がございますし、顧客情報の管理・利用といった銀行とその関連会社の日常的な業務をどこまでチェックできるかということには、疑問があるところでございまして、これらの監督当局の権限だけを理由に、一般的に金融機関と関連会社の間の顧客情報の提供を認めるということには疑問があるのではないかと考えられます。

3　企業の組織変更と守秘義務

個人情報保護基本法制に関する大綱は（法案のベースになりました大綱でありますが）、広義の企業の組織変更の際の個人情報の引継ぎについては、営業譲渡、分社等により資産の一部として個人データを引き継ぐ場合には、あらかじめ本人の同意がなくても第三者に提供できるとしております。したがいまして、法案の方で申しますと、28条4項2号（個人情報保護法23条5項2号）が個人データの提供を受ける第三者から除いております「合併その他の事由による事業の承継」という場合の中に、これら営業譲渡、分社等も含まれることが予定されているのではないかと考えます。秘密を扱う営業部門と一体として営業譲渡、分社の対象として個人情報を提供するときは、本人の同意なしに提供できるということでございましょう。

確かに、個人情報を利用できる範囲は、個人情報が収集・蓄積されます営業単位ごとに考えることを原則とすべきだと考えます。大綱のいうように、そのような部門が営業譲渡、分社によって他の企業に移転されたり独立した

ときは、それに伴って、当該部門に収集・蓄積されました個人情報も移転することになると思われます。いわば営業と不可分の一体であり、併せて移転しないとそういったものの移転の意味がございませんし、本人としても一体として情報が移転されてもとくに問題が生じることはないからでございます。これに対し、個人情報が収集・蓄積される営業部門以外の部門を営業譲渡や分社によって分離するときには、それに伴って当然に収集・蓄積した個人情報を移転できるものではないと考えます。さらに申しますと、たとえ同一企業内に属するといっても、ある営業部門が収集・蓄積した個人情報を当然に他の営業部門に伝えて利用させてよいかということにも、実は問題があると考えております。その典型例が、信託銀行におきます信託部門と銀行部門の間に設けられ、信託勘定同士の間でも設けられておりますファイヤーウォールでございます（「信託会社等に関する総合的な監督指針」Ⅲ－2－4(1)①・Ⅲ－5－5参照）。信託部門はその受託者としての信任義務から、信託勘定に関する顧客（受益者や委託者）の秘密を他の銀行部門や他の信託勘定の担当者に漏らしてはならないと考えられます。

　この営業部門ごとに顧客情報の移転を考える考え方は、営業譲渡や分社以外の広義の組織変更についても及ぼされるべきだと考えられます。法案がとくに合併だけを第三者への個人データ提供規則の例外として挙げましたのは、合併は包括承継であって第三者への顧客情報の移転に当たらず、当然に顧客の同意なしに顧客情報を存続会社に引き継ぐことができると考えたのかも知れません。しかし、合併の際に顧客の同意なく顧客情報の移転ができるのは、包括承継に伴い情報を蓄積している営業部門が移転されるために、情報もそれに伴って移転するということであると思われます。ドイツでは合併は情報の第三者への移転であるとする説がむしろ有力でありまして、ただドイツ連邦データ保護法の解釈として、合併による組織変更の目的および組織変更によって引き継がれる法律関係の効果的な維持という組織変更法の趣旨に基づき、それに必要な範囲でのみ、情報の移転・利用が許されるという考え方がなされております。そして少なくとも移転時点では、当該情報につき同一の使用目的でなければならず、同じようなデータ保護法上の義務を負うと解されております。我が国の合併の場合も、ドイツと同様に考えるべきではないかと思われます。法案21条2項（個人情報保護法16条2項）は正にそのような考えを採った規定ではないかと考えております。

なお、ある会社もしくはその一営業部門が、同一企業グループ内の別会社と１つの営業単位を形成しているような場合のこういった問題につきましては、先ほど申し上げたところでありますので省略いたします。

4　顧客の同意の採り方

　法案は、第三者への個人情報提供に本人の同意を要しないという例外を、合併など以外の場合にも認めております。その中でも金融機関のグループ化の関係でとくに問題になりますのが、法案28条４項３号（個人情報保護法23条５項３号）の「個人データを特定の者との間で共同して利用する場合であって、その旨並びに共同して利用される個人データの項目、共同して利用する者の範囲、利用する者の利用目的及び当該個人データの管理について責任を有する者の氏名又は名称について、あらかじめ、本人に通知し、又は本人が容易に知り得る状態に置いているとき」という場合でございましょう。このような形でグループ会社の間で個人情報を相互に利用することが可能であり、本人の同意を取らなくても、本人への通知または公表で足りるわけであります。通知または公表でもって同意の手続にいわば代えたものと言えるかと思います。アメリカで言うところのいわゆるopt-inの原則を形の上では取りながら、実質的には、opt-outの原則に近いことを認めていると思われます。

　このことは、同意を要求するといってもどこまで具体的な同意を要求するか、という問題と連続した問題であると考えられます。非常に抽象的な同意で足りるのであれば、通知または公表をしてそれに異議が出されなければ、それで本人の同意があるとみなす考え方もあり得ると思われます。法案は本人の同意という以上のことは何も述べておりませんが、どこまで具体的な同意手続を要求するかは、非常に大きな問題でございます。個人顧客の場合、大綱が許すような一種のみなし同意で足りるのか、顧客情報を共有する旨の公表手続で足りるというのはやや緩やかすぎないか、という疑問があり得ると思います。イギリスの政府の金融法務に関する問題点を検討したJack委員会の報告書は、この問題を取り上げまして、いわゆるtacit form、黙示による同意に条件を付しております。これはどのような条件かと申しますと、第１に、顧客が明確にそれが要求されている目的に気付いていること、第２に、顧客が同意をするかしないかが自由であることを知らされていたが、顧客が合理的期間内に銀行に同意を与えたくないと通知しなかったときは同意した

とみなされるということを銀行が示し得る場合に限って、こういったいわば黙示の同意を認めるということをJack委員会報告書では述べております。こういった考え方が我が国でも参考とされるべきではないかと思われます。

　5　企業顧客情報の保護

　なお、企業である顧客について、顧客情報の保護はどのようにされるべきか、これまた大きい問題で、我が国は実際この方が銀行実務では問題が大きいかも知れません。そういった場合の顧客情報の保護は、プライバシーといった人格権を保護するためのものではなく、あくまで企業の経済的利益を守るためのものであり、基本的に契約や慣習の問題として処理されると考えます。したがって、企業顧客の情報に関しては、契約や慣習で禁じられてはいないと解釈できる場合であれば、当該企業の経済的な不利益が生じない形であれば、その利用や第三者への提供は許されると考えます。

　それでは具体的に、金融機関が第三者に企業顧客情報を提供することはいかなる場合に許されるかということを考えてみたいと思います。これはまず情報の性格いかんによるものと思われます。当該企業顧客情報が、漏洩すると当該企業の評判が落ちるとか、あるいは営業上の秘密になっていて、それが漏洩すると経済的損失が発生するような場合で金融機関もそのことを知り得る場合であれば、とくに明示されていなくても、それらの不利益が発生する危険がある情報の提供は、契約上許されないと解釈すべきではないかと思います。しかし情報が企業の評判や営業上の秘密に関わるものでなければ、提供してもまず問題になるところはないのではないかと思います。またその情報が本来公開すべきものであるか否かにも関わるのではないかと思われます。例えば、財務等に関わる情報で、商法（会社法）や証券取引法（金融商品取引法）あるいは証券取引所のルールに基づき公開されるべき情報であれば、顧客企業がたとえその情報を商法（会社法）等に反して秘密にしていても、金融機関がそれを第三者に伝えたからといって、金融機関に対し異論を申し立てることはできないはずだと考えられます。

　情報の提供を受ける第三者の情報の利用目的が問題になるかということでございますが、最初に申し上げましたような企業顧客情報の保護の趣旨からは、企業顧客情報をマーケティング目的のために利用することは、そのこと自体からは当該企業に経済的不利益が生じることはあまり考えられないため、当該企業の同意がなくても原則として許されると考えられるようです。した

がって、金融機関がマーケティング目的で利用するために関連会社に企業顧客情報を提供することは、その情報が先ほど申し上げましたような当該企業の評判とか企業秘密に関わらないような情報であれば、そのこと自体で問題にはならないのではないかと考えます。

また第三者に提供した情報の管理体制にもよることになるのではないかと思います。企業顧客情報が当該企業の評判や秘密に関わる情報であっても、その情報の提供を受けた第三者自身の利用に問題がなくて第三者が厳重に情報を管理し、当該企業顧客に関する情報が当該第三者以外には漏洩しないような体制になっており、第三者自身による当該情報の利用によって企業顧客に不利益が生じないようであれば、第三者への情報の提供も原則として許されるという考えも成り立ち得るのではないかと思われます。関連企業への企業顧客情報の提供の是非という問題は、関連企業であれば情報提供先におきます情報の漏洩を防ぎやすいといった、提供された情報の管理体制の問題として捉えることができるのではないかと思います。

以上、大変雑駁な報告でございますが、長時間ご清聴誠にありがとうございました。

〔金融法研究 19 号（2003 年）5〜20 頁〕

［後記］　本稿は、2002 年 10 月に行われた第 19 回金融法学会大会において、金融法務研究会第一分科会の「金融機関のグループ化と守秘義務」（同研究会、2002 年 4 月）という研究報告の概要を同分科会の主査として報告したものを、同学会誌の金融法研究 19 号（2003 年）に掲載したものである。そのため本来は同分科会に著作権があるが、同報告の取りまとめに当たった経緯と、報告書の概要は著者の責任において作成したことから、同分科会のお許しを得て本書に収録させて頂いた。同研究報告は、金融法研究・資料編⒅（2002 年）3 頁にも収録されている。

　本稿執筆後、個人情報保護法が成立し、更に改正される等の変化があった。しかし本稿で述べた考え方は、現在においても妥当するものと考えている。本稿においても引用している著者もメンバーであった「個人信用情報保護・利用の在り方に関する懇談会報告書」（1998 年）もぜひ参照されたい。

金融機関グループ内における顧客情報の管理

I 序

　本稿においては、銀行を中心とする金融機関グループ内における顧客情報の管理に関する法制につき検討する。この問題については既に金融法務研究会の報告書において検討したところである[1]。本稿においては同報告書を前提に、そこで検討されていなかった個人情報の保護に関する法律（以下、「個人情報保護法」と略す）に関する解釈論等につき検討したい。なお、企業の組織変更に伴う顧客情報の承継の問題は、同報告書において検討したので、本稿は既に形成された金融機関グループ内の顧客情報管理の問題のみを扱う。

　わが国の個人情報保護法は、企業グループ内における個人情報の共有を自由とするアメリカにおけるGLB法のような立場は採らず、EUにおけるように、本人の同意なくして企業グループ内であっても個人情報の共有はできないという原則に立っている[2]。尤も個人情報保護法は、本人の同意の採り方についてはopt-outに近い柔軟な方法も認めている。しかし金融機関グループの管理目的等のためには、そのような同意もなしにグループ内において顧客情報を共有できる場合がないかが、本稿の主たる検討課題となる。

　なお、マーケッティング目的による個人顧客情報の共有は、個人情報保護法の下においては、本人の同意を得るという原則に服することになると思わ

---

1)　金融法務研究会『金融機関のグループ化と守秘義務』金融法務研究会報告書(5)（金融法務研究会、2002年）（特に解釈論・立法論については42頁以下）。

2)　金融法務研究会・前掲注1) 6頁以下参照。

れるので、本稿の検討の対象から除外する。但し、企業顧客情報については、個人顧客情報とは異なり人格権の保護の問題はなく、企業の経済的利益の侵害だけが問題になることから、当該顧客企業の評判や企業秘密等に関わらず、第三者に提供されても経済的損失が生じない情報であれば、当該企業の同意なくとも、マーケッティング目的でグループ内で利用することも許されると考えられる[3]。

　尤も、個人事業主や任意組合等や非営利団体等について、個人情報としての扱いをすべきか、若しくは企業顧客としての扱いをすべきか、という問題はありうるところである。現にイギリスの金融機関の自主規制ルールは、年間100万ポンド以下の売上を持つ個人事業主、パートナーシップ、有限責任事業組合（limited liability partnership）等、又は年間100万ポンド以下の収入のある組合、慈善団体、クラブ等を、ビジネス・カスタマーと呼んで（ファクタリング、リース、アセットファイナンス、分割払い、投資、又は保険に従事する業者を除く）、一般の個人顧客と同様の情報の保護を図っている[4]。ドイツの銀行普通取引約款は、法人又は商業登記簿に登記されている商人と、個人又は団体の顧客で分けて、前者の事業に関する情報は顧客の別段の指示がない限り提供可能としているのに対し、後者の情報については顧客の明示的な同意がある場合にのみ提供可能としている[5]。しかし本稿においては、個人情報保護法が形式的に個人情報であれば保護対象とし、それ以外の団体に関する情報は同法の保護の対象外としていることから、形式的に個人情報とそれ以外の情報（便宜、以下においては「企業情報」ないし「企業顧客情報」と呼ぶこととする）を分けて考察することとしたい。

---

3)　金融法務研究会・前掲注1）47頁以下。

4)　British Bankers' Association, Association for Payment Clearing Services, The Business Banking Code, March 2005, para. 11.1. 井部千夫美＝杉浦宣彦「金融取引の守秘義務についての比較法的考察——欧米の個人金融取引における守秘義務についての法制度を中心に」金融庁金融研究研修センター・ディスカッション・ペーパー21号（2006年）8頁以下参照。

5)　Allgemeine Geschäftsbedingungen der privaten Banken und der Genossenschaftsbanken, 2000, §2. 井部＝杉浦・前掲注4）12頁以下参照。

Ⅱ　法規制

　まず金融機関グループ内における顧客情報の管理に係る法令及びそれを具
体化した指針等を列挙したい。個人情報保護法と銀行法の下での法令・指針
等に分けて列挙する。

1　個人情報保護法に関連する規制
　金融機関グループ内における顧客情報管理に関係する個人情報保護法の規
定とその内容は、以下のようなものである（平成29年6月現在）。

15条1項……利用目的の特定の要求

　　　2項……利用目的変更の限界

16条1項……特定された利用目的を超えた取扱いにおける本人の同意の
　　　　　　必要

　　　2項……合併その他の事由による事業承継に伴い個人情報を取得し
　　　　　　た場合の承継前の利用目的を超えた取扱いにおける本人の
　　　　　　同意の必要

　　　3項……1項・2項の例外

23条1項……第三者に提供する場合の事前同意の原則とその例外

　　　　　　→①法令に基づく場合

　　　　　　　②人の生命、身体又は財産の保護のために必要がある場
　　　　　　　　合であって、本人の同意を得ることが困難であるとき

　　　　　　　③、④略

　　　2項……例外事由としての事前開示（本人に通知、又は本人が容易に
　　　　　　知り得る状態に置く）のうえオプトアウトの権利の本人への
　　　　　　付与

　　　5項……非該当の場合

　　　　　　→①利用目的達成に必要な範囲内における個人データの取
　　　　　　　　扱いの委託

　　　　　　　②合併その他の事由による事業の承継に伴う個人データ
　　　　　　　　の提供

　　　　　　　③事前開示（本人に通知、又は本人が容易に知り得る状態に

置く）を伴うデータの共同利用

　個人情報保護法を受けて金融審議会金融分科会特別部会により策定された「金融分野における個人情報保護に関するガイドライン」（以下、「ガイドライン」と略す）は、金融グループ内における個人情報管理に関わる規制として、以下のようなことを定めている[6]。

　　3条3項……与信事業に際して、個人情報を取得する場合の利用目的について本人の同意の必要

　　5条1項……法15条により特定された利用目的の達成に必要な範囲を超えた本人の同意を得ない個人情報取扱いの禁止

　　　2項……合併その他の事由による事業承継に伴う個人情報取得の場合の、予め本人の同意を得ない承継前における利用目的を超えた取扱いの禁止

　　6条1項7号……本人の同意に基づく、保険業その他金融分野の事業の適切な業務運営を確保するのに必要な範囲でのセンシティブ情報の取得、利用又は第三者提供の許容

　　　　8号……本人の同意に基づく、センシティブ情報に該当する生体認証情報の本人確認への利用。

　この他、「金融分野における個人情報保護に関するガイドラインの安全管理措置等についての実務指針」（以下、「安全管理実務指針」と略す）が個人情報保護委員会と金融庁から公表されるとともに（平成29年2月改訂）、全国銀行協会も「個人情報の保護と利用に関する自主ルール」（平成16年12月21日）を策定した[7]。

2　銀行法に基づく規制

　銀行法に基づく銀行法施行規則、主要行等向けの総合的な監督指針、金融

---

　6)　西方建一「『金融分野における個人情報保護に関するガイドライン』および安全管理措置等に関する『実務指針』の概要」金法1729号（2005年）10頁参照。平成27年個人情報保護法改正に伴い、ガイドラインも平成29年2月に大幅に改訂されたが、改訂前の条文を引用した。

　7)　神門隆「全銀協『個人情報の保護と利用に関する自主ルール』の概要」金法1729号（2005年）21頁参照。なお、同自主ルールは、全国銀行個人情報保護協議会「個人情報保護指針」（平成17年4月）に引き継がれている。

金融機関グループ内における顧客情報の管理　247

コングロマリット監督指針等の規制で、金融機関グループ内における顧客情報の管理に関わるものとして、以下のようなものがある。

銀行法施行規則

13条の6の5……個人顧客に関する情報の安全管理措置義務

13条の6の6……信用情報機関から提供を受けた個人の返済能力情報の目的外利用防止措置義務

13条の6の7……個人顧客に関する特別の非公開情報の目的外利用防止措置義務

「主要行等向けの総合的な監督指針」

Ⅲ－3－3－3　「顧客情報管理」

Ⅲ－3－3－4－2⑴③「委託先における目的外使用の禁止を含めて顧客管理が整備されており、委託先に守秘義務が課されているか。」

④「個人である顧客に関する情報の取扱いを委託する場合……」

「金融コングロマリット監督指針」

Ⅱ－1⑶④「グループのリスクに的確に対応できるよう、法令等に抵触しない範囲で、必要に応じ、内部監査部門が、グループ内の金融機関の内部監査部門と協力して監査を実施できる体制を整備しているか。特に、グループ内の金融機関において重要なリスクにさらされている業務等がある場合、法令等に抵触しない範囲で、必要に応じ、内部監査部門が直接監査できる態勢を構築しているか。」

Ⅱ－2－2④「リスク管理部門は適時適切にグループが抱える各種リスクを把握し、経営管理会社の取締役に定期的に報告しているか。」

Ⅱ－2－2－1⑴「経営管理会社においては、グループ内のリスク波及がグループ内の金融機関の健全性等に与える影響について十分理解され、その上で、これに的確に対応するための態勢が整備されているか。」

Ⅱ－2－2－1⑵「経営管理会社の取締役は、グループの特定の企業または領域にリスクが偏在すること……を特定した上で、こ

れを的確に監視、管理するための態勢を整備している
か。」

Ⅱ－2－2－1⑶①「経営管理会社は、グループにおけるリスクの集中を
特定し、それを適切に管理するための態勢を整備して
いるか。」

Ⅱ－2－2－2④「グループ内の与信管理の状況等について、法令等に抵
触しない範囲で、総合的に管理できる体制となっている
か。特に、グループとしてのポートフォリオの状況（特
定の業種または特定のグループに対する与信集中の状況等）
についても、適切に管理しているか。」

Ⅱ－3－1⑴①「経営管理会社の取締役は、法令等遵守をグループ経営上
の重要課題の一つとして位置づけ、率先して経営管理会社
及びグループ内会社の法令等遵守態勢の構築に取り組ん
でいるか。」

Ⅱ－3－1⑴③「経営管理会社に、グループのコンプライアンスに関する
事項を統括して管理する部門……を設置し、グループの或
いはグループ内会社の法令等遵守態勢を適切に監視する
こととしているか。」

Ⅱ－3－1⑵②「グループ内会社等において、個人情報を扱う場合には、
各業法及び個人情報保護法等に基づき、適切な安全管理及
び共同利用等のための態勢が整備されているか。」

Ⅲ－3－7①「グループ内で顧客情報の相互利用を行う場合、グループと
して統一的かつ具体的な取扱い基準を定めた上で、グループ
内会社の役職員に周知徹底しているか。」

②「グループ内で個人顧客情報を共同して利用する場合、その
旨並びに共同して利用される個人顧客情報の項目、共同して
利用する者の範囲、利用する者の利用目的及び当該個人顧客
情報の管理について責任を有する者の氏名又は名称について、
あらかじめ当該個人顧客情報によって識別される特定の個人
に通知し、又は当該特定の個人が容易に知りうる状態に置い
ているか。」

③「上記②の対応を行っていない場合であって、グループ内で

個人顧客情報を共同利用しようとする場合には、個人情報保護法第23条第1項各号、第2項、第4項第1号および第2号に掲げる場合を除き、あらかじめ本人の同意を得ることとしているか。……」

④「経営管理会社が単体で個人情報保護法第2条第3項に規定する個人情報取扱事業者に該当する場合、個人情報保護法を遵守する態勢が整備されているか。……」

⑤「グループ内において個人顧客に関する非公開個人情報を利用する場合、金融分野における個人情報保護に関するガイドライン第6条第1項各号に列挙する場合を除き、利用しないことを確保するための措置が講じられているか。」

⑥「顧客情報が漏洩、滅失又は毀損した場合に、当局への報告が迅速かつ適切に行われる態勢が整備されているか。」

この他、「預金等受入金融機関に係る検査マニュアル」の「経営管理（ガバナンス）態勢―基本的要素―の確認検査用チェックリスト」I3.⑤「子会社等に関する管理態勢」は、法令等遵守、顧客保護等の観点から子会社等の業務運営を適切に管理することを求めている。また同マニュアルは、金融機関単体を対象とするもので、金融機関グループを対象とするものではないが、「リスク管理等編」の「顧客保護等管理態勢の確認検査用チェックリスト」I1.②(i)は、顧客の情報の管理の適切性の確保を、I2.②・④(iii)・⑤は、顧客情報統括管理責任者・外部委託管理責任者等の設置とそれを通じた顧客情報管理の適切さの確保を、II3.(1)は、顧客情報管理規程及び顧客情報管理マニュアルの策定を、II3.(2)は、それらを通じた顧客情報管理の実施を、それぞれ求めている。

3　その他

顧客情報管理に関する法律として、その他に次のようなものがある。

犯罪による収益の移転防止に関する法律

　13条……報告義務

　14条……立入検査

金融商品取引業等に関する内閣府令

　153条7号ホ・ヘ・ト……本稿III2参照

Ⅲ　検　討

1　個人情報保護法の規制と銀行の守秘義務

　個人情報保護法の規定からは、同法の適用のある個人情報については、法人格が異なる以上は、同一金融機関グループに属する他の会社に個人情報を提供することは、第三者提供となって、同法23条1項1号に規定する他の法令の規定に基づく場合か、同条5項の非該当の場合でない限り、本人の事前同意を得るか、同条2項の事前開示を行ったうえでオプトアウトを認めるという手続を採るほか、許されないように思われる。また同法15条・16条からは、顧客との取引から入手した個人情報も、本人の同意がない限り、特定の利用目的にしか用いることはできないとされており、（平成29年改正前）金融分野における個人情報保護に関するガイドライン（以下、「ガイドライン」と略す）3条・6条からは、特に与信事業から取得する個人情報については、情報の取得そのものに本人の同意を必要とし、とりわけセンシティブ情報については、たとえ本人の同意があるにしても、保険業等の適切な業務運営を確保する必要から業務上必要な範囲でのみ、利用及び第三者提供ができるとされている。

　尤も、同法23条5項の非該当の場合の中でも3号は、金融機関等の企業グループにおいて個人情報を共同利用する場合を想定した規定である。個人情報保護法の起草担当官の解説も、金融機関間で資金需要者の延滞・貸倒等の情報を交換する活動を同号の適用例として挙げている[8]。従って適法に取得した個人情報は、金融機関グループにおいて、個人情報を共同利用すること、その利用する個人データの項目、共同して利用する者の範囲、利用目的、当該個人データの管理について責任を有する者の氏名又は名称を、本人に通知するか容易に知りうる状況におけば、金融機関グループ内において個人の信用情報等を共同利用することができることになろう。なお、その場合の「共同して利用する者の範囲」の定め方について、限定的に列挙するというのでは、共同利用者の異動は将来的に不可避であることから、実務的に難しいという指摘がなされていた[9]。しかしこの点に関してガイドラインは、「共

---

8)　個人情報保護基本法制研究会編『Q&A個人情報保護法』（有斐閣、2003年）66頁。

同して利用する者を個別に列挙することが望ましい。」としながらも、「共同して利用する者の外延を示すことにより本人に通知等する」ことも認め、有価証券報告書等に記載されている子会社や連結対象会社及び持分法適用会社といった外延の示し方を例示している[10]。

　既存の顧客につき個人情報保護法の本人の同意やオプトアウト手続をとることなく既に収集した情報を第三者に提供する場合、結局、本人の個別の同意を得るしかないのではないかという疑問があった。個人情報保護法附則2条は、同法施行前の既存情報について目的を超えた利用を認めているが、それは本人の同意がある場合についてのみであり、同法附則4条・5条は、同法23条2項・5項3号の規定により「本人に通知し、又は本人が容易に知り得る状態に置かなければならない事項に相当する事項について」、同法施行前に「本人に通知されているとき」にのみ、同法23条2項・5項3号の通知等が行われたものとみなすことを認めていたからである。そこから既存情報については、「本人が容易に知り得る状態に置」いただけでは本人の同意が認められず、個別の通知が必要なのではないかが問題になっていたのである[11]。しかしこれについては、同法施行の時点において継続して「本人が容易に知り得る状態に置」かれていれば、同法23条2項・5項3号の通知が行われたものとみなされると解釈されているようである[12]。尤も、既存情報に関する通知等について、同法23条2項各号・5項3号の情報に関する通知等が完備していたかという問題がありうる[13]。

　同様の通知等やオプトアウトによる例外が、個人情報以外の銀行の顧客情報の守秘義務についても認められるかが大きな問題になる。従来の解釈においては、個人情報保護法23条2項・5項3号が定めるような、本人のいわばみなし同意による守秘義務の解除を認めていなかった[14]。企業顧客情報

---

　9)　松井秀樹他「〔座談会〕顧客情報の取扱いに関する諸問題——個人情報保護法案を踏まえて」金法1642号（2002年）6頁・16頁〔三上徹発言〕。

　10)　ガイドライン13条7項、平成29年改正ガイドライン11条4項。なお、宇賀克也『個人情報保護法の逐条解説〔第2版〕』（有斐閣、2005年）118頁、神門・前掲注7）27頁参照。

　11)　松井他・前掲注9）14頁。

　12)　宇賀・前掲注10）216頁。

　13)　松井他・前掲注9）14頁。

　14)　松井他・前掲注9）11頁参照。

に関する銀行の守秘義務は契約ないし慣習に基づくものであり、その解除には契約法の原則に従い個別の同意が必要と思われていたのである。しかしプライバシー権に基づく個人情報の保護は、財産権としての企業顧客に関する銀行の守秘義務より重い義務と考えられることからは、みなし同意が個人情報保護法により認められた以上は、企業顧客に関する銀行の守秘義務についても、個人情報保護法23条2項・5項3号に準じた手続をとれば、みなし同意に基づく例外が認められてもよいのではあるまいか。

2 銀行法等に基づく例外

ここで金融機関について特別に問題になるのは、銀行法における銀行自身だけでなくその子会社等、子法人等、業務委託を受けた者、銀行主要株主、銀行持株会社やその子会社等を含めた財務や監督等に関する規制が（銀行法13条・13条の2・14条の2第2号・24条2項・3項・25条2項・5項・52条の9〜52条の18・52条の22・52条の27〜52条の35）、個人情報保護法23条1項1号の「法令に基づく場合」に該当して、個人情報の第三者提供における本人の事前同意や事前開示によるオプトアウト等の手続を不要にしないか、あるいは金融機関グループ全体のリスク管理のために必要な情報の第三者提供は、同項2号の「人の……財産の保護のために必要がある場合であって、本人の同意を得ることが困難であるとき」に該当しえないか、といったことである[15]。

疑いの余地がないのは、銀行法の規定が監督当局への情報の提供を直接義務付けている場合が、個人情報保護法23条1項1号の「法令に基づく場合」に該当することである。例えば、銀行又は銀行持株会社の子法人等又は業務の委託を受けた者への内閣総理大臣の報告・資料徴求や立入検査権の行使による顧客情報の提供や（銀行法24条2項・3項・25条2項・5項・52条の31第2項・3項・52条の32第2項・5項）、銀行主要株主や銀行持株会社への監督権限に基づく内閣総理大臣の情報の徴求等である（銀行法52条の9〜52条の18・52条の27〜52条の35）。これらの情報提供については、個人情報以外の守秘義務も問題にならないと思われる。しかしそれ以外の、銀行法上の規制のために間接的に情報提供が必要になる場合については、問題がありう

---

15) 金融法務研究会・前掲注1) 45頁参照。

る。

　例えば、大口信用供与規制においては、銀行又は銀行持株会社とそれらの子会社等の同一人に対する信用供与額を合算して合算信用供与等限度額規制が課される（銀行法 13 条 2 項・4 項・5 項・52 条の 22 第 1 項・3 項・4 項、同法施行規則 14 条の 4・14 条の 5・34 条の 15）。この場合、銀行の子会社等から当該銀行へ、銀行持株会社の子会社等から当該銀行持株会社へ、受信者の氏名とその信用供与額の情報を提供しない限り、同一人に対する信用供与額限度規制に違反していないかを確認することができない。そこで銀行法 13 条等の起草担当官は、与信側合算対象者の銀行への報告行為については、銀行法により求められる行為であるとして、守秘義務は解除されるものと解されるとしている [16]。銀行法の規制が守秘義務に優先するという考えである。また合算信用供与等限度額規制を守るために、金融商品取引業者が親銀行等又は子銀行等に顧客に関する非公開情報を提供することは、金融商品取引業等に関する内閣府令（平成 19 年内閣府令第 52 号）153 条 7 号ホにより許容されているところである。

　それでは個人情報保護法との関係においても、これらの報告行為は適法とされようか。銀行法の大口信用供与規制実現のための情報提供と、銀行の守秘義務ないし個人情報保護法が守ろうとしている個人情報保護の、いずれが優先されるべきかという解釈問題は、銀行法の文言だけからはいずれとも決しがたい問題である。守秘義務や個人情報の保護を重視する立場からは、銀行はあくまで個人情報保護法が求める本人の個別同意やオプトアウト等の手続をとったうえで、銀行法の求める銀行とその子会社等との間での情報提供を行うべきだということになろう。これに対し銀行法 13 条等の大口信用供与規制を重視する立場からは、合算信用供与等限度額規制を守るための子会社等による銀行への顧客情報の報告行為は、個人情報保護法 23 条 1 項 1 号の「法令に基づく場合」に当たると解釈されようし、一般的な守秘義務によっても妨げられないと考えることになろう。

　銀行法 13 条等の起草担当官が後者の立場に立ったのは、個人情報保護法制定前で、本人のみなし同意による守秘義務解除は認められないと考えられ

---

16)　木下信行編『[解説] 改正銀行法——銀行経営の新しい枠組み』（日本経済新聞社、1999 年）331 頁。

254 第Ⅲ部 金融取引における顧客の保護

ていた状況の下、大口信用供与規制を遵守するために銀行やその子会社等が既存の被融資者に関する情報をグループ内で共用しようとしても、事後的に本人の同意を得ることが難しいという事情があったためではなかろうか。この点、個人情報保護法についてはみなし同意が認められることからは、「法令に基づく場合」としての例外を必ずしも認めなくても差し支えないという意見があるかもしれない。前述のように一般的な守秘義務についても、みなし同意による解除が認められるとすれば、同様かもしれない。

　しかしみなし同意の手続であっても、それをとることの負担は否定できないところである。特に大口信用供与規制の対象になる受信者にとっては、同規制を受けて受信を受けることができなくなることを防ぐために、情報提供の同意を拒むことが十分に予想されるところである[17]。他方、大口信用供与規制を守るための顧客情報の報告については、合算信用供与等限度額規制を守るためという明確な目的に特定されていて、銀行法上、その情報の目的外使用の禁止規制が整備されていることを考慮して[18]、銀行法は本人の同意又はみなし同意の要求の例外を認めたものと考えることもできよう。また個人情報保護法より後に成立した金融商品取引法に基づく金融商品取引業等に関する内閣府令153条7号ホが、前記のような定めを置いたことは、金融商品取引法の制定は、銀行法に基づく合算信用供与等限度額規制を守るための親銀行や子銀行への報告については、個人情報保護法の法令に基づく例外となることを確認したものと解釈することも可能なように思われる。

　以上のような考え方は、大口信用供与規制以外の銀行法上の規制により顧客情報の提供が必要になる場合にも及ぼすことができるように思われる。例えば、銀行法13条の2、同法施行令4条の2は、銀行とその特定関係者（当該銀行の子会社、銀行主要株主、銀行持株会社、銀行持株会社の子会社、子法人等、関連法人等、等）の顧客の間での銀行にとって不利な取引を原則として禁止し、同法施行規則14条の8に定めるやむをえない場合で内閣総理大臣の承認を受けたときだけを例外としている。従って、この規制を遵守するためには、銀行の特定関係者に当るグループ内の企業は、銀行にその顧客を報告する必

---

17)　子会社の与信額を合算すると限度額を超えるような場合である。

18)　前掲・ガイドラインや主要行等向けの総合的な監督指針参照。それ以外の目的に報告された情報を用いることは、個人情報保護法違反になろう。

要がある。この場合も、個人情報保護法23条1項1号の「法令に基づく場合」として、同規制遵守目的に限るのであれば、顧客本人の事前の同意等なくして銀行の特定関係者が銀行に顧客の氏名を報告できると解釈することもできるのではなかろうか。その場合、個人以外の顧客に対する守秘義務の関連でも、情報提供を妨げないと解することになろう。この場合も情報提供に関する顧客の同意を得ることが難しい場合と思われるためである。

　銀行や銀行持株会社に関する自己資本比率規制は、銀行、銀行持株会社だけでなく、それらの子会社等の資産を合算した連結ベースで算定されることになっており（銀行法14条の2第2号・52条の25）、債務者の属性に関する情報等、株主に開示する計算書類や一般に開示される財務諸表にはない財務に関する情報を、子会社等は銀行や銀行持株会社に提供しなければならない（銀行法第14条の2の規定に基づき自己資本比率の基準を定める件）。尤も、提供される情報は、子会社等の個別の顧客に関する情報ではなく、一定の属性を持った顧客に関する集団的な情報である。ただ銀行や銀行持株会社が提供された情報の正確さを検証しようとすれば、子会社等に関する個別の顧客に関する情報も銀行や銀行持株会社が確認する必要がある。原則としては、銀行や銀行持株会社は、子会社等から提供された情報を信用することができ、それ以上、自ら子会社等において直接情報のチェックを行う義務もなければ権限もないと思われる。従って、原則としては個人情報保護や守秘義務の例外を考える必要はなさそうである、尤も、子会社から提供された情報に疑念が生じたような場合等には、子会社等から具体的な顧客に関する情報提供を受ける等の必要が生じる。しかしそのような例外的な場合の子会社等からの情報提供は、大口信用供与規制等とは同一に論じることはできず、次に論じる子会社等の管理目的のための子会社等からの顧客情報の提供と同様に考えてよいのではなかろうか。

　最も問題となりうるのが、銀行や銀行持株会社に求められる一般的な経営管理義務から必要とされる、子会社等の顧客に関する情報の銀行や銀行持株会社への提供である。銀行法は、「銀行の業務の健全かつ適切な運営を確保するため特に必要があると認めるとき」に、監督当局による子法人等に対する報告又は資料の提出や立入検査を認め（銀行法24条・25条）、銀行の業務の停止等に当っては、「銀行及びその子会社等の財産の状況に照らして」必要があるかを判断することにしている（同法26条）。このことは銀行がその

子会社等に対し一定の経営管理を行うことが前提とされていると考えられる。更に銀行・銀行持株会社については、その子会社の経営管理を行うことが業務とされ、子会社である銀行の業務の健全かつ適切な運営の確保に努める義務があるとされている（平成28年改正銀行法16条の3・52条の21）。このような銀行・銀行持株会社の子会社等に対する経営管理義務は、当然に、子会社等からそれらの経営管理に必要な情報の提供を受けなければ果たせないところであり、その情報の中には子会社等の顧客情報も含まれるものと思われる。銀行持株会社の場合は、子銀行がその顧客情報を銀行持株会社に提供することになろう。また銀行主要株主に対する内閣総理大臣の銀行の経営の健全性を確保するための改善計画の提出命令も（同法52条の14）、銀行主要株主が当該銀行からその経営に関する情報の提供を受けうることを前提にしていると考えられ、その中には銀行の顧客に関する情報も入ってくることになろう。

　金融コングロマリット監督指針が定めている金融持株会社のグループに関する経営管理も、当然にグループ内の企業、とりわけ金融機関に関する業務・財務内容を把握していることを求めており（同監督指針 II − 1 (1)⑥等）、金融機関等のグループ内企業の顧客に関する情報も把握しなければ、その義務を十分に果たせないものと思われる[19]。金融コングロマリットにおいては、前述したような銀行や銀行持株会社の規制のほか、保険会社や保険持株会社の規制、証券会社や証券持株会社の規制も受け、保険会社や証券会社とともに金融コングロマリットを形成しているグループ内の銀行は、銀行法の他、保険業法、金融商品取引法の規制に基づき、銀行の顧客に関する情報を金融持株会社に提供する必要が生じよう。これら金融機関グループの経営管理や財務管理（自己資本比率規制達成等）を目的としたグループ内での顧客等に関する情報の提供が、個人情報保護法23条1項1号が言う「法令に基づく場合」に該当したり、同項2号の「財産の保護のために必要がある場合であって、本人の同意を得ることが困難であるとき」に該当するであろうか。

　確かに、これらの情報提供は、銀行法等の金融監督法の規制を守るために

---

19)　岩原紳作「金融持株会社による子会社管理に関する銀行法と会社法の交錯」金融法務研究会『金融持株会社グループにおけるコーポレート・ガバナンス』金融法務研究会報告書⒀（金融法務研究会、2006年）66頁以下（岩原紳作『会社法論集』（商事法務、2016年）445頁以下）参照。

必要になるものであって、広い意味では「法令に基づく場合」と言えないわけではないようにも思われるが、上記の銀行又は銀行持株会社の子法人等に対する内閣総理大臣の報告・資料徴求権等に基づく顧客情報提供等と比較すると、法令による情報提供の義務付けはかなり間接的である。銀行法等の法令の解釈に基づく監督指針等に従えば、情報提供が不可避であることは争えないが、法令の条文そのものが情報提供を義務付けているわけではない。上記の大口信用供与規制や特定関係者との間の不利益取引と比較しても、法令に基づく規制との関係はよりリモートであるし、また下記の延滞情報等を除けば情報提供への同意取り付けの困難さにも差がありそうである。そこで金融機関グループの経営管理や財務管理を目的とした顧客等に関する情報の提供については、個人情報保護法 23 条 1 項 1 号の「法令に基づく場合」としての例外には当らないと考えたい。

　それでは個人情報保護法 23 条 1 項 2 号の「財産の保護のために必要がある場合であって、本人の同意を得ることが困難であるとき」に該当するであろうか。金融コングロマリット監督指針が述べるように、金融機関グループを統括する経営管理会社が（金融コングロマリット監督指針の用語による）、グループとしての経営管理・財務管理のためにグループ内の銀行等の顧客情報等を収集することは、そのグループ全体の財産の保護のために必要であることは否定できない [20]。問題は、その必要性が個人情報保護法の本人の同意等の手続を不要にするほど高いかということと、本人の同意を得ることが困難と言えるかにある。まず「本人の同意を得ることが困難であるとき」の例としては、本人が急病になった場合等、物理的に同意を得がたい場合に限られず、悪質なクレーマーであることの情報のように、本人が同意することが社会通念上期待しがたい場合等も含むとされる [21]。そうであるとすると、延滞の事実等、不良債権であることを示すような顧客情報については、第三者への提供に債権者である顧客本人が同意することが社会通念上期待しがたいであろうから、同法 23 条 1 項 2 号に基づきリスク管理目的のためにグループ内において共有することは許されそうである。またそのような情報で

---

20)　Boos/Fischer/Schulte-Mattler, Kreditwesensgesetsz Kommentar, 2. Aufl., 2004 § 25a KWG Rdn. 231 参照。

21)　宇賀・前掲注 10) 112 頁。

258 第Ⅲ部 金融取引における顧客の保護

あれば、グループとしての「財産の保護のために」グループ内において共有する必要も高いと言えよう。

但し、個人情報保護法23条1項2号に相当する金融分野における個人情報保護に関するガイドライン13条1項2号（平成29年改正「個人情報の保護に関する法律についてのガイドライン（通則編）」3-4-1）については、「個別具体的な状況に照らして、リスクが現実化した場合に、非常に限定的な適用しか許容されない……実務上は、法の趣旨に従って第三者提供に関する本人の同意を可能な限り確保する手続とすることが重要である」とされていることに注意が必要であろう[22]。また、同ガイドライン13条5項（平成29年改正ガイドライン11条3項）が「金融分野における個人情報取扱事業者は、与信事業に係る個人の返済能力に関する情報を個人信用情報機関へ提供するに当たっては、法第23条第2項を用いないこととし、本人の同意を得ることとする。」としていることとのバランスも問われよう。同じグループ内の他社にリスク管理目的で情報を提供することは、個人信用情報機関への提供ほど本人に深刻な影響をもたらさない金融機関グループとしての自衛的な行為と見ることができるかという問題となろう。

なおここで注目されるのが、金融商品取引業等に関する内閣府令153条7号ヘである。この規定は、金融商品取引法24条の4の2第1項に規定する確認書又は24条の4の4第1項に規定する内部統制報告書を作成するために必要な情報を、親法人等若しくは子法人等から受領し、又は親法人等若しくは子法人等に提供することを、金融商品取引業者に認めている。但し、当該金融商品取引業者及び当該情報を当該金融商品取引業者に提供し、又は当該金融商品取引業者から受領する、親法人等又は子法人等において、当該確認書及び内部統制報告書の作成を行う部門から、非公開情報が漏洩しない措置が的確に講じられている場合に限る、とされている。更に金融商品取引業等に関する内閣府令153条7号トは、同様の条件の下に、電子情報処理組織の保守及び管理を行うために必要な情報を、金融商品取引業者が親法人等若しくは子法人等に提供することを認めている。このような条件の下で親法人・子法人間の情報提供を認めたことは、これらの場合の個人顧客情報提供の必要性を考えて、このような条件が充たされれば、非公開の個人情報が漏

---

22) 西方・前掲注6) 13頁。

洩する可能性が低いことと考え合わせ、個人情報保護法との関係でも、これらの目的のための金融機関グループ内の顧客情報を提供することを許す趣旨の規定と解釈することができるのではなかろうか。即ち、金融商品取引業等に関する内閣府令153条7号ヘ・トは、括弧書の中の漏洩防止措置が図られることを条件に、個人情報の第三者提供に関する本人同意要件の例外である個人情報保護法23条1項1号の「法令に基づく場合」を規定したもの、と考えられるのである。これは先に述べた合算信用供与等限度額算定のための親銀行・子銀行への情報提供を、個人情報保護法の本人同意要件の法令に基づく例外と見る、金融商品取引業等に関する内閣府令153条7号ホの解釈との対比からも可能ではなかろうか。

　以上のような金融商品取引業等に関する内閣府令153条7号ヘ・トを参考に考えると、銀行や銀行持株会社に求められる一般的な経営管理義務から必要とされる、子会社等の顧客に関する情報の銀行や銀行持株会社への提供も、前述したその必要性を考えれば、提供先である銀行や銀行持株会社において提供された当該情報が漏洩しないための的確な措置がとられていることを条件に、個人情報保護法23条1項2号に該当することを根拠に、本人の同意なくして提供が許されると解することはできないであろうか。そのような条件が充たされることによって、ガイドライン13条1項2号・13条5項（平成29年改正ガイドライン11条3項）が配慮している問題に対応がなされていると考えるわけである[23]。

　なお、個人情報以外の企業顧客の延滞情報等のグループ内共有については、個人情報保護法やガイドラインのような厳しい考え方を採らなくてもよいのではなかろうか。少なくとも、今まで論じたような本人の同意なくして金融機関グループ内において個人情報の提供が認められる場合は、法人顧客情報についても当該法人の同意なく金融機関グループ内における提供が可能であると解する（本稿Ⅲ1参照）。企業にとってその財務情報は人格権ではなく財産権であり、自らが延滞して債務不履行に陥っているような場合は、債権者のグループ企業との関係でまで、銀行との黙示の契約を根拠とする銀行の一般的な守秘義務を理由に、その情報の保護を債権者に要求することはできないと考えてもよいのではなかろうか。債務不履行に陥っていなくても、上記

---

23)　金融法務研究会・前掲注1）45頁・48頁参照。

の個人情報に関する子会社から銀行・銀行持株会社への提供との対比からは、銀行・銀行持株会社に求められる一般的な経営管理義務から必要とされる子会社等の企業顧客情報の銀行・銀行持株会社への提供は勿論（平成28年改正銀行法16条の3・52条の21）、それ以外の目的であっても、少なくとも提供を受けた銀行・銀行持株会社から当該企業顧客情報が漏洩しないための的確な措置がとられており、提供先における当該情報の利用により企業顧客に不利益が生じないようであれば、守秘義務に反しないと考えられる[24]。

〔『金融機関の情報利用と守秘義務をめぐる法的問題』

（金融法務研究会、2008年）61～74頁〕

　［後記］　本稿は、金融法務研究会『金融機関の情報利用と守秘義務をめぐる法的問題』金融法務研究会報告書(16)（金融法務研究会、2008年）の研究の総括として執筆したものである。金融法務研究会『金融機関のグループ化と守秘義務』金融法務研究会報告書(5)（金融法務研究会、2002年）における研究をベースにして、そこで検討されていなかった既存の金融機関グループ内における顧客情報管理の問題を、個人情報保護法の解釈論を含めて検討した。銀行法、個人情報保護法、そして銀行取引契約の解釈といった規制法と契約法が交錯する問題について、その両者が影響しあう様子を分析することに努めた。本稿で検討した内容は現在においても妥当するものと考える。

---

24)　金融法務研究会・前掲注1) 48頁参照。

第 **IV** 部

預金取引

預金の帰属
——預金者の認定と誤振込・振り込め詐欺等

I 序

　預金の帰属に関する最高裁判例の変化が大きな関心を呼び、学界において
もさまざまな議論を呼んでいる。そのような最近の判例の傾向を批判し[1]、
また森下哲朗教授との共同論文でも、判例を批判しつつ預金の帰属に関する
新たな判断枠組の試みを行い[2]、金融法学会でその発表を行った[3]。しかし
我々の試みに対しては、学会においてもさまざまな質問や批判をいただい
た[4]。そこで本稿では、これらの質問や批判を踏まえて我々の理論を再検討
するとともに[5]、我々の提示した判断枠組を、関連する誤振込や振り込め詐
欺をめぐる問題等にも当てはめて、その意義と妥当性を検証してみることと
したい。

　森下教授と私が共同論文で提示した預金の帰属に関する考え方は次のよう

---

1)　岩原紳作『電子決済と法』（有斐閣、2003 年）607 頁。
2)　岩原紳作＝森下哲朗「預金の帰属をめぐる諸問題」金法 1746 号（2005 年）24 頁。
　　最近の判例・学説における預金取引の無因性志向や演繹的・絶対的思考への批判等、
　　本稿で扱えなかった問題につき、同論文をご覧いただきたい。
3)　岩原紳作他「〔シンポジウム〕普通預金取引に関する最近の法的諸問題」金融法研
　　究 22 号（2006 年）41 頁・43 頁以下〔岩原紳作、森下哲朗〕。
4)　岩原他・前掲注 3) 96 頁以下〔後藤紀一、森田宏樹、本田正樹、星野英一、吉原省
　　三、松岡久和、小山泰史質問〕。
5)　このため本稿における考え方は、岩原＝森下・前掲注 2) を前提にしつつも、その
　　考えを進めて一部修正を行ったものである。本稿につき森下哲朗教授から貴重な御指
　　摘をいただいたが、本稿は同論文と異なりあくまで岩原個人の考えを記したものであ
　　り、本稿の文責は岩原のみにある。

なものであった。すなわち、預金者の認定には、銀行と預入行為者という預金契約締結の当事者の意思に基づき、預金契約の当事者と解釈された者を預金者と認定する契約法的アプローチと、資金が誰に帰属するかを直接問題とする物権法的アプローチとも呼びうるアプローチがある。最近の判例・学説は、この契約法的アプローチをもって預金の帰属を統一的に判断しようとする演繹的・絶対的思考を採る傾向にあるようである[6]。これに対し客観説は、出捐者をもって預金者と考えるが、出捐者の認定作業は物権法的アプローチにおける預金者の認定作業と考えられ、物権法的アプローチをもって預金の帰属を統一的に判断しようとする学説であったと理解できる。しかしこのようにいずれかに割り切るのではなく、両者のアプローチを適切に使い分けていくことが必要である。預金者概念につき、金融機関が預金契約の当事者としての地位を主張する場合には原則として契約法的アプローチ、それ以外の場合、たとえば第三者の間で預金の帰属が問題になる場合等には物権法的アプローチ、という相対的構成を採ることが、基本的には妥当である[7]。第三者間等においては、預金契約の当事者としての地位と預金者としての地位を分けて考えるわけである。相対的構成を採るのは、法的権利の有無は、物理的な物の存否とは異なり、ある者がある者との間の一定の関係において請求権等を主張するための根拠として、あたかも権利という物理的な存在があるかのごとく措定しているものに過ぎない、という基本的認識に基づく。それはある者がある者に対し一定の場合にある法的主張をすることが可能だという関係を記述するものにしか過ぎない。したがって、どのような者からどのような者に対しどのような場合に主張されるかにより、相対的に考えられて

---

6) 岩原＝森下・前掲注2) 29頁以下。ただし、後掲注26) 参照。なお、法律行為の行為者としての「法律行為の当事者」と、法律行為の効果の帰属主体としての「法律行為の当事者」の区別につき、奥田昌道「代理、授権、法律行為に関する断想」『京都大学法学部創立百周年記念論文集　第3巻　民事法』（有斐閣、1999年）1頁・6頁以下参照。以下では後者の意味で契約当事者概念を用いる。

7) 岩原＝森下・前掲注2) 36頁以下。物権法的アプローチを基本に、場合を分けて契約法的アプローチも採る相対的構成を示す学説として、高木多喜男「預金者の認定」加藤一郎他編『銀行取引法講座上巻』（金融財政事情研究会、1976年）127頁・154頁以下がある。また後掲注51) 参照。しかし黒沼悦郎「判批」金法1492号（1997年）6頁・7頁は相対的構成に疑問を示される。両アプローチの妥当領域の区別の詳細についてはⅢ2参照。

よいはずである[8]。

　契約法的アプローチは、契約解釈の一般論に基づいて預金契約当事者を確定し、預金契約当事者をもって預金者とするものであるが、判例においては同アプローチに基づく詰めた分析がされていない。物権法的アプローチは、従来から考え方は示されてきたが[9]、理論的・体系的・内容的に必ずしも詰められてはいない。本稿では、預金者の認定につき明示的な考え方を示した最高裁判例に即して[10]、事案の類型ごとに両方のアプローチの実際の事件への当てはめがどうなるかを検証することにより、両者の理論、内容、違いや妥当性を詰めて考え、両者をどのように使い分けることが望ましいかを検討したい。

II　判　例

1　定期預金の預入行為者・名義人に弁済（相殺）した場合の銀行の出捐者に対する対抗

　最高裁判例の第1の類型は、出捐者以外の者が定期預金の預入行為を行ったり、名義人になったりした①～⑧の事例である。いずれも銀行と出捐者の間で、出捐者が預金払戻請求権を有するかが問題になった事件であり、我々の考え方からすれば、基本的には契約法的アプローチが妥当する事例といえる[11]。それにもかかわらずこれらは客観説を採った判例とされる[12]。

---

　8)　岩原＝森下・前掲注2) 38頁。なお、太田知行『当事者間における所有権の移転——分析哲学的方法による研究の試み』（勁草書房、1963年）57頁以下、鈴木禄弥「所有権移転時期という問題の考え方」我妻榮先生追悼論文集『私法学の新たな展開』（有斐閣、1975年）249頁・261頁参照。

　9)　中舎寛樹「判批」金法1652号（2002年）11頁・13頁以下、森下哲朗「銀行倒産における取引相手方の権利保護のあり方について」私法63号（2001年）276頁等。また、四宮和夫「物権的価値返還請求権について——金銭の物権法的一側面」我妻追悼・前掲注8) 183頁、神田秀樹「国際金融取引に関する法的諸問題」金融547号（1992年）4頁・5頁以下参照。

　10)　戦前の大審院判例や下級審判例まで加えると、預金の帰属に関する判例は膨大な数になり、それらに関する包括的研究はすでに存在する（たとえば、中舎寛樹「預金者の認定と銀行の免責」名法97号（1983年）77頁、太田知行「記名式預金における預金者の認定——判例の分析を中心にして」加藤一郎先生古稀記念『現代社会と民法学の動向（下）』（有斐閣、1992年）247頁等）。しかし個別の事案に即した綿密な判例研究を行うため、理論上の先例となった最高裁判例に絞って検討を行うこととした。

①～⑧の判例は、最も新しい⑧を除けばいずれも、資金不足でありながら金融機関の定期預金金利等が自由な市場金利より低く抑えられる人為的低金利政策がとられていた、高度経済成長期の事件である。そのため金融機関にとっては、定期預金を受け入れれば受け入れるほど収益があがるため、融資の条件として定期預金を預け入れることを求めた（いわゆる導入預金）。他方、融資を受けたいのに受けられない者が大勢いる一方、資金を持っている人は定期預金金利よりも高い金利（自由な市場金利）を手に入れようとする。そこで融資を受けたい人は、融資の条件となる金融機関への定期預金（導入預金）の出捐を、資金を有している人に依頼し、その代わり定期預金金利に加えて出捐の対価（自由市場金利との差額）を払うことを約束する。このようにして①、④～⑦の事件が発生したと見られる。①、②、④～⑦は、定期預金の預入行為者や名義人に金融機関が弁済（相殺）した場合に、金融機関はそれをもって預金者と主張する出捐者に対し対抗できるかが争われた事案であった。いずれも資金不足、高金利、人為的低金利政策という状況下で起きた事件であった [13]。客観説を生み出す素地となった①の無記名定期預金は、敗戦直後の猛烈なインフレを抑えるために、税法上の問題等があったのにもかかわらず、資金が金融機関に預金されるようにして過剰流動性を防ごうと認められたものであったが、高度成長期の資金不足、高金利、人為的低金利政策のもとで利用された [14]。また④～⑥の事件に見られるような架空預金

---

11) ただ②のように銀行が第三者的立場に立ち、物権法的アプローチが適切な事例もある（Ⅲ 2 参照）。

12) これ以前に無記名定期預金の預金者の認定が問題となった最高裁判例として、最判昭和 32・12・19 民集 11 巻 13 号 2278 頁、同昭和 35・3・8 裁判集民事 40 号 177 頁、同昭和 40・2・23 裁判集民事 77 号 525 頁、同昭和 40・10・12 裁判集民事 80 号 719 頁、同昭和 40・12・10 裁判集民事 81 号 381 頁等があった。しかしこれらは客観説に立つことを明らかにはしていなかった。

13) ②はおそらく、顧客が金融機関の職員に依頼して、一般の定期預金より金利の高い金融機関職員の預金（いわゆる行内預金）として預けたところ、金融機関が当該預金を職員に対する金融機関自身の貸金と相殺して返済に充てようとした紛争と推測される。

14) 無記名定期預金は、預入に際し預金者の住所・氏名の届出をさせないで印鑑のみを届けさせ、無記名預金証書に届出印章を押捺して呈示したものに払い戻す定期預金であるが、法的性格は一般的には指名債権とされている（西原寛一『金融法』（有斐閣、1968 年）98 頁以下）。

に対する寛容さも、そのような事情のもとで生じた。

① 最判昭和 48・3・27 民集 27 巻 2 号 376 頁 [15]

　Xは、Aが取締役を務めるB会社の設立者であるCからBに対する1000万円の融資の依頼を受けた。Xが高利を要求したため、Xが銀行に定期預金を行い、その見返りとしてBが銀行から手形割引を受け、Xは定期預金金利とBの払う利息を受け取るという融資方法を採ることとした。導入預金の合意である。そこでXがCとともにY銀行支店長Dに対し、XがY銀行に定期預金をしてこれを見合いにYがBの手形割引をするよう依頼したところ、Dは、BはAの名前でYと取引しているから、Aの定期預金として預け入れるのであれば手形割引ができる旨、答えた。そこでXの妻が、Aの事務員を装ってYに他の銀行が振り出した額面1000万円の小切手（いわゆる預手）を持参して、A名義の印鑑を使用し、無記名定期預金の預入を行った。当該届出印鑑と定期預金証書はXが保管した。その翌日にAは、当初の預入に使用された届出印鑑と酷似した自己所有の別の印鑑を用いて、当該定期預金につきYに対するAの債務の担保として差し入れる旨の担保差入証をYに提出して担保設定手続をし、これによってAとYの間で本件定期預金を担保とする手形割引取引が開始された。手形割引取引は、Aが設立したA'会社とYとの間の取引として引き継がれた。

　Xは3カ月後の前記定期預金の満期に当たり、Y支店長Dに当該届出印鑑と定期預金証書を手渡して、同預金の預替手続を依頼した。DはXから託された前記定期預金証書をAに手渡した。Aは、Yとの話合いにより、前記定期預金がAついでAが設立したA'会社のYに対する債務の担保となっていることからは、預替に当たり定期預金の一部はA'名義にすることにした。そこで新たな定期預金4口のうち3口は無記名定期預金としたが、当初定期預金の届出印鑑と酷似した印鑑を届出印鑑とし、残る1口については、A'会社の名義とし、届出印鑑はA'会社社長印とする記名式定期預金とした。これら預替後の4口の新預金証書は、AからXに交付された。Xはこの新預金証書に不審を抱いてDに問いただしたが、Dは単にY本店に対する同支店

---

15) 柴田保幸「判例解説」曹時26巻9号（1974年）1650頁、椿寿夫「判批」民商71巻1号（1974年）148頁、平井宜雄「判例解説」加藤一郎＝平井宜雄編『民法の判例〔第3版〕』（有斐閣、1979年）138頁等参照。

の業務の都合によるものと弁解したため、それ以上異論を唱えなかった。A
はこの4口の新定期預金につきA'会社の担保差入証をYのために作成した。
同様の預金の預替の手続は、新定期預金の満期である3カ月後に、XからD
に定期預金関係書類を手渡すことによって、もう1回行われている。

　Xが当該無記名定期預金の払戻請求を行ったところ、Yは預金者はXでは
なくAまたはA'であると主張して請求を拒んだ。そして当該定期預金契約
は合意解除のうえ、A'に対するYの債権と相殺したとして、同相殺が債権
の準占有者に対する弁済に当たり、預金債権は消滅したとも、Yは主張して
いる。そこでXがYを被告に当該定期預金の払戻しを求めたのが本件訴訟で
ある。第1審判決は、DがXの依頼を受けて預金の預替を行ったのであるか
ら、XのYに対する預金として成立したと認定し、準占有的外観もAが勝手
に作出したものだし、Yに印鑑照合上の注意義務違背があった等として、X
の請求を認めた。しかし控訴審判決は、XがAの預金として預け入れること
につき承諾していたという認定に基づいて、Yの主張を認めた。最高裁は次
のように判示してXの上告を認め、原審判決を取り消して差し戻した。

　「無記名定期預金契約において、当該預金の出捐者が、自ら預入行為をし
た場合はもとより、他の者に金銭を交付し無記名定期預金をすることを依頼
し、この者が預入行為をした場合であっても、預入行為者が右金銭を横領し
自己の預金とする意図で無記名定期預金をしたなどの特段の事情の認められ
ないかぎり、出捐者をもって無記名定期預金の預金者と解すべきである」

　本件は、Ⅲ1において分析するように、契約法的アプローチを採っても、
丁寧に事実認定を行えば、第1審判決のようにXを預金契約の当事者である
と認定できた事案だったように思われる。しかし最高裁は、客観説を採るこ
とによって容易にXを保護しようとしたのではなかろうか。①判決が、客観
説を採るとされる判例のリーディング・ケースになった。

　②　最判昭和52・8・9民集31巻4号742頁[16]

　Y信用組合の職員Aに勧められて、Xの被相続人X'は、A名義でYに定
期預金を預け入れた。その印鑑と定期預金証書は、X'が保管していた。Y

---

16)　平田浩「判例解説」曹時33巻3号（1981年）201頁、中馬義直「判批」判評233
　　号（1978年）25頁、石田喜久夫「判批」判タ367号（1978年）33頁、高窪利一「判
　　批」ジュリ666号（1978年）112頁、谷啓輔「判批」民商78巻4号（1978年）520
　　頁、前田庸「判批」金法1581号（2000年）14頁等参照。

はAに対し無担保の貸付債権を有しており、Aに本件定期預金を担保に提供することを命じたが、X'が預金証書を所持していたため、AはYに証書を差し入れなかった。そこでYはAに不信を抱き、Aの承諾を得て本件定期預金を解約し、Aに対する貸付債権と対当額で相殺し、その残額をAに支払った。しかし解約する際にAに対し本件預金証書と印鑑をYに持参させなかったし、持参できない理由を仔細に調査することもしなかった。本件は、XがYに対し当該預金の払戻等を請求した事件である。

　第1審判決は、X'がAを代理人ないし使者として定期預金したもので、預金者はX'、そしてその相続人であるXであると認定した。またAが本件預金債権の準占有者であり、準占有者への弁済（相殺）として免責される（民法478条）というYの抗弁も、善意の弁済といえないとして却けた。控訴審判決も控訴を棄却したが、その理由として、「記名式定期預金にあっては、名義の如何を問わず、また、金融機関が誰を預金者と信じたかに関係なく、預金を実質的に支配している者、換言すれば自己の出捐により自己の預金とする意思で自らまたは使者、代理機関を通じて預金契約をした者をもって預金者と認めるのが相当である」と判示した。最高裁は、「本件記名式定期預金は、預入行為者であるA名義のものであっても、出捐者であるX'、ひいてはその相続人であるXをその預金者と認めるのが相当」であると判示して、上告を棄却した。

　②の事案においては、金融機関に預入行為者が預金債権者であると信じて与信をしたという事実はなく、金融機関のそのような信頼を保護するという問題はない。Ⅲ2で論じるように金融機関は預金契約の当事者というより第三者の立場に立っているわけで、むしろ物権法的アプローチが妥当する場合である。しかも従業員が金融機関から命じられた預金証書および届出印鑑の提出ができないにもかかわらず、あえてそれを問いただずに当該従業員に対する既存債権の担保として当該預金債権を提供させ、既存債権と相殺したというのであって、金融機関は、実は預金の本当の出捐者が別にいて、その者が預金証書や届出印鑑を保持していることに感付いていた可能性が高い。それにもかかわらず、従業員が預金の名義人であるということを利用して、従業員に対する債権と当該預金を相殺して、自らの債権の回収を優先させようとしたものであって、金融機関が保護に値しない事案のように思われる。さらに、預入行為者が金融機関の従業員であったことからは、民法715条に

基づき、金融機関は預入行為者の行為によって出捐者に発生した損害を賠償する責任があるといえそうな事件でもある[17]。①判決を受けて、控訴審判決は明確な形で客観説的に理由付けを行い、最高裁判決もそれを引き継いだが、Ⅲ1において分析するように、契約法的アプローチを採っても結果が変わらない事案であった。

③　最判昭和53・2・28裁判集民事123号149頁（金法855号27頁、金商
　　545号5頁）

Aは、裏金利を出すことを約束して、X_1～X_8にY銀行にいわゆるサービス預金をすることを求め、X_1～X_8から出捐を受けた。Aはその資金を自己の預金口座に入れて振り出した小切手をYに交付して、X_1～X_8の名義での記名式定期預金の預入を行った。その際Aは、自己の所持するX_1～X_8名義の印鑑をYに交付して使用し、X_1～X_8の住所は適宜Yに記載させた。同預金の証書は、YからA、AからX_1～X_8に渡され、X_1～X_8が所持している。AはYに同預金を見合に融資することを求めたが、拒否された。X_1～X_8がYに同預金の払戻を求めたのが③事件である。第1審判決は、同預金の支配者がAであることにつきAとYの認識が合致していること、同預金に対するAの支配状況を総合すると、預金者はAであるとして、X_1～X_8の請求を棄却した。しかし控訴審判決は、預金証書をX_1～X_8が所持していること、Aが金銭を横領して自己の資金としていないこと等を理由に、X_1～X_8の請求を認容した。第1審の契約法的アプローチを否定して、客観説的立場に立ったとも見られる。最高裁は特に理由を示さずにYの上告を棄却した。

④　最判昭和53・5・1裁判集民事124号1頁（判時893号31頁、金商550
　　号9頁）

Aの依頼に基づきXらは、自己の預金にするために金員を出捐し、Aらを預入行為者として、Y銀行との間で架空人名義による記名式定期預金契約を締結した。Yの発行した定期預金証書はXらが、届出印はAが所持していた。XらがYに対し同定期預金の払戻を請求したところ、控訴審判決はこれを認容した。Yの上告に対し最高裁は、本件定期預金の預金者は出捐者であるXらであると認定したうえで、さらに次のように判示して上告を棄却した。

---

17)　最判昭和50・1・30民集29巻1号1頁は、同様の事案につき民法715条を適用して、金融機関の出捐者に対する責任を導いている（谷・前掲注16）528頁以下参照）。

「銀行が、定期預金につき真実の預金者と異なる者を預金者と認定してこの者に対し右預金と相殺する予定のもとに貸付をし、その後右の相殺をする場合については、民法478条の類推適用があるものと解すべきところ〔①判決を引用〕、この場合において貸付を受ける者が定期預金債権の準占有者であるというためには、原則として、その者が預金証書及び当該預金につき銀行に届け出た印章を所持することを要するものと解すべきである。もっとも、貸付を受ける者が届出印のみを所持し、預金証書を所持しないような場合であっても、特に銀行側にその者を預金者であると信じさせるような客観的事情があり、それが預金証書の所持と同程度の確実さをもってその者に預金が帰属することを推測させるものであるときには、その者を預金債権の準占有者ということができる。

これを本件についてみるに、……㈡Aは、前記定期預金の預入行為をした者で、右預金につき届け出られた印章を所持しており、㈣また、Aは前記定期預金の預金証書を紛失したと称して右支店係員に対しその再交付を求め、係員の要求に応じて、右預金証書の紛失の届出がAからなされている旨の警察署の証明書を右支店に提出したうえ、預金証書の再交付を受け、その後直ちに前記貸付を受けたのであるが、そのほかには特にAが真実の預金者であることを裏付けるような事情はないことが明らかである。

このような事実関係のもとでは、Aは前記貸付に際して本件各定期預金債権の準占有者であったものということはできないから、Y銀行のした相殺を民法478条の類推適用によって有効とすることはできない」

本判決は記名式定期預金の事件であり、客観説を前提に、銀行が預入行為者を預金者と認定して貸し付けたうえで相殺した場合に、民法478条が類推適用されることおよびその際の過失の具体的な認定基準を示した最初の最高裁判決として注目される。すなわち、民法478条の準占有者であるためには、原則としてその者が預金証書と届出印章を所持していなければならないとし、預入行為者が、預金証書を紛失したと称して銀行から預金証書の再交付を受け、銀行に提出して当該預金と相殺する予定のもとに貸付を受けたときは、準占有者とはいえないとして478条の類推適用を認めなかった。準占有者の認定に厳しい判断を示したわけで、⑦判決との関係が問題になる。

⑤　最判昭和57・3・30金法992号38頁（昭和54年㈠第803号）[18]

A（③のAと同一人物）は、Y銀行（③のYと別銀行）に対し架空名義の定

期預金を担保にAが代表取締役を務めるB会社に融資をすることを求め、Yは、定期預金を相殺予約する方法で担保にとって融資することを承諾した。X_1、X_2、X_3は、Cに対し定期預金をすることを依頼し金員を預けていた。CはAにこれら金員を交付してX_1〜X_3の依頼を伝え、定期預金にすることをAに依頼した。Aは、YにX_1〜X_3の名前のあり合わせの印鑑を交付して、X_1〜X_3の名義の定期預金の預入を行った。その際にAは、出捐者がX_1〜X_3であることをYに告げなかっただけでなく、Yの要望によって、本件各定期預金はAが架空名義で行う預金であって、預金者はAであると確認し、BのYに対する債務についてのAの保証債務と本件各定期預金債権が相殺されても異議のないこと、預金証書はAが所持しYの要求があれば直ちに提出することなどを、Yに約束した。本件預金証書はYからAに交付され（届出印鑑はYが保管した）、さらにAからX_1〜X_3に交付された。X_1〜X_3がYに対し本件各預金の払戻請求訴訟を提起した。

第1審判決も控訴審判決もX_1〜X_3の請求を棄却した。控訴審判決の理由は、AはX_1〜X_3の代理人または使者として本件定期預金をしたものではないし、YはX_1〜X_3が出捐者であることを知らず、かつ知ることができなかったから、本件各定期預金の預金者はAであってX_1〜X_3ではなかった、というものであった。ところが最高裁は次のように判示して、控訴審判決を破棄し差し戻した。

「無記名定期預金契約において、当該預金の出捐者が、他の者に金銭を交付し無記名定期預金をすることを依頼し、この者が預入行為をした場合、預入行為者が右金銭を横領し自己の預金とする意思で無記名定期預金をしたなどの特段の事情の認められない限り、出捐者をもって無記名定期預金の預金者と解すべきであることは、当裁判所の確定した判例……であるところ、この理は、記名式定期預金においても異なるべきものではない……

……本件各定期預金の預金証書をX_1〜X_3らにそれぞれ交付していたというのであるから、右事情に照らすと、AがX_1〜X_3らの出捐した金銭につきその支配を排して横領し、自己の預金とする意思を有していたとまでみるのは十分でない」

---

18) 堀内仁「判批」手形研究26巻9号（1982年）42頁、川田悦男「判批」金法1151号（1987年）64頁等参照。

⑥　最判昭和 57・3・30 金法 992 号 40 頁（昭和 54 年㈠第 1186 号）

　③、⑤の判決のＡが、⑤におけるのと同様の方法で、別の人Ｘ'から金員を預かって、③、⑤と別の銀行Ｙに架空名義の預金を行い、それを担保にＹから融資を受けた事件である。ただ「定期預金……は私の預金に相違ありません。……預金証書は私が預りましたが、貴行の必要なときは何時でも返戻いたします」と記載した念書をＹに差し入れて、Ａは預金証書をＹから受け取り、届出印鑑とともにＸ'に交付していた（ただし何度か預金の書き換えをしている間に、Ｘ'が所持していた印鑑は届出印鑑と違っていた）。Ｘ'の相続人ＸがＹに対し預金の返還を請求したのが、本件訴訟である。控訴審判決は、預金名義人が架空人であるときは、預入行為者の表示行為を中心として、同表示行為に対する金融機関の認識、預入行為者の資格、預金の目的たる経済的利益の出捐関係、預金証書、届出印の所持関係を考慮して定めるべきであると判示し、Ａが預金者だとしてＸのＹに対する預金返還請求を棄却した第 1 審判決を維持した。しかし最高裁判決は、⑤と同じ客観説の一般論を述べたうえで、「Ａは、……預金者は自己であることを示して預金手続をしたというものではあるが、定期預金証書をＸ'ないしＸに交付していたというのであり、また、届出印鑑もＸ'ないしＸに交付したことがあるというのであるから、……ＡがＸ'の出捐した金銭につきその支配を排してこれを横領し、自己の預金とする意思を有していたとまでみるのは十分でない」と判示して、控訴審判決を破棄し差し戻した。

　⑤と⑥は客観説を採ることによって結論が覆った事案である。その分析はⅢ 1 において行う。

⑦　最判昭和 57・4・2 金法 995 号 67 頁[19]

　ＸはＡにＹ銀行に導入預金をすることを依頼され、これを承諾して預金する金員として送金小切手を作成した。ＡはＸらとともにＹへ出向いて送金小切手をＹに交付してＡ名義の定期預金の預入をしたが、その際にＡが預金者として振る舞い、Ｘらもこれに協力したので、Ｙの担当者は預金者はＡであると認識して預金を受け入れた。その時、預金証書はＹに保護預りされ、当該預り証および届出印鑑を持ち帰ったのはＸであったが、Ｙはそのことを確

19）　中舎寛樹「判例解説」椿寿夫編集代表『担保法の判例Ⅰ』（有斐閣、1994 年）284 頁参照。

認しなかった。ところがAは、届出印鑑を別の印鑑とすり替え、またYに前記保護預り証を紛失したと電話連絡して、すり替えて入手した届出印鑑を用いてYに保護預り証紛失届を提出したうえ、預金の名義人として当本件定期預金を担保にYから貸付を受けたのち、本件定期預金を中途解約した。XがYに対し本件定期預金の払戻を請求したが、第1審判決は請求を棄却し、控訴審判決もAは本件定期預金債権の準占有者と認めるのが相当であり、預金者はAであると信じたYに過失はないとして、民法478条により控訴を棄却した。Xが上告したが、最高裁は控訴審判決の判断は相当であるとして上告を棄却した。

　④と同様に、預金証書（の預り証）を紛失したと称して、それを元々所持していなかった預入行為者が定期預金を担保に銀行から貸付を受け、当該預金と相殺した事件であるので、④の最高裁判示からはAは準占有者とはいえず、銀行は民法478条の免責を得られないことになりそうである。しかし④と異なる結論になったのは、本件ではXが、自らAとともに預入行為に参加し、YにAを預金者と信じさせることに加担して、YがAを預金者と信じる外観を作出したためではなかろうか。④判決がいう「特に銀行側にその者を預金者であると信じさせるような客観的事情があ」ると看做されたともいえよう。客観説でも民法478条により契約法的アプローチと同じ結論になった事件である。

　⑧　最判昭和62・10・1金法1183号36頁

　XはY₁と、Xが輸入した錫鉱石をY₁に売却する取引を進め、Xが輸入に必要な信用状開設のため、Y₁がY₂銀行から資金を借り受けて、これをX名義の預金とし、同預金を信用状開設銀行への担保として提供することとした。そこでY₁はY₂銀行から借り入れた金員をY₂におけるXの口座に振り込み、入金した。XはこれをY₂における定期預金に振り替えて本件預金とし、これを担保に信用状を開設した。しかしXとY₁の間に紛争が生じ、Xは輸入契約を破棄し、信用状も解約した。XがY₂に対し預金の払戻を求める等の請求を行った事件と見られる。

　控訴審判決は、本件振込金はY₁からXに対する貸付金であると認定し、本件振込については入金通知書、本件預金については預金証書の写の交付を、XがY₁から受けていること、預金の印鑑はすべてXが所持していること等から、本件預金はXがY₁から借り受けた金員を原資としてなしたもので、

権利者はXであると認定した。しかしY₁はXに対する貸付金債権をY₂に譲渡し、その旨をXに通知したこと、Y₂はその貸付金債権と本件預金払戻債務を相殺する意思表示をしたことから、本件預金の元本債権は相殺により消滅したとして、その払戻請求は棄却した。最高裁は以上のような控訴審判決を認容した。

この事件は、客観説を採った場合の出捐者の認定が争われた例として注目される。その結果、Y₁が出捐者ではなく、Y₁から借りた金員をXが出捐したものと認定されて、Xが預金者とされた。しかしXを出捐者と認定するのに際しては、Y₂銀行がXに入金通知書や預金証書の写を交付していたことを挙げて、Y₂銀行が預金契約当事者（預金者）を誰と認識していたかを問題にしており、実は契約法的アプローチと同様の要素を考慮していることが大変興味深い[20]。Y₂銀行も当事者とされた訴訟であり、契約法的アプローチを採った場合と同様の結論を導いたものと考えられる。

2　普通預金口座への誤振込

定期預金に関する⑧判決を最後として、平成年間に入ると預金の帰属に関する最高裁判例は暫く見られなくなる。金融に関する環境が全く変わって、高度成長期の資金不足、高金利に代わって資金余剰、低金利になり、定期預金集めのための導入預金がなくなって、金融機関もそれを担保にとったり相殺の対象として期待することが減ったためであろう。定期預金に代わって資金移動に用いられる普通預金の事件が増えてくる。その中で、普通預金口座への誤振込に関する最高裁判例⑨が出た。預金の成立の問題として争われた事件であるが、実は預金の帰属の問題ともいえる事件で、その後の預金の帰属に関する最高裁判例の変化に大きな影響を及ぼすことになった。

⑨　最判平成 8・4・26 民集 50 巻 5 号 1267 頁[21]

XはN銀行に依頼して、M銀行におけるAの口座に振り込むつもりで、誤ってN銀行におけるAと同名で漢字表記のみ異なるBの口座への振込を行った。Bの債権者Yが、この振り込まれたBの預金債権を差し押さえた。

---

20)　ただし、加毛明「判評」法協 121 巻 11 号（2004 年）1961 頁・1972 頁参照。

21)　大坪丘「判例解説」曹時 51 巻 3 号（1999 年）866 頁、前田達明「判批」判評 456 号（1997 年）30 頁、伊藤壽英「判批」金商 1001 号（1996 年）43 頁、木南敦「判批」金法 1455 号（1996 年）11 頁、岩原紳作「判批」金法 1460 号（1996 年）12 頁等参照。

他方、振込の錯誤に気付いたXは、Nに振込の組戻を依頼したが、NはBの承諾がないと応じられないと答えたため、XはBに連絡をとろうとしたが、Bは倒産して連絡がとれなかったことから、XはBに対する不当利得返還請求権を保全するために、当該Bの預金を仮差押した。そこでNは、当該預金債務の執行供託を行った。Xは、同供託金について国に対し不当利得返還請求権を有し、これをYに対しても主張できるとして、Yを被告に第三者異議の訴えを提起するとともに、Yの強制執行の停止の申立てを行った。

　第1審判決は、受取人Bと被仕向銀行Nが預金債権の成立につき合意しているのは、受取人との間で取引上の原因関係ある者の振込依頼に基づき仕向銀行から振り込まれてきた振込金等に限られると判示して、Xの第三者異議の訴えを認容した。控訴審判決は、Xの振込依頼の錯誤無効の主張はXに重大な過失があったとして斥けたが、振込は原因関係を決済するための支払手段であることにかんがみると、預金取引契約に特段の定めがない限り（預金取引契約の内容として）、振込金による預金債権が有効に成立するためには、受取人と振込依頼人との間において当該振込金を受け取る正当な原因関係が存在することを必要とすると判示して、控訴を棄却した。しかし最高裁は次のように判示して控訴審判決を破棄し、自ら判決してXの請求を棄却した。

　「振込依頼人から受取人の銀行の普通預金口座に振込みがあったときは、振込依頼人と受取人との間に振込みの原因となる法律関係が存在するか否かにかかわらず、受取人と銀行との間に振込金額相当の普通預金契約が成立し、受取人が銀行に対して右金額相当の普通預金債権を取得するものと解するのが相当である。……振込依頼人と受取人との間に振込みの原因となる法律関係が存在しないにもかかわらず、振込みによって受取人が振込金額相当の預金債権を取得したときは、振込依頼人は、受取人に対し、右同額の不当利得返還請求権を有することがあるにとどまり、右預金債権の譲渡を妨げる権利を取得するわけではないから、受取人の債権者がした右預金債権に対する強制執行の不許を求めることはできない」

　この判決は、BのNに対する預金債権が成立したということを判示したものであって、成立した預金債権の帰属について判示したものではないともいえる。しかし⑨は、預金債権の出捐関係を問わずに預金契約の解釈から誤って受取人とされたBを預金者と認定したという意味では、預金者の認定につき契約法的アプローチを採ることを明らかにした最初の最高裁判決と考える

こともできる。また普通預金口座に金員の出捐をした原因関係を問わない無因的アプローチを採り[22]、預金契約の理解につき預金の実質的な出捐者の利益よりも銀行側の事情を重視した⑨は、定期預金の預金者の認定に関し客観説に立った①～⑧から、普通預金の預金者の認定につき契約法的アプローチを採ったともされる後掲⑬、⑭へと、最高裁判例の変化の転換点となった判例であった。

⑩　最決平成 15・3・12 刑集 57 巻 3 号 322 頁[23]

　Ｙは、入金される予定のないＡからＹの普通預金口座に誤振込があったことを知ったが、これを自己の借金の返済に充てようと考え、Ｂ銀行の窓口係員に誤振込があった旨を告げることなく、誤振込の資金を含む預金の引出を行った。Ｙはこの事実につき詐欺罪で起訴されたが、Ｙは⑨判決を前提に、ＹはＢとの間に有効に成立した預金債権に基づく払戻を請求しただけで欺罔はなく、Ｂも預金契約に基づく払戻を行ったのみで錯誤はないとして、同罪の成立を争った。

　第 1 審判決は、誤振込に係る金員は最終的に受取人に帰属すべきではなく、銀行実務上組戻等の措置が講じられ銀行として決して漫然と預金払戻に応じるものではないとして、口座名義人が誤振込であることを認識した以上、当該振込金相当額を引き出すことは銀行取引の信義則からして許されないと述べ、銀行においても、口座名義人から上記のような事情の存することを告げられれば、漫然と預金払戻に応じないのであるから、口座名義人がその情を秘し通常の正当な預金払戻であるかのように装って同払戻請求を行うことは、銀行の係員を錯誤に陥らせる違法な欺罔行為に当たるとして、有罪判決を下した。控訴審判決は、⑨を踏まえて、誤振込による入金の払戻をしても、銀行との間で有効な払戻となり、民事上は何ら問題は生じないとしながらも、刑法上の問題は別であるとして、銀行として振込依頼人と受取人の間の紛争に巻き込まれるおそれがあることなどに照らし誤振込による入金であること

---

22)　無因的アプローチとその問題点については、岩原＝森下・前掲注 2) 31 頁参照。

23)　宮崎英一「判例解説」曹時 58 巻 6 号（2006 年）1997 頁、松宮孝明「判批」法教 279 号（2003 年）132 頁、山口厚「誤振込みと財産犯」法教 283 号（2004 年）82 頁・84 頁、林幹人「判批」ジュリ 1269 号（2004 年）165 頁、伊東研祐「判批」ジュリ 1294 号（2005 年）168 頁等参照。なお、西田典之「判批」判例セレクト 98'（1999 年）30 頁参照。

は看過できない事柄であり、誤振込の存在を秘して入金の払戻を行うことは詐欺罪の欺罔行為に当たるとして、控訴を棄却した。上告審判決において最高裁は、⑨判決を引用しながらも、次のように判示して上告を棄却した。

「銀行実務では、振込先の口座を誤って振込依頼をした振込依頼人からの申出があれば、受取人の預金口座への入金処理が完了している場合であっても、受取人の承諾を得て振込依頼前の状態に戻す、組戻しという手続が執られている。また、受取人から誤った振込みがある旨の指摘があった場合にも、自行の入金処理に誤りがなかったかどうかを確認する一方、振込依頼先の銀行及び同銀行を通じて振込依頼人に対し、当該振込みの過誤の有無に関する照会を行うなどの措置が講じられている。

これらの措置は、普通預金規定、振込規定等の趣旨に沿った取扱いであり、安全な振込送金制度を維持するために有益なものである上、銀行が振込依頼人と受取人との紛争に巻き込まれないためにも必要なもの……社会的にも有意義なものである。したがって、銀行にとって、払戻請求を受けた預金が誤った振込みによるものか否かは、直ちにその支払に応ずるか否かを決する上で重要な事柄である……受取人においても、……自己の口座に誤った振込みがあることを知った場合には、銀行に上記の措置を講じさせるため、誤った振込みがあった旨を銀行に告知すべき信義則上の義務があると解される。社会生活上の条理からしても、誤った振込みについては、受取人において、これを振込依頼人等に返還しなければならず、……上記の告知義務があることは当然というべきである。そうすると、誤った振込みがあることを知った受取人が、その情を秘して預金の払戻しを請求することは、詐欺罪の欺罔行為に当たり、また、誤った振込みの有無に関する錯誤は同罪の錯誤に当たる」

⑩は、⑨と同じ第二小法廷の決定であるにもかかわらず、⑨で認められた受取人の被仕向銀行に対する誤振込による預金債権の行使を、実質的に否定した。この問題はⅢ2において分析する。

3 普通預金口座における預金の帰属

上記の誤振込に関する⑨判決に続き、決済等の資金移動取引に用いるための普通預金口座における預金者の認定に関する最高裁判例が現れた。次の⑪以下の判例である。

⑪　最判平成 11・4・16 金法 1554 号 77 頁 [24]

X会社とA会社は地方公共団体のBから建設工事を請け負うために企業共同体（ジョイントベンチャー）を結成し、次のような協定を結んだ。すなわち、Aの支店長Cが企業共同体の代表者になり、自己の名義をもって請負代金の請求、受領および企業共同体に属する財産を管理する。D銀行甲支店にC名義で設けた普通預金口座（別口口座）によって取引を行い、Cは請負代金を受領したときは、速やかにXとAの出資・請負比率である各50％ずつに分配する。Bが本件請負工事代金2億円余を前記口座に振り込んだところ、Aは翌日に本件代金を当該口座から払い戻し、D銀行乙支店にあるAの口座に入金した。その後、Aについて会社更生手続が開始し、YがAの更生管財人に選任されたが、本件代金はXに分配されなかったことから、Xは、本件代金がBからC名義預金口座に振り込まれた時点で、その半額1億円余を分配金として取得したとして、取戻権（当時の会社更生法62条）、賠償的取戻権（同法66条）、または共益債権（同法208条6号・8号）に基づき、Yに対し当該分配金を請求した事件である。控訴審判決は、「民法上の組合において、業務執行者たる組合員が自己の名において取得した財産は、組合の計算においてなされた場合であっても、格別の合意がない限り、先ずその者に帰属し、組合への移転行為によって初めて組合財産となる……本件代金は、別口口座へ振込まれたことにより、代表者に帰属したのであり、その半額がXに帰属したとか、その全額が代表者とXが共有する本件企業体の財産になったとはいえず、Xは本件協定に基づく分配請求権を有するに止まる」と判示して、Xの請求を棄却した。最高裁は控訴審判決をそのまま認容している。

この判決は客観説を採るか契約法的アプローチを採るかを特に論じていないが、出捐者が誰になるかを問わずに、口座名義人たるCを預金者として扱っていることからは、契約法的アプローチを採ったといえるかもしれない。次の⑫も、出捐者を問わずに信託の構成により預金者を導いた。

⑫　最判平成 14・1・17 民集 56 巻 1 号 20 頁 [25]

A県とB建設株式会社の間で、A県公共工事請負契約約款に基づき工事に関する請負契約が締結された。BはY₁建設業保証株式会社との間で、保証事業法およびY₁社前払金保証約款に基づき、Bの責めに帰すべき事由に

---

24)　大西武士「判批」判タ 1017 号（2000 年）87 頁、関口剛弘「判批」判タ 1036 号（2000 年）92 頁等参照。

280　第Ⅳ部　預金取引

よって同請負契約が解除された場合にBがAに負担する前払金返還債務について、Aのために保証する契約を締結した。Bは、BがY$_2$信用金庫に開設した別口普通預金口座に、Aから前払金の振込を受けて預金した。その後Bは、営業停止をして工事の続行が不能になったため、Aは前記請負契約を解除し、Y$_1$から保証債務の履行として前払金の残金相当額を受け取った。Bは破産宣告を受けXが破産管財人に選任された。Xが、Y$_1$に対し前記預金についてXが債権者であること等の確認を求めるとともに、Y$_2$に対し同預金の残額等を請求したのが本件訴訟である。第1審判決は、信託法16条の趣旨を類推適用して、本件預金については、受託者に相当する破産会社の破産によってこれが破産財団に帰属することはないとして、Xの請求を棄却した。控訴審判決は、次のように判示して控訴を棄却した。すなわち、本件保証約款および業務委託契約によれば、預金の払出については厳重に用途を規制され、Y$_1$から監査をされていること、Y$_1$が保証債務を履行したときにはA県に代位すること、Y$_1$とY$_2$の業務委託契約に基づく責を免れることはできないから、Y$_2$は預金に関して相殺権の行使などをする余地がないことを総合判断すれば、Y$_1$は預金債権を指名債権質またはこれに類似する担保としてBから取得し、これについてBは承知していた。Y$_2$に対する対抗要件については、Y$_2$もY$_1$の支配権を事前に承諾していたから不要であり、本件保証の仕組みに照らせば、預金債権成立と同時に対第三者対抗要件も備えたものと認定できる。そして、Bの一般債権者は、本件預金をBの責任財産と期待しうるがごとき立場にはなかったと判示した。Xが上告したが、最高裁は上告を棄却した。最高裁は、保証事業法や本件保証約款の内容を要約したうえで、次のように判示している。

「合意内容に照らせば、本件前払金が本件預金口座に振り込まれた時点で、A県とBとの間で、A県を委託者、Bを受託者、本件前払金を信託財産とし、これを当該工事の必要経費の支払に充てることを目的とした信託契約が成立したと解するのが相当であり、したがって、本件前払金が本件預金口座に振

---

25)　中村也寸志「判例解説」曹時55巻8号（2003年）2297頁、道垣内弘人「判批」法教263号（2002年）198頁、岩藤美智子「判批」金法1659号（2002年）13頁、雨宮孝子「判批」判評525号（2002年）37頁、佐久間毅「判批」ジュリ1246号（2003年）73頁、角紀代恵「判批」金法1684号（2003年）7頁、金子敬明「判批」法協123巻1号（2006年）205頁等参照。

り込まれただけでは請負代金の支払があったとはいえず、本件預金口座から
Bに払い出されることによって、当該金員は請負代金の支払としてBの固有
財産に帰属することになる……

そして、本件預金は、Bの一般財産から分別管理され、特定性をもって保
管されており、これにつき登記、登録の方法がないから、委託者であるAは、
第三者に対しても、本件預金が信託財産であることを対抗することができる
……信託財産である本件預金はBの破産財団に組み入れられることはない」

そして客観説に立つ控訴審判決を破棄し自判して、判例を変更したと見ら
れた⑬判決が出た。

⑬ 最判平成 15・2・21 民集 57 巻 2 号 95 頁[26]

Xは損害保険会社であり、A社はその損害保険代理店であり、その代表者
はBであった。AはY信用組合にX保険代理店A社B名義の普通預金口座を
開設し、届出印欄にBと刻された印鑑票を提出した。同口座は損害保険代理
店が所属保険会社のために保険契約者から収受した保険料を自己の財産と明
確に区別して保管する目的で開設するいわゆる専用口座であった。口座開設
当時の保険募集の取締に関する法律（以下、「募取法」と略す）および同法施
行規則の規定に基づいて作成されたXとAの間の代理店契約によれば、Aは
Xを代理して保険契約の締結、保険料の領収、保険料領収書の発行等の業務
を行うこととされ、募取法の定めに従い自己の財産と明確に区分して保管し、
他に流用してはならないとされている。また事務処理規定も募取法および同
施行規則の定めに従い、次のように規定している。すなわち、代理店は契約
者から領収した保険料の全額を自己の財産と明確に分離し、遅滞なく別途に

---

26) 尾島明「判例解説」曹時 58 巻 1 号（2006 年）255 頁、雨宮啓「判批」金商 1168
号（2003 年）2 頁、甘利公人「判批」判評 540 号（2004 年）39 頁、森田宏樹「判批」
ジュリ 1269 号（2004 年）83 頁、加毛・前掲注 20）1961 頁、内田貴＝佐藤政達「預
金者の認定に関する近時の最高裁判決について（上）」NBL808 号（2005 年）14 頁等
参照。調査官解説は、⑬の法廷意見が客観説的なアプローチは採っていないとし、⑬
が普通預金の事件であったため、①等の定期預金につき客観説を採った判例との抵触
は問題にならないとしているが、⑬の少数意見のように客観説的なアプローチを採る
ことを否定したかは明らかでないとする（尾島・前掲 272 頁）。Ⅲ 1 に論じるように、
⑬や尾島・前掲判例解説は、契約法的アプローチに必要なYとAの関係に関する事実
認定を余り行わずに、保険料の所有権や預金の管理権等、主にXとAの関係を論じて
いることからは、客観説に近いアプローチという見方もあるかもしれない（福井章代
「預金債権の帰属について」判タ 1213 号（2006 年）25 頁・35 頁参照）。

普通預金等の流動性預貯金にするか、または所属保険会社に送金しなければならない。その別途預貯金口座の名義は、所属保険会社名を店主名の肩に記載したものとしなければならず、別途預貯金は、所属保険会社に対して送金する場合、契約者に対して保険料を払戻しする場合、自己の手数料に充てる場合、利息を自己の所得とする場合、その他所属保険会社の指示による場合以外に払い戻してはならない。実際、Aは、保険料として収受した金銭を他の金銭と明確に区別するための専用の金庫ないし集金袋で保管しており、前記保険料と他の金銭を混同したことはなかった。Aは、その保険契約者から受領した金銭そのものを本件預金口座に入金し、Aが本件預金口座に保険料以外の金銭を入金したことはなかった。Aは、毎月20日ころ、本件預金口座に預け入れてあった前月分の保険料全額の払戻を受け、代理店手数料相当額を差し引いたうえで、残りの金銭をXに送金する。

　Aが2回目の不渡を出した平成9年5月6日に、AはXに本件預金口座の通帳および届出印を交付した。Yは同日、YのAに対する債権と本件預金債権とを相殺する意思表示をした。Xは同月7日ころYに対し本件預金の払戻を請求したが、Yが応じなかったために提訴したのが本件訴訟である。

　第1審判決は、次のように判示してXの請求を認容した。AはXの締約代理商であり、両者の間には委任関係が成立している。Aは本件保険料を他の金銭と混同して保管した事実は存しないことにかんがみると、本件保険料は、Aの所持する他の金銭との間においては、未だ具体的な特定性ないし識別性を維持しており、封金と同様の性質を有していた。Aは本件代理店契約上、Xを代理して本件保険料を収受する権限を授与されていたのであるから、保険契約者がXのためにAに対して本件保険料を支払い、受任者たるAがこれを収受したことにより、本件保険料の所有権は直ちにXに帰属した。したがって、本件預金は本件保険料の所有者であるXの負担においてされたものであり、本件預金の原資の出捐者はXである。仮に、本件保険料は封金と同様の性質を有せず、Aが本件保険料の所有権を取得したとしても、AはXの受任者たる地位を離れては所有権者としての保護を受けるに足る独自の実質的または経済的な利益を有しないこと、本件保険料はXが負担する保険責任の対価であって、Xに帰属すべき性質のもので、本件保険料について実質的または経済的にXに帰属することからは、本件預金は本件保険料の実質的または経済的な帰属主体であるXの負担においてされたものであり、やはり本

件預金の出捐者はXである。募取法の定めにより自己の財産と明確に区分して保険料を保管していること、保険契約者から収受した保険料全額を遅滞なく専用口座に入金しなければならず、一定の場合以外には専用口座から払戻を受けてはならないという契約上の制限を課されていたことにかんがみると、Aは本件保険料をXに納付するという目的に必要な限度において本件預金口座の管理を委ねられていたに過ぎず、本件預金口座を実質的に管理しうる地位を有していた者はXにほかならない。このようにXは本件預金の原資の出捐者であって、本件預金口座を実質的に管理していた者であるということにかんがみると、本件預金の預金者はXであって、本件預金債権はXに帰属する。

控訴審判決も、第1審判決とほぼ同様の理由を挙げたほか、Yは本件預金があることを契機としてAと取引関係に入ったものということはできず、本件預金口座が存在したことの故にY・A間に貸借取引が継続されたと認めることもできないとして、YとAの貸借取引と本件預金口座の預金とは、取引ないし信用上、格別直接的な関連性を有するものとは認められないのであって、Yに預金者が誰であるかについての利害関係や保護されるべき利益があるとは認められないとして、控訴を棄却した。ところが最高裁の多数意見は次のように判示して、破棄自判によりXの請求を棄却した。

「金融機関であるYとの間で普通預金契約を締結して本件預金口座を開設したのは、Aである。また、本件預金口座の名義である『X保険代理店A社B』が預金者としてAではなくXを表示しているものとは認められないし、XがAにYとの間での普通預金契約締結の代理権を授与していた事情は、記録上全くうかがわれない。

そして、本件預金口座の通帳及び届出印は、Aが保管しており、本件預金口座への入金及び本件預金口座からの払戻し事務を行っていたのは、Aのみであるから、本件預金口座の管理者は、名実ともにAである……。

さらに、受任者が委任契約によって委任者から代理権を授与されている場合、受任者が受け取った物の所有権は当然に委任者に移転するが、金銭については、占有と所有とが結合しているため、金銭の所有権は常に金銭の受領者（占有者）である受任者に帰属し、受任者は同額の金銭を委任者に支払うべき義務を負うことになるにすぎない。……Aが保険契約者から収受した保険料の所有権はいったんAに帰属し、Aは、同額の金銭をXに送金する義務

を負担することになるのであって、Ｘは、ＡがＹから払戻しを受けた金銭の送金を受けることによって、初めて保険料に相当する金銭の所有権を取得する……。したがって、本件預金の原資は、Ａが所有していた金銭にほかならない。

したがって、本件事実関係の下においては、本件預金債権は、Ｘにではなく、Ａに帰属するというべきである。Ａが本件預金債権をＡの他の財産と明確に区別して管理していたり、あるいは、本件預金の目的や使途についてＡとＸとの間の契約によって制限が設けられ、本件預金口座がＸに交付されるべき金銭を一時入金しておくための専用口座であるという事情があるからといって、これらが金融機関であるＹに対する関係で本件預金債権の帰属者の認定を左右する事情になるわけではない。」

なお本判決には、次のような福田博裁判官の反対意見がある。

「本件代理店契約には、Ａに対し、収受した保険料を保管することを目的とする預金口座をＸのために開設する権限、すなわちＸの代理人として金融機関との間でＸのために預金契約を締結するための権限を授与することも含まれていると解するのが相当である。

本件預金口座の名義は、『Ｘ保険代理店Ａ社Ｂ』となっており、預金者としてＡを表示しているものであることが一見明白であるとはいいきれないし、そこに『代理店』の文字が含まれていることからすると、むしろ、Ｘが代理人であるＡを使って本件預金口座を開設したことを表示している……Ａが本件預金口座の通帳及び届出印を保管し、本件預金口座の金銭の出し入れを行っていたことも、代理人として、本人であるＸのためにしていたことであると評価すべきである。」

引き続いて次の⑭判決も、客観説に基づく控訴審判決を破棄し自判した。

⑭　最判平成 15・6・12 民集 57 巻 6 号 563 頁 [27]

Ｘ₁は、弁護士のＸ₂にＸ₁の債務整理に関する事務処理を委任する契約を

---

27)　ただし、同判決の調査官解説によると、⑭は主観説、客観説、折衷説のいずれの見解を採っても、預金者はＸ₂ということになり、⑭判決から最高裁が主観説か客観説のいずれを採ったと解するのは的を射ていないとする（大橋寛明「判例解説」曹時 58 巻 3 号（2006 年）1018 頁・1027 頁）。同判決については、安永正昭「判批」民商 130 巻 4 = 5 号（2004 年）232 頁、内田貴＝佐藤政達「預金者の認定に関する近時の最高裁判決について（下）」NBL809 号（2005 年）18 頁等参照。

締結した。同委任契約に基づき、X_2はX_1の財産を管理すべく、A銀行との間で、X_2名義の普通預金契約を開設し、X_1から預かった500万円を同口座に入金した。X_2は、同口座開設当初から届出印および預金通帳を管理していた。その後の同口座への入金としては、僅かな例外を除いては、X_1関連の入金であった。同口座からの出金は、専らX_1関連の支出に係るものであった。

X_1は、消費税等を滞納したため、Y税務署長は、前記預金債権の払戻請求権に対し差押を行った。これに対しX_1、X_2は、同預金債権はX_2に帰属するから差押には重大かつ明白な瑕疵が存在するとして、差押の無効確認を求め、少なくとも取り消されるべき違法性があるとして予備的に差押の取消を求めた。

第1審判決は、当該預金の出捐者、すなわち当該預金に係る資産の現実の拠出者はX_1であると認められるから、本件預金債権は、X_1に帰属するとして請求を棄却した。控訴審判決も客観説に立ち、本件預金の原資はX_1からX_2に交付した金員等であることと任意整理目的の委任契約の内容を考慮すると、本件預金はX_1の出捐により、X_1の預金とする意思で、X_2を使者・代理人として預金契約をしたと認めた。X_2がX_1から弁済資金を前払費用として預かったとしても、委任者たるX_1の弁済資金が受任者たるX_2の所有となると解することはできないとして、控訴を棄却した。最高裁は次のように判示してX_1・X_2の上告を認め、本件差押を取り消した。

「債務整理事務の委任を受けた弁護士が委任者から債務整理事務の費用に充てるためにあらかじめ交付を受けた金銭は、民法上は同法649条の規定する前払費用に当たるものと解される。そして、前払費用は、……受任者に帰属する……本件においては、上記500万円は、X_2がX_1から交付を受けた時点において、X_2に帰属するものとなった……本件口座は、X_2が自己に帰属する財産をもって自己の名義で開設し、その後も自ら管理していたものであるから、銀行との間で本件口座に係る預金契約を締結したのは、X_2であり、本件口座に係る預金債権は、その後に入金されたものを含めて、X_2の銀行に対する債権であると認めるのが相当である。したがって、X_1の滞納税の徴収のためには、……X_2の銀行に対する本件預金を差し押さえることはできない」

本件最高裁判決には2名の裁判官による次のような補足意見がある。

「信託法の規定する信託契約の締結と解する余地もある……もっとも、このような場合でも、信託財産に属する金銭を弁護士が預金した場合の預金者が弁護士であるという結論は、委任契約の場合と異なるところがないから、本件の結論には影響を及ぼさない。」

Ⅲ 分 析

1 金融機関が預金契約上の地位を主張する場合における契約法的アプローチ

以上の判例を素材として、預金の帰属の問題について分析してみたい。まず検討するのは、契約法的アプローチを採った場合と客観説を採った場合とでどのような違いがあるかである。

(1) 契約法的アプローチによる出捐者の預金者としての認定

Ⅱ1で⑦、⑧等についてすでに指摘したように、客観説を採った判例の事案を見ると、実は契約法的アプローチによっても出捐者を預金契約の当事者と認定できる場合が多いように思われる。①も正にそのような事案である。①事件の定期預金は、元来X、B、Dの間の話合いにより、Xの出捐による金員をA名義の預金として受け入れるという了解のもとに始まっている。当該預金の2回の預替の際には、それまでの定期預金証書と届出印鑑がAではなくXからY支店長Dに直接手渡されている。問題となる最終の預金契約における預入行為は、X自身からYに対しなされているわけである。預替により無記名定期預金1口がA'名義の記名定期預金1口と無記名定期預金3口に分割されたときに、そのことに不審を抱いたXが直接Dに問いただしたのに対し、Dは単にY銀行の業務上の都合による名義変更であるとXに弁解している。以上の経緯からは、D、すなわちYは、XとAとの間で実質的な預金の帰属者がXであり、Xが定期預金証書と届出印鑑を保有していることを知っていたと思われる。そのような実情を知りながらも、AそしてA'の預金と扱うことによってAそしてA'に対する手形割引による債権の担保とするつもりで、この定期預金の受入およびAそしてA'に対する手形割引に応じたものと考えられる。そのために本件でYは、Aと相談して、Xを欺罔して記名式定期預金にして名義人をA'としたり、届出印鑑をすり替えてA'の

担保差入証を差し入れさせたとも見える。Yは、Xが定期預金証書を保管していることを知りながら、定期預金証書を預からずに、そのような担保差入証をA'からとるだけで、本件定期預金を担保にとったと主張しているのであって、有効に本件定期預金を担保にとったと評価できるかにも疑問がある（民法363条参照）[28]。

上記のような経緯から考えて、Yは取引の実質をかなり知っていただけでなく、AによるXの欺罔に加担していたとさえ見うるのであって、第1審判決と同じく、預金契約の当事者はAではなくXと認定できたのではなかろうか。それなのに本件定期預金の預金者がAまたはA'であるとして、YがA'に融資した債権と本件定期預金との相殺期待を保護することには、疑問がある。民法100条但書の悪意または過失がYにあったとも考えられよう。

②の事件も、第1審判決が認定したように、出捐者の代理人または使者として預入行為者が金融機関と預金契約を締結したのであって、金融機関もそのことについて追認したか、少なくとも知らないことに過失があったような事案であり、契約法的アプローチを採っても第1審判決のように出捐者が預金者と認定されるべき事案であったように思われる[29]。

一方、⑫判決は、信託の法理を用いることによって、実質的な資金の帰属者に物権的な権利を認めた事件であり、その意味で出捐者を保護する客観説的な結論を導いているが、信託の法理を用いずとも、契約法的アプローチにより、AやAに代位したY_1を預金者と考えることも可能な事件であったように思われる[30]。すなわち⑫においては、金融機関のY_2も、Y_1との業務委託契約によって専用口座の分別管理に関する契約の当事者となり、専用口座が実質的にはAのための責任財産として運用されていることを認識し、契約上も拘束されていた。契約法的アプローチに立っても、たとえB名義の口座であっても、Aのための専用口座である別口口座であり、預金契約の当事

28）　柴田・前掲注15）1652頁参照。

29）　髙窪・前掲注16）115頁参照。②判決の紹介のところでコメントしたように、この事件は金融機関Yが、預金の名義人をAと信頼して与信をした事案ではなく、第三者的立場に立つだけでなく、Aの雇用者としてAの行為につき出捐者X'に対し民法715条に基づき責任を負うような事件であった。

30）　信託法理を用いることの問題点につき、岩原＝森下・前掲注2）42頁以下および後掲注57）参照。Aの預金者認定につき、金子・前掲注25）219頁参照。

288　第Ⅳ部　預金取引

者は実はBでなくAであると、Y₂もBも認識していたと認定することが可能であったと思われる。

　他方、⑬判決については、契約法的アプローチによって、出捐者ではなく預入行為者ないし預金の名義人を預金者と認定した判決と理解して、評価する見解が多いようである。しかし、先の我々の論文において論じたように³¹⁾、たとえ契約法的アプローチを採ったとしても、⑬の事案は、同判決の少数意見が指摘するように、むしろ資金の実質的帰属者たるXこそが預金契約の当事者と認定されるべき事案だったように思われる。

　すなわち、契約の一般理論に忠実に預金契約の当事者を認定するのであれば、金融機関Yや預入行為者たる保険会社代理店Aが、本当のところ誰を契約相手と考えていたのかを、まず慎重に認定しなければならない。損害保険代理店の損保会社のための保険料収納に関する専用口座の預金は、本件事実審において認定されているように、旧募取法12条やそれに基づく代理店契約および事務処理規定によって³²⁾、損保会社に実質的に帰属する預金として預け入れられて管理されている。専用口座がそのような性質のものであることを、一般の金融機関は認識していたように思われる。事務処理規定に従い代理店という肩書を付けた専用口座名義によって、本件預金口座が専用口座であり、口座の預金が本来Xに帰属すべき性質のものであることを、Yは、通常知っていたと考えられるのである³³⁾。⑬の福田裁判官の反対意見が指摘するように、代理店という口座名義の肩書は、預金契約締結に関するXのためにするAの代理権を表示していると見ることができよう。もし本件Yは

---

31)　岩原＝森下・前掲注2) 34頁以下。また、山下友信「判批」ジュリ929号（1989年）46頁・49頁参照。なお、前掲注26) 参照。

32)　石田満「保険代理店専用口座預金とその帰属」金法1229号（1989年）9頁・10頁、鴻常夫監修『「保険募集の取締に関する法律」コンメンタール』（安田火災記念財団、1993年）161頁以下〔松村寛治〕、大塚英明＝東京損害保険代理業協会法制委員会『損害保険代理店委託契約書コンメンタール（上）』（東京損害保険代理業協会、2001年）37頁以下、山下友信『保険法』（有斐閣、2005年）149頁以下等参照。

33)　西島良尚「金銭の管理と帰属について（2・完）──『金銭の所有と占有の一致』の法理の若干の検討」NBL812号（2005年）130頁・132頁。ただし、上野隆司＝石井眞司「金融法務スポット対談〔第13回〕損害保険代理店の保険料保管専用口座に基づく預金は誰に帰属するか」金法1228号（1989年）23頁・25頁参照。なお尾島・前掲注26) 268頁は、複数の保険会社の代理店の場合との比較を理由に代理権を否定するが、単独の保険会社の名前を明示してその代理店口座名義になっている場合は異なる。

そのようには認識しておらず、Aを預金者と認識していたというのであれば、どのような経緯でYはAに融資を行ったか、YがAに融資を行う際の稟議においてAの資力を判断するのに当たって専用口座の預金額を含めて判断していたか、等の認定を行ってその主張の真偽を検証する必要があるし、仮にYが本当にAを預金者と認識していたとすれば、そのようなYの認識に過失がなかったのか等を認定しなければならないのではなかろうか。

　また⑬の法廷意見は、預金の預入行為を行ったAの認識についても、全く検討を行っていない。事実審において認定された損害保険料の管理に関する旧募取法やその施行規則の規定、代理店契約や事務処理規定の条項、それらのもとにおけるAの厳密な保険料の分別管理の実態、Aが不渡後に直ちに通帳と届出印をXに交付していること、そして口座名義についてもXの代理店であることを肩書につけていたこと等を総合考慮すれば、Aの認識・意思としても、Xの代理人としてXのために預金契約を締結したと認定できる可能性が大きかったように思われる。⑬の福田裁判官の反対意見のように、損害保険代理店契約によりAはXの代理人として預金契約を締結する権限を授与されていたと考える方が素直であり、Y等の金融機関もそれを認識していたと考えられる。

　以上のような点につき全く検討しないまま原審判決を破棄し自判した⑬の法廷意見は、契約法的アプローチを採ったとすれば、ずさんな事実認定と検討に基づいて性急に判断したといわざるをえないであろう。たとえ原審判決を破棄するにしても、自判するのではなく、契約当事者の確定に必要な以上の諸点の事実認定が十分でなかったとして、事実審に差し戻すべきであったろう。

　以上のように、慎重に預金契約の当事者の認定を行えば、出捐者が預金契約の当事者とされることが多いということは[34]、ある意味で当然のことである。客観説においては一般に、出捐者が自身でまたは使者ないし代理人を通じて預金の預入行為をすることを、出捐者を預金者と認定する要件と考えている[35]。預入行為者を使者または代理人として出捐者が金融機関と預金

---

34)　⑭の事件も、金融機関が預金契約上の地位を主張した事件ではないが、それゆえにこそ商法504条に基づき、X_2がX_1のためにA銀行と預金契約を締結したとも主張しうる事件であったと思われる（岩原＝森下・前掲注2）35頁）。

契約を締結してその当事者となることは、普通のことなのである。また契約法的アプローチにおいて代理法理に基づいて出捐者に契約の効力を帰属させるために預入行為者に必要とされる代理意思は、客観説においては預入行為者に預入資金を横領する意思がなかったかという問題として現れる。

(2) 契約法的アプローチと客観説の違い

　しかし契約法的アプローチと客観説とで違いが残ることも事実である。

　第1の違いは、金融機関が出捐者と預入行為者の間の使者または代理関係を知りえない場合、客観説とは異なり契約法的アプローチからは、出捐者を預金者とは認定できない点である（民法100条但書）。そもそも契約法理論において、出捐等ではなく契約の相手方としての明示や認識（可能性）を契約当事者認定のメルクマールとするのは、第1に意思理論に基づくものであり、第2に、契約の相手方が誰であるかに関する契約当事者の信頼を守るためと思われる[36]。確かに、預金者に対する預金契約の相手方となる金融機関にとって、預金の払戻、取引履歴の開示、その他の預金契約上の義務を安心して果たし、義務違反による責任を負わないためには、契約の相手方である預金者が誰かを容易に認識できなければならない[37]。これらの考慮からは、第1の違いに関しては、契約法的アプローチが適切なようにも考えられる。

　しかし客観説においても、預金契約の相手方に関する金融機関の信頼の保護は、民法478条の適用により図られてきた。そこで実際の問題は両者の信

35）　客観説を採った場合の要件事実につき、塚原朋一「判批」金法1311号（1992年）14頁・19頁、太田知行「記名式預金の預金者認定と客観説——判例の利益衡量への疑問」広中俊雄先生古稀祝賀論集『民事法秩序の生成と展開』（創文社、1996年）415頁・451頁参照。客観説においても使者・代理人等を通じ預金契約をした者を預金者とするもので、契約理論の枠外に出るものではないという指摘として、吉原省三「預金者の認定と客観説」金法1224号（1989年）4頁・5頁、同「実在人名義の預金者の認定」金法1241号（1989年）4頁・5頁参照。

36）　このような考慮は、代理における顕名主義等につき指摘されていたところである。於保不二雄『民法総則講義』（有信堂、1951年）219頁以下、同『財産管理権論序説』（有信堂、1954年）55頁以下、同編『注釈民法(4)』（有斐閣、1967年）21頁以下・32頁以下〔浜上則雄〕、森本滋「商法504条と代理制度」林良平先生還暦記念論文集『現代私法学の課題と展望（中）』（有斐閣、1982年）279頁・297頁以下、奥田・前掲注6）8頁以下、四宮和夫＝能見善久『民法総則〔第7版〕』（弘文堂、2005年）285頁以下参照。

頼保護のあり方の違いになる。⑤に関し指摘したように、契約法的アプロー
チにおいては、出捐者が別にいてその者が預金契約の実質的な相手方（預金
者）であることを金融機関としては知りえなかったかということの認定が問
題になるのに対し、客観説においては、民法 478 条の弁済免責における準占
有者の認定や金融機関の過失の認定が問題になるのである。問題となる認識
の内容はかなり共通しており、違いは微妙である [38]。ただ前者の認定時点
が預金契約締結時であるのに対し、後者は原則として弁済時である点が異な

---

37)　例外として、契約締結の当事者間において、当事者として明示された者以外の者を
　　契約当事者とすること、すなわち、第三者名義で契約することが了解されている場合
　　（第三者名義が本人を指すもので、芸名等と同じと解釈できる）、架空人名義の場合、
　　商事代理に関する商法 504 条が適用されうる場合等がある。第 1 の場合は金融機関と
　　しては真の預金契約相手を知っているわけであり、第 2 の架空人名義の場合は金融機
　　関自身が相手方の名義を重視しておらずその信頼を保護する必要はない。第 3 の商法
　　504 条については、相手方、すなわち金融機関側が代理人との契約関係を選択できる
　　し（最判昭和 43・4・24 民集 22 巻 4 号 1043 頁）、少なくとも立法論的には議論のあ
　　るところである（鈴木竹雄『新版商行為法・保険法・海商法〔全訂 1 版〕』（弘文堂、
　　1978 年）16 頁、平出慶道『商行為法』（青林書院新社、1980 年）106 頁等。これに
　　対し、田中英夫「Undisclosed Principal」末延三次先生還暦記念『英米私法論集』（東
　　京大学出版会、1963 年）151 頁、神崎克郎「商事代理における非顕名主義」神戸 15
　　巻 2 号（1966 年）294 頁、森本・前掲注 36）279 頁、沢野直紀「商事代理の非顕名
　　主義──商法 504 条論」西南 17 巻 2〜4 号（1985 年）83 頁、小林佳雄「イギリス法
　　における不開示の代理と日本商法における代理の非顕名主義」関西大学大学院法学研
　　究科院生協議会法学ジャーナル 64 号（1996 年）59 頁参照）。なお、同じように他人
　　名義により意思表示が行われた場合の効果が問題になる場合として、たとえば、他人
　　名義による株式の引受や偽造による手形行為等がある。前者に関し最高裁判例は実質
　　説を採って出捐者を株式引受人として扱い（最判昭和 42・11・17 民集 21 巻 9 号
　　2448 頁）、後者については偽造者行為説が唱えられているが（大隅健一郎『商法の諸
　　問題』（有信堂、1971 年）355 頁、鈴木竹雄『商法研究(1)』（有斐閣、1981 年）337 頁）、
　　いずれも名義人が契約相手方であるという他方契約当事者の信頼の保護を問題にしな
　　くてもよい場合が論じられたものである。
38)　客観説に立つ最高裁の①の上告審判決が、差戻審において審理すべき事項として判
　　示した事項は、預金契約当事者の認定要素と重なっている。すなわち最高裁は、差戻
　　審において審理すべき事項として、X と B の間の法律関係（むしろ X と A の間の法律
　　関係というべきであろうが）、Y が A や A' と手形割引等の取引をするのに当たって相
　　当の注意を用いて A または A' を預金者と確定したか、A から定期預金証書の呈示を
　　受けるだけで占有取得の方法をなぜとらなかったか、といった諸点を挙げているが、
　　X と B（A）の法律関係の審理は、契約法的アプローチにおける代理関係の認定に対
　　応し、Y の相当の注意や定期預金証書の占有取得の欠如等の民法 478 条の適用にかか
　　る審理事項は、契約法的アプローチにおける Y による契約相手方の認識の認定に対応
　　している。

る。金融機関が預入行為者を預金契約の相手方と信じて預金契約を締結したが、後から出捐者から自分が預金者であるとの申入れがあったような場合、客観説によれば民法478条の適用に関し金融機関は、預金の成立時には預入行為者が預金者でないことにつき善意・無過失でも、預金の払戻時においては悪意または過失があることになりかねない。そうすると当該申入れの真偽の判断が難しい金融機関には酷となり、契約法的アプローチの方が適切かもしれない。

しかし①、④、⑤、⑥、⑦、⑧等の昭和年代に預金者の認定が問題となった事件は、殆どがいわゆる導入預金に関する事件であり、預金契約成立時に金融機関が預入行為者の預金であると信頼して預入行為者に貸付を行い、後に当該預金債務と当該貸付債権を相殺しているため、客観説に従った場合でも、民法478条の準占有者や過失の判断は、弁済時（相殺時）ではなく契約成立時が基準時となりそうである[39]。そのような場合は客観説に立っても、後から出捐者からの申出があっても、金融機関が当該預金債務と預入行為者に対する債権を相殺することは、民法478条により保護されることになり、契約法的アプローチを採る場合とさして異ならない結果となろう。

第2の違いは、契約法的アプローチでは、(1)において触れたように民法100条の反対解釈からは、預入行為者が実は出捐者の使者または代理人として預金の預入をしても、自らまたは第三者を契約当事者と明示して預金契約締結の意思表示を行えば、原則として契約当事者として明示された者が預金契約者（預金者）になるのに対し（たとえば、⑪がそのように判示された例である）、客観説では、そのような預入行為者による表示にかかわらず出捐者をもって預金者とすることである（ただし、預入行為者が資金を横領した場合を

---

39)　④判決により、預金と相殺する予定のもとに貸付をし、その後当該相殺をする場合には、民法478条の類推適用があるとされた。そのような考え方からは、その場合の民法478条の準占有者や過失の判断の基準時も預金契約成立時（貸付時）となろう。もっとも⑤においては、当該預金との相殺期待を確保するために、YはAから確認書を取ることに止め、預金証書はAに渡し、Yの要求があり次第Yに提出させることにしていたが、実際には預金証書はX₁〜X₃に交付されていた。④との比較からは、そのような場合のAが債権の準占有者といえるか、預金証書を担保としてとらずに、預金契約の相手方をAと信じて、預金契約成立時点で当該預金との相殺期待をもってAに融資を行ったYに（⑥は担保にとっている）、民法478条の過失がなかったか等が、⑤の差戻審において問題となりえよう。

除く)。それを示したのが⑤である。

　すなわち、⑤の下級審判決は契約法的アプローチを採って、預入行為者であったAがY銀行に対し、（実は出捐者である）X₁〜X₃の名義にするがそれは架空名義であり、A自身の預金であると意思表示していたことから、X₁〜X₃とAの関係は代理人または使者に当たらずAが預金者だとした。たとえ代理権を与えられていた者であっても[40]、その者が代理人としてではなく本人として相手方と契約を締結したのであれば、その者自身が契約当事者になるということであろう。これに対し⑤の最高裁判決は、Aが預金証書をX₁〜X₃に交付していた以上、X₁〜X₃が出捐した金銭を横領して自己の預金とする意思がAに認められないとして、出捐者であるX₁〜X₃が預金者であるという考えを採った。預金した金員を横領して自己のものとする意思がAに認められない限り、預入行為者であるAではなく、出捐者であるX₁〜X₃が預金者だというわけである。⑤は、以上のような契約法的アプローチと客観説の違いが、下級審と最高裁における結論の違いになった興味深い例であった。

　もっとも、⑤判決が示すように、客観説に立っても、預入行為者が自己または第三者を契約当事者と明示した場合、資金を横領する意思があるとして預入行為者の預金と認定される可能性がありえよう。しかし⑤判決のように横領する意思を認定しないとすれば、第1の違いと同じく意思理論や金融機関の表示への信頼の保護からは、契約法的アプローチがより適切かもしれない。

　第3の契約法的アプローチと客観説の違いとして、立証責任の違いがある。要件事実論に従えば、契約法的アプローチを採る場合、預入行為者との代理関係の存在、預金契約の相手方に関する金融機関の認識等を、自らが預金者と主張する出捐者側が主張・立証しなければならないのに対し、客観説を採る場合は、それらの事実と重なることの多い、預入行為者が預金債権の準占有者であることや、金融機関が預入行為者を預金者と認識して弁済（与信）を行ったことに悪意や過失がなかったという事実は、金融機関側が抗弁事実として主張・立証しなければならなくなる。

---

40)　Aは、CからX₁〜X₃のために定期預金を行う復代理人に選任されていたとも考えられる。ただし、民法104条の復代理人選任の要件を充たしていたかには疑問がある。

294 第Ⅳ部 預金取引

この違いをよく示しているのが①事件である。①のXは、契約法的アプローチに基づき自らが預金契約の当事者であるとして訴えるためには、上記の代理関係の存在や契約成立の際の契約相手方に関するYの認識等の主観的事情を主張・立証しなければならない。これに対し客観説を採る場合は、Xが主張・立証しなければならない要件事実は、Xが当該預金に係る金員を出捐したこと、Xが自己の預金とする意思を有していたこと、Xが自身でまたは預金を依頼したAを通じて預入行為をしたことである[41]。A・A'が定期預金の準占有者であったことや、Yが彼らを預金者と認識して手形割引という与信を行ったことに悪意や過失がなかったか否かといった事実は、抗弁事実となってY側が主張・立証しなければならない。この点が契約相手方に関するYの認識をX側が主張・立証しなければならない契約法的アプローチと異なる点であり、このことが本件において最高裁が契約法的アプローチに立つ原審判決を破棄し差し戻した原因になったものと思われる[42]。

いずれの立証責任が妥当か、判断は微妙である。しかし民法109条における立証責任との対比等からは、自分の名義を用いずに預入行為者に預金を行わせた出捐者側が、金融機関としては預金契約の本人は出捐者であることを認識すべきであったことを立証する契約法的アプローチの方が妥当かもしれない。

第4の違いとしては、客観説に立つ判例が、預金の払戻を受けた者が民法478条の準占有者といえるためには、その者が原則として預金証書と届出印章の双方を所持していなければならないという厳格な立場を採ってきたことがある（④参照）。これに対し契約法的アプローチにおいては柔軟に預金契約の相手方の認定ができ、客観説のもとで預金証書を紛失したと称した預入行為者への払戻が有効とされなかった④のような事案も、預入行為者を預金者と信じても合理的な場合と見られうるのではないかということが、客観説への批判の一部になっていたように思われる。

これは預金債権が指名債権とされながらも、無記名定期預金に見られるように、預金証書と届出印章のみによって権利者を認定するという、事実上の

---

41) 前掲注35) 文献参照。

42) X側に主張・立証責任があれば、主張・立証がなかったとされれば、Xの請求棄却となる。この立証責任の違いを指摘するものとして、河合伸一「記名式定期預金の預金者——出捐者説、それでよいのか」金法1047号（1984年）6頁・13頁がある。

有価証券的な扱いがなされたことから生じた問題であったようにも感じられる[43]。有価証券の支払に関する手形法 40 条 3 項の支払免責に対応するものとして、民法 478 条による支払免責が預金の払戻の場合等に幅広く適用ないし類推される一方、有価証券の呈示証券性や免責証券性に準じて、預金証書や届出印章がない限り有効な支払免責がえられないという判例になったのではなかろうか。

　しかしそのような考え方には反省が加えられ、見直されつつある。一方で民法 478 条が余りにも広く適用されて預金者の静的安全が軽視されてきたことに対し、そもそも民法 478 条は表見的債権者への弁済一般に適用されるべき制度か疑問が出されており[44]、最近では偽造カード等及び盗難カード等を用いて行われる不正な機械式預貯金払戻し等からの預貯金者の保護等に関する法律（以下、「預貯金者保護法」と略す）により立法的にその例外が認められたところである[45]。また金融機関等による顧客等の本人確認等及び預金口座等の不正な利用の防止に関する法律（以下、「本人確認法」と略す）（現在は、「犯罪による収益の移転防止に関する法律」）により預貯金の受入れにつき顧客の確認義務が課される等、金融機関に預金契約の当事者の確認が求められるようになっている。そのような観点からすれば、預金証書と届出印章をもって有価証券のように扱う民法 478 条適用を前提にした考え方は見直されるべきかもしれない。

　以上、第 1 から第 4 の違いに関する分析からは、微妙な判断ではあるが、①〜⑧のように金融機関が預金契約上の地位を主張する場合、すなわち、金融機関が誰を預金者として扱ってよいかという問題については[46]、原則として契約法的アプローチが適切なように思われる。最高裁判例が客観説を採るリーディングケースとなった①、②といった事件は、金融機関に対する関

---

43)　特に無記名定期預金については、証書を軸とする無記名証券的な処理を唱える学説もある（西原・前掲注 14）100 頁、椿・前掲注 15）173 頁等。また、我妻榮『債権各論中巻 2』（岩波書店、1962 年）736 頁参照）。

44)　岩原・前掲注 1）132 頁以下、および同引用文献参照。

45)　預貯金者保護法 3 条、山田誠一「偽造キャッシュカード・盗難キャッシュカードと ATM からの払戻し」金法 1746 号（2005 年）53 頁・59 頁参照。

46)　星野英一『民法論集第 7 巻』（有斐閣、1989 年）186 頁参照。ただし、②のように金融機関が預金契約の当事者としての地位ではなく第三者としての立場を主張する場合は、物権法的アプローチが妥当であろう。

係で出捐者が保護されてしかるべき事件であり、契約法的アプローチからも契約相手方の解釈としてそのような結論を導きえたはずであった。しかし①では、控訴審判決が丁寧な事実認定をせず逆の結論を取ったために、上記第3の立証責任の違いから容易に出捐者を保護できる客観説でもって出捐者を保護したのではなかろうか。②以降もそれを引き継いで容易に出捐者を保護できる客観説を採ったのではなかろうか。その背後には、第4の違いに関連して指摘したように、預金契約の相手方を確認せず、専ら預金証書と届出印鑑の所持で権利者を決めようとする、金融実務における有価証券的な無記名定期預金の運用があり、それを考慮すると、預金契約の当事者を問わずに出捐者を預金者と扱ったうえで民法478条を活用することが合理的と考えられたのではなかろうか。金融界では記名式定期預金についてまでそれに近い運用がなされたことから、判例は客観説を記名式定期預金にまで拡大し、そこから預金者の認定一般につき客観説が妥当するという理解が行われてきたように思われる。しかし無記名定期預金の制度はなくなり、記名式預金に関しては本人確認法（2008年からは同法に代わり、「犯罪による収益の移転防止に関する法律」により本人確認が求められている）や預貯金者保護法の成立等もあり[47]、民法478条の拡大適用等による預金の有価証券的扱いに反省が迫られている今日、上記の分析のように、金融機関の預金契約上の地位については、契約法の本来の原則に戻った当事者の認定を行うことが妥当なように思われる。

　ただし、金融機関が誰を預金者として扱ってよいかにつき原則として契約法的アプローチを採るとしても、例外が認められるべきである。第1の例外は、Ⅲ2で検討するように、金融機関が第三者的地位に立つ場合である。第2の例外は、他人の資金の預入、誤振込や振り込め詐欺による振込、等の理由で預金契約の相手方が物権的な資金の帰属主体ではないということにつ

---

47)　しかしこのことはあくまで契約法における契約当事者確定の原則を金融機関は主張できるということであって、本人確認法が成立したことから、直ちに口座名義人を預金者として認定すべきであるということには（潮見佳男「損害保険代理店の保険料保管専用口座と預金債権の帰属（下）——契約当事者レベルでの帰属法理と責任財産レベルでの帰属法理」金法1685号（2003年）43頁・44頁、升田純「預金帰属の主観説、客観説、折衷説——2つの最高裁判例の検討と今後の動向」金法1686号（2003年）32頁）、結びつかない（福井・前掲注26）36頁以下参照）。

き（Ⅲ2参照）、金融機関が容易に主張・立証できたのに、そのことに悪意・重過失があって預金契約の相手方に預金の支払を行ったような場合である。そのような場合は、手形法40条3項を類推して、金融機関は資金の帰属主体に対し不法行為責任を負うというべきであろう。金融機関の預金契約上の地位についての信頼も、そのような場合まで保護される必要はなく、金融機関はその社会的機能・公共性からして、資金の帰属主体の保護に配慮すべきだからである[48]。③事件のY銀行は、X_1〜X_8の主張・立証により、そのような立場に立たされたといえるかもしれない。

2 第三者的地位に立つ場合における物権法的アプローチ

(1) 利益考量

しかし金融機関が預金契約の当事者としての地位を主張しうる場合以外の、第三者的地位に立つ者が預金者の地位を争う場合には、異なる扱いが必要になる。契約法の法理により預金契約の金融機関の相手方当事者とされる者を預金者と扱うのでは適当でない場合が出てくるのである。預金債権の差押債権者がその例である。なおここでいう第三者的地位に立つ者とは、単純に預金契約の当事者以外の者を指すものではない。金融機関以外の者はすべて、預金契約当事者であっても原則として第三者的地位にある者として、資金の帰属者として物権法的な権利が認められる場合にのみ預金者としての権利を主張できると考えたい。たとえば、自らの名前で金融機関と預金契約を締結した者でも、出捐者のために代理人または使者として契約したような場合や、出捐者の資金を横領して自ら預金契約の当事者になる意思で預金契約を締結した場合は、資金の正当な帰属者とは認められず、預金契約者としての地位を保護される必要はないという意味では、第三者的地位に立つ。誤振込や振り込め詐欺における受取人になったような者も、当該振込資金につき預金者としての保護を与える必要はないため、預金契約者としての地位を金融機関等に対し主張しえず、第三者的地位に立つと解されるべきである[49]。また

---

48) 岩原・前掲注1) 338頁以下、岩原＝森下・前掲注2) 38頁。そのような払戻に応じることは、金融機関が詐欺や横領等の幇助犯になりかねない。また後掲注63) 参照。このような金融機関の不法行為責任を論じるものとして、河合・前掲注42) 16頁参照。

298　第Ⅳ部　預金取引

後述するように金融機関であっても、預金契約上の地位の信頼を保護する必要がなく、第三者的地位に立つ場合があると考える。

　第三者としての地位に立つ場合は、多くは星野教授が指摘されるように、「その債権を誰が差し押えることができるか」といった問題になる[50]。預入行為者の債権者と出捐者の債権者のどちらが当該預金を自己の債権の債務者に帰属する責任財産として期待できるかというような問題であり、この場合、契約法的アプローチにより預金者を特定するのではなく、そもそもその資金は誰に帰属するものかという観点から特定されるべきであって[51]、通常は出捐者の責任財産と見ることになると思われる。星野教授はそのような観点から客観説を支持されたし、契約法的アプローチを採る説にも、第三者との関係においては客観説の結論が妥当であると認めたものがある[52]。

　たとえば⑪においては、50％ずつの持分割合の民法上の組合（ジョイントベンチャー）の代表者としてＡが受け取った請負工事代金を、Ａの更生管財人Ｙがすべて更生会社の財産に組み入れて、更生債権者への配当の原資にしているが、本来、Ａの債権者がＡの責任財産として期待できるのは、請負工事代金の半分であり、残りの半分については、ＸないしＸの債権者がＸに属する責任財産として期待してしかるべきではなかろうか。控訴審判決は、代理における顕名主義を根拠に、民法上の組合において業務執行組合員が自己の名で取得した財産は、組合の計算においてなされた場合であっても、先ずその者に帰属し、組合への移転行為によって初めて組合財産になると判示し

---

49)　これは、岩原＝森下・前掲注2) 37頁の説明を修正したものである。ただし、取引履歴の開示等につき契約当事者としての地位を主張できる可能性が残るかもしれない。野村豊弘「預金取引の取引経過の開示請求」金法 1746 号（2005 年）8 頁参照。

50)　星野・前掲注 46) 186 頁。

51)　潮見・前掲注47) 44頁以下は、預金債権の契約当事者レベルでの帰属と責任財産レベルでの帰属を分けて考えるという点では本稿と共通する考え方を示される。また⑬の調査官解説も、保険会社の責任財産としての保護については、預金者の認定とは別に考慮しうることを示唆する（尾島・前掲注26) 271 頁）。⑭の調査官解説も、Ｘ₂の預金として扱っても、Ｘ₁の債権者による権利行使（すなわち責任財産への追及）に支障が生じないかという問題が残ることを認めている（大橋・前掲注27) 1027頁）。

52)　太田・前掲注35) 443 頁。客観説を批判して契約法的アプローチを主張する説は、契約法理論への強い志向のもと、客観説を裸の利益衡量と批判するとともに、専ら金融機関の保護の観点から利益衡量を行っている（河合・前掲注42) 14 頁以下、石田喜久夫「預金者の認定――契約の拘束力の及ぶ範囲」金商816号（1989 年）2 頁等）。

た。しかしこの事件は、商法504条によって代理行為であることを明示しなくても預金契約の当事者は組合であり、預金債権は組合財産であると解釈することも可能なように思われる。そうすれば民法典上は当該預金もAとXが50％ずつ持分を持つ共有財産になる（民法668条・674条）。仮に商法504条の適用ができない事件であったとしても、預金契約の締結相手であるD銀行が関わらない、Aの債権者（その代表者であるY）とXの債権者という第三者の間の衡平の観点からは、請負工事代金につきそれぞれ50％ずつを責任財産として期待できるとすることが妥当ではなかろうか[53]。預金契約の当事者の確定という契約法的問題を離れて、預金という資金が誰に帰属すべきかという、物権法的問題として考慮されるべきように思われる。このように預金契約の当事者の確定と預金の（責任財産としての）帰属を分けて考えるというアプローチは、他人名義の預金の差押に関する下級審判例にも現れている[54]。

　誤振込による預金債権の成立（帰属）に関する⑨の事件も、当該預金債権を受取人の差押債権者という第三者に対する関係で受取人の責任財産として扱うことができるかという問題であり、物権法的アプローチが適切なケースであったと思われる。⑨の事件の受取人は、自分の口座に誤振込金が入金記帳されても、原因関係のない振込であるため、それを自分の預金と信頼することはないし、受取人の債権者も、入金記帳された誤振込金を信頼して受取人に与信したわけではない。誤振込金による預金債権は、受取人の責任財産として受取人の債権者から期待されるべきではないのである。受取人の無資力による危険の負担は、その債権者が負うべきであって、振込依頼人に負担

---

53)　大西・前掲注24）92頁、最判昭和43・7・11民集22巻7号1462頁参照。

54)　東京高決平成14・5・10金法1659号55頁は、債権者Xが、債務者Yに対する債務名義に基づき、A名義のZ銀行における普通預金の差押を申し立てたところ、原審はYに対する債務名義の効力はAに及ばないとして申立を却下したが、控訴審決定は、Xの執行抗告を受け入れて差押を認めた。その理由として同決定は、AはYのペーパーカンパニーであり、Yが受領した額面3億円の小切手を当該口座に入金したのは、債権者からの執行を免れる目的で自己の支配下にある口座を利用したもので、同預金に係る債権はYに帰属するということを挙げている。そして、「債権執行の対象が外形上債務者の責任財産とは認められない場合であっても、……債権が真実は債務者の責任財産に帰属することを証明した場合については、執行裁判所は、適法に執行手続を開始しうる」と判示している。他に、東京高決平成5・4・16高民46巻1号27頁、同平成8・9・25判時1585号32頁等がある。

させるべきではない。振込依頼人に誤振込を行ったという過失があったとしても、振込依頼人の損失において受取人やその債権者に誤振込金からの棚ぼたの利益を与えることを正当化するものではないからである。受取人の債権者に誤振込による預金の差押を認めた⑨の結論は、余りにもおかしい。振込依頼人は、誤振込による預金は自分に帰属する資金であるとして、Yの差押に対し預金者として第三者異議訴訟を提起する物権的な権利を認められるべきであった[55]。

　最高裁は、⑨の判決において誤振込によって受取人の預金債権が有効に成立するだけでなく、振込依頼人は受取人に対する不当利得返還請求権の救済しか得られないとした。ところが⑨と同じ第二小法廷は⑩の決定において、誤振込を是正するための組戻等の被仕向銀行による措置が振込送金制度にとっても社会的にも重要であることを強調することによって、受取人の被仕向銀行に対する誤振込であることの告知義務を導き、そこから受取人が誤振込金を預金から引き出した行為は詐欺罪に当たると判示した。事実上、⑨では認められたはずの受取人の被仕向銀行に対する誤振込金の預金払戻請求権の行使を否定したわけであり[56]、被仕向銀行が受取人に対し誤振込金の払戻を拒絶することを認めたともいえよう。⑨判決が強調した被仕向銀行の預金契約上の地位の保護の必要性は、被仕向銀行が預金契約の相手方を預金者として扱うことを認めれば足りる。逆に被仕向銀行自身が、預金契約の相手方とは別の出捐者が預金者であるとして、相手方の払戻請求を拒絶すること

---

55)　岩原・前掲注1）330頁以下、および同引用文献、中野貞一郎『民事執行法〔増補新訂5版〕』（青林書院、2006年）317頁等参照。なお、本文のような考え方を採った場合、騙取金銭による弁済の場合に被騙取者による弁済受領者に対する不当利得返還請求を認めた最判昭和49・9・26民集28巻6号1243頁が、弁済受領者に悪意または重過失があることを請求が認められる要件としていることとのバランスが問題になる。詐欺による弁済と錯誤による振込という違いはあるが、利益状況は類似しているからである。しかし同判決が悪意・重過失を要件にしたのは、不当利得制度を衡平確保のための制度として位置づける通説的理解に立ったもので、実質的には、弁済があったとして担保や債権の証書を喪失させた弁済受領者を保護する必要を考慮したものと思われる。しかし誤振込における第三者異議訴訟においては、差押債権者の担保や債権証書の喪失というようなことは、余り考えられない。仮に生じたとすれば、そのような場合に限り差押債権者を民法94条2項の類推等により保護すべきであろう。なお社債、株式等振替法における誤振替の場合と比較した場合、同法では譲受人は144条等により善意取得の要件を充たせば保護されるが、これは社債や株式等の振替取得においては対価の支払が通常伴うためと考えられる。

は認められてよいし、⑩決定に従えば、振込送金制度の社会的意義を守るためには、誤振込の被害を防ぐために受取人の払戻請求を拒絶することが望ましい。

そこで我々が採る相対的な預金者概念においては、単に預金契約当事者間とそれ以外の第三者との間で預金者概念を相対的に考えるだけでなく、2の冒頭で示唆したように、預金契約当事者間においても、契約法的アプローチを採ることを主張できるのは、原則として金融機関の側に限られる。すなわち⑨についていえば、契約法的アプローチから預金契約上の地位を主張できるのは、そのような地位に基づく相当な期待を有するＮ銀行から受取人Ｂに対する関係に限られ、元々資金について物権法的権利を有していないＢの側から、Ｎに対し預金契約上の権利を主張することはできないと考える。すなわちＮは、たとえＸから十分な証拠資料を提供した組戻請求がなくても、ＸからＢへの振込が実際に誤振込であれば、ＢやＹからの預金払戻請求を拒むことができる。ただし、その場合、Ｎは当該振込が実際に誤振込であることについてのリスクを負担することになり、万一誤振込でなければ、ＢやＹに対し預金債務返還につき債務不履行責任を負うことになる。同様のことは出捐者と預入行為者（口座名義人）が異なる場合にも妥当する。⑫も、信託が成立したからではなく、預入行為者の破産管財人Ｘに対する金融機関Ｙ₂の側からの主張であったために、資金の実質的な帰属者がＸ（Ｂ）でなくＹ₁(Ａ)であると主張できたと考えることもできるようにも思われる[57]。

さらに相対的な預金者概念においては、預金契約の契約上の立場を原則と

---

56)　山口・前掲注23）86頁参照。⑩は、組戻と確認・照会を行う利益が銀行にあることを理由に詐欺罪の成立を認めた。しかしそのような実務をもって銀行に受取人に対する関係でその預金について固有の正当な利益を有すると解することに、刑法学の立場からも広く疑問が持たれている（山口・前掲注23）87頁、林・前掲注23）166頁、伊東・前掲注23）171頁）。⑨判決が受取人の債権者による差押に第三者異議を認めなかったことがそもそも妥当でなかったのであり、振込依頼人に物権的請求権ないし先取特権的な優先権を認めることによって、本件のような場合は、受取人は銀行に対して預金債権を持つが振込依頼人との関係では他人の物を占有しているとみて、占有離脱物横領罪を認めるべきであったという意見もある（林・前掲注23）167頁。ただし、松岡久和「誤振込事例における刑法と民法の交錯──その一断面」刑法43巻1号（2003年）90頁・99頁、山口・前掲注23）88頁参照）。正に振込依頼人と受取人およびその債権者の関係においては、物権法的アプローチを採ることが望ましいことが、刑事法的な観点からも指摘されているわけである。

して主張できる金融機関においても、どのような立場で主張されたかによっては、契約上の立場を主張しえない場合があると考える。それを示すのが、誤振込による預金債務を無資力の受取人に対する債権と相殺した被仕向銀行に対し、振込依頼人からの不当利得返還請求を認めた最近の一連の下級審判例である。⑨に従えば、被仕向銀行としてはそのような相殺には法律上の原因があり、不当利得は成立しないはずである。ところが誤振込による資金が受取人の口座に入金されたことを奇貨として、被仕向銀行が誤振込以前から無資力の受取人に対して有していた債権と相殺して債権の回収ができるとすれば、被仕向銀行にとっては棚ぼたの利益であり、振込依頼人の損失においてそのような利益を得ることは正当化されない。そこでこれら下級審判例は、⑩において最高裁が示した組戻等の誤振込を是正する被仕向銀行の措置の公益的意義の強調を進めて、被仕向銀行にとって誤振込の場合に組戻を行うことは義務的行為であるという理解から、被仕向銀行の相殺による利益が法律上の原因のない利得であり、不当利得返還請求の対象になるという解釈を導いたものと考えられる[58]。そのような場合の被仕向銀行は、誤振込による受取人の預金の成立を期待して受取人に与信したわけではなく、預金契約上の立場を主張する正当な利益を有しない。純粋に第三者的立場で当該預金債権を受取人の責任財産として扱って相殺をしようとしているため、⑨におけ

---

57) ⑫も⑬と同様、法令に基づく（⑬においては口座開設当時）資金を分別管理するための専用口座に関し、預金者の認定が争われた事件であった。ところが⑫においては信託の成立が認められたことから、⑬とは対照的な結論になった。⑫において、当事者間には何らの信託の成立に関する意思表示がないにもかかわらず、信託の成立が認められた理由として、⑫事件の調査官解説は、信託の成立が認められるか否かは、所有者でない者に所有者と同様の物権的救済を認めるべきであるという実質的判断によるとしながら、「受託者に分別管理義務が課せられているか否かが信託の成立を判断をするためのポイントである」とし、実質的にみても本件預金が本件工事の必要経費以外には支出されないことを確保する仕組みが採られていることを、信託の成立を認めた理由として挙げている（中村・前掲注25）2290頁）。しかし法令や契約に基づき分別管理が厳格に定められている点では、⑬も同様である。違いを挙げるとすれば、⑫はBの立場に基づいてBの債権者が金融機関のY₂に対し預金契約上の地位を主張してきた事件であるので、金融機関であるY₂の側からXすなわちBに対し預金の実質的な権利者はY₁（A）であるという物権法的アプローチに立つ主張ができたと考えたい。⑫の結論を導くのに信託法理を援用する必要はないし、余り適切でもなかったように思われる。もっとも⑬も、次に論じるように金融機関が第三者的地位に立つ事案であったため、金融機関も資金の実質的な帰属者を預金者と認めざるをえなかったはずであり、⑬の結論は疑問である。

る差押債権者のＹと立場が変わらないことになる。したがって我々の相対的な預金者概念においては、被仕向銀行とはいえ第三者的地位に基づく相殺の主張ということになり、物権法的アプローチに従い、被仕向銀行による相殺は許されないことになろう。また⑬のＹ信用組合も、同様に第三者的地位に基づき預金債務との相殺を行ったものであって、物権法的アプローチから相殺をもって対抗できないとされるべきであった[59]。

　以上のような考え方は、全面的に契約法的アプローチから預金者の認定の問題を考える立場では、採ることができない。すなわち、契約法的アプローチから⑨のような誤振込の場合の預金の帰属を考えると、振り込まれた普通（当座）預金口座が開設されたときに預金契約の当事者（預金者）として認定された者が、その後の同口座への振込により成立した預金についても、あらゆる当事者のあらゆる関係において預金者になる。たとえそれが誤振込であっても変わらない。預金口座開設時に確定した預金契約に基づいてその後の振込による預金債権も成立すると考えられるからである[60]。契約法的ア

---

[58] 名古屋地判平成 16・4・21 金商 1192 号 11 頁、名古屋高判平成 17・3・17 金法 1745 号 34 頁、東京地判平成 17・9・26 金商 1226 号 8 頁。本多正樹「誤振込と被仕向銀行の相殺（下）──名古屋地判平成 16.4.21 に関連して」金法 1734 号（2005年）48 頁、松岡久和「判批」金法 1748 号（2005年）11 頁、関沢正彦「組戻承諾が取れない場合の被仕向銀行の誤振込金による預金相殺と不当利得」金法 1755 号（2005年）4 頁、麻生裕介「判批」金商 1228 号（2005年）6 頁、渡邊博己「意図していない振込と振込金の取戻し──誤振込に関する最近の裁判例をめぐって」金法 1763 号（2006年）40 頁、牧山市治「判批」金法 1770 号（2006年）81 頁等参照。ただし、柴崎暁「判批」金商 1201 号（2004年）59 頁、同「判批」金商 1219 号（2005年）59 頁、同「判批」金商 1241 号（2006年）49 頁参照。

[59] ⑬の控訴審判決は、Ｙ信用組合が本件預金債権と相殺した反対債権に当たるＹのＡに対する貸付債権につき、Ｙは本件預金があることを契機として取引関係に入ったものということはできず、本件預金口座が存在したことの故に貸借取引が継続されたと認めることもできないと判示している。したがって⑬は、Ａが預金者であるという金融機関の信頼を特別に保護する必要がなかった事件である。Ｙは、預金契約の当事者としての立場から、Ａの預金債権につき自らのＡに対する債権の特別の責任財産としての期待を持つことはできず、Ａの一般債権者と同じ立場で当該預金から債権回収を図ることができるだけである。むしろ当該預金債権については、旧募取法および代理店契約を通じて他のＡの資産と分別管理をさせて、保険料が保険会社Ｘに確実に収納され、保険計算に基づいた健全な保険経営がなされるように図られており、Ｘのための責任財産として扱われるべきである。Ｙは第三者的地位に立って相殺を行ったのであるから、契約法的アプローチではなく、物権法的アプローチに基づき、資金の本来の帰属者であるＸに相殺をもって対抗できないとされるべき事件であった。

304　第Ⅳ部　預金取引

プローチを全面的に採りながら誤振込された受取人の預金者としての権利を
否定しようとすれば、⑨の判決以前の下級審判例のように[61]、受取人と被
仕向銀行の間の預金契約の解釈として、振込依頼人と受取人の間に原因関係
が存在しないと振込による預金契約が成立しないとでも解するほかないであ
ろう。しかしそのような可能性は⑨によって否定された。

　⑨の理由は、原因関係の無効が一般的に受取人の預金債権の効力を否定す
ることになると、銀行としては振込を扱うごとに原因関係を調査しなければ
ならず、コストと時間がかかり迅速な決済手段としての振込にとって現実的
でないし、銀行は振込依頼人と受取人の間の原因関係の存否を調査する手段
を有していないため、極めて不安定な地位に立たされる、等というもので
あった[62]。しかし先に我々が提案したように、預金者概念の相対的構成を
採れば、金融機関の預金契約当事者としての地位は、十分に守られる。金融

---

60)　東京地判平成6・7・29金法1424号45頁は、普通預金の場合は開設時の口座の預
　　金者がその後に入金された預金についても預金者になるとした。

61)　名古屋高判昭和51・1・28金法795号44頁、鹿児島地判平成元・11・27金法1255
　　号32頁、東京地判平成2・10・25判時1388号80頁、東京高判平成3・11・28判時
　　1414号51頁。これらを支持する学説を含め、岩原・前掲注1)313頁以下参照。

62)　⑨を支持する学説は、銀行の受取人への誤振込金の支払がたとえ民法478条により
　　保護されるにしても、預金の払戻前に誤振込を理由に組戻の請求を受けた場合に、支
　　払停止の認められない被仕向銀行に、それに応じるべきか否かの判断リスクを負わせ
　　ることは妥当でないとし、手形法40条3項を適用ないし類推適用することによって
　　銀行のそのような判断リスクの負担を軽減しようとする説に対しても（渡辺隆生
　　「誤った振込依頼と預金の成否」金法1345号（1993年）10頁・17頁、岩原・前掲注
　　21)15頁、同・前掲注1)341頁等）、手形法40条3項に従い振込依頼人が提示する
　　証拠資料に基づいて判断する煩わしさと誤った判断をするリスクを負担することにな
　　り適切でないとし、同条項を適用ないし類推適用することへの解釈論的な疑問も主張
　　している（早川徹「判批」関法47巻3号（1997年）449頁・464頁以下、森田宏樹
　　「振込取引の法的構造――『誤振込』事例の再検討」中田裕康＝道垣内弘人編『金融
　　取引と民法法理』（有斐閣、2000年）123頁・175頁以下等）。また⑨が振込依頼人に
　　よる第三者異議を認めなかった点についても、受取人の預金債権を仮差押して保全す
　　るか差し押さえて取り立てればよく、誤振込後に適切な措置を採らなかった振込依頼
　　人が他の債権者に先に預金を差し押さえられたために不利益を被っても、第三者異議
　　を認めるべきではないとか（小笠原浄二他「〔座談会〕誤振込と預金の成否をめぐる
　　諸問題」金法1455号（1996年）19頁・24頁・26頁〔後藤紀一、小笠原浄二発言〕、
　　第三者異議を基礎付ける振込依頼人の預金債権に対する物権的権利ないし優先権を認
　　めたり、受取人の不当利得返還請求権に何らかの優先権を認めることは、解釈論とし
　　て難しいとして⑨判決を支持する説もある（森田・前掲180頁以下）。これに対し、
　　岩原・前掲注1)338頁以下参照。

機関としては、原則として預金契約の相手方を預金者として扱えば足りるのであって、第三者間の紛争には金融機関は関与しないことが通常である。もっとも⑨においては、誤振込のあったN銀行におけるBの口座を、債権者Yが差し押さえ、さらにXも仮差押をしたために、N銀行は当該預金債務の執行供託を行っている。しかしそのような状況は、全面的な契約法的アプローチを採っても生じうる状況であって、第三者間について物権法的アプローチを採ったために特に生じる問題ではない。金融機関としては差押等の効力に従う義務があるだけである。我々の考えによれば、物権法的アプローチが適用されるのは、そのような場合のXとYという第三者間での第三者異議訴訟とか差押無効を争う訴訟等においてであって、金融機関としては、第三者間の訴訟の結果、契約当事者ではない第三者Xの権利が認められたときにXに支払えば足りる[63]（Ⅲ1末尾に論じた手形法40条3項が類推される場合を除く）。

　なお⑨の調査官解説は、⑨の受取人口座のような普通預金については、（口座開設者の）1個の預金債権が存在すると解されているし、そうでないと誤振込にかかる預金債権分を決められないということを、その理由に挙げている[64]。また⑬判決の調査官解説も、最高裁が客観説を採ってきたのは定期預金についてのみであり、普通預金については、自由に預入や払戻ができることから、ある特定時点での口座残金について出捐者を確定することは困難だということを理由に挙げている[65]。学説においても、普通預金や当座預金のような流動性預金については、預金口座に入金または支払の記帳がなさ

---

63) そのような可能性がありうるだけでも金融機関の負担になるという意見もあるかもしれない。しかしそれは極めて軽微なリスクに過ぎない。問題は、振込依頼人の権利保護と銀行を不安定にしないという要請とのバランスである。確かに銀行にとって完全に判断リスクを拭いきれるものではないし、⑨の事件でN銀行が執行供託を行っているように、銀行に一定の煩わしさが残ることも否定しきれない。しかしⅢ1の末尾に記したような手形法40条3項類推適用説の場合、金融機関の判断リスクなり煩雑さは大きなものではない。金融機関は、資金移動取引（為替取引）という経済の血流に当たる取引を排他的に担当し（銀行法2条2項2号・4条1項）、公的な監督を受けて公共性を担っている（同法1条）。その公益的なサービスの一部として、一定の限度でリスクと煩雑さを負担してもよいのではなかろうか（岩原・前掲注1）340頁以下参照）。

64) 大坪・前掲注21）867頁。

65) 尾島・前掲注26）265頁以下。

306 第IV部 預金取引

れる度ごとに、個々の債権ないし資金は特定性を失い、1個の預金債権残高という別の債権の一部に融合してしまうのであって、預金債権の帰属先は通常は預金口座開設時における預金名義人であるとして、誤振込の振込依頼人に物権的権利を認めるのは流動性預金口座の「流動性」という法的性質に反するし、⑬についても客観説は流動性預金の考えにうまく妥当しないという有力な主張がある[66]。

確かに普通預金等の流動性預金の場合、個々の入金や支払ごとに誰に帰属する預金（資金）が移動したかを特定することは、困難が伴うことはありうる。しかし困難なことがありうるからといって、すべてを一体として口座開設者の預金として扱わなければならないというのは、適当ではない[67]。残高が変化する流動性預金においても、可能な限りでは預金の帰属を特定して、妥当な結論を導く努力がなされるべきであると考える。英米法においては、擬制信託等の法理に基づいて実質的な権利者に優先的な保護を与える際に、財産の特定性・同一性が認められる範囲で保護を与える追及の法理が、伝統的に採られてきた[68]。わが国の学説においても、金銭所有権につき財産の特定性・同一性が認められる限度で価値所有権者に物権的価値返還請求権を付与する有力な説が唱えられている[69]。また失念株において、名義書換を失念した株主に、株式譲渡人に対して株主割当で発行された新株の引受権の価額につき不当利得返還請求が認められる範囲についても、同様な考え方が有力である[70]。他人が出捐した資金の預入や誤振込等についても、同様に特定性・同一性が認められる範囲で、資金の物権法的な権利者である出捐者や振込依頼人による物権的な優先権・追及権が認められるべきであると考える[71]。

---

66) 森田・前掲注 62) 137 頁以下・182 頁以下、雨宮・前掲注 26) 5 頁、我妻・前掲注 43) 742 頁、東京地判平成 6・7・29・前掲注 60) 参照。

67) 流動性預金を常に口座開設者の 1 つの預金債権とすることへの疑問を述べる判例、学説として、東京高判平成 15・7・9 金法 1682 号 168 頁、吉谷晋「数量的な財産の分別管理義務違反からの救済について」道垣内弘人＝大村敦志＝滝沢昌彦編『信託取引と民法法理』（有斐閣、2003 年）143 頁・168 頁、石井眞司＝伊藤進＝上野隆司「〔鼎談〕金融法務を語る（第 45 回）普通預金における預金者認定」銀法 513 号（1995 年）24 頁・31 頁〔石井真司発言〕等がある。また、青森地判平成 16・8・10 金商 1206 号 53 頁参照。

(2) 法律構成

　それでは我々のような相対的預金者概念の考え方からは、出捐者以外の者
による預入（預金契約の締結）や誤振込等の問題は、理論的にはどのように
説明できるであろうか。我々の相対的預金者概念の考え方における物権法的
アプローチは、第三者的地位に立つ関係においては、資金が誰に帰属するか
を直接問題にするものであり、出捐者、すなわち、資金の拠出者（物権法的
所有者）をもって預金者と考える客観説と重なる[72]。客観説に基づいて誤振
込の問題を分析する菅原胞治氏は、以下のように解される。すなわち、預金
契約の要物性から、預金契約の成立要件として資金が提供されることを重視

---

68)　松岡久和「アメリカ法における追及の法理と特定性──違法な金銭混和事例を中心
　　に」林良平先生献呈論文集『現代における物権法と債権法の交錯』（有斐閣、1998 年）
　　357 頁・362 頁。また、岩原他・前掲注3）52 頁以下に紹介した、Foskett v. McKeown
　　and others, House of Lords [2001] 1 AC 102；Commerzbank Aktiengesellschaft v. IMB
　　Morgan plc and others, Chancery Division, [2005] 1 Lloyd's Rep/298 や 、E. P. Ellinger, Eva
　　Lomnicka & Richard Hooley, Ellinger's Modern Banking Law, 4th ed., 2006, pp. 273 et seq.
　　等参照。追及の法理によれば、原財産との同一性が確認できる特定の財産（銀行預金
　　債権等を含む）が存在する限り、どこまでも追及できる（松岡・前掲364 頁）。違法
　　行為者が奪った金銭を違法行為者の金銭と混和させたり第三者に支払った場合におい
　　ても、混和資金からの引出は、返還義務者自身の金銭の適法な引出と推定されるとい
　　う法理や、残存資金が追及不能な引出によって被害額を下回った場合は、その後返還
　　義務者の資金が増加してもその限度でしか追及できないという中間最低残高の法理等
　　が適用される（松岡・前掲372 頁以下）。これらの法理は、誤振込や振り込め詐欺等
　　について振込依頼人が受取人に追及することのできる範囲を考えるうえで、参考にな
　　るものと考えられる。さらに最近では、特定性を要求せずに返還義務者の全財産に返
　　還請求権者のために先取特権類似の権利を認める財産膨張理論も、アメリカでは主張
　　されている（松岡・前掲377 頁以下）。
69)　四宮・前掲注9）185 頁以下。なお、松岡久和「債権の価値帰属権についての予備
　　的考察──金銭を騙取された者の保護を中心に」龍谷大学社会科学研究年報16 号
　　（1986 年）68 頁参照。
70)　竹内昭夫『判例商法 I 』（弘文堂、1976 年）86 頁以下・109 頁以下は、失念株主の
　　株式譲渡人に対する新株引受権の価額についての不当利得返還請求権の成立範囲につ
　　き、前掲注68）に紹介した追及権に関する中間最低残高と同様の考え方を採っている。
71)　⑨のような事件においては、誤振込金全額につき第三者異議を提起できてよい。ま
　　た受取人の口座に10 万円あったところ、100 万円が誤振込され、その後50 万円が払
　　い出されて残高が60 万円になり、さらに受取人自身が20 万円を預け入れて最終残高
　　が80 万円になっているという例を考えると、前掲注68）に紹介した英米における中
　　間最低残高の考え方に従えば、50 万円が払い出された時点で誤振込の振込依頼人の
　　物権的権利は60 万円になり、その後20 万円が預け入れられても、中間最低残高である
　　60 万円のみにつき物権的権利を主張できると考えられる。

308　第Ⅳ部　預金取引

し、振込においては振込依頼人の出捐により受取人の預金債権が成立すると
される。そして振込依頼人と受取人の間に振込の有効な原因関係が存在する
場合は、振込依頼人が受取人のために出捐したものと扱われ、受取人自身が
出捐したのと同視して受取人が預金債権者になるが、振込依頼人と受取人の
間の原因関係が存在しない場合は、受取人のためにする出捐として扱うこと
ができず、振込依頼人が出捐したことになって、振込依頼人が預金者になる
とされる。この考え方からは、誤振込による預金につき振込依頼人に物権法
的な権利（第三者異議等）を認めることになり、誤振込の第三者の関係にお
ける我々の考えと近い結論になる[73]。

　本稿においては、菅原氏の原因関係の有無からする出捐行為の分析を進め
て、資金の移転行為（すなわち出捐）の解釈やその（意思表示の）効力から、
第三者の関係における資金の物権法的帰属、すなわち預金の帰属を考えたい。
出捐者から金融機関への預入行為や振込依頼人の受取人口座への振込は、出
捐者や振込依頼人にある資金の物権法的な帰属を口座名義人（受取人）に移
転しようとする（原因関係に基づく）出捐行為である。資金の物権法的な帰
属の移転行為（出捐行為）が、出捐者の預入行為者に対する預入依頼や振込
依頼人の仕向銀行に対する振込依頼といった債権法的な行為に含まれている
と理解することができる。この移転行為には、預入行為の依頼や振込依頼と
いった意思表示の要素と、それに基づき現実に資金を交付するという事実行

---

72)　ただし、客観説については出捐者をどのように認定するかが問題とされ、結局、出
　　捐された金銭の所有権から判断することになると指摘されていた。金銭の所有権は、
　　占有のあるところに所有権があるというのが従来の通説であり、⑬判決やその調査官
　　解説もそのような視点から預金者や出捐者を判断している（尾島・前掲注 26）266
　　頁）。しかもその場合の金銭の占有には間接占有は含まないという指摘がある（潮見
　　佳男「損害保険代理店の保険料保管専用口座と預金の帰属（上）――契約当事者レベ
　　ルでの帰属法理と責任財産レベルでの帰属法理」金法 1683 号（2003 年）39 頁・44
　　頁）。しかし預入行為者等を介して資金を銀行に移転する場合等、金銭の占有や所有
　　権が預金者の認定の適切な基準になるのか疑問がある。そもそも金銭の占有と所有権
　　の一致というドグマ自体、それを当初唱えられた末川博博士は例外を認められていた
　　のであり（末川博「貨幣とその所有権」同『占有と所有』（法律文化社、1962 年）
　　191 頁・197 頁以下。四宮・前掲注 9）190 頁参照）、ドグマの根本に遡って検討すると、
　　単に占有だけから考えるのではなく、実質的な資金の帰属者である出捐者と預入行為
　　者の間の契約の趣旨等から、物権的な金銭（資金）そして預金の帰属者を判断してい
　　くようなことにならざるをえないのではなかろうか（佐伯仁志＝道垣内弘人『刑法と
　　民法の対話』（有斐閣、2001 年）4 頁以下〔道垣内弘人発言〕。後掲注 74）参照）。

為の要素が含まれる。移転行為に含まれる預入行為の依頼や振込依頼の意思表示の解釈からは、預入行為者の名義で預金の預入を行っても、出捐者と預入行為者の間の合意に基づきその預金の物権法的権利は出捐者に帰属させるものではないかとか[74)]、振込も受取人に本当に資金の物権法的権利を与える趣旨で行われたのか[75)]、といったことが認定され、それに基づき出捐、すなわち資金の物権法的な移転行為の効果が認定される。菅原氏が原因関係により預金債権者を判断されたのは、このような移転行為の（意思表示の）解釈に原因関係が非常に重要な意味を持つからであろう。⑧判決における出捐者の認定も、原因関係を考慮した移転行為の解釈によって行われている。原因関係から考えて出捐者の資金にする趣旨で預入行為者が自分の名義で預金を預け入れた場合は、第三者の関係においては資金の移転はなく、出捐者の資金（預金）に留まると解すべきであろう。

　以上のような考え方からは、たとえば誤振込や振り込め詐欺であったため

---

73)　菅原胞治「振込取引と原因関係(4)——決済、為替および振込理論の再構築のために」金法 1363 号（1993 年）26 頁・27 頁。同氏は預金契約の要物性を強調されて、振込についても振込資金の出捐によって被仕向銀行に対する預金債権を成立させる行為として把握される。同氏によれば、振込依頼契約とは被仕向銀行において受取人名義の預金を成立させるために必要な情報と預入資金を送付することを振込依頼人が仕向銀行に依頼（準委任）する契約であり、受取人が被仕向銀行に対し預金債権を取得できるかどうかは振込依頼人と受取人の間の原因関係で決まる。もし何ら原因関係が存在しないのであれば、受取人に全く預金債権は帰属せず、したがって受取人に不当利得すら成立しない。その場合、被仕向銀行に対する預金債権が誰に帰属するかといえば、その預金の創設者である振込依頼人であり、振込依頼人は受取人との関係では預金の名義にかかわらず預金債権を実体上自己のものと主張できるし、受取人の権利であることを前提にその預金に利害関係を取得した（銀行以外の）第三者に対しても、振込依頼人はその前提を争ってその実質関係を対抗することができるとされる（前田・前掲注 21）34 頁も、振込依頼人に預金が帰属するとされる）。したがって、振込依頼人は当該預金債権を差し押さえた受取人の債権者に対して第三者異議の訴えを提起することもできる。これに対し被仕向銀行は、たとえ払戻前に振込依頼人と受取人との間で原因関係の存否をめぐる争いが生じた場合でも、それが一方的な振込依頼人のミスに起因するのであれば、受取人の預金と扱えば免責されるとする。また被仕向銀行は受取人に対する反対債権をもって当該預金債権と相殺すればそれは有効である。しかし受取人が無資力状態で当該預金が受取人に帰属する理由が全くないという振込依頼人の主張を十分に知った状況で相殺した場合は、振込依頼人の被仕向銀行に対する不当利得返還請求が認められるとされる。以上のような結論は、物権法的アプローチ（客観説的アプローチ）と契約法的アプローチを使い分ける我々の結論にかなり近い。

に[76]、振込依頼人の振込依頼という資金の移転行為（出捐）の意思表示が無効とされたり取り消される場合には、振込が口座名義人（口座を開設した預金契約の当初の契約者）のための有効な資金移転行為（出捐）とはいえないことになる。そこで当該口座の預金債権の中でも当該振込資金の部分については、口座名義人ではなく誤振込を行ったり振り込め詐欺の被害にあった振込依頼人が出捐した資金と考えて、それらの者が第三者の関係では預金者になり、差押債権者に対する第三者異議訴訟等を提起しうると解したい。振込による資金の物権法的な移転行為（の意思表示）の効力が否定されれば、資金は物権法的には出捐者や振込依頼人に留まる（帰属する）と考えるわけである[77]。

　出捐者の資金を預かった者が、それを横領する意思で自己の資金として預入を行ったような場合は、①、⑤、⑥等が判示するように、客観説の判例に

---

74)　導入預金に関する①以下の判例は、ほぼそのように解釈できる事例であった。⑭も委任者X₂・弁護士X₁との間でのそのような資金の帰属に関する合意が問題の実質であったと考えられる（岩原＝森下・前掲注2）39頁）。佐伯＝道垣内・前掲注72）10頁〔道垣内弘人発言〕は、金銭を委託した委託契約の趣旨によって金銭の所有権の所在が決まるとされる。詳しくは前掲注72）参照。岩原他・前掲注3）100頁において森田宏樹教授が指摘された金銭に関する権利の移転時期の問題については、このような枠組で考えられよう。これに関し、加毛・前掲注20）1969頁参照。委託の趣旨等につき非常に微妙な判断が必要な場合があり（金子・前掲注25）219頁以下参照）、所有権移転時期をめぐる議論同様の問題も起こりえよう（前掲注8）文献参照）。

　　これに対しては、「当事者の合意により対世的・絶対的効果を有する金銭的所有権の帰属を任意に操作できるということは、物権法定主義に反するし、第三者関係では権原帰属を対抗できない。」という意見もある（潮見・前掲注72）44頁）。しかし本稿の考え方は、資金の帰属につき第三者的地位にある者が争った場合に関して物権的に扱うというだけであり、物権法定主義に直ちに抵触するわけではない。第三者関係での対抗問題は、第三者の外観信頼が関わる実質的な問題であるが、第三者が外観を信頼して対価を提供したような場合には、後述するような民法192条・94条2項等の外観信頼保護の各種法理により第三者を保護することによって対処すべきではなかろうか。

75)　見せ金として振込を行い、振り込まれた資金の物権法的な権利を振込依頼人が保持する場合もある。最判平成6・1・20金法1383号37頁（その1審、2審）、東京高判昭和62・10・28判時1260号15頁等は、その例と見受けられる。

76)　振り込め詐欺に関する、東京地判平成17・3・29金法1760号40頁、同平成17・3・30金商1215号6頁、平野英則「振り込め詐欺の被害者による債権者代位権の行使（上）（下）」金法1743号8頁・1744号（2005年）47頁、滝澤孝臣「判批」金法1755号38頁・1756号（2005年）60頁等参照。

よっても預入行為者の預金とされている。しかし以上のような本稿の考え方を採ると、そのような場合は、預入行為者の資金にするという出捐者の有効な資金の移転行為の意思表示がそもそもなかったわけであり、第三者の関係では資金はなお出捐者に帰属することになる。したがって①等の判示とは異なり、預入行為者がその資金を横領する意図で自分の名義の預金口座に預け入れて、預入行為者の債権者がそれを差し押さえた場合でも、出捐者は自分に帰属する資金（預金）であるとして、第三者異議訴訟を提起できることになる[78]。本稿の立場からは、横領資金の預入も誤振込と同じく、資金の物権法的な帰属者である出捐者による有効な資金の移転行為の意思表示がなかった場合として、出捐者が第三者的地位に立つ者に対して資金に対する物権的権利を主張できてしかるべきと思われるからである。

以上のような物権法的な資金の移転行為という概念は従来論じられたことがなく[79]、物権行為概念を採らないわが国において受け入れられるか分か

---

77)　⑨を例に採れば、預金契約の当事者である被仕向銀行Ｎと受取人Ｂの間の関係以外の第三者との関係、たとえば、Ｂの預金を差し押さえたＢの債権者Ｙと振込依頼人Ｘとの間においては、Ｘは資金の物権法的な資金移転行為が錯誤により無効であることを理由に、Ｘ自身が資金の帰属者であり、預金債権の権利者であるとして、Ｙに対し第三者異議訴訟を提起できることになる。これに対し預金契約の当事者たる金融機関のＮは、契約法的アプローチにより、契約当事者であるＢに対して預金契約上の債務を履行すれば原則として免責される。手形法 40 条 3 項を類推して同条項における意味での悪意・重過失があってＢやＹに払い戻した場合にのみ、不法行為責任を負うと考える（Ⅲ 1 参照）。Ｂに誤振込による預金債権があるものとＮが誤信してＢに融資を行ったような場合も、Ｎは預金契約上の地位を主張できることになろう。またＮが当該預金債権を担保にとって融資を行ったとすれば、民法 192 条により担保権者として保護されると解することが考えられよう（中舎・前掲注 9）14 頁参照）。

78)　客観説に立って同様の結論を採る学説として、前田庸「預金者の認定と銀行の免責」鈴木竹雄編『新銀行実務講座第 14 巻　銀行取引の法律問題』（有斐閣、1967 年）61 頁・84 頁参照。

79)　なお以上のような資金の物権法的な帰属の考えを採った場合、その要件事実としてはいかなる主張をする必要があろうか。客観説における出捐者の主張・立証すべき要件事実は、自分が金員を出捐したこと、その者が自己の預金とする意思を有していたこと、その者が自己または預金を依頼した者を通じて預金手続を行ったことであることからは、物権法的アプローチにより資金の帰属を主張するときは、要件事実として、その者が資金を出捐した物権的権利者であること、その者または依頼した者を通じて預金手続または振込等が行われたこと、自己の預金とする意思を有していたかまたは資金の出捐行為（移転行為）の無効により資金が移転せずに自己の資金となっていること、が主張・立証されるべきであろうか（前掲注 35）引用文献参照）。

らないが、物権法的アプローチを採る以上は想定せざるをえないように思われ、イメージとしては手形権利移転行為が参考になろう。この資金の物権法的な帰属の移転行為についても、上記のように意思表示の効力に関する民法の原則が適用されるものと考える[80]。なお資金の物権法的な二重譲渡等は、実際には余りないと思われるが、誤って同一資金につき別の相手方への二重の振込依頼がなされたような場合が考えられないわけではない。そのような場合、預金債権には要物性があって、資金移転行為には意思表示の要素の他に資金の現実の交付という要素が必要なことを考え併せると、現実に仕向銀行から資金が交付された受取人の方に資金の移転があったと考えることになろう。資金の存在を善意で信じた者の保護は、物権法的アプローチに代わって契約法的アプローチを採る範囲を適切に設定することや、民法192条等、外観保護に関する物権法ルールを一部類推したり、民法94条2項等の一般法理により図るほか、騙取金による弁済の不当利得返還義務に関する最判昭和49・9・26民集28巻6号1243頁のように、物権法的な追及効を一定の範囲に限定することにより図ることが考えられよう。物権法的な資金の移転行為の効力の詳細は、今後の研究の課題としたい[81]。

Ⅳ　結　び

　以上のような本稿の考え方は、多くの場合に物権法的アプローチを採ることになり、出捐者をもって預金者と考える客観説とどれだけ異なるのかという疑問も生じることと思われる。確かに、契約法的アプローチを採るのは、金融機関の側からの主張にほぼ限られ、それも金融機関の預金契約に基づく

---

80)　ただし、民法96条2項・3項等の第三者保護規定の適用等についてはさらに今後検討したい。なおドイツ法においては、有効な振込委託が欠けていた場合に、移転行為による受取人の預金債権の効力を否定する考えが採られている（詳しくは、岩原・前掲注1) 298頁以下参照）。振込に関するアメリカのUCC第4A編211条(c)(2)は、無権限支払指図、送信人の過失による重複支払指図、振込依頼人から支払を受ける権利のない受取人に支払指図が送信された場合や、受取人が振込依頼人から受け取る権利を有する金額を超えた支払指図を送信された場合は、被仕向銀行や資金移動システムの規則が認めれば、振込依頼人は支払指図の撤回・訂正をなしうると規定している（岩原・前掲注1) 225頁・250頁・290頁）。

81)　四宮・前掲注9) 200頁以下の物権的価値返還請求権の考察が参考になる。

相当な期待を保護するのに必要な範囲に限定される。出捐者を預金者と解したうえで金融機関を民法478条により保護する客観説と殆ど同じ結果になるように見られるかもしれない。本稿の最後にそのような疑問に答えることとしたい。

すでにⅢ1(2)において分析したように、金融機関は原則として預金契約の相手方を預金者として扱える本稿のような考え方と、あくまで出捐者が預金者と扱われて単に民法478条の免責が得られるだけの客観説とでは差がある。第1に、本稿の立場からは金融機関は、契約法的アプローチに基づき預金契約上の地位を主張できるため、出捐者と預入行為者の間の使者または代理関係の認識や認識可能性がない場合は、預入行為者を預金契約の相手方、すなわち預金者として扱えば足りるのに対し、客観説では、あくまで出捐者が預金者となる。もっとも客観説でも、金融機関が善意・無過失で債務を弁済すれば、民法478条により保護されるが、預金契約の相手方の認定は契約締結時点における金融機関の相手方の認識を問題にするのに対し、民法478条の善意・無過失の認定は預金払戻等の債務履行時の金融機関の主観を問題にする（預金契約締結時にそれを見合に与信した場合を除く）。そのため金融機関が預金契約締結時には預入行為者を預金契約の相手方と過失なく認識していても、預金払戻時に出捐者から、自分が本来の預金者（資金の帰属者）だから預入行為者には預金を払い戻さないようにという申入れがあると、預入行為者に払い戻すと悪意や過失を問われる可能性が高くなる。これに対し本稿のような相対的構成では、そのような申入れがあった後でも、金融機関としては預金契約の相手方である預入行為者を預金者として扱って払戻を行えば原則として免責される。ただし、手形法40条3項を類推して、出捐者が金融機関に十分な証拠資料を提供して、金融機関が預入行為者に対して出捐者が物権法的な資金の帰属者であることを主張・立証して預入行為者やその差押債権者に対する支払を拒絶できるようにし、そのことにつき金融機関が悪意または重過失ある状態にしたような場合には、金融機関がそれでも預入行為者やその差押債権者に払い戻すことは不法行為に当たることになると考える。誤振込や振り込め詐欺の場合も同様である。しかし民法478条の善意・無過失と手形法40条3項の悪意・重過失では、過失の程度だけでなくその内容も異なり、後者の方が金融機関の保護は厚い。

第2に、本稿の相対的構成からは、預入行為者が出捐者の使者または代理

人として預金の預入をしても、自らまたは第三者を当事者として明示して預金契約を締結すると、金融機関としては原則として預入行為者を預金者として扱えば足りる。客観説ではそのような場合も、預入行為者による横領に当たらない限り、出捐者が預金者とされる。もっとも本稿の立場でも例外的に、第1の違いの場合と同じく、手形法40条3項の類推から出捐者を実質的な預金者と扱う必要のある場合がある。

　第3に、立証責任の点でも客観説に比べ本稿のような考えの方が金融機関は契約上の地位が保護される。すなわち今の例でいえば、本稿の相対的構成では、出捐者の側が金融機関に対し、預入行為者が出捐者を代理して預金契約を締結したことや、その点についての金融機関の認識可能性等を（民事代理の場合）、主張・立証しなければならない。これに対し客観説では、金融機関の側が出捐者に対し、預入行為者が債権の準占有者であり金融機関が善意・無過失で払戻をしたことを立証しなければならない。特に従来の判例が、預入行為者が預金証書と届出印章を所持していなければ預入行為者を準占有者と認定できないと解していたため、この立証は難しかった。

　第4に、判例の客観説では、出捐者の資金を預入行為者が横領の意思をもって自己の預金として金融機関に預金したような場合は、第三者の関係を含めて当該預金は預入行為者の預金とされる。しかし本稿の立場では、そのような場合であっても、第三者の立場にある者に対しては、出捐者は自己の資金（預金）であるとして物権的な権利を主張できると考える。

　以上のような違いを考えると、預金契約の相手方を預金者と信じて行動できる金融機関の利益を尊重する一方、資金の実質的な権利者を第三者的地位にある者に対する関係ではなるべく保護するという観点から、本稿のような相対的構成は、客観説よりも優れているのではないかと考える。しかしⅢ2の最後に記したように、本稿のような相対的構成にはなお詰めるべき点が多く残されている。特に物権法的アプローチを採る場合の資金の移転行為の法律構成や効力については、課題が多い。先に指摘したように[82]、立法論的な課題もある。今後の研究課題としたい。

〔江頭憲治郎先生還暦記念『企業法の理論〔下巻〕』（商事法務、2007年）421〜485頁〕

82）　岩原＝森下・前掲注2）43頁以下。

［後記］　預金契約の帰属に関する最高裁判例が、最判平成15・2・21民集57巻2号95頁（本稿の判例⑬）、同平成15・6・12民集57巻6号563頁（本稿の判例⑭）により、普通預金等の流動性預金については、客観説から主観説ないしは契約法的アプローチに変わったのではないかということが、大きな問題になったのに対し、森下哲朗教授との共同論文において、金融機関と預入行為者という預金契約締結の当事者の意思に基づき、預金契約の当事者と解釈された者を預金者と認定する契約法的アプローチと、資金が誰に帰属するかを直接問題とする物権法的アプローチを、適切に使い分けて、金融機関が預金契約の当事者としての地位を主張する場合には原則として契約法的アプローチ、それ以外の場合、例えば第三者の間で預金の帰属が問題になる場合等には物権法的アプローチという相対的構成をとるべきだという主張を行った（岩原＝森下・前掲注2）24頁）。本稿は、その考え方を推し進めて、具体的な判例に即して展開したものである。共同論文では示されていなかった分析や考え方も提示している。また共同論文では十分に展開されていなかった誤振込や振り込め詐欺等の場合にも、共同論文の考え方を応用して誰が預金者として扱われるかという問題を検討した。

　本稿執筆後も、預金の帰属に関しては若干の判例がある。例えば、さいたま地判平成19・5・30判例地方自治301号37頁は、交通事故により高次脳機能障害の後遺障害を受けたX_1の保佐人X_2のA銀行における普通預金口座に、同事故による損害賠償請求権の仮払金3518万円余が振り込まれたところ（振り込まれる前の預金残高は114万円余であった）、X_2が滞納した国民健康保険税とその延滞金122万円余につき、Y町長が同口座の預金残高428万円余に対し差押処分・配当処分を行ったため、同預金の預金者はX_2ではなくX_1だと主張して、X_1・X_2がYを被告に差押処分・配当処分の取消しを求めた訴訟である。同判決は、「定期預金と異なり、いったん預金契約を締結し、口座を開設すれば、以後預金者がいつでも自由に預け入れ、払戻しをすることができ、入出金の対応関係が必ずしも明確でない普通預金口座において、個々の入出金の出捐者に預金債権が帰属するとの考えを貫くと、そもそも預金債権者を確定することが困難である……ような普通預金口座の特殊性にかんがみると、普通預金口座の場合にも、預金の出捐者を唯一の基準として預金口座の帰属を確定することは相当でなく」と判示し、同口座の開設者はX_2であり、預金通帳、銀行印の管理もX_2が行っていたこと、同口座はX_2の借入金返済や生命保険の支払、事業上の代金の振込等に使用されていること、本件損害賠償金を振り込んだ弁護士もX_2を受取人とする意思であったこと、等を挙げて、本件口座はX_2に帰属すると判示した。また、このように解することは、

最判平成 8・4・26 民集 50 巻 5 号 1267 頁（本稿の判例⑨）との関係において
も整合性があると述べ、前掲最判平成 15・2・21、前掲最判平成 15・6・12 も、
預金の原資、預金口座の名義、開設者、管理者等を総合的に考慮し、口座の
帰属を判断しているとも述べている。

　この判決は、当該預金口座が定期預金ではなく普通預金であることを重視
した理由づけを行っているが、普通預金であることから、直ちに開設者なり
名義人なり等が預金者とされるべきではない。この事案は、本稿の立場から
すると、物権法的アプローチが適切な場合であり、この事件において当該預
金口座が専ら X_1 のためにのみ使用されていたのであれば、Y による差押処
分・配当処分は取り消されるべきであったろう。しかしこの事件では、当該
口座が X_2 のためにも使用されて、X_2 の個人的な使用のために X_2 により頻繁
に引き下ろしや預け入れがなされていたために、X_1 のために振り込まれた損
害賠償金が同一性を保って当該口座に残っていなかったと判断されて、Y に
よる差押処分・配当処分が認められた事件と見るべきように思われる。

　さいたま地判平成 19・11・16 判時 2007 号 79 頁は、Z 寺の檀信徒により構
成される権利能力なき社団 X の代表者 A が、X を代表して、Y_1 農業協同組合、
Y_2 銀行、Y_3 信託銀行を被告に、Z 寺（代）A 名義の普通預金・定期預金の
払戻しを請求した事件である。判決は、預金契約の契約当事者は誰かという
観点から決せられるべきもので、契約の相手方である金融機関に表示された
名義及び名義人に関する情報、通帳や届出印の保管状況、入金及び払戻しを
行った者等を総合的に考慮することが相当であるとして（前掲最判平成 15・
2・21、前掲最判平成 15・6・12 を引用）、名義は Z と表示されているけれども、
A は、X の代表者として、X の管理する金銭を X の目的遂行のために、X を
当事者とする意思で同契約を申し込み、金銭を信託（預金）したと認定して、
X の請求を認容した。判決は、出捐者のみをもって預貯金や信託金の債権者
を決するのは相当でないと述べている。この事件は、判決が述べるように、
契約の当事者の解釈により預金者を決定すべき事件であった。

　この他、前掲最判平成 15・2・21、前掲最判平成 15・6・12 を受けて、預金
の帰属の判断に当たっては、原資の出捐者、管理運用の状況、収益の帰属者、
名義人と管理・運用者の関係等を総合勘案して判断するのが相当であるとす
るものがある（大阪地判平成 23・12・16 税務訴訟資料 261 号順号 11836）。ま
た定期預金の帰属については、前掲最判平成 15・2・21、前掲最判平成 15・6・
12 の後も、出捐者が預金者であると判断する判例が多い（大阪地判平成 23・
5・25LEX/DB25472446、大阪高判平成 24・9・13LEX/DB25482748、東京地判
平成 27・3・18LEX/DB25525472（供託金返還請求訴訟。最判昭和 52・8・9

民集 31 巻 4 号 742 頁（本稿の判例②）を引用している））。しかし普通預金の帰属についても原資を問題にしたものもある（東京地判平成 26・3・18LEX/DB25518745（預金通帳引渡等請求訴訟））。これらの訴訟は預金債権が被課税者の財産に帰属するかが争われた税務訴訟等、物権法的アプローチになじむ事件が多い。

　また誤振込については本稿の後、下級審民事判例は、誤振込による受取人の預金債権を被仕向銀行が受取人に対する債権と相殺することを無効とし、被仕向銀行に対する振込依頼人の不当利得返還請求権を認めてきた（名古屋地判平成 16・4・21 金商 1192 号 11 頁、名古屋高判平成 17・3・17 金法 1745 号 34 頁、東京地判平成 17・9・26 金商 1226 号 8 頁等）。最決平成 15・3・12 刑集 57 巻 3 号 322 頁（本稿の判例⑩）と同様、実質的に前掲最判平成 8・4・26（本稿の判例⑨）の例外を認めたものであった。ところが最判平成 20・10・10 民集 62 巻 9 号 2361 頁は、前掲最判平成 8・4・26 を前提に、受取人と振込依頼人の間に原因関係がなく、受取人が振込依頼人に不当利得返還義務を負担しているだけでは、受取人の被仕向銀行に対する誤振込金の預金払戻請求は権利濫用に当たらず、払戻しを受けることが当該振込に係る金員を不正に取得するための行為であって、詐欺罪等の犯行の一環を成す場合など、これを認めることが著しく正義に反するような特段の事情があるときにのみ権利の濫用に当たるとして、受取人による預金払戻請求を棄却した原判決を破棄差戻しした。しかし同判決は受取人が振込依頼人の配偶者であったという特殊な事例であり、判例の行方はまだ不確かと言えよう。現に、名古屋高判平成 27・1・29 金商 1468 号 25 頁は、誤振込による受取人の預金債権を、被仕向金融機関が受取人に対する債権で相殺したという事件で、被仕向金融機関は相殺時点において受取人が事業を停止し振込金に見合う取引がないことを知っており、振込が誤振込であると認識していて、誤振込か否かを確認して組戻しの依頼を促すなど対処すべきであったのに、相殺により自らの貸金債権を回収したことは不当利得に当たるとして、振込依頼人による被仕向金融機関に対する不当利得返還請求を認めた。

　以上のように、本稿における預金の帰属に関するアプローチは、現在においても妥当すると考える。本稿執筆後の学説としては、中舎寛樹『表見法理の帰責構造』（日本評論社、2014 年）360 頁以下が、本稿と同様に物権的な側面としての預金の原資の帰属者を問題にするアプローチをとっている。但し本稿と異なり、紛争類型の違いに応じて契約法的アプローチと物権法的アプローチを使いわけるのではなく、すべての紛争類型において、常に併存する二重構造的な関係があると解しつつ、紛争局面の違いに応じて、そのいずれ

318 第Ⅳ部 預金取引

かの側面が顕在化すると考えるべきだとされる（同書370頁）。その他、照沼亮介「預金口座内の金銭の法的性質(1)～（4・完）——誤振込の事案を手掛かりとして」上智法学論集57巻1＝2号（2013年）1頁・3号47頁・58巻1号43頁・2号（2014年）29頁が、誤振込を中心に預金の帰属に係る問題につき刑事法的側面から詳細な分析を行っている。

第 V 部

金融監督規制

銀行の自己資本比率規制に関するバーゼル合意の日米における具体化
——平等な競争条件を求めて

I　序

　1988年のバーゼルにおける（いわゆるBIS（国際決済銀行）の、訳注）自己資本比率合意（以下、「バーゼル合意」、「合意」または「BIS規制」と呼ぶ）は、国際業務に携わる銀行に関する望ましい自己資本比率を定めた。合意自身が述べているように、その第1の目的は、銀行の安全性と健全性を改善することにあった。第2の目的は、国によって異なる自己資本比率規制の下にある結果、各国の国際業務に携わる銀行間に互いに生じる競争上の優位を、コントロールしようとするものであった。

　第2の目的を実現するために、合意の起草者は、公平にして一貫性のある、そしてまた（合意の文言によれば）競争上の不平等の原因を減少させうる枠組を設定することを求めた。本稿は、日米における1988年合意の具体化を検証することによって、この第2の目的に焦点を当てようとするものである[1]。もちろん、すべての合意当事国の銀行間の競争に関して、合意の効果が究極的には判断されるべきことは認識している。しかし、アメリカと日本の銀行間の競争は多国間に決定的な影響を与える。さらに、本稿において用

---

1)　1993年4月に、バーゼル銀行規制監督委員会は、ネッティングおよび市場リスクに対応する自己資本に関する新しい提案を行うとともに、金利リスクの計測に関する中間提案を行った。委員会は、提案は「有効な慎重性基準および規制統一化および競争の平等へ向けての更なる前進という二重の目的」に対応するものだと述べている（Consultative Proposal by the Basle Committee on Banking Supervision,"The Prudential Supervision of Netting, Market Risks and Interest Rate Risk"(April 1993) Preface, para.3）。その後のBIS規制の発展については、［後記］参照。

いられた分析のアプローチは、他の二国間関係においてのみならず多国間にも適用可能であると信じる。なお本稿では、ネッティング、市場リスクおよび金利リスクに関し合意を改訂するという1993年意見照会提案を、一般的には扱っていない。これらの提案はまだ合意されていないし、具体化されてもいないからである。

　最初に、自己資本に関するいかなる合意であれ、異なる国々の銀行間の競争に大きなインパクトを持つことができるかにつき、われわれとしては極めて懐疑的である。2つの国の銀行の競争上の有利・不利は、自己資本比率の相違によって主に決定されるものではなく、比較優位、それぞれの経済のファンダメンタルズ、またはセーフティ・ネット政策の形での政府助成等における相違によって主に決定されるものである[2]。われわれの作成した「自己資本比率得点表」が示しているように、日本における強力なセーフティ・ネットは、日本の銀行がアメリカの競争銀行より安い資金調達を行うことを可能にしている。

自己資本比率得点表

要　　　素	優　位	
	日　　本	アメリカ
セーフティ・ネットその他BIS規制以外の要素	×	
BIS規制への付加的比率	×	
適用範囲		×
適格自己資本		×
資産のリスク・ウエイト		×
規制の執行	×	

---

2)　ここでいうセーフティ・ネット政策は、預金保険、および民間市場におけるよりも有利な条件により、債務の形であれ持分の形であれ、銀行に資本を供給する政府のメカニズムを指す。これらのメカニズムは最後の貸手としての中央銀行貸付を含む。もちろん、規制や課税のような他の政府の政策も競争性に影響を及ぼすが、これらの政策のコストは、一般的にこれらの企業の競争力を弱める。われわれは主に政府による助成に焦点を当てている。

アメリカの銀行に対しては、自己資本対総資産比率（leverage ratios）、金利リスクに対する資本の要求、複雑な監督形式を避けるための資本の要求等、BIS規制を上回る資本の要求がなされているため、この点でも日本の銀行は優位にある。しかし他方、アメリカの銀行持株会社はBIS規制の厳格な適用を受けていない。この結果、自己資本比率規制の緩やかな銀行持株会社が資金調達を行い、それを子会社である銀行に持分（自己資本）として出資することができる。これに対して日本の銀行は、銀行持株会社を有していないため（現在では銀行持株会社が認められているが、［後記］で述べるように、銀行持株会社に対する自己資本比率規制もかけられている）、この方法の有利さにあずかることができない。

BIS規制の核心は、自己資本の定義、および異なる種類の資産にどの程度のリスクが伴っているかの評価にある（リスク・ウエイト）。アメリカはこれらの面で有利であると考えられるが、しかしこれはBIS規制を具体化するに当たって法外なさばきをしたためではない。アメリカの資本市場がより洗練されているために、アメリカの銀行は、より安い方法により資本調達をすることができるのである。さらに、アメリカの税・会計ルールおよび関連規制の結果、アメリカの銀行は証券の再評価益を自己資本の源泉として利用することに関し有利さがある。

リスク・ウエイトに関してもアメリカが有利な立場にある。日本よりアメリカにおいてはるかに重要である銀行取引、たとえば居住用不動産貸付のリスク・ウエイトが低いためである。最後に、日本は規制の執行がかなり緩やかと思われる点で有利である。

われわれとしては、BIS規制は、その範囲が限定されているために、日米の銀行間の競争条件をより公平にする上での大きな貢献はできないと結論せざるをえない。実際、リスク・ウエイトをかけた資産の8％という最低資本基準を設定することによって、BIS規制は、競争の土台をより低くし、一つの重要な意味において、アメリカの銀行に不利益をもたらしている。その理由は、日本の銀行はセーフティ・ネットが強力なために8％の自己資本を持つ必要がないからである。バーゼル合意が日本の銀行に8％の自己資本を持たなければならないと命じたために、アメリカの銀行は競争上の地位を維持するために、それに比例してより多くの自己資本を持つ一定のプレッシャーを受けることになり、アメリカの銀行のコストを不必要に上昇させたかもし

れない。現実の世界においては、最低資本基準は、競争条件の平等性を改善するよりはゆがめているかもしれない[3]。

さらに、もしBIS規制が日米の銀行間の競争条件の不平等を減少させることができるとすれば、それは偶然の結果にすぎないと結論づけざるをえない。われわれの研究の中心的な論点は、たとえ自己資本規制が両国において同じ方法により具体化されたとしても、会計および税のルールならびに銀行規制における違いの結果、それが両国において劇的に異なるインパクトを持ったということである。

バーゼル合意自身も、会計および税のルールが、国際業務に携わる銀行の資本の状態の比較可能性をゆがめるかもしれないことを認めていた。われわれの研究は、そのようなゆがみが大変大きくて、比較可能性を不可能なものにしていることを示すものである。このようなルールの効果を、単に否認するだけで無視することはできない。BIS規制を擁護する人々が、競争条件をより平等にすることにBIS規制が有意義な何らかの貢献をしてきたということを、レトリックではなく信ずべき証拠により立証する義務を今や負っていると信じる。アメリカの銀行は、会計、税、規制の文脈においてより有利であるために、BIS規制は日本の銀行よりアメリカの銀行により有利であったと推測される。

BIS規制は、8%の最低自己資本比率を課すことにより、統一に導くための共通の枠組を設定し、競争条件を平等にすることを助けたと主張している人々もいる。この考えによれば、われわれの研究は、会計、規制および税のルールをさらに調和させる必要性を指摘するものにすぎない。確かに、もしセーフティ・ネット助成およびその他のルールに関し調和に向けての重要な進展があるのであれば、BIS規制がより有益であることを認めることができる。しかし将来より平等な競争条件を持てるかもしれないということは、現在それを持っていることを意味しないし、将来いかなることが起きるかは、定義上、実際に起きて見てみないと判らないのである[4]。

---

3) 国際業務に携わる銀行の安全性と健全性を改善するためのBIS規制における一つの重要な規定は、自己資本が連結ベースで計算されなければならないという要求である。日本における連結が全体として銀行の自己資本を向上させたか低下させたかは判らない。

各国が競争上の有利さを競ってきた歴史的な傾向を前提とすれば、調和が達成されそうもなく、各国はセーフティ・ネットおよび他のルールを自分に有利に利用し続けるであろうと結論づけることもできよう。BIS規制が最初に効力を持った1992年のデータと実務にやむをえず大きく基づいているという意味において、われわれの分析は静的である。しかしながら、BIS規制の枠組の外においては有意義な調和が進んでいないことからは、将来、われわれの結論が変わることを信ずべき理由はなお存在しない。

最後に、現代の金融の世界において、違う国々の銀行間において競争条件を平等にすることが、どれだけ意味のあることであろうか。伝統的な銀行業務は、完全にBIS規制の枠外にある金融会社（finance companies）、保険会社、証券会社等のノンバンクによってより一層担われるようになっている。この中心的な事実にBIS規制が対応していないということからは、BIS規制はせいぜい、ほんの一部の競争市場における競争の平等化を行えるだけということになるかもしれない。実際、BIS規制によって課せられる「平等」費用の主な受益者は、銀行と競争しているがそのような費用を負担しない企業かもしれない。市場リスク規制を銀行に課すという最近の提案は、この問題をより深刻にするであろう。多くの国が証券会社をリスク規制から除外しているか、少なくともより軽い負担しか証券会社に課していないからである[5]。

要するに、今日、競争を促進することを理由に、BIS規制を正当化することはできないと信じる。BIS規制の価値は、経済の下降局面の時期に信用毀滅の効果を持ちうることに照しても、なおそれを償うだけの、国際業務に携わる銀行の安全性・健全性の向上への貢献があるか否かによってのみ決定されなければならない。

---

4) F. Choi and R. Levitch, The Capital Market Effects of International Accounting Diversity 14（1990）は、何らの証拠も引用することなく、統一会計基準は、適切な自己資本のガイドラインを含め、銀行に関する国際的監督基準採択の「自然の結果」と思われる、と述べている。しかしBIS規制採択後の4年間に、銀行に関しより統一した会計基準を目指した進展は何もなかった。

5) バーゼル銀行規制監督委員会は、その提案を行うに当たって、証券監督者国際機構（IOSCO）の技術委員会と協調して、銀行および証券会社に共通の最低基準を設けることに失敗したことを認めた。Consultative Proposal, supra note 1, Preface, para.9.

Ⅱ　自己資本比率の競争上のインパクト

　自己資本規制は、銀行の競争力に重大なインパクトを与えている。他の銀行より自己資本比率が低い（いわゆるレバレッジが高い）銀行は、競争上有利かもしれない。A銀行とB銀行という2つの銀行があると仮定し、各銀行の資金調達費用の限界的な上昇を示す市中金利が7％であると仮定する。2つの銀行が同一の市場において営業を行い、等しい信用力を有しているが、A銀行は4％の自己資本を要求される、すなわち、自己資本が総資産の4％に等しくならなければならず、B銀行は6％の自己資本を要求されていると仮定する。ここでいう自己資本はエクイティ（持分）を意味することとする。

　A銀行にとって新規貸付を行うための総費用は：

$0.07 \times 0.96 + 0.01 C \times 0.04 = 0.0672 + 0.0004 C$

Cは自己資本コストのパーセンテージである。そしてB銀行にとって新規貸付を行うための総費用は：

$0.07 \times 0.94 + 0.01 C \times 0.06 = 0.0658 + 0.0006 C$

　自己資本コストが限界金利（上の例でいえば7％）を超えている場合、より自己資本比率の低い銀行であるA銀行は、より安い資金コストとなる。たとえば、両銀行の自己資本コストが10％だったとすると、A銀行の資金コストは7.12％（6.72 + 0.40）であるのに対し、B銀行の資金コストは7.18％（6.58 + 0.60）になる。持分はよりリスクが高く、税の扱いが不利であることから、持分のコストはほとんど常に負債のコストより高いため、A銀行はB銀行より競争上有利になろう。A銀行は、より低い金利で貸付を行いながら、B銀行と同じスプレッド（利益）をとることができる。たとえば、A銀行は債務者から9.12％の金利をとることによって2％のスプレッドをとることができるが、B銀行は同じスプレッドをとるためには9.18％の金利をとらなければならない。さらに、自己資本規制は銀行の総貸付能力に影響する。4％の自己資本規制を受けるA銀行は、自己資本の25倍の貸付ができるのに対し、6％の自己資本規制を受けるB銀行は、自己資本の16.66倍の貸付ができるだけである。

1 救済の競争上の違い

A銀行の自己資本比率の低さと、自己資本のクッションの小ささが、債権者のリスクを大きくするため、完全競争市場においては、A銀行の債権者はB銀行の債権者より高い金利を要求するかもしれない。しかし銀行業に関しては、政府のセーフティ・ネットの存在がこのような事態の発生を妨げている。預金保険、銀行救済政策、最後の貸手機能が連携して銀行倒産から銀行債権者を保護しているために、銀行債権者は債務者である銀行の自己資本比率に比較的無関心かもしれない。銀行債権者は払戻しを受けられるか完全には確実でないかもしれないが、彼らは、国際業務に携わる大銀行の払戻しリスクの大部分は政府によって吸収されていることを知っている。このリスクの公的吸収は、これらの銀行が自己資本比率を低くすることによるリスクを彼らの債権者に完全に補償しなくてもよいことを意味する。この観点からすれば、両国における銀行の自己資本／資産比率の違いは、単に政府助成のレベルの違いを反映したものかもしれない[6]。

第1表は、(1993年における)日本とアメリカの10大銀行のBIS自己資本比率を掲げたものである。われわれとしては、これらの銀行を本研究を通じて比較することとしたい。彼らは、様々な資産、負債、オフ・バランス・シート(簿外)商品において、互いに直接重要な競争関係にある可能性が高いためである。

すべての銀行がBISの要求する最低総自己資本比率である8%を超えている。しかしアメリカの銀行はより高い比率になっている。アメリカの10大銀行の平均総比率は13.60%であるのに比べ、日本の10大銀行の平均総比率は9.67%である。さらに、アメリカの銀行は第一分類(Tier I)の自己資本が総自己資本に占める割合が67%と、51%の日本の銀行よりもかなり高い。

---

6) もし、日本の銀行がアメリカの銀行に対する競争上の優位を、両国のすべての企業にとっての一般的な資本コストの長期の差異から導いているのであれば、自己資本比率規制は日本の優位を除くことはないであろう。そのような長期にわたる差異が存在するか否かにつき、研究は否定している。C. Kester and T. Luehrman, "The Myth of Japan's Low-Cost Capital", Harvard Business Review 130 (May-June 1992) (日本企業のアメリカ企業に比べての低いコストを示した以前の諸研究を否定) およびJ.P. Morgan (R. Mattione), "Valuation and the Cost of Capital in Japan: Is Japan at a Disadvantage Now ? " (April 6, 1992) (日本が1980年代に優位にあったことは認めているが、1990年代には不利になるかもしれないとしている) 参照。

328　第Ⅴ部　金融監督規制

〔第1表〕　日本とアメリカの銀行の自己資本比率

	合　計	Tier I [注1]	Tier II [注2]
《日本の銀行》			
（1993年9月現在）			
第　一　勧　業　銀　行	9.80	5.00	4.80
さ　く　ら　銀　行	9.05	4.52	4.52
富　士　銀　行	9.82	5.11	4.71
三　菱　銀　行	9.81	4.90	4.90
三　和　銀　行	10.20	5.18	5.02
住　友　銀　行	9.91	5.45	4.45
東　海　銀　行	9.27	4.63	4.63
東　京　銀　行	10.41	5.44	4.97
日　本　興　業　銀　行	9.25	4.62	4.62
日　本　長　期　信　用　銀　行	9.25	4.62	4.62
《アメリカの銀行》			
（1993年12月現在）[注3]			
バ　ン　カ　メ　リ　カ	12.03	7.61	4.42
シ　テ　ィ　バ　ン　ク	11.61	6.69	4.92
ネ　ー　シ　ョ　ン　ズ	11.87	7.58	4.29
ケ　ミ　カ　ル	12.40	8.30	4.10
チェース・マンハッタン	13.68	8.81	4.87
バンカーズ・トラスト	16.49	9.97	6.52
モ　ル　ガ　ン	14.86	10.61	4.25
ウェルズ・ファーゴ	15.59	10.62	4.97
ファースト・インターステート	13.16	9.96	3.20
バ　ン　ク　・　ワ　ン	14.37	10.63	3.74

（注1）　原則として持分および利益。
（注2）　残余財産に対する請求権を表す債務証券、たとえば優先株式、劣後債務、ならびに再評価および貸倒引当金。
（注3）　アメリカの銀行のデータは、実際は銀行持株会社に関するものである。これは適切な比較である。なんとなれば、日本の銀行の非銀行業務は銀行の子会社によって行われ、親持株会社の非銀行子会社によって行われるものではないからである。したがってわれわれの比較は両国における非銀行業務の連結データを考慮に入れている。
〔出所〕　連邦準備制度理事会、日本の半期報告書。

日本の比率の方が低いのは、最近の日本経済の悪化、特に不動産貸付の貸倒れや東京証券取引所における株価の下落を単に反映したものにすぎないかもしれない。しかしそれは同時に、アメリカの銀行が日本の銀行と有効に競争するためにはより多くの自己資本が必要なことを反映しているのかもしれない。

もし倒産に対する日本政府による事実上の保証がアメリカの政府保証より強いと解されるのであれば、同じ資金コストになるためには、アメリカの銀行は日本の銀行よりよい資本構成を持っていなければならないであろう[7]。もちろん、アメリカの銀行は日本の銀行が負担しなくてよい資本のための追加的な費用を負担しなければならない。アメリカの銀行はより効率的になることによってこれらの追加的な費用を補うことができるだけであろう。向上した効率性が、追加的な資本に必要な資源を生み出すことになる。

第1表における比率は、実際の自己資本ではなく、貸借対照表上のそれを示している。より正確な自己資本を測った場合、アメリカの銀行にとってより高い自己資本比率にならないとも考えられる。たとえば、日本の銀行は投資勘定の有価証券の未実現益の45％しか自己資本として計算できない。日本の10大銀行にとって再評価準備金だけで第二分類（TierⅡ）の自己資本のおよそ40％を占めるにもかかわらずである（後掲第3表参照）。1991年から1992年にかけての日経指標の暴落前は、このパーセンテージはずっと高かっ

---

7) 日本の銀行の現実の資金（負債）コストを見ることによってわれわれの仮説を検証することは難しい。もし日本の銀行がアメリカの銀行と比べ同じまたはより低い資金コストであれば、われわれの仮説と矛盾しない。より低いコストであれば、アメリカの銀行が、より高い資金コストを相殺する業務の効率によって、十分に資金を集めることができなかったことを示すのかもしれない。同一の資金コストはアメリカの銀行がそれを行ったことを示すものかもしれない。いずれの場合も、日本の銀行はアメリカの銀行と比較してセーフティ・ネット助成をより受けているといえよう。もしアメリカの銀行の業務の効率性が助成を相殺して余りあるのであれば、日本の銀行はアメリカの銀行と比較してより助成を受けながらより高い資金コストであるということすらありえよう。

信用の格付を見ることによってわれわれの仮説を検証することも困難であろう。格付機関はセーフティ・ネットを考慮に入れるが、それが重要な要素になるのは、銀行が投資対象基準以下まで格付が下げられたときであって、アメリカまたは日本のいずれの10大銀行でも起こりえないことである。1992年営業年度末における、資産で見た日米の10大銀行の長期非劣後債務に関するムーディーズの最低格付は、シティバンクのBaa2であった。

330 第Ⅴ部 金融監督規制

たであろう。しかし日本の税率が55％を超えていることからは、再評価準備金はこれらの証券の売却により計上可能な最大限の税引後所得を正確に示しているといえる。そしてもし証券の価格が1993年9月における価格より下落すれば第1表における自己資本は過大表示されていることになる。また日本の銀行は、東京における不動産価格の下落の後も、日本においてBIS規制上の自己資本に一切計上されない不動産所有からの多額の非公開未実現益を有していよう（後掲注62）参照）。しかし他方、不良債権の償却の不足や適切な貸倒引当金計上の不足は、彼らの貸借対照表上の自己資本を大きく膨らませているかもしれない。

2 純助成

日本の銀行がアメリカの銀行に比べ実際上も純助成を受けているかについても検討しようとする人もいるかもしれない。おおまかにいって、純助成は、セーフティ・ネットの価値から規制のコストを控除したものである。この式の下においては、規制は銀行が助成の対価として払うコストと見られるかもしれないが、助成もないのにある規制が加えられることもあるかもしれない。日本におけるセーフティ・ネットはアメリカにおけるそれよりずっと強いように見える。大蔵省、日本銀行という日本の銀行規制機関は、アメリカの銀行規制機関と比べ倒産しそうな銀行をより救済しようとしてきた。ごく最近に至るまで、日本では銀行倒産がなかった。これは銀行規制機関が銀行を強力に保護してトラブルの発生した小銀行の大銀行との合併を斡旋したためである。最近のごく僅かの銀行倒産の事例においては、預金保険機構および日本銀行の金融支援を利用して、大蔵省は、倒産銀行資産を他の銀行に売却することを斡旋した。預金保険の最高填補限度額を超える預金を含め、倒産銀行のすべての預金は、他の銀行に譲渡され、損失を被った預金者はいなかった。したがって、第二次世界大戦以降、銀行倒産の結果金銭を失った日本の銀行の預金者はいないわけである（2010年に破綻した日本振興銀行につき、預金者の預金保険限度額を超える預金債権のカットを行うペイオフが初めて行われた。弁済率は約60％だった）。これは現在のアメリカにおける状況に比べ鋭い対比をなしている。1992年中に、アメリカの連邦預金保険公社（FDIC）は120の銀行倒産を解決したが、88億ドルというFDICの歴史上最大の銀行倒産事件の一つであったファースト・シティ・バンコーポレーションの4大子

会社の倒産を含めた 66 の銀行倒産の場合において、預金保険の対象外の預金者は金銭を失った[8]。

　コストの側面においては、アメリカの銀行も日本の銀行も相当な規制を受けている。本稿はそのような規制を計量化したり比較しようとするものではないが、アメリカのコストの方が高いと想像されうる。多くの研究は、アメリカの規制のコストが非常に高いと結論づけているが、日本の規制のコストも同じように高い[9]。日本の銀行法、会社法、独禁法、そして資本市場規制の下、多くの規制が日本の銀行に加えられている。日本の銀行は制定法にない公的な負担も負わされていた。たとえば、専門金融機関システムの維持とか、自分がメインバンクである会社の倒産を救済するよう求める政府の圧力等である。

　しかし、日本の規制の多くは競争を管理することを目指していたようであり、実際には日本の銀行の収益性を（消費者の費用において）向上させたことになるかもしれない。これに対して、アメリカにおいては安全性・健全性のための規制、すなわち銀行にとって負担にしかならないコストが強調される。実際、アメリカの規制の多くは、支払システムにおける規制のように、実際の公的助成を減少させることを意図している。したがって、日本の銀行は、総額においてだけではなく、純額（ネット）においてもより高い助成を受けていると思われる。

　理論的には、市場が銀行間の競争上の有利さを裁定によって解消することを期待する人がいるかもしれない。すなわち、もし日本がより有利な自己資本ルールを持っていれば、アメリカの銀行は日本に移ることができるというわけである。これはちょうど、アメリカにおいて会社が、デラウェア法を選好するために、デラウェア州において設立することを選択することに似ているし、EC（EU）内の銀行が、自分が好ましいと思う銀行規制のある国に営

---

8)　Federal Deposit Insurance Corporation, 1992 Annual Report, pp. 32-34.　1992 年末の時点において、ファースト・シティ・バンコーポレーションは、資産で見て第 62 位の大銀行持株会社にランクされたであろう。American Banker, *Ranking the Banks 1993, Annual Statistical Review* (August 27, 1993) p. 8A.

9)　J. Danforth, Who Pays for the High Cost of Excessive Bank Regulation, 12 *Banking Policy Report* (1993) p. 24 に引用されたアメリカの規制に関する諸研究を参照されたい。

業の本拠を置くことにも似ている[10]。しかし、このような動きは実際上は起こりえない。アメリカと日本は彼らの主要銀行が本国を変えることを許さないであろう[11]。銀行は特定の業務を2カ国間で移すことは自由かもしれない。たとえば、ある貸付業務を日本ではなくアメリカを本拠とすることはできよう。しかしこれは本国により連結ベースで課せられる自己資本規制には実質的な影響を与えない。

3 最低比率引上げの効果

本論文の草稿を読んだ幾人かの方からは、政府保証のレベルが異なることによるゆがみにかかわらず、BIS規制は、すべての銀行に8%の最低自己資本比率を課すことにより、競争条件をより平等にしたのではないかという示唆をいただいた。そこで、次のような例を仮定してみたい。すなわち、BIS

---

10) O.J. 1989 L386 (December 30, 1989)(89/646/EEC). EC (EU) 内の銀行は、第二銀行指令により、母国の規制に主として従えば、EC (EU) 全域において支店を持つ利益にあずかることができる。

11) アメリカの銀行持株会社は日本で法人化することはできなかった。日本は銀行持株会社を許していないからである（現在は許容している）。アメリカでは、外国が自らの銀行持株会社の規制を定めているとすると（アメリカより緩やかな規制だと仮定すると）、連邦準備制度理事会は、アメリカの銀行持株会社に対する自己資本規制を外国銀行持株会社に適用する権限を持つ。これは、銀行持株会社法の規定が、適切な金融・経営資源を要求するとともに、同法の侵害を禁止しているためできるのである（12 U.S.C. § 1842 (c) and 12 U.S.C. § 1844 (b)）。そして同理事会は、1983年国際貸付監督法（12 U.S.C. § 3907）の下で自己資本規制を定める幅広い権限を有している。われわれの見解としては、政策問題として、同理事会は、銀行業務の過半がアメリカ外にある「真の」外国銀行持株会社にのみ、アメリカの自己資本規制ではなく外国銀行持株会社の自己資本規制を適用することを考えることになろう（12 U.S.C. § 1843 (c)(9); Regulation K, 12 C.F.R. § 211.23 (b)参照）。

香港の銀行であり銀行持株会社である香港上海銀行（HSBC）が、新しく設立されたイギリスの持株会社であるHSBC持株会社に1991年に取得されたときに、銀行持株会社法による同理事会の承認が必要であった。HSBC持株会社が間接的にアメリカの銀行を取得したためである。イギリスは銀行持株会社の自己資本規制を行っていなかった。同理事会は、HSBC持株会社がHSBCと同一の自己資本を有しており、HSBCの自己資本がBIS基準の下でも十分適切であると認定した（77 *Federal Reserve Bulletin* 273 (1991)）。これはアメリカの銀行持株会社が外国へ移転する場合を考える上では信頼できる先例ではない。後者の場合は、アメリカの規制の侵害と見られるし、HSBC持株会社の例と異なり、銀行以外の会社にもかなりの持株を有していて、持株会社について独自の自己資本規制を行う意味がありえよう。

規制以前において、フランスの国有銀行が2%の自己資本／資産比率であったのに対し、アメリカの銀行は7%の比率であったと仮定する。フランスとアメリカの差異は5%であった。こういった場合、8%の最低比率の導入が、アメリカの銀行にフランスのより強力な保証を償うために11%を保持することを要求することになったかもしれないが、最低比率を課した結果、両者の比率の差を3%にまで狭めることになり（フランスの銀行8に対しアメリカの銀行11%、訳注）、競争条件をより平等にしたとの議論がある。しかしこの議論の筋には欠点がある。

　最初に、国有銀行に関しては自己資本規制はほとんど意味を持たない。民間銀行の自己資本調達能力は市場の規律に服するのに対し、国は、納税者の資金をつぎ込むことによって、必要ないかなる自己資本でも作り出すことができる。国有銀行は、収益見込みが悲観的でも、必要ないかなる自己資本でも手に入れることができる。

　しかしフランスの国有銀行を日本の民間銀行に代えた場合、先の議論は成り立つだろうか。自己資本規制は名目自己資本とかかわるものであって、実質自己資本にかかわるものではない。実質自己資本は資産の市場価値から負債の市場価値を控除した残差である。もし市場（特に債権者）が、日本の銀行は政府資本（保証）がついていることを考えれば、2%の実質資本を保有すれば十分であると信じるとすれば、それ以上のレベルを保有することは非効率であろう[12]。彼らは、名目上8%のBIS規制比率を守っても、実質資本を2%に維持しようとする強いインセンティブを持つことになろう。このことは単に不良債権を償却しないことによって行われうる。

　市場、政府保証の利用可能性は、異なる国の銀行間の自己資本比率規制の差異とともに、銀行の実質自己資本比率を決定する傾向があろう。政府は、実質自己資本比率をBIS規制の名目比率に一致させようと努めて、この傾向を変えるかもしれない。しかしそれ以上のことをする政府もあろうし、それ以下のことしかしない政府もあろう。実際、もしアメリカが自国の銀行に8%

---

12)　H. Jackson,"The Expanding Obligations of Financial Holding Companies", 107 Harvard Law Review 507, 586-595, 615-619（January 1994）は、銀行に過大な自己資本規制を課すことには重大な効率上のコストがかかるかもしれず、より高い銀行の自己資本レベルを要求するよりは、持株会社の自己資本に対する銀行の請求権を求めた方がよいと論じている。

334　第Ⅴ部　金融監督規制

の実質自己資本を保持させようとするのに対し、日本が自国の銀行が2%の実質自己資本を保有することで満足すれば、8%の最低比率のインパクトにより差異を5%から6%に広げることになろう（日本は2%のまま、アメリカが7%から8%へ、訳注）。

〔第2表〕　1986～1992年における日本とアメリカの銀行の総資産に対する有形自己資本比率

(単位：%)

年	日本の銀行	アメリカの銀行	日本・アメリカの差
1986	1.91	5.30	3.39
1987	2.20	4.98	2.78
1988	2.56	5.68	3.12
1989	2.73	5.17	2.44
1990	2.94	5.34	2.40
1991	3.12	5.87	2.75
1992	3.42	6.83	3.41

〔出所〕　連邦準備制度理事会、日本の有価証券報告書。

　BIS規制は、それ自体としては日米の主要銀行の間の名目自己資本の差異を狭くしなかったことを、証拠は示している。第2表は、1986年から1992年にわたって、日米の10大銀行における有形自己資本の総資産に対する最近の平均比率を掲げたものである。自己資本は普通株式および優先株式に剰余金および留保利益を足したもので成り立っている。この比率を見ることによって、BIS規制の前後における日米の自己資本比率の比較をすることができる。リスク・ベースの比率は、BIS規制以前の期間について日本の銀行のデータが存在しなかった。

　BIS規制への移行年であった1989年から91年にかけては、両者の差異は少し縮小したが、1992年には1986年における差異よりも僅かながら拡大している。この期間中、日米の銀行はともに彼らの自己資本を増加させたが、増加率はほぼ同一であった。BIS規制より高い比率を要求するアメリカの規制が、差異の縮小を妨げたのであって、それがなければ、日本の銀行の自己

資本比率はアメリカの銀行の自己資本比率よりもより大きく増加したのかも
しれない。しかしBIS規制は名目差異で量っても競争条件の平等化を生まな
かったという事実は残るのである。

　たとえBIS規制以前の差異が縮小したとしても、それは必ずしも競争条件
を平等化させるものでもないのである。より多くの自己資本が調達されると、
自己資本の限界コストが上昇することがありうる。より多くの自己資本が調
達されるにつれて自己資本の収益（リターン）が減少するとすれば、このよ
うな結果が招来されることになろう。アメリカの銀行にとって、3％の差異
を維持するために11％の自己資本比率を要求されるコストは、5％の差異を
維持するために7％の自己資本比率を要求されるコストより大きいかもしれ
ないのである。

　要するに、2つの国の銀行間の競争上の優位は、自己資本比率規制の違い
によってもたらされるものではなく、比較優位、経済のファンダメンタルズ、
政府助成のレベル等の違いによってもたらされるものであると考える。

　本稿は、BIS規制の効果に関するもう一つの重要な問題、すなわち、BIS
規制が銀行貸付を抑制し、1991年から1992年にかけての景気後退期間にお
いて信用毀滅（credit crunch）に寄与したか否かは、検討しない。BIS規制が
一定の役割を果たしたことの証拠は増えつつあるが、主に借入需要の後退等
の他の要素が働いたことは明らかである [13]。

---

13)　自己資本規制が銀行貸付の抑制原因になってきたかもしれない証拠については、R.
　　Cantor and J. Wenninger, "Perspective on the Credit Slowdown", 18 *Federal Reserve Bank*
　　of New York Quarterly Review (Spring 1993) pp. 3, 12-13；J. Peek and E. Rosengren,
　　"The Capital Crunch in New England", *New England Economic Review* (May/June 1992)
　　p. 21; J. Peek and E. Rosengren, "Bank Regulation and the Credit Crunch", Federal
　　Reserve Bank of Boston, Working Paper No.93-2 (February 1993); L. Browne and E.
　　Rosengren, "Real Estate and the Credit Crunch: An Overview", *New England Economic*
　　Review (Nov./Dec. 1992) p. 25; B. Bernanke and C. Lown, "The Credit Crunch",
　　Presentation at Brookings Panel (October 21, 1991); R. Litan, "Nightmare in Basle", *The*
　　International Economy (Nov./Dec. 1992) p. 7. 連邦準備制度理事会銀行監督規制部長
　　のリチャード・スピレンコゼン氏も一般的に借入需要が後退していることを強調しな
　　がらも、自己資本規制を充たす必要が銀行貸付を抑制したことを述べている
　　(Statement to the Subcommittee on Banking, Finance and Urban Affairs, U.S. House of
　　Representatives, August 4, 1992, reprinted in 78 *Federal Reserve Bulletin* 746 (October
　　1992))。

336　第Ⅴ部　金融監督規制

Ⅲ　バーゼル合意（BIS規制）

バーゼル合意（BIS規制）は、1988年7月に10カ国グループ（G-10）の中央銀行によって取り決められたが、1986年の連邦準備制度理事会による類似の提案および1987年の同理事会とイングランド銀行間の合意がそれに先行していた[14]。バーゼル合意は、4つの主たる部分より成っている。すなわち、(1)リスク・ウエイトをかけた資産に対する自己資本の必要比率、(2)自己資本の定義、(3)資産のリスク・ウエイトの決定、および(4)オフ・バランス項目のリスク・ウエイトをかけた資産への換算、である。

1993年以降は、自己資本のリスク・ウエイトをかけた資産に対する最低比率は8％でなければならない。自己資本は2つの分類、すなわち第一分類（TierⅠ）と第二分類（TierⅡ）に分けられる。第一分類の自己資本は、原則として持分（equity）と留保利益である。第二分類の自己資本は、再評価準備金、貸倒引当金、および負債性資本商品——これはたとえば、累積的非償還優先株式や劣後債務のように、エクィティと同じく残余財産に対する請求権を表す——を含む。

BIS規制は、資産を4つのリスク・ウエイトの範疇に分類している。0％、20％、50％、そして100％である。0％のリスク・ウエイトの資産（自己資本／リスク・ウエイトをかけた資産比率の分母に算入されない）は、現金および中央政府に対する請求権のような項目である。私人、私企業を債務者とするすべての商業貸付、およびバーゼル合意のリスク・ウエイト表に記載されていない資産は（バーゼル合意の付属2）、100％のリスク・ウエイトである。

オフ・バランス・シート項目は、取引高の見積りと信用リスクにさらされる可能性、そしてリスクの相対的な程度に基づいて、5つの「掛目換算」の範疇に分けられる。後述するように、外国為替・金利関連契約については特別の扱いがされているが、それ以外の項目は、100％、50％、20％、0％とい

---

14)　実際には12カ国が含まれていた。ベルギー、カナダ、フランス、ドイツ、イタリア、日本、ルクセンブルク、オランダ、スウェーデン、スイス、イギリス、およびアメリカである。バーゼル合意の歴史および背景に関するすぐれた論稿として、E. Kapstein, "Supervising International Banks: Origins and Implications of the Basle Accord", *Princeton Essays in International Finance* 185 (December 1991) 参照。

う掛目（credit conversion factors）に基づき、相当する資産に換算される。たとえば、スタンバイ信用状は100％のリスク・ウエイトの資産に換算される。商業信用状は20％のリスク・ウエイトの資産に換算される。一度資産に換算されると、これらの項目は上述した資産のリスク・ウエイトの対象となる。したがって、民間会社のために発行された100ドルの商業信用状は、20ドルの資産に換算される。すなわち、100ドル×20％の掛目×100％のリスク・ウエイト、となる（現在のバーゼル規制については［後記］参照）。

Ⅳ　日米におけるバーゼル合意（BIS規制）の具体化

　アメリカにおけるバーゼル合意（BIS規制）の具体化は、銀行監督の任にある連邦機関の制定した規則によってなされている。1989年の初めに、国法銀行（national banks）については通貨監督官事務所が[15]、連邦準備制度加盟の州法銀行については連邦準備制度理事会が[16]、連邦準備制度非加盟の州法銀行については連邦預金保険公社が[17]、それぞれ規則を定めた。重要ならざる例外を除き、各監督機関は同じ規制を採択した[18]。それに加え、連邦準備制度理事会は、銀行持株会社についてBIS規制を少し修正した規則を公布した[19]。これらの規則はこれらの機関の既存の制定法上の権限に基づいて制定され、新たな議会による授権は必要なかった。

　バーゼル合意（BIS規制）は、アメリカの銀行にとっては唯一の自己資本規制の源ではないことに、注意すべきである。アメリカの銀行は、同じく3％の最低レバレッジ比率（自己資本／総資産）の対象となる[20]。アメリカはまた、アメリカの銀行について金利リスクに基づく追加的な自己資本規制を提案している[21]。それに加えて、銀行の監督のレベルが当該銀行の自己資本

---

15)　12 C.F.R. §3, Appendix A（1992）.

16)　Regulation H, 12 C.F.R. §208, Appendix A（1992）.

17)　12 C.F.R. §325, Appendix A（1992）.

18)　違いは連邦準備制度理事会の報告に論じられている（59 *Federal Register* 1548（January 11, 1994））。本論文は、連邦準備制度理事会によるBIS規制の具体化に基づいており、すべてのアメリカの銀行が同理事会の規制に服するものと仮定している。

19)　Regulation Y, 12 C.F.R. §225, Appendix A（1992）.

20)　12 C.F.R. Part 208, Appendix B.もっとも高い率の銀行以外では、この比率は4％ないし5％である。

のレベルによることとされている。「迅速改善行動（prompt corrective action）」ルールの下では、監督を最小限のものにするためには、銀行は、総リスク・ベース自己資本比率が10％以上、TierⅠ（第一分類）の比率が少なくとも6％、そしてレバレッジ比率が少なくとも5％なければならない[22]。アメリカの銀行がBIS規制プラスそれ以外の自己資本規制の対象となるのに対し、日本の銀行がBIS規制の対象となるだけだということは、BIS規制自身が2つの国の銀行間の競争条件を平等にできる程度について、最初に懐疑的にならざるをえない点である。

　日本においては、バーゼル合意（BIS規制）は1988年に、大蔵省銀行局によって通達（行政指導）の形で具体化された。しかし、大蔵省がそのような通達を発出することを授権する特定の制定法規定がなかったため、国会は、それを授権するべく、銀行法その他銀行に関する法律の1992年改正法を成立させた。たとえば、銀行法14条の2である。

　日米におけるバーゼル合意（BIS規制）の具体化または効果の重要な違いが、両国の銀行間の競争に影響を与えるかもしれない5つの問題を検討することにしたい。すなわち、(1)適用範囲、(2)銀行の適格自己資本、(3)資産のリスク・ウエイト、(4)金利・外国為替関連契約の扱い、および(5)執行、である。

1　適用範囲

　バーゼル合意（BIS規制）の適用範囲については、2つの重要な違いがある。第1に、日本は海外営業拠点を有する銀行にのみ強制適用するのに対し、アメリカはすべての銀行に適用する。第2に、アメリカは銀行持株会社にも適用したのに対し、日本は銀行持株会社をそもそも許していない（現在は銀行持株会社を認めて適用）。

---

21)　Department of the Treasury, Board of Governors of the Federal Reserve System, Federal Deposit Insurance Corporation, and Office of the Comptroller of the Currency, Risk-Based Capital Standards, Joint Advance Notice of Proposed Rulemaking, 57 *Federal Register* 35507 (August 10, 1992).

22)　Board of Governors of the Federal Reserve System, Final Rule, Prompt Corrective Action; Rules of Practice for Hearings (Press Release, September 18, 1992). また、銀行の預金保険料の査定は、自己資本のレベルに依拠している（Deposit Insurance Corporation, Final Rule, Assessments, 57 *Federal Register* 45263 (October 1, 1992))。

(1) 国際業務に携わる銀行（International Banks）

　バーゼル合意（BIS規制）は、「国際業務に携わる銀行」の連結された活動に適用されるが、合意中に「国際業務に携わる銀行」の定義がない。他の多くの問題と同じく、合意はこの問題を各国の裁量に委ねている。

　日本は、BIS規制を外国に支店または子会社を有している銀行に適用している[23]。その結果、都市銀行11行すべて、長期信用銀行3行すべて、1行を除いた残りの信託銀行5行、地方銀行64行中29行、第二地方銀行65行中5行が、BIS規制の強制適用の対象となっている（本稿執筆時）。それ以外の銀行も、予見可能な将来においては継続して適用することを条件に、BIS基準を選択することができる。信託銀行1行、地方銀行27行、および第二地方銀行8行がBIS基準を選択した（本稿執筆時）。BIS基準の適用を受けない銀行は、レバレッジ比率（自己資本／総資産）を4%以上にすることを目標としなければならない。BIS基準を任意に選択した理由は、同業他行の圧力や、BIS基準を選択すれば評判が良くなるという考えに[24]、主に基づくようである。リスク・ウエイトをかけた資産の8%というBIS基準の方が、総資産の4%という選択的に課される日本のレバレッジ比率より、少ない自己資本を保有すれば足りるという銀行もありえよう。

　これに対してアメリカは、BIS規制を預金保険の適用を受けるすべての預金金融機関に適用した。バーゼル合意は、このような拡大した適用を求めていないが、合意の要求より厳格な基準を選択することは各国の自由に任されているため、アメリカはそうしたものである。この選択は、BIS基準がそれ以前に効力を持っていたレバレッジ比率よりもより勝れた自己資本の適切さをはかる基準であるという判断を反映したものであろう。また同時に、国内市場における競争に与えるゆがみを防ぎ、国内における競争条件の平等を図りたいという考えも反映したものかもしれない[25]。国際業務に携わってい

---

23)　「銀行法第14条の2の規定に基づき自己資本比率の基準を定める件」（平成5・3・31大蔵省告示55号）。

24)　評判への配慮は、バーゼル合意の非当事国がなぜ一方的にバーゼル合意を採択したかを説明するのに役立つ。

25)　さらに、もしBIS規制が国際業務に携わっているもののみに適用されるならば、特にそのような業務が銀行のビジネスのほんの小さな部分を占めるだけのような場合、銀行が外国において業務を行うことを抑制することになるかもしれない。

る銀行にのみBIS規制を適用することは、そのような銀行に国内での競争相手に比べより厳しい自己資本比率規制を課し、ハンディを負わせることになろう。日本では市場が分けられているため、地域市場においてBIS規制対象行は非対象行の強力な競争者ではなく、日本においては国内競争の問題はほとんど避けられている。

この適用範囲の違いは、日米の銀行間の競争に重大な影響を与えないものと思われる。日本の銀行とアメリカの銀行の間の（日本、アメリカ、第三国市場における）世界的な競争は、BIS規制の対象となる。海外営業拠点のない日本の銀行が、預金を獲得したり貸付を行うといった国境を越えた活動を行うことは、BIS規制の対象とならないのに対し、アメリカの銀行の場合には対象となるが、この違いは重大でないと考えられる。BIS規制の対象外の日本の銀行が、日本の外で重要な競争相手となることはないし、アメリカの銀行が日本国内においてこれらの日本の銀行の重要な競争相手となることもないからである。

BIS規制の対象たる日本の銀行が、日本のインターバンク市場において、BIS規制の制約を受けない日本の地方銀行から——日本の地方銀行は通常は他の銀行への資金の提供者である——資金調達できるのに対し、アメリカのインターバンク市場におけるすべての銀行はBIS規制の制約を受ける、という懸念もまたありえよう。制約を受けない銀行はより低い金利で貸し付けることができるため、日本の銀行の資金調達コストはより低いかもしれない。再び、この違いは最小の影響しかないものと考えている。

(2) 銀行持株会社

日本の独禁法9条は、銀行持株会社を含め、すべての持株会社を禁止している（平成9年改正により持株会社は解禁された。[後記]参照）。この政策は、戦後の占領期間中に日本の巨大コングロマリットであった財閥の力を制限しようとした試みにまで遡ることができる。独禁法は、他の会社の株式の保有のみを目的とする会社の設立を禁止している（これも平成9年改正により解禁された）。同法はまた、ごく僅かの例外を除き、銀行が他の会社の株式を5%以上保有することを禁止している。さらに、銀行法は、大蔵大臣の免許を受けることなく銀行業を営むことを禁止している。この禁止に基づき、銀行免許を受けていない者が銀行の支配株式を保有することはできないという解釈

も主張されており、実際上も、そのようなことはほとんど生じていない（平成13年銀行法改正により、事業会社が銀行の主要株主となりうることが規定され、そのような銀行も幾つか生まれた）。これとは対照的にアメリカにおいては、ほとんどの大銀行は銀行持株会社の形式により経営されている。したがって、日本の銀行は直接市場で債務や持分を発行するのに対し、アメリカでは自己資本は銀行持株会社によって調達され、子会社である銀行に供給される（downstream。現在は、日本においても銀行持株会社によって資本調達する銀行が多数存在する）。

(3) 上からの二重のギア——アメリカの銀行

先に論じたように、バーゼル合意（BIS規制）は銀行持株会社に適用されない。もしX国が銀行持株会社を有しながら、BIS規制を銀行持株会社には適用しないことを選択したとすれば、（持株会社が許されていなかった）日本の銀行に対して大きな競争上の優位を獲得することになろう。持株会社は、累積的非償還優先株式、劣後債務、等の第一分類（Tier I ）の自己資本に該当しない方法により資本を調達して、その手取金を、たとえば普通株式等の第一分類の自己資本に該当する形で、子会社である銀行に供給することができる。

X国の銀行にとっての有利さは、安い自己資本資源を利用できることであろう。持分の形で市場から自己資本を調達することは、それ以外の方法により調達することより費用がかかる。特に普通株式の株価が、簿価や過去の普通株式の価格のような水準指標に比べて低い場合はそうである、と銀行家は明らかに信じている。普通株式の市場価値が最近暴落した中で、この信念が現在の日本の銀行が新たに持分を発行することを抑制している。異なる資本構成が資本の総費用に影響を与えることはないという、古典的なモディリアーニ・ミラーの理論にかかわらず、現実世界においては財務理論を適用する何らかの基礎があるのかもしれない。負債に対する金利支払いは課税において所得控除されるのに対し、株式に対する配当支払いには控除がないことが、会社の負債を持分より安い資金調達手段にしている。さらに、配当優先株式はいわゆるエージェンシー・コストを引き下げるかもしれない。そしてこれは、非累積的優先株式よりは累積的優先株式により妥当しよう。投資家にリターンを支払わなければならない経営者は、そのような義務のない経営

者より効率的に経営するかもしれないからである。

　アメリカは、X国とは異なり、自己資本規制を銀行持株会社にも及ぼしている。連邦準備制度理事会によって定められたこれらの規制の根拠は、必要が生じたときは、持株会社は自分の銀行子会社に自己資本をつぎ込むよう用意しておかなければならないという「強さの源理論（source of strength doctrine）」に主に根ざしている[26]。これらの自己資本規制はBIS規制の「枠組」に基づいているが、一つの重要な点において同一ではない。すなわち、銀行持株会社は、累積的非償還優先株式を第一分類（Tier I）の自己資本の25％まで利用できるが、BIS規制は、非累積的非償還優先株式しか第一分類の自己資本に計算することを許していない。非償還優先株式は、第一分類の自己資本の14.3％以上を占める（第3表参照）、アメリカの銀行にとって重要な自己資本項目である。実質的にはすべての非償還優先株式は累積的である。したがって、アメリカの銀行は、彼らの持株会社に累積的優先株式を発行させ、それを第一分類の自己資本に数えることによって、非常に有利になっている。もし銀行自身がそれを発行すれば、それは第二分類（Tier II）の自己資本にしか計算されないからである。

(4)　下からのギア——日本の銀行

　（持株会社が許されなかった）日本の銀行は、上からの二重のギアはかけられなかったが——すなわち、持株会社を使って資金を調達し、その調達資金を銀行に供給することはできなかったが——、彼らは子会社を使って資金を調達することはできた。子会社が第三者から資金を借りて、それを親銀行が吸い上げることができる。日本の取引慣行においては、銀行は実際には子会社の債務について責任があると一般的には扱われるため、第三者は、事実上、銀行自身に貸したことになる。日本においては、そのような銀行子会社への

---

26)　かつて理事会は、持株会社の倒産が子会社である銀行の取付けを引き起こしかねないことも懸念していた。子会社である銀行の預金者が、そのような倒産が、必ずしも彼らの銀行の支払不能を引き起こしたり、彼らの銀行の支払不能から生じるものではないことを理解しないかもしれない。もちろん、支払能力ある銀行に対する不合理な取付けは、連邦準備銀行の最後の貸手としての権限を行使すべきもっとも適切な例である。持株会社に理事会が課す連結自己資本規制は、理事会に、通貨監督官事務所（OCC）または連邦預金保険公社（FDIC）が設けるかもしれない低い自己資本規制を相殺するある種の権限を与えている。

貸付は、バーゼル合意では第二分類（Tier II）の自己資本に計算される劣後債の形で通常なされる。もちろん、これは銀行自身が社債を発行することと違いはないともいえよう。それでも日本の銀行が子会社を使って資金調達をした主な理由は、日本での銀行の資金調達に関する日本政府による制約を避けるためであった。たとえば、銀行は優先株式発行に関する制約を海外子会社を使って避けることができた。

しかし、このタイプの劣後債は、常に完全に信頼できる自己資本の源というわけではないかもしれない。その一部は、借入銀行から資金を受けた借入銀行の関係者によって購入されたかもしれないとの報道がある[27]。仮設事例としては、銀行が、外部の投資家と協力して、当該銀行の持株割合が5%以下という非連結主体（X会社）を設立する場合が考えられる。同銀行がX会社に融資を行い、X会社が代わりに同銀行の子会社に劣後債取得の形で融資し――これは第二分類（Tier II）の自己資本の資格がある――そして同銀行の子会社から同資金を同銀行に吸い上げる。X会社が提供した自己資本は、次の意味において信頼できないものである。すなわち、もし同銀行が劣後債の支払いができなければ、X会社に当該劣後債への支払い以外の収入源がない限り、X会社は同銀行から受けた融資につき債務不履行に陥るであろう。したがって、銀行による劣後債に関するあらゆる債務不履行は、実質的には、同銀行のこの自己資本の源を奪うことになる。

この困難の原因は、銀行がトンネル会社を使って優先弁済投資を行ったことにある。もしX会社が実質的事業を行っている真の会社であれば、効果はまったく別のものになろう。その場合、銀行が劣後債務の支払いの債務不履行に陥っても、X会社は銀行からの借入の支払いを行い、銀行の自己資本を持ち続けよう。

日本の銀行の劣後債を購入するのはすべて日本の投資家であり、日本の銀行はこれらの投資家のために彼らの証券を購入するための資金を用意しているという噂が報道されたこともある[28]。大蔵省がそのような実務を禁止しているにもかかわらず[29]、行われているというのである。その仕組は、銀

---

27)　「視角」金融財政事情 43 巻 39 号（1992 年）15 頁。

28)　同上。

29)　「金融機関の貸付債権の流動化等自己資本比率向上策について」（平成 4・4・30 蔵銀 610 号）IV 7(1)。

行が顧客の発行する5年の償還期限のユーロ円債（通常はLIBOR＋30ベーシス・ポイント）の私募の引受を行い、顧客がその発行対価を使って銀行の発行するドル建永久劣後債を購入するというものである。同時に上記顧客は、銀行と劣後債のドル・クーポンに関し、5年間にわたり円LIBOR＋100ないし120ベーシス・ポイントのスワップを仕組み、投資家に70ないし90ベーシス・ポイントのスプレッドを保証する。銀行は自分の証券を5年後に買い戻すことを約束する。

　この事例は、われわれの仮設事例といかに比較できようか。ここでは、投資家は銀行の劣後債を購入する資金を、銀行からではなく、第三者（ユーロ円債の購入者）から受け取る。このことは、仮設事例におけるように銀行ではなく、第三者が、銀行がその劣後債を債務不履行したときに、リスクを負担することを意味する。これらの第三者は、銀行のグループの一員かもしれないが、銀行自身ではなく、彼らがリスクを負担するのである。しかし当該銀行がユーロ円債の償還を保証しているとすれば、より仮設事例に状況が近いといえよう[30]。

　また、銀行の劣後債の大きな部分が、リース会社やファイナンス会社に発行されたともいわれている[31]。これらの会社の資金の80％以上は同一銀行から調達されていた。多くの銀行は、これらの会社を使って銀行自身が直接行うことのできないリスクの大きな不動産貸付を行わしめていた、ともいわれる。もし銀行がその発行した劣後債の支払いができないと、（不良債権をポートフォリオに組み入れている）金融会社やリース会社も銀行借入債務の債務不履行に陥る重大なリスクがあるため、この事例は先の仮設事例により近い[32]。

---

30)　この取引の問題点として、銀行が劣後債務を、最大限、第一分類の自己資本額の50％までしか第二分類の自己資本にできない期限付劣後債務としてではなく、第二分類の自己資本に算入することに制限のない劣後債務（永久劣後債務）として算入するよう求める可能性があることが挙げられる。5年以内に償還することを約束していることからは、これらの証券が期限付劣後債務として扱われるべきことは明らかである。

31)　このことは、当該金融機関から20％以上の資金を借りているリース会社やファイナンス会社が、金融機関の劣後債務を取得することを、大蔵省が禁止していたにもかかわらず（大蔵省・前掲注29）通達Ⅳ2）、行われていたという。

32)　ファイナンス会社やリース会社が、多数の銀行から借り入れたり、多数の銀行の劣後債務に投資するとしても、銀行システム全体としてのリスクが存在する。

(5) ギアの結論

アメリカの銀行が、持株会社を利用する主な利点は、累積的非償還優先株式を発行し、その発行対価を第一分類（Tier I）の自己資本となる銀行への持分として出資させることにある。日本においては下からのギアは、第二分類（Tier II）の自己資本を補充することに使えるだけで、第一分類の自己資本を補充することには使えない。1992年にアメリカは、恐らく信用毀滅（credit crunch）の懸念に応えるために、第一分類の自己資本に含ませることのできる累積的非償還優先株式の額の制限を撤廃することによって、銀行持株会社に対する自己資本規制を緩和した[33]。

（先の仮設事例では）日本の銀行は、貸付を劣後債務の形の第二分類の自己資本に変換させるという見せかけの取引を行うために子会社を使ったとも見うる。しかしこのような実務が行われているとすれば、BIS規制と大蔵省の政策の明らかな濫用である。もし見逃されているのだとすれば、BIS規制を具体化することへの日本政府の真剣さが問われかねない。アメリカの銀行持株会社がそのような方法を用いれば、違法であろう[34]。われわれとしては、そのような見せかけの取引が日本においていかなる規模においてであれ行われているという公の証拠を持つものではない。

2 銀行にとっての適格自己資本

第3表は、日米の銀行の自己資本の内訳（第一分類、第二分類）を概観したものである。もっとも活発な国際競争の相手となると思われることから、比較のために両国の10大銀行を選んだ。

日米は、3つの重要な自己資本項目につき異なるBIS規制の具体化を行っている。

・優先株式、ハイブリッド金融商品、劣後債務

・貸倒引当金

・再評価準備金

---

33) Board of Governors of the Federal Reserve System, Revisions to the Capital Adequacy Guidelines (Press Release, January 14, 1992).

34) 12 U.S.C. § 371c (Section 23A of the Federal Reserve Act).

346 第Ⅴ部 金融監督規制

〔第3表〕 1992年における日本の10大銀行とアメリカの10大銀行持株会社
の自己資本の内訳

自己資本のタイプ	日本の銀行		アメリカの銀行持株会社	
	10億円	％	100万ドル	％
第一分類（Tier Ⅰ）	16,263	100.0	67,463	100.0
普通株式	15,320	94.2	57,522	85.3
非償還優先株式	—	—	9,661	14.3
（うち累積的非償還優先株式）	—	—	9,397	13.9
その他	942	5.8	280	0.4
控除：承継を認められない「のれん」	—	—	− 3,854	− 5.7
第二分類（Tier Ⅱ）	13,209	100.0	35,006	100.0
その他の非償還優先株式	—	—	498	1.4
劣後債務	6,117	46.3	18,232	52.1
強制転換証券	—	—	3,659	10.5
永久債務	—	—	500	1.4
20年以上の償還期限の優先株式	—	—	87	0.2
貸倒引当金	1,458	11.0	12,030	34.4
（うち特定海外債権引当勘定）	862	6.5	—	—
再評価準備金	5,345	40.5	—	—
その他	289	2.2	—	—
控除：非連結子会社への投資	—	—	712	—
メモ				
貸倒に関する諸引当金総額	1,458	—	28,860	—
未実現益総額	11,878	—	—	—
第一分類／第二分類	1.23	—	1.93	—

（注）「—」は、該当なしを示す。
〔出所〕 連邦準備制度理事会、日本の有価証券報告書。

(1) 優先株式、ハイブリッド金融商品、劣後債務

　バーゼル合意は、銀行が非累積的非償還優先株式を第一分類の自己資本に、
累積的非償還株式を第二分類の自己資本に、それぞれ無制限に計上すること
を許している。他のハイブリッド金融商品——強制転換社債、永久債務、お
よび長期優先株式——も、第二分類の自己資本に無制限に含めることができ

る。同じく合意は、第一分類の自己資本の50％の額まで劣後債務を第二分類の自己資本に含めることを銀行に許している。日本とアメリカはバーゼル合意の規定を変更せずに受け入れたが、アメリカは銀行に対し、第一分類の自己資本の一部として優先株式に「不当に依拠」することを警告している。

　実務においては、以下紹介するような若干の国際的な発行の例外を除いて、現在のところ日本の銀行は、アメリカの銀行のようには優先株式や劣後債の利用を許しているBISルールの利益にあずかることができない。このためによりコストの高い自己資本の形態をとらなければならないという意味で、優先株式や劣後債を活用しているアメリカの銀行に対する関係で、日本の銀行は競争上不利な立場にある。

　第3表が示しているように、非償還優先株式は、アメリカの銀行にとって14.3％にのぼる重要な第一分類の自己資本項目である。幾つかのハイブリッド金融商品は、累積的非償還優先株式と併せて、第二分類の自己資本の13.5％を占める重要な項目である。その中で転換証券がもっとも重要であり、それだけで第二分類の自己資本の10.5％を占めている。劣後債務は、アメリカの銀行の第二分類の自己資本の丁度半分以上になる。他方、日本の銀行は、国内に非償還優先株式がない。彼らは、第二分類の自己資本の46.3％にのぼる多額の劣後債務を負っている。この方法の活用はきわめて最近のことである。

　両国とも優先株式に関するBIS規制の定めを同じように具体化したものの、日本では優先株式を発行することに法的な問題があったために、日本の銀行は優先株式という選択肢を選ぶことができなかった。優先株式を発行する日本の会社は、優先株主への配当額の上限、その他優先株式の内容を原則として定款に記載しなければならない[35]。定款を認証する法務省の担当官を含

---

35)　商法222条3項・346条（会社法322条）によれば、新株発行、株式分割、株式消却、その他同様の会社行為に関し、優先株主の権利により影響（損害）を受けうる株主が、その行為が行われるときに公正に扱われるか、そのような株主による種類株主総会がその際の扱いを承認すれば、定款にこれに関する優先株主の権利を定めておく必要はない。しかしこれらの要件を満たすことは困難である。公正の基準は非常に厳格に解釈されており、種類株主総会における承認は、当該種類の株式の発行済株式総数の過半数の株式を所有する株主が出席して、3分の2以上の賛成によって承認するという特別決議を経なければならない（会社法324条2項により、定款で定足数の定めを3分の1以上とすることができるようになった）。

めた法律家の間で、これらの権利をいかに定款に規定すべきかにつき、見解が一致していなかった。しかし最近、法務省の担当官が、優先株式の問題に関する基本的な枠組を打ち出している[36]。

　課税対象となる投資家を引きつけるのに必要と考えられる比率である税引後2.5%の優先配当額を支払うためには、銀行は5%の配当を支払わなければならない。現在、このことは6大都市銀行についていえば、一株当たり37.5円になる。これに対し普通株式の配当支払いは一株当たりせいぜい8.5円である[37]。普通株主にとって配当額の上限に同意することは困難かもしれない。都市銀行は大蔵省に対し、この問題を解決する方法として、優先配当額を非課税にするよう求めている。

　償還費用の問題も深刻である。普通株式を安く発行できる（株価が高い）株式市況においては、銀行は優先株式を償還したいこともありえよう。ところが日本においては、優先株式の償還は株式の消却（自己株式の取得）とされ、普通株式の発行対価からではなく、留保利益からのみ支出されなければならない（会社法170条5項）[38]。また、優先株式の償還は普通株主への配当支払いとみなされ、みなし配当課税が行われる（ただし、平成6年の租税特別措置法の改正により、公開買付により利益をもってする株式の消却の場合に残存株主に生じるみなし配当に対する源泉徴収不適用等の規定が、同法9条の5に新設された。訳注。ところが租税特別措置法平成22年改正附則51条2項によりこの制度は廃止され、再びみなし配当課税が復活した。金子宏『租税法〔第21版〕』（弘文堂、2016年）214頁）。優先株式が普通株式に強制転換が可能であれば、この問題を避けることができるが、投資家を引きつけることがさらに困難になる。

　これらの理由から、日本の銀行は国内市場において優先株式を発行してこ

---

36)　鳥本喜章「優先株式に関する実務的問題(1)〜（4・完）」商事1337号〜1341号（1993年）。

37)　「優先株式発行のスキームとその意義」金融財政事情44巻12号（1993年）。

38)　発行銀行は、減資手続を行えば、発行対価を優先株式の償還に用いることができる。しかしこのためには、商法上の非常に厳格な要件を満たした株主総会の決議を経なければならない。商法100条・212条・222条・375条・376条（会社法108条・178条・446条・447条・449条・461条2項）によれば、減資する発行会社はすべての知れたる債権者に減資を通知し、減資に異議を申し述べた債権者に、弁済をするか担保を提供しなければならない。

なかった。1992 年に組織された都市銀行の研究グループが、これらの問題の検討を行っており、さくら銀行が1994 年 4 月 1 日に国内市場で優先株式を発行する予定であると報道されている[39]。大蔵省は、都市銀行が優先株式を発行する努力を支持する意向である旨を表明している[40]。

　日本における新しい金融手法の多くの例によく見られるように、優先株式は国内で発行できるようになる前に海外で発行された。1992 年 3 月 30 日に、さくら銀行のルクセンブルグにおける特別目的子会社であるSakura Holding S.C.A.は、1000 億円の非累積的 "交換可能" 優先株式を発行した。これは、さくら銀行のBIS比率の 0.225 ％に該当する。特別目的子会社は、調達した資金を親会社に対する貸付の形で提供した。優先株式は 1995 年 6 月 23 日までさくら銀行の普通株式と交換可能であり、1995 年 6 月 30 日には強制的に交換される。

　優先株式の利用を含む特別の問題のほかに、日本の都市銀行は一定の劣後債務の負担に関する大蔵省の幾つかの重要な制限を受けていた。すなわち、彼らは劣後債を含む長期社債の発行を許されていない（現在は許されている）。その目的は、都市銀行は運転資金のようなより短期信用を供給するのに対し、長期信用銀行は長期貸付を行うという前提に立って、長期信用銀行の特権を守ることにあった[41]。近年 2 つのタイプの銀行のビジネスの違いははっきりしなくなってきているにもかかわらず、長期信用銀行はなお特権を保持している（この特権は廃止された）。

　しかし大蔵省は、都市銀行が海外における業務の資金調達のために、子会社（または特別目的会社）を通じて劣後債を発行することは許している。これらの子会社は、親銀行の劣後保証のついた普通社債や劣後債を、次のような条件の下で発行することができる。

（1）　外貨建債であること

（2）　海外市場において発行されること

（3）　調達された資金が海外における業務の支援のために使われること

　大蔵省は、また、日本の銀行が発行するあらゆる種類の資本証券につき、

39）　朝日新聞 1994 年 3 月 9 日朝刊 12 頁。

40）　大蔵省「金融機関の融資対応についての所見」（平成 5 年 2 月 8 日）。

41）　金融制度調査会制度問題研究会「専門金融機関制度のあり方について」（昭和 62 年 12 月 4 日）第 2 編第 1 章第 4 節。

350 第Ⅴ部 金融監督規制

銀行の収益性に基づく条件を付している[42]。これらの制限は、特に自己資本から発生する収益がその費用を下回るときに、銀行が配当または金利の形で重い負担を負うことを避けることを目的としている。アメリカにおける場合とは異なり、持分への配当支払いは、発行者の完全に裁量的な行為ではない。日本においては、銀行を含む会社が、市場において株式を発行するときには、「健全な」資本市場の育成を図るために、以後3営業年度にわたって、約束した配当率を維持しなければならない（1996年にこの規制は廃止された）[43]。これらの制限は、収益性の低い日本の銀行が自己資本を調達することを困難にしている[44]。

　市場リスクに関しバーゼル合意を見直すという1993年意見照会提案は、銀行の商品勘定に含められている債務証券や持分の市場リスクに対して必要とされる自己資本の一部に充てるために、短期劣後債務を、第三分類（Tier Ⅲ）の自己資本項目とすることを提案した。同提案によれば、それは無担保でなければならず、少なくとも2年の当初期限の定めがなければならず、監督者が同意しない限り、合意した償還日前に償還されえない。そして商品勘定に割り当てられた自己資本が、あまりにも低い水準に落ちたときは、元

---

42) 「普通銀行の業務運営に関する基本事項等について」（昭和57・4・1蔵銀901号）第5、3。この制限は後に1993年の通達により若干緩和された（平成5・4・1蔵銀610号一部改正）。現在は、TierⅠ、TierⅡ資本手段が、「償還又は買戻しが行われる場合には、発行者の収益性に照らして適切と認められる条件により、当該償還又は買戻しのための資本調達（当該償還又は買戻しが行われるものと同等以上の質が確保されるものに限る。）が当該償還又は買戻しの時以前に行われること」とされている（「銀行法第14条の2の規定に基づき、銀行がその保有する資産等に照らし自己資本の充実の状況が適当であるかどうかを判断するための基準」（平成18・3・27金融庁告示19号）（以下、「自己資本告示」と略す）6条4項5号ハ(1)・7条4項5号ハ(1)、「主要行等向けの総合的な監督指針」（平成17・10・17）Ⅲ－2－1－1－3(3)②)。

43)　日本証券業協会「引受けに際し協会員が遵守すべき発行会社の利益配分に関する事項について」（平成4年3月24日、理事会決議）。さらにまた大蔵省は、配当支払方法についても規制していた。大蔵省・前掲注42)通達第5、1(4)参照。

44)　それ以外の制限も、銀行が自己資本を調達することの弊害になっている。これらの制限には、銀行は年1回しか増資できないという日本証券業協会の自主規制ルールも含まれる（この規制も廃止された）。このルールのために市場の好調さの利益にあずかることがより困難になっていた。また、廃止された社債発行限度暫定措置法および削除された商法297条によれば、転換社債、新株引受権付社債等を含めても、純資産額の2倍までしか日本の銀行は社債を発行できなかった。しかし平成5年6月14日の商法改正法の公布に伴い、同年10月1日にこれらの制定法の制限の廃止が発効した。

本・金利ともに期限が到来しない旨定める条項が定められていなければならない[45]。市場の厚みと、発行を可能にする規制を必要とする他の債務（金融）商品と同じく、日本の銀行はこの自己資本項目をアメリカの競争相手が可能なようには完全には利用できないかもしれない。

(2) **貸倒引当金**

バーゼル合意（BIS規制）は、リスク・ウエイトをかけた資産の1.25％の額まで貸倒引当金を第二分類（TierⅡ）の自己資本として算入することを認めている[46]。このようなパーセントの制限を設けたのは、特定の知れたる損失をカバーする目的の貸倒引当金は、将来の予測のつかない損失をカバーすることに使えないため、本当の自己資本とはいえないのではないか、という懸念を反映したものである。引当金が知れたる損失ではなく知られざる損失をカバーすることを意図したものかを知ることは困難であるため、自己資本規制を満たす目的でそのような引当金を使用することに制限を設けた。バーゼル合意は1991年に修正され、1994年からは知られざる損失をカバーする引当金のみが自己資本として算入可能であることが明らかにされたにもかかわらず、1.25％の制限は維持された。

バーゼル合意の具体化に当たって、日本とアメリカはともに貸倒引当金の算入を最大限認めた。しかし、アメリカの銀行の方が自己資本の源として貸倒引当金により頼っている。第3表が示すように、これらの引当金は、アメリカの銀行の第二分類の自己資本の34.4％を占めるのに対し、日本の銀行では（特定海外債権引当勘定を含め）11.0％を占めるにすぎない。以下に論じるように、日本は銀行が貸倒引当金を計上することを許すことに、アメリカよりずっと制限的である。

㈡ **日本**

日本においては、大蔵省銀行局が定めた決算経理基準（廃止された）や税法は、3種類の貸倒引当金を認めている。一般貸倒引当金、債権償却特別勘定（現在は個別貸倒引当金）、および特定海外債権引当勘定（特海債。現在は有

---

45) Consultative Proposal by the Basle Committee on Banking Supervision, "The Supervisory Treatment of Market Risks"（April 1993）paras. 18-21.

46) 例外的かつ一時的に2％のパーセンテージたりうる。

税繰入になっている）である[47]。次表は日本の貸倒引当金に関するルールを
要約したものである。

日本の貸倒引当金

引当勘定	制　限	自己資本としての扱い
一般貸倒引当金	総貸付額の0.3％または過去3年間の総貸付額中の平均貸倒額のいずれか大きい額を上限とする	算入
債権償却特別勘定	（注50）参照	不参入
特定海外債権引当勘定	実務上、特定海外債権額の35％に限定	94年3月まで算入

　大蔵省は、一般貸倒引当金と特定海外債権引当勘定だけを自己資本として
算入することを許している。債権償却特別勘定は、現実に知れたる貸倒損失
または貸倒れが高い確率で予想される特定の債権の償却に充てるためにのみ
用いられるため、大蔵省はこの勘定を自己資本に算入することを許していな
い。さらに1991年11月のバーゼル合意の修正は、1994年3月31日からは
特定海外債権引当勘定も自己資本として算入されないことを意味している
（現在は特定海外債権引当勘定はTierⅡ資本から除外されている。自己資本告示7
条1項6号）。銀行はその結果、第二分類の自己資本の6.5％を失うことにな
ろう（現在は、一般貸倒引当金のみをリスク資産の1.25％までTierⅡ自己資本と
して算入することを認めている。自己資本告示7条1項6号イ）。
　大蔵省銀行局は、一般貸倒引当金および特定海外債権引当勘定に非常に制
限的な上限を課している。実務上、一般貸倒引当金は総貸付の0.3％を超え
ることができない（現在は貸倒れの実績値に基づいて積み立てられる。現行法人
税法施行令96条6項）[48]。そしてごく最近まで、特定海外債権引当勘定は、
特定海外債権額の15％を超えることができなかった。大蔵省は現在では、
後者に関する上限を廃止したが、10大銀行のほとんどは、相互の合意により、

---

47)　法人税法52条、租税特別措置法55条、大蔵省・前掲注42）通達第5、1(4)。現在
の法人税法施行令96条参照。

35％の特定海外債権引当勘定を積んでいる。10 大銀行により積み立てられ
ている一般貸倒引当金と特定海外債権引当勘定の総額は、彼らのリスク・ウ
エイトをかけた総資産の 0.41％にしかならない。バーゼル合意では 1.25％ま
で算入することが許されているのと比べ、きわめて少ない。

　一般貸倒引当金の 0.3％の制限は、税法に由来する。日本の税法が課税所
得から引当金を控除する可能性を制限することを求めたことは、理解できる。
税額を減らすためにそのような引当金を用いることは、過去に論争の対象と
なってきた。1971 年までは、税法上の一般貸倒引当金の最高限度額は 1.5％
であった。そして大蔵省銀行局は、銀行が少なくとも 1.8％の一般貸倒引当
金を保有することを要求していた。しかし消費者グループや一部の政治家か
ら、一般貸倒引当金比率が現実の貸倒比率より高く、一般貸倒引当金が銀行
の過大な利益率隠しに使われている、という強い批判があった。低い規制預
金金利と石油危機に由来する高いインフレ率が結合した形で、この問題は
1970 年にとりわけ神経質な問題となった。その結果、1971 年から 1980 年
にかけて、大蔵省・国税庁は、一般貸倒引当金の上限を 1.5％から 0.3％へと
引き下げた[49]。驚くべきことに、大蔵省銀行局は、徴税ではなく、銀行の
安全性と健全性を守るために銀行の自己資本を規制する責を負っているにも
かかわらず、同一の上限を受け入れたのである。日本においては、一般貸倒
引当金の例において、税の考慮が規制政策をリードしてきたのである[50]。

　㈔　アメリカ

　一般に受け入れられた会計原則（GAAP）および規制会計原則（regulatory
accounting principles: RAP）によれば、アメリカにおける貸倒引当金は、特別
に特定された不良債権に関するものと、その他のすべての債権に関する固有
の信用リスクに関するものに、分かれて成り立っている。会計基準 5 号が、
偶発損失の会計を規定している。それによって定められたGAAPや原則は、
偶発損失の可能性があってそれが合理的に評価可能であれば、偶発損失が財

---

48)　実際には、一般貸倒引当金は、総貸付額の 0.3％または過去 3 年間の総貸付額中の
　　平均貸倒額のいずれか大きい額を超えられないものとされている（法人税法施行令
　　97 条参照。訳注）。しかし実務上、平均貸倒率は常に 0.3％未満であった。上述した
　　ように現在は実績値に基づいて算入している。
49)　特定海外債権引当勘定についても、上限は大部分は税法上の考慮に基づいていたよ
　　うに思われる。

354 第Ⅴ部 金融監督規制

務諸表上反映されていなければならないと、要求している[51]。

　規制会計原則によれば、貸倒引当金は、(1)個別に見直された債権、(2)同質性に基づいてグループ分けされた債権、(3)保有債権の固有の貸倒損失、に対応するものより成り立っている。最初の2つに対応する引当金は、銀行監督

---

50)　大蔵省は近年、債権償却特別勘定につき制限を緩和し始めた。債務者について会社更生法による更生手続開始の申立など一定の事実が生じた場合には、大蔵省は債権償却特別勘定への繰入れを認める（国税庁法人税基本通達9－6－5）。課税の関係においては銀行は、当該貸金等の額のうち担保されない金額の半額を、同勘定に繰り入れて損金に算入することができる。債務者につき債務超過の状態が1年以上継続し、事業好転の見通しがない等のため、当該債権の40%以上の額につき回収の見込みがないと認められるに至った場合にも、銀行は、回収の見込みがないと認められる部分の金額を、債権償却特別勘定に繰り入れることができる。繰り入れられた金額は損金算入することができる。国税当局と大蔵省は、同勘定への繰入れの前に、金融検査官による不良債権証明を受けることを要求している（国税庁法人税基本通達9－6－4、平成4・9・18課法2－4・査調4－4「認定による債権償却特別勘定の設定に関する運用上の留意点について」）。現在は法人税法施行令96条1項～5項参照。
　　さらに、大蔵省銀行局通達は、銀行が当該債権の内容を事前に同局に通知すれば、税法上損金算入できる限度額を超えて債権償却特別勘定を積み増すことができることを、明確に述べている（大蔵省・前掲注42）通達第5、1(4)イ(ロ)）。これはその後の通達によっても再び強調されている（平成4・6・25蔵銀1237号）。最近の通達によれば、損金算入を受けるための先に記した条件を満たさない債権についても、貸倒損失の可能性があれば、債権償却特別勘定への繰入れができるとされている（平成6・2・8蔵検53号（「不良債権償却証明制度等実施要領について」（平成5・11・29蔵検439号）の一部改正））。（また大蔵省「金融機関の不良資産問題についての行政上の指針」（平成6・2・8）（金融財政事情45巻6号（1994年）18頁）参照。訳注）。
　　これに加え大蔵省・国税庁は、回収が事実上不可能となった債権の全額の償却を認めている（直接償却、国税庁法人税基本通達9－6－1、9－6－2）。そのような直接償却を認める条件として、銀行が、貸倒損失が発生した旨の金融検査官による不良債権証明または更正裁判所による決定等を要求している場合がある（国税庁法人税基本通達9－6－1(4)等。訳注）。
　　（なお、以上については、高橋洋一「不良債権の償却の動向と償却制度の目的」金融財政事情44巻40号（1993年）42頁以下、同「実質基準による間接償却（その1）（その2）」同誌44巻41号（1993年）24頁以下、同誌44巻42号（1993年）35頁以下、同「有税償却制度の概要と留意点」、同誌44巻43号（1993年）26頁以下、同「不良債権の引当・償却を一層促進」同誌45巻6号（1994年）20頁以下、等を参照。訳注）。現在の制度については、法人税法52条1項・2項、同法施行令96条参照。
51)　American Institute of Certified Public Accountants, *Industry Audit Guide, Audit of Banks* (May 1, 1992) は、金融検査官に、貸倒引当金の適切さを評価する際に、すべての重要な要素を考慮するよう、指示している。そのような要素には、以前の回収経験、ビジネス傾向の変化、および債務者の金融能力等が含まれる。

当局間の合意である「銀行資産の分類および銀行保有証券の評価に関する統一合意（the Uniform Agreement on the Classification of Assets and Appraisal of Securities Held by Banks）」により定められた債権分類方法によって一般的に決定される。この方法によれば、債権は信用リスクに応じて分類される（その他特別注意資産、標準以下、疑問、損失）[52]。そして各分類債権の一定のパーセンテージが、貸倒引当金に計上される。たとえば、「疑問」に分類された債権額の50%、そして「損失」に分類された債権全額が、貸倒引当金に計上されなければならない。日本の場合とは異なり（現在は日本においても）、貸倒引当金の額に上限はない。

　規制会計原則は、予想されない債権ポートフォリオの損失に備える引当金だけでなく、損失もしくは不良に分類された債権に対する引当金の保有も、明らかに認めている。実際、最近の研究は、貸倒引当金が将来の損失に基づくよりは知れたる損失に基づく、との結論を出している[53]。しかし先に述べたようにバーゼル合意は、将来の知られざる損失に備えて保有される引当金の限度で、貸倒引当金を自己資本に算入することを許しており、この制限は1991年11月の合意修正により強化された。合意は損失資産だけでなく不良資産に対する貸倒引当金も除外するものと解釈されるにもかかわらず、アメリカは損失資産に対する引当金の自己資本への算入のみを禁止しているだけである[54]。したがって日本とは対照的に、アメリカは不良債権に対する引当金も自己資本に算入することを許している。

　日本におけるのと異なり、アメリカの貸倒引当金の課税上の扱いは、規制上の扱いと独立である。1986年以降、（5億ドル以上の資産を有する）大銀行は、

---

52)　その他特別注意資産は、現在のところ債務者の支払能力や担保によって保護されているが、損失資産になる潜在的可能性の徴候が見られる債権である。標準以下債権は、債務者の現在の確実な価値や支払能力、または担保によっては適切に保護されていない債権である。そのような債権は債務の清算を危うくする明確な弱さを持っているに違いない。疑問債権は、標準以下債権のすべての定義を満たした上で、弱さの結果、回収や清算がまったくきわめて疑問であり、回収・清算がありそうもないという特徴がある。損失債権は原則として無価値であり、すみやかに償却されるべきである。

53)　J. Peek and E. Rosegren,"Reserving for a Rainy Day: Implications for Banking Reform", Federal Reserve Bank of Boston (November 6, 1992) p. 5.

54)　1991年修正は、「特定された損失や、特定の資産または資産のグループもしくは小グループの価値の特定された悪化」に対して設けられた引当金を除外しよう（¶18）。

356　第Ⅴ部　金融監督規制

債権が回収不能と宣言されたときにのみ貸倒費用として損金算入できる[55]。
銀行監督官に償却を命じられたり、確立した規制政策に従って償却され、銀
行監督官による次の検査において書面でもってその旨が追認されたときに、
銀行債権は回収不能と確定される[56]。さらに、銀行監督官により損失資産
と分類された債権は、債権が債権分類範疇の「原則として無価値」に該当す
るとされると、「適合選択（Conformity Election）」に従い償却される[57]。

　貸倒引当金に関するアメリカの現在の課税上の扱いのポイントの一つは、
引当金の課税上の扱いが適切な引当金の計上にゆがみを与える誘因になる可
能性を最小限にしようとするものである。1965年まで、過去における直接
償却や貸倒損失の予想にかかわらず、銀行のすべての貸倒引当金が損金算入
可能であった。このことは、収益が高いときに貸倒引当金を積み増し、収益
が少ないときに貸倒引当金を少なくするというゆがんだ誘因を銀行に与えた。

(ハ)　日米の比較

　一見したところ、アメリカの銀行は貸倒引当金に関し自己資本上有利であ
ると見えるかもしれない。アメリカの規制当局は、不良債権のための引当金
を適格自己資本に算入することを認めるのに対し、日本の規制当局は認めな
いからである。さらに、アメリカの規制当局は、貸倒引当金の額に上限を課
さないのに対し、日本の規制当局は、1994年以後は自己資本に算入可能な
唯一の引当金となる一般貸倒引当金に0.3％の上限を課している（現在はそ
のような制限はない）。

　0.3％の上限は、もしそれが制約になっていないのであれば——すなわち、
もし経験上、一般貸倒引当金の実際あるべきレベルが0.3％というレベルを

---

55)　I.R.C. § 585.（なお、以下については、翁百合『銀行経営と信用秩序——銀行破綻
　　　の背景と対応』（東洋経済新報社、1993年）131頁以下参照。訳注）

56)　Treasury Regulations § 1.166-2 (d)(1).

57)　Treasury Regulations § 1.166-2 (d)(3). 連邦預金保険公社（FDIC）のガイドライン
　　　によると（CCH Federal Banking Law Reports, para. 51, 131）、検査官は、損失の発生
　　　を確実なものとする、担保物受戻権喪失とか破産申立といった、一定の事実が発生し
　　　たときに、債権の償却を命じる。少額・大量債権（消費者割賦債権、クレジットカー
　　　ド債権、および小切手信用計画等）は、機械的な自動償却手続の対象になる。たとえ
　　　ば、消費者割賦契約で120日以上支払を遅滞しているものとか、180日以上支払を遅
　　　滞しているクレジットカード債務や小切手信用債務は、規制目的上は損失資産と考え
　　　られる。

〔第1図〕 日本とアメリカにおける実質GNP成長率（1956～92）

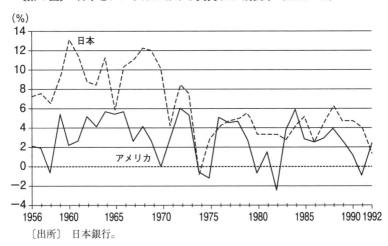

〔出所〕 日本銀行。

超えないのであれば、——日本の銀行を自己資本に関し不利にすることはない。部分的には日本における高い経済成長率のために、日本における貸倒率はアメリカにおけるそれより過去30年にわたって低かった。第1図は、1956年から1992年の間の日米の実質GNP成長率を示したものである。

この期間における日本の銀行（都市銀行、長期信用銀行、信託銀行、地方銀行、第二地方銀行）の総銀行債権に対する純償却率は、0.006％であった。次の表（下掲）が示すように、日本経済の下降に伴い、日本の銀行の純償却率が最近上昇しているが、アメリカの銀行のそれよりは低い。

日米の銀行の純償却率　　　　　　　　　（％）

銀　行	1989	1990	1991
日本の銀行	0.07	0.04	0.16
アメリカの銀行	1.16	1.44	1.60

日本の銀行の償却率は依然として0.3％より低いが、この率は実際の貸倒れをかなり過少評価しているかもしれない[58]。大蔵省は最近、延滞債権が銀行債権の2.1％であったと公表したが[59]、銀行債権の6.4％がデフォルトするかもしれないと予測する人もいる。したがって、一般貸倒引当金は、

358 第Ⅴ部 金融監督規制

0.3％の上限を超えるべきであると思われる。それゆえ、この引当金の日本における制限は、日本の銀行の第二分類（TierⅡ）の自己資本を制限することになるかもしれない。しかし、そのような制限が、実際には日本の銀行の競争上の有利さになっているのかもしれないのである。

　日本の銀行は、一般貸倒引当金を増加させないとすれば、自己資本を失うことはない。すなわち、引当金に繰り入れられるべき収益を、剰余金として保有することができ、無制限に第一分類（TierⅠ）の自己資本に算入することができる。この観点からは、引当金を制限する規制方針は、自己資本を生む収益力を向上させることになるかもしれない。しかし他方、収益を生まない債権が償却されなかったり、引当金が積まれないと、発生したものの現実に支払われない収益に税が課せられることになろう。これらの課税は将来還付を受けることができるかもしれない。しかし支払われた税の時間価値は失われよう。この不利益は、短期的により多くの自己資本を有することのできる有利さと秤にかけられなければならない。

　この有利さが、多くの日本の銀行、とりわけ多額の延滞債権を有する日本の銀行が、引当金を積もうとしない理由の一つかもしれない。これらの銀行はまた、配当を犠牲にしたり、資産を売却するといった、現在の収益不振状態を考慮すれば適切なレベルにまで引当金を引き上げるのに必要な手段を採りたくない。最後に、これらの銀行は、引当金を追加することによって、彼らのポートフォリオの質の悪さを開示したくない。したがって、自己資本上の利益とその他の考慮から、一般貸倒引当金の積立てを低くしている。

　一般貸倒引当金を 0.3％の上限内に維持することによって、上限を撤廃すれば実現可能な節税を犠牲にしている。剰余金への上乗せは損金算入ができないのに対し、一般貸倒引当金への上乗せは損金算入できるからである。したがって、強力な自己資本ポジションを持っている銀行は、引当金に対する上限を引き上げたいであろうが、しかし国税庁の合意を得ることは困難であろう（現在は法人税法施行令96条6項により、実績値に基づき引き当てられる）。

　アメリカの銀行と比べ、日本の銀行は税の観点からは有利である。アメリ

58）　日本の銀行は、最近、貸倒引当金を増加させ始めたと報道されている（日本経済新聞 1993 年 5 月 28 日朝刊 11 面）。

59）　朝日新聞 1993 年 5 月 25 日朝刊 12 面。

カの銀行は、一般貸倒引当金を増やしても税務上損金算入はできないが、日本の銀行は0.3％の一般貸倒引当金を税務上損金算入することができる。アメリカの銀行は損失資産を（すなわち、貸倒れの時に）損金算入できるだけである。彼らは、資産が損失資産かにつき、緩やかな認定基準を設けているようであるが、これは限界的な有利さにすぎない。

　要するに、引当金を制限する日本の政策は、恐らく日本の銀行にアメリカの銀行に対する有利さをもたらしている[60]。

⑶　債権の評価に関するノート

　バーゼル合意は、債権のリスク・ウエイトを債務者に応じて定めているが——たとえば、民間の債務者に対する債権は100％——、債権の評価に関する基準を設けていないし、債権償却の条件も定めていない。この方面の統一の欠如は、さらにバーゼル合意が競争条件を平等にする可能性を切り崩している。もし日本の銀行が、相当の額の不良債権を償却していないとすれば——このことは多くの観察者の信じるところであるが——彼らの自己資本は大きく過大評価されていることになる。債権を償却すれば、償却した額だけ自己資本の額を減らすことになろう[61]。したがって、銀行規制当局の償却に対する政策が、銀行の自己資本に大きな影響を及ぼすが、それらはバーゼル合意の限界を超えている。

⑷　再評価準備金

　バーゼル合意（BIS規制）は、固定資産（通常は土地および建物）の帳簿価格と市場価格の差額の100％、そして有価証券の帳簿価格と市場価格の差額の45％を、第二分類（Tier II）の自己資本に含めることを銀行に許している。これらの自己資本の形態は、再評価準備金と呼ぶことができよう。日本は、BIS規制を具体化するに当たって、投資勘定に保有する証券（取得後1年以内に売却することを予想していない証券）に関する再評価準備金を許したが、商品勘定（trading account）に保有する有価証券（いわゆる商品有価証券）に関す

---

60)　日本の一般貸倒引当金は0.3％の上限に制限されていたが、これらの制限の中で、銀行は、引当金を増やしているように見えると報道されている（Robert Thomson, "Japan's banks count the cost of bad loans", *Financial Times* (May 28,1993)）（なお以上につき、翁・前掲注55）125頁以下参照。訳注）。

360 第Ⅴ部 金融監督規制

るものは許さず、固定資産に関する再評価準備金を禁止した[62]。第3表が
示すように、有価証券の再評価準備金は日本の銀行の第二分類の自己資本の
40.5％を占める[63]。アメリカは両方のタイプの資産の再評価準備金の利用
を禁止した。具体化におけるこの違いの重要性は、両国の銀行が様々なタイ
プの有価証券を保有する法的能力の違いや、これらの有価証券に関する会
計・税務上の扱いに照して評価されなければならない。会計・税務上の扱い
の要素のゆえに、広く認識されている再評価準備金が許容されていることに
よる日本の有利さは、実際には存在しないと、一般的には結論せざるをえな

---

61) 日本の銀行は、不良債権問題に対処する助けとして、共同債権買取機構を設立した。
このスキームは、1980年代初めにアメリカの連邦住宅貸付銀行委員会が問題貯蓄金
融機関に対処した方法をしのばせる会計手法を用いている。次のような仕組である。
仮に、銀行が不動産開発業者に対し、共同債権買取機構としては70円の価値しかな
いと決定した100円の債権を持っていたとする。同銀行が同機構に70円融資して、
同機構の証書を代わりに受け取る。同機構はこの資金を用いて同銀行から同債権を
70円で買い取る。同銀行は30円を償却し、恐らく自己資本を同額減少させ、そして
課税所得から30円を控除する。結果的には、開発業者ではなく同機構が銀行に対し
て70円の債務を負い、開発業者は同機構に対し70円（100円）の債務を負うことに
なる。もし同債権が実際に70円の価値があるならば、同銀行はその金額で第三者に
売却できていなければならないはずである。実際、債権評価の実効性は、同機構が同
債権を長期的には表面金額に近い額で売却できることにかかっている。さもなければ、
同機構が銀行に払うことができない。このスキームは、部分的には、実際債権を市場
で売却することが困難であるが望ましくないときに（政府の見地から）、同機構に同
債権を「売却」することによって税務上償却することを許すことを目的にしている
（「動き始めた共同債権買取機構」金融財政事情44巻9号（1993年）38～41頁参照）。
　　共同債権買取機構は、1994年3月末日までに、4兆5200億円の債権を2兆2310
億円で買い取った。51％の損失率である。しかし同機構は買い取った債権のうち302
億円、0.7％しか回収しておらず、損失はもっと大きいかもしれない（1994年4月4
日付、株式会社共同債権買取機構の発表による）。
62) 日本の銀行は、不動産保有に伴う膨大な額の開示されない未実現益を有してきた。
日興リサーチ・センターによれば、1992年3月末において、20の大銀行（都市銀行
11行、長期信用銀行3行、信託銀行6行——日本信託銀行を除外）は、約17兆7000
億円にのぼるそのような利益を有していた（笹島勝人「銀行のリストラクチャリング
と90年代の展望」投資月報43巻7号（1992年）38頁・40頁）。（土地の再評価に関
する法律により事業用土地の時価による評価を行って評価差益の45％をTierⅡ資産
に計上することが認められたが、再評価期間は平成10年3月末からの4年間に限定
された。その後の扱いにつき［後記］参照）。
63) 1992年3月において、すべての日本の銀行（都市銀行、長期信用銀行、地方銀行、
第二地方銀行）が有する上場株式の未実現（含み）益は19兆9000億円であった。そ
の額は株価暴落前の1991年3月にはさらに大きく、26兆8000億円であった。

い。

アメリカの銀行は、グラス・スティーガル法により（12 U.S.C.§24（Seventh）)、持分証券を保有することを一般的に禁止されているが、彼らは投資対象となりうる債務証券を保有することができる。銀行持株会社法により（12 U. S.C.§1843（c)(6)）、アメリカの銀行持株会社は、一つの会社の株式の5%まで投資することが許されているが、実際には、彼らは無視できるくらいの量の株式しか保有していない。アメリカの銀行は、商品勘定に債務証券を組み入れることができるだけであり、一般的にこれらの有価証券を市場価格（時価）で計上しなければならない[64]。投資勘定においては、持分証券は保有証券全部の取得原価（原価）の総合計と市場価格（時価）の総合計のいずれか低い価格（バスケット方式の低価法）で計上しなければならない。これに対し債務証券は取得原価法で計上される[65]。

日本の銀行は、債務証券も持分証券もともに保有できる。しかし日本の独禁法11条は、日本の銀行による持分証券の保有を、一つの会社の株式の5%に限定している（平成10年銀行法改正により、銀行法16条の3第1項（現在は銀行法16条の4第1項）にも5%の議決権保有制限が課せられた。また、平成13年に銀行等の株式等の保有の制限等に関する法律が定められた）。日本の銀行は他の会社の株式、特に大口債務者や同一企業「グループ」のメンバーの株式を[66]、大量に保有している。1992年3月において、日本の10大銀行が保有する株式簿価総額は21兆2540億円であり、彼らの連結資産の4.76%になる。

日本においては、債務証券だけを商品勘定に組み入れることができ、それらは個別銘柄ごとに取得原価（原価）と市場価格（時価）のいずれか低い価格（低価法）で計上されなければならない（現在では、満期保有目的の債券以

---

64) 割引またはプレミアム付で買った債務証券は、償却原価（amortized cost）により計上される。証券の残存期間につき、証券の原価から割引分は付加しプレミアムは控除する。

65) Financial Accounting Standards Board, Financial Accounting Standards No.12, issued in December 1975. これらの基準の下では、長期投資として保有している持分の価値が下落したときは、そのような下落が「一時的でない」場合を除き、純収益の減少をもたらさなくてもよい。しかし、資産評価引当金や資本勘定準備金の引き落としを通じて、やはり貸借対照表に反映され、自己資本が減少する。銀行が損益計算書をそのような方法でバイパスすることを、SECが抗議しているが、持分証券の市場価格の下落はすべて、自己資本の減少につながる（K. Bialkin, "SEC's Valuation Views May Have Impact", *National Law Journal* (January 13, 1992) p. 16 参照）。

外であって市場価格のある債券は、時価をもって貸借対照表価額とする。会社計算規則5条6項2号、金融商品に関する会計基準15項・18項。[後記] 参照)。投資勘定中の債務証券に関していえば、銀行は原価法で計上してもよいし、低価法で計上してもよい（現在では、満期保有目的の債券は取得価額および償却原価法に基づいて算定された価額をもって貸借対照表価額とすることになっている。会社計算規則5条6項2号括弧書、金融商品に関する会計基準16項。[後記] 参照）[67]。バーゼル合意の採択の結果、ほとんどの日本の銀行は、原価法を選んだ。投資勘定中の持分は、最近まで、低価法で計上しなければならなかった。この日本の低価法のルールは、個別銘柄の証券の価格（原価と時価）ごとに適用される点で（個別銘柄方式の低価法）、持分証券の総合計価格について低価法を適用するアメリカの低価法のルール（バスケット方式の低価法）と対照的である。

　1992年8月に大蔵省は、株式市場を支えるとともに銀行の財務の困難さを和らげる一連の方策を発表した[68]。これらの方策の一つとして、1992年9月期の中間決算において、持分を、原価法で計上してもよいし低価法で計上してもよいという、債務証券と同じルールが、銀行に許された[69]。しかし1993年3月期において、銀行は低価法の正常なルールに戻ることを求められた。

　次の表は、銀行保有有価証券に関する日米会計ルールを要約したものである。

---

66)　Report of the Subcommittee on Financial Institutions Supervision, Regulation and Insurance, Task Force on the International Competitiveness of U.S. Financial Institutions of the House Committee on Banking, Finance and Urban Affairs, H.R. Rep. No.7, 101st Cong., 2nd Sess. 7 - 8, 66, 189-90, 193-94（1990）; R. Gilson and M. Roe, "Understanding the Japanese Keiretsu: Overlaps Between Corporate Governance and Industrial Organization", 102 *Yale Law Journal* 871（1993）.

67)　1980年までは、上場債務証券は低価法で計上されなければならなかった。大蔵省は、銀行が保有する国債の巨額の損失の認定を避けるために、ルールを変更した（小山嘉昭『銀行法』（大蔵財務協会、1992年）308頁）。1970年代を通じて、国債は市場価格以下でシンジケートのメンバーに割り当てられた。市場による国債金利の上昇圧力を恐れて、大蔵省は国債の流通取引を許すことをためらった。その結果、銀行は巨額の国債保有を積み上げた。しかし、流通市場における国債取引が次第に増加すると、古い国債の市場価格を押し下げた。

68)　日経平均株価は1991年から1992年の間に急降下した。第3図参照。

両国におけるこれらの違いは、銀行の自己資本にいかなる影響を与えようか。この問に答えるに当たっては、商品勘定で保有している有価証券（商品有価証券）と投資勘定で保有している有価証券を区別することが、重要である。

銀行保有有価証券の会計ルール

国および証券	商品勘定	投資勘定
日　　本 　債　　務 　持　　分	低価法 不許可	原価法と低価法の選択 個別銘柄ごとの原価と 時価の低価法
アメリカ 　債　　務 　持　　分	時価 不許可	原価法 原価総合計と時価総合 計の低価法

(イ)　商品勘定（Trading Account）

両国とも債務証券しか組み入れることのできない商品勘定については、金利下降局面では、自己資本との関連でアメリカの銀行は日本の銀行よりずっと有利なようであり、金利上昇局面では、日本の銀行と同じであると思われる。この結果は、日米の銀行の商品勘定の会計上の扱いに基づくものである。

日米の銀行がともに次のような最初の貸借対照表を持っていたと仮定する。

---

69)　大蔵省の政策には強い批判があった。醍醐聰「有価証券の低価法評価の再検討」商事 1301 号（1992 年）2 頁以下、弥永真生「金融機関の計算に関する若干の考察——評価損の繰延許容を契機として」商事 1301 号（1992 年）8 頁以下。

都市銀行は、未実現持分損失を繰り延べる選択の利益をとらなかった。しかし他方、信託銀行 7 行は（そのうち 6 行は日本の銀行の上位 20 行中に入っている）、損失の繰延を行った。もし安田信託銀行が損失を繰り延べなければ（たとえ部分的に益出し取引により相殺されるとしても）、必要な 8％の BIS 比率以下に落ちていたであろう。他の信託銀行は、そのような損失が困惑するほど大きいか、安田信託銀行の同業者として、日本の習慣である「横並び」で従ったために、繰延べを行ったものかもしれない。

364   第Ⅴ部　金融監督規制

日米銀行の最初の貸借対照表

資　　産		負債＋資本	
商品勘定	100	負　債	460
他の資産	400	資　本	40

　さらに、金利が低下したため、商品勘定中の有価証券の市場価値が200上昇したとする。アメリカの銀行の貸借対照表は次のようになると思われる。

金利低下後の米銀の貸借対照表

資　　産		負債＋資本	
商品勘定	300	負　債	460
他の資産	400	資　本	240

　アメリカの銀行は、商品勘定の価値を新しい市場価格の300に引き上げて200の利益を得、その額だけ自己資本を増加させる。値上りした有価証券を売却して上記利益を実現させずとも、留保利益の付加により自己資本が増加する。アメリカの銀行の自己資本／資産比率は当初の8％から34.3％に改善する。

　日本の会計原則の下では、有価証券を市場価格まで引き上げないため、日本の銀行の貸借対照表は変化しない（現在は、満期保有目的の債券以外であって市場価格のある債券は時価評価する）。大蔵省は、商品勘定中の有価証券のための再評価準備金を許していないため、規制上の自己資本も増加しない。したがって、保有有価証券の価格が上昇しても、日本の銀行の自己資本／資産比率は変わらない。

　有価証券を売却して、税引後利益を留保利益に付け加えることによってのみ、日本の銀行は価格上昇に基づきBIS自己資本比率を上昇させることができる。もし銀行が有価証券を保有し続けたいと望み、BIS自己資本を生み出すためにのみそれらを売却するものと仮定すれば、同銀行はそれらを300で買い戻すことになろう。その場合、新しい貸借対照表は次のようになろう。

金利低下後の日本の銀行の貸借対照表

資　　産		負債＋資本	
商品勘定	300	負　　債	560
他の資産	400	資　　本	140

　日本は会社によって保有されているすべての有価証券の譲渡所得（capital gain）に、債務証券か持分証券かを問わずに、49.98％という法人の通常所得と同じ率で課税する（これをここでの目的では50％と呼ぶことにする）（平成28年度は29.97％）[70]。したがって、日本の銀行は、200の利益のうち100しか自己資本に付け加えることができない。すなわち、200 −（200 × 0.5）＝100、日本の銀行の自己資本／資産比率は、当初の8％から20.0％に改善されるだけであり、34.3％に改善されるアメリカの銀行に比べて改善が少ない。そしてそうしない場合と比べ、支払った税額だけ以前より所得を損失するコストを払ってのみ実現することになる[71]。

　アメリカの会計ルールは、商品勘定の有価証券の価格上昇があった場合につき、明らかにBIS自己資本上、アメリカの銀行に有利に働く。しかし、金利上昇時には、損失も発生しよう。商品勘定の有価証券の価格が下がったときは、アメリカの銀行は自己資本を失う。彼らは、有価証券の価格を引き下げ、それに伴って自己資本も減少させなければならない。しかし日本の銀行も同じことをしなければならない。したがって、金利上昇時は、両国の銀行は同じである。全体として、過去数年間の金利低下環境を利用できたという

---

70)　国税（法人税）が33.48％（平成28年度は23.4％。平成30年度からは23.2％。法人税法66条）、法人事業税が10.71％（平成28年度からは所得割が3.6％。地方税法72条の24の7第3項1号ハ）、都道府県民税法人税割1.67％（平成28年改正施行後は標準税率が1.0％である。地方税法51条1項）、そして市町村民税法人税割が4.12％である（これは実効税率であって、表面税率はこれより高い。原文においては、表面税率をもとにした記述がなされているが、翻訳においてはこれを改めた。訳注）（平成28年改正施行後は標準税率が6.0％である。地方税法314条の4第1項。この他、平成28年改正施行後は、10.3％の地方法人税が課せられる）。金子宏『租税法〔第22版〕』（弘文堂、2017年）419頁等による。

71)　日本の銀行が保有している債務証券の大部分は国債であり、ゼロ・リスク・ウエイトのため、100の価値の債務証券を300のものに取り替えても、それに伴う資本コストはない。

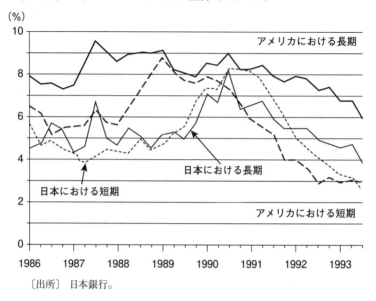

〔第2図〕日本とアメリカにおける金利（1986～93）

〔出所〕日本銀行。

　有利さが、アメリカの銀行にある。第2図は、1986年から1993年の間の、日米における長期金利と短期金利の動向を示したものである。

　第4表に示した両国の10大銀行の商品勘定のデータは、アメリカにおいて商品勘定資産の総資産に対するパーセンテージが1.69％であって、日本の0.43％よりずっと大きいことを示している。したがって、全体の自己資本のあり方の中で、アメリカの有利さは重要といえよう。

　またデータは、日本の銀行の商品勘定の未実現益が非常に小さいことを示している。そのような利益は第一分類の自己資本の0.02％にしかならない。その理由は、1991年にはそのような利益が少なかったということかもしれないが、よりありうるのは、税引後利益を自己資本に算入するために、銀行が益出し取引を行ったという事実である。

　㈣　投資勘定

　日本が、投資勘定中の有価証券の未実現益の45％を自己資本に算入することを許しているのに対し、アメリカはまったく許していない。この違いが日本にとって競争上有利な結果になると考えられるかもしれない。しかし実際には、これらの有価証券に関する日米の会計・税務上の扱いの違いを考慮

〔第4表〕　日米銀行の商品勘定（1992年）[注1]

項　　目	日本の銀行 （10億円）	アメリカの銀行 （100万ドル）
帳簿価格	1,913	18,413
国　債	1,877	10,047
地方債	32	296
その他	4	8,366[注2]
未実現益	4	—
総帳簿資産	449,273	1,091,254
総リスク資産	359,603	955,275
持分自己資本（Tier I ）	16,262	63,609
比率（パーセント）		
商品勘定／総帳簿資産	0.43	1.69
商品勘定／総リスク資産	0.53	19.30
未実現益／自己資本	0.02	—

（注1）　日本は3月、アメリカは6月のデータ。
（注2）　これらの証券の内訳は、次のとおりである。
　　　　　その他公社債、ノート、421；預金証書（CD；certificate of deposit）、
　　　　　513；銀行引受（bankers acceptances）、1,979；その他、5,156等。
〔出所〕　連邦準備制度理事会、日本の有価証券報告書。

に入れれば、この有利さはそれほど明確ではなくなる。

　アメリカの現行会計ルールにおいては、銀行の投資勘定の持分証券は、原価の総合計と時価の総合計のいずれか低い価格で計上されるのに対し（バスケット方式の低価法）、債務証券は原価で計上される[72]。他方、日本の銀行は、投資勘定の債務証券を、銘柄ごとに取得原価と時価のいずれか低い価格か（個別銘柄方式の低価法）、もしくは取得原価のいずれかで計上する。日本では持分を個々の銘柄の持分証券ごとに取得原価と時価のいずれか低い価格（個別銘柄方式の低価法）で計上する。日本は値上りした有価証券の売却益に50％（財務省の資料によれば、平成29年の法人実効税率は29.97％で、平成30年には29.74％になる）の税率で課税するのに対し、アメリカは35％の税率である（財務省の資料によれば、現在のアメリカの法人実効税率は40.75％）。第5表は、日米の10大銀行の投資勘定の比較データを示したものである。

368　第Ⅴ部　金融監督規制

〔第5表〕　日米銀行の投資勘定（1992年）[注1]

項　　目	日本の銀行 （10億円）	アメリカの銀行 （100万ドル）
総帳簿価額[注2]	54,673	83,077
債務証券	21,987	63,352
持分証券	21,254	2,419
総未実現益	11,878	1,729
総帳簿資産	449,273	1,091,254
リスク資産総額	359,603	955,275
持分自己資本（Tier Ⅰ）	16,262	63,609
再評価準備金	5,345	—
潜在的再評価準備金	—	788
比率（パーセント）		
総帳簿価額／総帳簿資産	12.16	7.61
再評価準備金（潜在的再評 価準備金）／自己資本	32.87	1.22
再評価準備金（潜在再評価 準備金）／総リスク資産	1.49	0.08

（注1）　日本は3月、アメリカは6月のデータ。
（注2）　総額には項目に上げなかった投資（外国証券等）を含む。
〔出所〕　連邦準備制度理事会、日本の有価証券報告書。

(ハ)　**投資勘定の重要性**

　データから日米の銀行にとっての再評価準備金の重要性についての一般的

---

72)　FASB Statement 12によれば、投資目的で保有する有価証券の未実現損失は、時価
　への引下げを行うが、当該損失は必ずしも所得から控除する必要はない。それが一時
　的なものでないと銀行が決定しない限り、当該損失は、所得から控除するのではなく、
　自己資本勘定に（「資産評価引当金」の方法により）別個に記帳することによって、
　表示することができる（Financial Accounting Standards Board, Statement of Financial
　Accounting Standards No.12, *Accounting for Certain Maketable Securities* (December
　1975) paras.11, 21)。SECの会計ルールは（Staff Accounting Bulletin No.59）、損失が一
　時的かを決定する際に考慮すべき要素を定めた。そして銀行に対する最近の執行行為
　は、ほとんどの損失は一時的とみなされるべきでない旨要求しているようである。
　SECの圧力や自らの会計政策の結果、多くの大銀行持株会社は、自己資本勘定に資産
　評価引当金が反映されないために、持分の損失を所得から直接控除しているようであ
　る。たとえば、*Citicorp Annual Report* 1990, pp. 80-81.

な観察をすることができる。第1に、日本の銀行にとって再評価準備金がリスク資産総額の1.49％を占め実際に重要であることと比較して、アメリカの銀行にとって潜在的再評価準備金は、リスク資産総額の0.08％を占めるにすぎず、重要でないように見える。総資産の中で投資勘定中の有価証券が占める割合が、日本の銀行が約12％であるのに対し、アメリカの銀行は約8％であって少なく、潜在的再評価準備金も、1992年に1.22％という、アメリカの銀行の自己資本にとってほんの小さなものを付け加えるものにすぎなかった。これは1992年3月において、再評価準備金が日本の銀行の自己資本の32.9％を占めていたことと鋭い対照をなしている[73]。もしこれらの準備金が第二分類の自己資本に算入されなかったら、日本の銀行がBIS自己資本規制を満たすことは困難であろう。

第2に、法的制約を考えれば、アメリカの銀行の投資勘定はほとんどが債務証券で成り立っており、1992年には彼らの国内証券の76.3％になっていた。他方、日本の銀行の投資勘定の38.9％は持分証券である。したがって、アメリカの銀行の潜在的再評価準備金が生まれるのは、ポートフォリオ中の証券のクーポン・レートに比べて金利が低くなる場合であるのに対して、日本の銀行においては、金利が低下した場合のほかに、株価が上昇しているときにも準備金が生まれる。持分保有が再評価準備金に重大な貢献をしているということは、準備金の額が株式市場価格に大きく依存していることを意味している。

㈡ アメリカの銀行による益出し

これらのデータから出てくる一つの疑問は、アメリカの銀行の未実現益、したがってまた潜在的再評価準備金がなぜそんなに少ないのか、ということである。これとは対照的に、時価主義会計が銀行保有投資債務証券に与える影響に関する、最近のアメリカ会計検査院（General Accounting Office; GAO）の研究は、1990年における金利の1％下落は、銀行保有の投資債務証券の価格総合計を3％上昇させたであろうと結論づけている[74]。GAOは計算上、1

---

73) 日本の銀行全部にとって同じような結果になっている。1992年3月期における再評価準備金は9兆5000億円であり、リスク・ウエイトをかけた総資産の1.55％になる。自己資本全体でリスク・ウエイトをかけた資産の8.34％であることと対比されたい。

74) General Accounting Office, Debt Securities, p. 13.

370 第Ⅴ部 金融監督規制

〔第6表〕 アメリカの銀行の投資勘定中の債務証券の未
実現益 （1989～92年6月）

証券のタイプと価格	1989	1990	1991	1992
国内債務証券				
総帳簿価格	48,651	48,627	49,184	63,352
市場価格	48,956	48,550	49,714	64,849
未実現益（損）	305	− 77	530	1,497
外国債務証券				
帳簿価格	19,731	23,132	17,983	17,306
市場価格	19,545	22,439	17,804	17,323
未実現益（損）	− 186	− 693	− 180	17
総債務証券				
帳簿価格	68,382	71,759	67,167	80,658
市場価格	68,501	70,989	67,158	82,172
未実現益（損）	119	− 770	350	1,514
未実現益（損）／市場価格比率	0.002	—	0.005	0.02

〔出所〕 連邦準備制度理事会。

年から5年の期限の投資証券は平均3年の期限であり、5年以上の期限の証
券は8年の期限であると仮定した。実際、1990年に短期金利は1％近く下落
した[75]。第6表は、1989年から1992年にかけてのアメリカの10大銀行の
未実現益に関するデータである。

　第6表は、1990年には債務証券につき未実現益がなかったことを示して
いる[76]。実際、債務証券の未実現益は、低い1989年の0.2％から、高い

---

[75] 3カ月もの財務省証券（Treasury bill）の新発債の利率は、1989年12月には7.64％
であり、1990年12月には6.81％であった（Council of Economic Advisers, *Economic
Report of the President* (February 1991) Table B-71）。

[76] この1990年の結果は、この期間に長期債の金利が実際に若干上昇したことによっ
て説明されるかもしれない。財務省の10年もの国債は、1989年12月の7.84％から
1990年12月の8.08％へと上昇した。この金利上昇により長期債に損失が生じ、それ
が短期債の利益を相殺したかもしれない。しかしこの説明は1989年については妥当
しない。同年、3カ月もの財務省証券の金利は、1988年12月の8.09％から1989年
12月の7.64％へと下落した。この間、10年もの国債は、9.1％から7.84％へと下落し
た。しかし、10大銀行の国内債務証券の未実現益は市場価格の2％にすぎなかった。

1992 年の 2％までの間で、この期間を通して非常に少ない。GAOの 3％上昇の予測と現実の下落との乖離は、実際の債権の期間構造とGAOの仮定の大きな違いに由来しているのかもしれない。しかし、GAOが明確に述べているように、GAOが銀行のポートフォリオ運用戦略を考慮していなかったためである可能性がより強い。銀行は、値上りした証券を売却して、値下りした証券を保有するという——益出し、日本の銀行が商品勘定において明らかに実行しているのと同じ戦略——ことを通じて、投資ポートフォリオにおける未実現益を最小にしようとしているのかもしれない。

　先に論じたように、益出し戦略は、重大な税コストがかかる。35％の税率を前提にすれば、益出しを行ったアメリカの銀行は、値上り益の 65％を実現できるだけである[77]。しかしこれは日本の 45％の再評価準備金よりは自己資本に貢献する。そして益出しは、第二分類（Tier II）の自己資本よりは費用のかかる第一分類（Tier I）の自己資本に貢献する。さらに、日本のより高い 50％の税率を考えれば、アメリカの益出しは日本の益出しより貢献する。

㋭　益出し対再評価準備金

　益出しの利用は、再評価準備金にはない 2 つのコストをもたらす。第 1 に、

---

77)　1993 年財政調整法（the Omnibus Budget Reconciliation Act of 1993, H.R.2264 (August 10, 1993); 60 *Tax Notes* 830 (August 12, 1993)）により、アメリカの最高税率は 34％から 35％へ、1993 年 1 月 1 日に遡って引き上げられた。

　　より正確な益出しの税コストの計算は、税法上の税率ではなく（現実に納税した額と税引前の利益の比率を表す。訳注）実質実効税率に依存している。アメリカの銀行は控除を認められており、その結果、実質実効税率は、税法上の税率よりずっと低い。たとえば、1988 年に、アメリカの銀行の実質実効税率（納税額／税引前所得）は、16.2％であり、これと比較して全産業においては 25.92％である（F. Marovelli and B. Moser, *Effective Tax Rates* 15（1990））。1992 年における 10 大銀行の（財務諸表上の）実質実効税率は 29.2％であり、相当な損失のために、マイナス 46.7％と低かったシティバンクから、47.2％と高かったウェルス・ファーゴにまで分かれていた（1992 年の数字は、繰越・繰戻し等は考慮されておらず、厳密な数字ではない）。

　　日本の実質実効税率（租税特別措置等も考慮した現実の納税額／税引前利益を意味する。前掲注 70）に記した実効税率が、単に法人事業税支払額を所得から控除して表面税率を計算し直したものであるのとは異なる。訳注）は、ずっと高いのではないかと思われる。1991 年から 92 年の 10 大銀行の実質実効税率を有価証券報告書に基づいて計算すると約 50％に上るが、繰越・繰戻しや租税特別措置による圧縮記帳等の影響を排除した厳密な実質実効税率は不明である。

支払った税だけ所得の損失がある。損失の重大性は、自己資本を作り出す必要の結果、そうでなかった場合と比べ、どれだけ早く売却がなされたかによる。

第2に、売却した有価証券を市場でより高い値段で買い戻すことは（当該銀行は当該証券が流動性の要件を満たすために必要かもしれない）、自己資本の追加的な必要を生み出すかもしれない。しかしこれらの有価証券が、リスク・ウエイト・ゼロの国債であれば、――これはアメリカの銀行にとって通常の場合であるが――総資産が増えても追加的な自己資本コストを生み出さないであろう。

理論的には、日本の銀行も益出しを行うことができる。しかしそれはアメリカの銀行のようには有利な行為ではない。さらに、持分の益出しを行う日本の銀行は、持分のリスク・ウエイトが100％であるため、買戻しによって大きな追加的資本コストが発生することになろう。日本の銀行は流動性のために持分を必要とはしないかもしれないが、主要な債務者や「グループ」メンバーとの結びつきを維持するために、しばしば売却した株式を買い戻さなければならないであろう。その上、株式市場が値上りしているときは、株式投資はしばしば貸付からの収益と比べ魅力的に見えよう。第3図は、1986年から1993年にかけての日経平均とダウ・ジョーンズの株価指数を比較したものである。

付録Aにおいて、日本の銀行にとっての益出しと再評価準備金を比較した有利さを分析する。その結論は、ある条件の下では、日本の銀行は再評価準備金を利用するより益出しを行うことが有利である、というものである。

〔第3図〕日本とアメリカの株価（1986〜93）

〔出所〕 日本銀行。

(ヘ) 損失への対応

　債務証券が損失を出している年には（金利がポートフォリオの利率に比べ高くなっている年）、アメリカの銀行も日本の銀行も自己資本に関しては同じである。両国の銀行は、これらの有価証券を原価で計上し続けることができ、自己資本を失うことはない。（株式市場が値下りした）持分証券が損失を出している年には、アメリカの銀行も日本の銀行も（1992年9月の例外を除き）、アメリカはバスケット方式で日本は個別銘柄方式で、ともに時価に下げることを求められる。この要求は、アメリカの銀行に有利であるが、彼らの持分所有が少ないことからは、その重要性は限られている[78]。

　アメリカの銀行がほんの僅かの額の持分しか保有していないのに対し、日本の銀行は投資ポートフォリオの約半分を持分で保有しているため、株式市場が値下りするときは、BIS自己資本比率充足の観点からは、アメリカの銀

---

[78] アメリカの銀行の有利さは次のとおりである。銀行が6つの銘柄の持分証券を所有していると仮定する。それぞれ原価は10であり、合計で60であるが、これらの市場価格は今、20、30、40、2、3、4で、合計で99であると仮定する。アメリカの銀行は、原価の総合計が市場価格の総合計より低いため、これら有価証券を60で計上する。他方、日本の銀行は、各銘柄の有価証券の原価と時価の低価法による価格の合計である39（10＋10＋10＋2＋3＋4）まで簿価を引き下げることになろう。

374 第Ⅴ部 金融監督規制

行よりも通常悪くなる。もちろん、ごく最近までは、日本の市場は値上りしており、日本の銀行のポートフォリオの大部分は日本株である。

日本の株式市場が大きく値下りしたとき、大蔵省は一時的に会計ルールを変えて、1992年中間決算において持分の損失が実現しないようにしようとした。変更の目的は、これらの損失と相殺するために、銀行が益出しを行う動機を取り除こうとしたものであった。これはそれによって株価への値下り圧力の一部を除くことを期待したものであった[79]。大蔵省の行動の日本の銀行の自己資本に与えた効果は、付録Aの第A-1表のケース2にシミュレーションを行っている。そこでは大蔵省の政策が1991年会計年度末時点（1992年3月）に適用されたものと仮定している。日本の銀行は、実際には投資勘定の株式の簿価を8520億円引き下げた。大蔵省の新しい政策がなければ、日本の銀行は、50％の税率の下では、8520億円の損失を相殺するために、有価証券を売却して1兆7040億円の利益を捻出する益出しを行ったであろうと仮定した（1兆7040億円×0.5＝8520億円）。これは売却額だけ総リスク資産を減少させよう。

大蔵省が1992年に認めたように、銀行が損失の計上を延ばすことができ、1兆7040億円の利益を捻出する有価証券売却を避けることができれば、総未実現益は11兆8780億円から13兆5820億円に増加し、再評価準備金も5兆3450億円から6兆1120億円へと増加したであろう。そしてリスク・ベースの自己資本比率は、6.01％から6.25％へと、24ベーシス・ポイント改善されたであろう[80]。

以上の議論全体が、BIS自己資本規制が異なる国にある銀行に与える影響は、これらの国における会計原則や税率に依存するという、本論文の一般的論点を示している[81]。同時に、自己資本を作り出すために会計原則を変える可

---

79) 日本の銀行にとって、同業他行の利益に比較できる利益を上げることは大変重要である。実現させなければならない所有株式の損失があれば、日本の銀行はみな、相殺する益出しを行いそうである。株式は原価より高く売却するとしても、その売却は株価に値下げ圧力を加えることになろう。他方、もし株式相互保有義務のために、銀行が当該株式を買い戻すことを要請されるとすれば、株価への純効果は無視できるようなものであろう。

80) 大蔵省の行為が、1991年における実際の結果より自己資本比率を改善したかもしれないが、日本の銀行は、全未実現益を計上することにより、さらに良くなることができたであろう。しかし前述したように、銀行はこの戦略をとろうとはしないであろう。

能性も示している。銀行の自己資本会計を調和することなく自己資本規制を調和させようとしても、競争条件を平等にすることに有意義な貢献をすることはありえないであろう。実際、日本の例は、バーゼル合意が、有意義なディスクロージャーを犠牲にして、会計ルールを操作する動機を生み出すことを示している。

(ト) 時価主義会計

アメリカの証券取引委員会（SEC）は、強力に時価主義会計政策を提唱している。これは、商品有価証券だけでなく投資有価証券についても時価により計上することを銀行に強制することによって、投資家により正確な現在の財務状況の様子を知らせようとするものである。債務証券は取得原価で計上し、持分証券は時価にまで引き下げることはあるが引き上げることはなかったのであるから、これは大きな変化になろう。他方、計算を公開している銀行は、すでに保有有価証券の帳簿価格と時価との差額を開示しなければならないとされている。

最近、SECは、投資勘定中の債務証券を間断なく取引している銀行に対し、取得原価による有価証券の会計をやめさせた。SECは有価証券を時価に引き下げて計上するよう求めたのである[82]。アメリカの銀行は、商品勘定の有価証券と同じ方法で、これらの有価証券を時価まで下げるだけでなく、時価まで上げることもできたのかもしれない。そのようにすれば、低価法の定めの下では、金利が上がれば自己資本が減るだけであるのに対し、金利が下がれば銀行の自己資本が増えることを許すことになったであろう。しかし、アメリカの銀行は必要以上に時価会計の考え方を受け入れたくはなく、それが短期的な利益になったとしても、完全な時価による計上を行うことに抵抗する、と当局は予期していた。

関連した進展として、財務会計基準審議会（FASB）が、1993年12月15日付で投資勘定有価証券につき新しい会計ルールを採択し、SECが提唱した

---

81)　一般的に、池尾和人『銀行リスクと規制の経済学——新しい銀行論の試み』（東洋経済新報社、1990年）157頁参照。

82)　Bialkin, supra note 65 at 16 参照（アメリカにおける銀行会計への時価主義導入の動きについては、Thomas Mondchean, Market Value Accounting for Commercial Banks, FRB of Chicago Economic Perspective, January/February 1992；翁百合「銀行会計における時価主義採用を巡る動きについて——アメリカにおける議論を中心に」Japan Research Review 3巻6号（1993年）4頁以下参照。訳注）。

ものほどではないとはいえ、現在よりは時価主義会計を進めることを求めた。1993 年 4 月 13 日に採択されたFASBの声明 115 は、銀行界における大論争の末、投資有価証券を 3 つの範疇に分類した。投資目的の有価証券、すなわち満期まで保有する有価証券は、取得原価で計上する。売却可能な有価証券、すなわち不確定な期間保有しうる債務証券・持分証券は、貸借対照表上、時価に従い引き上げも引き下げも行う（したがって、自己資本に影響する）。しかし、損益計算書には影響を与えない（収益の変動を避ける）。取引目的で保有している有価証券（商品有価証券）は、以前と同じく、時価への引き上げも引き下げも行い、損益計算書上もその調整を行う [83]。

　これらのルールは、アメリカの銀行が、有価証券の値上り益を 100％、税コストなしで（後述するアメリカの新しい税ルールの下で）、自己資本にすることを許している。しかし値下り損失についてもまた100％、自己資本から除かれることになろう。これらのルールは、損益計算書上の調整の有無を問わず、銀行の自己資本に影響を与えよう。

　銀行や銀行監督官は、収益の変動と銀行の長期国債への需要に与える影響への懸念から、時価主義会計に反対してきた。しかし、市場に適切な情報が提供されなければならない。また、GAOによってなされたような変動に関する恐ろしい予測は、ポートフォリオ管理技術を計算に入れていない。先に見たように、1986 年～90 年の期間において、金利の大きな変化は、銀行の自己資本に最小限の影響しか与えなかった。時価主義会計システムにより、自己資本の観点からは、アメリカの銀行は実際に改善されよう。最後に、最近のFASBの変化が示すように、貸借対照表の調整を損益計算書に反映させる必要は必ずしもない。アメリカの銀行監督官は、規制会計目的のためにFASB 115 を採用することを提案した [84]。

　日本の銀行会計ルールも、時価主義の方向に動きつつあるようである。日本の銀行は 1990 年に、全国銀行協会の定めた会計ルールに従い、有価証券未実現益の開示を始めた [85]。そして大蔵省証券局は、証券取引法の適用を受ける銀行に対し、有価証券未実現益を 1990 年 12 月から開示することを求

---

83)　Financial Accounting Standards Board, Statement 115, "Accounting for Certain Investments in Debt and Equity Securities" (1993) paras. 6-14.

84)　Board of Governors of the Federal Reserve System, Proposed Rule, 58 *Federal Register* 68563 (December 28, 1993).

めた[86]。この情報はすべて補足的なものであり、貸借対照表や損益計算書に影響を与えるものではない。しかしながら、日本は今後ともアメリカにおける銀行の時価主義会計の進展に注目を続けていくことは明らかである（現在の日本のルールについては［後記］参照）。

(チ)　アメリカの新しい税ルール

1993年財政調整法（the Omnibus Budget Reconciliation Act of 1993; OBRA）の下では、投資目的かヘッジ目的で保有するのでない限り、「証券ディーラー」は、証券の損益を課税年度の最終営業日の有価証券の時価でもって有価証券の損益を計上する[87]。ほとんどの銀行は有価証券のディーラーであり、これらの規定の対象になる[88]。この規定は、商品勘定利益に関するアメリカの銀行の有利さを減らすものである。アメリカの銀行は今や、商品有価証券がヘッジ目的で保有されていることを証明できない限り、課税前所得の100％ではなく、課税後利益、すなわち65％を最大限手に入れるだけである。しかし他方、65％は、日本の銀行の45％再評価準備金よりはなお良いともいえよう[89]。アメリカの銀行は、日本の銀行と異なり、有価証券を売却することなく、これらの損失を課税所得から控除できるという点で、商品勘定の損失に関し新たな有利さが生じよう。

---

85)　全国銀行協会連合会「統一開示基準」（平成2年6月25日）金融521号（1990年）46頁。

86)　「財務諸表等の監査証明に関する省令等の一部を改正する省令」（平成2年12月25日、大蔵省令第41号）、企業内容等の開示に関する省令第2号様式記載上の注意2（ア－2）、「市場性ある有価証券及び先物オプション取引等の時価情報の開示について」（平成2・12・25蔵証2318号）。

87)　60 *Tax Notes* 834 (August 12, 1993).

88)　内国歳入法典の新475条c項1号の下では、証券ディーラーとは、「(A)通常の商取引の過程において継続的に顧客から証券を購入したり顧客に売却するか、もしくは(B)通常の商取引の過程において継続的に顧客との証券のポジションの開設、引受、相殺、譲渡、その他、終了を誘引する」納税者をいう。大銀行の商品勘定の有価証券は、(僅かな部分を除き)(A)の対象になるため、銀行は時価主義税会計の対象となろう。たとえこれらの有価証券を銀行持株会社の関連会社、たとえば20条会社に移転することによって、この問題を除くことができるとしても、その他の「証券」に関する活動のゆえに、大銀行はやはり証券ディーラーであろう。証券の定義は広く、債務や派生商品（derivative）契約を含む。したがって、銀行がスワップのディーラーだったり、譲渡抵当貸付のディーラーでさえあれば（それらをオリジネートして機関投資家に売却、歳入規則72-523）、証券ディーラーになる。

378　第Ⅴ部　金融監督規制

⑴　結　論

　要するに、アメリカの銀行は商品勘定に関しては明確に自己資本上有利である。投資勘定に関しては評価が困難である。

　商品勘定においては、時価主義のアメリカの実務は、日本における益出しの利用より多くの自己資本を値上り益より生み出せる（アメリカの1993年税法における税引後のベースでも）。両国の銀行は値下り損失が発生した場合、帳簿価格を時価まで下げなければならない。したがって、金利が低下して債務証券の価格が上昇したときに、アメリカの銀行は自己資本上有利になる。

　投資勘定においては、値上り益に関し、アメリカの銀行は益出しにより、日本の銀行が再評価準備金や益出しの利用により作り出す以上の自己資本を作り出す（日本の銀行は、未実現益や実質実効税率のレベルに応じて、益出しを好むかもしれない）。新しいFASBの時価主義ルールの下で、「売却可能」有価証券は時価主義をとるため、アメリカの銀行は値上り益に関しさらに大きな有利さがあろう。将来、バーゼル委員会が益出しを禁止すれば、この有利さは一段と増すことになろう。

　マーケット・リスクの監督上の扱いに関するバーゼル銀行規制監督委員会の意見照会提案（1993年4月）によれば、銀行の商品勘定のマーケット・リスクに対し新しい自己資本規制が課されるが、投資勘定には課されない。これらの規制は、マーケット・リスクに関する新たな自己資本規制を避けるために、銀行が、投資勘定から取引を行う可能性を生む。同委員会は、時価主義でない有価証券の益出しを防ぐべく監視するとしている[90]。FASBルールやSECの規制が、アメリカの銀行に、日本の銀行と異なって、投資勘定の有価証券の多くの割合を時価で保有させることからは、益出しの禁止は日本の銀行により影響を与えよう。

　投資勘定においては、債務証券の値下り損失については、両国の銀行はかつてこれらの証券を原価で計上することができた。しかしSECの政策や新しいFASBルールが、今やアメリカの銀行に一部の有価証券の計上価格を時価まで引き下げることを求めており、これを行えばアメリカの銀行に大きな不

---

89)　FASBが「売却可能」に分類し、会計上で時価主義の扱いを受ける有価証券が、時
　　価主義ベースで課税されるかにつき、新しい税法規定は不明確である。この問題は規
　　則により解決されなければならないであろう。

90)　Consultative Proposal, supra note 45, para. 9.

利益を課しうる。持分証券の値下り損失の場合は、両国は通常は時価まで引き下げることを求めるが、1992年に日本において一時的にこの要求が停止された。しかし、アメリカの銀行が市場価格の総合計が原価の総合計より少なくなったときにのみ計上価格を引き下げる必要があるのに対し、日本の銀行は個別銘柄ベースで低価の決定を行う。この違いはアメリカの銀行に有利であるが、アメリカの銀行の持分保有が少ないことからは、限られた意義しかない。

(5) その他の自己資本項目

日本とアメリカが、バーゼル合意の下で特に規定された自己資本項目をいかに扱ったかについて専ら論じてきた。しかしバーゼル合意は、自己資本に関するすべての問題を取り上げたわけではない。たとえば、バーゼル合意はのれん（goodwill）を自己資本に算入することを禁止して、第一分類（Tier I）の自己資本要素から控除することを要求したが、その他の無形資産については定めていなかった。購入済譲渡抵当サービス権（PMSRs）や購入済クレジットカード関係（PCCRs）、といった一定のサービスを提供する対価として収益を得る契約を、第一分類の自己資本の50％まで第二分類（Tier II）の自己資本に算入できる旨を、アメリカは決定した。核となる預金無形資産を含め、その他すべての同定可能な無形資産は、第一分類の自己資本から控除されなければならない[91]。また、アメリカの銀行監督官は、税制上の優遇措置の結果、将来生じうるであろう所得である「繰延税金資産（deferred tax assets; DTAs）」を適切な自己資本として扱うことを考慮している。連邦準備制度理事会は、これらの資産を一定の制限で自己資本に算入することを許すよう提案した。税の繰越し（tax carry forwards）のような将来の課税所得に「繰延税金資産」が依存する場合については、四半期報告書基準日から1年以内に実現可能な額と第一分類の自己資本の10％のいずれか少ない額に限定される。先の繰戻しの対象となる年に支払われた税により実現可能な「繰延税金資産」については、制限が設けられていない[92]。

これらの自己資本項目に関するアメリカの一方的行為は、BIS規制が異な

---

91) Board of Governors of the Federal Reserve System, Final Rule to Capital Adequacy Guidelines (Press Release, February 4, 1993).

380 第Ⅴ部 金融監督規制

る国の銀行の自己資本の扱いを完全に調和させることが不可能であることを示している。PMSRsとPCCRsは、アメリカの銀行にとってのみ重要な自己資本の源であり、資本市場商品が国によって異なる事実を明らかにしている。ある国に特有な商品につき適切な自己資本の合意ができていないということは、そのような項目を有利に扱うことによって、国々が競争上の有利さを引き出す可能性を開いている。繰延税金資産は、アメリカの税法や会計原則の結果生じるものである（現在は日本においても認められている）。

日本においても、特別の項目から自己資本が生まれることはありうる。経済同友会は、日本の銀行が多くは担保権実行等の結果所有した建物その他の不動産を現在の値上りした時価により再評価できるよう提言すべきか否かを検討している[93]。これらの資産は再評価額で計上されているが、最後の再評価は1950年以前に行われた。これが認められれば、ある都市銀行は所有不動産の価値を3470億円から1兆3900億円に増大させて、BIS自己資本比率を8.2％から10.8％に増大させることができる。しかし大蔵省は税への影響を懸念している。1950年以前に再評価が行われれば、銀行は再評価益の6％を課税された。大蔵省は、もし再評価が行われれば、銀行は通常の税を払わなければならないと述べており、この要件は明らかに銀行にとって再評価の魅力を失わしめるものである（［後記］参照）[94]。

(6) 結 論

損益計算書に影響を与える会計の変更は、いずれもまた自己資本に影響を与える。利益が自己資本を生むからである。この意味において、有価証券ポートフォリオに関し検討を行った会計問題は、より大きな文脈において捉えられなければならない。たとえば1992年にFASBは、期限前償還の予測の変化

---

92) Board of Governors of the Federal Reserve System, Proposed Revisions to Capital Adequacy Guidelines, 58 *Federal Register* 8007 (February 11, 1993).
　　規制上の自己資本に関する繰延税金資産提案は、FASB Statement, "Accounting for Income Taxes" (February 1992) に対する答えであった。
93) 第二分類の自己資本を増加させる固定資産に対する再評価準備金（日本では禁止されている。［後記］参照）と比べ、本文に記したような再評価は第一分類の自己資本を増加させよう。
94) 日本経済新聞1993年1月12日朝刊3面。

に基づき、モーゲージ・バックト証券の再評価を要求すべきかを検討していた。実際には、FASBはそのような要求を採択しなかった。もしアメリカが再評価を要求して日本が要求しなかったら、両国の自己資本は違った方法で決定され、競争は影響を受けたであろう[95]。同一の論点は、なんらかの資産に影響を与える会計ルールについて当てはまろう[96]。

全体として、日本の銀行によるハイブリッド金融商品の発行が困難であり、貸倒引当金の制限を考えれば、日本の銀行は、第二分類の自己資本商品に関して、明白に不利であるように見える。しかし他方、この貸倒引当金に関する制限は、不良債権の償却不足とあわせて考えれば、日本の銀行に第一分類の自己資本に関し有利になっている。日本の銀行が、第二分類の自己資本になる再評価準備金を利用するのに対し、アメリカの銀行は、商品勘定につき時価主義会計をとる結果、第一分類の自己資本を生み出している。そして投資勘定についても次第にそのようになりつつある。どちらの銀行に自己資本に関し軍配があがるかをいうことは困難である。しかし、幾つかの有利・不利がより平等な競争条件をもたらすとすれば、それはまったくの偶然にすぎないであろう。

3 資産のリスク・ウエイト

日本は、バーゼル合意が定めた最低限のリスク・ウエイトをそのまま受け入れたのに対し、アメリカは、一部の場合に、BIS規制より高いリスク・ウエイトを付すよう求めている。1992年12月1日の時点において、アメリカは、第7表に記したような7つの分野においてより高いリスク・ウエイトを課していた（パーセントで表している）。

3つの場合において（項目1、5、6）、アメリカは、バーゼル合意に規定されている資産以外の資産のリスク・ウエイトを指定している。これらのタイプの資産は日本には存在せず、日本のリスク・ウエイト体系には含まれてい

---

95) アメリカの銀行は、これらの証券の主な投資家である。銀行の保有額は、1991年9月30日において、約1兆ドルの発行残高のうち総計で2353億ドルである。

96) たとえば、FASBは一定の整理債権（restructured loans）に時価主義会計を適用すべきかを検討している。もしそのような債権の市場金利がより高ければ、銀行は、その差を引当金の積増しにより清算しなければならず、結果的に収益と自己資本を減少させることになる（David Siegel, "Fair-Value Rule Being Extended to Bad Loans", *American Banker* (December 10, 1992)）。

382 第Ⅴ部 金融監督規制

〔第7表〕 日米により採用されたバーゼル合意のリスク・ウエイトの例 [注1]

項　　　目	BIS リスク・ウエイト（パーセント）	
	日　　本	アメリカ
1.　OECD諸国中央政府およびアメリカ政府によって条件付保証された債権、および現地通貨建債務の範囲内において非OECD諸国の中央政府によって条件付保証された現地通貨建債権	なし	20
2.　自国政府をスポンサーとする機関に対する債権もしくは同機関が保証した債権	10	20
3.　自国地方政府およびその下部にある政治体（political subdivisions）に対する債権、および彼らの十分な信頼と信用により保証された債権	10	20
4.　OECD諸国の中央政府により発行または保証された証券により担保された債権	0	20
5.　アメリカの抵当貸付関連政府機関またはアメリカ政府またはアメリカ政府をスポンサーとする機関の発行した証券を間接的に所有することを表章する民間発行証券	なし	20
6.　アメリカ州政府、アメリカ地方政府、または他のOECD諸国地方政府の債務であるが、当該資金の投資事業からの収入からのみ債務の償還を行うという、レベニュー債または類似の債務	なし	50
7.　リスク・ウエイト0％または20％に分類される有価証券のみ保有することを許されたファンドへの株式投資	平均 [注2]	20

（注1）　自国とはアメリカまたは日本を指す。
（注2）　ファンドを構成する有価証券のリスク・ウエイトの加重平均（訳注）。

ない。しかし一般原則としては、日本の体系に規定されていない資産は、100％のリスク・ウエイトとみなされる。

　これらの例は、国内市場や各国政府が別個の商品（instruments）を作ることのできる世界において、調和したリスク・ウエイト体系を適用する困難さ

を示している。日米の銀行が保有している資産の多くがBIS規制によって定められていないとすれば、各国が独自のリスク・ウエイトを採用することによって、競争上有利になる大きな可能性が生じることになろう[97]。前述の3項目に関しては、それらに低いリスク・ウエイトを付した全体的な効果は、劇的ではないがなお重要である。項目1と5はリスク・ウエイト20％、資産全体の7.87％であり、項目6はリスク・ウエイト50％、資産全体の1.2％である。

　そのような逸脱の可能性は、原則としては、バーゼル合意に規定されていない資産は100％のリスク・ウエイトになるという、バーゼル合意の残余アプローチによって限定されていた。明らかに、アメリカはこれらの例においてこのアプローチに従わなかった。アメリカの当局は、これらのタイプの資産は、100％のリスク・ウエイトより低いリスク・ウエイトの資産により似ている、たとえば、抵当貸付関連アメリカ連邦政府機関の発行した証券のファンドの持分は、バーゼル合意でもって20％のリスク・ウエイトとされているその他の政府資産・商品と似ている、と恐らく考えたのであろう。しかし、各国が正しい類推であるとして行う判断は、競争上の有利さのために使われる裁量の余地を残している。

　明らかにBIS規制のリスク・ウエイトは低すぎるという懸念から、アメリカは、4つの場合（項目2、3、4、7）にバーゼル合意よりも高いリスク・ウエイトを採用した。たとえば、アメリカは地方政府の破産の可能性に特別の懸念を懐いていたかもしれない（項目3に影響）。再び、この行為の競争上の重要性は、総資産の中にこれらの資産の占める割合によろう。実際には、地方または州政府に対する債権は（地方政府のみに対する債権の内訳は不明）、リスク・ウエイト20％の資産全体の2.38％を占めるのにすぎない。

---

97)　バーゼル合意の他の諸国における具体化について評価するようにという連邦議会の命を受けて作成した最近の報告において、連邦準備制度理事会と財務省は、金融市場が異なる限り、銀行に対する自己資本要求も異なるであろうことを認めている（Board of Governors of the Federal Reserve System and Department of the Treasury, *Capital Equivalency Report* (June 19, 1992) P. 19)。
　　報告は、これらの違いが第二分類（TierⅡ）の自己資本にのみ反映されていることを正しく記している。しかし「これらの相違を考慮に入れても、基本的項目（core capital）を補足する第二分類の自己資本の質に関し、各国の間に広範な共通性がある」（Id., P. 26）というその主張を裏づける証拠は何ら示していない。

384　第 V 部　金融監督規制

　アメリカがBIS規制の最低基準から離れていることは、監督官が競争への影響を懸念して安全性・健全性を犠牲にしないかもしれないことを示している。しかし他方、1992 年 12 月 31 日に、主に他国よりも高いリスク・ウエイトを要求することの競争上の懸念から、アメリカは、項目 4 のリスク・ウエイトをBIS基準の 0%の水準にまで引き下げた [98]。

　リスク・ウエイト体系の競争への影響は、国によるBIS最低基準からの乖離によってのみ量ることはできない。BISによる特定資産のリスク・ウエイトの選択は、それ自体競争への影響がある。もし日本の銀行が、アメリカの銀行よりも高いリスク・ウエイトの範疇の資産を平均して保有する傾向にあれば、競争上不利益であろう。たとえば、BIS規制は、債務者が現在または将来居住するか賃貸している住宅に対し設定された抵当権により完全に担保された貸付に 50%のリスク・ウエイトを許している。BIS規制の具体化に当たって、アメリカは、「住宅 (residential property)」が 1 人ないし 4 人家族用住宅を含むと解釈した。アメリカはまたこの資格のある貸付を裏づけとする証券にも 50%のリスク・ウエイトを許した [99]。一般原則として、日本の銀行もアメリカの競争相手と同じように、50%のリスク・ウエイトを受けられる。しかし住宅事情が異なるために、住宅貸付はずっと少ない。

　第 8 表は、1992 年における日米の 10 大銀行のリスク・ウエイト範疇ごとの資産の分類を示したものである。

---

98)　Board of Governors of the Federal Reserve System, Final Rule, Capital Adequacy Guidelines, 57 *Federal Register* 62180 (December 30, 1992).

99)　議会の命に従い (Section 618 of the Resolution Trust Corporation Refinancing, Restructuring, and Improvement Act of 1991, P.L. 102-233, 105 Stat. 1761)、連邦準備制度理事会は、この項目が事前販売済 1 人ないし 4 人家族用住宅の一定の建設貸付を含むようその範囲を拡大した (Board of Governors of the Federal Reserve System, Final Rule, Capital Adequacy Guidelines, 58 *Federal Register* 28491 (May 14, 1993))。一定の多数家族貸付を含むようさらに範囲が拡大された (Board of Governors of the Federal Reserve System, Final Rule, Capital Adequacy Guidelines, 58 *Federal Register* 68735 (December 29, 1993))。この拡張が、50%の範疇を、「債務者が現在または将来居住するか賃貸している住宅に対し設定された抵当権により完全に担保された貸付」としているバーゼル合意と整合的か疑問である。明らかに、事前販売済住宅の建設貸付の債務者は、住宅に居住することはない。

〔第8表〕　日米銀行資産のリスク・ウエイトによる分類（1992）

リスク・ウエイト（パーセント）	日本の銀行		アメリカの銀行	
	10億円	パーセント	100万ドル	パーセント
0	41,825	9.3	150,213	13.5
10	11,170	2.5	—	—
20	90,353	20.1	226,546	20.4
50	27,659	6.2	106,785	9.6
100	277,600	61.9	627,160	56.5
総計、総資産	448,607	100.0	1,110,704	100.0

〔出所〕　アメリカの銀行、連邦準備制度理事会；日本の銀行、付録Bで論じるように有価証券報告書の分析。

　第8表によれば、アメリカの銀行は日本の競争相手と比較して、住宅抵当貸付資産の割合が高く——3.4％高い——、商業貸付の割合が低い——5.4％低い——。このことは、アメリカの銀行の自己資本の必要額が低いことを意味している。いい換えれば、もしアメリカが住宅抵当貸付に関する50％のリスク・ウエイトを勝ち取ることができなかったならば、アメリカの銀行はより高い必要自己資本額を課せられ——100％のリスク・ウエイトを課せられたであろう——、日本の銀行に対し収益性に関する競争力を弱めていたであろう。

　第8表はまた、アメリカの銀行がリスク・ウエイト・ゼロの資産の割合が高いことを示している。これはまたアメリカの銀行の必要自己資本額が低いことを意味している。しかしリスク・ウエイトがゼロの資産は収益性が低く、リスク・ウエイトのより高い資産よりマージンが薄いのが通常であることから、競争への影響は判断がより困難である[100]。1992年には、貸付への需要が減退し、自己資本規制による抑制効果もあって、アメリカの銀行は、商業貸付を国債（リスク・ウエイトがゼロの主要資産）に代える以外に選択の余地

---

[100]　実際、リスクに応じた調整を経た収益は、すべての資産につき同一であるため、自己資本規制は資産のリスクに基づいてなされるべきではないという議論もありえよう。

386 第Ⅴ部 金融監督規制

がなかったのかもしれない。

バーゼル銀行規制監督委員会のマーケット・リスクに関する意見照会提案（銀行の商品勘定に適用があるが投資勘定には適用がない）の下では、マーケット・リスクに関する自己資本規制が、1988年の信用リスク規制に取って替わることになろう。1988年のバーゼル合意の下では、債務証券のリスク・ウエイトは債務者のタイプによって決められた。たとえば、もっとも重要なのは、債務者が政府か民間の発行者かということであり、持分のリスク・ウエイトは常に100％である。バーゼル銀行規制監督委員会は、マーケット・リスク提案が「結局、自己資本の負担をより重くすることにつながるか否かは、各銀行の帳簿の型と発行者の範疇による。ポジションのヘッジが良くなされているか、または格の高い会社債務証券を多く保有している銀行は、現在よりもより低い必要自己資本額となりえよう」と述べている[101]。もしこれらの提案が、一般的に大銀行の必要自己資本額を低くすることになれば、アメリカの銀行はより大きな利益を受けることになろう。第4表が示していたように、日本の銀行が総資産の0.43％を商品勘定で保有しているのに対し、アメリカの銀行は1.69％を商品勘定で保有しているからである。

4 金利・外国為替関連契約

バーゼル合意は、自己資本比率規制を簿外取引（off-balance-sheet transactions）にも適用している。両国はバーゼル合意のこれらの取引に対する扱いを同じように具体化したが、金利・外国為替関連契約という重要な領域がその例外になっている。

バーゼル合意は、これらの契約の資産相当額を計算するのに当たって、オリジナル・エクスポージャー方式とカレント・エクスポージャー方式の2つの方式のいずれかを用いることを各国に認めた。バーゼル会議において日本は、各国にいずれかの方式を用いることを認めるよう強く主張した。アメリカは銀行にカレント・エクスポージャー方式を用いるよう要求した。

これに対し日本は、銀行の金利・外国為替関連契約の取引量が大きくなかったり、またはカレント・エクスポージャー方式を用いる事務体制が整っ

---

101) Consultative Proposal by the Basle Committee on Banking Supervision, supra note 45, para. 14.

ていない場合に、銀行が（オリジナル・エクスポージャー方式を）選ぶことを許した。一度、銀行がカレント・エクスポージャー方式を選択すると、当該銀行はオリジナル・エクスポージャー方式に戻ることはできない[102]。われわれの知る限りでは、ただ一つの日本の銀行が完全なカレント・エクスポージャー方式を選択している。このほか3行が、一定の種類の契約に関しカレント・エクスポージャー方式を選択しており、さらに近い将来に完全なカレント・エクスポージャー方式を選択しよう。しかし他の日本の銀行は、オリジナル・エクスポージャー方式を選択した（1999年3月期からオリジナル・エクスポージャー方式は認められなくなった）。

単純な固定金利―変動金利スワップを例に、これらの方式がいかに働くか検討してみたい。

A会社とC会社が、B銀行を仲介銀行として次のような条件で固定金利―変動金利スワップを組もうとしたと仮定する。

想定元本	1000万ドル
期間	3年
変動指標	6カ月LIBOR（ロンドンのユーロ市場における銀行間貸手提示金利。訳注）（現在8.5％）
変動金利見直し期間	6カ月ごと
固定金利	財務省証券金利＋70ベーシス・ポイント（1ベーシス・ポイントは0.01％。現在の財務省証券金利＝8％）
Bの利益（スプレッド）	10ベーシス・ポイント

この取引は下掲のように図示できる。

仲介銀行Bが2つの独立した契約を結ぶことに注意する必要がある。A会

---

102) 大蔵省・前掲注23) 告示。

388 第Ⅴ部 金融監督規制

社との契約の下、仲介銀行Bは、Aに8.5％の変動金利を払って8.7％の固定金利を受け取る。C会社との契約の下、BはCに8.6％の固定金利を払って（8.7−0.1の利益）、8.5％の変動金利を受け取る。

BISのオリジナル・エクスポージャー方式の下では、金利関連契約（スワップを含む）の資産相当額を決めるためには、同契約の想定元本に掛目をかけなければならない。

（期間）	（掛目）（％）
1年未満	0.5
1年以上2年未満	1.0
追加1年ごと	1.0

（なお、「銀行法第14条の2に定める自己資本比率の基準を定める件」（平成5・3・31大蔵省告示55号）によれば、期間1年以内が掛目0.5％、1年超2年以内が1％とされる。訳注）

BIS規制は、計算に当たって原契約期間を用いるか契約の残存期間を用いるかの選択権を各国に与えている。日本においては、オリジナル・エクスポージャー方式を用いている銀行は、原契約期間を用いることを求められている。掛目は契約のマーケット・リスクを反映するよう定められたものである。すなわち、相手方が債務不履行（default）に陥ったときに、銀行が金利の変化によって損失を被る可能性である。

これらの契約の締結日には、各当事者は3年間の期間がある。したがって、2つの契約の資産相当額は、1000万ドル×0.03×2、すなわち60万ドルである[103]。BIS規制に定められ、アメリカと日本でともに具体化されたように、この資産相当額は、適切なリスク・ウエイトの範疇に従い、リスク・ウエイトづけを行う。しかしリスク・ウエイトは50％を超えないものとされる。これらのスワップは民間会社との間のものであるから、リスク・ウエイトは50％であろう（民間セクター信用の通常のリスク・ウエイトは100％である）。したがって、これらの2つの契約からは、リスク・ウエイトをかけた資産30万ドル、必要自己資本としては2万4000ドル（30万ドル×0.08）が生じる。

---

103) 各契約は3年の期間があり、各残存年ごとに0.01の累積的掛目があるため、掛目は（全体で）0.03になる。

契約が1年経過した後も、市場における金利の変化にかかわらず、日本においては原契約期間が使われなければならないため、日本における必要自己資本は変わらない。

カレント・エクスポージャー方式の下では、（必要自己資本の。訳注）変換プロセスには2つのステップがある。第1に、銀行は、契約の再構築コスト（replacement cost）を正数（positive value（イン・ザ・マネー））で時価表示する。これは同じ条件で新しいスワップを組んだときに生じる銀行のコストを反映する。第2に、銀行が、残存期間に基づいて潜在的な将来の信用エクスポージャーを計算する。この計算は相手方の債務不履行（default）による損失の潜在的なリスクを反映している。残存期間1年未満の契約は将来のエクスポージャーはないものとみなされる。1年以上の契約は0.5％のリスクがあるものとみなされる（大蔵省・前掲注23）告示によれば、期間1年以内が掛目ゼロ、1年超が0.5％とされる。アメリカも掛目に関し同様の期間区分を行っている。訳注）。資産相当額はこれら2つの計算の合計、すなわち、再構築コストプラス将来のエクスポージャーである。

これらの契約が締結された日には、再構築コストは存在しない。市場価格でこれらの契約が締結されるからである。（したがって将来の信用エクスポージャーのみが問題となる。訳注）両契約は1年以上であるため、両契約の資産相当額は、1000万ドル×0.005×2、すなわち、10万ドルである。2つの契約は5万ドルのリスク・ウエイトをかけた資産と（10万ドル×0.5）、4000ドル（5万ドル×0.08）の必要自己資本額を生じさせる。

第1年目の終わりに、もしC会社が債務不履行になると、金利が上昇していてB銀行がD会社に8.95％の固定金利を払わないと6カ月LIBOR変動金利を手に入れられないと仮定する。B銀行はA会社およびD会社と下掲のような契約を結ぶことになろう。

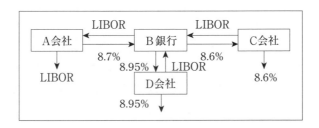

390 第Ⅴ部 金融監督規制

　この状況において、B銀行は、2つの契約の残りそれぞれ2年に、8.7%で
Aから固定金利を受け取り、Dに8.95%の固定金利を払う差額、すなわち
1000万ドルの0.25%である2万5000ドルの損失を被ることになろう。契約
に残っている1年の期間2つそれぞれの金利のイールド・カーブ（yield
curves：期間とそれに対応する金利の関係を表わす。訳注）から求められる適切
な割引率を用いて、この損失は割り引かれる。各期間につき9%の平らなイー
ルド・カーブを仮定すると、再構築コストは4万3978ドルになろう[104]。2
つの契約には2年の残存期間があるため、潜在的な将来のエクスポージャー
の10万ドルは変わらないであろう。信用相当額は再構築コストと将来のエ
クスポージャーの合計である14万3978ドルであり、自己資本のコストは
5759ドル（14万3978ドル×0.5×0.08）であろう。

　2つの方式の費用の比較は次のとおりである。

	（オリジナル・エクスポージャー）	（カレント・エクスポージャー）
（契約日）	14,000ドル	4,000ドル
（1年後）	24,000ドル	5,759ドル

　2つの方式に関し幾つかの一般論が成り立とう。第1に、カレント・エク
スポージャーの掛目が0.5%であるのに対し、オリジナル・エクスポー
ジャーの掛目が1%であることからは、1年を超える期間のスワップのス
ワップ契約日の時点では、オリジナル・エクスポージャー方式は常にカレン
ト・エクスポージャー方式より費用がかかる。第2に、カレント・エクス
ポージャー方式の下では、スワップが負の価値（negative value（アウト・オ
ブ・ザ・マネー））しかないときは、再構築価格に対し自己資本は不要であり、
将来のエクスポージャーに対する0.5%の自己資本が必要なだけである。し
かしオリジナル・エクスポージャー方式の下では、スワップが正の価値に
なっているか負の価値になっているか（イン・ザ・マネーかアウト・オブ・
ザ・マネーか）を問わず、0.5%以上の自己資本が常に必要である。

　スワップ期間を通じて、2つの方式の間の比較は、スワップ・ポートフォ
リオの期間および金利の変動可能性に影響される。第9表は、原契約期間、

---

104)　25,000／（1＋0.09）＋25,000／（1＋0.09）^{2}．

残存期間に関する幾つかの仮定、1年の終わりにおける金利の変化に関する幾つかの仮定を置いて、当初8％固定金利でカバー取引のなされている（matched）想定元本1000万ドルのスワップの、2つの方式の下における資本コストを比較したものである[105]。現在価値の計算は、全将来損失を5％または10％で割り引くことによって行っている。

　第9表によれば、5％の割引率を仮定しても、10％の割引率を仮定しても、残存期間2年以上の契約において、1年経過後の金利の変化が3％以上である場合に、オリジナル・エクスポージャー方式の資本コストの方が安くなろう。

　カレント・エクスポージャー方式を用いているアメリカや日本の競争者に対する競争上の有利さを手に入れるために、日本の銀行がオリジナル・エクスポージャー方式を選択したということもありえよう。前述したように、オリジナル・エクスポージャー方式の方が必要自己資本額が少ないスワップ契約を仮定することもできる。しかしこの方式を用いている銀行がそのようなポートフォリオを持っているか否かを判断できる情報はない。

　われわれとしては、日本の銀行が競争上有利になろうとして方式を選択しているとは信じていない。幾つかの銀行はカレント・エクスポージャーを選択しており、日本の銀行間でポートフォリオが大きく違うことはありそうもないからである。また、BIS規制では（オリジナル・エクスポージャー方式による必要自己資本額の計算に）残存期間を用いることを許しているにもかかわらず、大蔵省はオリジナル・エクスポージャー方式を用いる日本の銀行が原契約期間を用いることを求めている。この要求はオリジナル・エクスポージャー方式の潜在的有利さを大いに限定している。多くの日本の銀行がカレント・エクスポージャー方式を用いる事務的または技術的能力を有していない。彼らは一般的に時価主義会計に慣れていない。しかしこの状況は急速に変わろう。もしカレント・エクスポージャー方式への急速な転換が進まなければ、この点に関するわれわれの結論を再検討せざるをえないであろう（1999年以降、全BIS基準適用行は、カレント・エクスポージャー方式を採らなければならなくなった）。

---

105)　上記の例において、銀行が実際に、一つは固定金利、一つは変動金利の、2つの対応するスワップ契約を締結したものと仮定している。

392　第Ⅴ部　金融監督規制

〔第9表〕　スワップ契約の必要自己資本オリジナル、カレント・エクスポージャー

（ドル）

変化と原契約期間(年)	オリジナル・エクスポージャー	カレント・エクスポージャー			
		残存期間（年）			
		1	2	3	4
5パーセント割引率					
1パーセント					
2	16,000	7,810	—	—	—
3	24,000	7,810	11,438	—	—
4	32,000	7,810	11,438	14,893	—
5	40,000	7,810	11,438	14,893	18,194
2パーセント					
2	16,000	11,619	—	—	—
3	24,000	11,619	18,875	—	—
4	32,000	11,619	18,875	25,875	—
5	40,000	11,619	18,875	25,875	32,368
3パーセント					
2	16,000	15,429	—	—	—
3	24,000	15,429	26,313	—	—
4	32,000	15,429	26,313	36,679	—
5	40,000	15,429	26,313	36,679	46,551
10パーセント割引率					
1パーセント					
2	16,000	7,636	—	—	—
3	24,000	7,636	10,942	—	—
4	32,000	7,636	10,942	13,947	—
5	40,000	7,636	10,942	13,947	16,679
2パーセント					
2	16,000	11,273	—	—	—
3	24,000	11,273	17,884	—	—
4	32,000	11,273	17,884	23,895	—
5	40,000	11,273	17,884	23,895	29,359
3パーセント					
2	16,000	14,909	—	—	—
3	24,000	14,909	24,826	—	—
4	32,000	14,909	24,826	33,842	—
5	40,000	14,909	24,826	33,842	42,038

（注）　網かけ部分はカレント・エクスポージャー方式の場合の必要自己資本額がオリジナル・エクスポージャー方式の場合のそれより大きい場合を示す。

バーゼル銀行規制監督委員会の1993年提案によれば、銀行は二当事者間（bilateral）ネッティングを用いてスワップの必要自己資本額を計算することができる [106]。1988年バーゼル合意においては、二当事者間ネッティングは、更改による二当事者間ネッティング（bilateral netting by novation）というやや制限的な形でのみ許された [107]。同委員会は、再構築価格の計算に二当事者間ネッティングを用いると、カレント・エクスポージャー方式を用いる銀行の必要自己資本額を、25％ないし40％減少させることができると、見積もっている。オリジナル・エクスポージャー方式においては、再構築価格の計算はないが、同委員会は、オリジナル・エクスポージャー方式がネッティング取引には利用できなくなるマーケット・リスク提案が発効するまでの間、掛目を25％引き下げた。それまでの間、カレント・エクスポージャー方式による自己資本の節約が25％以上になれば、同方式を用いているアメリカの銀行は有利になろう。マーケット・リスク提案が具体化された時以降は、すべての銀行は実際上はカレント・エクスポージャー方式を用いることを強制されることになろう。前述したように、日本の銀行はすでにこの方向に動いている。

5　執　行

アメリカや日本によって課された自己資本規制が、いずれも執行の程度にその有効性がかかっていることは、明らかである。1988年バーゼル合意は、BIS基準の遵守を測るルールを定めなかったし、遵守させるための方法も合意しなかった [108]。アメリカにおける方が執行はずっと厳しいように見える。

日本の当局は、日本の銀行の自己資本規制の遵守を、会計年度末の3月31日と半期末の9月30日の年2回の期末にのみ測っているようである。こ

---

106)　Consultative Proposal by the Basle Committee on Banking Supervision, "The Supervisory Recognition of Netting for Capital Adequacy Purposes" (April 1993).

107)　更改によるネッティングにおいては、「特定期日に一定の通貨を交付するという銀行とその相手方の間の債務が、同一通貨・同一期日のすべての債務と自動的に混同されて、法的に、従前の債務総額が一つの額の債務に変わる」(Id., Annex 2, p. 1)。

108)　マーケット・リスクの監督上の取扱いに関するバーゼル銀行規制監督委員会の意見照会提案は、通常の会計報告期間（reporting periods）が各国により定められることを認めながらも、さらに日常的にマーケット・リスクに対する適切な自己資本を有することが期待される旨を述べている。取引リスクは短期の性格のものであるため、長期の銀行リスクよりも、監督官にとって執行に関する合意がより求められよう。

394　第Ⅴ部　金融監督規制

の実務は、貸借対照表の大規模な粉飾の可能性を開いている。噂された一つの例としては、日本の銀行の3月31日の会計年度末と日本以外の銀行の会計年度（末）が異なっていることを利用している、というものがある。日本以外の銀行が、日本の銀行の有する商業信用に1日だけ保証を行い、日本の銀行の与信のリスク・ウエイトを100％から20％に引き下げるが、当該日本以外の銀行の会計報告（基準）日におけるリスクを増大させることもない、というのである。

　また、規制を守らなかった場合についても、大蔵省は完全な裁量を与えられており、明確な制裁・効果が生じない。他方、日本の銀行は1年を通して規制を守らせる強い圧力を感じている。日本や外国における競争相手の自己資本の水準を達成できないと、社債の格付や資金調達能力が影響を受けよう。そして外部のアナリストは、明白な粉飾を適切に割り引くことができる。しかしこれらの私的な執行メカニズムは、銀行の自己資本ポジションに関する公開情報に依存しており、そのような開示はある程度限定されたものである[109]。

　アメリカの銀行は、監督当局のずっと強力な執行の対象になっている。監督官は、コール・レポート（call report：銀行から監督官への報告書。訳注）情報や平均資産残高を用いて、公式には四半期ごとに自己資本規制の遵守を監視している。しかしアメリカの銀行は規制を常に遵守していることを期待されている。検査の過程を通じて、その遵守につきある種のランダム・チェックができる。すべての主要米銀は、予期しない時に年1回の検査を受けるが、すべての日本の大銀行に同じことがいえるわけではない[110]。アメリカの銀行が自己資本に関するBIS基準を維持していないと、特定の効果が発生する。たとえば、監督の強化（業務拡大の制限を含む）[111]や預金保険料の引き上げ

109）　自己資本に関するデータは、年度半ばの9月と年度末の3月の2回開示される。期末後直ちに、銀行は慣行として、自らのすべての比率の見積りを開示する。より正確なデータは、期末から3カ月以内に「有価証券報告書（半期報告書）」に開示される。データは、自己資本比率、第一分類・第二分類の自己資本の額、そして総リスク資産よりなる。再評価準備金、一般貸倒引当金、特定海外債権引当勘定（現在はTierⅡ資産とは認められない）、および劣後債務が、第二分類の自己資本中の内訳として含まれる。

110）　大蔵省および日本銀行は、都市銀行や長期信用銀行を3、4年ごとに別個に検査する。一部の銀行にとっては、このことは2年に一度だけの検査を意味しよう。

である[112]。したがって、アメリカの銀行は、自己資本規制の私的執行だけでなく強力な公的執行の対象になっている。

V 結 論

次頁の得点表は、本論文において取り上げた論点の多くを要約したものである。得点表においては、競争に影響を与える自己資本の要素が日米の銀行に関し逆方向に働いていることが示されている。これらの要素が積み重なることによる量的な影響を量ることはできないが、質的な（定性的な）観察はある程度可能である。

1 非バーゼル要素は、日本の銀行に有利な傾向にある。われわれの判断によれば、政府による救済助成の価値は、バーゼル合意が扱うことのできない、日本の銀行にとっての相当な競争上の有利さになっている。競争するためには、アメリカの銀行は日本の競争相手よりも常により自己資本を備えていなければならないであろう。自己資本比率の調和が図られない方が、アメリカの銀行にはかえって良かったかもしれない。アメリカの銀行にとっては、4％の自己資本を保有している日本の銀行と8％の自己資本でもって競争する方が、日本の銀行の自己資本比率を8％に押し上げて、その結果、自分たち自身が8％よりかなり高い自己資本比率を保有しなければならないよりも、安上がりかもしれない。

2 アメリカの銀行がBIS規制以外の自己資本規制を守らなければならず、面倒な監督を避けるためには8％より高いBIS比率を有していなければならないということは、日本の銀行にとっての明白な有利さである。

3 BIS規制が銀行持株会社に適用されないという事実は、一般論としては、アメリカの銀行にとって重要な有利さである。日本における下からの梃（leverage）は、第二分類（TierⅡ）の自己資本を改善させるだけである。し

---

111) 連邦準備制度理事会規則（57 *Federal Register* 44866 (September 29, 1992)）により具体化された連邦預金保険公社改善法131条の「迅速矯正行動（Prompt Corrective Action）」規定を参照。

112) Federal Deposit Corporation, Final Rule on Risk-Based Insurance Premiums, 57 *Federal Register* 45263 (October 1, 1992).

自己資本比率得点表

要素	有利性	
	日本	アメリカ
セーフティ・ネット	●	
BIS 規制以外の政策		
政府助成	●	
債権評価	●	
持分に関する制限（利益・配当保証）		●
BIS 規制の追加的比率	●	
適用範囲		
銀行数	●	
銀行持株会社		●
適格自己資本		
累積的非償還優先株式		●
その他のハイブリッド金融商品		●
劣後債務		●
貸倒引当金	●	
証券値上り益・値下り損		
商品勘定		●
投資勘定	不明	不明
無形資産		●
繰越税資産		●
資産のリスク・ウエイト		
BIS リスク・ウエイト表	●	
同上表以外		●
低リスク・ウエイト資産の重要性		●
執行	●	

かし、アメリカの銀行にとっての現実の有利さは、自己資本規制を銀行持株会社にも適用するというアメリカの決定によって現在のところ限られたものとなっており、僅かに有利といえるのは、アメリカは銀行持株会社が累積的非償還優先株式を第一分類（Tier I）の自己資本として発行することを持株会社に許していることである。

　4　アメリカの銀行は、持分よりコストの安い自己資本の適格な源をより多く有していることにより、一般的に恵まれている。しかし日本の銀行は、

貸倒引当金の計上を制限することによって、第一分類の自己資本を大きく増大させている（現在はそのようなことはない）。アメリカの銀行は恐らく、時価主義会計と益出しによって、日本の銀行が再評価準備金を用いて行うよりも、より多くの自己資本を生み出している。しかし投資勘定において値下り損失が発生した場合は、日本の銀行より自己資本を多く失うかもしれない。

　5　アメリカの銀行は、低いリスク・ウエイトの資産を有することにより、一般的には有利である。この有利さは、日本の銀行が保有している商業貸付の多くより、実際のリスクがずっと高いと思われる住宅抵当貸付に関してとりわけ重要である。日本の銀行は、一部の資産についてBIS基準よりも高いリスク・ウエイトを採用したアメリカの決定によりある程度有利になっている。しかしこの有利さは、恐らく、BISの表にない一部の資産類型に100%より低いリスク・ウエイトを定めたアメリカの決定により、相殺されて余りあるといえよう。

　6　日本の銀行は、執行に関し明らかに有利である。日本における公的執行は、アメリカにおける公的執行に比べずっと弱い（現在は不明である）。日本の銀行は、日本での競争者と横並びに自己資本を維持するように、同業他行の圧力に直面することになるかもしれないが、アメリカの銀行は、面倒な監督を避けるために、8%を超える自己資本を達成しなければならない。

　バーゼル合意の一つの主要な目的は、日米の銀行の間の競争条件の平等を図ることにあった。しかし幾つかの理由からこの目的は達成できなかったと信じる。第1に、公的助成のように、バーゼル合意が癒すことのできない要素が、競争に大きな影響を持っている。第2に、BIS規制の効果は、会計ルールその他の貸借対照表規則——たとえば、貸倒引当金政策に強く影響される。BIS規制はこれらの領域の調和を図らなかったため、同一の自己資本規制が両国において異なる影響を与える。第3に、両国における法体制および資本市場の違いが、幾つかの資本調達手段（capital instruments）の利用や、異なるリスク・ウエイトの資産の保有の上で、重大な有利さを生む。第4に、自己資本規制の公的執行の違いは、BIS規制によっては修正されなかった。もしBIS規制が、日米の銀行間の競争条件の不平等の減少に、ささやかなりとも貢献をしたとすれば、それは偶然にすぎないと信じる。

　われわれとしては、バーゼル合意を正当化するために競争上の考慮を挙げるべきではないと結論したい。バーゼル合意の価値は、そうではなくて、経

済的な不況期における信用毀滅（credit crunch）に寄与するかもしれない役割とのバランスにおいて、国際業務に携わる銀行の安全性・健全性にどれだけ寄与するかによって決定されるべきである。

付録A　日本の銀行にとっての益出しと再評価準備金

　一定の条件の下においては、日本の銀行にとり、再評価準備金に頼るよりは、益出しを行う方が望ましい。第A－1表のケース1は、税率が50％であるとして、益出しの増加が日本の銀行の自己資本ポジションにいかなる影響を与えるかを示したものである。ケース2については本文で論じた。

　第1列（縦の列）は1991年の実際のデータを示している。ケース1においては、日本の銀行が値上りした証券を売却して未実現益を実現させ、50％の税率の下で（11,878 × 0.5）、税引後自己資本を5兆9390億円増加させるものと、仮定している。リスク資産および投資証券は11兆8780億円増加しよう。これは、値上り資産がすべて株式であり（100％リスク・ウエイト）、それらの売却後新しい高値により買い戻されるものと、仮定している。第一分類のBIS自己資本は、税引後利益で5兆9390億円増加し、リスク・ベース

〔第A－1表〕　日本における益出し　　　　　　　　　　　　　（10億円）

項　　　　目	1991年の実際値	ケース1益出し	ケース2大蔵省の行動
投資勘定証券	54,673	66,515	54,637
総未実現益	11,878	0	13,582
総実現益（税引後）	0	5,939	0
総未実現損失	(852)	(852)	(852)
仮定的益出し	1,704	1,704	0
（未実現損失相殺のために）			
総リスク資産	359,603	371,481	367,899
BIS自己資本への付加	5,345	5,939	6,112
持分自己資本	16,262	22,201	16,262
持分＋再評価準備金	21,607	22,201	22,374
持分＋再評価準備金／総リスク資産	6.01	5.98	6.08

〔出所〕　日本の有価証券報告書。

の自己資本比率は5.98％に減少し、3ベーシス・ポイント（0.03％）失ったことになろう。日本の銀行は再評価準備金を用いることによって有利になっているといえよう。

次の不等式は、益出しと再評価準備金の比較を数式化したものである。X＝総リスク資産、U＝未実現益、である。

$$\frac{0.5 \times U}{X + U} < \frac{0.45 \times U}{X} \quad ; \quad 0.1111 X < U$$

益出しは不等式の左辺に示されている。税率を50％とすれば、利益の実現により自己資本に付け加わるのは利益の50％である。銀行が売却した証券を高値で買い戻すとの仮定の下では、値上り益の額だけリスク資産が増加する。再評価準備金の利用は不等式の右辺に示されており、銀行は資産を増加させることなく値上り益の45％を実現する。50％の税率においては、未実現益がリスク資産の11.1％より多いときにのみ、益出しをしない（で再評価準備金を用いた）方が有利になろう。

益出しの有利さ対再評価準備金の有利さは、税率と総リスク資産に対する未実現益の割合による。第A－1図は、上記の不等式に基づきその関係を示

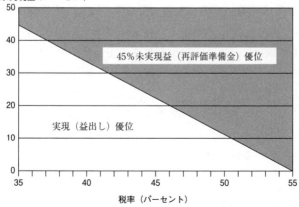

〔第A－1図〕　日本における益出し対再評価準備金

400　第Ⅴ部　金融監督規制

したものである。この図によれば、55%を超える税率においては、益出しが有利なことはありえない。しかし税率が55%未満の場合は、望ましい戦略は未実現益の割合による。

1991年と1992年における、10大銀行に関する、総未実現益のリスク資産に対するパーセンテージと実質実効税率（税額／税引前純利益。繰越・繰戻や租税特別措置による圧縮記帳等の影響を排除した厳密な実質実効税率ではなく、有価証券報告書上の税額を税引前純利益で除したものにすぎない。ただし、法人事業税を税額および税引前純利益にそれぞれ加えている。訳注)、および益出しが有利になる点（益出し優位点）を次に示した。

	1991	1992
総未実現益／総リスク資産	6.63	3.30
実質実効税率	48.84	58.00
益出し優位点	13.7	—

この期間の税率は約50%であり（法人事業税支払額を所得から控除して表面税率を計算し直したもの。訳注)、益出しは（BIS比率を上げるという観点からは。訳注）魅力のないものであったが、実質実効税率は、1991年には48.8%、1992年には58.0%であった。不等式によれば、1992年の場合、日本の銀行は益出しを行わない方が（BIS比率上。訳注）よい。実質実効税率が58.0%であった1992年には、益出し優位点がマイナスになっているためである[113]。

しかし1991年には、総未実現益／総リスク資産比率が6.63%であって、益出し優位点の13.7%を下回っている。したがって、（BIS比率に関しては。訳注）日本の銀行は益出しを行った方がよくなる。彼らが益出しを行わなかった理由は、恐らく他の要素に関連しよう（課税を回避する等、BIS比率以外の理由の方が重要とも考えられる。訳注)。日本の銀行により保有されている株式の多くはグループ会社の株式である。グループ内の株式の売却は、買い戻されなかったりすれば、グループの団結にとって危険かもしれず、銀行と顧客の関係を害するかもしれない。大蔵省はまた、東京証券取引所の株価が

---

113) $\dfrac{0.42 \times U}{X + U} < \dfrac{0.45 \times U}{X}$; $-0.066X < U$

下落している間は、益出しを抑制しようとするかもしれない。本文の第3図が示しているように、1989年以降、日経平均株価は暴落した。

　主な論点は、一定の条件の下では、日本の銀行は、再評価準備金を利用するよりは益出しを行う方が、（BIS比率の観点からは。訳注）有利だということである。

付録B　有価証券報告書に基づく資産の移転と配分

　本文の第8表として掲げた日本の10大銀行のリスク・ウエイト資産に関するデータは、証券取引法（現在は金融商品取引法）に従い、これらの銀行が大蔵大臣に提出することが義務づけられている会計報告（「有価証券報告書」）に基づいている。同法25条は、同報告書が公衆の縦覧に供されなければならないと定めている。銀行はまた、自らの自己資本に関する報告書を大蔵大臣に提出しなければならないが（「自己資本比率状況報告書」）、しかしこの報告書は、一定の集計値——総リスク資産および第一・第二分類の自己資本——を除き、公衆に開示されない。われわれとしては、有価証券報告書のデータに基づいて、各リスク・ウエイト範疇の資産を推定せざるを得なかった。

　有価証券報告書を用いるに当たっては、幾つかの一般的問題がある。有価証券報告書は、銀行のすべての金融子会社を連結しているわけではなく、また保証およびローン・コミットメント（信用状や手形引受等）を除き、簿外（off-balance-sheet）データを含まない。したがって、われわれのデータは完全ではない。

　われわれとしては、有価証券報告書のある項目（第B−1表）を、次のように特定のリスク・ウエイトの範疇に配分することができた。

リスク・ウエイト範疇 （パーセント）	有価証券報告書の項目 （第B−1表の項目と同じ）
0	1、5、7、8、10、18
10	6、11
20	2、3、23、24、25、27
100	4、13、14、17、19、20、26、28、30、31、32、33

402　第Ⅴ部　金融監督規制

〔第Ｂ－１表〕　銀行資産のリスク・ウエイト範疇への配分

(1992 年 3 月)

	リスク・ウエイト（パーセント）				
	0	10	20	50	100
〈資　産〉					
1.　現金	100.0	—	—	—	—
2.　預金	—	—	100.0	—	—
3.　コール・ローン	—	—	100.0	—	—
4.　買入金銭債権	—	—	—	—	100.0
〈商品勘定〉					
5.　国債	100.0	—	—	—	—
6.　地方債	—	100.0	—	—	—
7.　政府保証債	100.0	—	—	—	—
8.　貸付有価証券	100.0	—	—	—	—
9　金銭の信託	23.5	1.9	22.5	—	52.2
〈投資勘定〉					
10.　国債	100.0	—	—	—	—
11.　地方債	—	100.0	—	—	—
12.　社債	30.0	—	45.0	—	25.0
13.　株式	—	—	—	—	100.0
14.　自己株式	—	—	—	—	100.0
15.　その他の証券	11.9	0.6	28.0	—	59.5
16.　外債	50.0	—	—	—	50.0
17.　外国株式	—	—	—	—	100.0
18.　貸付有価証券	100.0	—	—	—	—
19.　割引手形	—	—	—	—	100.0
20.　手形貸付	—	—	—	—	100.0
21.　証書貸付	—	(6.11)×1.65 (12)× 0.3 × 1.65 —	—	補足よりのインプット	それ以外
22.　当座貸越	10.0	—	—	—	90.0
23.　外国他店預け	—	—	100.0	—	—
24.　外国他店貸	—	—	100.0	—	—
25.　買入外国為替	—	—	100.0	—	—
26.　取立外国為替	—	—	—	—	100.0
27.　未決済為替貸	—	—	100.0	—	—
28.　前払費用	—	—	—	—	100.0
29.　未収収益*	—	—	—	—	—
30.　先物取引差入証拠金	—	—	—	—	100.0
31.　先物取引差金勘定	—	—	—	—	100.0
32.　その他の資産	—	—	—	—	100.0
33.　動産不動産	—	—	—	—	100.0

*総資産の各リスク・ウエイト範疇ごとの割合を用いて配分。

〔出所〕　日本銀行、資金循環勘定。

項目 4（買入金銭債権）は、（買い入れた）住宅抵当貸付債権を含むが、50％のリスク・ウエイト範疇に属すべきそのような買入抵当貸付債権の額は大きくないと考える。

主な問題は、有価証券報告書には、リスク・ウエイトの範疇に対応する内訳が常に存在するわけではないということである。たとえば、有価証券報告書における「社債」の項目は、政府保証債（リスク・ウエイト 0％）、銀行発行の社債（リスク・ウエイト 20％）、および事業債（リスク・ウエイト 100％）を含む。「社債」を正しいリスク・ウエイト要素に分解するために、資金循環勘定からのデータによった。

第B－1表は、有価証券報告書中の資産をいかにリスク・ウエイトの範疇に配分したかを示したものである。社債に関しては（有価証券報告書の項目12）、社債の 30％、45％、そして 25％を、それぞれ 0％、20％、そして 100％のリスク・ウエイトに配分した。この配分に当たり、第B－2表の 1989 年資金循環データを基礎にした。これらのデータは、全国銀行および都市銀行 11 行の社債ポートフォリオの情報を与えてくれる。これによれば、これら都市銀行は、政府保証債を 2 兆 3280 億円、金融債を 3 兆 5230 億円、および事業債を 2 兆 3570 億円保有していた。都市銀行 11 行の総ポートフォリオ中のこれらの社債のそれぞれの割合、すなわち 28.4％、42.9％、28.7％を、10 大銀行の有価証券報告書をリスク・ウエイト範疇に分類するのに用いた。

残念ながら、都市銀行に関する資金循環データは、1989 年以来、公表されていない。全国銀行に関するより最近のデータによって、配分をアップ・トゥ・デートなものにした。(A)－(B)の欄は、1989 年から 1991 年の間における全国銀行のポートフォリオのウエイトの変化を示している。たとえば、政府保証債は 0.83％増加した。これらの変化の方向と強さを、1989 年データを補正するために用いた。都市銀行に関する補正割合は、(C)－(D)の欄にあり、その結果得られたリスク・ウエイトは(C)欄に用いられた。

また、項目 15 の投資勘定中のその他の証券、および項目 9 の金銭の信託を配分するために、資金循環データから代替ウエイトを用いた。項目 15 の主な部分は投資信託である。第B－3表は、投資信託全体における投資対象（ポートフォリオ）の内訳を示す資金循環データを示したものである。個々の投資対象項目を適切なリスク・ウエイトの範疇にグループ分けし、ポートフォリオ中のそれらの割合を計算した。たとえば、国債および政府保証債は、

第Ⅴ部　金融監督規制

〔第Ｂ－２表〕　投資目的の社債保有 （日本の全国銀行）

債務証券の類型	1991 年 3 月		1989 年 3 月		差
	10 億円	全体のパーセント	10 億円	全体のパーセント	
〈全国銀行〉					
		(A)		(B)	(A)－(B)
政府保証債	8,699	34.50	6,534	33.68	0.83
金融債	10,679	42.35	7,535	38.83	3.52
事業債	5,836	23.15	5,334	27.49	－ 4.34
総計	25,214	100.00	19,403	100.00	0.00
〈都市銀行〉					
		(C)		(D)	(C)－(D)
政府保証債	―	30.00	2,328	28.36	1.64
金融債	―	45.00	3,523	42.92	2.08
事業債	―	25.00	2,357	28.72	－ 3.72
総計	―	100.00	8,208	100.00	0.00

〔出所〕　日本銀行、資金循環勘定。

ポートフォリオの 11.89％と計算され、項目 15 のその割合が、第Ｂ－１表における 0％リスク・ウエイトの範疇に配分された（投資信託全体におけるポートフォリオ内容と 10 大銀行が保有している投資信託のポートフォリオ内容が同じであるという仮定に基づいている。訳注）。

項目 9 の配分についても同じように、第Ｂ－４表の金銭の信託全体における投資対象（ポートフォリオ）の内訳を示す資金循環データを用いた。二重計上を避けるために、第Ｂ－３表の投資信託に関するデータを除外した。また、他の２つの項目（貸付およびその他の外部資産）を金銭の信託に関する資金循環データから除外した。これらの資産は、銀行の金銭の信託データには含められるべきではないように思われるからである。項目 9 に関しても、個々の項目は適切なリスク・ウエイトの範疇に分類され、第Ｂ－１表のように、これらのポートフォリオ割合が、項目 9 を配分するために用いられた。

項目 21 の証書貸付は、公団・公庫や地方公共団体への貸付（10％のリスク・ウエイト）、住宅抵当貸付（50％のリスク・ウエイト）、および商業貸付（100％のリスク・ウエイト）を含む。有価証券報告書公表時に銀行が補足的に開示するデータに基づき、住宅抵当貸付の額を知りうる。項目 21 の残高を、

銀行の自己資本比率規制に関するバーゼル合意の日米における具体化──平等な競争条件を求めて　405

〔第B－3表〕　その他の証券（投資信託）

(1991 年 3 月)

証券の類型	10 億円	パーセント
国債	4,035	9.98
地方債	256	0.63
政府保証債	771	1.91
金融債	5,124	12.67
事業債	2,217	5.48
株式	17,517	43.33
コール・ローン	6,205	15.35
手形	2,445	6.05
コマーシャル・ペーパー	1,858	4.60
総計	40,428	100.00
小計		
国債および政府保証債	4,806	11.89
地方債	256	0.63
金融債およびコール・ローン	11,329	28.02
事業債＋株式＋手形＋コマーシャル・ペーパー	24,037	59.46

〔出所〕　日本銀行、資金循環勘定。

〔第B－4表〕　金銭の信託

(1991 年 3 月)

証 券 の 類 型	金銭の信託 (A)	金銭の信託 (B)	(A)－(B) 円	(A)－(B) 全体に対するパーセント
国債	15,704	4,035	11,669	20.46
地方債	1,317	256	1,061	1.86
政府保証債	2,515	771	1,744	3.06
金融債	9,386	5,124	4,262	7.47
事業債	7,401	2,217	5,184	9.09
株式	39,234	17,517	21,717	38.08
コール・ローン	14,746	6,205	8,541	14.97
手形	3,478	2,445	1,033	1.81
コマーシャル・ペーパー	3,684	1,858	1,826	3.20
総計	97,465	40,428	57,037	100.00
小計				
国債＋政府保証債	18,219	4,806	13,413	23.52
地方債	1,317	256	1,061	1.86
金融債＋コール・ローン	24,132	11,329	12,803	22.45
事業債＋株式＋手形＋コマーシャル・ペーパー	53,797	24,037	29,760	52.18

〔出所〕　日本銀行、資金循環勘定。

406　第Ⅴ部　金融監督規制

〔第Ｂ－５表〕　公団・公庫および地方公共団体債務　　（1992 年 3 月）

債務の類型	10 億円	全体に対するパーセント	比率
(1)　公団・公庫債 　　（すべて政府保証）	28,069	22.23	－
(2)　地方債	19,567	15.50	－
(3)　公団・公庫および地方 　　公共団体への貸付	78,636	62.28	－
総計	126,272	100.00	－
メ　モ (4)　公団・公庫債＋地方債	47,636	37.72	－
(5)　(3)の(4)に対する比率	－	－	165.08

〔出所〕　日本銀行、資金循環勘定。

10％から100％の間のリスク・ウエイトの範疇に配分した。第Ｂ－５表の資金循環データを用いて、公団・公庫および地方公共団体が、彼らの債務のうち37.7％を債券により、残り62.3％を貸付により調達したものとした。この比率は100（債券）対165.1（貸付）である。銀行は、これらの機関・団体の債券および貸付をこれと同じ割合で保有しているものと仮定した。第Ｂ－１表に基づき、債券の額を、項目6および11の100％プラス項目12の30％、と知ることができる。したがって、この額の165.1％がこれら機関・団体に対する貸付であり、項目21（住宅抵当貸付を控除後の）のうちからその額を10％のリスク・ウエイト範疇に配分した。項目21の残りの貸付は、100％のリスク・ウエイト範疇に配分した。

　資金循環勘定より代替データが得られないときは、大ざっぱな推定を行った。項目16の外債については、50％は0％リスク・ウエイトに（OECD諸国国債）、50％は100％リスク・ウエイト（社債）に分けた。また、知見に基づき、項目22の当座貸越の10％が、預金により担保され、0％のリスク・ウエイト範疇に属するという、大ざっぱな推定を行った。

　最後に、項目29の未収収益は、各リスク・ウエイトの範疇に配分された他の全資産（項目29以外の項目）の額の割合に従って各リスク・ウエイトの範疇に配分した。

銀行の自己資本比率規制に関するバーゼル合意の日米における具体化——平等な競争条件を求めて　　407

〔訂正とお断り〕

　なお、本翻訳においては、原文にあった編集上の誤り等を訂正し、一部の統計資料をより新しいものにする等の修正を加えていることをお断りします。

〔追記〕

　Ⅳ４の部分の翻訳については、和仁亮裕弁護士の貴重な助言を頂いた。もちろん訳責は岩原にある。

〔翻訳に当たっての前書〕

　本稿は、スコット教授と私の共同論文、"In Search of a Level Playing Field: the Implementation of the Basle Capital Accord in Japan and the United States"（Group of Thirty Occasional Paper 46（ISBN 1-56708-043-X））を岩原が翻訳したものである。原文は英語で書かれ、本年（1994年）４月６日にアメリカにおいて金融に関する研究等の機関であるThe Group of Thirtyより公表され、出版された。ちなみに、本論文はアメリカにおいてプレス・リリースされ、わが国においても、日経金融新聞４月８日付により報道された。

　本稿は、国際銀行システムの健全性と安定性の強化、および国際業務に携わる銀行間の競争条件の不平等の原因除去を目的に、1988年にバーゼルで開かれたG-10諸国中央銀行総裁会議で合意した「自己資本の測定と基準に関する国際的な統一化（International Convergence of Capital Measurement and Capital Standards）」（いわゆる「BIS規制」）が、本当に後者の目的に役立つかを検討したものである。上記合意は外国ではバーゼル合意と呼ばれ、本稿原文でもそう呼んでいるが、本翻訳文中ではわが国の慣例に従って原則としてBIS規制と訳している。

〔謝辞〕

　執筆者は、有益なコメント、批評、示唆を頂いたラジ・バーラ、ドウァイト・B・クレーン、チェスター・フェルドバーグ、チャールズ・グッドハート、ジョイス・ハンセン、堀内昭義、ハウェル・E・ジャクソン、小宮山賢、スコット・P・メーソン、ロバート・C・マートン、キャスリーン・M・オデイ、アーネスト・パトリキス、アンドレ・ペロー、ロバータ・プッシェル、D・S・ルール、ウィリアム・A・ライバック、島田二三男、エーリック・シリ、田中正明、ピーター・トゥファノ、フィリップ・ウェロンスの諸氏に感謝したい。われわれはとりわけ、われわれの研究助手であった大橋一成氏の献身的な助力、創作力、そして本研究への決定的な貢献に特に感謝したい。最後に、われわれの編集者として有益な貢献をし、多くの困難から救ってくれたメンデレ・T・ベレンソ

408　第Ⅴ部　金融監督規制

ン氏に感謝したい。

〔商事法務 1354 号 49〜58 頁・1355 号 2〜11 頁・1356 号 14〜23 頁・
1357 号 19〜27 頁・1358 号 14〜21 頁・1360 号（1994 年）29〜35 頁〕

［後記］　本稿発表の時点においてのバーゼル銀行自己資本比率合意は、いわゆ
るバーゼルⅠであったが、その後、バーゼルⅡ、バーゼルⅢと規制は修正され、
大きく変わった。そして本稿においてバーゼル合意の日米銀行の競争に影響
を与える要素として検討した両国の会社法、税法、会計ルールも、本稿後に
大きく変わった。わが国の銀行の監督当局も大蔵省から金融庁に変わった。
その結果、本稿における分析の多くは現時点においては妥当しなくなっている。
そして日米の銀行間の競争の状況も大きく変化して、現在では大きなテーマ
ではなくなっているのかもしれない。そのようなことから、本稿を本書に収
録すべきか、大いに迷った。しかしバーゼルⅠは依然として現在のバーゼル
の銀行自己資本比率規制の基礎になっており、同規制の全体を理解する上でも、
バーゼルⅠの意義とその実態を明らかにしようとした本稿は、今日において
も一定の意義は持ちうるのではないかと考える。例えば、標準化されたリス
ク・ウエイト・アプローチは残っており、「その他有価証券」に関する含み益
の 45％に相当する額を Tier Ⅱ資産に計上できるとされていること等は経過措
置等として残っているし、バーゼルⅢにより導入されるレバレッジ比率規制
における分母となる総資産の定義が各国に任されていて各国に共通な基準を
見出すことは難しいことなど（小山嘉昭『詳解銀行法〔全訂版〕』（金融財政
事情研究会、2012 年）320 頁）、本稿で指摘したのと共通する問題が現在も存
在する。本稿で論じた自己資本比率規制と会社法・税法・会計ルールの係わ
りは、内容は変わりながらも、なお基本的なところでは示唆を与えうるので
はないかと考え、本書に収録した次第である。
　本稿において論じた点の本稿以降の大きな変化は以下の通りである（以下、
変化を知りうるところを記した。変化をフォローしきれなかった点が多いこ
とをお詫び申し上げる）。まずバーゼルⅡによる大きな変更点としては、資産
のリスク・ウエイトのかけ方が、標準的手法においても事業法人を債務者と
する債権については、債務者の外部の格付機関による格付によってリスク・
ウエイトを変えることができることとした（その他の各資産のリスク・ウエ
イトについては、自己資本告示 55 条以下参照）。また内部格付手法採用行に
おいては、以下のような必要自己資本の算定が行われる。①自己査定におけ

る要管理債権以下の債権については、各銀行が今後1年間に債務者が破綻する確率を過去に蓄積した自行のデータ等に基づき計算する（破綻確率）。②債務者破綻時の損失額の割合を担保状態を考慮して算出する（破綻時損失率）。③破綻時の与信額を測定する（破綻時エクスポージャー額）。①～③の数字を監督当局が設定したモデルに基づくリスク・ウエイト関数式に代入して、リスク・ウエイトを算定し、必要自己資本を算出することを許容した（internal ratings-based (IRB) approach.自己資本告示140条以下）。①だけが自行推計値を用いて、②、③は各行共通の値を利用する方式が基礎的内部格付手法であり、①、②、③をすべて自行で算出する方法が先進的内部格付手法（advanced IRB）である。

　バーゼルⅢにおいては、Tier Ⅰにおける普通株式等の割合を2%から4.5%に引き上げること、最低Tier Ⅰ資本を4%から6%に引き上げること、資本保全バッファーを2.5%まで上乗せすること、各国監督当局はその裁量により信用の急拡大時にはそれに対抗して2.5%のcountercyclical bufferを課し、信用収縮時にはそれを軽減して信用拡大と収縮の増幅に対応することができるようにすること（各国への強制ではない）、国際的に重要な銀行（G－SIBs）に1%から3%の追加的資本要求を行うこと、Tier Ⅰ資本の銀行の総資産（エクスポージャー）に対する比率（leverage ratio）の規制（取り敢えず3%）、流動性カバレッジ比率規制（適格流動資産を30日間のストレス期間に必要となる流動性で除した割合が100%以上となること）、安定調達比率規制（安定調達額（資本に預金・市場性調達の一部を加えたもの）を所用安定調達額（資産に流動性に応じた掛け目を掛けたもの）で除した割合が100%以上となること）、等が導入された（Basel Committee on Banking Supervision, Basel Ⅲ: A global regulatory framework for more resilient banks and banking systems (December 2010, Revised June 2011), available at http://www.bis.org/publ/bcbs189.pdf）。またバーゼルⅢは、時価会計により生じる売却可能資産の未実現損益を監督上資本の対象にすべきだとしている（Basel Committee on Banking Supervision, Strengthening the resilience of the banking sector, ¶96 p.23 (Consultative Document, December 2009), http://www.bis.org/publ/bcbs164.pdf）。しかしこれにはフランス等ヨーロッパ諸国が非毀損債権を時価評価することは不当だとして反対している（Hal S. Scott & Anna Gelpern, International Finance: Law and Regulation (Sweet & Maxwell 3rd ed. 2012) p.504）。

　わが国においても本稿執筆後の平成9年独禁法改正により純粋持株会社が認められ、また平成11年商法改正により株式移転・株式交換の制度が導入されて、実際に持株会社の形成が容易にできるようになった。そして平成10年

の銀行法改正により銀行持株会社の制度が作られ、3メガバンクを始めとして現在では銀行持株会社の支配下に入っている銀行が多い。銀行持株会社には銀行同様の自己資本比率規制が課せられる（銀行法52条の25、「銀行法第52条の25の規定に基づき、銀行持株会社が銀行持株会社及びその子会社の保有する資産等に照らしそれらの自己資本の充実の状況が適当であるかどうかを判断するための基準」（平成18・3・27金融庁告示20号））。

　銀行独自の会計基準を定めていた大蔵省の決算経理基準は廃止され、事業会社と同様、「一般に公正妥当と認められる企業会計の慣行に従う」（会社法431条）、「一般に公正妥当と認められる企業会計の基準に従う」（金融商品取引法193条、財務諸表等の用語、様式及び作成方法に関する規則1条1項）こととなった。但し、不良債権の分類については、銀行法21条に基づくディスクロージャー誌の開示における分類、金融庁が金融機関に自己査定を求めているときの分類（金融検査マニュアルにおける債務者区分等）、金融機能の再生のための緊急措置に関する法律上の分類がある（岩原紳作他「〔リレー研究・第1回〕金融機関の不良債権の実態と破綻処理スキーム」ジュリ1151号（1999年）10頁・14頁以下参照）。これらの不良債権への分類に基づき、貸倒引当金の計上がなされる（金融商品に関する会計基準28項、金融検査マニュアル自己査定（別表1）1. 参照）。わが国における不良債権に関する会計や償却・貸倒引当金の歴史と現状については、児嶋隆『銀行の不良債権処理と会計・監査』（中央経済社、2015年）9頁以下、預金保険機構編『平成金融危機への対応——預金保険はいかに機能したか』（金融財政事情研究会、2007年）351頁以下等参照）。アメリカにおける銀行の貸倒引当金規制については、児嶋・前掲205頁以下参照。なお、アメリカにおいては1986年米国税制改革法によって、大銀行は貸倒引当金の損金算入ができなくなった（児嶋・前掲222頁）。現在では、銀行の貸倒引当金をめぐる日米の差異は、規制の執行を含めて小さくなっているように思われる。

　金融商品に関する会計基準によれば、満期保有目的の債券は、市場価格の有無に拘わらず取得価額及び償却原価法による評価額をもって貸借対照表価額としなければならない（同基準16項）。満期保有目的以外の債券で市場価格のあるものは、時価をもって貸借対照表価額とする。時価による評価差額は、売買目的有価証券においては当期の損益として計上し（同基準15項）、分配可能額を増減させ、売買目的以外は（「その他有価証券」と呼ばれる）、評価差額の合計額を純資産の部の評価・換算差額等に計上するか（全部資本直入法）、時価が取得価額を上回る銘柄に係る評価差額は純資産の部の評価・換算差額等に計上し取得価額を下回る銘柄に係る評価差額は当期の損失とし（部

分資本直入法）（同基準 18 項）、プラスでも分配可能額が増加しないが、マイナスの場合は分配可能額から評価差損が控除される（会社法 461 条 2 項 6 号、会社計算規則 158 条 2 号）。

売買目的有価証券に該当する株式は、時価をもって貸借対照表価額とし、当期の損益とされる（同基準 15 項）。但し、金融商品取引法 33 条 1 項に基づき、銀行は売買目的有価証券を保有することはできない。その他有価証券に該当する株式（子会社株式・関連会社株式以外で市場価格のある株式）も時価をもって評価するが、評価損益は損益計算書において全部資本直入法又は部分資本直入法により計上される（同基準 18 項）。分配可能額への影響は債券の場合と同様である。

以上の金融商品に関する会計基準からは、時価会計を採る結果、その他有価証券の評価差額金はBIS規制上すべてTier I に計上されるように見えるが、バーゼル II において、その他有価証券評価差額金はプラスのときはグロス評価益の 45％相当額がTier II に計上できることとされ、マイナスのときは評価差損がTier I から控除されていた扱いを、現在も引き継ぐことになっている（自己資本告示附則（平成 24・3・30 金融庁告示 28 号）5 条 2 項は、「なお従前の例による」としている）。本稿注 62）に書き加えた土地再評価差額金も、45％相当額をTier II に計上する扱いが、一定割合で適用日から 10 年を経過する日までの間認められる（自己資本告示附則（平成 25・3・8 金融庁告示 6 号）5 条）。以上につき、吉井一洋編著『バーゼル規制とその実務』（金融財政事情研究会、2014 年）548 頁参照）。これらの点はなお日米の差異として残っているように思われる。

バーゼル合意の問題に係る各種の研究として、Hal S. Scott, ed., Capital Adequacy Beyond Basel: Banking, Securities, and Insurance, Oxford Univ. Press, 2005 参照。また、Hal S. Scott & Anna Gelpern, International Finance：Transactions, Policy, and Regulation, 21st ed., Foundation Press, 2016, pp.575-652；Michael S. Barr, Howell E. Jackson & Margaret E. Tahyar, Financial Regulation: Law and Policy, Foundation Press, 2016, pp.259-332 及び同引用文献参照。

最後に、本論文を本書に収録することに承諾頂いた本論文の共同執筆者であるHal S. Scott教授に、心よりの御礼を申し上げる。

デリバティブ取引に関する監督法上の諸問題

I　デリバティブ取引と金融監督法の関わり

　デリバティブ取引と金融監督法の関わりはいろいろな面において生じます[1]。しかしここでは、デリバティブ取引が、金融監督法の観点から見て、いかなる規制の対象たりうるか、という問題に関し、この分野の最先進国であるアメリカを参考に報告をしたいと存じます。ここでいう金融監督法は、金融に関する規制法的なものを指すという、非常に広い意味を持たせています。そのため、銀行法等はもちろん、証券取引法（金融商品取引法）、証券投資信託法（投資信託及び投資法人に関する法律）から商品取引所法（商品先物取引法）までが含まれています。したがってまた、ここで取り扱う金融機関も、銀行等の預金受入金融機関のほかに、証券会社、証券投資信託委託会社、保険会社等、非常に広いものとなっています。しかし、金融監督法的な問題を網羅して取り上げているわけではないこと、また必ずしも細かい解釈論、立法論、比較法的研究等がなされているわけではないことも、あらかじめお断りしたいと思います。従来このような問題についての研究はあまり多くはなく、とりわけ包括的研究はほとんどなかった現状を踏まえれば、とりあえず

---

1)　たとえば、金融監督法上の規制を回避するために、デリバティブ取引を用いるといった場合等もある。金融財政事情研究会編『専門金融機関制度のあり方について――金融制度調査会専門委員会報告』（同研究会、1987年）27頁参照。会計規制、税制等さまざまな規制を回避する目的でデリバティブ取引を用いることを、アメリカでは、regulatory arbitrage と呼んで、さまざまな研究がなされている。Frank Partnoy, "Financial Derivatives and the Costs of Regulatory Arbitrage", 1997 J. Corp. L. 227, 233 参照。

全体的な問題状況だけでもお話できれば、私の責めは果たせるのではないか
と考えた次第です。

Ⅱ　金融機関とデリバティブ取引

　金融機関がデリバティブ取引に関わるのは、（前述したような規制回避等を
目的とするものを除けば）以下のような目的により行うものに大別できるも
のと考えられます。第1に、金融機関自身が、自らの貸付、証券の保有、預
金の受入れ等によって生じる金利、為替等に関する各種のリスクをヘッジす
る目的で行うものです。第2に、金利、為替等、金融取引に関するノウハウ
を利用して、自らの投機目的で行うものです。第3に、同様のノウハウを生
かして、アレンジャー、インターミディアリー等として顧客のデリバティブ
取引に関与するものです（金利や為替等に関し逆方向のデリバティブ取引、
たとえばスワップ取引を望んでいる顧客がいたとしても、彼等は互いに相手方や相
手の希望取引内容を知って交渉することは容易ではない。また、相手方の信用リ
スクの判断やそれを避けるためのノウハウや手段を持ち合わせてはいないのが通
常である。そこでそれらの点に関し情報、ノウハウ、手段を有している金融機関が、
顧客同士の取引をアレンジしたり、あるいは、別々に一方ずつの顧客との間で自
らが当事者となってポジションを取ってデリバティブ取引を成立させるというイ
ンターミディアリーの立場に立つわけである。後者の場合、もう一方の相手方が
まだ現れていなかったり、取引内容が正確に逆方向になっていなくてもポジショ
ンを取るようになれば、一種のディーリングを行っていることになり、第2の投
機行為に近づいてくることは否定できない。アレンジャーやインターミディアリー
として金融機関が顧客のデリバティブ取引に関与した場合、当事者に助言、各種
ノウハウの提供、契約書の作成その他の事務手続の補助、送金の取組み等、各種
の金融サービスを提供して、手数料収入等を稼ぐわけである。このような第3の
タイプの取引が、金融機関にとって大きな割合を占めていることはいうまでもな
いが、第1、第2の要素も絡み合っていることもあり、必ずしも明確に区別できる
ものではない）。

　これらのいずれのタイプの取引においても、その中心は金利、為替といっ
た金融取引に関わるリスクの処理に関するものでした。すなわち、わが国に
おける金融機関のデリバティブ取引の想定元本額は、1997年3月末時点で、

414　第Ⅴ部　金融監督規制

主要 20 行だけで 1471 兆円にのぼっていますが[2]、その大部分を占める店頭取引を見ると、1995 年末において、金利関連デリバティブが 61％、外為関連デリバティブが 39％を占めて、それ以外のものはほとんどありませんでした。同時期の世界の統計でも、店頭取引の想定元本残高 41 兆ドルのうち、金利関連デリバティブが 65％を占め、外為関連デリバティブが 32％を占めており、両者で 97％を占めています。しかし世界の統計においては、エクイティ・デリバティブが 1.5％、コモディティ・デリバティブが 0.7％余りを占めています。これらエクイティ・デリバティブやコモディティ・デリバティブは、その後取引が増加しており、わが国においても、これが導入されようとしており、問題になっています。また最近においては、クレジット・デリバティブが開発され、話題を呼んでいます。これら金利、為替という伝統的な金融取引に内在するリスク以外のリスクに関わるデリバティブ取引を金融機関が行うことが、金融監督法の見地やいわゆる業際的見地から、問題となっています（現在のデリバティブ取引の統計については、［後記］参照）。

Ⅲ　デリバティブ取引と金融機関の業務規制

1　金利・通貨・上場有価証券に関するデリバティブ取引

(1)　銀行等

　まず、銀行等については、銀行法等によってそれぞれ業務規制がなされているなかで、デリバティブ取引がいかなる業務としての評価を受け、業務規制上許される行為となるのか否か、という問題を取り上げてみたいと存じます。金利関連取引から始めると、金利オプションは、わが国ではあまり馴染みがないが、海外では通貨、株式、株価指数等とともに古くから広く行われている取引です。これは、将来の一定期間または一定日に、一定の金利の支払を受ける権利を、一定の価格で購入または売却する権利を譲渡する契約です。金利リスクそのものを売買するものと申せましょう。金利先物取引は、一定金利の金融商品を、将来の一定日に売買する契約です。金銭債権の売買に金利リスクの売買の要素を加えたものが金利先物取引です。金銭債権の反

---

2)　日本経済新聞 1997 年 8 月 25 日朝刊 5 面。アメリカでは、1996 年末で銀行全体のデリバティブ取引残高が想定元本ベースで 20 兆 300 億ドルにのぼっている。

対売買を行えば、オプションと同じく金利リスクそのものの売買として使えます。金利スワップは、あらかじめ定められた想定元本額に基づいて発生した異種の利息支払の流れを定期的に交換するもので、契約開始時および満期時における元本の交換を含まない、金利リスクの交換取引です。

次に、為替関連取引について見ると、通貨オプションは、将来の一定期間または一定日に、外国通貨一定額を、一定額により購入または売却する権利を譲渡する契約であり、為替リスクそのものを売買する契約と申せましょう。通貨先物取引は、外国通貨を将来の一定日に売買する契約です。外国通貨の売買（外国為替先渡取引）に為替リスクの売買の要素を加えたものです。通貨スワップは、契約開始時点における、ある種類の通貨一定額と別の種類の通貨一定額の交換と、契約満了時点における再交換ならびに期中における金利相当分の通貨の交換とを契約するものです。これも外国通貨の売買に為替リスクの売買の要素を加えたものですが、為替リスクの売買の目的のみにも利用できます。

これらの金利デリバティブや通貨デリバティブの取引は、以上見たように、金利リスクの売買、為替リスクの売買等に、金銭債権売買や、外国通貨の売買（外国為替取引）を組み合わせたものと申せましょう。銀行法によれば、金銭債権の売買、外国通貨の売買は、いずれも銀行の付随業務とされています（銀行法10条2項・5号・11号）。金利リスクや為替リスクそのものの売買については、特別に規定されていませんが、いずれも貸付といった銀行の固有業務や金銭債権や外国通貨の売買といった銀行の付随業務に元々含まれている要素です。従来、それだけを取り出して取引をすることがなかっただけで、銀行が実際には貸付等の取引の一部として行ってきた取引です。いわゆる銀行業務のアンバンドリング化の一つとして、そのような従来の取引に含まれていた要素が独立して取引対象になったものと申せましょう。したがって、銀行の業務規制が、銀行が本来の銀行業務と異なる業務を行うことによって、異質のリスクを負い、それによって銀行の財務の健全性を害されることを防ごうとしたものと考えれば、銀行がこれらのデリバティブ取引を行うことは、新たな種類のリスクを負担するものではないことからは、基本的には問題がないと考えられます。銀行法的には、銀行法10条2項柱書に規定する付随業務と位置づけられることになりましょう（現在は、銀行法10条2項12号・13号・10項、同法施行規則13条の2の2により、デリバティブ取引

（金融商品取引法2条20項に定義がある。金利デリバティブ取引は、同法2条21項2号・3号・22項2号・3号・5号・24項1号・2号・25項1号、同法施行令1条の17、外国為替及び外国貿易法6条1項7号等による。通貨デリバティブ取引は、金融商品取引法2条21項1号・22項1号・3号・5号・24項3号、同法施行令1条の16、銀行法10条2項11号等による。なおここに言うデリバティブ取引は、金融商品取引法28条8項3号〜5号に定める有価証券関連デリバティブ取引以外のものに限られる）、またはその媒介、取次ぎもしくは代理として、銀行の付随業務と認められている）。銀行法10条2項12号は、金融先物取引の受託を、付随業務と規定していますが（現在は金融商品取引法2条20項に定めるデリバティブ取引を付随業務として規定）、これは念のために規定したものと考えられます。銀行の付随業務は、固有業務に関連性があり、銀行の合理的経営の見地から、銀行の業務範囲に加えることが適切な業務とされます[3]。関連性を認定する視点としては、銀行が固有業務を営むために必要な経営資源および固有業務を営んだ結果生じた経営資源を活用するという視点、顧客のニーズに応えるという観点から固有業務の内容と付随業務として提供する財・サービス内容の親近性の視点、そのような財・サービスを提供することの公益性の視点、等が考えられますが[4]、これらの視点、とくに銀行の固有業務の経営資源の活用の視点からも、金利デリバティブや通貨デリバティブは銀行の付随業務と考えられます。

　次に、銀行法の明文のうえで銀行が付随業務として行えるものとされているのが、有価証券指数等先物取引、有価証券オプション取引または外国市場証券先物取引といった、有価証券に関する上場デリバティブ取引です（銀行法10条2項2号。現在は有価証券関連デリバティブ取引（金融商品取引法28条8項3号〜5号）として規定されている）。ただこれには、投資の目的をもってするものまたは顧客の書面による注文を受けてその計算においてするものに限る、という制限が付されています。このことからも明らかなように、これは銀行の付随業務として許されている有価証券の実物取引に準じて認められたものです。実物取引と実質的には異ならないという前提で認められたものと

---

3)　小山嘉昭『全訂銀行法』（大蔵財務協会、1995年）156頁参照。
4)　岩原紳作「他業禁止原則」竹内昭夫編『保険業法の在り方上巻』（有斐閣、1992年）1頁・20頁。

申せましょう（現在は、有価証券関連店頭デリバティブ取引（銀行法10条2項16号）またはその媒介、取次ぎもしくは代理も（同項17号）、差金決済を行うものであれば付随業務として銀行は行うことができる（銀行法10条10項、金融商品取引法2条20項・28条8項4号）。また、銀行法11条2号により、銀行法10条1項各号の銀行の固有業務を妨げない限度において、他業証券業務として金融商品取引法33条2項各号に掲げる有価証券関連デリバティブ取引を行うことができる。この他、銀行は登録金融機関として金融商品取引法が規制しているデリバティブ取引およびその媒介・取次ぎ・代理を業として行うことができる（金融商品取引法2条8項・33条3項（有価証券関連デリバティブ取引等を除く）・33条の2第1号～3号・33条の5第2項））。

なお、銀行法17条の2（特定取引に関する勘定の規定であったが、削除された）、銀行法施行規則17条の8・17条の11（これらも削除されている）は、銀行が金利デリバティブ、通貨デリバティブ、有価証券デリバティブ取引を行いうることを前提とする規定です。しかしそれが具体的にいかなるものでありうるか、なんらかの限界がありうるのかといったことは不明です。通達や事務連絡においては、銀行のデリバティブ取引について一般的に定めを置いていますが[5]（通達や事務連絡は廃止された）、具体的にいかなるデリバティブ取引を行えるのか、いかなる制約がありうるのかといった点については、明らかにされていません[6]。

(2) 証券会社

証券取引法（金融商品取引法）によれば、証券会社（金融商品取引業者）が行える業務は、証券取引法2条8項に定められた証券業（金融商品取引業）であり、それ以外には、証券業に関連する業務で、証券業を営むうえにおいて公益または投資者保護のため支障を生ずることがないもので、大蔵大臣の

---

[5]　上場証券先物取引（「普通銀行の業務運営に関する基本事項等について」（昭和57・4・1蔵銀901号）第三、三）、金融先物取引（同第三、九）、デリバティブ商品販売（同別紙一、一(4)）、デリバティブ取引（同別紙一、二(6)、別紙二、別紙三、三等）。

[6]　アメリカの場合につき、CCH, Federal Regulation of Derivatives（1995）pp. 49 et seq.; Steve McGinity, "Derivatives-Related Bank Activities As Authorized By the Office of the Comptroller of the Currency and the Federal Reserve Board", 71 Chi. Kent L. Rev. 1195（1996）参照。

承認を受けた業務のみを営めるものとされています（証券取引法43条。現在は、第一種金融商品取引業者は、金融商品取引業のほか、金融商品取引法35条1項の各号に列挙された行為その他の金融商品取引業に付随する業務、同条2項各号に掲げる業務、及び同条4項により内閣総理大臣の承認を受けた業務、を行うことができる。第二種金融商品取引業者は、第二種金融商品取引業または投資助言・代理業のほか、他の業務を兼業することができる。金融商品取引法35条の2第1項）。証券取引法2条8項に証券業として規定されているデリバティブ取引は、有価証券指数等先物取引、有価証券オプション取引または外国市場証券先物取引、およびこれらの取引の媒介、取次ぎまたは代理です（証券取引法2条8項1号・2号。現在は、金融商品（金融商品取引法2条24項）や金融指標（同条25項）等を対象とする国内の金融商品市場における市場デリバティブ取引を業として行うか（同条21項）、店頭デリバティブ取引を業として行うか（同条22項）（ただし、有価証券関連店頭デリバティブを除き、特定のプロ投資家相手の店頭デリバティブ取引は、金融商品取引業の定義から除外される。金融商品取引法施行令1条の8の6第1項2号）、外国金融商品市場における外国市場デリバティブ取引を業として行えば（同条23項）（これらの定義については、金融商品取引法2条21項〜25項参照。同法28条1項1号に定める1項有価証券を対象とする場合は第一種金融商品取引業、同条2項に定める2項有価証券を対象とする場合は第二種金融商品取引業とされる。同法28条2項3号・2条8項1号〜3号）、金融商品取引業を行ったことになる。市場デリバティブ取引または外国市場デリバティブ取引の委託の媒介、取次ぎまたは代理を業として行うことも、金融商品取引業を行ったことになる。同法2条8項1号〜3号。この他、デリバティブ取引に係る権利に対する投資として資産運用を業として行うこと等も金融商品取引業とされる。同法2条8項14号等。これらに金利・通貨・上場有価証券に関するデリバティブ取引を行うことが含まれることになる）。銀行の場合と同じく、これらの業務は、有価証券の現物取引に準じて扱われ、証券会社においては固有業務たる証券業とされたものと考えられます（現在は上記のようにより広いデリバティブ業務が金融商品取引業とされている）。

　これに対して、金利デリバティブや通貨デリバティブについては、通達において[7]、金融先物取引法2条7項・8項の業務、金利先渡取引業、金銭の相互支払に関する取引業務すなわちスワップ取引が、証券会社の兼業業務として承認されています（同法は廃止され、これらの業務は金融商品取引法2

条8項により金融商品や金融指標等にかかる市場デリバティブ取引、店頭デリバティブ取引、外国市場デリバティブ取引として金融商品取引業とされた）。ただし、金利先渡取引業については、媒介を除いては円通貨に関わる取引に限るものとされ、媒介については契約の相手方が非居住者である場合等に限られていました。スワップ取引の内容についても同様の制限が加えられていて、円通貨の交換、すなわち円金利スワップが認められ、通貨スワップ取引は非居住者等との間でのみ媒介だけが可能とされていました。ところが、平成7年に、外国為替規制緩和の一環として、国際金融局は、そのような限定なしに通貨スワップが認められることを公表しました[8]。なお、この通達を受けて、証券会社の自己資本規制に関する省令は、証券会社の金利先渡取引、金利スワップ取引、通貨スワップ取引より生じるリスク管理に関する定めを置いています（同省令8条1項、同別表第2・第3・第4、別紙様式。現行「金融商品取引業等に関する内閣府令」117条1項27号～29号・同条3項～20項・143条等参照）。ただし、証券取引法56条の2は（金融商品取引法には規定がない）、銀行法17条の2（現在は削除）と異なり、トレーディング勘定に関する商法計算規定の特則を、有価証券デリバティブ取引についてのみ認め、スワップ取引については認めていませんでした。

　証券会社は本来の証券業務として社債・外債等の債券の売買、その媒介、取次ぎまたは代理を行っていますが、社債・外債の売買等のリスクのなかには、金利リスクや為替リスク等が、大きな要素として本来含まれており、金利リスクや為替リスクの売買等を行う金利デリバティブ取引や通貨デリバティブ取引を行うことは、固有の証券業務に関する能力を活用して行われるものであると申せましょう。社債や外債取引を行なう顧客のために、ヘッジ等を目的に金利デリバティブや通貨デリバティブの取引に応じる必要も大きいと考えられます。したがって、それらの業務は、「証券業に関連する業務」といえるし、新たな種類のリスクを負担するわけではないため、そのような業務を行っても、「当該証券会社が証券業を営む上において公益又は投資者保護のため支障を生ずることがない」（証券取引法43条但書。金融商品取引法

　7）「証取法第四十二条及び四十二条の二に基づく兼職及び証券会社等の兼業の承認について」（平成4・6・25蔵証873号）。

　8）「国際金融取引に係る規制緩和について」（平成7・3・31国際金融局公表）。

420 第Ⅴ部 金融監督規制

35条4項・5項参照。ただし上述したように、現在はこれらの業務は兼業として
ではなく、金融商品取引業として営める）と申せましょう[9]。

(3) 証券投資信託

証券投資信託法2条1項によれば、「証券投資信託」とは、信託財産を委
託者の指図に基づいて、証券取引法2条1項・2項に規定する特定の有価証
券に対する投資として運用することであって（投資信託及び投資法人に関する
法律2条1項の「委託者指図型投資信託」の定義）、当該運用に関連して有価証
券指数等先物取引、有価証券オプション取引または外国市場証券先物取引を
行うことを含むとされています。このような範囲で、上場有価証券デリバ
ティブ取引を行えることが、法律上明らかにされているわけです（投資信託
及び投資法人に関する法律2条1項・6項、同法施行令3条2号、金融商品取引法
2条20項〜26項により、現在では金融商品取引法に定める市場デリバティブ取引
または外国市場デリバティブ取引だけではなく、店頭デリバティブ取引も投資運
用として行うことができる）。

店頭デリバティブである金利スワップ・通貨スワップの取引については、
以前は行政指導によりヘッジ目的でのみ認められていましたが、平成5年
12月21日の政府の手続の簡素化、規制緩和措置により、ヘッジ目的に限ら
ずに認められることになり、信託約款の承認に際して運用方法として記載さ
れています[10]。また、金利スワップ・通貨スワップ・金利先渡・為替先渡
取引に関する運用限度を定める省令が定められ（証券投資信託の委託会社の行
為準則に関する省令4条1項8号・6号。現在はそのような規則はない）、通達に
よりリスク管理のためのさまざまなルールが定められています[11]（現在では
上記のように投資信託及び投資法人に関する法律に基づき広く店頭デリバティブ
取引を行える）。

社債投資や外債投資を行っている証券投資信託は、金利リスクや為替リス
クを扱っているのですから、投資として金利や通貨に関するデリバティブ取

---

9) アメリカの場合につき、CCH, supra note 6 at 11 et seq. 参照。

10) 「証券投資信託約款の変更について」（平成6・8・26蔵証1269号）。

11) 「投資信託委託会社の業務運営について」（平成4・7・20蔵証995号）第二章第
　一6、第三1ホ(ハ)・3(1)(ホ)〜(ヌ)、第四2ホ・ヘ、第五、別紙様式13・14・15。現在
　はそのようなルールは定められていないようである。

引を行うことは、考えられます。ただ投資信託の性格上、ディーリング等まで行ってさしつかえないのか、また、流通性のない店頭デリバティブ取引については、制限が設けられるべきではないか、という問題があるように思われます。アメリカにおいては、投資信託に当たるMutual Fundsによる投資について、投資者からの償還請求を受けたときに、すぐ償還に応じることができるように、流通性のない資産を全体の15％に限定していますが[12]、店頭デリバティブの流通性や時価に代わる公正価格の認定につき[13]、厳格に解する必要があるとされています[14]。その他、デリバティブの内容に則した詳細な開示、たとえば、デュレーション、標準偏差、ベータ等の開示、等が問題となっています。また優先証券の発行を禁止した投資会社法18条との関係等も問題になっています[15]。

(4) 保険会社

保険業法も、銀行法と同じく、その営みうる業務を、固有業務（保険業法2条1項・3条・97条）、付随業務（同法98条）、法定他業（同法99条）に限定しています。保険業法は、保険会社が行うデリバティブ取引を、保険会社の固有業務たる収受した保険料の運用の1つの方法として捉え、保険会社の資産運用方法の制限という観点から、その業務の規制を行っています（現行保険業法97条2項、同法施行規則47条9号～11号は、保険会社の固有業務たる資産運用として有価証券関連デリバティブ取引、その他のデリバティブ取引、金融等デリバティブ取引を行えるとする。現行保険業法98条1項6号～11号、同法施行規則52条の2の2・52条の3は、資産運用目的以外でも、保険会社は付随業務として、（有価証券関連およびそれ以外の）デリバティブ取引もしくは金融等デリバティブ取引、またはその媒介、取次ぎまたは代理を行えるとする。また現行保険業法99条1項により、保険会社は法定他業として、保険業法97条に掲げる保

---

12) Investment Company Act Rel. No.18, 612 (Mar. 12. 1992).

13) 15 U.S.C. § 80a-2 (a)(41)(B) ; 17 C.F.R. § 270.2a-4 (a)(1).

14) Memorandum from Division of Investment Management to Chairman Levitt, Sept, 26, 1994, at 17-19.

15) Jeremy Rubenstein & Lourdes M. Lopez-Isa,"Derivatives Investments by Mutual Funds", 28 Rev. of Sec. & Commodities Reg. 89 (1995) ; CCH, supra note 6 at 21 et seq. 参照。

422 第Ｖ部 金融監督規制

険会社の固有業務の遂行を妨げない限度において、金融商品取引法 33 条 2 項各号
に定める有価証券関連デリバティブ取引を行うことができる）。すなわち、保険
業法 97 条 2 項に基づき運用方法を規定する同法施行規則 47 条は、運用方法
として、有価証券指数等先物取引、有価証券オプション取引または外国市場
証券先物取引、金融先物取引、金利スワップまたは通貨スワップ、およびこ
れらに準ずる方法等をあげています（現行保険業法施行規則 47 条 9 号〜12 号
は、金融商品取引法 28 条 8 項 6 号に規定する有価証券関連デリバティブ取引、同
法 2 条 20 項に規定するデリバティブ取引、保険業法 98 条 1 項 8 号に規定する金
融等デリバティブ取引、先物外国為替取引をあげる）。この準ずる方法の例として、
通達は、金利先渡取引、為替先渡取引、先物為替予約、店頭通貨オプション
取引、店頭債券オプション取引、店頭金利オプション取引、金利スワップの
オプション取引をあげています[16]。

　以上の規制は、デリバティブ取引の資産運用方法としての観点からのみな
されているものであるため、投資目的やヘッジ目的のデリバティブ取引のみ
を対象としていると考えられます。これに対し、ディーリング目的や媒介目
的のデリバティブ取引が保険会社に許されるかは、保険業法施行規則 47 条
からは明らかではないというべきでありましょう。たとえば、保険会社がイ
ンターミディアリーとしてスワップ取引を行えるか否かは、施行規則 47 条
の解釈からではなく、保険業法 98 条 1 項 4 号・4 項等の解釈から、保険会
社の付随業務として許されるか否かという問題として、議論がなされるべき
でしょう。そしてこれらの規定については、資産運用を超えた業務として、
顧客のために金銭債権の売買、その媒介・取次ぎ等を行うことまで含まれる
と解釈されていること[17]、有価証券に該当する金銭債権については、証券
取引法 2 条 8 項各号（金融商品取引法 2 条 8 項 1 号〜6 号・8 号〜10 号）の証券
業務（金融商品取引業）すべてを保険会社が行いうることが明定されている
こと（保険業法 98 条 4 項）、その他、平成 7 年保険業法のもとでは引受業務
等の証券業務（金融商品取引業）が新たに認められたこと等を考え併せれば、

---

16) 「生命保険会社の業務運営について」（平成 8・4・1 蔵銀 500 号）第 3.1 ⑷。なお、
　　和仁亮裕「スワップ取引と生命保険会社」三宅一夫先生追悼論文集『保険法の現代的
　　課題』（法律文化社、1993 年）554 頁以下参照。
17) 保険研究会編『コンメンタール保険業法』（財経詳報社、1996 年）162 頁。

平成7年保険業法のもとでは、旧（昭和14年）保険業法のもととは異なり、保険会社はヘッジ目的等だけでなく、金利スワップ等で金銭債権を原資産とする一定の店頭デリバティブについては、ディーリングや媒介のためのデリバティブ取引もなしうるようになったと考えられます（現行法上は上記括弧内の各規定から、金利・通貨・上場有価証券に係るデリバティブ取引を保険会社の付随取引として行える）。

2　コモディティ・デリバティブ、エクイティ・デリバティブ取引

(1)　コモディティ・デリバティブ

　コモディティ・デリバティブの代表であるコモディティ・スワップとは、「あるコモディティ（商品）の固定価格とその時点でのスポット価格を交換するもの」であり、原油の取引がその大半を占めています。原油等の商品価格の変動リスクの売買そのものを目的とする取引です。これは、原油価格の変動が業績に大きな影響を与える企業にヘッジ手段等を与えます。このような企業と取引を行う金融機関が、そのような企業とコモディティ・スワップ取引を行って、コモディティの価格変動リスクを買い取ったり、逆にそのような企業との取引等によって生じる自らのリスクをヘッジしたりできるか、というのがここでの問題であります[18]。

　金融機関が商品投機や商品投資を行い、商品価格の変動リスクを負うことは、従来、まったく考えられてきませんでした。それはサウンド・バンキングに反する行為だと考えられていたと申せましょう。しかし、金融機関が商品価格とまったく無縁であったかといえば、そうではありません。まず、融資先が商品価格に業績を大きく左右される企業であれば、商品価格の動向は融資先企業の信用リスクに大きく影響します。とりわけプロジェクト・ファイナンスの場合は、そのプロジェクトによって開発する商品の価格に、ファイナンスからの収益が直接的に左右されます。金融機関の与信のあり方が大きく変わり、プロジェクト・ファイナンス等が中心となるとすれば、金融機関も商品価格の変動リスクと関わらざるをえなくなりましょう。

---

18)　以下の部分については、和仁・前掲注16) 568頁以下のほか、加藤隆志氏の非公表の修士論文「コモディティスワップ、エクイティスワップに関する法的諸問題の検討」を参照させて頂いた。

424　第Ⅴ部　金融監督規制

　しかし、銀行法を始めとする各種金融機関の監督法令は、金融機関がコモ
ディティ・スワップを行えるか否かについては、まったく触れていませんし
（現在は、商品デリバティブ取引およびその媒介、取次ぎまたは代理を、銀行（銀
行法 10 条 2 項 14 号・15 号、同法施行規則 13 条の 2 の 3（商品デリバティブ取引
は差金決済される取引、または商品を決済終了後に保有することとならず、かつ
商品の保管または運搬に伴い発生しうる危険を負担しない取引に限る））、金融商
品取引業者（金融商品取引法 35 条 2 項 2 号、金融商品取引業等に関する内閣府令
67 条 2 号）、保険会社（保険業法 97 条 2 項・98 条 1 項 8 号、同法施行規則 47 条
11 号・52 条の 3（商品デリバティブ取引は差金決済される取引、又は商品を決済
終了後に保有することとならず、かつ商品の保管又は運搬に伴い発生しうる危険
を負担しない取引に限る））は付随業務として、委託者指図型投資信託は投資運用
として（投資信託及び投資法人に関する法律 2 条 1 項・6 項、同法施行令 3 条 10
号（店頭商品デリバティブ取引等））、行えることが規定されている）、通達や事
務連絡ですら触れていません。

⑵　エクイティ・デリバティブ
　エクイティ・スワップは、「株価指数のパフォーマンス（通常はキャピタ
ル・ゲイン＋配当収入）と短期金利との交換」とされます[19]。用いられる指
数としては、日経 225（現物）等が用いられます。たとえば、エクイティ・
リンク社債を発行した企業が、固定金利の債務に変換するとか、株式を大量
に保有する機関投資家がリスク・ヘッジする手段として利用するものです。
金融機関は、そのような企業のニーズに応じてスワップの引受ができるか、
また自らが保有する株式その他エクイティ関連証券等の証券価格変動リスク
をヘッジするために、エクイティ・スワップを利用することに問題はないか、
といったことが問題になるわけです。しかしエクイティ・スワップについて
は、監督法令上はもちろん、通達・事務連絡上も直接は触れられていません
（現在は、銀行法 10 条 2 項 2 号・16 号・17 号・10 項、同法施行規則 13 条の 2 の 2、
金融商品取引法 28 条 8 項 4 号により、銀行については投資目的等による有価証券
関連デリバティブの他（付随業務）、差金決済される有価証券関連店頭デリバティ

19）　日本長期信用銀行金融商品開発部編著『スワップ取引のすべて』（金融財政事情研
　　究会、1992 年）45 頁、和仁・前掲注 16）568 頁以下。

ブ取引またはその媒介、取次ぎもしくは代理として、エクイティ・スワップ取引等が認められる（登録金融機関業務）。金融商品取引法2条22項・24項・28条1項2号により、第一種金融商品取引業者はエクイティ・スワップ取引等を行える。投資信託及び投資法人に関する法律2条1項・6項、同法施行令3条2号、金融商品取引法2条20項〜26項により、委託者指図型投資信託においては投資運用としてエクイティ・スワップ取引等を行える。保険業法98条1項10号・11号により、保険会社は資産運用目的のほか、差金決済される有価証券関連店頭デリバティブ取引またはその媒介、取次ぎもしくは代理として、エクイティ・スワップ取引等が認められる（付随業務））。

　これに対し、前述したように、有価証券の実物取引や、有価証券関連の上場デリバティブ取引は、銀行の付随業務として、投資目的等に限って銀行法上すでに認められています。そのような限度において、有価証券の価格変動リスクを銀行が負担することを、銀行法は認めてきたと申せましょう。それでは、エクイティ・スワップ取引を行うということは、この限度を超えるものでしょうか。

(3)　金融制度調査会答申

　平成9年6月に公表された金融制度調査会答申は[20]、スワップ等の店頭デリバティブ取引に対する顧客ニーズは、金利、為替、有価証券等の価格の変動に基づくキャッシュフローを適切に組み合わせ、顧客にとって最適なキャッシュフローの提供を受けることにあると考えられることから、店頭デリバティブ取引の営業の担い手を原資産の種類によって制限することは、利用者利便の観点から適切でないとし、競争原理が働くようにするためにも、店頭デリバティブ取引の担い手は、原資産を扱えるか否かということではなく、リスクを管理する能力があるか否かといった観点から検討すべきであるとします。そして有価証券関連の店頭デリバティブ取引について、とくに、原資産の受渡しを伴わない取引については、実際に行われている取引は、顧客との間で単にキャッシュフローの授受を行っているにすぎず、有価証券価格の変動リスクを有効にヘッジするなど適切に管理している限りにおいては、

---

20)　金融制度調査会答申「我が国金融システムの改革について——活力ある国民経済への貢献」（平成9年6月13日）17頁以下。

その経済実態は信用リスクを負担する伝統的な銀行業務と同質であるとして、適切なリスク管理を行えることを前提に、銀行等が行える業務とすべきであるとします。その場合の銀行等は、証券取引法の公正な取引のためのルールに服することとし、とくに、株式関連の店頭デリバティブ取引を営業として行う場合には、投資者としての立場と担い手としての立場の間での利益相反を防止するための所要の措置を講ずる必要がある、としています。また、商品関連の店頭デリバティブ取引についても、有価証券関連の店頭デリバティブ取引と同様、原資産を取得することになる取引を除き、銀行等による取扱いを広く認めるべきである、としています。

(4) アメリカにおける規制

このような結論および理由づけは、ヘッジ目的の取引等だけではなく、銀行が自ら価格変動リスクを引き受け、unmatchedなベースで行われるコモディティ・デリバティブやエクイティ・デリバティブであっても、国法銀行が付随業務として行うことを認める、アメリカのOCC（Office of the Comptroller of the Currency：通貨監督官）の国法銀行法解釈を参考にしたように思われます。OCCは、コモディティ・スワップが認められる理由として、商業銀行が顧客のニーズに応えるための伝統的な金融仲介の手法の新たなものにすぎないとしています。また、ヘッジされない取引も、すでに認められているMarket Index Investment Deposit Accountのような、商品価格にリンクした金利支払を伴う預金業務を行うに際して負うリスクと質的に異ならないということ、Financial Institutions Reform, Recovery, and Enforcement Act of 1989 第11条が、スワップ契約の定義にコモディティ・スワップを含めていること[21]、等をあげて、商品価格指数スワップは、銀行の付随業務と認定できると述べています[22]。エクイティ・スワップについても同様の考えにより認めているようです。すなわち銀行は、預金の利払いをS＆P500指数の変動に連動して設定する商品等、証券市場の市況に連動した預金・貸金商品の取扱いが認められているというのです。

---

21)　12 U.S.C. §1821.

22)　OCC, No Objection Letter No.90-1 (Feb. 16, 1990), repr. in [1989-1990 Transfer Binder] Fed. Banking L. Rep. (CCH) P83, 095.

またOCCは、国法銀行が商品先物取引や商品オプション取引をリスク管理のために行うことを認めるほか、これらの執行・決済・助言等、ブローカー業務を行うことを認めています[23]。その理由としては、その業務が金融の性格を有していること、伝統的な銀行業務と関連があり、ブローカー業務における決済機能は、信用供与機能を有していること、等をあげています。OCCによれば、商品先物等のブローカー業務は、他の金融資産のブローカー業務と密接な関係にあり、オプションや先物はそれ自体で独立した金融商品であり、銀行としては原資産への投資権限とは別個の権限と考えられ、原資産の性格を考慮に入れる必要はないというのです。このように、デリバティブ取引を原資産取引から切り離された独立の金融取引として認識し、原資産のいかんにかかわらず、共通の扱いをしようとする考え方は、前述した金融制度調査会答申など、わが国におけるデリバティブ規制に関する最近の議論に大きい影響を与えているように思われます[24]。

しかし国法銀行にとって、商品先物取引や商品オプション取引は、投資目的で行うことはできず、原資産である商品や証券の現物取引は、ヘッジ目的でのみ許されるとされています[25]。また、許されたコモディティやエクイティに関するデリバティブ業務を行うにあたっては、デリバティブ業務全般に関する厳格なリスク管理ルールを守ることが求められます[26]（［後記］参照）。

わが国においては、銀行のコモディティ・スワップ、エクイティ・スワップ業務能力に関しては、もっぱらこのOCCの立場が紹介されているようです。しかし同じアメリカの金融監督当局でも、FRBはこれとやや異なる、より厳格な立場をとっています[27]。すなわち、FRBのRegulation Hによれば[28]、連邦準備制度加盟の州法銀行が、商品や株価指数に連動した元本・金利・

---

23) OCC, Interpretive Letter No. 494 (Dec. 20, 1989), repr. in [1989-1990 Transfer Binder] Fed. Banking L. Rep. (CCH) P 83, 083 at 71, 195-203（子会社により営むことを認可した）; McGinity, supra note 6 at 1216-17.
24) たとえば、和仁・前掲注16) 566 頁参照。
25) OCC, Interpretive Letter No. 632 (June 30, 1993), repr. in [1993-1994 Transfer Binder] Fed. Banking L. Rep. (CCH) P 83, 516 at 71, 637-38.
26) OCC, Interpretive Letter No. 632, supra note 25 at 71, 638.
27) McGinity, supra note 6 at 1233.
28) 12 C. F. R. § 208.128. 現在、この規定は存しないようである。

428　第Ⅴ部　金融監督規制

キャッシュフローの預金、貸付、デリバティブ等、商品や持分証券の価格や指数に連動した取引に進出することは、銀行業務の一般的性格の変更を示すものであり、完全にmatched basisで取引がなされるのでない限り、同規則のもとでFRBの承認を受けなければならないとしています。承認を受けるためには、銀行がそのような取引を行う技量を備え、取引を管理しリスクを監視する適切な方針と監督体制を備えていることを、申請において示さなければならないという考えが採られているようです。銀行は、金、銀、場合によってはプラチナを除いて、これらの取引の原資産である商品や持分証券を売買したり、所有する権限を有してはおらず、たとえ金銭による決済しか行われないとしても、銀行に親しみのない商品や持分証券価格のリスクに銀行を晒すこととなり、原資産を保有できない銀行は、そのリスクをヘッジすることの困難が大きいということが、その理由です。もっとも、銀行が売買や直接保有することのできる証券や金や銀等の金属貨幣となる金属に連動する取引は除かれるし、金利部分だけが証券や商品に連動している貸付や預金は除かれる、とされているようです。

　しかし他方、銀行持株会社グループの業務範囲を定めた、同じFRBのRegulation Yのもと、銀行持株会社やその非銀行子会社といった銀行以外の銀行持株会社グループのメンバー会社については、商品先物取引や証券指数取引を、ヘッジ目的以外の鞘取売買・マーケットメーク・投資目的等のために、自己勘定で行うことが認められました[29]。またFRBは、顧客のために執行・決済・助言等、商品先物のブローカー業務を銀行持株会社が行うことも、金融先物取引や金融オプション取引の執行・決済を行うことと機能的に異ならないとして、銀行業務に密接に関連した業務と捉えて、認可しています[30]。ただし、機関投資家の顧客にのみサービスを提供することとか、利益相反を防ぐため等の、さまざまな条件を課しています[31]。またごく最近、FRBは、銀行持株会社の子会社が、上場および非上場商品先物に投資するリミテッド・パートナーシップの単独ジェネラル・パートナー兼コモディ

---

29)　Swiss Bank Corp., 81 Fed. Res. Bull. 185, 192 (1995); McGinity, supra note 6 at 1215.

30)　J. P. Morgan & Co., 80 Fed. Res. Bull. 151 (1994); Bank of Montreal, 79 Fed. Res. Bull. 1049, 1052 (1993).

31)　McGinity, supra note 6 at 1223.

ティ・プール・オペレーターになることを認めました[32]。ただし、機関投資家にのみ私募で募集を行うこととか、リスク限定のためのさまざまな制限を課しています。

同様にFRBは、銀行持株会社にコモディティ・スワップ、エクイティ・スワップの自己勘定業務、オリジネーターとしての業務、ブローカー業務、投資顧問業務を認めています[33]。OCCが国法銀行にこれらの権限を認めたこと、金融スワップ取引と類似していること等がその理由です。ただし、原資産の証券や商品の交付をしないことや、量的制限等の制限が課されています。銀行持株会社の子会社も同様の権限が認められましたが、内部コントロールにつき厳しい条件が課されました[34]（[後記] 参照）。

(5) 金融監督法上の業務規制

それではわが国において、金融監督法的見地からは、金融機関によるコモディティやエクイティに関するデリバティブ業務にいかなる規制を課すべきでしょうか。当該業務が金融機関の財務の健全性を害さないようにすることが最大の問題ですが、FRBが指摘しているように、unmatched basisのコモディティ・デリバティブの場合は、先物等によりリスクを十分ヘッジできない可能性があります。OCCがコモディティ・デリバティブが認められる理由としてあげたMarket Index Investment Deposit Accountも、わが国では取り扱われていません。

先に紹介しましたように、アメリカにおける金融機関によるコモディティ・デリバティブやエクイティ・デリバティブ業務に対する扱いは、金融制度調査会答申の示す方向に比べれば、より木目の細かい、慎重なものとも言えるように思われます。たとえば、matched basisの取引とunmatched basisの取引を分けて考えますし、投資目的のコモディティ・デリバティブ取引を行うことは許されないとするほか、リスク管理目的か、ブローカー業務か等、取引目的によって分けて考えること等もその例ですし、リスク管理・利益相反防止・投資者保護等の観点から詳細な条件が付され、金融機関のデリバ

---

32) The Bessemer Group, Inc., 82 Fed. Res. Bull. 569, 571 (1996).

33) Swiss Bank Corp., supra note 29 at 186, 191.

34) Id. at 186, 195-6.

ティブ取引一般に対するリスク管理手続が定められています。わが国におい
てコモディティ・デリバティブやエクイティ・デリバティブを認めるときに
も、そのような木目の細かい配慮が必要であろうと思われます。

このような観点からは、OCCやFRBの立場が一致しているように、
matched basisのコモディティ・デリバティブやエクイティ・デリバティブ取
引は、銀行にとってのリスクは信用リスクのみであるため、銀行法10条2
項1号の銀行の付随業務たる債務保証の権限等との対比からは、銀行法的
には、投資目的以外であっても銀行が付随業務として営むことに問題はない
ように思われます（同様に、ヘッジ目的のものは許されるという考えもありうる）。
ただ、matched basisの取引であるということを、いかにチェックするかとい
う監督体制の問題があるほかに、証券取引法65条（金融商品取引法33条）
との関係が問題になりましょう。証券取引法65条が、証券会社の保護等も
目的としていると考え、証券取引法65条との関係を考慮して、銀行法10条
2項2号が投資目的の場合に限って有価証券指数等先物取引（有価証券関連
デリバティブ取引）を銀行の付随取引として認めたという理解に立てば、エ
クイティ・デリバティブについては、たとえmatched basisの取引であっても、
銀行自身には投資目的でない以上は許されないという見方もありえましょう
（現行法においては、銀行は、有価証券関連デリバティブ取引を投資目的をもっ
てするものまたは書面の取次ぎ行為を行えるほか、差金決済による有価証券関連
店頭デリバティブ取引等を行える。銀行法10条2項2号・16号・4項・10項、金
融商品取引法28条8項3号〜6号）。

unmatched basisのエクイティ・デリバティブの場合、わが国金融機関は、
アメリカにおけるのと異なって、株式等のエクイティものであっても、投資
目的であれば保有できるとされており、前述したように、銀行法10条2項
2号は、明文上も投資目的等に限って有価証券指数等先物取引等（有価証券
関連デリバティブ取引）を銀行が行うことを認めていることからは、
unmatched basisのエクイティ・デリバティブ一般について、現行法のもとに
おいては、金融機関には投資目的等のもののみ許されると解されます（ヘッ
ジ目的のものも許されるという考えもありうる）。その範囲では、証券取引法
65条（金融商品取引法33条）も問題にならないと考えられます。立法論とし
ては、投資目的を超えた取引を行う場合は、次に論じるコモディティ・デリ
バティブの場合と同じく、そのためのリスク管理体制の整備等について、監

督機関の承認を受ければ認められるとすることが考えられます。また、証券取引法（金融商品取引法）と同様の不公正取引禁止規制の適用が考慮されるべきでしょう（先に括弧書きの中に記したように金融機関は、現行法上は、投資目的でなくても、差金決済されるものであればエクイティ・デリバティブ取引を行える）。

unmatched basisのコモディティ・デリバティブについては、慎重に考えざるをえませんが、前述したように、金融機関といえども商品価格リスクからまったく無縁ではなく、そのリスク管理体制が整備されていない点に問題があるのであって、この点が整備されればより広くコモディティ・デリバティブを認めることができましょう。アメリカのOCCが強調しているように、コモディティ・デリバティブは、原資産の性格に即して業法的な規制をするよりは、他のデリバティブと共通する金融商品として規制することが、本来望ましいあり方と考えられます（現物の取引がなされる場合を除く）。金融制度調査会答申も、リスクを適切に管理していることを業務として認める条件にしており、OCCもリスク管理ガイドラインを遵守することを求めているように、立法論としては、金融機関がコモディティ・デリバティブを業務とするために必要なリスク管理体制やリスクの限定について厳格な基準を監督機関が設け、それを充たしていることが示された場合に限って、コモディティ・デリバティブの取扱いを認めることが考えられます。また商品取引における投資者保護を図る商品取引所法（商品先物取引法）の観点からは、同法の不公正取引禁止規制と同様の規制を金融機関の行うコモディティ・デリバティブ取引に考慮することもできましょう。

(6) 証券取引法（金融商品取引法）上の諸問題

金融制度調査会答申は、金融機関がエクイティ・デリバティブ取引を行うに際して、有価証券関連の店頭デリバティブ取引解禁のための証券取引法改正の必要と、同法上の公正取引のためのルールに従うべきこと、株式関連の店頭デリバティブを営業として行うときの、投資者としての立場と担い手としての立場の間で利益相反防止のための措置を採るべきことを指摘しています[35]。また証券取引審議会報告は、有価証券関連の店頭デリバティブ取引を行ううえでは、証券取引法201条が禁止する市場外において証券取引所の相場を用いた差金決済を行うことに該当することが問題となること等を指摘

432 第Ⅴ部 金融監督規制

しています（平成10年改正により、市場集中義務は廃止された）[36]。

エクイティ・デリバティブは、有価証券市場外において差金授受目的の取引を行う点においては、証券取引法201条（現行金融商品取引法は同規制を廃止した）に該当します。したがって、残る問題は、有価証券市場の相場を利用しているか否かにあり、株価収益率の算出の基準として、上場されている日経225先物やTOPIX先物等を採用すれば、同条違反ということになりましょう[37]。

また、証券取引法87条の2は、市場集中主義の観点から、市場類似施設の設置を禁止しています（この規制も廃止された）。上場されていないエクイティ・デリバティブの場合、その取引が市場類似施設の開設に当たるかが問題になりますが、おそらく組織化し集団化した取引のみが市場類似施設に当たるという、従来の解釈からは、これに該当しないことになるように思われます。ただ、この禁止の目的が投資者保護にあるとすれば、形式的に同条に違反しないとしても、実質的に投資者保護の点で問題はないかという疑問はありえます。平成9年5月の証券取引審議会報告は、証券市場の根本的変化を踏まえて、市場集中主義の廃止の方向を打ち出しており[38]、エクイティ・デリバティブにおける投資者保護も、市場集中主義の廃止の下における新しい投資者保護のスキームのなかで図られることになりましょう。証券取引法201条違反の問題についても、同様の解決が図られることになりましょう。その場合、コモディティ・デリバティブ等、差金決済を行う他のデリバティブ取引と共通する、エクイティ・デリバティブにおける投資者保護のスキームが必要となりましょう。

(7) 商品取引所法（商品先物取引法）上の諸問題

金融制度調査会答申等は何も触れていませんが、コモディティ・デリバティブについても、商品取引所法（商品先物取引法）に関し証券取引法（金

---

35) 金融制度調査会答申・前掲注20) 17頁以下。

36) 証券取引審議会「有価証券関連の店頭デリバティブ取引について」（平成9年5月13日）3頁以下。

37) 和仁・前掲注16) 568頁以下参照。

38) 証券取引審議会総合部会市場ワーキング・パーティー報告書「信頼できる効率的な取引の枠組み」（平成9年5月16日）2頁以下。

融商品取引法）におけるのと類似した問題がありうるはずです。まず、商品市場相場を利用した市場外差金決済の禁止を定めた商品取引所法 145 条に違反しないかが問題となります（現行商品先物取引法には同様の規定は存在しない)[39]。現在のコモディティ・デリバティブ取引が、市場外における差金決済取引であることは明らかですので、違法か否かは、コモディティ・デリバティブで用いられる指標が、同条の対象になる「商品」もしくは「商品指数」に該当するか否かによることになります。ただ現実の問題としては、現在のほとんどのコモディティ・デリバティブについては、指標としているのがNYMEXに上場されているWTIのような海外商品市場に上場されている商品、商品指数であり、商品取引所法は海外商品市場を商品市場には含めていないと考えられるため（同法 2 条 1 項）、その相場を利用した取引を行っても、商品取引所法 145 条の適用はないと思われます。また、商品取引所法 8 条（商品先物取引法 6 条）が禁止する商品取引市場類似施設開設の禁止や同施設における先物取引類似取引の禁止に該当しないかも、問題となりましょう[40]。

　ただ、証券取引法 201 条・87 条の 2 の場合と同様に、これらの規定に代わる、デリバティブ取引一般に妥当する投資者保護のスキームが検討されるべきです。ちなみに、アメリカにおいては、1992 年に商品取引所法を改正して、スワップ取引については、CFTCに同法の適用除外権限を与えました。そこで定められたCFTCの規則によれば、証券会社や先物業者を含む広義の金融機関や一定資産以上の法人・個人等の適格者間で、市場外でなされる相対取引で、取引当事者の信用力が取引条件の主たる決定要因になっているものについて、商品取引所法の適用除外が認められています[41]。

---

39)　和仁・前掲注 16) 566 頁以下参照。

40)　和仁・前掲注 16) 567 頁以下参照。現在は、銀行法 10 条 2 項 14 号・15 号、同法施行規則 13 条の 2 の 3、金融商品取引法 35 条 2 項 2 号、金融商品取引業等に関する内閣府令 67 条 2 号、保険業法 97 条 2 項・98 条 1 項 8 号、同法施行規則 47 条 11 号・52 条の 3、投資信託及び投資法人に関する法律 2 条 1 項・6 項、同法施行令 3 条 10号等により、コモディティ・デリバティブ取引を行うことができることは明確である。

41)　神田秀樹「米国における店頭派生商品の規制——連邦商品取引所法との関係」『自己株式取得等の規制緩和に伴う証券取引制度の整備について』（資本市場研究会、1994 年）45 頁・48 頁以下。

434　第Ⅴ部　金融監督規制

(8)　証券会社（金融商品取引業者）

　証券会社（金融商品取引業者）においては、コモディティ・デリバティブについては、取引を行っていないし、法令・通達・事務連絡も触れていないようです。エクイティ・デリバティブについても、本年（1997年）5月の証券取引審議会報告[42]にあるように、証券取引法2条8項（金融商品取引法2条8項）の証券業務として認められている上場取引を除いては、証券取引法201条の市場外における差金取引の禁止に触れるおそれがあるということ（現在はこの規制は廃止されている）、刑法の賭博罪に該当するおそれがあるということから、現状では行っていないし、法令・通達・事務連絡も、直接には触れていないようです（現在は、金融商品取引法35条2項2号、金融商品取引業等に関する内閣府令67条2号で認められている）。

　しかし、証券会社が、コモディティ・デリバティブやエクイティ・デリバティブについて、金融機関以下の扱いしか認められないという実質的な理由はないように思われます。とくにエクイティ・デリバティブは、本来的な証券業である有価証券の売買（ディーリング）とリスク等につき共通な取引であって、証券会社については当然に認められるべき業務と考えられます[43]。

(9)　証券投資信託

　証券投資信託においても、証券投資信託法2条1項括弧書きにおいて有価証券投資に含められている上場エクイティ・デリバティブ取引を除いては、エクイティ・デリバティブについてとくに触れた法令・通達・事務連絡等はなく（先に括弧書きに記したように、現在は投資信託及び投資法人に関する法律2条1項・6項、同法施行令3条2号、金融商品取引法2条20項〜26項により、明文でエクイティ・デリバティブ取引を投資運用として行える）、ただ証券取引法201条違反や賭博罪等の疑義があるということで、扱っていないようです。コモディティ・デリバティブについても、とくに触れた法令等はないが（先に括弧書きで記したように、現在は投資信託及び投資法人に関する法律で投資運用として認められている）、扱っていないようです。その性格上、投資目的以外のディーリング目的でこれらの取引を行ってよいのかとか、流通性のない

---

42)　証券取引審議会・前掲注36)。
43)　和仁・前掲注16) 570頁参照。

デリバティブ取引に関する監督法上の諸問題　435

スワップ取引には限度が設けられるべきではないか、コモディティ・デリバティブについては、有価証券への投資を目的とする現行証券投資信託においては、その運用には限度があるのではないか、等の金利デリバティブ・通貨デリバティブと同様の問題があります。ただし、エクイティ・デリバティブに関しては、証券投資信託法2条1項括弧書きに列挙されていないものであっても、有価証券への投資と同視して許されるのではないかという論点もありましょう。

⑽　保険会社

　保険会社においても、有価証券先物取引・有価証券オプション取引・外国市場証券先物取引を除いては[44]、エクイティ・デリバティブやコモディティ・デリバティブについてとくに触れた法令・通達・事務連絡はない模様です（先に括弧書きに記したように、現在は資産運用目的の他、差金決済されるものについては、明文により認められている）。保険会社においても、銀行と同様、エクイティ・デリバティブは、有価証券投資と同視できる範囲では投資として許されるとも考えられますが（証券投資信託に比べれば、流通性から制約は弱いと考えられる）、コモディティ・デリバティブについては、投資対象として許されるかという問題があり、さらに両者に共通してディーリング取引が許されるか等の問題があります。

3　クレジット・デリバティブ取引

　最近、海外において急速に取引が増大して、大きな関心を集めているのが、クレジット・デリバティブです。クレジット・デリバティブとは、スワップ支払やプレミアム支払に代えて、貸付、債務証券等に関する信用リスクを引き受けたり、免れるためのスワップやオプション契約等を言います。クレジット・デリバティブには3つのタイプがあります。第1に、クレジット・デフォールト・オプションは、一定の信用事故が発生すると、取引の一方当

44）　保険業法施行規則47条9号（なお同条12号によりこれに準ずる方法も可能とされるが、何が含まれるか明らかでない）、前掲注16）通達第3.4。先に括弧書きで記したように、現在は同条9号〜12号により、差金決済されるものであれば、エクイティ・デリバティブ取引やコモディティ・デリバティブ取引を行うことが認められている。

事者が、資産の処分権または支払を受ける権利を有するというものです。第2に、クレジット・リンクド・ノートは、一定の指標主体または債務証券の信用パフォーマンスを指標として、またはカントリー・リスクもしくは転換リスクを指標として、当事者の一方が支払うべき額が決定されるものです。第3に、クレジット・スプレッド・スワップ、トータル・リターン・スワップは、支払義務を発生させる信用事故を特定しない代わりに、市場価格一般を指標として支払が決められるものです。

　クレジット・デリバティブは、損害保険会社が扱っている信用保険や保証証券（surety bond）にきわめて類似した商品です。そこでイギリスにおいては、1982年保険会社法1条以下が許可を受けなければ保険事業を営めないと規定していることにクレジット・デリバティブ取引が抵触しないかが、問題になっています。これに対しては、損害の発生の有無にかかわらず支払がなされることから、信用保険に該当しないし、保証証券は保証人が主たる債務者の債務を引き受けるものであるのに対し、クレジット・デフォールト・オプションでは、デフォールトした者が債務を負っているか否かにかかわらず、オプションの引受人に支払義務が生じるのであるから、保証証券には該当しないという反論がなされているようです。オプションの権利者に損害が発生したか否かにかかわらず支払がなされ、被保険利益が存在しないこともあるから保険とは言えないし、主たる債務が存在しないこともあるから保証証券とは言えないという理屈です。

　たしかに、わが国においても、損害保険においては、被保険利益の存在が絶対的とされ、被保険利益のない保険契約は無効とされます（商法629条・630条。現在は保険法3条）。これは賭博の禁止という公序が問題になるからです。そのように損害保険として許されない無効な行為を、クレジット・デリバティブという形を採れば行ってよいのかという問題になります。

　保証証券業務との関係はどうでしょうか。保険業法3条6項により損害保険の引受とみなされる保証証券業務は、私法的には保証契約そのものです。保証証券においては、保証した債務につき、債務不履行の事態が発生すれば、それにより債権者に現実の損害賠償請求権や完全履行請求権が発生するか否かを問わずに、保証金額を支払うか、または主たる債務を自らまたは第三者に委託して現実履行するか、または債務者に援助して履行させるか、ペナルティを払うこととされています。これをクレジット・デリバティブと比較し

てみますと、クレジット・デリバティブにおいては、主たる債務がなくても支払義務等が発生するという点では、たしかに保証証券とは異なります。しかし、それはクレジット・デリバティブには、損害保険における被保険利益に該当するものがないようなものであり、そもそもそのような契約が公序の観点から許されるかという問題が残るように思われます。

この問題を除けば、わが国の金融機関においては、保証が付随行為として認められていることから、クレジット・デリバティブもほぼ同様の性格を有する行為として、許されるものと考えられます。損害保険会社も、保証証券や信用保険を固有業務として扱いうることから、当然クレジット・デリバティブを営めると解されます。ただ、保証証券なり信用保険として営むのと、単なる保証行為として営むのかのいずれかにより、信用保険なり保証証券とすれば、責任準備金の積立等、アクチュアリアルな保険経理が求められるのに対し、単なる保証ですと、与信取引の一種としての扱いがなされ、自己資本比率規制や自己査定による貸倒引当金の積立が求められるといった、リスク管理規制に違いが生じる点が問題であると感じられます。両者を比較すると、保険におけるリスク管理のほうが、リスク管理手法としては進んでいるのではないでしょうか。保証やクレジット・デリバティブにおいても、リスク管理をきちんと行っていけば、結局、保険的手法を用いることになるのではないか、という疑問があるのです。もし保険的手法を用いることになれば、保険業法3条6項括弧書きからして、保証行為ではなく、保証証券業務とみなされて、損害保険会社以外の者は営めなくなるのではないでしょうか。そうすると、銀行等においては、保険的手法を使ったリスク管理はできない、ということにならざるをえず、問題ではないでしょうか。このような問題が生じるのは、損害保険の引受とみなされる保証証券業務を、保険業法3条6項が、「保険数理に基づき……その他保険に固有の方法を用いて行うものをいう」と定義したためであるように思われます。私自身もかつて債務保証と保証証券の違いを、この規定と同じように考えていたのですが[45]、この規定の見直しが必要かもしれません。ちなみにニューヨーク州保険法では、保険に固有の方法というような規定の仕方はせず、保証契約を保険会社が締結するときに保険業に含まれるという解決を行っています。

---

45) 竹内編・前掲注4) 40頁〔岩原紳作〕。

Ⅳ 金融監督法によるデリバティブ取引に関するリスク管理規制

1 銀行等

わが国の銀行監督においては、銀行のデリバティブ取引のリスク管理に関する規制は、あまり行われてはいません。わずかに大蔵省の通達において、若干の規制と注意喚起を行っているだけです。すなわち、上場証券先物取引・金融先物取引については、建玉の水準について制限が設けられています[46]。そして、店頭デリバティブ取引については、通達の別紙において、商品販売方法につき、わかりやすく説明するなど顧客の知識や経験等に応じた販売を行うこと、海外支店の外部監査において、デリバティブ取引等市場関連業務の監査に重点を置くべきこと、等の一般的な注意が与えられているほか、デリバティブを含む市場関連リスク管理のあり方について、リスク管理のための組織・権限規程、リスク管理手続等を定める必要、経営陣のリスク管理への積極的関与と責任、部門間の相互牽制機能、リスク管理部門の独立、内部検査の充実、リスク測定、リスク限度額の設定、等々のリスク管理のための注意を行っています[47]。とくに海外営業拠点については、連結ベースによるポジション把握、時価評価、日次ベースでのリスク量の計算・報告等を求めています[48]。これに対応して、以上のような諸点を内部検査の留意事項としています[49]。日銀考査の「リスク管理チェックリスト〔改訂版〕」(平成8年5月)においても、デリバティブ以外の取引を含めた一般的なチェック項目のなかで、ポジションの時価評価、バリュー・アット・リスク、デルタ等、ポジションのマーケット・リスク量の定期的把握、オリジナル・エクスポージャーまたはカレント・エクスポージャーによる信用リスクの把握等をあげるほか、若干のデリバティブ取引特有のチェック項目があげられています。しかし大蔵省の通達、日銀のリストのいずれも、きわめて抽象的なものであり、それぞれの検査・考査の体制と考え併せると、実際の検

---

46) 前掲注5) 通達第3、5、8。金融商品取引法38条8号、金融商品取引業等に関する内閣府令117条1項27号～29号・3項～20項参照。
47) 前掲注5) 通達別紙1、別紙2。
48) 前掲注5) 通達別紙2(4)。
49) 前掲注5) 通達別紙3。

査や考査においてどこまで実効的なチェックが行われているのか、問題なしとしないように思われます。また本年（1997 年）6 月の金融制度調査会答申も、リスク管理体制については、各銀行等に一律に同一のリスク管理体制等の確立を求めることは適切でないとして、具体的なことは何も提言していません。

前記の大蔵省の通達や日銀考査のチェックリストは、アメリカのOCCのBanking Circular 277, FRB Letter (SR-93-69), FDIC (May 18, 1994) FIL-34-94 等、アメリカにおける銀行や銀行持株会社グループに対する監督当局によるリスク管理規制を参考にしたものと思われます。これらアメリカにおける規制で注目される点としては、たとえばFRBが、バリュー・アット・リスク・アプローチによって、すべてのトレーディング・ポートフォリオを再評価し、そのエクスポージャーを計算するよう求めている点等があげられましょう。1997 年に決定されたSECの規則は、一般的にバリュー・アット・リスクまたはセンシビリティ分析等によるリスクの開示を求めています[50]。また最近では、国際的な動きとして、バーゼル銀行規制監督委員会が、「金利リスクの管理のための諸原則」（1997 年 1 月）を公表しました。今後のわが国の銀行監督にも反映させられるべきものと思われます。

わが国の銀行等のデリバティブ活動に重要な影響を与えているのは、バーゼル銀行規制監督委員会が定めた国際的な銀行の自己資本比率規制、いわゆるBIS規制です。1998 年のBIS規制は、銀行の信用リスク・エクスポージャーの大きさに対応した自己資本を要求するために、金利・外国為替関連契約、すなわち、金利デリバティブと通貨デリバティブというオフ・バランス・シート取引の資産相当額を計算するのにあたって、デリバティブ取引の想定元本に一定の掛け目を掛けただけのリスク計算をするオリジナル・エクスポージャー方式と、デリバティブ取引が解消されたときの再構築コストをもってリスク計算を行うカレント・エクスポージャー方式を認めました。大部分の国がカレント・エクスポージャー方式の採用を主張したなかで、日本が強力にオリジナル・エクスポージャー方式を主張したために、いずれの方式を採るかを各国に委ねたものです。そしてアメリカ等大部分の国が、カレ

---

50)　17 C. F. R. §§210, 228, 229, 239, 240, 249；SEC Release Nos. 33-7386；34-38223 ；
　　IC-22487；FR-48；International Series No. 1047；File No. S7-35-95.

440　第Ⅴ部　金融監督規制

ント・エクスポージャー方式のみを認めているなかで、日本は、カレント・エクスポージャー方式を採る体制が整っていない銀行がオリジナル・エクスポージャー方式を選択することを許してきました。当時は、日本の銀行のなかで1行だけが完全なカレント・エクスポージャー方式を選択し、3行が部分的にカレント・エクスポージャー方式を採っているだけで、残りはすべてオリジナル・エクスポージャー方式を採っていました[51]。カレント・エクスポージャー方式を採るだけのシステム開発ができていなかったのです。しかし、銀行がデリバティブ取引によって晒されているリスクを正確に計測するためには、オリジナル・エクスポージャー方式は適切ではなく、カレント・エクスポージャー方式によらざるをえません。BIS規制がオリジナル・エクスポージャー方式を許容したことについては、海外の研究者から厳しい批判を受けていました[52]。そこでBIS規制においては、市場リスク規制の正式導入後はカレント・エクスポージャー方式に一本化させることになりました[53]。これに基づき、わが国の銀行の自己資本比率規制においても、国際基準行か国内基準行かを問わず、1998年10月1日以降はカレント・エクスポージャー方式しか許されないことになっています[54]。

　1997年末までには、さらに市場リスク規制を付け加えるBIS第2次規制が導入されます（同規制が導入されると、トレーディング勘定で保有する債権と株式は、信用リスク規制の対象から外される。現在は更にBIS第3次規制になっている。その内容等につき本書408頁以下参照）。第2次規制では、標準的アプローチでもビルディング・ブロック・アプローチを採り、オプションに関してはバリュー・アット・リスク・モデルを採用するほか、銀行の内部モデル・ア

51）　ハル・S・スコット＝岩原紳作「銀行の自己資本比率規制に関するバーゼル合意の日米における具体化〔Ⅴ〕——平等な競争条件を求めて」商事1358号（1994年）14頁・17頁（本書386頁）。

52）　Derringer, "Swaps, Banks, and Capital: An Analysis of Swap Risks and a Critical Assessment of the Basle Accord's Treatment of Swaps", 16 U. Pa. J. Int'l Bus. L. 259, 312 (1995).

53）　Basle Committee on Banking Supervision, Basle Capital Accord's Treatment of Potential Exposure for Off-Balance-Sheet Items (1995).

54）　平成9・12・22大蔵省告示296号。現在の規制は、銀行法14条の2、「銀行法第14条の2の規定に基づき、銀行がその保有する資産等に照らし自己資本の充実の状況が適当であるかどうかを判断するための基準を定める件」（平成18・3・27金融庁告示19号）である。

プローチが認められる等、一段と高度なリスク管理体制が要求されます。しかし、このようなリスク管理体制は、デリバティブ取引のようなリスクの大きい業務を営む以上、当然に備えていなければならないものであり、そのような体制がないままデリバティブ業務を営もうということこそ、危険きわまりない行為と申せましょう。そのような銀行は、速やかにデリバティブ業務から退出すべきではないでしょうか。

　（現在は、通達に代わって監督指針や検査マニュアルによるデリバティブ取引に関するリスク管理規制が行われている。すなわち、監督指針は、主なカウンターパーティの信用リスクにつき、カウンターパーティ別およびカウンターパーティの類型別のエクスポージャーの管理、参照資産の時価の変化等によりエクスポージャーが拡大することによるリスクの把握、担保その他の信用補完措置の有効性の確認、市場流動性が低下する状況等も勘案した適切なストレス・テストの実施、清算集中されたデリバティブ取引等に係るリスクについて適切に管理すること等を求めている（「主要行等向けの総合的な監督指針」（平成28年3月）Ⅲ－2－3－2－1－2(10)(11)）。それ以外に、マーケットリスクに関する自己資本比率規制や一般的な市場リスク管理等の規制の対象になる（同Ⅲ－2－1－2－3、同Ⅲ－2－3－3等）。検査マニュアルにおいても、自己資本比率規制等に関し、同様のカウンターパーティリスクに関する定めがあるほか（「金融検査マニュアル（預金等受入金融機関に係る検査マニュアル）」（平成27年11月）リスク管理等編Ⅲ・信用リスク管理態勢の確認検査用チェックリスト⑨⑩）、デリバティブ取引の与信相当額が、カレント・エクスポージャー方式、標準方式または期待エクスポージャー方式を用いて適切に算出されていることを求め（同別紙（標準的手法の検証項目リスト）Ⅱ3）、その他、一般的なリスク管理に係る規制の対象になる（同別紙（標準的手法の検証項目リスト）Ⅲ6・10・Ⅵ、同別紙（内部格付手法の検証項目リスト）Ⅶ5・Ⅻ））。

2　証券会社

　証券会社の場合も、証券会社の自己資本規制におけるデリバティブ取引に係るリスク相当額を定める、証券会社の自己資本規制に関する省令6条・8条を除けば（現在は第一種金融商品取引業者の自己資本比率規制につき、金融商品取引法46条の6、金融商品取引業等に関する内閣府令176条～180条、金融商品取引業者の市場リスク相当額、取引先リスク相当額及び基礎的リスク相当額の

442 第Ⅴ部 金融監督規制

算出の基準等を定める件（平成19・8・17金融庁告示59号）等の法令があり、またその他の金融商品取引業者によるデリバティブ取引に関する法令として、金融商品取引法38条8号、金融商品取引業等に関する内閣府令117条1項27号〜29号・3項〜20項等の規定がある）、デリバティブ取引のリスク管理を規制しているのは、通達です。通達は、デリバティブ取引のリスク管理に関する基本方針および手続については、専門性の高い役員レベルの会議において審議・決定し、関係役職員に周知するとか、営業から独立した部門によるポジション限度枠の設定、ポジション総額の時価評価を行うこと、与信限度枠の設定、顧客に勧誘における適合性等の原則の遵守、契約の締結におけるISDA契約書の使用、等を定めていて[55]、銀行に対する通達より詳しいものになっています。さらに、先に紹介した平成9年の証券取引審議会の報告も、IOSCOの報告を引用して、店頭デリバティブ取引を含め、金融制度調査会答申に比べれば、具体的なリスク管理体制についての提言を行っています。それは現在の通達と共通するもので、リスク限度枠の設定、重大な価格変動等の影響のシミュレーション等により成り立っています。

　アメリカの場合は、1990年改正により付け加えられた連邦証券取引所法17条h項により、証券ブローカー・ディーラーにリスク評価義務を課しており、SECにそれを届け出なければなりません[56]。その情報には財務情報が含まれ、デリバティブ取引に関連するものを含め相当詳細な情報が届け出られることになっています。そして同法ルール15c3-1により全ブローカー・ディーラーに一定水準の純資産の維持を要求していますが、上場オプションや関連ポジションに対する必要資本額を計算するに際して、モダン・ポートフォリオ理論に従った理論価格モデルに従うこと許しています[57]。他方、金利スワップ、先物、先渡取引等の金利感応商品については、BIS第2次規制のマーケットリスク規制と類似の方法で必要資本額を統一的に計算することとしています。

　アメリカでは、デリバティブの販売についても証券取引所法に基づくさまざまな規制がなされています。販売にあたっての従業員に対する監督責任が問われ[58]、適合性の原則が要求され[59]、しかも適合性の原則は通常は適格

---

55)　前掲注7)　通達。
56)　Rule 17h-1T, 17h-2T, Form 17-H.
57)　Theoretical Pricing Haircuts（SEC), '93-'94 CCH Dec. 76, 835.

投資家とされるような機関にも適用されるとされています[60]。1995 年には、主要証券会社が、経営管理システムとそれに伴う計数報告に焦点を合わせて自主行為規範（voluntary code of conduct）を採択しました[61]。

以上のようなアメリカにおける規制と比較すると、わが国の規制は、証券会社の自己資本比率規制の方法を改善する必要があるほか、何よりもデリバティブの販売に関する法律上の規制の整備が不十分な点に問題があるように思われます（現在は、金融商品取引法 38 条、金融商品取引業等に関する内閣府令 117 条、「金融商品取引業者等向けの総合的な監督指針」（平成 29 年 2 月）IV－3－3－2 等、「金融商品取引業者等検査マニュアル」（平成 19 年 9 月、平成 27 年 4 月最終改正）II－2－2 等により、販売に関して詳細な法規制が加えられている。またデリバティブ取引のリスク管理に関しては、現在は通達に代わって監督指針や検査マニュアルが規制している。すなわち、監督指針は第一種金融商品取引業者に対し、非清算店頭デリバティブ取引の変動証拠金に関して、適切な契約書（たとえば、ISDA マスター契約および CSA 契約）の締結や為替リスクの考慮、当初証拠金に関し、適切な契約書の締結、当初証拠金運用の安全性、当初証拠金算定の適切さ、当初証拠金および変動証拠金に用いられる資産の適切な分散、証拠金に係る紛争の対応策等（「金融商品取引業者等向けの総合的な監督指針」IV－2－4(4)）を定めている。また、顧客との取引とカバー取引とに時間差が生じる場合に、その間の相場の急激な変動等に備えたリスク管理態勢の整備等（同IV－3－3－5(1)(2)）、自己勘定取引につきリミットを設けること等（同IV－3－3－5(3)）、顧客の損失が、顧客が預託する証拠金を上回ることがないように、ロスカット取引実行の水準を定めること等も（同IV－3－3－5(4)）、第一種金融商品取引業者に対して求めている。検査マニュアルは、外国為替関連取引・金利関連取引等について、店頭金融先物取引において、顧客との取引とカバー取引とに時間差が生じ、その間に相場が急激に変動した場合に備えたリスク管理態勢の整備、信用リスクの厳正な審査、ポジション枠やリスク限度枠の設定とその管理、ロスカットルールの設定と管理、店頭デリバティブ取引の市場部門による適正な価格算定とリス

---

58) Sections 15 (b)(4)(E), (b)(6); In re Gutfreund, 1992 CCH Dec. 85, 067; BT Securities Corp., '94-'95 CCH Dec. 85, 477.

59) In re Reynolds, '91-'92 CCH Dec. 84, 901; Hanley v. SEC, '67-'70 CCH Dec. 92, 453.

60) CCH, Federal Regulation of Derivatives (1995) p.14.

61) 以上につき、CCH, supra note 60 at 11-16 参照。

444 第Ⅴ部 金融監督規制

ク管理部門による確認と内部監査・外部監査によるチェック、等を第一種金融商
品取引業者に要求している（「金融商品取引業者等検査マニュアル」Ⅱ－1－2－
3(7)・(8)⑥・(9)・(12)⑥ロ等））。

3 投資信託

証券投資信託の委託会社の行為準則に関する省令4条1項8号は、ある信
託財産に係る先物取引等評価損・有価証券オプション取引等評価損・新株引
受権評価損の合計額が当該信託財産の純資産額の100分の50を超えること
を禁止しています（現在はバリュー・アット・リスク等の合理的方法により算出
したリスクエクスポージャーの額が、運用財産の純資産額を超えることになるデ
リバティブ取引を禁止している（金融商品取引業等に関する内閣府令130条1項8
号、金融商品取引法42条の2第7号））。また、平成6年8月26日に変更され
た証券投資信託約款は、投資信託による金利スワップ、通貨スワップ取引を
ヘッジ目的に限らず認めるとともに、当該信託財産に係るスワップ取引の想
定元本の合計額が、信託財産の純資産総額の100%を超えないものとし、ス
ワップ取引の評価は、当該取引契約の相手方が市場実勢金利等を基に算出し
た価額で評価するとしています。これは時価評価するということでしょうか。
このほか、スワップ取引の契約期間が原則として信託期間を超えないことと
いう制限を課しています。そして通達において、有価証券先物取引等に係る
リスク評価額を把握する管理体制や運用に関する社内ルールの審査、デリバ
ティブ取引明細の信託財産報告書・信託財産運用報告書等への記載、等につ
き定めています[62]。

これに対しアメリカでは、SECのガイドラインは、ミューチュアル・ファ
ンドが投資者から償還請求を受けたときのために、流通性のない資産を原則
として全体の15%に限定し、マネー・マーケット・ファンドについては
10%に限定していますが、一定の店頭デリバティブ等は、流通性がないもの
と扱われ、また時価に代わる公正価格の評価につき、厳格に解さなければな
らないとされます。またSECは、投資会社法18条を、先物、先渡契約、オ
プションの引受等、負債のレバレッジ効果のあるデリバティブに適用し[63]、

---

[62]　前掲注11）通達第二章第一6、第三1(1)ホ(ハ)・3(1)(ホ)〜(ヌ)、第四22ホ・ヘ。

[63]　Putnum Option Income Trust Ⅱ(SEC), '85-'86 CCH Dec. 78, 169.

これらの債務の額に対応する資産を現金・国債・高格付債権等よりなる別勘定で保有することを要求しています。しかし、デリバティブを禁止することはしていません。その代わりに、開示を改善する方向が採られています。計量的なリスクの単位を用いて評価する開示、すなわち、デュレーション、標準偏差、ベータ等の開示が検討されています。しかしこような開示による方法が、適切な投資者保護とならない場合は、ミューチュアル・ファンドによるデリバティブの利用に重大な制限を設ける意向と言われます。なおデリバティブによってパフォーマンスが相当影響を受けるファンドは、年度末においてデリバティブがポートフォリオに反映されるか否かを論じなければならないとされており、デリバティブの利用や目的、等について開示すべきだとされています [64]。

　以上のようなアメリカの規制と比較すると、たとえばわが国の規制において、想定元本額を基準にスワップ運用額の制限を行っていることは（現在は異なる）、スワップ取引の想定元本額はリスクの大きさを正確に反映するわけではないことから、必ずしも適切ではないように思われます。またアメリカと比較して、投資信託財産の流通性の観点からの規制が十分ではないようにも思われます。

4　保険会社

　保険業法施行規則 48 条は、運用資産毎に運用額の制限を設けていますが（現在、同条は削除されている）、デリバティブ取引については、実際には通達によって具体的な運用額の制限が定められています [65]。たとえば、債券先物取引については、商品有価証券勘定分は売建と買建の差が総資産の 100 分の 3 以内、有価証券勘定であれば売建と買建の差が保有現物債券残高の 100 分の 50 以内、株式先物取引は、売建と買建の差が保有株式の時価総額の 100 分の 50 以内、株価指数オプション取引は、コール付与残高またはプット付与残高の大きいほうの残高からその対価の額を控除した額が保有株式の時価総額の 100 分の 50 以内、海外証券先物取引も、売建と買建の差が外貨

64）　以上につき、CCH, supra note 60 at 21-28；Rubenstein & Lopez-Isa, Derivatives Investments by Mutual Funds, 28 Rev. of Sec. & Commodities Reg.（1995）参照。

65）　前掲注 16）通達。

建資産総額の100分の50以内、日本円金利先物取引は、売建と買建の差が保有円建資産の100分の50以内、日本円短期金利先物オプションは、コール付与残高またはプット付与残高の大きいほうの額からその対価の額を控除した額が保有円建資産総額の100分の50以内、米ドル短期金利先物取引および米ドル・日本円通貨先物取引は、売建と買建の差が保有米ドル建資産総額の100分の50以内、海外金融先物取引は、売建と買建の差が外貨建資産総額の100分の50以内、というように、原資産保有額の100分の50以内という規制が原則であって、商品有価証券勘定分についてのみ、総資産の100分の3以内という定め方になっています。しかしこの通達がいかなる法令の根拠に基づくのかは明らかではありません（保険業法施行規則48条1項柱書但書か）。金利スワップや通貨スワップの運用額の制限については、法令上も通達上も明らかではありません。このことが運用額に限度を設けないことを意味するのでしょうか。それとも、同規則48条1項1号ホの金銭債権の取得等に準じる行為として総資産の100分の3の制限を受けるのでしょうか。

　通達や事務連絡によって、デリバティブ取引の報告義務が保険会社には課されています。金融先物取引に関する報告を毎月行わなければならないとされていますし[66]、金利先渡取引等の保険業法施行規則47条12号に該当するものとされるデリバティブ取引を実行したときは、実行状況を報告しなければならないとされています[67]。しかし金利スワップや通貨スワップについては、とくに定められていないようです。

　アメリカでは、代表的なニューヨーク州保険法を例にとると[68]、保険会社によるデリバティブ取引は、ヘッジ目的による債務証書先物取引、同先物オプション、同指数先物取引、為替先物取引、為替オプション取引等、および発行者との間で行う有価証券先物取引が認められますが、それによって負担する債務・責任の額を1000万ドルまたは認容資産の5％以内に限定する、等という規制の仕方をしているようです。しかしその債務額を時価により計算することになるのか等は、明らかではなく、わが国の規制と同様かははっ

---

66)　「生命保険会社の資産運用状況報告について」（平成8・4・1事務連絡）。
67)　前掲注66)　事務連絡第3「5.　報告」(1)。
68)　N.Y. Ins. Law § 1403 (d).

きりしません。ただヘッジ目的に限るとか、発行者との間の証券先物取引に限る、すなわち投資目的に限定していることは、わが国におけるより慎重な姿勢を採っていると申せましょう。

（現在では通達や事務連絡は廃止され、代わって監督指針や検査マニュアルによって行政的規制がなされている。しかしデリバティブ取引については簡単な定めが置かれているだけである。監督指針は、「デリバティブ取引を行う目的、限度、契約内容等を明確にした適正な管理が行われているか」、「適時にリスク量が把握できる体制となっているか」、「リスク管理は財産的基礎から適正なものとなっているか」、「金融機関等を相手方とする非清算店頭デリバティブ取引において、変動証拠金の授受等、取引先リスク管理に係る態勢整備に努めているか」「非清算店頭デリバティブ取引において、変動証拠金の授受等、取引先リスク管理に係る態勢整備に努めているか」等と規定しており（「保険会社向けの総合的な監督指針」（平成 28 年 9 月）Ⅱ－3－12－2(4)②⑥）、さらに具体的には「金融商品取引業者等向けの総合的な監督指針」Ⅳ－2－4(4)を参照することとしている。検査マニュアルも、デリバティブ取引等のカウンターパーティの信用リスク管理を求めるほか（「保険検査マニュアル」（平成 29 年 5 月）資産運用リスク管理態勢の確認検査用チェックリスト（別紙1）Ⅲ3④）、為替リスク、価格変動リスク等のリスクの検討を求めている（同Ⅱ2(1)①）。そしてマニュアル自体に運用額の限度等を定めることはせず、金融界で一般に受け入れられているリスク計測技術を活用し、ストレス・テストの結果を反映した限度枠の設定を、市場リスク管理方針および市場リスク管理規程に基づいて行い、厳正に限度枠管理を行うことを求めている（同Ⅰ2②・Ⅱ2(1)④・Ⅲ1③・Ⅲ4(10)③)）。

Ⅴ　結　び

　以上の検討からは、一般的に次のように考えることができるように思われます。すなわち、金利デリバティブや通貨デリバティブは、各種金融機関が従来も業務において扱ってきたリスクを取引の対象とするものであり、原則として各種金融機関が扱いうる業務と申せましょう。ただし、たとえば投資信託のように、その性格上、投資目的やヘッジ目的の取引しか許されないのではないか、というような問題はありえましょう。しかしこれらの業務が許されるとしても、リスク管理体制の整備が図られなければなりません。時価

会計の採用、カレント・エクスポージャー方式の採用、バリュー・アット・リスク等によるリスクの計測、金融機関におけるリスクの内部管理体制の構築、これらを踏まえた金融検査体制の整備等々、未解決の課題は多いと言わざるをえません。リスクに関する監督当局による検査と開示の関係も、今後の課題です。

コモディティ・デリバティブは、従来の金融機関が正面からは扱っていなかったリスクを扱うもので、matched basisのもの、ヘッジ目的のもの等を除き、現行法（本稿執筆時の）のもとで直ちにこれを取り扱うことには問題があるように思われます。しかし、コモディティ・デリバティブは他の種類のデリバティブと共通する金融商品としての性格を強く持っており、原資産たる商品に関する業法的な規制に服するのではなく、金融商品として他のデリバティブと共通する規制に服するのが本来望ましいと考えられます（現物の取引がなされる場合を除く）。問題は、コモディティに関するリスクの管理体制が金融機関に整っていないことにあり、今後、リスク管理体制が整えば、金融機関もより広く扱うことができるようになりましょう。その場合に、アメリカにおけるように、取引の目的、リスク管理体制の整備、利益相反の有無、投資者保護体制の整備等により、木目の細かい扱いが検討される必要がありましょう。商品取引所法（現在は商品先物取引法）との関係も、それに代わるデリバティブ取引一般における投資者保護のスキームが考えられるべきでしょう。エクイティ・デリバティブについては、わが国においてはすでに現行法（本稿執筆時の）上も投資目的の取引が各種金融機関についても認められていること等を除けば、コモディティ・デリバティブに準じて考えることができましょう（エクイティにおいては、証券取引法201条（現在は規制廃止）等に代わる投資者保護スキームが考えられる）。

クレジット・デリバティブは、信用保険や保証証券に非常に類似したものであり、被保険利益や主たる債務がないことがありうるという点が違うだけであり、そこに問題もありえますが、それを除けば、損害保険会社はもちろん、金融機関は付随業務たる保証とほぼ同様の性格を有する行為として許されると考えられます。ただ保険業法3条6項との関係で、リスク管理のあり方に問題があるように思われます。

金融機関によるデリバティブ業務に共通する最大の問題は、リスク管理体制の不備にあるように思われます。わが国においては、この面の手当てがき

わめて遅れています。アメリカ等にならって、今後その整備を図る必要があります。

　以上きわめて急ぎ足でデリバティブ取引に関する取引上の諸問題についてお話ししましたが、いかに多くの課題が山積しているかということだけでも、お伝えできたとすれば、望外の幸せです。今後、関係者の皆様のご理解を得て、一歩、一歩、法制度の整備がなされていくことを願ってやみません。長時間、ご静聴ありがとうございました。（拍手）

　〔追記〕　平成10年3月に国会に提出された金融システム改革法案においては、広義の金融機関のデリバティブ業務に関し、次のような規定を設けることとされている（以下の括弧内の条文は同法案が成立した場合の各金融監督法の条文）。

　有価証券店頭デリバティブ取引またはその取引の媒介、取次ぎもしくは代理は（「有価証券店頭デリバティブ取引等」と呼ぶ）、証券業務とされ、原則として登録を受けた証券会社しか営めない（証券取引法2条8項3号の2・28条）。証券業務とされる結果、証券業務に関する各種行為規制に服する（証券取引法43条1号・44条1号・45条1号・51条・64条1項2号・64条の3等）。金融機関は、有価証券店頭デリバティブ取引等を内閣総理大臣の認可を受けて差金決済の方法でのみ営めるが、均一の条件で多数の者を相手方とすることはできない（証券取引法65条2項7号・65条の2第3項。ただし、投資目的等の場合にはこのような制約はない）。内閣総理大臣の認可には、株券に係る取引の公正の確保のために必要な範囲内において、総理府令・大蔵省令で定める条件を付すことができる（証券取引法65条の2第9項）。なお、法案は現行証取法87条の2を廃止し、同法201条も改正して、証券会社や金融機関の行なう有価証券店頭デリバティブ取引等には適用しないこととしている（証券取引法201条2項）。これらの改正も有価証券店頭デリバティブ取引等の制約を除くことになろう。証券会社はこの他に、総理府令・大蔵省令が定める金利・通貨・商品デリバティブを兼業業務として営むことができる（証券取引法34条2項5号）。

　この有価証券店頭デリバティブ取引等の他に、総理府令・大蔵省令が定める金利・通貨・商品デリバティブ取引またはその取引の媒介、取次ぎもしくは代理が、銀行、保険会社の付随業務に付け加えられることになっている（銀行法10条2項14号～17号、保険業法98条1項8号～11号）。

　投資信託や登録証券投資法人は、有価証券店頭指数等スワップ取引を投資目的で行えることとされている（証券投資信託及び証券投資法人に関する法律案2条1項・193条1項7号）。

450 第Ⅴ部 金融監督規制

この他、現在国会で審議中の商品取引所法改正案は、同法 145 条の 5 を追加し、店頭商品先物取引に関する規定を設けることとしている。そして同取引を営業として行おうとする者は、主務大臣への届出が必要であるとし、取引相手方保護のための若干の定めを置いている。

以上、その他の改正により、学会報告において論じた問題の相当部分が立法的に解決される予定である。しかしクレジット・デリバティブ等、なお法律上は明確にされていない問題も多くあるし、有価証券店頭デリバティブ取引等を除き、店頭デリバティブ取引に関する行為規制がきわめて不充分であって、デリバティブ取引のリスク管理に関する法律上の規定の整備があまりなされていない点等、本報告で指摘した問題で解決されていないものも多い。リスク管理等の整備がなされないまま金融機関の業務範囲だけを拡大した場合の危険は、1980 年代アメリカのS＆L危機に示されているとおりである。わが国の金融機関のデリバティブ業務においてもそのようなことが生じないように、今後さらに法令の整備が図られることを願っている。

なお、校正の段階において次の文献に接した。

Thomas A. Tormey, "A Derivatives Dilemma: The Treasury Amendment Controversy and the Regulatory Status of Foreign Currency Options", 65 Fordham L. Rev. 2313 (1997). ((1998 年) 4 月 3 日記)

〔金融法研究 14 号（1998 年）22〜52 頁〕

［後記］　現在では、わが国の主要ディーラーにおけるOTC（店頭）デリバティブ取引の想定元本ベースでの取引残高は 52 兆 8289 億ドルで、そのうち金利関連取引が 84.3％、外国為替関連取引が 14.5％、エクイティ関連取引が 0.4％、コモディティ関連取引が 0.0％（56.51 億ドル）、クレジット・デリバティブが 0.8％を占めている（日本銀行金融市場局「『デリバティブ取引に関する定例市場報告』の調査結果（2016 年 12 月末）」(2017 年 3 月 10 日)）。本稿に記載した当時の取引量と比較して、OTCデリバティブ全体の取引残高がおよそ 4 倍となり、金利関連取引の割合が 61％から 84.3％へと増大した一方、外国為替関連デリバティブが 39％から 14.5％へと低下している。エクイティ関連デリバティブは、ほぼ 0％から 0.4％へと上昇し、コモディティ関連デリバティブはほぼ変わらず 0％に近い残高しかない。クレジット・デリバティブは 0％から 0.8％にまで増えた。

本文中に多数の括弧書きや注記により記したように、本稿公表後、デリバ

ティブ取引に関する監督法的規制は大きく変化し、本稿は殆ど歴史的意義しか有しなくなっている。そのため本稿を本書に収録することは躊躇したが、本稿において検討したデリバティブ取引の監督法的規制のあるべき姿は、今日においてもなおなんらかの意義を持ちうると考え、本書に収録した次第である（これについては、和仁亮裕弁護士の励ましと同弁護士及び宇波洋介弁護士に本稿につき数々の御教示を頂いたことが大きかった。厚く御礼を申し上げる。勿論、文責はすべて著者にある）。本稿にも括弧書きや注に繰り返し記載したように、現行金融監督法上のデリバティブ取引に関する業規制の概要は、以下の通りである（以下は、金融法委員会「デリバティブ取引に対する参入規制および行為規制の整理——金融商品取引法および商品先物取引法を中心に」（平成26年9月）によっている）。

　現在、銀行は付随業務として、以下のデリバティブ取引業務を行うことができる。即ち、有価証券関連デリバティブ取引（有価証券や有価証券指標を対象とする市場デリバティブ取引、店頭デリバティブ取引又は外国市場デリバティブ取引を言う。銀行法10条4項、金融商品取引法28条8項3号〜6号）のうち投資目的をもってするもの又は有価証券関連デリバティブ取引の書面取次ぎ行為（銀行法10条2項2号）、有価証券関連デリバティブ取引以外のデリバティブ取引（以下、「非有価証券関連デリバティブ取引」と呼ぶ。銀行法10条2項12号・10項、銀行法施行規則13条の2の2、金融商品取引法2条20項〜26項。金利デリバティブ取引（金融商品取引法2条21項2号・3号・22項2号（差金決済される先渡取引）・3号（オプション取引）・5号（スワップ取引）・24項1号・2号・25項1号等、金融商品取引法施行令1条の17、外国為替及び外国貿易法6条1項7号）や通貨デリバティブ取引（金融商品取引法2条21項1号・22項1号（差金決済される先渡取引）・3号（オプション取引）・5号（スワップ取引）・24項3号、金融商品取引法施行令1条の16、銀行法10条2項11号（現物決済される先渡取引））等が含まれる）又は非有価証券関連デリバティブ取引の媒介、取次ぎ又は代理（銀行法10条2項13号、銀行法施行規則13条の2の2）、有価証券関連店頭デリバティブ取引（銀行法10条2項16号。定義は、銀行法10条10項、金融商品取引法28条8項4号による。当該有価証券関連店頭デリバティブ取引に係る有価証券が銀行法10条2項5号に規定する証書をもって表示される金銭債権に該当するもの及び短期社債以外のものである場合には、差金の授受によって決済されるものであるものに限られる）又は有価証券関連デリバティブ取引の媒介、取次ぎ又は代理（銀行法10条2項17号）、金融等デリバティブ取引（銀行法施行規則13条の2の3第1項各号に定める商品デリバティブ取引若しく

は排出権デリバティブ取引又はこれらに係るオプション取引を言う。但し、商品や排出権の保有によるリスクを負わない取引に限定される。銀行法10条2項14号、銀行法施行規則13条の2の3第1項・2項）又は金融等デリバティブ取引の媒介、取次ぎ若しくは代理（金融等デリバティブ取引のうち、商品先物取引法15条1項1号に規定する上場商品構成物品等について商品市場における相場を利用して行う所定の店頭デリバティブ取引を除くものの媒介、取次ぎ又は代理に限る。銀行法10条2項15号、銀行法施行規則13条の2の3第3項）、等である。

　このほか銀行は、他業証券業務として、固有業務（銀行法10条1項各号）の遂行を妨げない限度において、金融商品取引法33条2項各号に規定された有価証券関連デリバティブに関する業務を行うことができる。また、金融機関の信託業務の兼営等に関する法律により信託業務の兼営の認可を受けた銀行は、法定他業として（銀行法12条）、委託者の計算において信託契約に基づき有価証券関連デリバティブ取引を行うことができる。

　以上のように銀行は、投資目的で有価証券関連デリバティブ取引等を行うか、原則として差金決済により有価証券関連デリバティブ取引等を行うか、非有価証券関連デリバティブ取引や（差金決済されるものという限定がつくものがある）、商品・排出権の保有によるリスクを負わない商品デリバティブ取引若しくは排出権デリバティブ取引又はこれらに係るオプション取引（金融等デリバティブ取引）等を行うことができ、この他、他業証券業務として又は法定他業たる信託業務として有価証券関連デリバティブ取引を営むことができる。差金決済される有価証券関連デリバティブや商品デリバティブ取引に限って認めるというように、固有業務で取り扱うことのできない有価証券や商品の現物決済を行うデリバティブ取引は認めないわけである。

　なお本稿で検討したアメリカにおける銀行のデリバティブ取引に関する監督当局による業務範囲解釈は、その後、次のように展開した（以下については、平岡克行「米国における銀行と商業の分離規制の展開(3)」早稲田大学大学院法研論集153号（2015年）267頁・271頁以下、同「米国における銀行と商業の分離規制の展開（4・完）」早稲田大学大学院法研論集155号（2015年）249頁・251頁以下に負っている）。OCCは1980年代の初め、デリバティブ取引の原資産につき国法銀行が取引することを認められている場合、例えば国債やCD（譲渡性預金証書）や金・銀・プラチナといった貴金属等に関するデリバティブ取引を国法銀行に認容するという見解を採った（OCC Interpretive Letter No.260 (June 27, 1983), 1983 WL 176417; Saule T. Omarova, The Quiet Metamorphosis: How Derivatives Changed the "Business of Banking", 63 U. Miami

L. Rev. 1041, 1057-59 (2009))。しかしその後OCCは、銀行に原資産の取扱い
が認められていないデリバティブ取引を認めるために、銀行に従来から認め
られてきた金融取引と機能的に同等（functionally equivalent）なデリバティブ
取引は認められるという見解をとって、本稿で紹介したようにunmatchedな
ベースで行われるものを含め、投機目的で行われるものでないこと、OCCが
定めたリスク管理のガイドライン（BC-277）に従っていることを条件に、
様々なコモディティ・デリバティブ取引やエクイティ・デリバティブ取引を
認 め て い っ た （ OCC Interpretive Letter No.652（Sept. 13, 1994), 1994 WL
646478; Omarova, supra at 1060-1061, 1068-1069, 1082-1084, 1087-1092）。

　OCCは銀行業務該当性を判断する指針として、預金業務や貸付業務といっ
た伝統的な銀行業務と機能的に同等か或いは当該業務・機能から論理的に派
生するものか、銀行の顧客にとって便利又は有益なものか、伝統的な銀行業
務のリスクと異なるリスクを生じさせないものか、という3つの要素が考慮
されるとしている（Julie L. Williams & Mark P. Jacobsen, The Business of Banking:
Looking to the Future, 50 Bus. Law. 783（1995））。OCCは、国法銀行がコモディ
ティ・デリバティブ取引のリスクヘッジ目的でデリバティブ取引の決済に伴
う現物の受渡し・輸送・保管等を行うことを認めた（OCC Interpretive Letter
No.632（June 30, 1993), 1993 WL 639335)。また、銀行が投資目的で売買でき
ない資産であっても、デリバティブ取引のリスクヘッジ目的で現物の受渡し
を行うことも認められた。但し、コモディティのポジションには一定の限度
額が設けられ、取引前にはOCCの承認が要求される等、前記BC-277のガイド
ラインに従うことが要求されている（OCC Interpretive Letter No.684（Aug. 4,
1995), 1995 WL 786838, at 3-5)。その後、原油、ガス、石炭、金属等の様々な
コモディティで現物決済が認められている（Omarova, supra at 1085-1086)。ま
た顧客主導のエクイティ・デリバティブ取引から生じたリスクをヘッジする
目的で、国法銀行に法律上取引が禁止されているエクイティ証券を保有するこ
と を 認 め た（OCC Interpretive Letter No.892, at 1（Sept. 13, 2000), available at
http://www.occ.gov/static/interpretations-and-precedents/sep00/int892.pdf）。この
ようなOCCの解釈態度に対しては、銀行と商業の分離（Separation of Banking
and Commerce）を骨抜きにするものだとの批判がある（Omarova, supra at
1100-1102)。顧客主導や投機目的でないこと（リスクヘッジ目的であること）
といった要件も、限られた意義しか持ちえないと批判されている（Omarova,
supra at 1097-1098)。わが国においては、それらの要件も課さずに、差金決済
であることのみを要件にコモディティ・デリバティブ取引やエクイティ・デ
リバティブ取引を認めており、更に問題が多いと言えよう。

FRBは、現物の受渡しを伴うデリバティブ取引を銀行持株会社グループの業務範囲に含めることを拒んでいた（Federal Reserve System, 62 Fed. Reg. 9290, 9311-9312（Feb. 28, 1997）。しかしFRBは2003年にRegulation Yを改正し、銀行持株会社に現物の受渡しを伴うコモディティ・デリバティブ取引を認めたが（Federal Reserve System, 68 Fed. Reg. 39807, 39808 (July 3, 2003); 12 C.F.R. §225.28 (b) 8 (ii)(B) 3 - 4. その背景としては、銀行持株会社の収益性を高めるためや、大手投資銀行グループと対等な競争を行えるようにするためだったのではないかと指摘されている。Saule T. Omarova, The Merchants of Wall Street: Banking, Commerce, and Commodities, 98 Minn. L. Rev. 265, 300-301, 309-310（2013）)、デリバティブ取引の原資産を長期間にわたり保有しないよう様々な規制を置いている（12 C.F.R. §225.28 (b)(ii)(B) 3-4）。またFRBは、銀行持株会社グループの補完的業務としてコモディティのトレーディング業務を認めた（Citigroup Inc., Order Approving Notice to Engage in Activities Complementary to a Financial Activity, 89 Fed. Res. Bull. 508 (2003)）。その条件として、保有するコモディティの市場価格の合計が銀行持株会社の連結自己資本の5％を超えないこと、FRBが特別に認めない限り商品先物取引委員会（CFTC）が取引所上場を認めたコモディティに限定され、証券や先物取引規制等の関連法規を十分に遵守することが要求されている。

2008年の世界金融危機を受けて2010年に成立したアメリカのドッド・フランク法は、いわゆるボルカー・ルールにより、預金保険対象の銀行及びその持株会社・関連会社がデリバティブ取引、証券取引（証券に係るオプションを含む）やコモディティの先渡契約やオプション等につき、一定の自己勘定取引（proprietary trading）を行うことを禁止した（12 U.S.C. §1851. 但し、マーケット・メイキング、ヘッジ取引等に係る多くの例外が認められている）。そして同法は、スワップ・ディーラーや主要スワップ参加者に対し預金保険や中央銀行による貸出といった連邦による補助を行うことを禁止した"push out"（締出し）ルールを定めた。連邦預金保険の適用を受ける預金金融機関は、スワップをヘッジ目的やリスク軽減目的で利用する場合と、仕組金融スワップ（structured finance swaps）以外のスワップ、仕組金融スワップであっても、ヘッジ目的かリスク軽減目的である場合等に限って、認められる。具体的には、金利スワップ、通貨スワップ、一部のクレジット・デフォールト・スワップが認められる（Dodd-Frank Act §716 and Push-Out Rule Amendments §630；Regulation KK, 78 Fed.Reg.34, 545(June 10, 2013); Hal S. Scott & Anna Gelpern,

International Finance, Transactions, Policy, and Regulation, 21st ed. 2016, Foundation Press, p.1005；William C. Meehan & Gabriel D. Rosenberg ed., OTC Derivatives Regulation under Dodd-Frank: A Guide to Registration, Reporting, Business Conduct, and Clearing, 2016 ed., Thomson Reuters, pp.54-55）。認められないデリバティブ取引は、ノンバンク関連会社に移すか、取引をやめるほかない。以上のように、アメリカの金融機関は無条件に各種デリバティブ取引が認められるわけではないことに留意する必要があろう。

　金融商品取引業者、証券投資信託、保険会社の現行業務規制及び各機関に対するリスク管理規制については、本稿への括弧書きを参照されたい。ただいずれも現在の法規制については、十分にフォローしきれていない箇所があると思われる。特に海外法制については、現状を把握できないことが多かった。深くお詫びして御断り申し上げる。

　本稿執筆後の法規制の変化を見ると、業務規制については、本稿に引用した平成 9 年 6 月の金融制度調査会答申に従って、店頭デリバティブ取引の担い手を、原資産の種類によって制限せず、特に原資産の受渡しを伴わない取引については、銀行をはじめ証券会社、投資信託、保険会社等の広義の金融機関が広く行える業務とされたと言えよう。しかしこのような我が国におけるデリバティブ取引に係る業規制のほぼ全面的な解禁は、今なお銀行と商業の分離等の業規制の趣旨に遡って、許される取引の限界を探ろうとしているアメリカと比較して (Omarova, supra 98 Minn L. Rev. 342-355)、やや割り切り過ぎた感がしないわけではない。アメリカでは取引が顧客主導であることや投機目的でないことを要求していること等、我が国においても考慮されてよいのではなかろうか。

　それに同答申は金融機関が、デリバティブ取引の適切なリスク管理を行えることを前提としているが、デリバティブに係るリスク管理に関する法規制は大幅に進歩したものの、十分と言えるかは問題がありうるのではなかろうか。銀行については、BIS規制や一般的な市場リスク管理規制に織り込まれる形でデリバティブ取引に関するリスク管理規制がなされてきた。カウンターパーティ別のエクスポージャーの管理など個別のリスクに対する対応は手当がされているが、銀行や当局のリスク管理・評価能力に問題が残る (Omarova, supra 63 U. Miami L. Rev. 1098)。証券会社に関しては証拠金規制に力が入れられてきたが、ベアリングス社の事件に見られるように、実際に取引所や会計監査人等がどこまで実効的にルールを執行できるかに、問題がありえよう (Scott & Gelpern, supra pp. 950 et seq.)。投資信託については、本文に指摘したように、投資信託財産の流通性、流動性からの課題がありえよう。保険会社

456 第Ⅴ部 金融監督規制

については、金融界で一般に受け入れられているリスク計測技術の活用、ストレス・テストの活用等が求められているが、ここでも保険会社自身や当局がこれらを実行し評価する能力に問題がありえよう。

　このように金融機関のデリバティブ取引に関する監督法的な規制は、本稿執筆後に大きく進展した。しかし、業規制を思い切って緩和し、金融機関の内部的なリスク管理に委ね、当局はその評価に当たるという、基本的にアメリカに倣った規制の方向は、アメリカにおいても批判があるように (Omarova, supra 63 U. Miami L. Rev. 1107)、なお課題が残っているように思われる。

第VI部

特殊な金融、協同組織金融機関

浮貸しの罪の要件
――不正融資仲介事件判決をめぐって

　昨年（1994年）秋になされた、いわゆる住友銀行青葉台支店不正融資仲介事件に関する東京地判平成6・10・17金法1412号29頁（以下「本件」または「本判決」と呼ぶ）は、「出資の受入れ、預り金及び金利等の取締りに関する法律」（以下「出資法」と略す）3条に定める浮貸しの罪に関する、公刊された判決としては24年ぶりの判決というだけでなく、いわゆるバブルの時期になされた銀行支店長による仕手筋に対する融資仲介が刑事罰の対象になるかという、銀行役職員のモラルが問われた事件として、金融界はもちろん、社会的にも注目を集めた。しかもこの判決は、理論的にみても、銀行役職員の「地位利用」を罰する浮貸しの罪の今日における意義は何か、銀行役職員にとって許される行為と浮貸しとして許されない行為との境界は何か、銀行自身にとっても、融資仲介は銀行法等によりどこまで許される行為か、といったさまざまな問題を提起するものであった。

　筆者は、本件に関し検察側の依頼を受けて、今日における浮貸しの罪の意義や同罪の構成要件たる「地位利用」の解釈等の理論的問題につき意見書を提出した。その考え方は本判決において基本的には受け入れられたが、異なる考え方が採られている点もある。以下本稿においては、本判決を紹介し、その検討を行なうとともに、浮貸しの罪一般に関する考察を加えてみたい。

　出資法3条の構成要件は、①金融機関（銀行以外にも、信託会社、保険会社、信用金庫、信用協同組合、農業協同組合等も含む。出資法3条括弧書き）の役職員が、②その地位を利用して（「地位利用」の要件）、③自己または第三者の利益を図るため（「図利目的」の要件）、④金銭の貸付・その媒介・債務の保証を行なうことであるが、本稿においては、浮貸しの罪の意義と「地位利用」の要件の検討を中心としたい。本件被告人たる2人の銀行支店長の有

罪・無罪を分けたものは、彼らに図利目的があるか否かに関する本判決の判断であったが、図利目的に関する論点は、刑事法独自の問題に大きく関わるものであるため、浮貸しの罪そのものの理論的分析を中心的な課題とする本稿においては、ごく簡単に触れるのにとどめた[1]。

I 本判決の概要

1 事実関係

(1) 本判決が認定した本件事実関係の概要は次のとおりである。被告人 Y_1 は、A銀行甲支店長であったが、甲支店長就任前から深い関係にあった大物仕手筋のB株式会社の社長Cから、半年で2割の金利を支払うので、同支店の客から50億円くらいの融資を受けられるようにしてほしいとの依頼を受けたため、同支店の顧客である資産家Dを紹介し、Dの不動産を担保にノンバンクであるE株式会社がDに融資し、このうち46億7700万円をDからBに融資することを斡旋した。この融資の媒介に関して、Bより Y_1 に対し、株の相対売買を仮装して9600万円の利益の提供がなされた。

同様の方法により、 Y_1 は、甲支店の顧客F合資会社にノンバンクであるG株式会社および甲支店自身が融資し、このうち47億160万円をFがBに融資することを斡旋した。この間に Y_1 はCの情報に基づき、株の売買によって1900万円余の利益を得た。なお、その後Bに税務調査が入り、BとD・F間の取引が問題とされたため、通常の7％の金利の消費貸借契約に改める代わりに、Cが株情報を提供して、 Y_1 やDらを儲けさせることが約束された。 Y_1 は、また同様の方法で、甲支店の顧客Hに、A銀行から5億円、ノンバンクのI株式会社から15億円を融資し、そこから20億円をHがBに融資することを斡旋した。さらにEからFへ融資し、FからCが Y_1 に紹介した Y_3

---

1) 浮貸しに関する最近の文献としては、山口裕之「出資法3条（浮貸し等の禁止）違反の罪」金法1275号（1991年）17頁以下、菅原胞治「浮貸し等の禁止と金銭貸借の媒介」金法1270号（1990年）4頁以下、千葉雄一郎「銀行支店長による浮貸し事案の捜査処理について」捜査研究494号（1994年）34頁以下、芝原邦爾「浮貸し等（出資法3条違反）の罪」法学教室170号（1994年）49頁等がある。なお、芝原邦爾教授からは、本罪の刑事法的問題につき、貴重なご教示を賜った。もちろん本稿の文責はすべて筆者にある。

に10億円の融資（金利7％）をすることも斡旋した。

Y₁は、その後A銀行乙支店長に転任した後にも、Y₃の依頼により、仕手集団を率いるJのグループ会社Kへの融資を斡旋した。すなわち、乙支店の顧客Lが代表取締役であるM株式会社に、乙支店から10億円、Eから40億円を融資し、MはKに計50億円を金利年20％で融資した。その謝礼として、Y₁はY₃から4000万円を受け取った。Y₁は、またこれと同条件で、EからMを通じてLが実質的に経営するN株式会社に融資し、NがKに50億円を融資すること、さらに15億円を融資することも斡旋し、Jから謝礼として2000万円を受け取るなどした。

(2)　被告人Y₂は、Y₁の後任として甲支店長になった。Y₂は、同支店の大口顧客であるDが商品取引で大きな損を出して困っているが、何かいい方法はないかとY₁に相談した。Y₁は、Y₂にノンバンクから甲支店の客に資金を調達させ、それをY₃のグループに融資して儲けさせることを持ちかけた。Y₂は甲支店の大口顧客であるD、Hら4名に、Eから各55億円を融資し、DらがKに年2割の金利で融資することを持ちかけ、D、Hら4名からKへ各50億円の融資を実現させた。本判決の認定によれば、これは、D、Hら4名が甲支店から離れて、他の銀行にメインバンクを移すことを防ぐことを動機・目的として、融資媒介に及んだもので、甲支店が連続して業績表彰を受けられるように、個人流動性預金の回復を図ったものではないとされている。

2　本件判旨

以上のようなY₁・Y₂・Y₃による融資の媒介が、出資法3条・8条1項1号が禁止している浮貸しに該当するとして、検察官は起訴した。これに対し本件判旨は、浮貸しの禁止の趣旨が今日においても妥当することを肯定したうえで、浮貸しの罪の中心的な要件である「地位利用」につき、第1に、金融機関の役職員であるがゆえに有する有利な立場を利用し、第2に、金融機関の業務の遂行としてではなく、自己の行為（サイドビジネス）として融資の媒介等を行なうことを意味する、とさらに2つの要件に分けて理解し、本件についてこれら2つの要件が成立するか否かを判断した。とくに後者の第2の要件の成否を判断するためには、①融資の媒介が抽象的に銀行の業務に含まれるかどうか、②当該役職員が融資の媒介を行なう権限を与えられてい

たか否か、③当該役職員が銀行のためにする意思でその権限を行使したといえるのか否か、の3点の検討が必要であるとして、これらの検討の結果、Y_1については有罪とした。Y_2についても同じ枠組みで検討を行ないつつも、むしろ図利目的がなかったことを理由に無罪とした。そこで、以下本稿においては、浮貸しの禁止の意義、「地位利用」の意義、および①～③について、それぞれ本判決の判断の要旨を紹介したうえで、その検討を行ないたい。

なおY_3については、無罪判決がなされ、検察官の控訴もなされなかったため確定した。これは、Y_3は借主側の一員であり、融資の媒介をした金融機関の役職員との間に本罪の共犯関係が成立しないとする本判決の判断に基づくものである。以下、本稿ではY_3に関する検討は省略する。

Ⅱ　浮貸しの罪の意義

1　本件判旨

本判決は、浮貸しの罪の意義につき、次のように判示している[2]。「本罪……の趣旨は、金融機関の役職員がその地位を利用してサイドビジネスとして融資の媒介等を行うときには、その業務が健全・公正に運営されるべき公共性を有する金融機関に対する社会的信頼が損なわれ、ひいては預貯金者一般に損害を生じることになりかねないので、刑罰をもってこれを禁止したものである……。出資法3条の規定は、その立法当時とは金融状況が大きく変化した今日においても、十分に妥当性を有するというべきである」。

このような本判決の本罪の認識を、本罪の沿革を遡ることによって検証してみたい。

2　沿　革

浮貸しの禁止が刑事罰を伴って最初に規定されたのは、昭和24年に成立し、施行された「貸金業等の取締に関する法律」(以下「旧貸金業法」と略す)15条においてであった。

浮貸しという言葉も同条の見出しとしてはじめて用いられたものであった。同条は次のような文言である。

---

2)　金法1412号38頁。

「(1)　金融機関の役員、職員その他の従業者は、その地位を利用し、自己又は当該金融機関以外の第三者の利益を図るため、金銭の貸付（第2条第2項に規定する金銭の交付を含む。）、金銭の貸借の媒介又は債務の保証をしてはならない。

(2)　小切手の呈示の時において自己の処分し得る資金のない者が、小切手を振り出した場合において、金融機関の役員、職員その他の従業者が、その情を知りながら、当該小切手の支払をし、これを買い入れ、又はこれによって弁済を受けたときは、前項の規定の適用については、金銭の貸付をしたものとみなす」。

昭和29年に旧貸金業法は廃止され、旧貸金業法15条の浮貸しの禁止は、代わって制定された出資法の3条に引き継がれた。その際の実質的な修正としては、旧貸金業法15条2項が定めていた小切手の過振りに応じることを浮貸しとみなす規定を削除した。形式的な修正としては、旧貸金業法2条1項2号にあった「金融機関」の定義が、出資法では括弧書きの形で同法3条に取り込まれ、旧貸金業法15条1項括弧書きが、出資法では7条として独立の条文になっている。

旧貸金業法15条の立法経緯に関する資料は少ないが、立法担当官の解説によると、次のような背景と目的で立法されたものであった。すなわち、敗戦直後の経済混乱のなかで、いわゆる闇金融が横行した。一般の金融機関から融資を受けることが困難な庶民や零細企業者の金詰りはきわめて深刻であって、暴利をとる闇金融の犠牲となっていた。その金利は月5分ないし3割程度であって、最高金利は日歩2円80銭にも達していた。そして一般の金融機関の役職員も、その立場を利用してサイドビジネスとして闇金融を行なうようになった。これが浮貸しである。浮貸し等の不正金融が、金融機関の公の信用を阻害し、あるいは不正利得の収受により、社会の厳しい批判を受けている実情にかんがみ、金融機関の役職員はサイドビジネスをしてはならないこととしたのが旧貸金業法15条である[3]。同法を審議した国会においても、そのような趣旨説明がごく簡単に行なわれている[4]。

以上のような立法経緯を受けて、当時の法務当局担当官は、浮貸しを次の

---

3)　上林英男「貸金業等の取締に関する法律解説」財政経済弘報129号（1949年）1頁・2頁。

464 第Ⅵ部 特殊な金融、協同組織金融機関

ように定義している[5]。すなわち、「浮貸しとは、金融機関の役職員が自己又は当該金融機関以外の第三者の利益を図る意図の下に、自己の地位を利用して、その金融機関の業務としてではなく、金融機関の資金を流用し、又はその顧客から金銭を受入れて、これを他の顧客に貸付け、若しくは顧客相互間における金銭貸借の媒介又は債務の保証をし、或は小切手の支払に応ずべき預金残高がないのに呈示された小切手の支払いに応じたり、これを買入れたり又はこれによって弁済を受ける等金銭の貸付とみなされる行為をすること」をいう。

具体的に浮貸しに該当する場合としてあげられた例としては、以下の場合がある[6]。

(1) 金融機関の役職員で、当該金融機関の窓口等において、預金として受け入れた金員を、当該金融機関の勘定を通さないで、これを他に貸し付けて利得を図るもの。

(2) 金融機関の役職員が、当該金融機関の窓口等において、預金に来た顧客や、預金の払戻請求に来た顧客等に対し、この金は自分が有利に廻してやるからその処分方を自分に一任されたいと申し向けてその諒承を得、これを当該金融機関に貸付の依頼に来た者に対して高利で貸し付け、その利得を顧客に分配するもの。

(3) 金融機関の役職員が、当該金融機関の窓口等において、預金に来た顧客に対しては「高利で借り受けたいと希望している信用の確実な人があるから、この金を廻してやってほしい」と申し向け、また貸付の依頼人に対しては「適当な資本主があるから、この分を世話をしてやる」旨申し向け、かくて双方の間の斡旋仲介をして、貸借の媒介を行ない、媒介手数料を稼ぐもの。

(4) 金融機関では、支店長、支店次長その他の者が金融機関の業務として手形保証を行なうことを厳禁しているのを普通とするが、金融機関の役職員が、当該金融機関に対して手形または小切手の保証を求めてきた者に対して、上記の禁止に違反して、あたかも金融機関自体が手形保証をするように装っ

---

4) 第5回国会衆議院大蔵委員会議録第32号（昭和24年5月14日）3頁、同第34号（昭和24年5月17日）3頁、第5回国会参議院大蔵委員会議録第31号（昭和24年5月19日）7頁。

5) 高橋勝好『不正金融とその取締』（立花書房、1953年）141頁。

6) 高橋・前掲注5) 145頁。

てこれらの保証を行ない、多額の保証料または謝礼金を取得するもの。

このほかに、当時は浮貸しに含められていた小切手の過振りに応じる場合が具体例に含められていた。また、

(5)　金融機関の役職員が、当該金融機関に対して融資の申込みをしたが、信用の不足その他の理由から貸付方を拒否された者の依頼に応じて、信用もあり、資金もある他の融資申込者に融資を行なう条件として、融資の一部を拒否された融資申込者への貸付に回すことを約束させ、貸付を回してもらった融資申込者に高利で貸し付けて利得する場合、も具体例の1つと考えられていたようである。さらに(3)をより一般化して、

(6)　金融機関の役職員が、その職務を通じて知った顧客間を斡旋して金銭消費貸借契約の成立に努力し、媒介手数料を稼ぐ場合、も具体例として考えられていたようである。

以上の各場合を分析すれば、(1)は業務上横領罪、(2)は背任罪、(4)は詐欺罪が成立しうる等、同時に刑法違反も成立しうる場合がありうる。これらの場合は、出資法8条2項により、出資法違反ではなく刑法違反をもって処断されることになる。

以上からは、形式上浮貸しに当たるとされる行為であっても、金融機関に損害を与えるような当該役職員の行為は、むしろ業務上横領罪や背任罪をもって処断されることになり、金融機関の顧客を害する行為は詐欺罪をもって処断されることになる。純粋に浮貸しの禁止が適用される行為は、具体的な被害者が必ずしもいない行為である。

3　立法理由

以上のような沿革の検討からわかることは、浮貸しの罪は、金融機関の役職員が、その地位を利用してサイドビジネスを行なうこと自体が、金融機関の信用を阻害することから制定されたものであり、彼らの個人としての行為が金融機関の行為であるとの誤解を与えるという外観の信頼を保護する要素は必ずしも必要ない、と考えられていたことである。前述の立法時に浮貸しの典型例とあげられていたなかでも、(5)はもちろん、(2)、(6)も、金融機関の行為ではなくその役職員の個人の行為であることが、行為の相手方にとっても明らかな場合を含んでいるものと考えられる。

旧貸金業法制定当時は、敗戦後の混乱期であって、猛烈なインフレと資金

466　第Ⅵ部　特殊な金融、協同組織金融機関

不足のなかで、政府は復興の柱となる基幹産業の大企業や一定の中小企業にのみ、臨時金利調整法により、経済実体からすると著しく低く規制された低金利で金融機関から貸出をさせる政策を採った。そのような正規の金融機関の融資以外には闇金融しかなく、金融機関の正規の融資を受けられない中小企業や個人は、闇金融の融資に頼るほかなかった。金融機関の役員がサイドビジネスとして貸付、保証、融資の媒介をするとすれば、それは闇金融に手を染めることを意味し、闇金融が反社会的な存在とみなされていたことからは、たとえ外観上も役職員個人の行為としてなされたとしても、金融機関における地位を利用して行なった以上、当該金融機関、さらには金融機関全体や金融制度そのものの信頼を害するおそれがあるものとして、浮貸しの罪をもって処罰することとしたものと考えられる。金融機関は、臨時金利調整法によって預金金利を著しく低く規制してもらったり、免許主義により新規参入を制限する等、さまざまな優遇措置を受けているのに、その役員・従業者が、その地位を利用して闇金融を行なって大きな利益を上げることは、社会的にも是認できなかったためであろう。

4　今日における存在理由

　しかし、今日ではこのような立法事実に大きな変化が生じていることは否定できない。金融の自由化、金利の自由化が進み、中小企業や個人にも金融機関貸出が広く行なわれるほか、金融機関以外の貸金業者（ノンバンク）による金融も、貸金業法による規制を受けるようになったり、彼らの規模が拡大し能力も向上したこともあって、いわゆる闇金融とは異なるものとなっている。したがって現在では、闇金融への関わりを浮貸しの罪の根拠とすることには無理があろう。

　しかし、だからといって、浮貸しの罪の存在理由がなくなったとか、それを縮小解釈すべきであるということにはならないと考える。今日においても金融機関には、決済システムの安全性を守り、預金者を保護するために、厳重規制と保護が加えられている。ところが、役職員が浮貸しを行なった場合、前述の典型例でいえば、金融機関の資金を横領する(1)はもちろんのこと、(2)、(4)においても、当該金融機関を害する危険性が大きい。すなわち、(2)については、金融機関の業務を奪うだけでなく、融資が焦げ付いて損をした貸主や、高利や厳しい取立で被害を受けた借主から、金融機関が民法44条（現

在では、会社法350条等）や715条の責任を問われる可能性がある。(4)については、表見責任に基づき金融機関が保証債務の履行を求められる危険がある。(5)は、金融機関からの融資の見返りとして金融機関の貸付条件を充たさない者に対する貸付を強制される被融資者との関係で、金融機関の優越的地位の濫用や不当な拘束条件付取引になるおそれがある（独占禁止法2条9項4号・5号・19条・20条、不公正な取引方法に関する一般指定（昭和57・6・18公取委告示15号）10号）。そして以上の各場合を通じて、そのような金融機関役職員の行為が、役職員、ひいては金融機関や金融制度への不信に繋がることも否定できないであろう。金融機関とその役職員への信頼があってはじめて金融制度の安定が保たれるのであって、それは社会のインフラストラクチャーとしての性格を持っているといえよう。

　もっとも、本件で問題になった(6)の融資媒介の類型においては、闇金融の媒介をするのでなければ、必ずしも刑事罰をもって禁止するのには当たらないのではないかという議論もありえよう。しかし、それを闇金融と呼ぶか否かは別として、少なくとも一般の個人が融資の媒介を受けるのであれば、問題がある。たとえば本件におけるDらのように、一般の私人が銀行員の斡旋を受けて貸付を行なうような場合、自ら貸付審査能力がなく、ただ銀行員の斡旋であることを信頼して貸付を行なうという側面があることは否定できない。その信頼が裏切られて貸倒れになったような場合、融資した人に損害が出るほか、媒介した銀行員の属する銀行への信頼も損なわれることになる。逆に、銀行員の斡旋であることを信頼して融資を受けたところ、融資者が苛酷な取立を行なったり、苛酷な融資条件（異常な高金利等）を付けるということもありえよう。そのような場合、融資を受けた人に被害が生じ、媒介した銀行員の属する銀行への信頼も損なわれる。

　したがって金融機関の役職員がサイドビジネスとして貸付・保証・融資の媒介を行なう場合、彼らの地位を信頼して相手がそれに応じるという側面がある以上、相手方に思わぬ損害が生じたり、金融機関の信頼が損なわれるという問題が今日でも生じることは否定できないであろう。それらを防ぐためには、現在でも浮貸しを刑事罰をもって禁止する必要性が否定できないと考える。

468　第Ⅵ部　特殊な金融、協同組織金融機関

Ⅲ　「地位利用」の意義

1　総　説

　本判決は、前述したように、浮貸しの罪の中心的な要件である「地位利用」につき、①金融機関の役職員であるがゆえに有する有利な立場を利用し、②金融機関の業務の遂行としてではなく、自己の行為（サイドビジネス）として融資の媒介等を行なうことを意味する、と解している[7]。たしかに、浮貸しの罪は、そもそも金融機関の役職員のサイドビジネスを禁止することによって、その相手方・金融機関の被害や、金融機関の信用の阻害を防ごうとしたものであるから、その対象が役職員のサイドビジネス、すなわち金融機関の業務の遂行にあらざる個人的行為とされることは当然である。実質的に考えると、金融機関の役職員が、業務遂行にあらざる個人的行為としてその地位を利用した金融取引を行なうことは、その相手方が役職員の地位を信用して役職員個人と取引を行ない、その結果、相手方や場合によっては当該金融機関が害されたり、金融機関の信用が損なわれる危険が大きいために、浮貸しの罪をもって禁止したともいえよう。もっとも、役職員が個人として貸付・債務保証・融資の媒介といった金融取引を行なっても、当該金融機関の資金や情報・名前等をいっさい利用しないというように、当該役職に関する地位利用がいっさいない場合は、浮貸しは成立しないと考えるが、そのような場合は稀であろう（たとえば親戚に頼まれて融資したり、ローンの保証人になるというような場合）。

2　沿　革

　沿革的にみても、また従来の学説の多数も、「地位利用」の有無を、当該行為が当該金融機関の役職員の個人としての行為・計算により行なわれたか否かによって判断していたといえよう。すなわち、沿革を遡ると、旧貸金業法15条の国会審議において、政府の説明員は、「地位利用」には、金融機関の役職員がその本来の職務の遂行に伴って行なうものは含まれず、金融機関の正式の業務として行なわない場合に該当する旨を答弁している[8]。出資法

---

　7)　金法 1412 号 38 頁。芝原・前掲注 1) 52 頁も同旨。

制定時の法務省関係者の解説の多くにおいても、「地位利用」について、「当該金融機関の業務の遂行としてではないがしかも当該金融機関の業務の遂行とまぎらわしいような仕方で、自己の責任と計算においてある行為をすることである」とか[9]、「地位を利用して当該金融機関の業務遂行としてでなく、自己の行為として自己の計算においてすることをいう」等と説明されている[10]。「地位利用」の有無が、当該金融機関の業務の遂行行為か当該役職員個人の行為・計算かで判断されていたことがわかる。

3 判 例

判例の多数も、以上のような地位利用に関する考え方を採っているものと思われる。

浮貸しの罪に関する公刊刑事裁判例としては、次のものがある。すなわち、①高松地判昭和27・2・7高刑集6巻4号364頁、②高松高判昭和28・2・16高刑集6巻4号355頁（①の控訴審判決）、③仙台高判昭和28・4・10高刑集6巻3号319頁、④東京高判昭和29・5・31高検速報411号事件、⑤釧路地網走支判昭和29・11・13高刑集8巻6号898頁、⑥札幌高判昭和30・9・13高刑集8巻6号891頁（⑤の控訴審判決）、⑦東京地判昭和40・10・5刑集24巻12号1555頁、⑧東京高判昭和43・9・9刑集24巻12号1581頁（⑦の控訴審判決）、⑨最三小決昭和45・11・10刑集24巻12号1535頁（⑧の上告審決定）である（以下、①〜⑨と呼ぶ）。

これらのなかで地位利用の意義に関する判示を行なったのは、②、③、④、⑥の判決である。①、②は、支店長が銀行の業務として保証行為を行なったか否かにより浮貸しの成否を決めた判決と考えられる。④も、農林中央金庫の厚生部次長が融資の斡旋に尽力したのは、職務上の行為であってもサイドビジネス上の行為とはいえないとして、同次長の行為は浮貸しに当たらないとしている。⑤、⑥は、信用金庫支所長による融資の媒介および会員から借り入れた資金による貸付を、信用金庫の業務遂行として行なったのではなく、

---

8) 第5回国会衆議院大蔵委員会議録第34号（昭和24年5月17日）3頁。
9) 田宮重男「出資の受入、預り金及び金利等の取締等に関する法律の解説」金法39号（1954年）2頁・4頁。
10) 津田実「出資の受入、預り金及び金利等の取締等に関する法律」法曹時報6巻7号（1954年）22頁・32頁。

個人の行為であったとして浮貸しに当たると判断したものと考えられる。

ところが、③は、銀行の帳簿を通した取引であったことを理由に、浮貸したる貸借の媒介に当たらないとしている。たしかに従来から、当該金融取引が、金融機関の帳簿を通さず当該金融機関になんらかの債権・債務関係が生じることなく行なわれたことをもって、「地位利用」、ひいては浮貸しの要件とする考え方が一部にあった[11]。

しかし、③の判旨は結論的にも疑問があるし[12]、理論的にも疑問である。

金融機関の帳簿を通すか否か、金融機関に債権・債務関係が発生するか否かというメルクマールは、浮貸しの行為類型のなかでは、貸付および債務保証において、金融機関の業務として行なわれれば、金融機関に貸付債権・保証債務が発生し、金融機関の帳簿を通すことになるということから（計算書類規則 32 条。会社計算規則 74 条 3 項 4 号ハ・103 条 5 号）、金融機関の業務の遂行行為として行なわれたか否かということを、別の面から表現したものにすぎない。Ⅱ 2(1)〜(4)に列挙されたような典型的な浮貸し行為においては、貸付や債務保証の結果、金融機関に貸付債権や保証債務が直ちに成立するわけではなく、そのままの形で金融機関の帳簿に記載されるものでもないかもしれないが、それは当該金融機関の業務遂行としてではなく、当該役職員の個人の行為として行なわれたことの 1 つの結果にすぎないのであって、逆に、帳簿を通さなかったり、金融機関になんらの債権・債務関係が生じないことをもって、浮貸しのメルクマールとすることはできない。

たとえば、金融機関の役職員のまったくの個人的行為として行なわれ、地位利用もない場合は、金融機関の帳簿を通さず、金融機関になんらの債権・

---

11)　大蔵省昭和 24・6・29 銀行局長発各財務部長宛通牒、高橋・前掲注 5) 144 頁。

12)　③は、Aから融資依頼を受けた銀行の貸付係主任Yが、Bの同銀行に対する定期預金を担保としてBに銀行から金員を貸し付け、これをAに融資するようA・B間の貸借の媒介をした事件である。同判旨は、貸付にあたって、正当に銀行の帳簿に記載していたこと等を理由に、浮貸しではないと判示した。この判決の考えに従えば、Yが、Bへの貸付を介在させずに、単にBの手元にある資金のAへの融資を媒介したのであれば、浮貸しの罪が成立することになる。しかし問題は、銀行からBへの貸付の有無ではなく、BからAへの融資をYが斡旋したことが地位利用として行なわれたか否か、すなわちYの個人の行為として行なわれたか、銀行の業務の遂行行為として行なわれたかにある、というべきであろう。（山口・前掲注 1) 22 頁以下、芝原・前掲注 1) 51 頁）。

債務関係を生じないとしても、浮貸しに該当しないと考えられる。また、浮貸しの典型例とされてきたⅡ2(1)〜(4)等においても、厳密にいえば、実はなんらかの債権・債務関係が当該金融機関に発生していることのほうが普通であり、したがってまた、そのことを帳簿に記載する義務もあるはずである。

　たとえば、Ⅱ2(1)のように、金融機関の役職員が、金融機関の資金をもって自己の名で貸付を行なった場合は、金融機関の資金を横領して個人として貸し付けたことになり、たしかに金融機関と被融資者との間には原則として債権・債務関係は生じない（不当利得返還請求の可能性は除く）。しかし金融機関は、当該役職員に対する関係では、横領された資金につき損害賠償請求権や不当利得返還請求権を当然に有している。なんらの債権・債務関係も発生しないことをもって浮貸しの要件とすると、Ⅱ2(1)のような例も浮貸しに該当しなくなるわけである。

　また役職員が稟議の手続を経ずに金融機関の名前で貸し付けた場合も、無権代理行為ということになるため、たしかに原則として金融機関と被融資者との間には債権・債務関係は生じない。しかし当該金融機関が追認をしたり（前掲判例②は、支店長による無権代理を銀行頭取が追認しても、浮貸しの罪の成立に影響を与えないとしている）、表見代理が成立したり（民法54条・109条・110条・112条、商法38条3項・43条2項・78条2項・261条3項等）、不当利得返還請求権が成立する場合は、別である。また当該金融機関は、無権代理行為を行なった当該役職員に対し、損害賠償請求権や不当利得返還請求権を取得することが多い。

　金融機関内部の権限の定めや決定手続に違反して役職員が債務保証を行なった場合も、基本的に同じである。金融機関が保証債務を負わなくても、表見責任等を負うことがあるし、何よりも当該役職員に対し損害賠償請求権等を取得することが多い。

　以上のように、浮貸し行為によってなんらかの債権・債務関係が当該金融機関に発生することが多く、本来は、それらは帳簿に記載されなければならない。帳簿への不記載をもって浮貸しのメルクマールとすることは、厳密には成り立たないわけである。

　さらに「金銭の貸借の媒介」の場合は、媒介行為が金融機関の業務として行なわれても、それによって金融機関に債権・債務関係が直接発生したり、金融機関の帳簿にそれが表れるわけではなく、媒介の報酬があればその債権

が発生したり、帳簿に記載されるだけである。

しかも後述するように、金融機関の実務においては、原則として、媒介手数料は請求せず、見返り預金も禁じられているのである。そうなると、媒介によって金融機関に債権・債務が発生したり、帳簿に記載されるようなことは生じず、これらをメルクマールに考えれば、融資の媒介では常に浮貸しが成立することになってしまい、おかしい。やはり当該融資の媒介が金融機関の業務の遂行として行なわれたか否かによって浮貸しの成否を決すべきであろう。

最後に、⑦、⑧、⑨は、理論構成が不明なうえに結論も疑問である[13]。

IV 業務の遂行

1 総説

それでは、金融機関の役職員が、金融機関の業務の遂行として貸付・債務保証・融資の媒介を行なったものと評価されるのは、どういう場合を指し、逆に業務の遂行としてではなく、個人的行為としてこれらの行為を行なったものと評価されるのは、どういう場合を指すのであろうか。

銀行員の行為が業務として遂行されたといいうるためには、第1に、当該銀行員がそのような行為をする権限を銀行から与えられていなければならない。第2に、当該銀行員が同権限の行使として銀行のために当該行為を行なわなければならない。権限があっても、個人的行為として行なえば、業務の遂行としてなされた行為とはいえないからである。貸付や債務保証における代理意思に対応する問題である。

第1の権限の問題は、さらにいくつかの問題に分けられよう。すなわち、銀行員が銀行業務として行為するためには、そのような行為が銀行法等にお

---

13) ⑦、⑧、⑨は、同一事件の第一審、第二審、最高裁判決・決定であり、A信用組合の組合長とB食品工業株式会社の代表取締役を兼任するYが、Y個人の金銭をもってBのために手形割引を行なうにあたって、Aの職員をして信用調査、割引料の計算、手形金の取立等の諸事務をさせたことが、Aの組合長たる地位を利用した手形割引といえるとして、浮貸しの罪の成立を認めた。たしかにYの行為は、Aの業務の遂行行為として行なわれたとはいいがたい。しかし、単に手形割引の事務のみを行なうことが、出資法3条にいう「金銭の貸付」等に該当するとは考えがたく、浮貸しの罪に該当するとした⑦、⑧、⑨の判旨には疑問がある。

いて銀行に許された業務でなければならない。銀行が銀行法上許されない業務に関する権限を行員に与えることは考えられないからである。また、そのような行為をなすことが、当該銀行員が民商法上与えられた権限のなかに含まれており、かつ銀行の内規のうえでも権限が制限されていないか、または内規上特別に権限が認められていなければならない。しかし、当該行為が以上のような役職員による権限の範囲内でなされたのであれば、それは業務遂行行為であって、たとえ権限の濫用があったとしても、背任等の問題にはなりえても、浮貸しの問題ではないと解すべきであろう。

　本判決もこれと同じ判断に立っているものと思われる。すなわち、「融資の媒介が金融機関の役職員としての地位を利用して行われたか否かを判断するためには、ア　融資の媒介が抽象的に銀行の業務に含まれるかどうか、イ　当該役職員が融資の媒介を行う権限を与えられていたか否か、ウ　当該役職員が銀行のためにする意思でその権限を行使したといえるのか否か、の3点にわたる検討が必要である」と判示したのは、このことを述べたものである。

　以下においては、以上のような考え方を具体的な場合に当てはめて、銀行の役職員のいかなる具体的な行為が、金融機関の業務の遂行行為ということになり、したがって浮貸しには該当しないこととされ、またいかなる具体的行為が、金融機関の業務の遂行行為には当たらず、したがって浮貸しに該当することになるのかを、検討したい。その結果から逆に、以上のような考え方が適切か否かを考えることができよう。なお、浮貸しが問題となる行為類型のなかでも、本件で問題となった融資の媒介と、それ以外の貸付および債務の保証とでは、この問題の表れ方が異なるために、両者を分けて検討することとしたい。まず貸付および債務の保証の場合から採り上げることとしよう。

2　貸付および債務の保証

(1)　権　限

　貸付は金融機関の固有業務とされ（たとえば、銀行法2条2項1号・10条1項2号）、債務の保証は通常は付随業務とされており（たとえば、銀行法10条2項1号）、金融機関は当然にこれらの業務を営むことができる。

　金融機関の役職員が、金融機関の業務の遂行として、金融機関のために貸

付や債務保証を行なうということは、要するに金融機関を代理してこれらの
行為を行なうということであり、その権限は、民商法上（会社法上）、当該
役職員が当該金融機関のいかなる代理権限を与えられており（たとえば、商
法38条・43条・261条、民法54条等（会社法11条・14条・349条等））、当該
金融機関がその権限を内部的にいかに制限、または拡大（いわゆる任意代理
権の付与）しているかによって決せられる。たとえば、商法（会社法）上は
銀行の支店長は貸付や債務保証の権限を原則として有していると考えられる
が（商法37条・38条・42条（会社法10条・11条・13条））[14]、実際には、各
行は金額その他に関しその権限を制限したり、稟議と呼ばれる慎重な決定手
続を設けているのが、通常である（判例①、②参照）。

　稟議の手続は、貸付や債務保証等の権限がある者を定めるとともに、貸付
や債務保証等の決定のための内部的な手続を定めたものといえよう。これら
の権限の定めに従い、正規の稟議手続を経てなされた貸付や債務保証のみが、
役職員が権限に基づき金融機関の業務の遂行としてなしたものといえよう。
このような権限の定めや決定手続に反して、役職員が貸付や債務保証を行
なった場合、それが金融機関の名前でなされたか否かを問わず、原則として
浮貸しの罪に該当すると考えるべきであろう。前掲判例②は、正に内規に
よって債務保証権限を否定されていた支店長が、正規の手続によらずに、金
融機関を無権代理して債務保証したことをもって、浮貸しの罪の成立を認め
た判決であった。

(2)　代理意思

　先に論じたように、金融機関の業務の遂行として行なわれたというために
は、役職員に与えられた権限の行使として、金融機関のために行為がなされ
なければならない。これは、貸付や債務保証といった法律行為が行なわれる
場合に、役職員の行為が有効な代理行為として行なわれ、その効果が本人で
ある当該金融機関に及ぶことを意味する。そのためには、当該役職員がその
ような行為を行なう権限を金融機関から与えられ、かつ当該役職員が「本人
ノ為ニスル」意思、いわゆる代理意思を有していなければならない（民法
99条1項・100条、商法504条）。

---

14)　最三小判昭和54・5・1判時931号112頁参照。

「本人ノ為メニスル」意思（代理意思）というのは、別に本人である金融機関に利益をもたらそうとする意思という意味ではなく、当該法律行為の効果を本人に帰属させる意思ということである。本人である金融機関の名前で貸付や債務保証を行なえば、当然に代理意思ありとされる（民法99条・100条）。前掲判例①、②は代理意思はあったが代理権はなかったという無権代理の例である。金融機関の名前ではなく当該役職員個人名で貸し付けたりすると、代理意思があるか疑問となり、業務上横領が疑われ、浮貸しともなりうる。前掲判例⑥は、役職員個人の計算と責任において貸付が行なわれたと認定することによって、浮貸しの罪の成立を認めたものであった。しかし、横領の意思はなく、単に本人たる金融機関の名前を明示しなかっただけであれば（そのようなことは稀であろうが）、銀行による貸付のように商行為の代理の場合は（銀行法5条1項（現在の4条の2）、商法502条8号・52条・4条・503条（会社法5条））、稟議手続による決定に基づいて貸し付けたのであれば、銀行に貸付の効果が生じ（商法504条）、浮貸しは問題とならない。商人ではない金融機関等において、商行為の代理にならない場合は問題であるが（たとえば信用金庫、信用協同組合、農業協同組合、保険相互会社等における貸付）、横領の意思はなく、ただ金融機関名を明示しなかっただけであれば、少なくとも浮貸しの故意はなかったことになろう。

(3) 結 論

以上から、稟議の手続を経て（金融機関の名前で）貸付や債務保証がなされれば、たとえ貸付決定や債務保証の決定を行なった金融機関の役職員が、内心では自己または第三者のために行なったとしても、それは正当な権限に基づく金融機関の業務遂行としての貸付行為・保証行為であって、金融機関の債権・債務として成立する（権限濫用に対し民法93条但書の類推適用のある場合は、無効とされるが、浮貸しの成否との関係では、業務遂行行為であると考える）。このような場合は、出資法上の浮貸しは成立せず、背任が問題となりうるだけと考えるべきであろう。これ以外の場合、すなわち、稟議手続を経ないで貸付や保証が行なわれたときは、それが金融機関の名前で行なわれたか否かを問わず、金融機関の業務の遂行としての貸付行為ではなく、地位利用のない役職員のまったくの個人的行為としての貸付を除き、原則として浮貸しの罪が成立すると考えるべきであろう。Ⅱ2で紹介した、立法当時の

法務当局担当官が浮貸しに該当する場合の例としてあげている(1)、(2)も、稟議手続を経ない貸付として、浮貸しの罪が成立する場合と考えることができよう。

(4) 実質的妥当性

このような結論は、実質的にも合理的なものと考えられる。金融機関は、その健全な運営を確保するために監督法（たとえば、銀行法）上設けられた大口融資規制（銀行法13条）等の公的規制を守り、また自ら業務の健全性や信頼性維持のために設けた内部規律を守らせるために、役職員の貸付や債務保証に関する権限と手続を定める稟議手続を定めている。役職員がこれを破って貸付や債務保証を行なった場合、監督法等の公的規制や金融機関の内部規律が侵害され、資力・信用のない者への金融機関からの融資や債務保証、違法もしくは社会的に望ましくない対象（たとえば反社会的勢力やかつての政府による不動産関連融資の抑制）への融資や債務保証がなされたり、違法・不当な高金利貸付や取立がなされたりする危険がある。その結果、金融機関は責任等を問われたり、信頼を損ねることになろう（Ⅱ4参照）。したがって、金融機関の権限の定めや稟議手続に反してなされた貸付や債務保証を、金融機関の業務の遂行としてなされたものではないとして、浮貸しの罪の対象とする必要がある。

これに対しては、金融機関の役職員が権限を濫用して自分の友人等のために不当に有利な融資や債務保証を行なったときも、権限の定めや稟議手続に反した融資がなされる場合と同様の危険がある、という意見もあろう。民法93条但書が適用されて、金融機関による貸付や債務保証の法的効力が否定される場合は、浮貸しになるとする考えもありえよう。

しかし少なくとも正規の手続に従った貸付や債務保証が行なわれれば、金融機関や相手方が害される危険はより少ないし、違法な融資や取立等がなされる危険も少ない。また、権限の濫用はその成否の判断がむずかしいことから、浮貸しの罪という刑事罰の対象にすることには慎重であるべきだといえよう。これに対し、権限違反・稟議手続違反は形式的な判断が可能である。金融機関としては、権限濫用は、浮貸しの罪といった刑事罰に頼らなくても、内部的な権限規定や稟議手続、そして人事管理を向上させることによって防ぐべきであり、背任罪があれば十分ともいえよう。

3 融資の媒介

(1) 総 説

融資の媒介の場合は、「他人の間に立って、両者を当事者とする法律行為の成立に尽力する事実行為」と媒介の意義が解されていることから[15]、事実行為であって、法律行為の代理を前提とした貸付や債務保証の場合と若干異なる。もっとも、出資法3条にいう「金銭の貸借の媒介」における媒介は、私法上の事実行為たる媒介だけではなく（商法502条11号）、代理も含まれると解すべきであろう（同条12号）。媒介は事実行為にとどまるが、代理は他人間の法律行為においてその一方の当事者を代理して法律行為を自ら行なう場合を指す。出資法3条の趣旨からして、他人の間の融資を成立させることに尽力すれば、同条の対象とすべきであって、その際に単に事実行為にとどまるか、代理権まで有して融資を成立させるかは問わないからである。しかし代理を含むと解しても、それが金融機関の業務遂行行為として行なわれたか否かは、融資者または被融資者のために代理行為を行なった金融機関の役職員が、金融機関の機関の立場で代理行為を行なったか、個人の資格で代理行為を行なったか、という問題にすぎず、当該代理行為の効果が及ぶのは、本人たる融資者もしくは被融資者であって、当該金融機関ではないことには変わりはない。したがって、貸付や債務保証の場合のように、役職員の行為が有効な代理行為としてその効果が本人たる当該金融機関に及ぶか否かを浮貸しのメルクマールとすることはできないわけである。

(2) 権 限

本件におけるY_1・Y_2による「地位利用」の有無に関し、本判決は検察官の主張と大きく異なる判断を下している[16]。すなわち、Y_1・Y_2の本件融資媒介行為がA銀行の業務遂行行為と評価できるか否か、とくに、融資の媒介が銀行法上銀行に許される付随業務に該当するか否かに関し、異なる判断を下している。

検察官は、融資の媒介が原則として銀行の付随業務（銀行法10条2項）に当たらないと主張したのに対し、本判決は「融資の媒介は、銀行法10条2

---

15) 江頭憲治郎『商取引法（上）』（弘文堂、1990年）165頁。

16) 金法1412号39頁。

項柱書の付随業務に含まれ、抽象的に銀行の業務に含まれる」と判示したのである。判旨によれば、「昭和50年前後から今日に至る銀行の業務範囲の拡大は、銀行法の改正経過からも明らかであり、そのような中にあって、融資の媒介という、銀行の伝統的業務の典型である資金の貸付けに密接に関わる業務が、銀行の付随業務の中にも入らないというのは、実態から離れた議論」であるとされ、「出資法3条も、……金銭の貸借の媒介が銀行の業務に当たるとの前提に立った上で、一定の要件を満たす場合にこれを規制しようとしたものと理解」している。

　本件判旨は、その理由としてさらに次のような点をあげている。すなわち、融資の媒介であっても、①銀行がシンジケートを組んで貸付を行なう際、シンジケーションのメンバーである他の金融機関やノンバンクのためにも融資の取決めを行なったり、他の金融機関やノンバンクと貸付債権を共有するときに代表して貸付の交渉に当たる場合、②銀行の融資先が資金難で倒産の危機に瀕しているが、銀行自身は、行政的融資規制によって自ら追加的救済融資を行なえないときに、他の金融機関やノンバンクからの融資を自行融資先に斡旋する場合、③銀行において系列ノンバンクに銀行の周辺業務を行なわせることを認めた大蔵省通達の趣旨に反しない限度で系列ノンバンクに協力する場合には、現実に銀行の業務として広く行なわれているが、①ないし③の場合に何ゆえに例外的に融資の媒介が許されるのか、その理由が明らかでない。また融資の媒介がある場合には銀行の業務となるが、他の場合には銀行の業務とならないというのも、その基準が不明確となるおそれがあり、業法としての銀行法の建前からしても疑問である。現に、本件においても、A銀行から私人への融資の不足分について、ノンバンクから私人への融資を斡旋した場合に、銀行の融資については当然銀行の業務となるが、これと一体であるはずのノンバンクからの融資の媒介がそれ自体銀行の業務とならないというのは、明らかに妥当性を欠く、というのである（しかしこれは①に準じる場合とも考えられよう）。

　銀行法によれば、銀行は同法10条・11条に定める業務、および他の法律により営むことのできる業務以外の業務を営むことができない（同法12条）。銀行法10条・11条に具体的に列挙されている業務からは、融資の媒介を銀行がなしうるか否かは明確ではなく[17]、結局、同法10条2項柱書の定める「その他の銀行業に付随する業務」という包括規定に該当するか否かの解釈

によって、融資の媒介を銀行がなしうるかが決まることになる。しかし、この解釈は微妙である。実務に大きな影響力のある銀行の関連会社に関する大蔵省の事務連絡も、銀行法10条2項柱書の付随業務としていくつかの業務を例示しているが、そのなかに融資の媒介は含めていない[18]。

銀行実務においては、本判決が述べているような、①ないし③の場合に融資の媒介を行なうほかは、国民金融公庫法や住宅金融公庫法等、政府系金融機関の根拠法が、銀行に貸付等に関する業務を委託できる旨を規定している場合に[19]、手数料をとって融資の媒介を行なっている。手数料をとって有償で行なっているのは最後の場合のみである。このほか、バブルの頃には、本件のように協力預金を目的に融資媒介する例も、銀行によってはあった模様である。

付随業務とは、銀行業そのもの、すなわち、銀行が当然に営むことのできる銀行の固有業務には含まれないが、固有業務に関連性があり、銀行の合理的経営の見地から、銀行の業務範囲に加えることが適切な業務である、と考えられている[20]。何を基準に固有業務と付随業務の間の関連性を認定するかについては、あまり論じられていないが、次のような基準を採るべきでは

---

17) 銀行法10条2項8号が付随業務の1つとして例示する「銀行その他金融業を行う者の業務の代理（大蔵省令（内閣府令）で定めるものに限る。）」（および同項8号の2の「外国銀行の業務の代理又は媒介」）は、その典型的なものとして代理貸付を含むが（小山嘉昭『銀行法』（大蔵財務協会、1992年）217頁）、これは出資法3条にいう金銭の貸借の媒介に含まれる（事実行為たる媒介ではなく代理行為としての媒介）。ところが、銀行法施行規則13条により、この業務の代理は、銀行、長期信用銀行等一定の金融機関の業務代理に限られており、一般個人のための代理貸付はもちろん、ノンバンクのための代理貸付も除外されている（銀行法施行規則13条の2も参照）。しかし、本号は事実行為たる融資の媒介までカバーしているわけではなく、本号の反対解釈として、上記銀行法施行規則13条により規定された金融機関に対してしか銀行は融資の媒介を行なうことはできない、と解釈すべきではあるまい。

18) 「金融機関とその関連会社との関係について」（大蔵省昭和50・7・3銀行局銀行課長事務連絡。平成6・6・24最終改正）。

19) 国民金融公庫法4条（株式会社日本政策金融公庫法14条）、住宅金融公庫法23条（独立行政法人住宅金融支援機構法16条）等。注17）で紹介した代理貸付を委託者サイドから規定したものである。

20) 西原寛一『金融法』（有斐閣、1968年）59頁。田中誠二『新版銀行取引法〔再全訂版〕』（経済法令研究会、1975年）7頁以下、塩田親文『銀行取引と消費者保護』（有斐閣、1981年）27頁以下、龍田節「銀行業務の範囲と種類」鈴木禄彌＝竹内昭夫編『金融取引法大系(1)』（有斐閣、1983年）58頁・62頁以下、神崎克郎『証券取引の法理』（商事法務研究会、1987年）377頁、小山・前掲注17）134頁、氏兼裕之＝仲浩史編著『銀行法の解説』（金融財政事情研究会、1994年）52頁等参照。

なかろうか[21]。第1に、銀行が固有業務を営むために必要な経営資源、および固有業務を営んだ結果生じた経営資源を活用するという基準である。そのような業務から生じるリスクは比較的小さいし、経営全体の効率化に役立つためである。第2に、固有業務そのものの遂行や促進に必要か否かという基準である。第3に、固有業務のサービスの内容と親近性のあるサービスを提供することになるかという基準である。そのようなサービスを顧客が欲していて、提供しないと類似業種との競争上不利になることがありうるためである。第4に、当該業務のリスクの程度も問題となりえよう。第5に、そのようなサービスを提供することが公益上望ましいかという基準である。

　これらの基準のなかで、第1ないし第3の基準に関しては、融資の媒介は、融資という銀行の固有業務とサービスが近く、銀行の経営能力を活用するものともいえるし、融資等固有業務の遂行や促進に役立つ場合もありえよう。判旨のあげる①ないし③の場合等がそうである。

　しかし、銀行はそのような能力を、本来は固有業務たる自ら行なう融資に用いるべきだとの考えもありえよう。第4の基準に関し、本件で、Y_1が貸付金の回収に責任を持つといったり、Y_2が返済は心配ないというなど、媒介の方法に問題があり、金融機関にとって利益に比し、責任を問われるリスクの高い行為であることも問題となりえよう。少なくとも、第5の基準を考え併せると、一般的に融資の媒介はすべて付随業務に当たるということには、問題がありうる。第1に、媒介する融資行為そのものが違法行為となりうる場合がある。本件においてY_1が、D、F、H、M、N等のノンバンク以外の個人や会社に、繰返し高利によるB、Y_3、Kへの貸付を斡旋したことは、貸金業者としての登録を受けていない者に、業として金銭の貸付を行なうこと、すなわち貸金業を営むことを教唆し幇助したことになり、貸金業の無登録営業の罪の教唆犯・幇助犯となるおそれのある行為である（貸金業法3条・11条1項・47条2号。なお同法3条ないし24条（24条の50）、出資法5条2項参照）。Y_2が、D、Hら4名が繰返し融資を行なっていたことを知りながら、彼らの融資を媒介したのであれば、同様の問題となりうる。そのような犯罪行為を付随業務として銀行がなしうるということには、疑問がある。

---

21)　岩原紳作「保険会社の業務」竹内昭夫編『保険業法の在り方（上)』（有斐閣、1992年）1頁・20頁参照。

第2に、貸付という銀行の固有業務を自らは行なわないで、他の者の融資を媒介することは、銀行がなしえない、もしくはなすことが不適当な貸付を、他の者に代わってなさしめるという、不当な目的のために行なわれる可能性がある。たとえば、違法な取引への融資や、反社会的勢力への融資、かつて政府による抑制の対象になっていた不動産関連融資等、銀行自身が行なえない融資の代替に利用されるおそれがある。

第3に、融資の媒介が銀行にとって不適切な業務遂行の一環としてなされる場合がある。たとえば、いわゆる協力預金は、銀行がその取引上の優越的地位を濫用して、取引先に無理に預金させるおそれのある行為であるが、ノンバンクから顧客への融資を媒介したうえで、その資金をもって顧客に銀行への協力預金に応じさせるといった問題が生じる可能性がある[22]。

---

22) 本件事件等一連の金融不祥事が明るみに出たことを契機として、大蔵省は「金融システムの信頼回復のための措置」を要請し、これを受けた全国銀行協会連合会は、「ノンバンク等を利用した協力預金自粛の申し合わせ」の通達を出状した（「業務運営体制のあり方等に関する改善措置について（その1）」（全銀協平成3・9・17企画305号）（別紙3））。これは、「顧客に対し、不適切で過度の協力預金を求めるという行き過ぎた営業姿勢が、事件を誘発する要因となったとの反省がある。また、このような行為は不公正な取引となるおそれもある」としたうえで、「については、下記の点について改めて確認し、その趣旨の徹底を図る」としている。具体的には、「顧客がノンバンク並びに他の金融機関等から融資を受けてまで行わざるを得ないような協力預金を求める行為は、健全な商慣習に照らして顧客に過当な負担を与える恐れもあるので、厳にこれを自粛すること」とされている。

検察官は、この通達を1つの根拠として、融資の媒介が原則として銀行の正当な業務とならないことが、本件当時の銀行業界の共通の認識であったと主張した。これに対し本判決は、上記通達は広く協力預金を求める行為やノンバンクからの融資の媒介一般について触れるものではない、とするとともに、全国銀行協会連合会は、およそ上記のような行為が銀行の業務として許されないと考えていたのではなく、今後は慎むことにしたにすぎず、また全国銀行協会連合会の通達は銀行法上の解釈問題を左右するようなものではない、としてこの主張を斥けた。

たしかに上記通達は限定的なものであるが、ノンバンクから融資を受けて行なう協力預金に許されない場合があることを明示したものであり、付随業務の範囲についての銀行界の受止め方を示す資料の1つとはなりうる。また付随業務に含まれるとしても、この通達が慎むことを要求しているような業務は、以後、各銀行において役職員が業務行為として行なうことが許されなくなった（各銀行が内部的に権限を否定した）と考えるべきであろう。ただし、本件との関係でいえば、上記通達発出前になされた本件仲介時点で、すでに銀行界のなかでそれが許されない行為との認識が一般的であったか（上記通達は「改めて確認」するとしている）、本件の具体的な融資仲介が許されないと認識されていたような行為類型に含まれるか、ということが問題になろう。

これらの場合、とくに違法行為となるような、もしくは違法行為の一環としてなされる融資の媒介は、銀行の付随業務と呼んでよいか疑問がありうる。しかし、本件判旨は、先に引用したように、「融資の媒介がある場合には銀行の業務となるが、他の場合には銀行の業務とならないというのも、その基準が不明確となるおそれがあり、業法としての銀行法の建て前からしても疑問」としている。融資の媒介といった抽象度の高い業務類型ごとに、付随業務に該当するか否かを判断する考え方であろう。

たしかに、銀行法10条2項各号に列挙されている付随業務の多くは、そのような抽象度の高い業務類型として規定されており、本判旨のような考えも成り立ちえないわけではない。しかし、たとえば同項4号の定める国債等の引受については、「売出しの目的をもってするものを除く」というように、行為の目的によって付随業務か否かを分けている。そのような例は他にもある（同項2号）。その他、抽象度の高い業務類型を大蔵省令（内閣府令）で細かく限定する等（同項8号）、さまざまな限定を加えている例がみられる（同項2号）。同条2項柱書の付随業務を具体化したとされる大蔵省の関連会社事務連絡も、例示した各付随業務に詳細な限定を付している。したがって、抽象度の高い業務類型ごとに限定を付さない形でしか付随業務の特定がなされないわけではない。

また、本件判旨のような付随業務の捉え方をした場合には、必然的に、付随業務のなかにも銀行として遂行することが許されない業務がある、という限定を付さざるをえないことになろう。たとえば、銀行法10条2項1号が銀行の付随業務として明文で定める債務保証についても、麻薬等の密輸に伴う輸入業者の債務に債務保証をすることが、銀行に許されない業務であることは争う余地はなく、そのような業務を付随業務でないというか、付随業務ではあるが許されない銀行業務であるというかは、単に概念の整理の仕方の違いにすぎない。なお、付随業務は、固有業務に対して従たる程度を超えないことが必要であると解されているが[23]、これも従たる程度を超えれば、それはもう付随業務と呼べなくなるのか、付随業務ではあるが銀行法12条に違反することになるのか、概念の整理の問題といえよう。

したがって、融資の媒介が一般的に付随業務に当たるという概念の整理を

23）　小山・前掲注17）134頁、氏兼＝仲編著・前掲注20）52頁。

行なうにせよ、融資の媒介のなかにも違法行為となりうる場合があり、銀行としては、それを業務として行なうことができないことは、否定できないと思われる。本件判旨が、「融資の媒介は……抽象的に銀行の業務に含まれる」（傍点は筆者付加）と述べているのも、このようなことを意識したものと考えられる。

このように考えれば、本件においてY₁（事実いかんではY₂も）が、D、F、H、M、N等のノンバンクでない個人や会社に、繰返し高利によるB、Y₃、Kへの貸付を斡旋した行為は、貸金業法に違反する疑いの強い行為であり、融資の媒介を一般的に銀行の付随業務と呼ぶか否かにかかわらず、銀行として許されざる業務であり、銀行の業務の遂行としてなされたのではないというべきであろう。

(3) 銀行のためにする意思

ところが、本件判旨はこのような考え方を採らず、融資の媒介を付随業務と解する以上は銀行に許された業務であるという前提に立ち、また融資の媒介について、Y₁、Y₂ら支店長の権限を制約する内規がA銀行にはなかったという事実認定を行なったために、Y₁を浮貸しの罪に問うためには、Y₁の融資媒介行為にはAのためにする意思がなかったという構成を採らざるをえなかったと考えられる。

本判決の論旨は、次のようなものである。すなわち、B等のいわゆる仕手筋に対する巨額の融資は、証券市場の健全性を害し、場合によっては、証券取引法（金融商品取引法）の相場操縦罪に触れかねない反社会的行為を業とするものを援助する行為として、道義的非難を免れず、銀行の公共性に著しく反する行為である。本件当時、いわゆる仕手筋は、銀行はもとより、ノンバンクからも融資を受けられなかった。自ら融資をする代わりに、銀行が銀行の顧客に仕手筋への融資を媒介する行為は、反社会性を有する行為である。

また本件では、仕手株等を8割ないし10割という高い掛目で担保として融資するという、銀行の融資としては考えられない、自行融資とかけ離れた条件のリスクの高い融資の仲介がなされた。このような融資を市井の私人たる顧客に勧めることは、公共的性格を有する銀行の正当な業務とはいいがたく、業務性を疑うべき行為（銀行の業務として是認しえないような行為）である。

以上のように本件融資媒介は、貸出先の点からしても、融資条件の点から

しても、いずれも銀行の公共的性格にもとるものであって、業務性を疑うべき行為である。このような業務性を疑うべき行為については、特段の事情がない限り、当該役職員がこれを銀行のためにする意思でなしたと認めるのは不自然というべきである。

以上のような本件判旨の論理は、銀行として不適切と考えられる行為を銀行職員が銀行のためにする意思でなしたと認めることは不自然であるとすることによって、銀行のためにする意思がないという構成で、本件融資媒介が銀行の業務遂行行為としてなされたことを否定し、浮貸し行為であるとの認定を行なおうとしたものと考えられる。融資の媒介を一般的に付随業務であり、支店長の権限内であるとしたために、権限ではなく、銀行のためにする意思がないという形で、銀行の業務遂行行為であることを否定しようとしたものといえよう。

これは、一般に反社会性が強いと考えられる融資の媒介のみを、浮貸しに該当するとして抑止するための巧妙な法律構成ともいえよう。しかし、かなり技巧的な構成であることは否定できず、上記のような本件判旨は、なお議論の余地を残しているようにも思われる。

第1に、銀行役職員のサイドビジネスとしてではなく、銀行の業務の遂行として行なわれたというためには、当該役職員がそのような行為を行なう権限を銀行から与えられていただけではなく、それが個人的行為ではなく、金融機関のために行なわれたといえなければならない。貸付や債務保証の場合は、これを代理意思の有無の問題として扱い、具体的には稟議手続を経たか否かでこれを判断することができた。しかし、融資の媒介は事実行為であるし、与信または受信の代理を含むとしても、銀行を本人とするものではないため、銀行を本人とするいわゆる代理意思を問題にすることはできず、稟議手続にかけられることもない。本件判旨が述べるように、「専ら当該役職員が銀行のためにする意思でこれを行ったか否かということによって判断すべきことになる。この点の判断にあたっては、当該役職員が融資の媒介に及んだ動機・目的をも考慮に入れないわけにはいかず、この点の判断が図利目的の要件の判断と一部重複する」ことにならざるをえない。

このような意思を推測させるような客観的な事実がある場合はよいが[24]、ない場合も多く、本件のY_2に関して等微妙である。本判決もY_2が銀行のためにする意思で本件融資の媒介を行なったか否かの判断を避けている。そ

れならば、銀行の業務性を疑うべき行為を当該職員が銀行のためにする意思でなしたと認めるのは不自然である、というような意思の推定で結論を導くよりは、端的に、そのような業務性を疑うべき行為を行なう権限を銀行が与えていたとは考えられない、として権限を否定したほうがよかったのではあるまいか。たとえ融資の媒介が付随業務に当たるとしても、銀行が内部的にそれに関する役職員の権限を制限することがありうるからである。

　本判決がそのような構成を採らなかったのは、支店長は原則として銀行がなしうる業務を代理する権限があり（商法37条・38条・42条（会社法10条・11条・13条））、A銀行においてはいわゆる仕手筋への融資や融資の媒介を禁じる明文の内規がなかったためであろう。しかし、本件判旨が認定するように、いわゆる仕手筋は銀行からもノンバンクからも融資が受けられない実情にあったとすれば、仕手筋への融資についても融資の媒介についても、一般的に銀行は役職員に権限を与えていなかったものとみてもよいのではなかろうか。融資については、稟議の手続によってそのような案件を拒絶できるため、とりたてて内規に明文化しなかっただけといえよう。融資の媒介については、稟議の手続がないために行内的にチェックがなされなかっただけであり、本件判旨が認定しているように、Y_1 も Y_2 も、本件融資媒介が銀行本部に明らかにできるものではなく、後任の支店長に引き継げる性質のものでないと考えていたとすれば、内規に明文の規定はなかったものの、行内的にそのような融資媒介が許されないこと、すなわち権限を与えられていないことを、Y_1 も Y_2 も認識していたというべきであろう。支店長等の権限を拘束する内規は必ずしも明文化される必要はなく、行内において許されない行為であるという認識が共有され、当該役職員も認識していたとすれば、権限外の行為であり、業務遂行としてなされたものではなく、浮貸し行為となりうると考えてもよいのではなかろうか。

---

24)　客観的な事実としては、次のようなことが考えられる。たとえば、融資者または被融資者との間で媒介契約を締結する際に、当該金融機関を代理して契約するのか、当該役職員個人として契約するのか、という形式の違いがある。しかし、金融機関による融資の媒介は、契約書に基づいてなされないことが多く、本件でも決め手にならない。また、媒介手数料を誰が取得するかによって媒介契約の主体を判断することもできるが、金融機関による融資の媒介は無償でなされることが多い。もっとも本件では、Y_1 は媒介に際して事後的に被融資者からリベートを受け取っており、これが Y_1 の有罪に大きく影響している。

486　第Ⅵ部　特殊な金融、協同組織金融機関

　本判決が権限の欠如という構成を採らず、銀行のためにする意思の欠如という構成を採ったのは、権限の欠如（制限）という第三者に影響を与えうる問題については、明文の内規による制限に限ることによる明確さを求めたためと推測される。しかし、事実行為としての媒介行為であれ、代理行為として行なわれる場合であれ、役職員に権限がないとされても、それは銀行に媒介行為そのものの効果が及ぶか（たとえば媒介手数料債権が銀行に帰属するか）という問題が生じるだけであって、媒介の対象となった融資（消費貸借）の効力に関わるわけではないのが通常である。第三者の保護はそれほど問題にしなくてもよいはずである。これに対し、意思の推測の問題とされると、厳密には確定しようのない問題となり、浮貸しの成否が不安定になるおそれがあろう。

　さらに、いわゆる仕手筋への融資や融資の媒介が、本判旨のいうように業務性の疑いがしかく明確な行為か、という疑問もありえよう。ちなみに、本判決も述べているように、Ａ銀行はＢに多額の融資を行なっていた（Y_1の主張によれば、株式運用資金として200億円融資した）ことがあるという。仮にいわゆる仕手筋の活動が社会的に是認しがたいものであるとしても、その活動がどこまで違法行為になるかは微妙であるし、仕手的活動か否か区別がつきがたい場合もあろう。銀行のなかには、少なくとも違法行為とならない範囲で、銀行として彼らに融資等を行なうところもあるかもしれない。銀行内において支店長が仕手筋に融資の媒介等を行なうことがどこまで許されない行為と考えられていたか、微妙な場合もありうるかもしれないのである。そこで本件についても、より明確にY_1・Y_2の権限が限定される基準がありえないかが問われるべきであろう。

　本件に関しこのような基準として考えうるのは、先に述べたように、Y_1（事実関係によってはY_2も）が、貸金業の登録を受けていない個人等に繰返し高利による貸付の斡旋を行なっていたことであろう。これは貸金業の無登録営業の罪の教唆犯・幇助犯ともなりうる行為であり、そのような行為を行なう権限を銀行が支店長に与えていたと考えることはできない。本件においてＤ、Ｆ、Ｈ、Ｍ、Ｎ等の貸付が業としてなされたといえるとすれば、それは違法行為であり、その融資媒介も銀行の業務としてはなしえないし、さらに広くそのような疑いのある融資の媒介を行なうことも、銀行は認めていなかったと考えるべきであろう。

V 図利目的

　本判決においてＹ₁が有罪とされ、Ｙ₂が無罪とされたのは、Ｙ₁には図利目的があり、Ｙ₂にはそれがないと判断されたためである。本判決の決め手になったのは図利目的の判断である。本判決は、本罪における図利目的は、金融機関の役職員が自ら利益を得、または当該金融機関以外の第三者に得させることを動機・目的とする場合を意味すると解したうえで、「自己又は第三者の利益を図る目的」と「当該金融機関の利益を図る目的」が併存している場合には、両目的の主従により図利目的の要件の充足の有無を決するとして、Ｙ₁においてはＡ銀行の利益を図る目的は株取引益や謝礼金等の自利目的等に随伴する副次的なものであったのに対し、Ｙ₂においてはなんら財産上の利益を図ろうとはしておらず、Ａ銀行内の地位の保全・向上を得るという「利益」があったとしても、Ａ銀行の利益を図ることの反射的利益にすぎなかったとして、Ｙ₁には図利目的を認め、Ｙ₂については否定したわけである。

　金融機関の利益を図る目的と、「自己又は第三者の利益を図る目的」が併存している場合には、いずれが主目的であったかによって図利目的の有無を決めるのは、背任罪・特別背任罪の図利目的に関する判例・通説であり[25]、本罪に関しても異論のないところであろう。Ｙ₁については、自らが株取引益や謝礼金等を受け取ることが融資媒介の大きな動機になっていたという認定からは、図利目的の成立は否定しえないのではなかろうか。これに対して、Ｙ₂に関しては、財産上の利益は目的としていない。しかし、身分上の利益も図利目的における利益に含まれるという背任に関する判例・通説のなかで[26]、不当・違法な行為の発覚を防止して、自己の地位保全を図るという場合は、会社の利益のために行なわれた行為とはいえないが、本件のように、会社の業績を上げて、その結果、会社内での自己の地位の保全・向上を目指すことは、主として自己の利益を図ったものといえないとする本判決の考え

---

25) 最二小判昭和 29・11・5 刑集 8 巻 11 号 1675 頁、最二小決昭和 35・8・12 刑集 14 巻 10 号 1360 頁、福岡高宮崎支判昭和 32・10・4 高検速報 694 号、大塚仁他編『大コンメンタール刑法第 10 巻』（青林書院、1989 年）178 頁以下〔日比幹夫〕等。

26) 大判大正 3・10・16 刑録 20 輯 1867 頁、大塚他編・前掲注 25) 178 頁〔日比〕。

488 第Ⅵ部 特殊な金融、協同組織金融機関

方の妥当性が、控訴審における論点となろう。

Ⅵ おわりに

　浮貸しの罪は、戦後の混乱期において、闇金融への金融機関役職員の関与を防ぐという目的をもって定められた罰則であり、今日においてはその意義は変化しているし、解釈論的にも問題が多い。しかしⅡ4で論じたように、金融機関への人々の信頼を守るという今日でも重要な役割を、出資法3条は果たしうる。バブル期における金融界の一部の行過ぎに本条が適用されようとしていることは、本条が今日でもなお一定の役割を果たしうることを示したものであり、金融界にとっては反省を迫られるところといえよう。

　しかし他方、出資法3条のような罰則の適用範囲が明確でないとすれば、望ましいところではない。本稿で明らかにしたように、金融機関役職員としては、貸付や債務保証に関しては、基本的には行内の稟議手続に従っていれば、問題はないわけであり、特別の不安を抱く必要はない。ただし融資の媒介については、そのような手続が整備されていない点で、注意も要するし、今後は、金融機関内部における融資媒介に関するルールの明確化等、金融機関自身による手続の整備等の努力が望まれるところである。もっとも、融資の媒介における「地位利用」の要件の成否も、結局は図利目的の判断と同様に、行為者の主たる目的がどこにあったかによって判断されるべきであり、役職員がその忠実義務を守って常識的な行動をすれば、浮貸しの罪を問われることはないというべきであろう。

〔金融法務事情1429号6～11頁・1431号11～16頁・1432号（1995年）22～29頁〕

　［後記］　本稿において批評した東京地判平成6・10・17金法1412号29頁の事件は控訴され、控訴審判決の東京高判平成8・5・13判時1574号25頁は、Y₁だけでなくY₂についても出資法3条違反で有罪と判決した。第一審判決は、本件の融資の媒介は銀行の公共的性格に照らしおよそ是認しえないような行為であり、Y₁・Y₂が銀行のためにする意思でその権限を行使したとはいえないという理由で、浮貸しに当たるとしたうえで、Y₂については図利目的が認められないとして無罪とした。これに対し第二審判決は、「本件のような融資

の媒介は、銀行の持つ公共的性格に照らして到底許容されるものではなく、これが銀行の業務であるとか、あるいは銀行の業務遂行であるとかとはいい得るものではない」として、本稿において指摘したように、本件融資の媒介はY_1・Y_2が銀行から与えられた権限を超えた行為であったという理由により、浮貸しに当たるとした。そのうえでY_1だけでなくY_2も有罪としたのは、第一審と異なりY_2の図利目的を認めたためである。上告審決定の最決平成11・7・6刑集53巻6号495頁も、「本件融資の媒介は、その融資先、融資の条件等に照らし、銀行の業務として許容されるものでない」として、銀行の業務に当たらないという理由に基づき、浮貸しに当たるとしてY_1による上告を棄却した（最高裁の理由付けにつき、池田修「本件判解」最高裁判所判例解説刑事篇（平成11年度）110頁参照）。

本件以降は低金利のためか浮貸しの判例は見当たらないようであるが、最近も浮貸しが行われていることが認定された判決がある（大阪地判平成24・5・1 LEX/DB25481188）。

本稿の後、上記最高裁決定等を受けて多くの論文や評釈が公表されている（芝原邦爾「出資法をめぐる法解釈上の問題」香川達夫博士古稀祝賀『刑事法学の課題と展望』（成文堂、1996年）359頁・366頁、上嶌一高「浮貸し等の罪」西田典之編『金融業務と刑事法』（有斐閣、1997年）113頁、京藤哲久「浮貸し等の罪（出資法3条違反）の一考察」芝原邦爾他編『松尾浩也先生古稀祝賀論文集上巻』（有斐閣、1998年）711頁、西田典之「出資法3条に違反する金銭貸借の媒介の成立要件——住友銀行青葉台支店事件最高裁決定を契機として」金法1577号（2000年）6頁、佐伯仁志「銀行支店長による融資の媒介と出資法3条」金法1588号（2000年）76頁、齋藤正和「浮貸し等の罪」佐々木史朗先生喜寿祝賀『刑事法の理論と実践』（第一法規、2002年）395頁、池田・前掲110頁等）。本稿においては、融資の媒介に係る浮貸しは、現在においてもなお処罰の必要性があるという立場をとったが、現在の金融状況からは、私人間の融資の媒介を一律に禁止することは疑問であるとして、金融機関の役職員がその地位の影響力を不当に行使した場合か、金融機関又はその役職員の信用力を不当に行使した場合に限定して融資の媒介を浮貸しとして処罰すべきであるという制限解釈論が有力に唱えられている。具体的には、融資元の顧客に他の顧客への迂回融資を条件に上乗せ融資を実行した場合、今後の継続的な融資の打切りの可能性を背景に不当な圧力を行使する場合、あたかも銀行が融資先の返済能力について保証するかのような詐欺的言辞を弄した場合、融資先と銀行との取引関係等を示して信用させる場合等が挙げられている（西田・前掲11頁、佐伯・前掲79頁等）。

協同組織金融機関のあり方
――農協系統金融機関を中心にして

I　序

　住宅金融専門会社（住専）の不良債権処理をめぐっては、農協系統金融機関の問題が大きくクローズアップされた。農協系統金融機関による住専に対する貸付残高は5兆5000億円にものぼり、そのかなりの部分が不良債権化したにも拘わらず、政治決着の結果は、農協系統金融機関の損失負担額は5300億円に止められ、その結果、6850億円にのぼる国による財政支出が行われることとなった。これに対して厳しい批判が寄せられるとともに、金融機関としての農協等のあり方が、国民全体の問題として問われることになった[1]。農協系統金融機関と漁業協同組合系統金融機関を併せた農林漁業系統金融機関の他にも、信用協同組合、信用金庫、労働金庫という協同組織金融機関があり、多くの共通する問題を抱えている[2]。本稿では、農協系統金融機関のあり方を中心に検討を行い、協同組合原則、地域金融機関としてのあ

---

1)　住専の平成6年度末借入総額12兆9000億円に対し農協系統金融機関の貸付分は43％にのぼる。住専の損失見込額は6兆2700億円、欠損見込額1400億円である。金融制度調査会「金融システム安定化のための諸施策――市場規律に基づく新しい金融システムの構築」（平成7年12月22日）、掛谷建郎「金融システムの安定化と銀行行政〔上〕〔中〕〔下〕――求められる行政手続のルール化」商事1413号・1414号・1415号（1996年）、「〔総力特集〕不良債権超大国の恐怖」エコノミスト74巻8号（1996年）26頁以下、「〔特集〕崖っぷちの農協金融」エコノミスト74巻16号（1996年）32頁以下（特に40頁）、「〔特集〕本当の農協危機」金融ビジネス134号（1996年）6頁以下等参照。

2)　日本銀行金融研究所『わが国の金融制度〔新版〕』（日本銀行金融研究所、1995年）323頁以下参照。

り方等、他の協同組織金融機関にも共通する問題に関して、他の協同組織金融機関にも触れることとしたい。

II　農協系統金融機関の概要

1　農協の信用事業の歴史──兼営問題を中心として

農業協同組合（農協）が信用事業を営むのは、世界的に見れば必ずしも一般的というわけではない。アメリカの農協は自らは信用事業を営まず、農業信用法に基づく農業信用組合・農業信用銀行・全米協同組合銀行等の独立した専門の金融機関が、農業金融のための専門の機関として存在する[3]。我が国の農協の前身とも言うべき、明治から太平洋戦争までの産業組合のモデルになったドイツの協同組合においても、経済（購販）事業や利用事業を専門に行う作物別組合と信用事業を中心とする農村信用組合が別個の協同組合として存在している[4]。

我が国の農協が信用事業も営むのは、戦前の産業組合に遡る。産業組合においては信用事業を営まない組合も多く、また信用事業単営の産業組合も多かったが、昭和初期の農村不況後の農村経済更生運動のなかで、産業組合の強化の1つとして、全ての組合につき信用・経済・共済・指導の4種兼営が目指され、昭和18年の農業会への再編に伴い、4種を兼営し全戸加入の農村の経済活動を全面的に掌握するものとなった[5]。戦後、GHQの命令で農業会が解散させられ、代わって農業協同組合が組織されたときに、GHQは、協同組合連合会が色々な事業を営むことには独占禁止法に反することにならないかということと、アメリカでは農協が信用事業を営むことがないことから、日本の農協が信用事業を営むことに難色を示した。また大蔵省からは、

---

[3]　神田秀樹「アメリカの農業金融機関の自己資本」青竹正一他編『現代企業と法──企業組織・取引・有価証券』（名古屋大学出版会、1991年）255頁・256頁以下。なおアメリカの農協につき、Hetherington, Mutual and Cooperative Enterprises：An Analysis of Customer-owned Firms in the United States (1991) p.107 et seq.　参照。

[4]　小楠湊「ドイツ協同組合金融における組織整備の歴史と現況」農林金融47巻12号（1994年）2頁・3頁。なお、農林省大臣官房総務課編『農林行政史第1巻』（農林協会、1957年）1067頁以下参照。

[5]　炭本昌哉「『協同組合金融』の規制緩和をめぐる諸問題(2)──総合農協の検討」協同組合研究13巻3号（1994年）30頁・32頁。

492　第Ⅵ部　特殊な金融、協同組織金融機関

信用事業は金融の一部として農協から分離して大蔵省の所管に移管すべきだとの主張がなされた。しかし、農協から信用事業を切り離すと米の集荷等で困るとする農林省の反対で、農協は信用事業も行うこととなり、ただ農林省（農水省）と大蔵省（金融庁）の共管とされた[6]。但し、信用事業に関する農協の上部団体である信用農業協同組合連合会（信連）については他事業の兼営が禁止されている[7]。現在の農協は、信用・経済（販売・購買）・共済・指導のほか、若干の事業を営めることとなっている（農業協同組合法（以下、「農協法」と略す）10条）。平成6年度末では、4種事業全部を営むいわゆる総合農協が2635あるのに対し、養蚕、果樹、園芸、酪農、畜産等の特定作物の販売・購買・指導等の事業を行っている専門農協が3738ある[8]。

2　組織の概要

農協は、「農業生産力の増進及び農業者の経済的社会的地位の向上を図り、もって国民経済の発展を期する」ことを目的とする農業者の協同組織である、と規定されている（農協法1条）。農協の組合員には、農民、農事組合法人等によって構成される正組合員と、農協の地区内の住民で農協の施設を利用することが適当と認められる者、農事組合法人等の協同組織の団体又は農協の地区内の農民が主に組織する団体等によって構成される准組合員がある（農協法3条・12条1項・16条1項）。平成6年度において、全農協の正組合員数は546万人、准組合員数は350万人余である[9]。

農協系統組織は、農民が正組合員になっている単位組合（農協、単協）、単位組合を会員とする協同組織である農業協同組合連合会、及びこれらの指導

---

6)　小倉武一＝打越顕太郎監修『農協法の成立過程』（協同組合経営研究所、1961年）661頁以下。戦後において農協金融が果たした役割については、永田正造『農業金融と協同組合』（楽游書房、1982年）129頁以下参照。

7)　これは、本来、信用事業においては、貯金者の利益を保護するため、その事業の独立性を確保し、健全な事業運営を行う必要があり、信連段階においては金融機関的性格が強いため信用事業単営とされたと説明されている（加藤一郎『農業法』（有斐閣、1985年）417頁）。なお、農林省農政局農政課編『農業協同組合法の解説』（日本経済新聞社、1947年）60頁参照。

8)　農林水産省「平成6年度農業協同組合等現在数統計」。

9)　農林水産省経済局農業協同組合課編「平成6事業年度総合農協統計表」（以下、農林水産省「総合統計表」と略す）。

機関とされる農業協同組合中央会によって構成されている（農協法12条2項・73条の2以下。平成27年農協法改正により同法73条の2以下は株式会社への組織変更等に関する規定となった）。連合会は、事業毎に都道府県段階の連合会と全国段階の連合会に分かれている。農協系統組織は、農協、都道府県連合会、全国連合会の3段階に分かれていることになる。信用事業に関する都道府県連合会が都道府県信用農業協同組合連合会（信連）であり、全国段階が農林中央金庫（農林中央金庫法に基づく。以下、「農林中金」と略す）である。この他、経済事業に関する都道府県連合会が経済農業協同組合連合会（経済連、JA経済連）、その全国連合会が全国農業協同組合連合会（全農、JA全農）であり、共済事業に関する都道府県連合会が共済連、その全国連合会が全国共済農業協同組合連合会（全共連、JA共済連）である（共済事業は現在では都道府県段階の連合会はなく、全国段階のJA共済連の都道府県本部が各県等に置かれている）。また、各種作物毎の経済事業等に当たる都道府県連合会として各種専門連、その全国連合会である各種全国専門連がある。農協中央会も、都道府県農協中央会（JA中央会）と全国農協中央会（JA全中）に分かれている（平成27年農協法改正により、全国中央会は従来の認可法人から一般社団法人に移行することになった）。

Ⅲ　農協系統信用事業の概要

1　組織の概要

　平成6年度において、信用事業を営む総合農協は2635あり、その都道府県連合会たる信連は47あり、全国段階の農林中金は1つである。信用事業を行っている農協の店舗数は1万5875、信連の店舗数は199、農林中金の店舗数は43である。これらはその他の全金融機関の総店舗数2万8223の過半に及ぶものである。総合農協の信用事業担当職員数は7万6121人で自己資本は3兆8023億円（うち出資金1兆3068億円）、信連の総職員数は8838人で自己資本は1兆6208億円（うち出資金6583億円）、農林中金の職員数は3054人で自己資本は4190億円（うち出資金1250億円）である。農協へは組合員である農民等が出資し、信連には会員である農協等が出資する（農協法12条以下）。農林中金には信連・農協・その他所属団体が出資するほか、平成5年に成立した協同組織金融機関の優先出資に関する法律に基づく優先出

494　第Ⅵ部　特殊な金融、協同組織金融機関

資金が 250 億円ある [10]。

2　資金の流れ

　平成 6 年度末時点で、組合員から農協への貯金残高は 67 兆 6562 億円である。その他に借入金等の 2 兆 9584 億円を併せた 70 兆 6146 億円が運用されたが、このうち 15 兆 9487 億円が組合員に貸し出され（員内貸出）、2 兆 8737 億円が組合員以外に貸し出され（員外貸出、うち金融機関への貸出が 21 億円）、有価証券等運用が 5 兆 2549 億円であり、残りの 46 兆 1861 億円が信連への貯金となった。信連は、これに農協以外からの貯金 3 兆 5294 億円とその他の借入金等 3 兆 593 億円を併せた 52 兆 7748 億円を運用した。このうち員内貸出が 1 兆 9257 億円、員外貸出が 7 兆 9729 億円、金融機関貸出が 4 兆 1041 億円、有価証券等運用が 13 兆 180 億円、等であり、28 兆 7325 億円が農林中金に預金された。農林中金は、この他に農林債券 9 兆 1841 億円等を併せた 44 兆 5837 億円を運用している。このうち 15 兆 8153 億円が貸し出されているが、うち所属団体への貸出が 1 兆 2010 億円、関連産業等への貸出が 10 兆 2459 億円、金融機関への貸出が 4 兆 3684 億円である。有価証券による運用は 13 兆 4733 億円である [11]。

Ⅳ　信用事業規制の概要

1　協同組合原則——非営利性を中心に

　銀行と比較した場合の農協信用事業の規制の大きな特色は、協同組合原則による制約をうけていることにある。この点では他の協同組織金融機関と共通であるが、農業及び農民のための協同組織であるという点に、他の協同組織金融機関に対する特色がある。

　協同組合は、その事業そのものによって組合員の事業又は家計の助成を図ることを目的とし、金銭的利益を得てこれを組合員に分配することを目的と

---

　10)　農林水産省「総合統計表」、同「農業協同組合連合会統計表」、農林中央金庫「ディスクロージャー誌」等。

　11)　農林中央金庫「残高試算表」、同「農協残高試算表」、同「信連残高試算表」、全国銀行協会連合会「財務諸表分析」、日本銀行「経済統計月報」等。

しないものである [12]。農協法も、農協の事業の目的が、組合員及び会員の
ために最大の奉仕をすることを目的とし、営利を目的としてはいけない旨規
定しており（同法 8 条。平成 27 年農協法改正により非営利性の規定は削除され、
同法 7 条 2 項・3 項に「農業所得の増大に最大限の配慮」、「高い収益性を実現」が
規定された）、ここで言う営利性は、金銭的利益を得てこれを組合員や会員
に分配することを意味すると考えられる [13]。なお、この非営利性につき、
組合員への金銭的利益の分配の他に、組合自体のために利益を得ることも禁
じられていると解する説もある [14]。確かに、農協のいずれの事業においても、
組合員を相手とする員内取引の場合、組合自体の金銭的利益を目的にすべき
でないことは、農協法 8 条前段からも明らかである。農協としては、なるべ
く低い価格で財・サービスを提供するのがその本来の使命であって、最善の
効率的な供給を行ったうえで収支相償うという意味での最低限の「営利性」
が許されるだけであるのが原則であろう（いわゆる実費主義。最善の効率的な
経営という点では営利会社と異なるべきではない）[15]。しかし、販売事業におけ
る販売先等との対外取引において最大の利益を追求すべきことは勿論、組合
員以外との員外取引の場合も（購買事業で購買した商品を組合員以外にも売り
渡す場合等）、組合としては本来は員内取引に用いるべき能力の余った部分

---

12) 上柳克郎『協同組合法』（有斐閣、1960 年）19 頁。労働金庫法は非営利性を規定し
ているが（同法 5 条 1 項）、信用協同組合に適用のある中小企業等協同組合法は、非
営利性は明文で定めておらず、組合員・会員の相互扶助を目的とする旨を規定してい
る（同法 5 条 1 項 1 号）。信用金庫法は協同組織であることのみを規定している（同
法 1 条）。

13) 加藤・前掲注 7) 458 頁以下。

14) 農林省農政局農政課編・前掲注 7) 50 頁。

15) この問題に関しては、協同組合と同じく中間法人に分類され、いわゆる相互性の原
則を採って、営利性がないと一般に言われる保険相互会社の営利性をめぐる議論が参
考になろう（山下友信監修『相互会社法の現代的課題』（矢野恒太記念会、1988 年）
17 頁以下・53 頁以下、竹内昭夫編『保険業法の在り方上巻』（有斐閣、1992 年）358
頁以下〔山下友信執筆〕参照）。このような議論を経て、平成 7 年新保険業法におい
ては、実費主義等、相互性の原則を一部緩和し、保険相互会社が株式会社と対等に競
争できるような制度整備が図られた（保険審議会「保険業法等の改正について」（平
成 6 年 6 月 24 日）（別添 1）参照）。ドイツにおいては、1973 年の協同組合法改正に
より、協同組合が他の企業形態との競争にたえられるように、組織や資本の点で制度
改正が図られ（Lang-Weidmüller, Genossenschaftsgesetz, 32 Auf., 1988, Einl.)、営利主義
の方向へ向かったと評されている（Lorenz, "Ausgewählte Fragen zur Unternehmenspolitik
von Versicherungsvereinen auf Gegenseitigkeit", ZVW 1984, S.367, 368-378）。

を活用して、なるべく金銭的利益を上げることによって、組合の財政を改善し、組合員への財・サービス提供をより廉価且つ質の良いものにしようとするところにその目的があるものと考えられる[16]。対外取引、員外取引においては、むしろ組合自体のために金銭的利益を追求することが、農協理事者の義務であろう（平成 27 年改正農協法 7 条 2 項・3 項参照）。

　この他の協同組合原則としては、組合員資格が制限され、員外取引が制限されていること（農協法 12 条・10 条 20 項〜24 項）、組合員の加入・脱退が自由であること（同法 20 条・21 条。平成 27 年改正農協法 19 条・20 条）、正組合員による組織運営（1 人 1 票制。農協法 16 条）、出資金に対する配当の制限（農協法 52 条 2 項）、利用高に比例した剰余金の分配（同条項）、等が挙げられているようである[17]。

2　業務執行と監査

　農協の業務執行は、理事会によって決せられるものとされている（農協法 32 条）。理事会は、総会又は総代会（正組合員の数が 500 人以上の組合の場合）によって選挙又は選任された 5 人以上の理事によって構成される（同法 30 条・48 条）。理事の 3 分の 2 以上は正組合員でなければならない（同法 30 条 10 項（現在は 30 条 11 項））。理事会の決議により、組合を代表する理事が定められる（同法 39 条、商法 261 条 1 項（現在は農協法 35 条の 3））。理事には法令・定款・総会決議等を遵守する義務がある他、組合に対し善管注意義務・忠実義務を負う（農協法 33 条 1 項・39 条、商法 254 条 3 項（現在は農協法 35 条の 2 第 1 項・30 条の 3）、民法 644 条）。理事が任務を怠ったときは、その理事は組合に対し連帯して損害賠償義務を負う他、職務を行うにつき悪意又は重大な過失があったときは、その理事は第三者に対し連帯して損害賠償の責めに任ずる（農協法 33 条 2 項〜4 項（現在は農協法 35 条の 6））。以上の制度は、他の協同組織金融機関の場合もほぼ同様である[18]。

---

16)　竹内編・前掲注 15) 20 頁〔岩原紳作執筆〕参照。
17)　農林省農政局農政課編・前掲注 7) 13 頁以下参照。信用組合、信用金庫、労働金庫におけるこれらの原則を定めた条文としては、中小企業等協同組合法 8 条 4 項・9 条の 8 第 4 項・11 条・14 条以下・59 条、信用金庫法 10 条・12 条以下（但し加入の自由は規定していない）・53 条 2 項・57 条、労働金庫法 11 条・13 条以下（加入の自由は規定していない）・58 条 3 項・4 項・61 条等がある。

また総会（総代会）において、2人以上の監事を選挙又は選任する（同法30条・48条）。監事は計算書類及び理事の職務執行を監査する（同法36条1項・3項・39条、商法274条・274条ノ2・275条・275条ノ2等（現在は農協法35条の5・36条2項・36条5項））。監事は組合に対し善管注意義務を負い、その違反に対し損害賠償責任を負う（農協法39条、商法254条3項・278条（現在は農協法30条1項・30条の3・35条の6）、民法644条・415条）。監事は理事又は組合の使用人と兼ねてはならない（農協法37条（現在は30条の5第3項））。他の協同組織金融機関の場合も同様である[19]。

3　金融監督法的規制

以上のように、農協は協同組合としての様々な法規制を受けているが、同時に、信用事業を営んでいることから、銀行等に準じた金融監督法的規制も受けている。即ち、準備金の積立及び剰余金の繰越の制限、配当の制限、財務を適正に処理するための政令（農業協同組合財務処理基準令。平成13年に廃止された）の遵守、信用事業及び財産の状況に関する説明書類の縦覧、等が義務付けられている（農協法51条～54条の2（現在は54条の3。この他、「農業協同組合及び農業協同組合連合会の信用事業に関する命令」（平成5・3・3大蔵・農水令1号）が定められている）。そして監督行政庁に、報告の徴取、業務又は会計の状況の検査、定款・業務執行の方法等の変更又は業務の停止若しくは財産の供託等の命令、法令等違反に対し必要な措置の命令とそれに従わない場合の業務の停止又は役員の改選の命令、及び解散命令（農協法93条以下）、等の権限が与えられている。

---

18)　中小企業等協同組合法35条・38条の2・42条（現在は38条の3）・55条（信用協同組合）、信用金庫法32条・35条（現在は35条の4）・39条・50条（現在は39条の2）、労働金庫法34条・37条・42条・55条（現在は32条・37条の2・42条・42条の2）等。

19)　中小企業等協同組合法35条・40条1項・2項（・5項）・42条（現在は38条の2・37条1項）、協同組合による金融事業に関する法律6条の2（現在の5条の3は監事の数を2名以上とし、監事の要件も規定する。以上は信用協同組合）、信用金庫法32条・37条1項・2項（現在の33条・35条3項）・39条、労働金庫法34条・39条1項・2項・42条（現在の32条・33条・35条3項・42条）等。その後、経営管理委員、経営管理委員会の制度が設けられている（現在の農協法30条の2・34条）。

498　第Ⅵ部　特殊な金融、協同組織金融機関

Ⅴ　問題点

1　農協金融の問題

　農協系統金融機関の第1の問題点は、我が国の経済構造の変化に伴い、産業としての農業の比重が下落し[20]、農家の兼業化が進んで[21]、農家の収入に占める農業収入の割合が低下するとともに、農協が受け入れる預金額に比較して、組合員に対する農業資金貸付の割合が大きく低下したことにある。その結果、組合員に農業資金を供給するという農協金融の本来の意義が薄れるとともに、農協資金の運用難という深刻な問題を生じている。農協にとっての住専問題も、ここに根本の原因があった。

　元々、農協金融は、農協の扱う農産物販売代金を貯金の源泉とし、それの現金化や繋ぎのための農家のための短期金融、土地改良事業や農業機械化等の農業振興のための長期金融を目的としていた[22]。しかし、農村の都市化や農業の兼業化が進むなかで、貯金の主たる源泉は、農地売却代金・兼業収入・高齢者の年金収入等になり、融資需要も、正組合員に余り資金ニーズがなく、融資は一部組合員や非組合員の住宅建設や営業目約の宅地造成等が中心になってしまった[23]。本来の農業金融においても、農林漁業金融公庫による制度金融との競合があり、日本農業を担う経営体への政策的金融支援を行う制度金融が主流になり、農協金融はむしろわき役になろうとしていると指摘されている[24]。そして農村への工場その他の進出や、道路の整備等によって農村が都市への通勤圏となったりした結果、農村に非農民が住む割合

---

20)　農林水産業の我が国GDPに占める割合は、1993年には2.2%にまで落ちている（清水徹朗他「農林漁業経営・系統金融の中期展望──農林水産業の構造変化のなかで対応をせまられる組合金融」農林金融49巻1号（1996年）17頁・18頁）。

21)　平成5年には専業農家が44万7000戸に対し兼業農家238万8000戸であった（農林水産省経済局統計情報部「農業センサス」、「農業動態調査報告」）。

22)　永田・前掲注6）131頁以下、甲斐武至「農協の信用事業を見直す」協同組合経営研究月報473号（1993年）52頁・54頁。

23)　甲斐・前掲注22）54頁。

24)　泉田洋一「制度金融の構造と課題──公庫資金供給を中心に」農業と経済62巻6号（1996年）35頁・36頁。また、永田・前掲注6）136頁以下、竹中久二雄「制度金融の課題と再編への期待──制度金融のパラダイム転換」農業と経済62巻6号（1996年）5頁・8頁等参照。

が高くなり、農村が混住社会となって、農民ではない非組合員や准組合員への融資が増えた[25]。農協系統金融機関の受け入れた貯金に対する貸付金の割合である貯貸率は、低下を続けて、Ⅲ2で細かく紹介したように、平成6年度末には、農協で27.8％、信連で19.9％、農林中金で40％になっている。これは、都市銀行の101.3％、地方銀行の78％、第二地銀の84％は勿論、他の協同組織金融機関である信用組合の78.2％、信用金庫の72.3％と比べても、異常に低い比率である[26]。貸出全体に占める員外貸出の比率が、農協では15.3％であるが、信連では80.9％に及ぶ[27]。農協は単なる貯蓄吸収機関化しているわけで[28]、その協同組織金融機関としての存在意義が問われていると言えよう。

またⅢ2で紹介したように、貯貸率が低い代わりに、有価証券等運用の資産全体に対する比率が、農協で7.4％、信連で24.7％、農林中金では61.2％になっている[29]。有価証券保有機関化しているとも言えよう[30]。しかし農協では資産の実に65.4％が、信連に対する貯金となり、信連では資産の54.4％が農林中金への預金となっている[31]。これには、単位農協の模範定款例が「余裕金の3分の2以上を信連に預ける」と定め、その利用高と利用度に応じて奨励・還元措置を講じているという事情がある[32]。農協の集めた貯金の大部分を信連への貯金に吸収し、信連の資金の大部分を農林中金に預金として集め、有価証券等を中心に運用するという構造になってしまっているわけである。農林中金においても、所属団体や関連産業等への貸出は運用資産の25.7％を占めるのに過ぎない[33]。

このような信用事業のあり方でも、高度経済成長期にはそれなりに機能し、

---

25)　炭本昌哉「今日の農協金融に期待されるもの」協同組合経営研究月報473号（1993年）46頁・48頁。

26)　農林中央金庫「残高試算表」、日本銀行「経済統計月報」。

27)　農林中央金庫「残高試算表」、全国信連協会調べによる。

28)　佐伯尚美「農協金融の構造変化と〝複合危機〟」協同組合経営研究月報473号（1993年）2頁・3頁。

29)　農林中央金庫「残高試算表」。

30)　佐伯・前掲注28)　4頁。

31)　農林中央金庫「残高資産表」。なお、青柳斉「農協系統金融組織の構造分析」山本修＝武内哲夫編著『農業協同組合の現代的諸相』（明文書房、1988年）21頁以下参照。

32)　甲斐・前掲注22)　54頁。

33)　農林中央金庫「残高試算表」。

500 第Ⅵ部 特殊な金融、協同組織金融機関

大きな収益を生み出すことによって、農協財政の柱となった。総合農協の4種事業の中で、指導事業は勿論、経済事業も購買・販売等全分野において赤字であり、信用事業と共済事業だけが黒字である[34]。特に最近までは信用事業の黒字が大きく、農協はそれに全面的に依存していた。このようなことが可能になったのは、高度経済成長期には、資金需要が極めて強い一方、人為的低金利政策によって預金金利が一律に低く抑えられたため、預金を集めさえすれば、自分で運用できなくても、コール市場等インターバンク市場で運用して、店舗行政によって出店を抑えられ資産運用力に比較して預金吸収力が劣る都市銀行に資金を供給したり、証券投資を行えば、利ざやを確実に上げることができたためであった[35]。

しかし1970年代半ば以降、高度経済成長の終焉とそれに伴う企業の資金需要の後退があり、更に金利の自由化が進んだため、このような条件は一切失われることになった。資金の運用先が少なくなり、リスクが高くなるとともに、極端に運用利回りが落ちた。他の金融機関との競争が激しくなるなかで、独自の運用先が少なく、運用のノウハウ等の専門性にも劣る農協系統金融機関にとっては、従来のような運用が極めて困難になり、その存在すら脅かされかねない事態になっているのである[36]。住専問題も、運用先に困った信連や農林中金が、住専貸付が員外貸付の例外として認められている金融機関貸出に分類されていることから、これに貸しこんだものであって[37]、貸出全体の40%以上を占める信連のいわゆる金融機関向け貸出の相当部分が、住専向け貸出であったと見られる[38]。

2 財務の問題

農協系統金融機関の第2の問題は、自己資本比率が低い等、その財務内容が劣る点にある。自己資本に関して言えば、農協その他の協同組織金融機関においても、金融機関としての財務の健全性を図り、銀行等と競争していくためには、銀行等に匹敵する自己資本を持たなければならない。ところが、

---

34) 農林水産省「農業協同組合経営分析調査」。
35) 寺西重郎『日本の経済発展と金融』（岩波書店、1982年）499頁以下参照。
36) 甲斐・前掲注22) 53頁、佐伯・前掲注28) 5頁以下。
37) 佐伯・前掲注28) 6頁。
38) 農林中央金庫「残高試算表」参照。

農協系統金融機関の自己資本はⅢ1で触れたとおりで、平成6年度の自己資本比率は、農協で6.15％、信連は3.86％に過ぎない（いわゆる国内基準による）。農林中金はBIS基準で2.88％に過ぎず、農協系統3段階を通算して始めて9.25％となってBIS基準を充たすのに過ぎない。

3　組織の問題

　農協系統金融機関の第3の問題は、金融機関としての専門的能力において必ずしも十分でなく、組織の合理化・効率化、管理・監査能力等の点においても不十分な点にある。例えば、農民の数は減りつづけているのに、農協職員の数は平成5年まで増えつづけてきており、同6年に微減したのに過ぎない[39]。農協の1担当職員当たりの預貯金額は、地方銀行より少し低いぐらいで、第二地銀や信用金庫・信用組合より多いが、貸出が少ないために、1人当たりの貸出額では信用金庫や信用組合の半分より少し多いくらいである[40]。しかもそのうえに信連や農林中金の職員もいるわけである。1店舗当たりで見ると、信用組合と比べても、預貯金額で半分、貸出金額で5分の1、都市銀行と比べれば、それぞれ15分の1、50分の1になる[41]。総合農協全体の総役員数は、5万5422人に及ぶが（総職員数は30万290人）、1総合農協当たり常勤理事数は1.6人であり、学識経験常勤理事は0.1人、学識経験監事も0.1人に過ぎない[42]。要するに、ほぼ全員の理事・監事は、正組合員たる農民から選ばれた人々であり、金融実務の経験は全くない。民主的ではあるが、専門性を期待することは無理であろう。

　これらの問題は、農協系統金融機関が、1で論じたような恵まれた環境の下で最近まで運営されてきたということに、大きな原因がある。貯金の吸収にさえ努力をすれば、豊かな収益が実現できたわけであり、自己革新の動機が働かなかったことは、当然である。他方、農協は農村の地域を代表する機関として、単なる経済的な機能を超えた、政治的・行政的役割まで果たして

---

39)　農林水産省「総合統計表」。なお以下につきⅢ1参照。
40)　農林中央金庫「残高試算表」、日本銀行「経済統計月報」等。
41)　同上。
42)　農林水産省「総合統計表」、同「農業協同組合連合会統計表」、農林中央金庫「ディスクロージャー誌」等。アメリカにおいても、信用組合の理事者が非常勤で金融の専門家でないことが問題になっている（Hetherington, supra note 3 at 89）。

502　第Ⅵ部　特殊な金融、協同組織金融機関

きたのが、我が国における現実であり[43]、このことも、これらの組織的な問題を生じせしめる1つの原因になっていた。

Ⅵ　改革の方向

1　組合員資格・地域金融機関性・他の農協事業との関係

　以上のような困難の中にあって、農協系統金融機関はいかなる改革の道を採るべきであろうか。現在模索されているのは、農民のための協同組織金融機関という基本的性格を維持しつつも[44]、地域金融機関としての性格も付与して、その原則を柔軟化するとともに、農協の管理・監督の面において合理化・強化を図り、一般の金融機関と十分競争しうる存在にしようという方向である。

　農協の正組合員たる農民が減少し、その資金需要が落ち込んでいるなかで、准組合員の数が着実に増加している[45]。前述したような農村における混住化・都市化が進んでいるなかで、農村における非農民も組合員に組み込んで、農村の地域金融機関としての性格をも、農協に付け加えて、その強化を図ろうという考えが出てくるのは、自然であろう。但し、それも一定限度を超えると、農業を基本とする農協の基本性格を揺るがしかねないことが、悩ましいところである。他の協同組織金融機関の場合も、協同組合原則の維持との関連で同様の問題がある。例えば、信用金庫法は、経営の拡大のために、会員になれるための資格を次々と緩和し、従業員の数が300人以下又は資本の額が9億円以下の企業にも資格を認めたため、もはや中小企業専門の金融機

---

43)　炭本・前掲注5) 32頁以下参照。

44)　今日における協同組織金融機関の存在意義を主張するものとして、「協同組織形態の金融機関のあり方について——金融制度調査会金融制度第1委員会中間報告」（平成元年5月15日）、森静朗「協同組合金融の問題点と新しい方向を探る」協同組合経営研究月報499号（1995年）2頁以下等がある。また特に農協については、炭本・前掲注5) 33頁以下参照。これに対し、金融制度調査会・前掲注1) は、協同組織としての基本理念が薄れ一般の金融機関としての性格を強めている信用組合については、他業態への転換の必要性を示している。

45)　昭和55年には、全国の総合農協の正組合員総数が564万人に対し准組合員総数が224万人余で准組合員の全組合員に占める割合が28.5%だったのが、平成6年には、正組合員総数546万人に対し准組合員総数351万人足らずで、上記割合は39.1%になった（農林水産省「総合統計表」）。

関とは言えない、と批判されるに至っている[46]。

同様の観点から員外貸出の制限の緩和も論じられている。しかし、これも限度を超えれば協同組合原則を揺るがしかねないことに加え[47]、単に制限を緩和しただけで、農協の営業能力や審査能力、リスク管理能力が高まらない場合は、却って農協の不良債権の増大に寄与しかねないことに留意すべきであろう[48]。尤も、農協の余裕資金を最終的に受け入れる農林中金に関しては、運用能力も高く効率的な資金運用が強く求められるため、員外貸出の制限をどこまで柔軟に考えてもよいかは、難問である。

なおV1で紹介したように、従来は、総合農協ということで、信用事業で上げた収益で他の指導事業や経済事業の損失を埋めてきたが、そのようなことはこれからは原則として許されなくなるし、また事実上不可能になるものと思われる。指導事業はともかくとして、経済事業は純粋な取引行為であり、協同組合と言えども収支相償うという意味での営利性をもった事業としてなされるべきであろう。その建て直しが急務であり、農協再生の鍵を握ると考えられる。しかしそれでもいつまでも不採算な経済事業は、むしろ撤退するほうが組合員の利益にもなるし[49]、赤字のまま規制事業である信用事業で得た利益で補塡し続けるのであれば、内部相互補助の問題さえ生じかねない。尤も、V1で論じたような理由から、信用事業が今後他の事業の赤字を埋めるような利益を上げ続けられるとは、考え難い。

2 協同組合原則と自己資本の充実

V2で指摘したように、農協系統金融機関の自己資本比率が低い大きな理

---

46) 平石裕一「『協同組織金融』の規制緩和をめぐる諸問題(1)」協同組合研究13巻3号（1994年）22頁・24頁以下。

47) 平石・前掲注46) 25頁以下参照。なお現行法（本稿執筆時の）上認められている員外取引の例外としては、農協法10条20項・21項、農協法施行令1条の2に基づくもの等がある。この問題に関連しては、農協が協同組合であることをもって税の軽減措置を受けていることも忘れられてはならない（法人税法66条3項）。

48) アメリカの貯蓄貸付組合が危機を迎えた1つの理由が、商事貸付や社債投資等、業務範囲を急に拡大されたものの、それをこなす能力が低く、不良債権を累積させて危機を拡大させたことにあると指摘されている（Felsenfeld, "The Savings And Loan Crisis", 59 Fordham L. Rev. S7, S33 (1991)）。

49) 炭本・前掲注5) 35頁以下。

504　第Ⅵ部　特殊な金融、協同組織金融機関

由は、協同組合は組合員の相互扶助のための組織であって、利益はなるべく利用高配当のような形で組合員に分配すべきだとする考えが強かったために、利益はなるべく組合員への配当に回され、内部留保が極めて薄かったためであった[50]。利用高配当は非課税とされていることも、これを促進したと考えられる（農協法6条（平成27年改正農協法5条）、法人税法61条（現行法人税法60条の2））。この内部留保の薄さが、農協系統金融機関の住専問題の打撃を大きくし、損失負担を困難にした1つの大きな原因であった。

　しかし金融機関として活動していく以上は、他の金融機関と同じ財務の健全さを持たねばならない。平成7年の保険業法改正により、保険相互会社についても保険株式会社と同様の自己資本の調達や内部留保が認められ又強制されたように[51]、農協系統金融機関もこれらの手段を認められ又強制されるべきであろう。農林中金に関しては、優先出資の制度が認められたが、信連や農協については、今のところ内部留保か組合員による出資くらいしか自己資本充実策がなく、問題である[52]。

3　組織の改革

　Ⅴ3で指摘した組織の問題に関しても、速やかな改革が必要である。農協が専門性と効率性を備えた競争力ある金融機関にならない限り、農協信用事業の将来はない。そのためには、職員数や役員数を減らして労働生産性を高めるとともに、専門性・能力のある職員を増やし、彼らを役員として存分に力を振るえるようにしなければならない。現在でも農協法上は理事の3分の1までは正組合員でない者が就任できるはずであるが、殆どいないことは、先に見たとおりである。そこでドイツ・フランスの制度に倣って、総会（総代会）では監督委員のみを選任し、監督委員会が任命した経営の専門家たる理事が経営を行うが、監督委員会による監督を受け、場合によっては解任もされうるというような制度を、農協が選べるようにすることが検討されてい

---

50)　日塔悦夫「協同組合の配当政策に関する学説について」協同組合研究13巻3号（1994年）48頁以下参照。

51)　保険業法60条・61条・89条2項・92条・130条（現行保険業法55条〜61条の10・89条・91条・130条）等、保険審議会・前掲注15）参照。

52)　神田・前掲注3）、平石裕一「協同組合の資本形成問題をめぐって」協同組合研究14巻3号（1995年）1頁以下等、同号の特集の各論文参照。

る（その後、経営管理委員会の制度が創設された）。アメリカの農協の理事会では、理事会がマネージャーを選任してそれに経営を委ねていることから、実質はドイツ・フランスに近いように思われる。

　この他、役員に関しては、信用協同組合・信用金庫・労働金庫に関し、金融健全化法が成立し、常務に従事する理事の兼職・兼業の禁止や、一定規模以上で一定の員外預金比率の場合に外部監事・外部監査の強制が定められたりしたが[53]、同様の規制が農協にも必要ではないかが問われよう。なお外部監査については、農協中央会による監査があることから、それをいかに外部監査と調整するかが課題となろう（平成27年改正前農協法73条の22第1項2号・73条の26・73条の27等。平成27年農協法改正により農業協同組合中央会による監査の制度は廃止され、同改正農協法37条の2第1項により信用事業を営む農業協同組合及び農業協同組合連合会には公認会計士監査が義務付けられた）。監査と併せて、不良債権等のディスクロージャーが十分行われ[54]、業務の透明性を高めることが、農協信用事業が広い世間の信頼を得る第1の道であろう。このためには、各農協が、各事業毎の区分経理を公表することも重要である。そのことが当該農協自身の合理化の第一歩となろう（1参照）。

　また現在の農協系統金融機関のシステムは、農協（単協）・信連・農林中金と3段階に分かれて無駄も多いことから、その効率化を図るために、信連を廃止し、その業務を農協と農林中金が引き継ぐという構想も進められている。併せて、農協を合併して規模を拡大することが進められようとしている[55]。これは、各農協が専門性ある役員・職員を揃えることにも効果があろう。これらの改革が、協同組合原則の基礎となる組合と組合員の密接な繋がりを堅持したまま、真の効率化・専門化に繋がるかが、農協改革の1つの鍵であろう。

---

53)　例えば、同法5条・7条に基づく、労働金庫法34条改正・39条の2の新設（現行法32条4項・41条の2〜41条の4）、平成8年改正協同組合による金融事業に関する法律5条の2・5条の3・5条の5の新設（現行法5条の3・5条の8）等。なお、金融制度調査会・前掲注1）参照。

54)　農協・信連では平成10年3月期までに金利減免債権までの開示を行う予定である（金融制度調査会・前掲注1））。

55)　全国農業協同組合中央会JA改革本部「JA改革の取組指針（中間とりまとめ）」（平成8年7月2日）、小楠・前掲注4）6頁以下参照。

4 監督体制の整備

今回の住専問題は、農協系統金融機関の監督体制にも反省を迫るもので
あった[56]。農林中金と信連は農林水産省、総合農協は都道府県知事が検査
を行っているが（農協法94条（現在は98条））、検査の人員・体制ともに十分
と言えるか問題のあるところである。農協とともに監督行政庁の側も、金融
監督の面において十分な専門性を備えていなければならない。また早期是正
措置等が実効的に行えるようにするとともに、行政の透明性を高め、責任あ
る監督体制を構築する必要があることは、言うまでもない[57]。

VII 結 び

農協系統金融機関が直面している問題は構造的なものであり、解決は容易
でない。改革はまだ緒についたばかりであり、法制整備もまだこれからであ
る[58]。しかし関係者は、はっきりと問題点を認識し、正面から問題解決に
取り組もうとしている。必ずや問題を乗り越えるものと確信している。

〔ジュリスト1095号（1996年）44〜52頁〕

［後記］　本稿執筆後の大きな変化として、本稿に括弧書きで度々記したように、
平成27年農協法改正がある。同改正の内容で本稿における検討に係る主なも
のは以下の通りである。

第1に、改正前農協法8条に規定されていた営利の禁止を削除し、改正法7
条1項に、「組合は、その行う事業によってその組合員及び会員のために最大
の奉仕をすることを目的とする」、2項に「組合は、その事業を行うに当たっ
ては、農業所得の増大に最大限の配慮をしなければならない」、3項に「組合は、
……事業の的確な遂行により高い収益性を実現し……なければならない」と

---

56)　前掲注1)引用の文献参照。

57)　アメリカのS＆L危機においては、監督当局が、危機の発生をなるべく先延ばしし
ようとして、会計原則からの逸脱等を認めることによって、S＆Lの財務状況を隠そ
うとし、これが危機を重いものにした（Felsenfeld, supra note 48 at S24-25）。

58)　金融機関の更生手続の特例等に関する法律の対象から、協同組織金融機関のなかで
農協や漁協のみが除かれていることは（同法2条2項）、将来を考えれば問題であろ
う。

規定した。これは非営利性のために組合自体の金銭的利益を目的とすべきでないという説を批判し、農協も対外取引や員外取引においては最大の利益を追求すべきで、組合自体のために金銭的利益を追求すべきだとする、本稿の主張に沿う改正と言えよう。

第2に、農協法上の農業協同組合中央会制度（平成27年改正前農協法73条の15以下）を廃止し（既存の中央会はなお存続するものとする）、存続都道府県中央会は農業協同組合連合会に移行することができるとし、存続全国中央会は一般社団法人になることができるものとし、その組織変更の規定を設けたことである（平成27年農協法改正附則（平成27・9・4法律63号）9条〜27条）。これにより農協の全中監査が廃止され、代わりに信用事業を営む農協や農業協同組合連合会には会計監査人を置かなければならないことになった（平成27年改正農協法37条の2）。本稿で指摘した外部監査の必要性と全中監査の関係の問題への対応がなされたと言えよう。

第3に、農業協同組合の理事の過半数は、認定農業者又は農産畜産物の販売・法人の経営等に関し実践的な能力を有する者でなければならないとされた（平成27年改正農協法30条12項）。理事に専門性が必要であるという本稿の主張に沿うものと言えよう。

これら以外にも、信用事業を農林中金・信連に譲渡し、自らはその代理店として金融サービスを提供できるようにする改正、地域サービス部分等を分割して株式会社や生協に組織変更できるようにする改正、等が行われた。後者は員外利用規制等から逃れることを認めたものである。

本稿執筆後のその他の重要改正として、平成8年改正により定款により定める任意の制度として導入され、平成13年改正により全農、全共連及び信連については設置が義務付けられた経営管理委員会の制度がある（農協法30条の2）。これは本稿において指摘したような、実務家の理事への登用が進まず、正会員の非常勤理事が多数であるという状況を改革するため、従来の理事会が有していた組合員の意思反映機能と日常的業務執行機能を分離し、それぞれ経営管理委員会と理事会に分けて担わせるというものである。経営管理委員会設置組合の理事は組合員総会や総代会ではなく、経営管理委員会によって選任される（農協法30条の2第6項）。最近、株式会社につき取締役会と執行役（業務担当取締役）の機能を分化しようというモニタリング・モデルが有力に主張されているが、それに先駆ける制度と言えよう。

本稿執筆後の農協の実態にかかる変化としては、以下のようなものがある。農協の数は、昭和35年の1万2050、本稿執筆時の平成6年度末の6373から、平成27年には679に激減した。都道府県信用農業協同組合連合会の数は、47

から 32 に減った模様である（2015 年 4 月 1 日の金融庁の認可一覧による）。
農協の職員数は、ピークの平成 5 年の 30 万人から平成 25 年には 21 万人と
なった。組合員数は、昭和 35 年の正組合員 578 万人、准組合員 76 万人から、
平成 25 年には正組合員 456 万人、准組合員 558 万人になった。本稿執筆時と
比べ、正組合員よりも准組合員の方が多くなり、協同組合としての農協の在
り方は更に問題になっていると言えよう。一方、収支構造は、平成 25 年のJA
の平均値が、信用事業がプラス 3.7 億円、共済事業がプラス 2.0 億円、経済事
業等がマイナス 2.1 億円で、依然として信用事業と共済事業に依存し、経済事
業の不振が際立っている（農林水産省「農協法改正について」（平成 28 年 1
月））。

　より詳しく見ると、農協の受入貯金総額が平成 24 年度の 89 兆 6929 億円か
ら平成 27 年の 95 兆 9187 億円へと増えているのに、貸出金総額は平成 24 年
度の 21 兆 5437 億円から平成 27 年度の 20 兆 6361 億円へと減少している。運
用難が一層深刻化しているわけである。信連の受入貯金総額は平成 24 年度の
56 兆 3174 億円から平成 27 年度の 60 兆 9562 億円へと増加しているのに、貸
出金総額は平成 24 年度の 5 兆 4086 億円から平成 27 年度の 5 兆 1472 億円へ
と減少している。平成 28 年 3 月 31 日における単位農協の系統預け金が 70.1
兆円、有価証券・金銭の信託が 4.1 兆円、都道府県信連の系統預け金が 39.2
兆円、有価証券・金銭の信託が 19.0 兆円、農林中金は、有価証券・金銭の信
託が 63.1 兆円、貸出金が 16.9 兆円となっている（「系統信用事業の現状と農
林中央金庫の役割」REPORT2016 農林中央金庫 22 頁・26 頁・30 頁）。本稿に
おいて指摘した農協系統金融機関自身の貸出の困難が益々進行して、殆ど、
信連や農林中金への預け金や有価証券・金銭の信託での運用になっているわ
けである。

事項索引

あ 行

預り金 ················· 56, 86, 88, 92, 96, 107
預入行為者 ················ 292, 293, 301, 313
アドオン方式 ································· 148
アメリカ連邦銀行秘密法 ·············· 165
アメリカ連邦金融上のプライバシー権に
　関する法律 ···················· 165, 167
アメリカ連邦公正信用報告法 ····· 155〜157
アレンジャー ································ 413
イギリス 1974 年消費者信用保護法 ····· 155
一般貸倒引当金 ··· 351〜353, 356〜359, 394
員外貸付（取引）····· 494〜496, 500, 503, 507
インターミディアリー ·············· 413, 422
インフラストラクチャー ········ 58〜62, 72
浮貸し ··· 459, 461〜477, 483〜486, 488, 489
営利性 ···························· 495, 503, 506
益出し ·············· 369〜374, 378, 397〜401
エクイティ・スワップ ······· 424〜427, 429
エクイティ・デリバティブ
　··············· 414, 424, 426, 427, 430〜432,
　　　　　　　　434, 435, 448, 450, 453
エスクロー・サービス ················ 101
欧州銀行監督機構 ······················· 20
欧州システミック・リスク委員会 ······· 20
欧州証券市場監督機構 ·················· 20
欧州保険年金監督機構 ·················· 20
横領（misappropriation）論 ············· 219
大きすぎてつぶせない（too-big-to-fail：
　TBTF）················· 26, 32〜37, 44〜47
大口信用供与規制 ······· 253〜255, 257, 476
おどり利息 ································· 149
オプトアウト → opt-out の原則
オリジナル・エクスポージャー方式
　··············· 386, 388, 390, 393, 438〜440

か 行

「会社の機会」の法理 ··················· 219
外為関連デリバティブ ················· 414
外部（経済）性 ························· 75, 95
解約清算金 ··········· 186, 193, 194, 198, 199
格付機関 ························· 16, 38, 46
貸金業の無登録営業の罪 ················ 486
貸倒引当金
　········· 346, 351, 354〜356, 381, 397, 410
貸剥がし ························ 26, 27, 45
貨幣高権 ···································· 92
カレント・エクスポージャー方式
　········· 386, 387, 389, 393, 438〜440, 448
為替会社 ···································· 62
為替先渡 ······························ 420, 422
為替証書 → money order
為替取引（業務）
　···· 55, 59〜63, 65〜68, 72, 75, 76, 81, 83,
　　　85, 92, 95〜97, 102〜104, 106, 107,
　　　114
元本保証 ······················ 189, 190, 192
勧誘開始基準 ·············· 180, 187, 190, 196
記名式定期預金 ···· 267, 270〜272, 286, 296
客観説
　····· 264, 266, 268, 270, 271, 273, 275, 279,
　　　281, 284〜287, 289〜296, 307, 308,
　　　310〜315
旧銀行法 ································ 64, 65
強制通用力 ······················· 62, 70, 71
協同組合原則 ············ 490, 494, 502〜505
協同組織金融機関 ············· 490, 500, 502
協力預金 ··································· 481
銀行業務のアンバンドリング化 ········· 415
銀行券 ································· 62〜64
銀行顧客の秘密保護 ····················· 154
銀行条例 ································ 64, 65

銀行と商業の分離 …………………… 453
銀行とその特定関係者（の顧客）との間
　での不利益取引 …………………… 254, 257
銀行に一方的な金利変更権を認めている
　銀行取引約定書ひな型3条 ………… 149
銀行の公共性 ………… 483, 484, 488, 489
銀行のためにする意思 …… 484〜486, 488
銀行秘密 ………… 159〜163, 228, 233
金融安定監視協議会（Financial Stability
　Oversight Council: FSOC） …………… 30
金融安定理事会 ……………………… 23
金融機関等の更生手続の特例等に関する
　法律 ……………………………… 45
金融機能の再生のための緊急措置に関す
　る法律 ………………………… 27, 45
金融機能の早期健全化のための緊急措置
　に関する法律（金融健全化法）… 27, 505
金融コングロマリット ………… 256, 257
金融仲介 ……… 60, 63, 65〜67, 74, 75, 114
金融VAN …………………………… 83, 101
金融分野における個人情報保護に関する
　ガイドライン ………………… 246, 249
金利オプション …………………… 414
金利・外国為替関連契約 …………… 386
金利先物取引 ……………… 414, 415, 446
金利先渡取引 …… 419, 420, 422, 442, 446
金利スワップ … 415, 419, 420, 422, 442, 444
金利体系 …………………………… 137
金利デリバティブ
　………… 414〜419, 435, 439, 447, 449
区分経理 …………………………… 505
組戻（し）………………… 278, 300, 317
グラス・スティーゲル法 …………… 41, 91
繰延税金資産 ……………………… 379
クレジット・カード
　………………… 80, 81, 84, 89, 91, 101
クレジット・デリバティブ
　………… 414, 435〜437, 448, 450
経営管理 ………………… 256, 259, 260
経営管理委員会 ………… 497, 505, 507

経営判断原則（business judgment rule）
　………………………………… 205
経営連 ……………………………… 493
契約締結上の過失 ………………… 161
契約法的アプローチ
　……… 264, 265, 268, 270, 274〜277, 279,
　　　286〜296, 298, 303, 305, 309, 312,
　　　313, 315, 317
決　済 ……………………………… 58, 76
決済機能 ……… 58, 60, 68, 70, 75, 95
決済主体 …………………………… 58
決済手段
　……… 61, 62, 70〜75, 77〜79, 81, 83〜85,
　　　88〜90, 92, 95, 96
決済性預金 ………………………… 65, 72
決済媒体 ………………… 58〜62, 71
広告等の規制 ………… 175, 176, 195, 196
口座間送金決済 ………………… 120〜127
公定歩合に（金利を）連動させる方式
　………………………………… 152
公的資金投入 …………………… 44, 45
合理的根拠適合性 ………… 180, 187, 190
国立銀行 …………………… 62〜64
国立銀行条例 …………… 62, 64, 87
個人情報の保護に関する法律（個人情報
　保護法）…… 169, 232, 236〜238, 240, 242,
　　　243〜246, 249〜254,
　　　256〜260
個人信用情報機関 ……………… 258
個人信用情報センター
　………… 153, 156〜158, 161, 227
誤振込 …… 275, 277, 278, 296, 297, 299〜311,
　　　315, 317, 318
個別銘柄方式の低価法 … 362, 367, 373, 379
コモディティ・スワップ …… 426, 427, 429
コモディティ・デリバティブ
　………… 414, 423, 424, 426, 427, 429〜435,
　　　448, 450〜454
固有業務
　…… 56, 57, 65, 75, 99, 415, 416, 418, 421,

事項索引　511

422, 437, 452, 479〜482
コンティンジェント・キャピタル……15
コンビニエンス・ストア
　……………………82, 89, 93, 97, 101

さ　行

債権償却特別勘定……………351, 352, 354
最後の貸し手…………………………90, 327
再評価準備金
　……346, 359, 364, 368, 369, 371, 372, 378,
　　380, 381, 394, 397〜399
財務会計基準審議会　→　FASB
サウンドバンキング……………………423
サブプライム・ローン…………………5, 6
産業金融モデル……………………16, 17
産業組合………………………………491
参入規制………………………………94
時価会計
　………………15, 375〜377, 381, 391, 397,
　　409, 411, 447
資金移動業………………96, 106, 107, 115
資金清算機関……………………108, 109
仕組預金……………………180, 190, 191
自己勘定取引（proprietary trading）……454
自己資本比率規制…………39, 52, 95, 255
市場金融モデル……………………16〜19
市場集中………………………………432
市場類似施設……………………432, 433
システミックに重要なノンバンク
　→　SIFC
システミック・リスク
　……3, 7〜12, 15, 17, 22, 29, 30, 32, 33, 36,
　　52, 73, 74, 88〜90, 95, 96, 103
実質年率表示……………………………148
時点集中決済……………………………74
支払等記録………117〜123, 126, 127
支払の完了性または完結性　→　ファイ
　ナリティ
紙幣類似証券取締法…………87, 89, 92, 96
社債管理会社……………………………220

シャドウバンキング・システム
　………………7, 14, 17, 29, 32, 42, 45
住宅金融専門会社（住専）
　………………26, 490, 498, 500
収納代行
　……82, 88, 89, 93, 97, 101, 104, 105, 114,
　　115
周辺業務………………………………57
出捐者
　…264, 265, 268〜270, 272, 275, 277, 279,
　　282, 283, 286, 287, 289〜298, 300, 301,
　　305, 307, 308, 310〜316
出資の受入、預り金及び金利等の取締等
　に関する法律（出資法）
　………………133, 135, 150, 151, 169
守秘義務
　…225〜228, 233〜235, 247, 252〜255, 259
准組合員………………………492, 502, 508
純助成……………………………………330
準占有　→　民法478条
準備預金……………………74, 84, 91, 95
証券監督者国際機構（IOSCO）…………325
商品オプション…………………………427
商品勘定（トレーディング勘定）
　…359〜366, 371, 375, 377, 378, 386, 402,
　　419, 445
商品券　→　前払式証票
商品先物……………………………427, 428
商品デリバティブ　→　コモディティ・
　デリバティブ
書面交付義務……………………………196
人為的低金利政策…137, 138, 140, 266, 500
シンジケート・ローン
　………………110, 113, 220, 224, 225
信認関係……………209, 212, 219, 220
信認義務……………212, 220, 222, 223
信用毀損　→　credit crunch
信用情報の正確さ・新鮮さ……………157
信用秩序………………………73, 88, 145
信用調　→　取引先信用調査照会

信用調査・信用報告 ………… 153〜159, 227

信用農業協同組合連合会（信連）
………………… 492〜494, 499, 505〜508

信用保険 ……………………………… 436, 437

信用割当 …………………………………… 142

スウィープ・アカウント …… 80, 89, 91, 96

正組合員 …………… 492, 496, 498, 502, 508

清算機関　→　CCP

誠実義務 ………………… 209, 218, 221, 225

制度金融 …………………………………… 498

政府救済 ……………………………………… 35

説明義務
……174, 188, 189, 191, 192, 195〜199, 203,
213, 214, 216, 220, 221

善管注意義務（注意義務：duty of care）
………………… 205〜209, 215, 218, 221

全銀システム ……………… 59, 74, 108, 109

全国共済農業協同組合連合会（全共連）
……………………………………… 493, 507

全国銀行個人信用情報センター　→　個
人信用情報センター

センシティブ情報 …………… 234, 246, 250

全中監査 …………………………… 505, 507

全　農 ……………………………… 493, 507

専門農協 ………………………………… 492

専用口座 …………… 281, 283, 287, 289, 302

相関しすぎてつぶせない
（too-interconnected-to-fail）…… 28, 33, 39

早期是正措置 ……………………… 34, 506

総合農協 ………… 492, 493, 500, 503, 506

相互性 ……………………………………… 495

相対的な預金者概念（相対的構成）
……………… 264, 301, 303, 304, 313〜315

た　行

第一分類（Tier I ）
… 336, 338, 341, 342, 344〜347, 350, 358,
366, 371, 379〜381, 394, 396, 398, 401

第二分類（Tier II ）
… 336, 342〜347, 350〜352, 358, 369, 371,

379〜381, 394, 395, 401

第三分類（Tier III ）………………………… 350

代金引換 ………………………… 101, 105

ダイナミック（統計的）貸倒引当金 …… 15

代理意思 …………………… 474, 475, 484

他業禁止 ……………………………………… 65

他業証券業務 ……………………… 417, 452

単位組合 ……………… 492, 499, 505, 508

段階金利加算方式 ………………………… 152

地位利用 ………… 459, 461, 468〜470, 488

チェック・トランケーション …… 101, 110

地下銀行 ……………………… 103〜105

チャイニーズウォール ………………… 223

注意義務　→　善管注意義務

中期国債ファンド ……………… 80, 89〜91

忠実義務（duty of loyalty）
………………… 205〜207, 209, 218

貸貸率 ……………………………………… 499

貯蓄性預金 ……………………… 65, 69, 74

追及の法理（追及権）…………… 306, 307

通貨オプション …………………………… 415

通貨先物取引 ……………………… 415, 446

通貨スワップ ……… 415, 419, 420, 422, 444

通貨デリバティブ
……… 415〜419, 435, 439, 447, 449, 451

強さの源理論　→　source of strength
doctrine

低スプレッド取引 ………………………… 185

手形法 40 条 3 項（の支払免責）
……………… 295, 297, 304, 305, 313, 314

適合性の原則
…… 172, 174, 179, 187〜189, 191, 193, 197,
442

デリバティブ …………………… 21, 38, 47

でんさいネット（（株）全銀電子債権
ネットワーク）…………… 121, 124, 127

電子記録債権 …… 110〜114, 124, 127〜129

電子債権記録機関要綱
……………… 111〜113, 122, 127, 129

電子マネー ……………………………… 106

事項索引　513

店頭デリバティブ取引
　…185〜187, 194, 418〜421, 425, 426, 431,
　　438, 444, 449〜451
ドイツ連邦情報法（データ保護法）
　………………………………… 157, 236〜239
同期的管理………………… 113, 120, 127
投資勘定
　………… 359, 366, 369, 374, 375, 378, 381,
　　397, 402
投資信託………………………… 420, 421
投資信託等の窓口販売………………… 193
導入預金…………… 266, 267, 273, 292, 310
登録金融機関………………… 173, 174, 192
特定海外債権引当勘定‥346, 351〜353, 394
特定保険契約………………… 176, 180, 181
特定預金等………… 172, 179, 180, 190, 191
特別金融商品取引業者…………………… 14
土地の再評価に関する法律…………… 360
ドッド・フランク法
　……… 13, 24〜26, 28〜39, 42, 46, 47, 454
トラベラーズ・チェック
　………………… 69, 78, 79, 88, 89, 93, 101
取引先信用調査照会（信用調）
　……………………………… 162, 163, 229
図利目的……………… 459, 484, 487, 489
トレーディング勘定　→　商品勘定

な　行

内部相互補助…………………………… 503
ナロウバンキング（Narrow Banking）
　………………………… 40, 41, 52〜54
日銀ネット…………………………… 60, 108
日本銀行………………………………… 64
農業協同組合中央会………… 493, 505, 507
農業協同組合連合会…………………… 492
農協系統金融機関
　………… 490, 499〜502, 504, 506, 508
農林漁業金融公庫……………………… 498
農林中央金庫
　…………… 493, 494, 499, 503, 505〜508

のれん（goodwill）………………………… 379

は　行

排出権デリバティブ…………………… 452
排他的業務
　…… 55, 58, 59, 65, 66, 69, 70, 75, 76, 81, 92,
　　96, 100
バスケット方式の低価法
　…………………… 361, 362, 367, 373, 379
バーゼル銀行規制監督委員会
　………………… 321, 378, 386, 393, 439
バーゼル合意　→　BIS規制
バーゼルⅢ……………………………… 20
バブル…………………………… 5, 8, 15, 18
バリュー・アット・リスク
　………………………… 439, 440, 444, 448
汎用性…………………… 87, 88, 96, 100, 106
非営利性………………………… 495, 506, 507
1人1票制………………………………… 496
ファイナリティ………… 70, 72, 78, 79, 83
ファイヤーウォール規制………… 229, 239
封　金…………………………………… 282
不完備契約（incomplete contract）論
　……………………………………… 218
不招請勧誘の禁止……………………… 186
付随業務
　…… 56, 57, 59, 65, 415〜417, 421, 422, 425,
　　426, 448, 449, 451, 473, 477〜485
物権の価値返還請求権…………… 306, 312
物権法的アプローチ
　…… 264〜266, 269, 295, 299, 301, 303, 305,
　　309, 311, 312, 314〜317
プライバシー
　…… 153〜155, 157, 160, 163, 228, 234, 252
振り込め詐欺………………… 296, 309, 315
プリペイド・カード
　…………… 77, 78, 84, 85, 87, 88, 92, 93, 96, 97
プロジェクトファイナンス…………… 221
不渡処分………………………………… 113
ヘアーカット…………………………… 10

平成 27 年農協法改正 ……………… 506, 507
ヘッジファンド
　……………6, 13, 14, 16, 22, 24, 38, 40, 46
変更記録 …………………… 123, 124, 126
騙取金銭による弁済 ……………… 300, 312
法　貨…70, 71, 73, 74, 77, 78, 85, 88, 89, 95
法定他業 ……………… 56, 57, 421, 452
保険相互会社 ………………… 495, 504
保険窓販 …………………………… 175
保証証券（surety bond）………… 436, 437
ボルカー・ルール…13, 24, 28, 39〜42, 454

ま　行

前払式証票（支払手段）…… 77, 85, 97, 107
マクロ・プルーデンス…13〜15, 20, 21, 33
マーケット・リスク …………………… 393
マージン規制 ……………………………… 39
マネーバック・ギャランティ ………… 98
ミクロ・プルーデンス ……………… 13〜15
みなし銀行 ……………………………… 55, 65
民法 478 条
　…… 268, 269, 271, 274, 291〜296, 304, 313,
　314
無因的アプローチ …………………… 277
無記名定期預金 ……… 266〜268, 294〜296
モディリアーニ・ミラーの理論 ……… 341
モニタリング・モデル ………………… 507

や　行

闇金融 …………………………… 463, 466, 467
優越的地位の濫用 ……… 194, 204, 467, 481
有価証券デリバティブ
　…417, 419〜422, 425, 426, 440, 449〜452
融資の媒介 ……………………… 477〜489
要求払預金
　……………65, 67, 69, 71, 72, 74, 80, 81, 91
預金化通貨論 …………………………… 53
預金者の認定 ……… 264〜266, 276, 277, 296
預金通貨 ……… 71〜78, 81, 85, 88, 89, 91, 95
預金等の受入れ ……… 56, 63, 65, 67, 107

預金の帰属
　……… 263〜265, 275, 276, 286, 306, 308,
　315〜317
預金保険
　…… 45, 74, 79, 90, 95, 145, 181, 189, 190,
　192, 193, 322, 327, 330, 454
預金保険法 102 条 ………………………… 11, 46

ら　行

利益相反
　…… 201〜205, 207, 211〜224, 431, 448
利息制限法 ……………… 133, 149〜152, 169
リーマン ……………… 9〜11, 13, 29, 39, 42
流動性預金 …………………… 305, 306, 315
利用高配当 …………………………… 496, 504
両建て取引 ……………………………… 184
稟　議 ………………… 474〜476, 484, 488
リングフェンス（リングフェンシング）
　…………………………… 21, 22, 25, 42
臨時金利調整法（臨金法）
　……… 133〜135, 137〜139, 141, 143〜145,
　147, 168, 466
累積的優先株式 ……… 341, 345〜347, 396
レギュレーションQ ………………… 145
劣後債 …………………… 343〜347, 349, 394
レバレッジ比率（レイシオ）
　……………………… 15, 337〜339,
連邦準備制度理事会　→　FRB
ロスカット取引 …………………… 185

アルファベット

ABS ……………………………… 39, 47
AIG ………… 11, 13, 26, 29, 39, 42
BIS規制
　…… 15, 321〜325, 336〜342, 345, 350, 351,
　355, 359, 374, 378, 380, 383, 388, 391,
　393, 395, 397, 408, 439〜442, 452, 501
CCP（Central Counter Party）…… 38, 39, 108
CDS ………………………………………… 13
CFTC ……………………… 31, 38〜40, 454

事項索引　515

CMS（Cash Management Service）······ 101
contagion ································· 90, 103
counter-cyclical ····························· 15
credit crunch（信用毀滅）················ 345
EMIR ··· 21
EU2007 年決済サービス指令 ··· 97, 103, 114
EU2009 年電子マネー機関指令 ··········· 97
EU2015 年第二次決済サービス指令
······································· 97, 114
FASB ······················· 375〜378, 381
FDIC ················ 31, 34, 35, 37, 43, 342
FDICIA ····································· 34
fiduciary
···· 201〜203, 205, 207, 209, 215, 217, 220,
224
FRB
····· 13, 27, 30〜32, 34, 35, 37, 38, 43, 342,
427〜430, 439, 454
GLB法 ······························ 235, 243
IOSCO報告 ·································· 442
ISDA契約書 ································· 442
Jack委員会報告書 ····················· 236, 240
JASLA契約書 ······················· 220, 221
Living Will ····························· 37, 44
M&A業務 ···································· 222
matched basis ················· 428〜430, 448
MMMF（Money Market Mutual Fund）···· 91
money order ································· 84
Money Transmitter Law（送金業者法）·· 103

OCC
········ 30, 38, 43, 342, 426, 427, 429〜431,
439, 452, 453
opt-inの原則 ····················· 232, 233, 240
opt-outの原則
··················· 232, 240, 243, 245, 251, 252
OTC デリバティブ　→　店頭デリバ
ティブ取引
pro-cyclical ·························· 3, 15, 33
property rule ····························· 219
proprietary trading　→　自己勘定取引
Retail Ring Fencing　→　リングフェンス
SEC
······ 13, 31, 32, 38〜40, 375, 376, 378, 439,
442, 444
SIFC（systemically important financial
company）·················· 31, 32, 34, 35, 40
SIV（Structured Investment Vehicle）
··································· 7, 13, 14, 29
skin-in-the-game ····························· 39
source of strength doctrine ················ 342
TBTF　→　大きすぎてつぶせない
Tier I　→　第一分類
Tier II　→　第二分類
Tier III　→　第三分類
too interconnected to fail　→　相関しす
ぎてつぶせない
unmatched basis ·········· 426, 429〜431, 453

〔著者紹介〕

岩原紳作（いわはら・しんさく）

昭和27年生まれ
昭和50年　東京大学法学部卒業
現　　在　早稲田大学大学院法務研究科教授、
　　　　　東京大学名誉教授

〈主要著書〉
『電子決済と法』（有斐閣、2003年）
『商事法論集Ⅰ　会社法論集』（商事法務、2016年）

商事法論集Ⅱ　金融法論集（上）──金融・銀行

2017年9月30日　初版第1刷発行

著　者　　岩　原　紳　作

発行者　　塚　原　秀　夫

発行所　　㈱商事法務

〒103-0025　東京都中央区日本橋茅場町3-9-10
TEL 03-5614-5643・FAX 03-3664-8844〔営業部〕
TEL 03-5614-5649〔書籍出版部〕
http://www.shojihomu.co.jp/

落丁・乱丁本はお取り替えいたします。　　印刷／中和印刷㈱
© 2017 Shinsaku Iwahara　　　　　　　　Printed in Japan
Shojihomu Co., Ltd.
ISBN978-4-7857-2557-0
＊定価はカバーに表示してあります。

JCOPY〈出版者著作権管理機構　委託出版物〉
本書の無断複製は著作権法上での例外を除き禁じられています。
複製される場合は、そのつど事前に、出版者著作権管理機構
（電話 03-3513-6969、FAX 03-3513-6979、e-mail: info@jcopy.or.jp）
の許諾を得てください。